KB201195

탐구의 실행

이 도서의 국립중앙도서관 출판예정도서목록(CIP)은 서지정보유통지원시스템 홈페이지(http://seoji.nl.go.kr)와
국가자료공동목록시스템(http://www.nl.go.kr/kolisnet)에서 이용하실 수 있습니다.
(CIP제어번호 : CIP2015021348)

탐구의 실행

행동과학 방법론

에이브러햄 캐플런 지음

권태환 옮김 | 박경숙 감수

The Conduct of Inquiry:

Methodology for Behavioral Science

한울
아카데미

머리말

이 책에서 내가 강조하는 바는 여러 가지 행동과학이 서로 어떻게 구분되느냐 하는 문제보다는 이들을 하나로 묶는 것이 무엇이냐 하는 것이다. 다양한 분야의 특정 문제는 그것이 일반적인 탐구 방법을 명백히 하는 데 도움이 될 경우에만 다루고 있다.

서로 매우 다르고, 때로는 상호 적대적인 행동과학의 학파들과 접근들에 관한 내 입장은 아마도 중립적인 것으로 간주될 수 있고, 따라서 의심의 여지 없이, 양쪽 진영 모두로부터 — 한쪽에서는 단호하지 못하다는, 다른 쪽에서는 지나치게 깐깐하다는 — 비판을 받게 될 것이다. 그러나 나의 목적은 타협에 있지 않고, 이상은 중용에 있지 않다. 나에게는 외부로부터 강요된 요구가 아니라 우리 자신의 열망에 내재된 요구를 따르는 것이 중요하다.

방법론 자체만 놓고 볼 때, 나는 다양한 내용에 대해 공감한다. 논리 조성과 언어분석에 대해서는 물론, 나로서는 현재 유행하고 있는 것들보다 오히려 높게 평가하는, 예전 방법론자들의 본질적인 관심사에 대해서도 공감한다. 특히 실용주의에 익숙한 사람들은 내가 인용을 통해 공식적으로 표시한 것보다 훨씬 더 큰 빚을 찰스 퍼스Charles, S. Peirce와 윌리엄 제임스William james, 존 듀이John Dewey에게 지고 있음을 알아차릴 것이다. 그러나 나는, 이 책의 광범한 철학적 헌신과는 상관없이 그러한 것을 발견할 때마다 내 마음도 같았다는 것으로 위안을 삼고는 했다. 참고문헌은 어떤 판이든 상관없이 내가 판단하기에 독자들이 가장 접근하기 쉬운 것을 제시했다.

읽고 쓸 수 있는 한가로움은 — 그리고 그보다 읽고 쓰는 데 도움을 준 자극은 — 팰로앨토에 있는 행동과학연구소Center for Advanced Study in Behavioral Science와 코네티컷의 미들타운에 있는 웨슬리안 대학교 연구소Center for Advanced Studies at Wesleyan University에서 제공해 주었다. 두 기관 모두에 깊이 감사한다. 또한 이 원고의 많은 부분을 읽어준 알렉산더 시존스케Alexander Sesonske와 클라이드 쿰스Clyde Coombs에게도 고마움을 표시하고 싶다.

에이브러햄 캐플런Abraham Kaplan

1963년 미시건 주 앤아버에서

소개의 말

철학자가 행동과학에서의 탐구에 대해 체계적이며, 포괄적이고, 광범한 영역에 걸쳐 논의한 것은 이 책이 처음이다. 캐플런 교수의 이러한 시도는 그보다 긴 역사를 가진 여러 과학 분야의 경험의 인도로 이루어졌다. 그러나 그의 논의는 이들 분야의 문제점이나 해결책에 묶여 있지 않다. 그 대신 그의 관심은 넓은 뜻에서 과학과 방법론 모두에 연관되는 행동과학 방법론으로 향했다. 새로운 학문분과들이 당면하게 되는 과제, 업적, 한계, 딜레마가 그의 논의의 초점을 이룬다. 이 작업은 과학철학의 공식연습이 아니고 오히려 최근 사회 탐구에서 새롭게 개발되고 있는 표준들과 전략들에 대한 비판적이고 건설적인 평가다. 캐플런 교수는 자기가 논의하고 있는 분야에 친숙한 분이다. 그는 결코 자신의 여행 경험담을 얘기하는 관광객 같은 철학자가 아니다.

과학철학자들은 보통 가장 충실하게 발달된 과학 분야에 대해 집필하기를 선호한다. 거기서는 문제점들이 명백하기 때문이다. 그러나 그 결과는 통상적으로 행동과학자들에게 별 도움을 주지 못한다. 행동과학자에게 가장 어려운 과제는 자연과학의 전례와 유추가 적절치 않거나 모호한 지점에서 방법을 명백히 해야 한다는 것이다. 행동과학자가 가장 필요로 하는 것은 당장 자신의 분야에 적합한 방법론적 문제와 직접 마주하는 것이다. 그는 자신의 강점, 즉 그 자신의 이해, 통찰력, 전문성, 주제에서 방향을 읽을 필요가 있다. 별로 친숙하지 못한 먼 분야에서 방향을 찾는 것은 매우 불안정한 일이다. 『탐구의 실행The Conduct of Inquiry』은 현재의 상태에서, 그리고 바로 다음 단계에 적합한 내용으로 논의를 구성하고 있다는 점에서 이러한 필요의 충족을 위한 큰 발걸음이 아닐 수 없다.

캐플런 교수는 총체적인 과학 활동을 대상으로 논의를 이끌어낸다. 그러나 거기에는 항상 목적이 있다. 그는 행동과학자에게 길을 안내하고, 그 길에 놓여 있을지 모를 함정에 대해 경고하고, 때로는 그가 핵물리학자가 아님을 상기시키고, 그럼에도 그가 엄숙한 그리고 자랑스러운 과학자임을 일깨우고, 행동과학을 현재 진행되고 있는 일의 맥락에, 일반 맥락은 물론이며 특정한 맥락에서도, 위치시키고자 한다.

이 대단히 훌륭한 철학자는 항상 명쾌하지만, 항상 일을 쉽게 만들지는 않는다. 그는 행동과학에 대해 높은 열망과 표준을 지닌 견실한 과제해결사다. 그는 경험적인 찌꺼기를 이론적 황금으로 바꾸거나 경험적 진흙을 이론적 항아리로 바꾸는 철학자의 보석을 가지고 있지 않다. 그는 찌꺼기를 금과 구별하고, 진흙을 찰흙과 구별하기 쉽게 만드는 일을 한다. 캐플런 교수는 행동과학이 명백하게 가능하고 노력할 값어치 ― 해설자로서 그가 노력할 값어치, 그리고 종사자로서 우리가 노력할 값어치 ― 가 있는 것으로 생각한다.

행동과학자들을 위한 방법론적 지향을 다룬 이 책은 행동과학자들에게, 그리고 열성이 넘치는 이들에게, 그들이 정통파든 이단이든 상관없이, 아마도 이단에게 더 유용할 것으로 판단되지만, 필수불가결한 것이다. 이 책의 유용성은 오래 지속될 것이며, 이 책은 넓은 층의 독자들이 각자 자기 분야의 장점과 약점을 발견하는 데 유용하게 쓰일 것이다. 이 책이 존재한다는 사실 자체가 인문학과 행동과학 사이에 하나의 학문공동체가 있으며 이 중 한쪽의 타당성이 다른 쪽으로부터의 격리에 의존하지 않는다는 것을 증명한다.

저자는 개별 학문 분야의 독특한 문제들과 그 문제들의 어쩌면 타 분야와는 관계없이 나타나는 쟁점들보다는 모든 사회과학의 공통적인 관심사를,

주변적인 논쟁보다는 주요 쟁점을, 일시적인 관심사나 기술적 문제보다는 본질적으로 중요하고 반복적으로 나타나는 문제에 대한 관심을 지속적으로 강조한다. 저자의 지적인 아량이 단지 시류에 편승한 유행성 주장을 포용하는 데까지 연장되진 않는다.

캐플런 교수는 무엇이든지 흥미로운 것은 그것이 마치 처음으로 얘기되는 것처럼 보여야 한다든지, 무엇이든지 중요한 것은 격언 같이 딱딱하게 표현해야 한다든지, 무엇이든지 어려운 것은 더 어려운 것처럼 —그래서 더 중요한 것처럼—만들어져야 한다든지, 그리고 무엇이든지 오류와 관련된 것은 누군가에 대한 파괴적인 공격을 출발로 삼아야 한다든지—마치 인간의 오류적 경향을 완전히 다시 증명해야 할 필요가 있는 것처럼—하는, 문체론적인 전제를 따르지 않는다. 그의 글에서 보듯이 그는 단순한 것은 단순하게 말하고 어려운 것은 명확하게 얘기한다. 참된 학문의 추구는 학생과 더 높은 수준의 학자의 몫으로 남겨놓고 있다. 이 책은 골짜기와 틈새를 메우며, 놀랄 만큼 명확하게, 그리고 때로는 재치 있게 이 일을 하고 있다. 이 책에는 건방이나 아는 체나 허식이 없다. 이 책은 틀림없이 행동과학 강의에, 운이 좋으면 연구에도 큰 영향을 끼칠 것으로 믿는다.

레너드 브룸Leonard Broom
1963년 텍사스 주 오스틴에서

차례

머리말 · 5

소개의 말 · 7

제1장 **방법론** · 13
　1. 상용논리와 재구성논리 · 13 ㅣ 2. 논리와 심리 · 24 ㅣ 3. 방법론의 임무 · 34 ㅣ 4. 행동과학에서 '과학적 방법' · 45

제2장 **개념** · 54
　5. 경험적 기초 · 54 ㅣ 6. 개념의 기능 · 70 ㅣ 7. 이론적 용어 · 81 ㅣ 8. 의미의 개방성 · 92 ㅣ 9. 의미의 특정화 · 105 ㅣ 10. 행동과학에서 개념 · 114

제3장 **법칙** · 123
　11. 법칙의 기능 · 123 ㅣ 12. 법칙의 내용 · 137 ㅣ 13. 법칙의 형태 · 150 ㅣ 14. 행동과학에서 법칙 · 165

제4장 **실험** · 180
　15. 관찰의 과정 · 180 ㅣ 16. 행동과학에서 관찰 · 193 ㅣ 17. 실험의 기능 · 204 ㅣ 18. 실험의 구조 · 217 ㅣ 19. 행동과학에서 실험 · 226

제5장 **측정** · 239
　20. 측정의 기능 · 239 ㅣ 21. 측정의 구조 · 246 ㅣ 22. 척도 · 262 ㅣ 23. 타당성 · 274 ㅣ 24. 행동과학에서 측정 · 285

제6장 **통계** · 297
　25. 통계의 기능 · 297 ㅣ 26. 확률과 귀납추리 · 304 ㅣ 27. 통계적 서술 · 321 ㅣ 28. 통계적 가설 · 328 ㅣ 29. 행동과학에서 통계 · 343

제7장 **모델** · 354

    30. 모델의 구조 · 354 ㅣ 31. 모델의 기능 · 366 ㅣ 32. 모델의 단점 · 376 ㅣ 33. 행동과학에서 모델 · 393

제8장 **이론** · 400

    34. 이론과 법칙 · 400 ㅣ 35. 이론의 기능 · 410 ㅣ 36. 이론의 타당화 · 422 ㅣ 37. 행동과학에서 이론 · 437

제9장 **설명** · 443

    38. 유형모델 · 443 ㅣ 39. 연역모델 · 455 ㅣ 40. 설명과 예측 · 468 ㅣ 41. 설명의 기능 · 475 ㅣ 42. 행동과학에서 설명 · 484

제10장 **가치** · 499

    43. 탐구에서 가치 · 499 ㅣ 44. 가치이론 · 522 ㅣ 45. 행동과학과 정책 · 536 ㅣ 46. 행동과학의 미래 · 547

참고문헌 · 553

찾아보기 · 560

제1장

방법론

§1 상용논리와 재구성논리
§2 논리와 심리
§3 방법론의 임무
§4 행동과학에서 '과학적 방법'

§1. 상용논리와 재구성논리

이 책의 주제 가운데 하나는, 각종 과학은 모두가 논리나 방법론, 과학철학이나 그것이 무엇이든 어떤 다른 분야의 지배에 종속된 식민지가 아니라는 것이고, 만약 그렇다면 당연히 자유롭고 독립적이어야 할 권리가 있다는 것이다. 듀이를 따라 나는 이러한 과학적 독립의 선언을 탐구의 자율성autonomy of inquiry원리라고 부를 것이다. 이는 참truth의 추구가, 추구 그 자체의 일부를 구성하지 않는 그 무엇이나 그 누구에게도 얽매이지 않는다는 원리이다.

과학적 자율성

이 선언은 몇몇 과학에만 적용되는 것이 아니라 모든 과학을 총괄적으로 묶을 때 비로소 적용된다는 점에 주의할 필요가 있다. 어떤 특정 학문이 어떤 편협한 신조와 총체로서 과학공동체의 단호한 판단 사이에서 주권을 가질 수 있도록 하는, 마치 연방 내에서 주들의 권리와 같은, 그러한 분과들의 권리에 관한 교리란 없다. 이 선언은 "너희들은 도대체 우리 문제를 이해하지 못한다!"라거나 "우리는 우리 자신의 논리, 우리 자신의 자료와 참의 표준을 가지고 있다"라고 말하는 것을 허용하지 않는다. 물론 다양한 학문 사이에는 차이가 있다. 그리고 이러한 차이는 각 분야에서 탐구를 실시하는 데 중요한 의미를 갖는다. 그러나 차이가 과학들을 서로 갈라놓는 데 봉사하는 것은 아니다.

그것은 참의 영역이 고정된 경계를 가지고 있지 않기 때문이다. 다양한 관념들로 구성되는 하나의 세계에는 교역이나 여행에 장애가 없다. 각각의 분야는—한마디로 그것이 자신의 탐구에 유용한 것으로 판명되면—다른 어떤 분야로부터도 기법이나 개념, 법칙, 자료, 모델, 이론, 설명을 가져올 수 있다. 또한 각 분야에서 탐구의 성공은, 거꾸로 다른 분야가 얼마나 많은 것을 그 분야에 요청하는가에 달려 있다. 한 걸음 더 나아가, 그들은 뜻하지 않게 관례적으로 다른 과학 분야에 '속하는' 것으로 분류되는 지역에 자신들이 들어와 있는 것을 발견할 수도 있다. 과학사에서 가장 흥분되는 만남은 매우 생소하게 여기던 분야에 종사하던 연구자들이 각자 독자적인 연구의 결과로 갑자기 서로 얼굴을 마주하게 되는 경우인 것 같다. 탐구의 자율성은 여러 분야의 과학들 사이의 성숙한 상호의존성과 양립 불가능한 것이 결코 아니다.

이 자율성은 개별 과학자가 오직 자신에게만 책임져야 함을 뜻하지도 않는다. 모든 분야는 그 종사자들의 전문적 능력을 평가하는 기준을 발전시킨다. 투사적 검사를 해석하거나, 착실히 파고들거나, 여론을 조사하는 데는 나름대로 받아들일 수 있는 방법이 있다. 사례연구, 실험, 가설, 이론의 모든 것은, 이들이 각자의 전문 분야에서 중요하게 받아들여지려면 어떤 조건을 충족시키지 않으면 안 된다. 이들 조건이 완전히 명시적인 경우는 거의 없다. 그것은 학문 분야에 따라, 시대에 따라 다르다. 그러나 어떠한 경우에도 이들의 요구는 단호하고 양보가 없는 듯하다.

모든 과학 공동체는 자체적인 사회통제 기구를 가진, 소위 작은 규모의 사회다. 전문학회의 임원, 존경 받는 원로, 학술지의 편집자, 평가자, 대학교수, 연구비 위원회, 장학금, 그리고 상(賞) 등. 이 모두가 직업적 표준에 순응하도록 끊임없는 압력을 행사한다. 이는 더 큰 사회에서 그 성원들이 일반적인 규범을 지키도록 제재를 받는 것과 같다. 어떤 면에서는 과학적 훈련은, 주어진 전문직 공동체의 성원이 되는 데 필수적인 능력은 물론, 일종의 존경을 제공하는 기능을 수행한다. 대부분의 지망자가 동의하듯, 박사학위 시험은 성인식의 고문과 여러 가지로 유사하다. 그리고 이들에게는 이에 더해 실패에 대한 공포라는 시련이 있다. 혹독한 성인식을 반복한 사람은 아무도 없다.

전문적 표준이 갖고 있는 보수성이나 보수적인 경향은, 때로는 과학적 진보의 길을 막고 서 있다. 과학의 순교자들은 때에 따라서는 이교도들보다는 신실한 성도들의 희생양이었다. 이그나즈 제멜바이스Ignaz Semmelweis와 게오르크 칸토어Georg Cantor는 (1세기가 넘게 되돌아가면) 그들의 혁명적인 산욕열과 무한산술에 대한 관념 때문에 존경스러운 그의 동료들로부터 박해를 받았다. 덜 극적이지만 이보다 최근의 예를 찾기란 어렵지 않다. 모든 저항적인 천재에게 기괴한 점이 많은 것과 같이, 참을 위한 순교자들 가운데는 자신이 만든 피해망상으로 고통 받은 사람들이 많다. 과학적 수월성의 표준은, 그것이 자기 패배적인 경우라 할지라도, 전체적으로 그리고 장기적으로는 성공을 일군다. 진짜 법칙the Law에의 집착은 거짓 예언자들에게 잘못 인도되는 것을 막는 가장 확실한, 아마도 유일한 안전장치일 것이다.

자율성의 원칙은 과학적 실행 규범에 대한 권위를 부정하는 것이 아니라 오히려 그 권위를 과학 그 자체의 주권에서 도출하게 한다. 탐구의 실행을 지배하는 표준은 어느 국면에서나 탐구로부터 나오며 앞으로의 연구에 의해 평가를 받는다. 역사적으로나 현재 국면에서나 같이, 자율성의 원칙에 대한 가장 중요한 대표적인 주장은 다른 사회적 조직의 침해로부터 과학의 존엄성을 방어하는 것이다.

신학, 정치학, 도덕, 형이상학은 모두 미심쩍은, 때로는 억압적인 권위를 행사해왔다. 과학과 신학(여기서는 과학과 종교보다는 좀 더 정확한 표현인) 사이에 일어난 전쟁의 역사는 여러 기록으로 남아 있다. 이러한 전쟁을 통해 물리학이나 생물학이 독립을 얻었다고 할지라도 세계 여러 곳에서 ― 미국을 포함해서 ― 행동과학은 아직도 신학적 교리의 영향 속에 있다(예를 들어 인구폭발이나 사형, 약물중독, 전쟁 억제력과 같은 문제에 관한 연구를 생각해보라). 우리에게 잘 알려진 과학에 대한 정치적 압력은 고작 나치와 스탈린 시대로 거슬러 올라간다. 그러나 그들의 교조적 신조는 역사학, 정치학, 경제학뿐 아니라 인류학, 유전학, 언어학, 수학과 같은 분야에까지 강요되었다(공적인 토론석상에서, 시드니 훅Sidney Hook은 동독 베를린대학교의 총장직을 수락한 화학 교수에게 "선생님은 스탈린을 화학자로서 어떻게 생각하십니까?"라는 매우 번뜩이는 효과 만점의 질문으로 공격을 시작했다). 미국에서도, 과학의 자율성은 반복해서 재확인하지 않으면 안 된다. 정신분석적 정신의학은 이반 페트로비치 파블로프Ivan Petrovich Pavlov의 땅에서뿐 아니라 극우진영으로부터도 의심을 받고 있다. 나아가 법적인 규제는 원자력 연구뿐 아니라, 한 미국 사회학자가 자신의 연구가 의회에서 비난을 받을 때 알게 된 바와 같이, 배심 제도의 작용과 같은 주제의 연구에서도 영향력을 행사한다. 도덕적인 종류의 고려는(근원적으로는 풍습mores과 연관이 되는 것인데) 성별과, 인종 사이의 관계 연구에서 똑같이 느낄 수 있다.

과학에 대한 형이상학의 영향과 권위에 관련된 것은 그보다 모호하다. 에드윈 버트Edwin. A. Burtt, 필립 프랭크Philipp Frank, 칼 포퍼Karl Popper, 그리고 이외 여러 사람들이 과학의 진보에서 형이상학의 값진 공헌에 대해 논의한 바 있다. 그러나 형이상학이 유해한 영향을 주었다는 사실도 의심의 여지가 없다. 게오르크 헤겔Georg. W. F. Hegel은 다양한 과학적 질문에 대해 독단적 대답

ipse dixit을 제공하는 데 주저하지 않았다. 그 이래 많은 형이상학자들이 과학적 탐구의 과정을 선험적으로 규정하기를 바랐다.

여기서 나의 목적은 과학적 기획이 인간과 사건의 더 넓은 세계와 분리되어왔다거나 아니면 그렇게 되어야 한다고 주장하는 데 있지 않다. 오히려 그 반대다(§43과 §45를 보라). 내가 주장하는 것은, 과학이 온갖 다른 인간 관심사에 깊이 개입되어 있는 시대에 와서도 과학활동의 표준은 과학 자체로부터 도출된다는 것이다. 내 입장은 과학 밖의 기획은 과학에 대해 아무 권위도 갖지 못한다는 것이다. 오히려 이와 같은 기획이 지배하는 경우, 그 권한은 피지배자의 동의가 있을 때에만 주어진다.

자율성과 논리

이제까지, 과학자들과 과학철학자들은 각각 자신들의 집단 안에서는, 그리고 서로 간에는 의견의 일치를 보는 듯하다. 그러나 여기에는 쟁점이 하나 남아 있는데, 그것은 과학과 관련된 논리의 규범적 강제력에 관한 것이다. 과학적 탐구 규범의 궁극적 근원과 근거는 논리가 아니라 '방법론'으로서의 실천적 정교화가 아닌가? 물론, 모든 과학자들은 '논리적'이거나 그렇게 되기를 열망한다. 그러나 여기서 쟁점은 논리가 과학적 과정을 정당화하는 것으로 보아야 하느냐, 아니면 탐구의 과정에 의해 정당화되는 것으로 보아야 하느냐 하는 문제다.

몇 해 전* 『논리와 과학적 방법 입문An Introduction of Logic and Scientific Method』이라는 제목의 유명한, 그럴 값어치가 있는 교과서가 출간되었다. 이 제목에서 낱말 '와and'에 대해 듀이는 예외적인 태도를 보였다. 그의 관점에서는

---

* 이 책은 1963년에 처음 나왔다. 따라서 이 책에 나오는 연도 등 시점의 표현은 1963년을 기준으로 한 것이다. ─ 옮긴이

논리는 탐구의 이론 이상이 아니기 때문이다. 그것은 마치 문학 비평이 문학에 '적용되어'야 하는 바와 같다. 이러한 적용 없이 그것은 아무것도 아니다. 이것은 아마도 듀이가 당시 발전 중에 있던 수학적 논리의 자기 충족적인 풍요와 활력을 충분히 이해하지 못했음을 보여주는 것일 수도 있다. 그러나 수학적 논리는 완전히 형식적이며, 엄밀하게 말하면 공허한 것이다. 루돌프 카르나프Rudolf Carnap의 최근 연구에서 보는 바와 같이, 그것은 귀납을 다루는 경우조차 실제로는 연역적으로, 참보다는 일관성의 논리로 남아 있다. "모든 가용한 증거를 다 사용하라"와 같은 귀납적 원칙은 탈논리적인extralogical 것으로, 계산에서 일정한 역할을 수행하는 규칙들을 사용해 그 계산을 정당화하는 것과 같은 동어반복이 아니다. 형식논리의 참은 순수 수학의 참과 같이, 실로 불가항력적인 것으로, 요즘 관점에 따르면 이 두 가지 참은 궁극적으로는 구분되지 않는다. 그러나 형식적 분석에 기초해 주어진 형식논리가 과학의 논리라고 결론짓는 것은 문제를 회피하는 일에 불과하다. 에픽테토스Epictetus는 "내가 논리를 공부하지 않으면 안 된다는 것을 나에게 증명해주시오"라는 도전을 받았다. 그의 대답은 "내 증명이 바른 증명인지 당신이 어떻게 알지요?"였다.

과학을 명제들propositions의 총체로 보느냐, 아니면 산물 또는 과정을 발생시키는 기업enterprise의 총체로 보느냐에 따라 많은 것이 달라진다. 어떤 조사의 최종 보고서와 관련된 규범에 대한 해설은 아마도 그 조사 자체의 실행과 관련된 것과 다를 것으로 기대해도 좋을 것이다(전자는 종종 '논리'로, 후자는 '방법론'으로 불린다. 그러나 이는 별로 좋은 용법은 아니다). 최근에는, 수십 년 전과 비교했을 때 많은 철학자들이 듀이나 그의 위대한 선임자인 퍼스와 같은 실용주의자들이 행한 매우 특징적인 과학의 과정에 대한 강조에 널리 공감하는 것을 볼 수 있다. 그러면 이제 곧 '발견의 논리'와 같은 어떤 것이 있느냐 없느냐의 문제로 되돌아가겠다.

그렇다면 "참의 추구에서 인간 이해(오성)understanding의 작용을 다루는 과학"(원문 그대로)이라는 존 스튜어트 밀John Stewart Mill의 논리의 정의에 대해 우리가 늘 느껴오던 것처럼 완전히 촌스럽지는 않은 어떤 것이 있다. 우리는 아마도 '참'의 추구뿐 아니라 설명, 예측, 또는 통제의 추구에 대해서도 같은 말을 할 수 있을 것이다. 요약해서, 논리는 문제를 해결하는 데 "인간 이해의 작용"에 대해 다룬다(이는 이러나저러나 촌스럽게 들린다). 우리는 스스로 미리 '해결책'을 구성하는 것의 어떤 단일 특성화에 헌신할 필요는 없다.

논리가 이들 작용을 평가적으로 다룬다는 점을 지적하는 것은 중요하다. 핵심적인 것은 이들 작용이 어떠한 환경에서 어떠한 사람들에 의해 수행된다는 사실이 아니라, 그러한 환경에서 이들이 지향해온 해결책을 산출하는 데 이들이 성공하느냐의 여부이다. '논리'라는 용어가 비(非)평가적인 의미로 사용될 수도 있다. 가령 '무의식의 논리'나 '급진적 우익의 논리'와 같은 문구에서 보이는 것이 여기에 해당한다. 나는 이러한 경우에 인지양식cognitive style에 대해 얘기하기를 선호한다. 그러면 우리는 인지양식에 대해 그것이, 여러 가지로 또는 어떤 다른 측면에서, 논리적인지 비논리적인지 말할 수 있다(또한 '사건의 논리'와 같은 표현에서 나타나는 바와 같이 '논리'라는 용어의 의미가 전치되는 경우도 있다. 여기서 전치된 의미란 논리가 오히려 사건에 대해 무엇 — 사건들의 필수적인 연결과 결과물, 그것들의 설명 — 을 밝혀야 하는가를 가리킨다). 논리는 간단히 말해 과학자가 그들이 과학자로서 잘하고 있을 때 무엇을 하는지를 다룬다.

그렇다면 '논리'라는 낱말은 '생리학'과 '역사'와 같은 하나의 낱말일 뿐이다. 그것은 어떤 한 학문 분야를 지칭하기도 하고 특정 주제를 뜻하기도 한다. 우리 모두에게는 생리 현상과 역사가 있다. 또한 우리 가운데 어떤 사람은 이것들에 대해 생각하거나 쓰기도 한다. 마찬가지로 과학자들과 철학자들은 논리를 사용하며 — 그들은 다소나마 논리적인 인지양식을 가지고 있다 —

그들 중 일부는 또한 그것을 명시적으로 형식화하기도 한다. 나는 앞의 것을 상용논리logic-in use, 그리고 뒤의 것을 재구성논리reconstructed logic라고 부른다. 우리는 이들을 더 이상 동일한 것으로 취급할 수 없으며, 나아가 이들 사이에 정확한 대응도 가정할 수 없다. 그것은 로마의 멸망과 이에 대한 기번Gibbon 의 설명이나 환자의 열과 이에 대한 의사의 설명과 다르지 않다.

비록 내가 어떤 탐구의 영역 — 말하자면 정신분석이나 유사심리학 — 은 과학적 비판에 대한 방어로서 '자신의 논리'를 가진다고 주장할 수는 없다고 말해왔지만, 그들에게 여러 가지 상용논리가 있는 것도 사실이다. 우리가 거부할 수 있는 것은 오직 소유권의 주장, 즉 비판은 비판 방법의 건전성이 먼저 확인되지 않으면 인정될 수 없다는 것뿐이다. 내 것은 내 것이고 네 것은 따져봐야 한다는 방침은 과학에서나 정치에서 똑같이 거부할 수 있다. 어떤 탐구에서나 상용논리는 스스로를 증명하지 않으면 안 된다. 이러한 증명은 탐구의 성공을 통해 이루어지며 다른 어떤 건전한 상용논리에서도 발견될 수 있다(다른 것이 '건전'하지 않으면 안 된다는 조건은 일종의 순환론이지만 악순환은 아니다). 관념의 세계에는, 안으로나 밖으로나, 장애물이 없다는 것이 이를 지배하는 하나의 참인 '논리'를 요구하는 것은 아니다. 그러한 논리가 있다는 — 그것이 우연히 우리의 논리라는 — 확신은 지난 세기 내내 비교민족학이 우리에게 고통스럽게 일깨워준, 파벌주의에 불과하다. 보편적 합리성으로 정의되는 '자연논리'의 신화는 벤저민 리 워프Benjamin Lee Whorf 그리고 언어학과 인류학에서 활동하는 그의 후계자들에 의해 예리하게 분석되었다. 언어와 문화뿐 아니라 지식의 상태, 탐구의 단계, 그리고 특정 문제의 특수한 조건도 상용논리에 영향을 끼친다. 고양이의 가죽을 벗기는 방법은 하나가 아니며, 고양잇과에는 몇 가지 놀랄 만한 표본이 있다.

상용논리에 대한 우리의 입장이 무엇이든, 여러 재구성논리가 있다는 것에는 의심의 여지가 없다. 존 로크John Locke는 삼단논법을 논하면서, "신은 사람을 겨우 두 발을 가진 피조물로 만들고, 그들을 합리적으로 만드는 일은 아리스토텔레스Aristotle에게 넘기실 정도로 그들에게 인색하지는 않으셨다"라고 논평했다. 아리스토텔레스의 재구성 이전에도 일종의 상용논리들이 있었다. 그리고 다른 재구성들은 그 이후에 이루어졌다. 오거스터스 드모르간Augustus De Morgan은 아리스토텔레스의 논리가(즉 그의 재구성이), 말은 동물이지만 말의 머리가 동물의 머리라는 것을 증명할 수는 없었다는 관찰을 출발점으로 해서 현대 논리 운동의 길을 열었다. 이 논증의 증명은 관계의 논리가 개발될 때까지 기다려야 했다. 불행하게도 이마누엘 칸트Immanuel Kant는 지배력이 다해가던 아리스토텔레스의 논리학이 더 이상 진보의 여지를 남겨놓지 않았다고 선언했다. 하지만 금세기(20세기) 버트런드 러셀Bertrand Russell, 윌러드 반 콰인W. V. O Quine 등은 아리스토텔레스의 것과는 비교도 되지 않을 정도로 풍부한 재구성을 만들어냈다.

그들 가운데 로크와 드모르간은 우리에게 상용논리가 그것의 자체적인 재구성에 앞서고 그 재구성보다 우세할 수 있다는 것을 상기시키고 있다. 이러한 지적은 일상생활의 상용논리뿐 아니라 과학의 상용논리에도 똑같이 적용된다. 아이작 뉴턴Isaac Newton과 그의 추종자들은 물리학 연구에 미적분을, 그 토대에 대해 조지 버클리George Berkeley 주교의 빈틈없는 비판이 제기되었음에도, 훌륭하게 사용했다. 이들의 비판은 약 200년 후 카를 바이어슈트라스Karl Weierstrass의 재구성으로 비로소 만족스럽게 수용되었다. 역으로 재구성이 상용논리가 되거나 이에 어느 정도 영향을 줄 수도 있다. 아리스토텔레스의 논리는 고정된 종을 다루는 생물학 분야에서는 물론, 광범한 다른 학문 분야의 상용논리에서도 마찬가지로 실로 중요한 역할을 수행했다. 러셀의 논리 재구성은, 당시의 다른 논리학자들의 작업과 함께, 수학과 연관 과학의 상용논리에 중요한 영향을 주었다.

카르나프와 한스 라이엔바흐Hans Reichenbach는 과학의 '합리적 재구성'을 과학적 산물에 대한 '논리적' 분석의 적용이 아니라 당시의 재구성논리의 적용으로 간주했다. 얼마 동안 가장 광범하게 받아들여진 과학의 재구성은 소위 '가설-연역적 방법hypothetico-deductive method'이라고 부르는, 특히 공준적 형식postulational form을 취한 것이었다. 이 재구성에 따르면, 과학자는 조심스러운 관찰과 빈틈없는 추정과 과학적 통찰력으로 그가 관심을 둔 현상을 지배하는 일련의 공준postulates에 도달하게 되고, 이로부터 관찰 결과를 연역하게 된다. 그다음 그는 실험으로 이들의 결과를 시험해서 공준들을 확증하거나 거부하고, 필요할 때에는 이들을 다른 공준들로 대체하며, 다시 그 작업을 계속한다.

이러한 재구성은 상당 기간 주로 앞선 물리학 분파들에 적용되었으며, 사례의 수가 훨씬 적긴 하지만 생물학과 행동과학에도 이용되었다. 그러나 특정 재구성논리는 사실상 그 자체가 하나의 가설hypothesis이다. 다른 가설들과 마찬가지로, 시간이 지남에 따라 이 가설도 사실 — 여기서는 상용논리에 의해 구성된 사실 — 에 '맞추는 것'이 점점 더 어색해질 수 있다. 문제는 이들 사실이 그렇게 해석될 수 있느냐 없느냐에 있는 것이 아니라, 오히려 그렇게 하는 것이 아직도 값어치가 있느냐 없느냐라는, 문제의 재구성이 실질적으로 이용되고 있는 건전한 실행에 기여하느냐의 여부에 있는 것이다. '가설-연역적 재구성'은 여러 상용논리를 공정하게 취급하는 데 실패하고 있으며, 반대로 어떤 재구성논리는 실제 사용되고 있는 사례들 중에서 상대역을 가지지 못하고 있다. 가설의 형성은 마치 탈논리적인 것 같이 취급된다. 다른 한편, 공준적 체계에서의 형식적 연역은 과학에서는 거의 발견되지 않는다. 따라서 논리학자는 자신의 재구성들에 주제를 제공하기 위해 스스로 이러한 체계를 만들고 싶은 충동을 느끼게 된다.

확실히, 재구성논리는 단순히 과학자들이 실제로 행한 것들의 서술을 뜻하지는 않는다. 그 이유는 두 가지다.

첫째, 논리는 평가와 관련되기 때문에 아직 이루어지지 않은 채 남겨진 것보다 이미 이루어진 것에 관심을 덜 보일 수 있다. 그러나 과학에서 가설의 형성과 이전보다 만족스러운 가설로의 대치는 전반적으로 건전한 작업의 문제이지, 비논리적이거나 탈논리적인 어떤 것의 문제가 아니다. 내가 비판하고자 하는 것은 '가설-연역적'인 재구성에서 과학 드라마의 가장 중요한 사건들은 무대 뒤 어디선가 만들어진다는 것이다. 지식의 성장은 과학적 기업의 기초를 이룬다. 그것은 논리적인 관점에서도 마찬가지다. 인습적인 재구성은 대단원의 결말을 제시한다. 그러나 우리는 그 구상에 대해 무지한 채로 남아 있다.

둘째, 재구성논리는 실제 과학적 실행의 서술이 아니라 오히려 이상화를 추구한다. 가장 위대한 과학자들마저도 전적으로 그리고 완벽하게 논리적인 인지양식은 가지고 있지 못하며, 가장 빛나는 연구 업적에서조차 아직 지나칠 정도의 인간적인 방황이 엿보인다. 상용논리는 특정 초상용논리의, 또는 비상용논리의 매트릭스에 뿌리를 두고 있다. 재구성은 오직 과학의 논리를, 만일 극도의 순수한 상태로 추출되고 정제될 수만 있다면 나타날 수도 있는 그 무엇을 우리에게 보여주어야 하는 것으로 이상화하고 있다.

이러한 방어는 중요하고, 내 생각에는 건전하다. 그러나 그것은 어느 지점까지일 뿐이다. 이상화는 오직 앞으로의 논리 자체의 발전에 유익한 정도에 따라 수행될 수도 있는 것이지, 과학적 실행의 이해와 평가를 위해서 수행되는 것은 아니다. 재구성은, 막스 베버Max Weber가 한때 심술궂은 눈으로 관찰했듯이, "전문 분야가 때로는 적나라한 눈으로는 자신을 알아볼 수 없을 정도"로 이상화되어왔다(Weber, 135: 114). 최악의 경우 논리학자는 자신이 사용하는 도구의 영향력과 멋스러움을 높이는 데 깊이 몰입해서, 그 도구가 다루어야 할 자료를 보지 못하게 된다. 기껏해야 그는 문제가 많은 플라톤주의의 주장에, 어떤 것을 분석하고 이해하는 적합한 방식은 이를 가장 이상적인 형식 — 즉, 어떤 구체적인 형상으로부터 추상된 형식 — 에 준거시키는 것이라는 주장에 몰입하고 있다. 이것은 하나의 방식일 뿐이지 유일한 방식은 아니다. 또한 나는 이것이 언제나 최선의 방식이라는 확신도 가지고 있지 않다.

상용논리와 특정 재구성논리의 혼동, 특히 고도로 이상화된 논리와의 혼동은 과학의 자율성을 교묘하게 전복시킬 커다란 위험을 내포하고 있다. 논리의 규범적 강제는 필수적으로 상용논리를 개선시키는 효과를 갖는 것이 아니라 상용논리를 강요된 재구성논리에 더 가깝게 일치하도록 만들 뿐이다. 종종, 행동과학은 물리학 닮기를 그만두어야 한다는 말을 듣는다. 나는 이러한 제언이 잘못되었다고 믿는다. 여기에는 이미 스스로 참을 추구함에서 매우 뚜렷한 성공을 보여온 이해의 작용에 대한 선호가 숨겨져 있다. 내가 생각할 때 중요한 것은, 행동과학이 물리학은 이러하다고 주장하는 특정 재구성만을 모방하기를 그만두어야 한다는 것이다.

재구성이 수학적으로 우아하고 정확하고 강력할 때, — '가설-연역'논리의 경우와 같이 — 그 매력은 거의 저항하기 어렵다. 그러나 핵심적인 문제는 재구성논리의 본원적 가치가 그 자체에 있는 것이 아니며, 오히려 그 유용성이 상용논리를 조명하는 데 있다는 것이다. 가로등까지 상당히 떨어진 곳에서 열쇠를 떨어뜨린 어떤 취객이 가로등 아래에서 열쇠를 찾는 얘기를 소개하겠다. 왜 떨어뜨린 곳에서 열쇠를 찾지 않느냐는 질문을 받았을 때 그 취객은, "여기가 더 밝아서요!"라고 대답했다. 행동과학의 논리에서 뿐 아니라 행동과학 그 자체에서도, 많은 노력이 이 취객의 찾기 원리 때문에 낭비되었다.

§2. 논리와 심리

무엇보다도 합리적 재구성은 심리적 의미의 합리화와 어떤 것을 공유하는 듯하다(여기서 합리화되고 있는 전제는 참일 수 있다는 것을 잊어서는 안 된다). 새로운 버전은 옛것이 관심을 갖지 않던, 경우에 따라서는 옛것과 충돌하기까지 하던 합리성의 표준들을 만족시킨다. 합리적 재구성에 작용하는 것은, 오히려 정신분석학자들이 원초적 꿈의 과정의 '2차적 정교화'라고 부르는 것과 비슷하다. 우리가 보고하는 꿈은 우리가 꾼 그 무엇이 아니라, 단지 그 표면에 나타나는 더 그럴듯하고 명료한 어떤 것일 뿐이다. 꿈의 경우에 이와 같은 '정교화'는 잠재적 내용을 완전히 감추지는 않으며, 건전한 해석을 촉진시킬 수도 있다. "나는 분석가를 우롱했지. 나는 그에게 실제로 내 꿈을 얘기하지 않았어. 그저 꾸며내서 얘기했을 뿐이야"라고 말하는 환자는 단지 자신을 우롱하고 있을 뿐이다. 이 과학적 분석가는 운이 덜 좋았을 뿐이다.

정당화

어려움은 실제 과학에서 계속 이용되고 있는 관습적인 논리인데도 미리 선택된 재구성에 적합하게 전환되기까지 심리학이나 사회학에 속하는 것으로 무시된다는 점이다. 여기서 문제가 되는 것은 단지 인지양식이 아니라는 점에 주의해야 한다. 과학자가 어떤 것을 행하거나 행한 적이 없다는 단순한 사실은 확실히 과학의 논리와는 관련이 없다. 그러나 그것이 탐구에서 어떤 결과를 산출하느냐 그렇지 못하느냐라는 사실은 그렇지 않다. 논리학자들은 '심리주의psychologism'를, 혹시 이 용어가 우리로 하여금 어떻게 생각하는가와 어떻게 생각해야 하는가를 혼동하게 만들지는 않을까 해서, 매우 두려워했다. 그러나 우리가 어떻게 생각해야 하느냐의 문제는 틀림없이 우리가 어떤 방식으로 생각할 때 무슨 일이 발생했느냐에, 또는 우리가 그렇게 했더라면 무슨 일이 발생했을 것인가에 달려 있다. 서술로서의 심리와는 반대로 논리는 규범적이다. 그러나 규범은 서술되는, 또는 될 수 있는 그 어떤 것에 근거한다. 심리주의를 기피하는 일이, 매이지 않은 지성을 순수관념의 영역에서 활약하게 만드는 특정 재구성논리에 우리를 맡기는 것은 아니다. 이러한 재구성은 순수 수학에서, 또는 논리학 그 자체에서도 무슨 일이 일어나고 있는지에 대한 적절한 설명을 제공할 수 없다. 더욱이 경험과학에서 무슨 일이 일어나고 있는지에 대해서는 아무것도 얘기하지 못한다.

과학적 실행의 현실을 논리에 수용하는 것은 발생적 오류genetic fallacy에 굴복하는 위험을 자초하는 것이라는 주장이 있어왔다. 발생적 오류는 어떤 주장assertion의 참 여부를 그것과 관련된 증거나 논쟁이 아니라, 그 출전에 기초해 판단하는 오류를 말한다. 이러한 주장에서 과학자들이 수행하기 때문에 특정한 이해의 작용이 논리적이라고 말하는 것은, 어떤 명제proposition가 '순수한 아리안' 또는 '훌륭한 공산주의자'가 제시한 것이기 때문에 그 명제를 받아들이는 것에 비교할 수도 있다는 입장을 취한다. 그러나 나는 이들 사례가 비교될 수 없는 것이라고 믿는다. 기본적인 것은 과학자가 이해의 작용을 사용하고 있다는 단순한 사실이 아니며, 나아가 그것 자체가 자신의 작업에 유용하다는 것을 보여준다는 사실이다. 명제의 기원이 아니라 결과가 결정적인 것이다. 발생적 고려는 그것이 과거의 성공에 기초를 둔 귀납적 추론으로 재구성될 수 있을 때에는 더 이상 잘못된 것이 아니다(성공의 범주에 관한 몇몇 문제에 대해서는 §36에서 다루고 있다).

이러한 관점에서, 과학사 연구가 핵심적인 중요성을 갖게 된다. 내가 믿기로는 어떤 추상 논리의 무시간적timeless 참은 그것에서 추상된 것이 역사적 현실로 나타나는 정도만큼 과학적 방법의 이해에 공헌한다. 다행히, 이상화된 '과학언어'의 무시간적 구조의 연구뿐 아니라, 과학사 연구방법론의 중요성에 대한 인정이 — 철학자들 가운데서도 — 확산되고 있다. 확실히, 과학적 실행에 근거를 둔 논리적 규범은, 더 이상 플라톤이 단순한 '의견'과 구분되는 진짜 지식의 유일한 표시로 본 확실성과 보편성을 가진 것으로 주장할 수는 없다. 그러나 확실성의 양보는 논리가 지불해야 할 대가라고 나는 믿는다. 과학은, 거의 모든 자체의 기초 원칙들이 필수적이고 무조건적으로 참이되지 못하는 경우에도, 스스로 잘 움직여나간다. 논리적인 참과 경험적인 참사이에 날카롭고 절대적인 차이가 존재한다는 데 대해서는 오늘날 많은 저명한 논리학자들이 의문을 제기해왔다. 한 세대 전에 클레런스 어빙 루이스 C. I. Lewis가 '선험적 실용성pragmatic a priori'이라고 부른 이단이 오늘날에는 별어려움 없이 정통의 길에 들어서 있다. 상용논리의 재구성은 최소한 조심스럽게 고려해볼 가치가 있다.

발견

현재 과학적 탐구에서 실제로 이루어지고 일은 통상 '발견의 맥락'에 속하는 것으로 분류되는 반면, 논리는 오직 '정당화의 맥락'만을 다룬다는 주장이 있다. 이 관점에 따르면 논리는 과학자들이 어떻게 결론에 도달하는가에 대해서는 무관심하고, 단지 그가 그러한 결론에 도달하는 것이 정당화되느냐의 여부만 묻는다. 발견과 정당화 사이의, 그리고 이들 각각의 맥락 사이의 구분은 합당하고 중요하다. 그렇지만 정당화의 맥락으로 논리의 한계를 정하는 것은 위에서 언급한 상용논리와 재구성논리의 구분과 이것을 혼동하는 데서 유래하는 것으로 보인다. 우리가 발견을 일구어내는 상용논리가 없다는 결론에 도달한다면, 그것은 우리의 재구성이 스스로를 정당화의 문제에 묶어놓고 있기 때문이다. 만약 논리가 과학자가 쓰는 것이 아니라 우리 방법론자들이 쓰는 것이라면, 그것은 틀림없이 정당화의 맥락에 한정될 것이다. 왜냐하면 이 맥락이 참의 추구에 대한 우리의 헌신의 한계를 표시해주는 것이기 때문이다.

상상력, 영감과 같은 것이 과학에서 굉장히 중요하다는 것은 모두가 인정한다. 이런 것들이 발견의 맥락(물론 정당화의 발견을 포함해서)에 속한다는 것은 받아들일 수 있다. 그러나 그렇다고 이들이 논리 밖에 있다거나 오직 과학심리학에 적합한 주제일 뿐이라는 주장에 동의할 수 있는가? 그러면 이러한 속성을 가진 모든 것을 느슨하지만 대중적인 용법에 따라 '통찰력intuition'이라고 부르자. 여기서 내가 주장하는 것은 통찰력 또한 자신의 상용논리를 가지고 있고, 따라서 어느 적합한 재구성논리에 자리 잡지 않으면 안 된다는 것이다. 통찰력과 추측 사이에는 — 위대한 창조적인 천재나 보통의 경험을 가진 과학도와 같은 이들의 통찰력과, 완전한 초심자의 실수투성이인 맹목적 추측이나 기계적인 시행착오 사이에는 — 틀림없이 근본적인 차이가 있다.

내게는 그 차이가 여기에 있는 듯하다. 우리가 '통찰력'이라고 부르는 것은 ① 전의식적인preconscious, 그리고 ② 그것을 쉽게 재구성할 수 있는 기존의 추리 틀 밖에 있는 상용논리를 말한다. 간단히 말해 우리나 발견자 자신도 그가 어떻게 그의 발견에 도달했는지 잘 알지 못할 때, 반면 이들 발견의 빈도나 유형이 이것들을 단순히 우연으로 돌리기에는 꺼름칙할 때, 우리는 바로 이것을 통찰력이라고 말한다. 수학자 앙리 푸앵카레Jules Henri Poincaré와 같은, 수없이 많은 과학자들이 자신의 통찰력 기법에 대한 어떤 자각을 갈망했다. 순수하게 심리학적 입장에서 보면 심리분석이 어느 정도 이 문제에 빛을 비추기 시작했다. 그러나 이러한 과정에 대한 연구가 결코 심리학적 지향에 한정될 필요는 없다. 우리는 또한 그들의 목표 달성에서 탐색자가 느끼는 조작의 효율성에 흥미를 가질 수도 있으며, 이 효율성이 바로 논리의 관심이다. 이러한 관점에서, 예를 들어 게오르크 폴리아George Polya는 수학적 발견의 맥락에 대해 고찰했다. 마찬가지로 허버트 사이먼Herbert Simon과 앨런 뉴웰Alan Newell은 명제 계산propositional calculus에 놓인 문제들을 풀기 위한 컴퓨터 프로그램을 연구하는 데, 수학적으로 확정적인 절차에 따라서가 아니라 논리학자들의 증명을 찾으려는 노력을 모방하는 방식을 사용했다. 통찰력은 우리가 그것을 '그 자체'로 놓아두고 그 논리를 우리의 것으로 만드는 데 흥미를 갖지 않을 때만, '그 자신의 논리'를 가진다.

통찰력의 논리는 과학에서 우연성의 중요성을 조금도 훼손하지 않는다. 그러나 과학에서 ― 그리고 통상적으로 다른 어느 곳에서도 마찬가지로 ―, 조제프 라그랑주Joseph Louis Lagrange가 한때 뉴턴에 대해 말했듯이, 운이란 따르는 것이다. 운 좋은 발견도 전적인 발견으로 인정되어야 한다. 이것 또한 알려지고 조사되고 해석되어야 한다. 빌헬름 뢴트겐Wilhelm Konrad Roentgen은 우연히 X-선을 발견하고 6개월 후, 다음과 같은 내용의 인터뷰(113: 77에서 인용)를 발표했다. "······ 나는 튜브를 통해 전류를 보내고 있었습니다. 그리고 이상한 흑색 선이 종이에 나타나는 것을 목격했습니다." "이게 무엇일까?" "이 결과는, 일상적인 표현으로는 빛의 통과에 의해서만 만들어질 수 있는 그러한 것이었습니다. 어떤 빛도 튜브로부터는 나올 수 없었습니다. 왜냐하면 튜브를 덮고 있던 방어벽은 어떤 알려진 빛도, 전기 아크의 빛까지도 통과시키지 않는 것이었기 때문입니다." "그때 내가 무슨 생각을 했겠습니까?" "나는 생각하지 않았습니다. 조사했습니다······"

'증명의 논리'와 함께 '발견의 논리'가 있는가라는 질문은 오래된 것이다. 왜 이런 질문을 하는가? 명백히, 우리에게는 내일 일어날 발견의 내용이 무엇일지 예측해야 할 이유가 없다. 왜냐하면, 그 경우 발견은 오늘 할 수도 있기 때문이다. 다른 한편, 우리는 일반적으로 어떤 발견들이 이루어질 것인지, 그리고 일반적으로 어떻게 이들 발견이 이루어질 것인지 하는 것까지도 예측할 충분한 이유를 가질 수 있다. 1964년 현재에 우리는 우리의 달로켓이 1965년에 또는 1970년에 달 분화구의 화산이나 유성의 기원에 관련해 무엇을 밝혀낼 것인지 말할 수 없다. 그러나 로켓들이 관련 쟁점을 어느 한쪽에 유리하게 해결할 것이라고는 기꺼이 예측할 수 있다. 여기서 제기되는 질문들은 다음과 같다. 우리는 이러한 탐구를 수행하기에 앞서 작동 가능한 논리적 규범들을 만들 수 있는가, 아니면 이들 규범은 단지 사후에 어떤 특정 탐구가 성공적이었는지의 여부만을 말할 수 있는가? 논리가 우리에게 어떻게 과학을 해야 하는지 말할 수 있는가, 아니면 사실상 우리가 과학을 했다는 것을 확인시켜줄 뿐인가?

증명의 타당성을 보증해주는 절차에 상응하는, 발견의 성공을 보장하는 체계적 절차를 요구하는 것은 확실히 지나친 기대다. 발명에 대해 밀은 "비록 그것이 계발될 수 있을지라도, 규칙으로 환원될 수는 없다. 사람으로 하여금 자기의 목적에 알맞게 생각해내도록 만들 수 있는 과학은 없다"라고 말했다. 그러나 요점은 '계발'될 수는 있다는 점이다. 과학적 기업에는 행운이 중요한 요소가 되지만, 그것이 전적으로 우연의 게임은 아니며 과학적 훈련을 통해 어느 정도는 경기자의 기술을 끌어올릴 수 있다. '발견의 논리'는, 말하자면 게임의 전략이다.

여기서는 '전략'을 현재 게임이론에서 사용하는 그러한 엄격한 뜻으로 사용하지는 않는다. 즉, 게임에서 일어날 수 있는 모든 가능한 결말에 대비해서 행마를 정확하게 어떻게 할 것인가에 대한 결단을 뜻하지는 않는다. 이와 같은 결단은 발견을 만들어내기 위한 완전한 규칙들의 집합에 상응하는 것이다(물론 여기에는 우리가 최적의 선택을 하더라도 게임에서 지게 되는 경우가 있는 것은 아니라는 가정이 있다). 오히려 나는 전략을 훌륭한 장기꾼들이 알고 있는 것과 같은 의미로 사용한다. "열려 있는 줄을 봉쇄하라!", "졸 뒤에 포를 놓아라!" 등과 같은 규범들이 승리를 만들어낸다는 것을 증명할 수는 없다. 그러나 초심자들은 이들 규범을 잘 따르라는 권고를 받는다.

우리가 지금까지 고려해온 질문은 다음과 같이 문장화할 수 있다. 이와 같이 과학을 하는 전략은 오직 심리적 중요성만을 갖는 것인가, 아니면 과학의 논리에도 중요성을 갖는 것인가? 이렇게 표현하면, 내가 보기에, 대답은 자명하다. 물론 이들은 — 논리를 주어진 시점에 재구성들 가운데 우리에게 가용한 것에 한정시키지 않는다면 — 논리에도 중요성을 갖는다.

장기놀이는 상용논리와 재구성논리의 구분의 '심리주의'와의 관련성을 잘 드러낸다. 가용한 재구성들은 실제 놀이의 미묘성을 보여주는 데 전혀 적합하지 않으며, 지그베트 타라시Siegbert Tarrasch나 애런 님조비치Aron Nimzowitch와 같은 대가들조차 그들 원리의 형식화에 뛰어났음에도 세계선수권을 획득하는 데 실패했다. 그러나 '위치적 감각'의 비법에 호소할 필요는 없다. 어느 곳에서와 마찬가지로 장기에서의 통찰력은, 가용한 재구성들과는 다른, 그러나 그렇기 때문에 더 나은 재구성들을 통해 점점 더 가까이 갈 수 없는 것은 아닌 상용논리다. 얼마 지나지 않아 초인적 성공을 보장하는 장기놀이 프로그램이 장착된 컴퓨터가 등장할 가능성은 충분하다. 이러한 프로그램은 필연적으로 게임의 재구성논리이며, 대가들에 비해 성적이 좋으면 좋을수록 그것은 상용논리의 더 나은 재구성일 가능성이 더 크다.

이제 핵심적인 것은 좋은 경기를 위해 사용하는 갖가지 행마는 심리적 분석뿐 아니라 논리적 분석의 대상이 된다는 사실이다. 위대한 체스 선수 에마누엘 라스커Emanuel Lasker는 '판'보다는 '상대방을 가지고 노는 것'으로 더 유명하다. 그는 상대방의 신경질적인 성격과 다른 약점을 이용하기 위해, 자신마저도 객관적으로 열등하다고 생각하는 행마를 하곤 했다. 그러나 이와 같은 경기를 특별한 것으로 만든 것은 정확히 우리가 이들 행마를 심리적 고려 없이 '훌륭한' 것으로 인지할 수 있다는 점이다. 의심의 여지 없이 라스커의 행마는 자기 자신의 기질을 반영한 것이었고, 게임에 대한 그의 접근은, 그가 스스로 우리에게 얘기하듯, 그의 '투쟁의 철학'이었다. 모든 논리의 사용은 모두가 심리적 사실의 문제이며, 그래서 이러한 사실들을 결정하는 모든 요인의 지배를 받는다. 그러나 상용논리 그 자체는 그러한 요인들이 아니라 당장 눈앞에 놓인 문제와 관련된 요인들에 매달려 있다. 사고thinking는, 그것이 논리적이든 비논리적이든, 항상 심리적 과정이다. 그러나 그것이 논리적일 때, 그것은 그 생각을 일으킨 문제가 위치하는 그보다 큰 세계에 이르게 된다. 단순하게 우리가 어떻게 생각하는가가 아닌, 어떻게 우리가 생각해야 하는가 하는 질문은 심리학을 부적절하게 만드는 것이 아니라 오히려 그 외에 다른 많은 것에 적합성을 부여하는 일이다.

논리는 스스로 과학적 발견 과정에, 즉 결론에 도달하는 과정뿐 아니라 도달한 결론의 증명에 관심을 가질 수 있고 그래야만 한다는 것은 아리스토텔레스부터 퍼스와 포퍼에 이르기까지, 많은 철학자들이 택한 입장이다. 최근에 '발견의 논리'는, 가설을 수용하는 이유를 다루는 증명의 논리와는 대조되는 가설을 펼치는 이유에 관한 연구로 해석할 수 있다는 제안이 나오고 있다(§41의 노우드 핸슨Norwood Hanson 참고). 의심할 것도 없이 이 이유들은 어느 정도 일치한다. 우리는 높은 선행확률을 가졌던 가설들을 펼친다. 그리고 선행확률은 증거에 의한 가설의 확증에 개입한다. "여자를 찾으라"라는 격언은 탐정을 인도한다. 그리고 이 격언이 제공하는 가설화된 동기는 용의자를 불리하게 하는 중요한 요소로 작용한다. 그러나 어떤 가설을 펼치는 이유 모두가 필수적으로 가설 수용에 일정한 역할을 수행하는 그러한 종류의 것은 아니다.

취객의 열쇠 찾기가 여기에 예로서 적합하다. 우리가 느끼는 바로는, 찾기 유형은 찾으려는 것이 찾는 이가 들여다보고 있는 그 장소에 있을 확률과 매우 긴밀하게 연관되어 있음에 틀림없다. 그러나 이 농담이 우리의 애기일 수도 있다. 단지 '그곳이 밝기' 때문에 가망이 별로 없는 장소에서 먼저 찾아보는 것은 현명한 일일 수 있다. 우리는, 만약 그것이 거짓이라면 기각하기가 쉽기 때문에, 또는 그것 덕분에 더 많은 수의 선택 가능성이 제거될 것이기 때문에, 아니면 그것이 다음에 어떤 단계를 택해야 하는지를 명확하게 보여줄 것이기 때문에, 다른 것이 아닌 특정 가설을 제시해볼 수도 있다. 우리는 아마도 어떤 지역을 한쪽으로 올라가고 다른 쪽으로 내려가면서 수색할 수도 있고, 중앙에서 바깥쪽으로 나선형으로 돌면서 할 수도 있다. 상황에 따라 다양한 수색 방법이 채택될 수 있다. 최적의 찾기 유형은 우리가 추구하는 것의 확률 밀도의 유형을 단지 그대로 반영하는 것이 아니다. 우리가 그곳에서 본 기억이 나기 때문에, 또는 그것이 늘 그러한 장소에 있기 때문에, 또는 이와 비슷한 여러 가지 이유로, 찾는 것이 어떤 특정 장소에 있다는 가설을 수용한다. 그러나 또 다른 이유로 가설을 펼칠 수도 있다. 즉 우리는, 우리가 전에 그 장소에 가본 적이 있다거나 다른 사람들이 그 외의 곳을 수색하고 있다는 등의 이유로, 어떤 특정 장소를 살필 수도 있다. 나는 이들 이유의 종류들의 차이가 단지 정교함 및 정도와 강도의 문제라고는 보지 않는다.

이들 다른 종류의 이유들은 단지 실행적인 종류의 것으로서 순수하게 논리적인 고려와는 구분되어야 한다고 말할 수도 있다. 나는 여기서 '실행적'이라는 말에는 동의할 수 있지만 '단지'에는 그렇지 못하다. '단지'가 해당되는 것은 아무것도 없다. 만약 논리가 과학적 실행과 관계가 있다면, 그것은 피할 수 없이 '실행적'인 그 무엇에 ― 즉, 과학에서 작동하는 그 무엇에 ― 관한 것이다. 이와 같은 관심사들을 우리의 재구성논리의 영역에서 제외시키려는 경향은, 앞에서 이미 말한 바와 같이 보편성과 필연성necessity에 대한 요구에서 나오는 것이라고 나는 믿는다. 어떤 하나의 환경에서 실행적인 것이 다른 환경에서는 그렇지 않을 수 있으며, 그것이 어떠한 경우에도 반드시 작동해야 한다는 주장은 성립하지 않는다. 확실히 논리는 그 규범의 최대로 가능한 범위의 적용에, 그리고 그 규범의 주장의 가장 확고한 가능한 근거에 관심을 가진다. 그러나 논리가 두 경우 모두에서 최종 지점에 도달하는 것을 막을 수도 있지 않은가? 논리성은, 마치 스토아학파의 덕의 개념화와 같이, 정도의 차이를 허용하지 않는 완전성을 가져야만 하는가? 특정 사례에서 과학자가 행하는 일은 아마도 다소나마 합리적이고, 사리에 맞고, 지적일 수도 있다. 이렇게 만드는 것은 그의 심리에 있는 것도, 그가 하는 일을 평가하는 우리의 심리에 있는 것도 아니며, 오직 그의 문제에, 그리고 그의 이해의 작용에 관련된 것이다. 여기서 마지막의 것이 내가 논리라고 부르는 것의 주제를 이룬다.

§3. 방법론의 임무

'방법론methodology'이라는 낱말은, '생리학', '역사' 그리고 '논리'와 같은 앞에서 언급한 낱말들과 마찬가지로, 특정 학문 분야와 그것의 주제 양쪽 모두를 지칭하는 데 사용된다. 나는 '방법론'을 방법들의 연구 — 서술, 설명, 정당화 — 를 뜻하는 것으로 사용하고 있으며, 방법들 자체를 의미하는 것으로는 사용하지 않고 있다. 가끔 우리가, 말하자면 경제학의 '방법론'에 대해 얘기할 때, 우리는 경제학자들이(더 적절하게는, 어느 특정 경제학파가) 사용하는 바로 그 방법the method이나 방법들methods에 주목한다. 이러한 점에서 통상적인 용법이 모호하기는 하지만, 내 생각에는, 심각한 다의성의 문제를 발생시키지는 않는다. 용어의 의미에서 불확실성은 어디에나 있다. 나는 방법론의 용법을 네 가지로 구분하고자 한다.

기법

여기서 '기법techniques'은 주어진 과학이나 그 과학의 특정 탐구의 맥락에서 사용되는 일정한 절차를 언급한다. 예를 들면 로르샤흐Rorschach 테스트의 사용이나 대규모 여론조사와 관련된 기법들이 여기에 속한다. 그런 것은 요인 분석에 개재된 것과 같은 통계적 기법이나, 면접을 실시하는 기법 또는 미로를 통해 쥐를 달리게 하는 기법, 방사선 탄소 연대 측정과 알려지지 않은 비석의 글을 판독하는 기법 등 무수히 열거할 수 있다. 무슨 일을 하든지 거기에는, 과학에서나 다른 작업에서나, 정도의 차이는 있지만 그것을 행하는 올바른 방식과 잘못된 방식이 있다. 주어진 과학의 기법은 그 과학의 작업을 하는, 다소나마 어쩔 수 없는 이유로, 받아들일 만한 것으로 간주되는 방식이다. 기법의 숙달에는 상당한 정도의 과학적 훈련이 요구된다.

때때로 '방법론'이라 불리는 것은 이러한 뜻에서(만일 '기술technology'이라는 낱말이 이미 다른 의미를 가지지만 않았다면) 기법에 대한 관심을 나타낸다. 특히, 소위 '방법론적 연구'는 어떤 또는 다른 기법의 가능성과 한계, 또는 거기서 도출되는 어떤 것의 천착에 대한 탐구로 이루어진다. 때로는 의심할 것도 없이, 기법에 관한 관심은 허위적인 것이며, 상정된 '방법론적' 관심은 사실상 핵심적인 탐구 결과에 대한 비판에 대비해 미리 준비한 방어선으로의 회귀에 국한된다. 이러한 뜻에서 순수 '방법론'은 아직도 과학적 문헌에서 안전한 위치를 확보하고 있으며, 지그문트 프로이트Sigmund Freud의 자유연상 기법과 파블로프의 조건화 기법의 경우에서와 같이, 거듭 중요한 과학적 진보와 연결되어왔다.

높임말

이와는 달리, '방법론'이라는 용어가 마치 그것이 개별 기법들의 특성이 아니라, 오히려 '진짜the' 과학적 방법으로 여겨지는 그 무엇을 다루는 것처럼 사용되는 경우가 있다. 이러한 용법에서 '방법론적' 서사는 일종의 의례, 즉 과학적 방법을 주재하는 신들을 불러내어, 다음의 논의가 대체로 '과학적' 지위를 갖는다는 것을 보장하고 과학적 수용성의 표준을 맞추는 데 필요한 적절한 관심을 공개적으로 언급하는 의례다. 이러한 높임말로서의 '방법론'이라는 용어의 사용은 그러한 관심이 어떻게 탐구 자체에 체현되어 있는지에 대한 어떠한 명백한 암시도 없이, 그냥 관심을 표현하는 데 그친다. 내 인상으로는 이러한 높임말 용법은 오늘날보다는 20~30년 전에 더 자주 사용되었다. 아마도 이는, 실로 엄청난 당시의 논리 발달에 대한 반응으로 보인다. 오늘날 논리는 더 친숙해지면서, 아마도 한 때 그랬던 것같이, 그렇게 대단한 두려움의 대상이 되지는 않는 것 같다. 자율성의 원칙은 과학적 탐구에는 어떤 규범도 없다는 것을 말하는 것이 아니라, 단지 규범들이 과학 밖의 어떤 것에서도 도출되지 않는다는 것을 뜻한다. 이를 주의하지 않으면 안 된다.

인식론

철학자들이 사용하는 바, '방법론'은 때때로 인식론(지식이론) 또는 과학철학과 구분할 수 없다. 이러한 의미에서, 방법론의 주제는 ─ 매우 대략적으로 말해 ─ 참의 추구와 관련해서 제기될 수 있는 가장 기초적인 질문들로 이루어진다. 특징적으로, 이 '방법론'은 과학 또는 특정 과학들에 대해, '원칙적으로' 또는 '최종 분석에서', 얘기할 수 있는 그 무엇을 다룬다. 이들 문제는, 과학적 탐구의 과정 그 자체에서 당면하는 되풀이되는 어려움보다는, 그 자체의 재구성논리나 각종 철학적 입장에서 나온다.

　　예를 들어, 알려진 바와 같이 귀납추리의 정당화는 데이비드 흄David Hume 이래 엄청나게 중요한 철학적 문제였다. 우리가 이제까지 경험한 유형들이 아직 나타나지 않은 것에서도 지속적으로 발견될 것이라는 전제는, 흄이 지적한 바로는, 동어반복이 아니며 선결문제의 오류를 범하지 않고는 경험에서 근거를 찾을 수도 없는 것이다. 어떻게 우리가 미래는 과거와 닮을 것이라는 점과, 어떤 '자연의 제일성uniformity of nature' 원칙이 과학에 의해 선상정될 presupposed 수 있는지의 여부를 알 수 있는가? 이와 같은 질문은 많은 과학철학자를 괴롭혔다. 아직도 과학자 자신들은 ─ 그리고 확실히 행동과학자들도 ─

우리가 내일 태양이 떠오를 것을 기대할 때 갖는 것만큼 자신들의 예측에 대해 확신을 가질 수만 있다면 매우 만족할 것이다.

다시, 결정론-비결정론도 널리 논쟁이 되고 있는 쟁점이다. 논쟁은 양자역학에서는 물론, 인간 행동과 소위 '자유의지'와 관련해도 발생한다. 그러나 모든 것이 '인과적으로 필연적'이라는 변증법적인 논증은 특정 원인들의 탐구에 도움을 주지도, 우리로 하여금 이와 같은 결정 요인에 대해 지금 아는 것 이상으로 더 배우려 하지 못하도록 막는 '궁극적 불확실성'을 증명하지도 못한다. 또한 철학적으로 확언되었거나 부인된 '자유의지'에 관한 논쟁은, 말하자면, 정치학자, 경제학자, 아동 심리학자의 관심대상인 자유와는 동떨어져있는 것처럼 보인다.

이들보다는 덜 명백하지만 다른 예로는 소위 '반사실적 조건문counter factual conditional'(만약 X가 발생했더라면, Y가 뒤따랐을 터인데)을 들 수 있다. 지난 10여 년간 이 문제에 관한 문헌이 엄청나게 쌓였다. 문제는 만약 가설적(만약-그렇다면if-then) 명제의 선행적인 것이 거짓이라면, 이 명제 전체는 그 귀결이 무엇이든 관계없이 참이라는 것이다. 그러나 우리는 그것이 어떤 귀결로, 다른 것이 아닌 그 귀결로, 완성되었을 때 합리적이라고 느낀다.* 어려움은 함의implication의, 즉 '만약-그렇다면'의 형식을 가진 상용논리의, 특정 재구성 때

---

* 실질조건문material conditions에서는 조건문의 전건이 거짓이면 후건의 참, 거짓 여부와 관계없이 문장 전체가 참이다. 예를 들어 "네가 이번 시험에서 만점을 받으면 내가 손에 장을 지진다"와 같은 문장을 말할 때는, 상대방이 만점을 받지 못할 것이므로 호화자가 손에 장을 지지는 것에 관계없이 문장 전체가 참이 됨을 암묵적으로 전제하는 것이다. 하지만 반사실적 조건문은 조건문의 전건이 거짓이지만 문장 전체는 참일 수도 있고 거짓일 수도 있다. "만약 내가 시험 시간에 늦지 않았더라면 만점을 받았을 것이다"라는 문장은 문맥상 화자가 그때 시험에 늦었기 때문에 전건이 거짓이다. 그러나 그 이유로 문장 전체가 자동적으로 참이 되지는 않는다. 늦지 않아서 만점을 받았을 가능성이 높았다면 저 문장 전체는 참이고, 늦지 않았더라도 만점을 받을 가능성이 낮다면 문장 전체는 거짓이다. ─ 옮긴이

문에 유발되는 듯하다. 그러나 여기서 철학적 문제들은 더욱 좁게 과학적 탐구와 직접 관계된 다른 문제들 속으로 스며든다. 반사실적 조건문의 분석이 과학적 법칙의 구조와 기능에 더 깊이 매달리게 하는 경향이 나타난다(§11).

의심의 여지 없이, 넓은 철학적 전망들은 물론 구체적인 형이상학적 교리들도 과학사에서 중요한 역할을 수행했다. 간접적이긴 하지만 이들은 탐구의 방향과 과학적 가설의 형성과 수용에 상당한 영향력을 행사해왔다. 정신the mind의 작업은 시종일관하다. 어떤 과학에서 일어나는 일은 현재 다른 과학에서 진행되고 있는 작업뿐 아니라, 종교, 정치, 예술 등 모든 당대의 사상으로부터 영향을 받는다.

간단한 예로서, 르네 데카르트René Descartes의 형이상학은 의학사에 중요한 의미를 지닌다. 왜냐하면 그것은 인간의 육체도 물질적인 것으로 보도록 권하기 때문이다. 데카르트 이후의 해부학자들은 그 이전의 안드레아스 베살리우스Andreas Versalius에 비해 시체 해부에 어려움을 덜 겪었다. 그리고 인간 생물학은 다음 두 세기에 걸쳐 발달하게 되는 물리학과 화학의 개념들을 쉽게 받아들일 준비를 갖추게 되었다. 그러나 이 예는 형이상학의 과학에 대한 영향이 유해한 것일 수도 있다는 것을 보여준다. 데카르트의 이원론은 정신신체의학의 진보를 더디게 했고, 아직도 노먼 라이더Norman Rider가 현대 정신의학을 '귀신학demonology'이라고 부른 것에서 작동하고 있을 수 있다.

비슷한 맥락에서 그리스 역사가들이 트로이 성터에서 발굴을 시도하지 않은 것은, 어느 정도 시간을 움직이는 영원의 형상으로 보는 그리스 형이상학에서 이유를 찾을 수 있다는 주장이 있다. 그리스 사람들에게는, 하인리히 슐리만Heinrich Schliemann이나 19세기 진화론자와 마찬가지로, 과거는 여전히 남겨진 그 어떤 것에도 존재하지 않는 것이었다. 그것은 무시간 관념에 의해 물체에 던져진 사라진 그늘일 뿐이었다.

오늘날의 무대에서는 철학적 방법론이 실제로 과학적 탐구에 어떤 영향을 끼쳤는지 평가하기가 쉽지 않다. 행동과학자들 가운데는 심리학자들이 가장 열심히 철학 발전에 대해 알려고 해왔다. 그러나 최근 일단의 심리학자들은 "심리학에서 연구가 어떻게 이루어지고 있는가 하는 것과 과학철학은 거의 또는 전혀 관계가 없다"라고 결론짓고 있다(42: 473에서 인용). 이 결론은 과학철학에 대한 관심이 일차적으로 과학적이기보다는 철학적인 것이라는 사실에 대한 반응으로 볼 수 있다.

예를 들어, 논리실증주의자의 물리주의physicalism 논제에 대해 생각해보자. 심리학자가 다음과 같은 실증주의자의 관점(37: 378)의 초기 형식화 formulation에 동의했다고 가정하자. "모든 의미 있는 심리학적 진술은, 말하자면 원칙적으로 검증할 수 있는 진술은, 심리학적 개념이 아니라 물리학의 개념만으로 만들어진 명제로 바꿀 수 있다. 심리학 명제는 결과적으로 물리주의적 명제가 된다. 심리학은 물리학에 한 부분으로 통합된다." 이러한 입장에 대해 동의하는 심리학자를 어떤 심리학적 현상의 설명에 얽어매는 것이 아니다. 이 명제가 물리학의 이론, 법칙, 또는 자료들을 심리학적 문제에 이전보다 쉽게 적용할 수 있도록 만드는 것도 아니다. 또한 이 명제가 심리학적 탐구의 방향을 구체적인 물리적 구조와 과정의 추구로 돌리기 위한 논리적 기초를 제공하는 것도 아니다. 그 이유는 언급된 논제에 대해 심리학자가 항상 해오던 작업이 무엇이든지, 그것이 경험적 테스트가 이루어지기만 한다면 이미 물리학의 개념만으로 이루어지는 명제로 전환될 수 있는 것이기 때문이다. 이 형식화의 저자가 지적한 바와 같이(37: 381), 물리주의는, "행동주의가 요구하는 바와 같이, 심리학적 연구는 스스로를 방법론적으로 어떤 자극에 대한 유기체의 반응에 한정시킬 것을 요구하지는 않는다. …… 만약 심리학에서 오직 물리주의적인 진술들만 만들어진다면, 이는 다르게 하는 것이 논리적으로 불가능하기 때문에 이것이 한계가 아니라는 것을 보여주기 위함이다". 간단히 말해, 물리주의자의 논제는 심리학자가 만든 선택이 아니라 철학자가 만든 선택에만 관계한다. 말하자면 이는, 형태심리학 또는 심리분석에 대항하는 것이 아니라, 단지 신-토마스주의neo- Thomism의 소위 '합리적 심리학'이라 불리는 것과 같은, 어떤 형이상학에 대항하는 것이다. 그리고 이러한 분리는 일반적으로 철학적 방법론의 특징이다. 이는 매우 간접적으로만 과학에 영향을 미친다.

방법론에서 방법들

위에서 논의한 매우 특수한 기법들에 관심을 가진 '방법론'과 매우 일반적인 철학적 원리들을 다루는 '방법론'의 대비는(높임말 용법은 이 둘 어느 것에서도 떨어져 있다) 단지 정도의 차이일 뿐이다. 기법들은 적용 범위가 서로 다르다. 어떤 것은 매우 좁게 한정된 맥락에만 적합하고, 다른 어떤 것은 매우 다양한 종류의 탐구에서 역할을 수행한다. 마찬가지로 철학적 쟁점들도 개입의 폭에서 차이가 난다. 귀납적 추리의 정당화의 문제와 같은 것은 인간의 지식 전체와 관련된다. 반대로 결정론의 문제와 같은 것은 그보다 구체적으로 어떤 특정 과학이나 그 부분에 관련된다. 아래에서 내가 방법론이라고 할 때에는 중간 범위의 기법들과 원리들에 대한 관심을 뜻한다. 나는 방법을 이에 상응하는 용어로 정했다. 방법은 모든 과학 또는 그 중요한 부문들에 공통적으로 적용되는 충분히 일반적인 기법을 가리킨다. 다음으로, 방법은 다른 인간적인 기획이나 관심과 구분되는 것으로서 과학과 특별히 관계된 충분히 구체적인, 논리저이거나 철학적인 원리를 사리킨다. 이와 같이, 방법은 개념과 가설을 형성하고 관찰과 측정을 실시하며, 실험을 연출하고, 모델과 이론을 세우고, 설명을 제공하고, 예측을 행하는 것과 같은 과정을 포괄한다.

　그렇다면, 방법론의 목표는 이들 방법의 한계와 자원을 조명함으로써, 그것들의 선상정presupposition과 결과를 명백히 함으로써, 그리고 그것들의 가능성을 지식의 개척지에 있는 어슴푸레한 곳에 적용함으로써, 이들 방법을 서술하고 분석하는 것이 된다. 이는 특정 기법의 성공으로부터 새로운 적용을 제안함으로써 일반화를 도모하고, 새로운 형식화를 제안함으로써 논리적이고 형이상학적인 원리의 구체적인 문제들에 대한 특정 관련성을 펼쳐 보이는 것을 뜻한다. 이는 과학에서 과감한 추리를, 철학에서 실용성을 구하는 것이다. 요약하자면, 방법론의 목표는 우리로 하여금 가능한 한 넓은 틀에서 과학적 탐구의 산물이 아니라 그 과정 자체를 이해하도록 돕는 데 있다.

솔직히 말하면, 이러한 목표는 상당히 건방진 것이다. 그것은 타자인 우리가 과학자 자신보다 과학자에 대해 더 잘 이해한다는 것을 함의하기 때문이다. 모든 성공적인 탐구에는 틀림없이 어느 정도 방법론적 자각이 끼어 있을 개연성이 크다. 그리고 이와 같은 각성을 방관자들의 것으로만 돌리는 분업은 의심의 여지 없이 과거에 대해서는 잘못된 것이고 미래에 대해서는 현명하지 못한 것이다. 따라서 좋든 나쁘든 방법론의 목표는 과학이 독자적으로 해야만 하는 작업을 돕는 데 있는 것이 아니라, 더 겸손하게 과학자의 과제를 쉽게 만드는 작업이 되어야 하는 것으로 간주할 수 있다. 캠프의 수행원들이 전투를 하지는 않지만, 군대의 사기 진작에는 크게 공헌할 수 있다.

받아들이기 어려운 것은 성공적인 과학적 시도를 위해서는 방법론 육성이 필요하거나 충분하다는 생각이다.

확실히 이것이 필요하지는 않다. 베버(135:115)는 타당하게도 이렇게 말했다. 방법론은 "단지 우리에게 뚜렷하게 의식할 정도까지 스스로를 끌어올림으로써 자신의 실행 가치를 증명하는 수단들에 대한 성찰적 이해를 가져다줄 뿐이다. 해부학 지식이 올바른 걸음 걷기의 선행조건이 아닌 것처럼 이것이 효과적인 지적 작업의 선행조건도 아니다". 이는 방법론이 상용논리와는 상당히 독립적인 어떤 재구성을 제공하고 있음을 말한다. 그러나 뚜렷한 의식은 충실한 의식이 없이 행해진 것을 개선할 수 있다. 미학이 예술을 생산하지는 못한다. 그러나 그것이 예술가와 관객 모두를 창작과 감상 사이에 드리운 긴장에서 풀어줄 수는 있다. 나는 방법론이 과학을 위해 해줄 수 있는 가장 중요한 공헌은, 퍼스가 얘기한 것처럼 탐구의 길에 놓여 있는 장애물을 치우는 일을 돕는 것이라고 믿는다.

방법론의 신화

또한 방법론이 과학적 성취를 위한 충분한 조건을 갖추기는 아직 요원하다. 얼마 전까지만 해도 — 특히 행동과학자들 사이에 — 내가 방법론의 신화로 부르는 어떤 관념이 널리 퍼져 있었다. 즉, 행동과학이 당면하고 있는 가장 심각한 난제들은 '방법론적'인 것이며, 우리가 올바른 방법론만 만난다면, 빠르고 확실하게 진보가 이루어질 것이라는 생각이 그것이다. '유사과학'에 대해 맹렬한 공격을 퍼붓던 당시의 논리학자들과 과학철학자들이 의도하지는 않았지만 이러한 신화를 지원해왔을 수도 있다. 아니면 침투성이 강한 미국문화의 특질이 방법론으로 이룰 수 있는 그 무엇에 대한 지나친 강조로 표현되었을 가능성도 있다. 데이비드 리스먼David Riesman은 "미국인들이 어떤 일을 —자녀를 양육하거나, 사랑하거나, 친구를 사귀는 일을 — '자연스럽게' 할 수 없다는 것을 깨달을 때 자주 빠져드는 기법에 대한 과도한 선입견"에 대한 주의를 환기시켰다. 우리가 이러한 성향을 다른 활동에서도 보여줄 수 있을지는 몰라도 행동과학에서 이러한 점이 보이는 것은 확실한 것 같다. 리스먼의 결론처럼, 방법론적 선입견은 "선천적으로 지기 패배적"인 것이다. 몸의 조건에 대한 지나친 관심이 건강한 생활을 하지 못하게 할 수도 있다.

　　방법론과 과학의 관계에 대한 나의 어떤 얘기에도 방법론의 규범적 힘과 기능을 비하하려는 의도는 들어 있지 않다. 그러한 비난은 방법론이 실제 과학적 실행을 출발점으로 택했을 때 나타나며, 그것이 합리적인 것으로 간주되는 것은 오직 방법론이 이와 같은 실행을 '반영할' 때에, "이것이 모든 사람이 하는 것이라는 것을 근거로 불만족스러운 가설의 채택을 독려할 때에 한한다. 이는 큰 목소리에 가려진 순응주의다. …… 이와 같은 순응주의에 대항해 과학적 방법의 규범적 성격을 논의하는 것은 매우 중요한 일이다"(41: 60~62). 실로 그렇다. 그러나 쟁점은 규범이 있느냐가 아니라, 규범이 어떻게 근거를 갖게 되느냐에 있다. 나는 과학적 실행 규범이 그 실행으로 타당화된다는 주장은 그것이 전혀 규범이 아니라거나, 아니면 그것이 무엇이든지 옳다는 것을 뜻한다고 보지는 않는다. 왜냐하면 천거되는 기준은 분명히 모든 사람이 그것을 행하느냐의 여부에 관한 질문이 아니라, 그것과는 매우 다른, 즉 그것에 의해 어떤 것이 이루어지느냐에 관한 것이기 때문이다. 내가 반대하는 것은 규율을 제정하는 야구 커미셔너의 관점으로, 아니면 규율을 어긴 선수를 게임에서 제외시킬 수 있는 권한을 가진 주심과 같은 관점으로 방법론자를 보는 것이다. 방법론자는 기껏해야 코치일 뿐이다. 그리고 그의 제언의 장단점은 전적으로 경기가 효과적으로 치러지느냐의 여부에 달려 있다.

건전한 규범까지도 현명하지 못하다고 주장될 수 있다. 노력이 지나치게 본질적인 문제에서 방법론적인 것으로 전환되면, 우리는 어떤 것을 불완전하게라도 해보려 그 근처에도 가지 않고 영원히 어떻게 해야 그것을 완전하게 할 수 있을까라는 생각에 매달리게 된다. 아무리 사소한 사회과학도, 방법론적 정교화에서 기원을 찾을 수 있는, 그러면서도 명백하게 실용적 성격을 가진 것은 없다. 이 프로그램은 '원칙적으로' 참이어야 하는 그 무엇으로부터 도출되는데, 상당한 철학적 관심을 담보할 수 있는 데 반해 과학적 상황의 실제 가능성을 개발하는 데는 부족한 듯하다. 지나치게 방법론적 규범을 부과하다 보면, 대담하고 상상력 있는 관념의 모험을 막을 수도 있다. 방법론 자체가 순응주의로 — 스스로 선호하고 있는 재구성에 대한 순응성으로 —, 그리고 최소한 과학적 동료들을 모방함으로써 얻는 것보다도 덜 생산적인 순응성으로 나아갈 수 있다는 것은 하나의 풍자가 아닐 수 없다. 그리고 논리적 완전성의 강요는 과학적 구상들을 '미성숙한 폐쇄'로 이끌 가능성이 크다 (§8과 §32). 과학의 상황은 예술과 다르지 않다. 자신의 표준에 충실한 평론가들은 그림쟁이들을 실망시킨다. 그러나 평론가들 또한 예술의 한 축을 이루고 있으며, 예술은 결국 그들을 거치지 않으면 안 된다.

내가 믿는바 실제 과학적 실행은 방법론자들의 관심의 초점이 되어왔고, 그렇게 머물러 있지 않으면 안 되며, 탐구의 자율성 원칙은 양보해서는 안 된다. 앞에서 언급한 바와 같이, 실상actuality의 재구성은 언제나 어느 정도는 이상화를 뜻한다. 그러나 이 자명한 전제로부터, 방법론자의 모델과 과학적 실행이 다르면 다를수록 그만큼 과학에는 더 나쁘다는 놀랄 만한 결론이 도출되어 왔다. 어떤 철학자들은, 돈키호테Don Quixote와 같이, 구조의 손길이 필요한 것이 자신임을 알았을 때, 용감하게 참을 위한 싸움을 시작했다. 칸트 이후로 흄의 회의주의로부터 '과학을 구하기로' 작정한 사람들이 많다. 그러나 구원이 필요한 것은 회의적 철학이라는 생각을 떠올리는 사람은 거의 없었다.

노먼 캠벨Norman Campbell(13: 47)은 어떤 학문 분야가 진정으로 참에 도달하는 것이, "그것이 오직 논리적 질서에 순응하고 논리적 형식으로 표현될 수 있기 때문"이라는 가정을 날카롭게 비판했다. "이 가정은 전혀 정당성이 없다. 과학은 누가 뭐라 해도 참이다. 모두는 아니더라도, 지성을 가진 어떤 사람들에게 과학은 참을 궁극적으로 테스트할 수 있는 지적 가치를 가지고 있다. 만일 어떤 연구가 이러한 가치를 가지고 있음에도 논리의 규칙들을 위반한다면, 결함이 있는 것은 과학이 아니라 이들 규칙"이라는 결론이 도출되어야 한다. 놀라운 통찰력을 가진 이 글은 거의 반세기 전에 쓰였다. 오늘날 행동과학은 특별히 방법론적 인정만큼 자기 수용을 필요로 할지도 모른다.

이에 상응하는 도덕이 방법론자에게서 나오지 않으면 안 된다. 재구성논리들은 놀랄 만한 정교성과 영향력을 가지고 발전해왔다. 그러나 이러한 장점이 바로 그것들의 가장 심각한 약점이 될 수 있다. 이들은 너무나 훌륭해 그 궁극적인 주제에 대해 참일 수가 없다. 마이클 스크리븐Michael Scriven은 최근 이렇게 경고했다. 방법론은 "— 용모를 단정하게 그러면 아마도 그 모델의 용모가 단정해질 것이라는 — 논리학자들의 집요한 유혹에 경계심을 늦추어서는 안 된다. 통상 의도적으로 혼잡함을 무시함으로써 얻는 것보다는 혼잡함을 연구함으로써 배우는 것이 더 많다". 나아가 우리가 혼잡함으로 보는 그 무엇이 통찰력 있는 눈을 가진 이에게는 유용하고 우아한 양식의 복장일 수도 있다.

§4. 행동과학에서 '과학적 방법'

이 책에서는, 인간의 연구에서나 어떤 다른 과학과 관련해서도, '과학적 방법'을 정의하지 않고 있다. 그것은 부분적으로 내가 의미를 명백하게 하는 데는 정의를 제공하는 것과는 다른, 때로는 이보다 더 좋은 방법이 있다고 믿기 때문이다(§9). 나아가 나는 또한 정의될 수 있는 것은 아무것도 없다는 믿음 때문에 정의를 포기하고 있다. 이전의 은유로 돌아가, 야구의 '진짜 방법the method'에 대해 누군가 얘기할 수 있을 것이다. 거기에는 투구, 타격, 주루의 방식이 있고, 수비의 방식, 대타 및 구원투수에 관한 관리전략이 있고, 작전 지시, 선수 지도, 팀 정신의 유지 방식이 있다. 이 모든 것, 그리고 이 밖에 더 많은 것이 게임을 잘하기 위해 필요하고 이들 각각은 또한 끝없는 변형을 만들어낸다. 물론 경기를 하는 데는 오직 한 가지 방식밖에 없다고 할 수도 있다. 공격에서는 점수를 내고, 수비에서는 점수를 내주지 않는 것이다. 바로 이러한 진술은 '과학적 방법'에 대한 어떤 일반적이고 추상적인 정의 이상의 도움을 주지 못한다. 선수들에게 중요한 질문은 그보다 특정적이고 구체적인 수준에서 나온다. 재구성논리는 가지각색의 기법들을 관통하는 통일성을 명백히 하는 데 도움이 된다. 이는, 예를 들어 어떤 매우 큰 부류의 추론들이 매우 적은 수의 단순한 연역규칙들의 지배를 받는 것으로 이해될 수 있음을 보여줄 수 있다. 그러나 어떤 한 방법에서 어떤 한 재구성의 단순성이 총체적인 탐구 과정의 복잡성에 대한 각성을 둔화시키는 것은 아니다. 만약 우리가 이러한 복잡성을 바르게 보여주려 한다면, "과학자는 최선을 다하는 것밖에 다른 방법이 없다"라는 퍼시 윌리엄스 브리지먼Percy Williams Bridgman의 논평에 더 보탤 말이 없다.

'과학적 방법'의 획일적인 관념화에 대한 나의 불안에는, 내가 보기에는 우리의 논리 분석이 결코 모든 것을 충분히 고려할 수는 없다는 억지 주장과는 다른 실용적인 정당성이 자리하고 있다. 그것은 '과학적 방법'의 정의가 방법론에서 유용성을 갖기 충분할 정도로 특정적이라면 이는 과학자들이 종국에는 유용한 것임을 발견하게 될 모든 과정을 다 포괄할 정도로 그렇게 충분히 일반적일 수 없다는 것이다. '진짜 과학적 방법the scientific method과 같은 것은 없다'는 데 대한 과학사가들과 과학철학자들의 강조는, 제임스 코넌트 James Conant가 얘기한 바와 같이(22:35), 일종의 공공서비스다. 이것은 어느 정도 자신의 동료들로부터 — 방법론자에 대해서는 아무 말을 하지 않더라도 — 별로 이해 받지 못하고 공감도 얻지 못하는 작업방식을 가지고 싸우고 있는 과학자들을 위한 서비스다. 이러한 싸움은 대부분 아무런 성과를 얻지 못할 것이다. 그러나 성공하는 소수는 과학의 경계 획정에 크게 공헌할 것이다. 과학적 성장의 모든 기회를 소중히 여기는 것에 비하면 무엇이 '과학적'이고 무엇은 아닌가를 구분하기 위해 정밀한 선을 긋는 것이 별로 중요하지 않다. 행동과학이 파괴적인 외계인을 막으려고 이민법을 조일 필요는 없다. 과학 제도는 그렇게 쉽게 무너지지 않는다.

기법들

더 실질적인 위험은 선호되고 있는 어떤 기법들의 집합이 과학적 방법과 동일시될 때 나타난다. 과학도 그 논리와는 관계없이, 다른 문화 부문과 마찬가지로 유행의 물결을 타는 경향이 크다. 실험설계에 관한 고전적 연구에서 로널드 피셔Ronald. A. Fisher(43: 184)는 "훌륭한 업적은 그것이 어떤 것이든 일시적으로 주목을 받게 되는데, 그것의 적용이 별로 적합하지 않은 경우에까지도 채택된 방법 또는 그 일부에 위세를 부여하는 경향이 있다"라고 지적한 바 있다. 이러한 현상은 이후 행동과학의 역사에서 너무도 많이 관찰된다.

과학공동체로부터 오는 사회적 압력에 더해, 개별 과학자들의 독특한 인간적 속성 또한 여기에 작용한다. 나는 이것을 도구의 법칙이라고 부른다. 그것은 이렇게 얘기할 수 있을 것이다. "작은 사내아이에게 망치를 주어라. 그러면 그는 마주치는 모든 것을 망치질로 부술 것이다." 어떤 과학자가 문제를 자기 자신이 특별히 숙달된 바로 그러한 기법으로만 해결되는 방식으로 형식화하는 것을 발견했다고 해서 놀라운 일은 아니다. 비행조종사 훈련을 받을 후보자를 선택하기 위해, 한 심리학자는 심층면접을 행하고, 또 어떤 이는 투사검사를 행하고, 세 번째 사람은 설문지조사 자료에 통계적인 방법을 적용하고, 네 번째 사람은 이 문제를 아직 미로에 있는 쥐의 행위를 총체적으로 예측할 수 없는 것과 같이 그러한 과학의 능력 밖에 있는 '실질적인' 것으로 간주할 수 있다. 이 모든 이들과는 달리 인간 학습의 수학적 모형을 만들기 위해 별 성과도 없이 고뇌하는 심리학자도 있을 수 있다.

그렇지만, 도구의 법칙은 결코 전적으로 유해하기만 한 것은 아니다. 퍼스는 어떤 사람이 어떤 생각을 하고 있을 때 할 수 있는 일이, 그 사람은 그것을 열심히 펼치게 하고 그것을 적당한 경계 안에 묶어두는 일은 다른 사람에게 맡기는 것 이외에 다른 어떤 방도가 있냐고 물었다. 우리가 반대해야 하는 것은 어떤 기법을 최대한으로 추켜세우는 것이 아니라, 그 결과 과학의 이름으로 다른 기법들을 거부하게 되는 것이다. 훈련의 대가는 항상 일종의 '훈련된 무능trained incapacity'이다. 우리가 어떤 것을 어떻게 하는지 알면 알수록 그것을 다르게 하는 것을 배우기는 더 어렵다(어린이들은 어른들보다 외국어를 할 때, 발음이 덜 어색하다. 그것은 단지 어린이들이 자신의 언어를 처음부터 그렇게 잘하지 못하기 때문이다). 내가 믿는 바로는, 행동과학에서 훈련의 중요성은 최대한으로 여러 기법들을 이해하고 존중하도록 이끄는 데 있다.

때로는, 어떤 행동과학 분야에서 놀랍게 성공적인 기법이 '과학적 방법'과 동일시될 뿐 아니라 과학적 탐구의 정신 바로 그 자체를 훼손할 정도로 기계적으로 적용되는 일이 발생하기까지 한다. 전자컴퓨터, 게임이론 모델, 그리고 통계 수식은 도구에 불과한 것이다. 과학적 결과를 산출하는 것은 이것들이 아니라 이것들을 과학적으로 사용하는 연구자다. 폴 밀Paul Meehl(40: 498)은(동일한 질문을 제목으로 붙인 한 논문에서) 이와 같이 날카롭게 물었다. "우리는 언제 공식 대신 우리의 머리를 사용할 것인가?" 이는 행동과학이 계속해서 대면하지 않으면 안 되는 질문이다. 아주 오랜 기간에 걸쳐, 행동과학은 잘 확립된 과학들과 빈약한 관계를 맺어왔기 때문에 새로운 발전이 나타날 때마다 마침내 빠르고 쉬운 부(富)의 약속을 찾으려는 충동에 빠지기 쉽다. 행동과학은 이에 지속적으로 저항하지 않으면 안 된다.

학파들

간단히 말해, 내가 호소하는 바는 행동과학에서 일종의 전망의 포용성이다. 포용성은 모든 접근이 마찬가지로 훌륭하다고 인정하는 것을 뜻하지는 않는다. 더욱이 특정 탐구에서 우리가 모든 전망을 사용해야 한다는 것을 의미하지는 않는다. 예술가는 자신의 미를 희생시키지 않고도 다른 사람의 작품에서 아름다움을 발견할 수 있다. 개인의 취향이 제한되어 있는 경우조차 심미적 판단은 포괄성을 지닌다. 또한 과학에서 공동 작업자들은 틀림없이, 최소한 예술에서와 마찬가지로, 서로로부터 배운다. 주어진 과학의 '학파'로의 파편화는 수학과 같이 정밀한 분야에서도 나타나는 현상이다. 단지 행동과학에서 놀라운 것은 때때로 이들 학파들이 얼마나 서로에 대해 이해심이 없고 적대적이기까지 한가 하는 것이다. 그들의 살인적인 투쟁은, "누구나 당연히 ＿＿을 따라야 한다", "어느 누구도 당연히 ＿＿을 해서는 안 된다"라는 식의 방어적 결사와 배제defensive incorporation and exclusion의 전략을 이용한다. 결국에는 각자 제 자신의 길을 가게 된다.

　　이러한 전략은 복잡한 탐구 과정의 어떤 특정 단계 또는 다른 단계를 '과학적 방법'의 핵심으로 밝힘으로써 스스로를 정당화한다. 실험주의자에게 과학의 진보는 실험실에서만 이루어진다. 반면 이론가는 실험을 자신의 모델과 이론을 인도하고 테스트하는 역할을 하는 것으로 간주한다. 어떤 사람들은 수를 세고 측정을 하는 것을, 다른 사람들은 예측을 행하는 것을, 또는 설명을 형식화하는 것을 가장 중요한 것으로 본다. 이들 모두가 옳다. 그른 것은 그들이 긍정하는 것이 아니라 그들이 부정하는 것이다. 탐구의 어떤 단계에 대한 고도의 정교화는, 아래의 논의를 통해 명백해지기를 바라지만, 다른 모든 단계와 연결된다. 이야기는 주역을 담당하고 있는 등장인물들 가운데 누구를 통해서도 들을 수 있다.

딜레마

탐구의 실행에서 우리는 지속적으로 서로 반대 방향으로 끄는 힘들을 느낀다. 가령 자료를 찾느냐 아니면 가설을 형식화하느냐, 이론을 구성하느냐 실험을 행하느냐, 초점을 일반 법칙에 두느냐 개별사례들에 두느냐, 실행하는 것이 질량연구냐 분자연구냐, 하는 일이 종합이냐 분석이냐 하는 문제들이 그것이다. 둘 다 해야 한다는 말은 구체적 상황에서는 별 도움이 되지 않는다. 긴박한 특정 문제 상황에서는 이런 것들이 진정한 딜레마가 된다. 그러나 이들은 실존적 딜레마existential dilemmas로 알려진 그 어떤 것의 일종으로, 특정의 역사적 상황이 아니라 참의 추구 자체에 내재하는 것이다. 우리가 해야 할 일은 두 악마 가운데 덜 악한 것을 선택하고 불행한 결과에 묶여 사는 것이 아니다. 실존적 딜레마가 제시하는 문제들은 완전히 해결될 수 있는 것이 아니고, 대응이 가능할 뿐이다. 말하자면, 이들 문제와 함께 사는 것을 배워야 한다. "우리는 영감inspiration이 아니라 열심히 일하는 일꾼과 경험주의를 필요로 한다"라는 주장에는 충분한 이유가 있다(61: 103). 그러나 반대의 주장도 똑같이 충분한 이유를 갖는다. 사실은 우리에게는 우리가 얻을 수 있는 모든 것이 필요하다는 것이다.

과학의 일반성

이러한 사정은 결코 행동과학에 특수한 것이 아니다. 행동과학의 방법론은, 내가 보기에는 그것이 어떤 것이든 다른 과학과 다를 바 없다. 만약 이러한 정체성identity이 '진짜the 과학적 방법'을 논하면서 숙고하는 가운데 나온 것이라면, 나는 이 용법을 따뜻하게 받아들이겠다. 인간과 관련된 어떤 주제의 탐구 국면에 해당되는 것을 다른 탐구가 결여하고 있는 것은 아니다. 왜냐하면 이들 국면은 탐구의 내용이 아니라 그 형식에 의해 결정되기 때문이다. 그러나 유사성을 강조하는 것이 요구되는 기법에는 무제한적인 차이가 있다는 것을 부정하는 것은 아니다. 케네스 콜비Kenneth Colby는 다른 위성에서 도착한 어떤 물체에 대한 우화를 소개하고 있다. 그 물체는 자신의 구성, 구조, 기능을 결정하려는 물리학자들과 천문학자들의 온갖 노력에 저항한다. 그러나 한 심리학자가 행복한 생각에 잠겨 "네 이름이 뭐지?"라고 물을 때 드디어 그 물체는 "랠프Ralph"라고 대답한다. 행동이 말을 포함하는 상황은 행동과학자들에게, 다른 과학자들에게는 거부된 값진 기법들을 허용하는 것이 된다. 그러나 바로 그렇기 때문에, 각각의 과학은 — 그리고 각각의 탐구 또한 — 어떤 것은 적합하고 다른 것은 적합하지 않거나 불가능하기까지 하다는 것을 알게 된다. 현미경은 (적어도 현재까지는) 천문학에서는 매우 제한된 용도로밖에 쓰이지 못하지만, 생물학자들은 망원경을 가지고 우주 생명체에 대해 배울 수 있는 것이 거의 없다. 그러나 이러한 차이에 주목하는 것이 이 두 과학이 다른 '방법'을 가지고 있다는 것을 말하지는 않는다.

과학의 효율성에서 분업은 무엇보다도 역사적 산물이지 논리적 필요성의 반영이 아니다. 과학이 진보함에 따라 (자연철학이나 정치경제학과 같은) 옛 협력체제는 해체되고 (화학물리나 사회심리학과 같은) 새로운 협력체제가 자리잡게 되었다. 물리학, 생물학, 행동과학 사이의 장벽도 고정되어 있거나 침투할 수 없는 것이 아니다. 이러한 사실은 최근 생물물리학, 인공두뇌, 우주의학과 같은 분야의 성장이 보여주는 바이기도 하다. 만약 과학의 분류를 정보의 저장과 검색을 촉진시키기 위한 고안 이상의 어떤 것으로 보고 시도한다면, 이는 오직 문제들 상호 간의 관계와 문제들을 취급하는 데 가용한 개별 자원들 사이의 관계에 기초할 수밖에 없다. 학제 간 접근들이 광범하게 퍼지게 되었고, 때로는 이와 같은 기법들이 대체로 평안의 미덕보다는 풍만의 매력을 가지고 있음에도 — 아마도 바로 이러한 사실 때문에 — 이들은 매우 절실한 욕구의 표현으로 보일 수 있다. 과학의 통일성unity은 추상적인 철학적 논제를 넘어서는 것이다. 그것은 결실 있는 결합의 항존 가능성에 주목한다. 이러한 뜻에서 모든 과학은, 그 주제가 무엇이든 방법론적으로 하나의 종에 속한다. 이들은 잡종 번식을 할 수 있다.

행동과학의 특수성

따라서 행동과학에서 특별한 것은 기본적으로 그 주제다. 주제가 용납하거나 요구하는 기법들은 단지 도출적인 것일 뿐이다. 만일 이 주제의 단일 판별요소를 요청한다면, 내가 믿기에 가장 일반적으로 적용할 수 있는 것은, 찰스 모리스C. W. Morris가 제시한 것, 즉 '기호sign'의 사용이다. 행동과학은 상징이, 또는 어느 정도 의미가, 가장 중요한 역할을 담당하고 있는 그러한 과정을 다룬다. 얼마나 넓게 '의미'가 해석되어야 하는지, 그리고 그것이 가장 넓게 구성될 경우 어느 정도의 동물적 행동을 포함하는지 등의 질문으로 여기서 우리가 골치 아파해야 할 필요가 없다. 아무리 우리가 경계를 명확히 하려 해도 행동과학이 넘쳐 생물학으로 흘러 들어갈 것은 의심의 여지가 없다. 그러나 이러한 어려움은 방법론적인 문제라기보다는 (재단과 사서, 학장 들이 고민해야 할) 행정적인 문제다.

여기서 중요한 것은 행동과학의 자료가 단순한 움직임movements이 아니라 행위actions — 즉, 그것에 의미와 목적을 주는 전망을 가지고 이루어지는 동작acts — 라는 것이다. 솔직히 행위자가(또는, 우리 자신과 행위자에게 반응하는 사람들을 포함해서, 다른 사람들이) 부여하는 동작의 의미와 그 행위를 주제로 삼고 있는 우리 과학자가 부여하는 동작의 의미를 구분하는 것은 대단히 중요하다. 나는 이들을 각각 동작 의미act meaning와 행위 의미action meaning라고 부른다. 이 구분에 대한 논의는 나중에 다시 할 것이다(§42). 지금은 행동과학이 이중적 해석과정에 개입되어 어려움을 겪고 있다는 점에 주의할 필요가 있으며, 이것이 행동과학의 기법과 같은 것을 독특한 것으로 만드는 이유가 된다. 행동과학자는 먼저 동작의미에 도달하지 않으면, 즉 어떤 실행conduct이 특정 부분의 행동을 대표하는 것으로 추론하지 않으면 안 된다. 그리고 그는 해석된 행위의 의미, 즉 다른 행위들 또는 주변 상황들과의 연계성을 찾지 않으면 안 된다. 그는 투표의 행위로서 먼저 투표지에 표시를 하거나 기계를 조작하는 동작을 관찰해야 하고, 그런 다음 투표 행위의 연구를 하지 않으면 안 된다.

여기서 동작의미의 해석에는 통상적으로 특수 기법들이 개입하지만, 이들 기법은 행위의미의 해석을 지배하는 것과 같은 방법론적 규범에 종속된다(이는 다른 과학에서도 마찬가지다), 우리는 특별한 노력 없이도 (우리 자신의 언어로) 언어동작을 해석한다. 정말이지, 우리는 통상적으로 모든 동작을 전혀 동작이라는 인식 없이 해석한다(우리는 낱말이 아니라 얘기되는 그 무엇을 듣는다). 그러나 아직도 이와 같은 모든 해석은 하나의 가설이며, 모든 응답은 실험이다. 뭐라 해도 우리는 잘못 이해할 수 있다. 외국어를 해석하는 경우에, 그리고 다른 문화의 유형을 해석할 때, 상황은 본질적으로는 차이가 없지만 더욱 명백해진다. 이러한 현상의 함의에 대한 보다 깊은 논의는 행동과학에서 해석적 이해verstehen의 역할과 관련해 부분적으로 이루어지고 있다(§16). 내가 얘기하고자 하는 요점은 가령 물리학자가 핵 작용을 이해하려고 하는 것과 똑같이 행동과학자는 행동을 이해하고자 한다는 것이다. 차이는 두 종류의 이해가 있는 것이 아니라, 행동과학자가 이해해야 할 것은 서로 다른 두 가지라는 점이다. 예를 들어 정신의학자는 왜 환자가 특정한 소음을 만드는지(자기 치료사에게 자기가 얼마나 그를 미워하는지 알리려고), 그리고 왜 그가 한 일을 얘기하는지(그가 아직 자기 생각을 전달하는 데 성공하지 못했기 때문에) 이해할 필요가 있다. 틀림없이 우리는, 우리가 인간이기 때문에 소음을 이해하는 특별한 방식을 가지고 있다. 그러나 같은 이유로, 우리는 또한 빛의 파장을 해석하는 특별한 방식을 가지고 있다. 그러나 라디오 파장을 이해하기 위해서는 완전히 다른 기법을 필요로 한다. 요점은 우리가 보는 그 무엇조차 항상 믿을 수 있는 것은 아니라는 점이다. 모든 기법은 타당화를 거쳐야 하고, 같은 규범이 이들 모두에 적용된다.

제**2**장

개념

§5 경험적 기초

§6 개념의 기능

§7 이론적 용어

§8 의미의 개방성

§9 의미의 특정화

§10 행동과학에서 개념

§5. 경험적 기초

만약 과학이 우리에게 이 세상에 대해 무엇인가 얘기해주는 것이라면, 만약 과학이 우리가 세상을 다루는 데 어떤 유용성이 있는 것이라면, 그것은 어디엔가 경험적 요소를 내포하고 있음에 (아니면 마치 수학과 같이 경험적 요소와 관련해서 사용되어야 하는 것임에) 틀림없다. 세상에 관한 정보는 오직 경험에 의해서만 받아들여지기 때문이다. 통로가 폐쇄되어 있을 때에도 정보 처리는 계속할 수 있다. 그러나 우리는 무엇인가 해야 할 일을 가지고 있지 않으면 안 된다. 지각perception은 모든 과학에 기초적인 것이다. 무슨 통로가 필요하지 않은지는 절대로 미리 판단할 수 없다. 초감각적 지각이 존재하는지, 요가와 같은 어떤 것이 인지적 가치를 가지는지는 오직 경험적 기초 위에서만 대답할 수 있는 질문이다. 가능한 경험의 한계선은 그을 수 없다. 왜냐하면 루드비히 비트겐슈타인Ludwig Wittgenstein이 지적한 바와 같이 이러한 한계를 보기 위해서는 우리가 경험의 밖에 서 있어야 하기 때문이다. 우리는 오직 안에서 이들 질문에 접근할 수 있다.

경험적 구성인자에서 과학은 환상과 차별화된다. 내적 응집성은, 그것이 엄정하게 자기-일관성을 가질 경우에조차도, 과학적 체계의 표시일 수 있는 만큼 또한 환상적 체계의 표시일 수도 있다. 아르키메데스Archimedes를 흉내내서 우리 각자가, "나에게 설 수 있는 전제premise를 달라. 그러면 이 세상의 모든 것을 추론해낼 것이다!"라고 선언할 수도 있다. 그러나 그 전제가 현실의 측정을 가능하게 하는 경우를 제외하고는, 그것은 환상의 세상일 뿐이다. 우리에게 현실적인 전제를 제공하는 것은 경험뿐이다. "어떤 바보가 이 못 대가리를 거꾸로 박아놓았군." "이런 멍청이, 그건 반대편 벽에서 박은 거야!" 정말이지, 만약 물리적 공간이 단지 평행운동만 허용하고 회전운동을 허용하지 않는다면, 그렇다. 공간이 이러한 형상geometry을 갖는다는 것은 환상에 지나지 않는다. 경험은 그렇지 않음을 보여준다. 오직 경험만이 이러한 불평과 대꾸를 미친 사람들의 대화로 만든다.

지식이 경험에 요구하는 것, 그리고 경험이 제공하는 것은 우리의 단순한 그러그러한 생각과는 아무 관련이 없다. 영아의 삶을 지배하는 쾌감 원리는 바라는 것이 장애를 만나 이루어지기 어려울 때 현실 원리에 자리를 내어준다. '대상object'이란 단어는, 통상적인 말대로, 대항하는objects 그 무엇을 지칭하는 것으로 이해할 수 있다. 그리고 객관적objective인 것은 우리가 바라는 바와 관계없이 자신의 독자적 권리를 주장하는 것으로, 오직 경험만이 이러한 주장을 우리에게 전달할 수 있다. 경험은 최종적인 것이다. 왜냐하면 그것은 우리로 하여금 계속적인 최후통첩과 대면하게 하기 때문이다. 참의 추구에서 경험을 비껴가려는 사람은 자신을 신으로 만들려는 사람이다. 오직 신만이 "있으라" 하니 있더라고 말할 수 있기 때문이다. 주관주의자는 바보들의 낙원에 살고 있다. 그러나 사실 그는 저주를 받은 것이다.

지금은 바보들의 낙원이 좋다. 그러나 그것은 낙원이 지속될 때까지 만이다. 불가피하게 우리의 소망은 주관적인 환상으로부터 소망을 이룰 장소인 객관적 세계로 옮겨 갈 것을 촉구한다. 배고픈 사람은 음식 꿈을 꿀 수 있다. 그러나 현실로 돌아와 꿈을 먹고 살 수는 없음을 깨닫게 된다. 참 자체를 위한 참에 대한 사랑이 아무리 사심 없는selfless 것이라 해도, 그 자신self은 자기의 욕구를 만족시키기 위해, 무엇을 해야 하는지에 대한 지식을 필요로 한다. 그리고 사물에 대한 행위의 적절성은 그 사물에 대한 경험에 달려 있다. 오직 경험적 지식만이 성공적인 행위의 기초를 제공한다.

더욱이 인간은 상호작용하고 함께 행위를 한다. 사회적 행위의 장(場)은 각각의 개인이 자신의 역할을 효율적으로 수행하기 위해서 자신의 것으로 만들지 않으면 안 되는 공유된 세계다. 경험을 통해서 사적인 전망이 공적인 대상 위에 펼쳐지게 된다. 주관성은 "내가 보는 것을 너도 보느냐?"라는 질문이 주어질 때 위협을 받는다. 많은 철학자들이, 두말할 것도 없이, 경험은 불가피하게 사적인 것으로, 그리고 '외부 세계'는 불확실한 것으로 생각했다. 그러나 이와 같은 인식론이 불가피하게 받아들일 수밖에 없는 (나밖에는 아무 것도 없다는) 유아론solipsism은, 방법론과 관련해서는 어쨌든, 어리석음으로의 환원이다. 과학 자체는 사회적 기업이다. 거기에는 자료의 공유, 관념의 교류, 실험의 반복이 있다. 정확하게 경험적 증거의 축적을 통해 다양한 의견의 잡동사니가 많은 사람들에게 공통된 과학적 지식으로 모습을 바꾸게 된다.

의미론적 경험주의와 인식론적 경험주의

이제까지 언급한 것은, 우리는 어디엔가 경험에 의존하지 않고서는 알 수가 없다는, 일종의 인식론적 경험주의epistemic empiricism이다. 이것은 로크에서부터 칸트에 이르기까지의 인식론자들이 택한 입장이다. 지난 100여 년 동안 에 이보다 진전된 원리가 등장했다. 지식뿐만 아니라 의미meaning까지도 경험 에 의존한다는 것이다. 우리는 이것을 의미론적 경험주의semantic empiricism라 고 부른다. 이는 어떤 명제가 어쨌든 의미를 갖기 위해서는 참에 대한 테스 트로서 경험과 관계되도록 만들 능력이 있어야 한다는 관점이다. 그 의미는 말할 것도 없이 실험을 제공하는 바로 그러한 경험에 의해서만 추론될 수 있 다. 의미론적 경험주의는 인식적인 것the epistemic을 명백하게 하지, 그 반대는 아니다. 그것은 의미론적 경험주의가 경험에 의해 알 수 없는 것은 또한 얘 기될 수도 없다는 것, 더 정확하게는 더 이상 얘기할 수 있는 것이 아무것도 없다는 것을 주장하기 때문이다. 인식론적 경험주의는 칸트에서와 같이 경 험을 초월하기 때문에 알 수는 없으나 어쨌든 믿음에 의해 인정되는 참을 허 용할 수도 있다. 의미론적 경험주의가 부정하는 것은 이들이 참이라는 것이 아니다. 오히려 부정하는 것은 증거 없이 이들을 참이라고 주장하는 진술에 대한 의미다.

오늘날 영향력을 발휘하고 있는 의미론적 경험주의에는 크게 세 가지가 있다. 논리실증주의, 조작주의, 실용주의가 그것이다.

논리실증주의

논리실증주의의 입장은 '의미의 검증이론verifiability theory of meaning'이라고 부르 는 것에 기반을 두고 있다. 그 옹호자들이 때때로 지적해왔듯이, 이는 이론 이라기보다는 규칙이나 방법론적 규범으로 보는 것이 더 좋을 것이다. 느슨 하게 이는 진술은 경험적 검증verification이 가능할 때에만 의미가 있는 것으로 규정하고, 그 의미는 검증의 모드가 된다. 칼 헴펠C. G. Hempel(57) 등은 엄격 한, 그리고 일반적으로 받아들일 수 있는 형식을 찾는 데 당면하게 되는 문제들을 추적했다. 여기에 주목할 만한 몇 가지 문제 있다.

먼저, 유의미함의 충분조건은 검증보다는 반증falsification이라는 것이다. 물론 명백하게 거짓false으로 판명되는 명제는 왕왕 '난센스'라는 말로서 무시된다. 그러나 이러한 명제는 단지 참주의truism의 부정일 뿐이다(우리는 이것을 '거짓주의falsism'라고 불러야 한다). 그리고 만약 명제가 의미 있으면, 그것의 부정 또한 그럴 것이다. 확실히 포퍼는, 반증이 그 기본 과정이라고 주장했다. 중요한 과학적 명제들은 보편명제universals의 형식을 띠며, 보편명제는 그것을 지지하는 사례가 아무리 많다 해도, 단 하나의 반대 사례로 거부될 수 있다. 과학적 법칙은 항상 어떤 것의 존재를 부정하는 것으로 취급될 수도 있다. 열역학의 제2법칙은 결과적으로 영구-운동 기계는 없다는 것을 언급하고 있으며, 로베르트 미헬스Robert Michels의 '과두제 철칙'은 지속적으로 민주주의적 조직이란 없다는 것을 언급한다. 경험은 오직 특수한 것들에 관한 것이다. 우리는 아마도 어느 날 "아니야, 여기 까만 백조가 있어!"라고 말할 수 있는 위치에 서게 될 수도 있다. 그런데 우리가 "맞아, 모든 백조는 흰색이야!"라고는 결코 말할 수는 없는 것일까?

그러나 두 경우 모두 오류를 범할 가능성은 아직 남아 있다. 가정된 반대 경우는 단지 그런 것처럼 보이는 것일 수 있다. 거꾸로, 만일 우리가 그것들이 존재한다면 발견될 수 있는 곳을 조심스럽게 관찰해왔다면, 그것은 우리가 정말 아무것도 없다는 것을 믿을 수 있는 매우 좋은 이유가 될 수도 있을 것이다("위험인물로 알려지지 않음"은 기피자 명단에 있는 것과 철저한 보안 점검 대상 보고서에 있는 것이 전혀 다르다는 것을 뜻한다). 검증과 반증은, 단순하게 점진적인 단계를 허용하는 과정으로 대치되지 않으면 안 된다. 이에 카르나프는 '확증의 정도degree of confirmation'에 대해, 그리고 라이헨바흐는 주어진 명제에 할당할 수 있는 '가중치weight'에 대해 언급한다. 만약 경험이 그것에 값이 높든 낮든 관계없이 어떤 가중치를 부여할 수 있으면, 그 명제는 의미를 갖는다.

그러나 명제에 가중치를 부여'할 수 있다'는 말은 도대체 무엇을 뜻하는
가? 그것은 확증의 과정을 수행하는 것이 가능한가 여부의 문제이며, 여기에
는 몇 가지 종류의 가능성이 개입된다. 라이헨바흐는 세 가지를 구분한다.
'기술적', '물리적' 그리고 '논리적' 가능성이 그것이다. 만약 실제로 주어진 기
술 환경과 상태에서 우리가 그것을 할 수 있다면 이는 기술적으로 가능한 것
이다. 만약 우리가 도입한 확증의 과정이 어떤 자연의 법칙도 어기지 않는다
면 이는 물리적으로 가능한 것이고, 만약 논리의 법칙이 어느 정도 침해되지
않는다면 이는 논리적으로 가능한 것이다(가능성은 확증되어야 하는 명제에서
주장되는 사실이 아니라 확증의 과정에 적용되는 데 주의하라). 태국 샴쌍둥이의
행동에 관한 진술은 그들을 관찰함으로써 확증할 수 있다. 두 별개의 유기체
의 신경체계의 결합에 대한 확증은 오직 물리적으로만 가능하고 기술적으로
는 가능하지 않다. 다른 한편, 완전히 육체에서 분리된 정신은 그것이 아무
런 논리적 모순에 빠져 있지 않다 해도(우리가 그렇게 가정할 수 있다 하더라도)
전혀 물리적으로 확증이 가능하지 않다.

이들 각각의 가능성의 종류는 상응하는 의미의 영역을 결정한다. 과학은
셋 모두를 필요로 한다. 우리는 우리가 그것을 검사하는 방법을 갖기 전에,
자연법칙이 어떤 방법을 허용할지 아닐지 알기도 전에, 가설을 제공할 수 없
으면 안 된다. 우리는 가끔 이와 같은 탐구로 자연법칙이 무엇인지를 결정하
기 때문이다(이와 연관해서는 보통 상대성이론이 인용된다). 무엇이 가능한가에
대한 관념은, 무엇이 논리적으로 가능한가에 대한 관념조차 지식의 성장과
함께 성장한다. 결과적으로 상황은 우리가 먼저 어떤 가능성들이 의미를 갖
는가를 정해놓고, 그다음 이들 가운데 어떤 것이 참인가를 결정하는 그런 것
이 아니다. 참과 의미는 서로 손을 잡고 앞으로 나아간다.

역사적으로 의미의 검증이론은 포퍼의 표현을 사용하면 일차적으로 '구

획의 기준criterion of demarcation'으로 채택되었다. 이것의 중요성은 이것이 제안했던 비과학적 진술들이 거짓이었다는 것을 기초로 해서가 아니라, 그것들이 아무것도 얘기하지 못했다는 것을 기초로 해서 이루어졌던 과학적 진술과 비과학적 진술 사이의 구분에 있다. 그렇지만 관심의 초점은 주로 철학적 쟁점에 놓였으며, 과학적 쟁점은 부차적인 관심 대상이었다. 이 기준은 과학에서 형이상학적 가식을 뽑아내는 바늘이거나, 좀 더 대담한 은유로는 생물학에서 생기론과 총체론과 같은, 그리고 심리학에서 이원론과 표출현상론과 같은 형이상학적 쓰레기들을 과학에서 배설하기 위한 변비약이었다.

그러나 과학자 자신은 비과학적인 것으로부터 과학적인 것을 구별하는 어떤 기준을 가지고 할 수 있는 일이 별로 없다. 그에게 문제는 과학적 의미를 밝히고 명백히 하는 것이지 형이상학적 난센스를 치우는 것이 아니기 때문이다. 우리는 어떻게 하면 '무의식적 동기', '사회구조', 그리고 '돈의 효용'과 같은 개념들을 이해하고 사용할 수 있을까? 이들이 특징적으로 형이상학적인 개념들은 아니다. 그러면 이들은 어떤 의미를 가지고 있는가?

의미의 검증이론은 사실상 두 개의 부분으로 되어 있다. 그 가운데 첫 번째만이 의미 있는 명제의 집단을 정의하는 구분의 기준이 된다. 반면 두 번째는 의미가 무엇인지를 구체화하는 절차를 제안하고 있다.

두 번째 부분에 관한 라이헨바흐의 형식화formulation를 보자. 개략적으로 말해, 만일 모든 관찰이 두 개의 명제에 대해 같은 가중치를 부여한다면 이 두 명제는 같은 의미를 가지며, 그들이 갖는 의미는 같은 의미를 갖고 있는 모든 명제들의 부류class 이상의 것이 아니다. 이 정의에 나타나는 순환성의 외관은 단지 외관일 뿐이다. 이는 형식에 따라서는 거부될 수 없는 것으로, '추상에 의한 정의'로서 알려져 있다. 다음과 같은 유의 질량에 관한 정의와 비교해보자. 만약 두 개의 대상이 (적합하게 구성된 저울에서) 서로 평형을 유지한다면 그들은 같은 질량을 갖는다. 그들의 질량은 모든 동일 질량의 대상들의 집합에 의해 특정화되는데, 그것은 어떤 것에 1000g의 질량을 배정하는 것은 그것이 이 대상(표준 kg)과, 이것과 질량이 같은 다른 어떤 대상이 평형을 이루게 한다는 것을 말하는 것이기 때문이다.

그러나 몇 가지 어려운 문제가 남아 있다. 두 개의 명제가 (사소한, 말뿐인 등가성을 떠나) 등가적이냐의 여부를 결정하는 것이 항상 쉽지는 않다. 특정 관찰이 이들 각각에 도대체 얼마의 가중치를 주는지 어떻게 알아낼 수 있으며, 그것이 얼마인지를 알지 못하고 그럼에도 둘이 틀림없이 서로 똑같은 가중치를 가지고 있다는 것을 알 수 있을까? 실제로 어떤 특정 명제의 확증에는 그것을 일부로 포함하는 전체 이론이 동원되는 경향이 있고, 따라서 다른 이론에서 작동 중인 두 개념을 서로 연결하는 것은 미묘하고 복잡한 과제가 아닐 수 없다. 어떤 경우에도 개념과 관찰의 관계는 결코 단순하고 직접적이지 않으며, 완전하게 서술적인 용어들도 애매성의 그늘을 가지고 있다. 이론적 용어와 의미의 개방성 문제는 §7과 §8에서 다시 논하겠다.

조작주의

행동과학에 가장 크게 영향을 준 의미론적 경험주의의 형태는 조작주의 operationism다. 수십 년 전 '조작적 정의operational definition'에 대한 외침은, 특히 심리학에서 거의 소란의 경지에까지 이르렀다. 드디어 여기에 인간 행동에 관한 우리의 개념에 단단한 과학적 기초를 제공하는 길이 있는 듯했다. 지금은 그러한 초기의 과도한 주장과 희망은 (이것이 전혀 브리면 자신의 책임이 아니라는 점은 명백히 할 필요가 있다) 상당히 완화되었거나 완전히 폐기되기까지 했다. 이는 어떻게 보면 의미의 검증이론의 역사와 궤도를 나란히 하는 것이다.

조작주의의 기본 관념은 매력적일 정도로 단순하다. 경험 자료에 대한 개념의 적용은 경험대상들에 대한 물리적 조작의 수행을 요구한다. '길이'와 '질량'과 같은 양적 개념의 적용은 측정의 적합성에 의존한다. 그리고 질적 개념까지도 그 적용성은 (화학자들과 마찬가지로) 실험실 조작, 또는 적어도 (천문학에서와 같이) 적절한 구분을 가능하게 하는 관찰도구의 조작에 의존한다. 각각의 개념에는 그것의 과학적 사용과 연관된 상응하는 일련의 조작이 있다. 이들 조작을 아는 것은 이 개념을 과학이 요구하는 만큼 충실히 이해하는 것이 된다. 이것들을 알지 못하면 그 개념의 과학적 의미가 무엇인지, 또는 도대체 그것이 과학적 의미를 가지고 있는지조차 알 수 없다. 이와 같이 조작주의는 단순히 유의미함의 기준뿐 아니라 특정 개념이 어떤 의미를 가졌는지를 발견하거나 선언하는 방법을 제공한다. 필요한 것은 개념의 적용을 결정하는 조작들을 특정화하는 것뿐이다. 지능은, 유명한 전문가의 공식 판단과 같이, 지능검사로 측정되는 것이다.

거의 즉각적으로 난제가 나타나기 시작한다. 조작주의에 대한 한 가지 공통적인 반대 전선은, 내 생각에는 방향을 잘못 잡은 것이라서, 아마도 옆으로 비켜놓아도 좋을 듯하다. 이는 왜 다른 것이 아니라 특정한 조작의 집합이 선택되었는가, 왜 그 특정의 개념이 조작적 정의로 주어졌는가라는 질문에서 드러난다. 만약 지능이 오직 검사에 의해서만 정의될 수 있다면, 이들 검사가 왜 꼭 그렇게 만들어졌는지, 또는 도대체 왜 만들어졌는지를 어떻게 설명할 것인가? 이것은 참으로 중요한 질문이다. 그러나 조작주의 자체가 이에 대해 아무 대답도 제공하지 못한다는 것이 조작주의의 단점은 아니다. 같은 질문을 의미 특정화의 어떤 원리에도 던질 수 있기 때문이다. 이와 같은 원리의 과제는 어떻게 개념들을 분석하고 이해할 수 있는가를 보여주는 것뿐이다. 왜 이들이 과학적 기업에 봉사하기 위해 선택되었는지는 이들의 의미(의미가 명백한 경우에 한해)가 아니라 타당성 또는 참의 문제다. 지능검사가 그 의미가 이미 알려진 어떤 것을 측정하도록 고안된 것이라는 상정은 필요하지 않다. 그 의미는 어떤 조작들에 의해 정의되고, 지능검사는 이들 조작을 선택하는 결정이 심리학적 법칙과 이론의 형식화에 유용할 것이라는 기대에서 그대로 조성된다. 조작주의는 이와 같은 기대에 부응하는 논리적 근거를 명백히 하지 못한다는 점에서는 아무 잘못이 없다. 조작주의의 과제는, 단지 기대가 무엇인지 명백하게 하는 것일 뿐이다.

그렇지만 다른 난제들은 비켜 갈 수 없다. 우리는 특정 개념을 적용하기 위한 '진짜the' 조작들에 대해 언급한다. 그러나 구체적으로 무엇이 조작의 정체를 구성하는가? 둘이 같은 것을 말할 때, 그것은 같지 않다는 격언이 있다. 둘이 같은 것을 행할 때는 어떤가? 무엇이 내가 수행하는 조작이 네가 수행하는 것과 같다는 가정을 정당화하는가? 조작주의의 원칙은 다른 조작은 다른 개념의 정의라는 것이다. 따라서 이 가정 없이는 어떤 두 명의 과학자도 어떤 과학적 관념을 같은 방식으로 이해할 수는 없을 것이고, 상호 비판이나 협업은 불가능하게 될 것이다. 이러한 어려움은 한 과학자의 연구들 사이에도 발생한다. 매번 수행되는 같은 조작은 어떤 면에서는 상이하다. 이들 차이를 부적합한 것으로 무시해버리지 않는다면, 자기 자신의 실험조차 되풀이하는 것이 불가능하다. 구스타브 버그만Gustav Bergmann이 지적한 바와 같이 (46: 53) 극단적인 조작주의자는, "만약 그 사이 기구가 방의 다른 쪽으로 옮겨졌다면, 아마도 한 차례의 실험으로부터 다음 것에 대해 '일반화하는' 것을 거부할 것이다. 그러나 부적합한 것들로부터 적합한 변수들을 구분하는 선험적 규칙은 없다". 의미의 항상성은 항상 기대할 수는 없는 경험적 항상성에 달려 있다.

"우리는 단순히 어느 변수들을 부적절한 것으로 받아들여야 하는지를 지정하는 것뿐이고, 우리가 현명한 선택을 하지 못했음을 알게 되는 것이 우리가 그 개념의 의미를 명백하게 특정화하지 못했다는 것은 아니며, 단지 그 개념이 우리가 바랐던 만큼 그렇게 유용하지 않았음을 뜻하는 것일 뿐이라는 대답은 별 도움이 되지 않는 것이다." 이 대답이 도움이 되지 않는 이유는 과학은 같은 개념이 전적으로 다른 조작을, 즉 정확하게 적합한 변수에서 차이가 나는 조작을 기초로 해서 측정되고 적용될 수 있는 가능성을 허용하지 않으면 안 되기 때문이다. '우주의 나이'라고 잘못 불리는 그 무엇에 대한 현재의 추정은 60억 년 정도로 모아진다. 이 수치가 과학적 관심사로 떠오른 것은 각기 다른 관찰 자료로부터 나온 약 한 다스에 달하는 계열의 추정이 사실상 모두 같은 정도로 모아졌기 때문이다. 조작적으로 볼 때 우리는 이것이 열두 개의 각기 다른 '나이'라는 점이 문제라고 말해야만 한다. 이런 점에서 그것들 모두가 대체로 동일한 수치를 갖는다는 것이 과학적 관심사로 머무를 수 있는 경우에서조차, 이 사실의 중요성은 모호해질 수 있다. 틀림없이 우리는 동일한 수치는 그것들 모두가 같은 것을 측정하기 때문이라고 말할 수 있기를 바란다. 그리고 이 진술은 정확하게 조작주의가 부정하지 않으면 안 되는 것이다. 그러나 이 반론이 결코 결정적인 것은 아니다(§21).

또한 전혀 다른 종류의 난점도 있다. 대부분의 과학적 개념들은, 특히 이론적인 것들은 경험에 간접적으로만 연결된다. 이들의 경험적 의미는 이론에서의 이들의 자리에 의해 고정되는 것으로서 다른 개념들과의 관계에 따라 달라진다. 그리고 조작의 특정화를 허용하는 것은 단지 경험에 대한 충분히 직접적인 적용성을 가지고 있는 이들 다른 개념들뿐이다. 우리는 집단의 사기가 얼마나 높은지 또는 기억의 억압이 어느 정도의 깊이를 가졌는지를 가스의 온도나 금속의 강도(또한 둘 다 앞의 둘과 마찬가지로 '내포적인intensive' 크기를 갖는다) 측정에 개재되는 조정방식manipulation에 전적으로 비견되는 물질적 대상의 조정방식으로 측정하지는 않는다. 조작은 사용된다. 그러나 그 결과의 해석은 열려 있는 다른 용어들 집합의 의미에 따라 이루어진다. 이 난점을 이론적 용어들 사이의 또는 이론적 용어들과 더 직접적인 관찰이 가능한 용어들 사이의 연결을 추적하는 데 개재되는 것으로 '상징적 조작'을 얘기함으로써 해결하려는 시도가 있어왔다. 그러나 과학적 유용성의 기준이나 이러한 조작들의 허용 기준까지도 실제적으로 형식화하는 것은 불가능하다. 일단 '상징적 조작'이 포함되면 조작주의자의 원칙은 그것이 더 이상 방법론적 자양분을 제공하지 못할 정도로 묽어진다. 어떤 과학적 개념이 의미하는 바를 찾으려면, 그것을 어떻게 적용하는지 또는 그것과 관련된 다른 개념들을 어떻게 적용하는지 살펴라. 그러나 다른 어떤 것을 도대체 누가 해본 일이 있는가? 도대체 해야 할 다른 어떤 것이 있는가?

실용주의

논리실증주의와 조작주의는 둘 다 그 의미가 불분명한 진술에 대해 본질적으로 같은 질문을 던진다. 진술의 참을 확립하는 것이 가능한가, 만약 그렇다면 그렇게 하기 위해서는 어떻게 해야 하는가? 의미론적 경험주의의 실용주의적 버전은 다른 진로를 택한다. 이는 그 대신, 만약 진술이 참이라면 그것이 우리에게 무슨 차이를 가져올 것인가를 묻는다. 그 진술의 의미는 이것이 함의하는 바implications에 달려 있으며, 윌리엄 제임스가 얘기한 바와 같이, 차이를 나타내지 않는 차이는 차이가 아니다. 유의미함의 검사, 즉 구획기준은 단순히 주어진 진술로부터 무엇인가 알 수가 있는지의 여부, 그 진술이 우리에게 문제가 되는 것으로 생각할 수 있는지의 여부, 한마디로 그것이 중요한지의 여부이다. 그리고 진술의 의미는 그것이 만들어내는 차이에 있다. 고전적인 인식론적 경험주의는 회고적이었다. 그것은 관념idea의 기원을 감각에서 찾고, 의미를 그 관념이 떠오르게 한 특정 경험들을 통해 분석했다. 실용주의적 접근은 전망적이다. 중요한 것은 기원이 아니고 결과이며, 이전에 주어진 경험과의 관계가 아니라 아직 만들어지기를 기다리고 있는 관계다.

의미는 참을, 나아가 알려질 수 있는 참을 위한 능력과 분리될 수 없다고 하는 실증주의자와 조작주의자의 주장은 매우 옳다. 그러나 지식은 그 대상의 반영이, 즉 마음의 거울에 반영된 현실의 명상이 아니다. 아는 것은 우리가 하는 여러 가지 가운데 한 가지가 아니라 우리가 행하는 모든 것의 질을 나타내는 것이다. 이것의 논리적 품사는 부사이지 동사가 아니다. 우리가 안다는 것은 우리의 목적에 비추어 올바르게 행한다(안다)는 것을, 그리고 우리의 목적이 그것으로 충족된다는 것은 그것이 단순히 지식의 표시가 아니라바로 그 본질임을 말하는 것이다. 의미는 모든 경우에 맞도록 그렇게 추상되고 일반화된 목적이다. 모든 의미 있는 진술은, 퍼스가 제안했듯이 욕구와 행위 사이의 상관성을 결정하는 것으로 간주할 수 있다. 이러이러한 것이 사례라는 진술은, 만약 우리가 a를 원한다면 x를 행해야 하고, b를 원한다면 y를 행해야 하고, c를 원한다면 다시 다른 어떤 것을 행해야 한다는 등등을 의미한다. 우리는, 만약 우리가 어떤 진술을 믿는다면, 가능한 모든 상황에서 우리가 무엇을 할지를 명백하게 아는 한에서만 그 진술을 이해할 것이다. 의미는 이 행위계획 이상의 것이 아니다.

이 실용주의적 접근은 내가 고려하는 세 가지 의미론적 경험주의 가운데 가장 오래된 것임에도(퍼스는 1878년에 실용주의 공리를 만들었다), 어떤 점에서는 정신적으로 가장 현대적이기도 하다. 이는 게임이론이나 합리적 결정론 등과 같은 것의 당대의 관용어를 재형식화하도록 이끌었다. 만약 그것이 결정의 요소가 된다면 진술은 의미가 있고, 그 의미는 그것이 결정에 주는 차이로 분석할 수 있다. 진술의 의미를 알아내기 위해 논리실증주의사는 "만약 그것이 참이라면 세상은 무엇과 같을까"라고 묻는다. 조작주의자는 "그것을 믿기 위해 우리는 무엇을 했어야만 하는가?"라고 묻는다. 한편 실용주의자의 질문은 "만약 우리가 그것을 믿는다면 우리는 무엇을 해야 하는가?"이다. 어떤 명제를 믿는 것은 '참'이라고 불리는 추상적 총체를, 마찬가지로 추상적인 '마음'과 함께 묶어두는 것이 아니다. 이는 대안적인 행위 전략의 집합들 가운데서 선택을 행하는 것이다.

실용주의자들은 핵심 용어인 '행위action'에 생각도 못할 정도로 좁은 뜻을 부여하는 까닭에, 지속적으로, 그리고 널리 오해를 받아왔다(이는 부분적으로 그들 자신에게도 책임이 있다). 세속적인 실용주의는 '행위'를 '명상'과, '실행'을 '이론'과, '편리성'을 '원칙'과 대립시킨다. 이들 세속적 원리가 거의 직접적으로 실용주의의 안티테제라는 것은 말할 것도 없다(그러나 나는 이를 얘기하지 않으면 안 되고, 그렇게 하는 것을 사과한다). 실용주의는 바로 이와 같은 모든 이중성을 해체하는 것을 목적으로 한다. 실용적 의미분석에 적합한 '행위'는 가능한 한 가장 넓은 뜻으로 해석해서, 거대한 세상사를 만들어내는 행동들뿐 아니라, 실험을 수행하는 것과 같이 '실질적'이거나 또는 이론을 형식화하는 것 같이 '포괄적'인 과학적 기업을 구성하는 일들 또한 포함하도록 해야 한다. 참과 관련한 실용주의의 '유용성'은, 실험실에서 그리고 연구에서 마치 가게나 공장에서와 마찬가지로, 만약 그 이상이 아니라면, 그것이 제공하는 편안함에서 찾을 수 있다. 만약 우리가 계속해서 윌리엄 제임스와 어떤 관념의 '현금 가치'에 대해 얘기하려 한다면, 우리는 보편적으로 유통될 수 있는 통화currency를, 그리고 특별히 과학세계 자체에서 자유로이 유통되는 통화를 염두에 두도록 조심하지 않으면 안 된다.

그러나 단순히 오해라고 쉽게 무시할 수 없는 또 다른 난점이 있다. 우리의 관심은 명제를 믿는 것이 사실상 무슨 차이를 가져올 수 있는가에 있지 않고, 그것이 가져와야 하는 차이, 즉 만약 믿는 사람이 명제의 논리적 내용에 의해서만 영향을 받는다면 나타날 차이에 있다. 그것은 첫째, 우리의 행위는 때때로 그 차이가 내용에서의 차이에 상응하지 않는 경우에조차, 단순한 진술형식에서의 차이에 의해 영향을 받기 때문이다. 아나스타시오 바벨라스Anastasios Bavelas는 그러한 예로 동일한 통신망을 쓰는 집단들에게, 지리적으로는 다르고 위상적으로는 동등한 망에 대한 묘사가 주어진다면 그들이 다르게 일한다는 것을 보여주었다. 둘째, 우리는 그것이 엄격하게 의미하는 바의 일부가 아닌 경우조차 초논리적 내용(소위 '함축의미connotation'와 같은 것)에 반응한다. 바다가 핑크로, 대륙이 파랑으로 된 지도는 혼란을 줄 것이다. 그리고 셋째, 의미는 어떤 '상상 가능한' 환경에서 취할 수 있는 행위에 달려 있으나, 인간이 생각할 수 있는 것은 그가 다루고 있는 명제만큼이나 그 자신에게 달려 있다. 간단히 말해 실용주의는 논리적 의미의 핵심을 심리적 매트릭스 안에 표시하는 문제에 당면하고 있다.

이것이 실제적인 난제임에는 틀림없지만, 내가 믿기로는 이 문제는 소위 '인지적 의미'와 '감성적 의미'를 지나치게 예리하게 구분하는 재구성논리에 의해 부당하게 과장되어 있다. 때때로 '감성적'으로 통용되고 있는 것이, 만약 그 맥락이 허용한다면 인지의 영역으로 들어갈 수 있다는 뜻에서, 인지적인 내용을 가지고 있기도 하다. 이것은 똑같이 형식의 '단순한' 차이에 대해서도 적용된다. "A가 B보다 크다"와 "B가 A보다 작다"의 의미의 차이는 실제적인 것이며, 매우 중요한 것일 수도 있다. 앞의 것은 A에 관심의 초점이 있고, 뒤의 것은 B에 있다. 주체가 유사한 위치에 있다고 보았을 때, 만약 내가 율리우스 카이사르Julius Caesar라면 나는 로마인일 것이고, 반면 만약 카이사르가 나라면 그는 미국인일 것이다. 또한 '단순' 함축의미와 관련해서는, 윌리엄 엠프슨William Empson과 그 외 점점 늘어나는 시적 담론 연구자들이 언어의 '감성적' 속성의 준거 기반에 주목하고 있다. '칠흑 같은 댕기 머리'를 가진 소녀는 단순히 긴 검은 머리를 가지고 있는 것이 아니라 낭만적 민요 또는 그보다는 좀 못한 것에 등장하는 인물이 보이는 속성 가운데 어떤 것을 느끼게 한다. 단순히 어떤 진술의 심리적인 효과로 보이는 것이, 적절히 분석하면 진술의 논리적 내용의 일부일 수도 있다. 그렇지만 내가 믿기로는, 실용적 접근도 논리실증주의 및 조작주의와 완전히 마찬가지로 여기에서 문제에 봉착하게 된다.

의미론적 경험주의의 실용주의적 관념이 방법론에 끼친 뚜렷한 공헌은, 내가 보기로는 바로 이 점, 즉 만약 의미가 행위에 따라 분석되어야 한다면 그것은 언젠가는 행위에 장을 제공하는 일상적인 대상과 상황을 참조하지 않으면 안 된다는 점에 있다. 어떤 경험주의자들은 모든 과학적 명제들이, '최종 분석에서는' — 에른스트 마흐Ernst Mach, 칼 피어슨Karl Pearson과 같은 옛 실증주의자들의 현상주의phenomenalism와 마찬가지로 — 감각적 느낌sensations에 '관한' 것으로 해석될 수 있다고 주장해왔다. 다른 학자들은 모든 진술은 '궁극적으로', 그 진술이 관계하는 모든 것이 거기에 있기 때문에, 전자electrons나 이와 유사한 것에 관한 어떤 것을 얘기한다는 물리주의자physicalist의 입장을 취한다. 현상주의자와 물리주의자의 재구성은 다같이, 이들 모두 구체적으로는 엄청난 난제를 안고 있지만, 가능할 수도 있다. 그러나 방법론적으로 이 둘 가운데 어떤 것도 일상적인 행동을 좌우하는 그러한 종류의 차별 요소들에 대한 실용주의자의 언급과 유용성 비교를 시작하지 않고 있다. 스탠리 에딩턴Stanley Eddington의 유명한 포인터-따라-읽기pointer-readings는 단순히 백색 위에 있는 흑색 반점이나, 엄격한 조작주의에 따른 눈과 손의 움직임에 불과한 것이 아니다. 그것은 적절히 훈련된 관찰자가 명확한 특성을 가진, 그리고 눈금 조정이 된 과학적 도구를 사용해 얻은 결과이다. 모든 과학적 언어는, 그것이 얼마나 기술적이든 상관없이, 일상생활의 공통언어를 통해 학습되고 사용된다. 과학적 의미를 명확하게 하기 위해 우리가 불가피하게 돌아가야 하는 곳은 바로 일상어everyday language이다.

지난 수십 년간, 영어권, 특히 영국 학파들의 영향하에 있는 철학자들은 '일상언어ordinary language의 기본적인 역할을 강조해왔다. 내 생각에는 이 호칭이 많은 사람에게 혐오감을 주겠지만 그들이 취하고 있는 입장은 내 견해로는 본질적으로 실용주의적인 것이다. 여기서 주장하는 것은 언어는 도구이며, 언어를 사용하는 것은 행동을 수행하는 것이라는 점이다. 따라서 의미의 분석은 행동이 수행되는 특정 맥락과 행동이 전체적으로 성취하고자 하는 목적에 초점을 맞추지 않으면 안 된다. 이러한 처방은, 내가 믿기로는 의미론적 경험주의의 방법론적 중요성을 잘 보여준다. 나아가 이 가르침이 알려주는 것은 이런저런 정확한 형식화formulation가 일차적으로 과학적 관심보다는 철학적 문제에 속한다는 것이다.

§6. 개념의 기능

위에서 개괄한, 특히 듀이의 정교화에 준거를 둔, 입장은 도구주의instrumentalism-로 알려져 있다. 이는 개념의 사용을 이해하려는 시도를 통해 개념을 분석하는 절차를 밝히고 있다. 도구주의자는 개념을 사용해서 다루는 문제들과, 그 개념이 이들 문제의 해결에 공헌하는 방식을 살핀다. 도구주의자는 기능에 따라 과학의 언어구조를 (또는 그 일부를) 분석한다고 말할 수도 있다. 기능에 대한 준거는 결코 행동과학 전반에 걸쳐 나타나는 기능주의적 설명의 우선성에 대한 헌신을 뜻하는 것이 아니다(§42 참조). 여기서는, 결코 일반적으로 지켜지는 것은 아니지만, 한 가지 조건, 즉 분석되고 있는 것은 의심의 여지없이 목적적이라는 조건이 충족되어야 한다. 과학적 개념은 과학자가 단지 그것으로 어떤 것을 뜻하기 때문에 의미를 갖는다. 그 의미는 과학자들이 그 개념을 가지고 의도하는 바를 실제적인 것으로 만들 때에 한해서, 즉 탐구기 진행됨에 따라 문제들이 해결되고 의도한 바가 성취될 때에만 과학적으로 타당하다.

칸트 이래 우리는 모든 개념을 판단하고 행동하는 규칙, 즉 우리가 하는 일에 대해 얘기해줄 수 있도록 경험에 관한 자료를 조직하기 위한 처방으로 인식해왔다. 물론 모든 것은 우리의 일이 무엇인가에 따라 다르다. 가령 '사람'은 단지 합리적인 동물이나 깃털이 없는 두 발 달린 동물이 아니라, 많이 다른 존재다. 그것은 군인, 정치가, 과학자에 의해 인지되는 다름뿐 아니라, 과학자들 가운데서도 나타나는 다름, 즉 경제학자와 인류학자의 다름, 물리학자와 문화인류학자의 다름, 그리고 아마도 선사시대의 문화에 속하느냐 현대 문화에 속하느냐에 따른 다름을 포함해서, 그들 사이의 다름에는 끝이 없다. 판단하고 행동하는 규범으로서의 개념은 명백히 판단이 만들어지는 또는 행동이 취해지는 맥락에 의해 확정된다.

특정 맥락 안에서도 또한 개념이 수행해야 하는 특정 기능 — 예를 들면, 어떤 반응을 요구하는 인지적 단서에 직접적으로 연관된 것, 또는 몇몇 부차적인 행동의 규칙 가운데 중요한 것을 결정해야 하는 선택에 봉사하는 것 — 과 관련한 일정 범위의 가능성이 존재한다('서술적' 개념, '설명적' 기능 등에 관해서는 뒤에서 곧 논의함). 이들 다양한 맥락과 역할에서의 차이는 결코 늘 상응하는 개념을 전달하기 위해 사용되는 낱말의 차이로 나타나지는 않는다. 이와 관련해서 앞의 문장에 나온 용어 '인간man'을 '기능적 모호성'의 예로 들 수 있다. 일에 대한 무능력이 '게으름' 때문이라는 어리석음은(서술적 용어가 설명적인 것처럼 사용되고 있다), 또는 사랑에 대한 무능력이 구강기 고착oral fixation의 산물이라는 혼동되는 관념은(이론적 용어가 마치 그것이 인과적 행위성causal agency을 밝힌 것처럼 사용되고 있다), 기능적 모호성에 그 책임이 있다.

그러나 목적의 특정화가 어떤 도구에 대해서도 자연스럽게 적합한 해설을 제공하는 것은 아니다. 해설에는 또한 그 도구가 목적을 수행할 수 있는 자질을 가지고 있음을 밝히는 내용이 꼭 들어가야 한다. 목적을 선택하는 것은 자유일 수 있다. 그러나 목적을 달성할지 결정하는 것은 우리가 스스로 선택할 수 있을 만큼 자유롭지 못하다. 만약 어떤 행동의 규칙을 따르고, 어떤 개념을 적용하는 것이 우리에게 유용하거나 아니면 단지 '편리'하기 때문이라면, 이는 현실세계의 어떤 것이 우리의 목적에 응답하고 있기 때문이다

(순진하게도, 우리는 이 용어를 마치 '어떤 것'이라고 이름 붙여진 것처럼 해석하고 있다). '유용한 허구useful fiction'라는 관념은 엄밀하게 말하면 자가당착이다. 그것이 유용한 한 그것은 허구가 아니다. 그것은 적합한 맥락에서 작동하는 행동의 규칙을 결정한다. 그러나 기능적 모호성은 우리로 하여금 그것을 부적절하게, 그래서 성공적이지 못하게 적용하도록 유도할 수도 있다. 법인은 적절하게 사용될 경우 개인person과 매우 흡사하다(예를 들어, 법인은 개인에게 영향을 끼치는 결정을 한다). '개인'이라는 낱말에 적용하는 법적 개념은 이 낱말의 관습적인 개념과의 동일성을 보여준다. 그러나 바로 이러한 사실은 이들 사이의 차이를 보지 못하게 할 수도 있다.

용어

그러나 우리가 항상 당면하게 되는 것은 개념보다는 낱말이다. 그러면 우리는 어떻게 낱말에서 개념으로 나아갈 수 있는가?

명백히 언어는 말하기(또는 쓰기)와 같은 동작으로 구성된다. 특정 시간에 특정 사람에 의해 수행되는 이러한 동작을 발화utterance라고 부르기로 하자. 목적적 행동의 일부로서 발화는 용도use를, 즉 그 발생 맥락에서 수행하는 특수 기능을 갖는다. 여러 개의 발화가 서로 매우 비슷할 수 있고, 대체로 비슷한 발화들은 비슷한 용도를 갖는다. 이와 같이 일련의 발화는 함께 묶이고, 하나의 용어term로 인정된다('낱말'이라는 낱말은, 때로는 전보의 요금을 계산할 때처럼 발화를 뜻하기도 하고, 때로는 어휘집에서 찾을 때처럼 용어를 뜻하기도 한다). 마찬가지로 용도들의 집합은 용어의 용법usage을 구성한다고 할 수 있다. 발화로부터의 용어의 조성과 똑같이, 용도로부터의 용법의 조성은 간단하게 단순 빈도의 문제가 아니다. 어떤 발생은 다른 것보다 더 중요하게 여겨진다. 다양한 방언이나 담론의 양식에 대한 우리의 관심이 무엇이냐에 따라 조성이 다르게 될 수 있다. 일단 성립되면, 용법은 규범으로 봉사하고, 특정 발화는 특정 용어의 오용misuse으로 인정될 수도 있다.

본질적으로 모든 용법은 일반성의 요소를 포함하고 있다. 그것은 용법이 명백한 용도들의 개방 집합을 이루기 때문이다. 부분집합들은 때로는 주어진 용어의 다양한 감각senses의 구분을 표시하는 것이 된다. 콰인(116: 131부터)이 지적한 바와 같이, 철학적 분석은 때로는 용어의 각기 다른 적용을 다른 의미를 가진 사건으로 간주하는 경향이 있다. 극단적으로는 이러한 원자화가 용어가 사용될 때마다 다른 의미를 가질 수 있다는 점에서, 용법 자체를 부인하는 것이 될 수도 있다. 그럼에도 어느 정도 차별화는 반드시 필요하다. 문제는 이를 어떻게 하느냐이다. 비트겐슈타인은 '의미의 가족family of meanings'이라는 계몽적인 은유를 제공한다. 가족유사성은 모든 가족 성원들이 지닌 명백하게 공통된 어떤 용모가 있는가의 문제가 아니라, 누구라도 두 사람의 가족의 성원이 닮음을 보여주기에 충분할 만큼, 어떤 용모를 공유하고 있는가의 문제다. 용어의 의미는 다양한 뜻 가운데서도 일종의 가족적인 일이다.

관념화

이러한 의미가 특정 용도에 수용되는 과정은 아마도 관념화conception라고 부를 수 있을 것이다. 관념화는 (물론, 다른 사람들도 비슷한 관념화를 하고 있을 수 있지만) 특정 개인에게 '속한다'. 그리고 일반적으로 이는 때에 따라 달라진다. 내가 가지고 있는 원자atom의 관념화는, 주로 나의 무지 때문에, 물리학자들의 그것과 다르고, 또한 내가 핵반응에 대해 알지 못하던 때의 그것과도 다르다. 용어의 용법과 연관된 것이 관념화의 가족이라고 말할 수 있는 개념concept이다.

만약 우리가 선택한다면, 개념은 관념화와는 대조적으로 비개인적·무시간적인 것으로 간주할 수도 있다. 그것은 개념은 관념화로부터 이루어지는 추상적 조성물이기 때문이다(용어 '개념'은 그 자체가 조성어, 또는 이론적 용어이다. §7을 보라). 그러나 이 추상적 자질이 그 조성에 작용하는 관념화의 내용이 변하면 마찬가지로 개념도 변할 것이라는 사실을 호도해서는 안 된다. 관념화는 심리학적 사건이고 개념은 논리적 실체로 보는 것은 문제가 있다. 이 둘은 모두 개념화conceptualization의 과정에 사실상 작용하는 그 무엇에 따라, 아니면 그 과정의 목적 달성을 위해 작용하지 않으면 안 되는 다른 그 무엇에 따라 조망될 수 있다. 여기서는 후자가 논리적 관점이다. 확실히 모든 개념은 상응하는 용법과 마찬가지로 규범으로 작용한다. 그러나 이 규범적 역할은 하나의 사실, 심리적 사실이다. 우리는 이 규범이 좋은 것인지 아닌지를 물을 수 있다. 그리고 이 질문에 대답하면서 우리는 논리적 평가를 한다.

과학적 용어의 중요성은 그 용법에 내재된 개념에 항상 직접적으로 의존하지는 않는다. 과학적 용어는 개념을 표현하는 더 까다로운 어법의 속기로서 자신의 역할을 수행할 수도 있다. 이와 같은 용어를 나는 기호적notational이라고 불러서 다른 본질적substantive인 용어와 구분하고 있다. 여기에 더해, 부분적으로 기호의 역할을 하는 것에서부터 과학적 담론에 배태된 언어의 문법이 요구하는 것에 이르기까지 펼쳐져 있는 보조적auxiliary 용어들이 있다. 본질적 용어는 개념적 내용의 상실 없이는 제거될 수 없다. 그러나 기호적 용어는 기본적으로 줄임말이며 대치될 수 있다.

그러나 기호가 개념화의 과정을 따르는 것만은 아니다. 기호는 이 과정에 선행할 수도, 과정을 이끄는 것을 도울 수도 있다. 과제통각검사thematic apperception test를 'TAT'라고 부르는 것은 아무 과학적 의미를 갖지 못한다. 그러나 화학적 합성물 기호들은, 특히 입체화학 기호들은 그것이 의미하는 바가 풍부하고 강력하다. 좋은 기호는, 앨프리드 화이트헤드Alfred Whitehead가 일반적으로 수학에 대해 얘기한 바와 같이, 고통스러운 사고의 필요를 줄여준다. 그러나 기호의 복잡성이 스스로 그 기호에 과학적 중요성을 부여하는 것은 아니다. 행동과학은 때로는 진귀한 기호로 만들어진 진부한 말이 풍부한 과학적 약속을 보장하리라는 환상 때문에 고통을 받아왔다. 기능에 관한 이론, 위상, 벡터 분석, 기호논리 및 다른 갖가지 형식론이 모두 사용의 압력을 받아왔다. 기호가 스스로 관념을 유발할 수도 있고, 이러한 일은 수학과 다른 여러 분야의 역사에서 반복적으로 관찰된다. 그러나 이것으로 모든 개념적 부담을 감당할 수는 없다. "y=f(x)라고 하자"와 같이 말하는 것보다 쉬운 것은 없다. 그러나 만약 우리가 이 수식을 어떻게 풀지에 대한, 나아가 앞으로 이 기호를 사용한 도출 결과나 그것을 얻을 수 있도록 어떻게 이 함수를 충분히 특성화하느냐에 대한 사소한 지식이 없으면 얻어지는 것은 아무것도 없다. 본질적 용어는 기본적인 것으로 남는다.

분류

대체로 어떤 과학에서든 중요한 용어들은, 그 구문론이 아니라 의미론 때문에 중요성을 갖는다. 이들은 기호적이 아니며, 그 과학에 주제를 제공하는 세계에 손을 내민다. 이러한 용어들의 의미는 주제의 개념화 과정으로부터 나온다. 이 과정에서 연구되어야 할 것들이 분류되고 분석된다. 몇몇이 함께 묶이고 특정의 것들은 그들이 속하는 몇몇의 집단으로 할당된다(집단들은 다시 함께 묶이기도 하고, 이러한 '더 고도의 수준'의 묶음들에 의해 분석된다). 예를 들어, 피해망상증은 어떤 사람들의 집합을 하나의 부류로 분류하고, 그 자체는 학대의 환상, 환청, 자아기능 손상 등과 같은 유형으로 분석된다. 이들 유형 각각은 다시, 어떤 행위들의 집합을 함께 묶는 하나의 분류가 된다. 행위의 사례는 구어적인 것이나 다른 어떤 것일 수도 있고, 분류는 그것을 수행하는 행위자에 대한 고려 없이 이루어질 수도 있다(어떤 음성을 듣는 사람이 모두 피해망상증은 아니다. 그러나 '어떤 음성을 듣는 것'은, '피해망상증'이 그런 것처럼 사람들의 한 부류를 확정한다).

개념은 그것이 제시하는 분류가 마치 그 대상들이 저절로 거기에 떨어지는 것 같이 되어 있는 경우에 중요성을 갖게 된다. 플라톤이 말하듯, 그것은 이음새에 새겨 표시한다. 덜 은유적으로 말하면, 어떤 유의미한 개념은 그 주제를 묶거나 나누어, 분류 자체를 진술하는 것과는 다른, 주제에 관한 많은, 그리고 중요한 것을 진술하는 참 명제들의 일부가 될 수 있다. 전통적으로 이와 같은 개념은 '인위적' 부류보다는 '자연적' 부류를 밝히는 것으로 알려져 있다. 개념의 자연성은 여기에, 즉 그것이 분류의 기초로 선택하는 속성들은 우리의 사고 어딘가에 개념화된 속성들에 의미 있게 연결되어 있다는 데 있다. 사물들은 서로 닮았기 때문에 집단으로 묶인다. 자연적 묶임은 애초에 인식하고 있었던 것보다 많은, 그리고 더 중요한, 유사성의 발견을 허용하게 하는 것이다. 각각의 분류는 어떤 또는 다른 목적에 봉사한다(이 부류 묶음은 용도를 갖는다). 우리가 처음 의도했던 것 이상의 어떤 것도 할 수 없다면, 이는 인위적인 것이다. 과학적 분류의 목적은 그것이 무엇이든 목적 달성을 촉진시키는 데, 그것이 어떤 것이든 고려되지 않으면 안 되는 연관성을 밝히는 데 있다.

소박하게 말하면, 이러한 뜻에서 개념의 중요성은 정도의 문제다. 인위적 개념조차도 그것이 실제로 자신의 제한된 목적 달성을 돕는다면 전적으로 인위적인 것은 아니다. 크기와 무게에 따른 책의 분류는 내용에 기초한 분류만큼 '자연적'인 것으로 보이지 않는다. 그러나 인쇄업자 및 운송업자도 도서관 사서들과 마찬가지로 자신들이 요구하는 것이 있다. 요점은 전자는 이해관계가 자신들만의 것이라는 점이다. 반면, 사서들의 이해관계는 모든 독자, 독서와 관련된 모든 사람의 관심과 연관되어 있다. 주어진 개념이 유용한가의 여부는 우리가 거기에 부여하기를 원하는 용도에 따라 다르다. 그러나 거기에는 언제나 추가적인 질문, 즉 그렇게 개념화된 사물들이 그 용도에 적합할 것인가를 묻는 질문이 따른다. 그리고 이것이 바로 진짜the 과학적인 질문이다.

한 세기 전에 밀은 원인으로 작용하는 특질이나 어떤 다른 특질들의 '확실한 표지'가 되는 속성들을 밝히는 것을 과학적으로 타당한 개념의 요건으로 언급했다. 오늘날 이 요건은 엄격한 인과관계보다는 통계적 연관성에 대한 요구로 바뀌었다. 우리는 그렇게 하면 유의미한 상호연관성을 보여줄 수 있을 것으로 기대(또는 희망)하는 그러한 방식으로 주제를 개념화한다. 폴 라자스펠드Paul F. Lazarsfeld의 '잠재구조분석latent structure analysis'은 이러한 전망에서 개념화의 한 기법으로, 원래 밝혀진 형태들 사이의 상호관계를 최대화할 수 있는 어떤 특질들의 집합을 찾는 하나의 방법으로 볼 수 있다. 통계적 접근은 일반적으로 개념화가 그것이 다루려는 문제를 전적으로 해결하지 못하는 경우에도 발견도출적heuristic 가치를 가질 수 있다는 것을 보장하는 장점을 가진다. 앞의 예를 쫓아, 모든 피해망상증이 억압된 동성애성을 나타내지는 않을 수도 있다. 그러나 매우 자주 가정된 박해자가 '피해자'와 동성이라는 사실과 매우 종종 성적인 문제가 다른 기능적 장애와 연결되어 있다는 사실, 그리고 이러한 상호연관을 나는 '피해망상증'의 개념 자체의 타당성을 증진시키는 것으로 본다.

낮은 상호연관성이라도 그것이 필수적으로 개념을 무효화시키는 것은 아니다. 클라이드 쿰스Clyde Coombs가 지적한 바와 같이(33:26), 동일한 특질을 측정하기 위해 설정된 각종 절차들이 매우 느슨하게 연결되어 있을 수도 있다. 아직, 이 낮은 상관이 무효화시키는 것은 이와 같은 특질의 개념이 아니라 그것이 단일차원적이라는 관념일 뿐일 수 있다. 여러 가지 많은 것이, 예를 들어 집단의 사기를 높이기 위해 사용된다. 어떤 집단도 모든 사기 지표에서 높은 점수나 낮은 점수를 얻지 못한다는 발견은 '사기'를 과학적으로 무용한 개념으로 만드는 것이 아니라, 단지 그것을 우리가 상상했던 것보다 더욱 복잡한 것으로 만들 뿐이다. 다른 한편, 정신병 학자들은 '간질'이 거의 쓸모없는 개념이라는 것을 발견했다. 그러나 오랫동안 이에 대한 명백한 병인학(病因學)적 해석은 받아들여지지 않았는데, 그것은 몇 가지 다른 질병에 이 호칭이 붙여졌기 때문이었다. 이 개념은 인위적인 것인데, 그것은 환자들이 증상 분류의 기초가 되는 발작 이상의 어느 것에서도 서로 닮은 점이 없다는 것이 발견되었기 때문이다.

이와 같이, 개념은 우리가 논리적 공간에서 가장 자유롭게 움직일 수 있도록 통로들을 표시해주고 있다. 그것은 관계망에서 마디와 교차점을, 다음에 갈 곳에 관해 최대한의 선택 범위를 확보하면서 당분간 쉴 수 있는 목표점을 찾아준다. 만약 모든 길이 로마로 통한다면, 일단 로마에 있으면 우리는 어디로든 갈 수 있다. 누군가 어떤 물질의 색깔을 말할 때 우리가 배우는 것은 별로 없다. 그러나 그 화학적 구성에 대해 얘기하면 매우 많은 것 — 구성에 따라 달라지는 이미 알려진 반응들 — 을 배운다. 모든 것에는 화학작용과 같은 것이 있다. 그리고 우리의 과학적 개념화는 이 화학작용의 요소들과 화합물들을 밝히는 것을 목표로 하고 있다. 듀이의 재구성논리에는 두 가지의 일반 명제가 있다. 보편적 명제는 실존하는 것들을 독특한 성질을 공유하는 종류들로 묶는다. 다른 한편, 부류적generic 명제는 특성이나 특질을 공유하는 범주들을 규정한다. 후자는 의미상in Import 실존적인 것이 아니라 추상적인 것으로 종류들 사이의 중요한 상호연관성을 암시한다. 적절한 화학작용을 형식화하는 것이 바로 이것이다. 과학적 개념의 기능은 다른 어떤 범주적 집합보다도 우리의 주제에 대해 더 많은 것을 얘기해 줄 범주들을 명시하는 것이다.

개념과 이론

과학에서 개념 형성과 이론 형성은 나란히 간다. 이는 또다시 칸트의 통찰력에 빚지고 있다. 현대에 헴펠은 특히 개념과 이론의 상호의존성을 강조한다. 과학적 범주를 구성하는 특징은 '성향적dispositional'인 경향이 있다. 즉, 그것은 만일if 어떠한 조건들이 충족되면 나타나게 될would be 자질을 밝힌다(적대감은 광범위한 적합한 환경하에서 분노를 표출하는 성향disposition, 불안은 공포를 표출하는 성향 등). 이와 같은 성향적 용어를 담고 있는 명제는 그것이 어떤 것이든 일반화, 즉 적합한 종류의 상황이 확보될 때마다 나타날 그 무엇에 대한 주장이 된다. 모든 개념화는 우리를 귀납적 위험에 처하게 한다. 우리가 그것에 따라 우리의 과학적 질문을 제시하도록 하는 개념은 가용 질문의 범위를 제한한다. 우리는 끊임없이 우리의 관찰대상subject에게 그가 아내 때리기를 그만두었는지 묻고 있다.

베이컨-밀의 재구성논리는 마치 과학적 임무가, 어떤 예정된 자질을 표출하는 것과 같이, 따라서 어떤 방식으로 묶이는 것과 같이, 주어진 현상들 사이에서 어떤 연결들이 나타나는가를 발견하는 데 있는 것처럼 만드는 것으로 보인다. 듀이에 따르면, "논리학 논문에 보고된 바와 같은 과학적 과정의 외관상의 단순성보다 더 기만적인 것은 없다. 이 허울만 좋은 단순성은 알파벳 글자들을" 주제의 정교화를 나타내는 것으로 "사용할 때 그 정점에 이른다". 어떤 현상이 발생할 때 ABCD가 나타나고, 다른 것은 BCFG, 제3의 것은 CDEH를 나타내는 경우에 이러한 발생에 책임이 있는 것은 간단하게 C가 된다. 그러나 우리의 재구성에서 이러한 알파벳 기호야말로 "문제의 자료들이 이미 고도로 표준화되었다는 사실을 모호하게 하는, 즉 귀납적-연역적 탐구의 모든 짐을 실제로 자료들을 표준화하기 위해 사용한 조작들에게 지운다는 것을 알지 못하게 숨기는, 효과적인 고안물에 불과하다". 문제의 적합한 개념화는 이미 그 해결책을 가정하고 있다. 어떤 사람에게 여섯 개의 성냥개비로 네 개의 정사각형을 만들라고 해보라. 그가 모든 성냥개비가 같은 평면에 놓일 필요가 없다는 것, 결과적으로 그것은 확실히 사면체가 되어야 한다는 것을 깨닫지 못하는 한, 이 문제를 푸는 것은 불가능할 것이다. 그렇다면 그는 제일 먼저 평면에 한정된 자신의 기하학적 형상들에 관한 관념화conception로부터 자유로워져야 한다. 이러한 자유는 다른 어떤 자유만큼이나 얻기가 — 그리고 함께하기가 — 어렵다.

결과적으로 우리는 역설에 말리게 된다. 그것은 개념화의 역설paradox로 부를 수 있을 것이다. 좋은 이론을 형성하기 위해서는 적합한 개념이 요구된다. 그러나 적합한 개념에 도달하기 위해서 우리는 좋은 이론을 필요로 한다. 20세기의 과학혁명이 있기 오래전에, 윌리엄 제번스William Jevons(64: 691)는 "주어진 과학의 초기 단계에서 제안된 분류는 거의 모두가 더 심층적인 대상의 유사성이 발견되는 데 따라 세분화되는 것을 알 수 있다"라고 말했다. 분류는 모두가 임시적이며 잠재적인 이론(또는 이론들의 가족)이다. 특정 주제에 대한 지식이 자람에 따라 그 주제에 대한 우리의 관념화도 바뀐다. 우리의 배움이 점점 자람에 따라, 우리의 개념도 점점 적합성을 더한다. 과학의 모든 실존적 딜레마와 같이, 이는 하나의 예이지만 이러한 역설은 근접화approximation를 통해 해결된다. 우리의 개념이 좋으면 좋을수록 그것을 가지고 형성할 수 있는 이론도 좋아지며, 차례로 다음의 개선된 이론을 위해 사용될 개념들이 더욱 좋아질 것이디. 렌젠Victor Fritz Lenzen(81: 19)은 노골적으로 '연속적 정의successive definition'에 대해 얘기했다. 오직 이와 같은 계속성을 통해서만 과학자는 궁극적으로 성공으로의 도달을 희망할 수 있다.

§7. 이론적 용어

어느 과학에 속하는 것이든 용어는 그것이 개념화하는 경험에 연결되는 방식에서 서로 커다란 차이를 보인다. 기호적이고 순수하게 보조적인 용어들을 제외하면, 아직도 본질적 용어들 사이에는 자체적으로 중요한 차이가 나타난다. 이들 차이는 앞에서 언급한 세 가지 경험주의(실증주의, 조작주의, 실용주의)의 관용어 모두에서 표출된다. 나는 먼저 이들을 용어의 (즉, 어떤 주제에 관한 용어들을 예측하도록 하는 명제들의) 검증형태the mode of verification에 준거해서, 또는 이들을 적용하거나 정의하는 조작들에 준거해서 형식화하려 한다. 다음에 이에 상응하는 과학적 기업에서 수행하는 이들의 기능의 차이를 고려할 것이다.

직접관찰에 대한 준거

관찰적 용어observational terms는 그 적용이 비교적 단순하고 직접적인 관찰에 의존하고 있는, 즉 '꿈의 보고', '기표된 투표지', '석기 유물'과 같은 용어를 가리킨다. 이러한 종류의 용어는 또한 '구체어concreta', '경험적 용어empirical terms', '현상어phenotypes' 등 다양한 이름으로 알려져 있다. 수행하는 통상 기능에 기초해, 이들은 때로는 '서술적 용어descriptive terms', '실험변수experimental variables' 등으로 불린다. 여기서 용법은, 곧 다룰 다른 구분의 경우와 마찬가지로, 다양하고 불명확하다. 모든 호칭이 지적하는 것은 이들이 스스로를 쉽고 확실한 검증에 노출시키는 용어라는 점이다. 틀림없이, 우리가 관찰을 할 수 없기 때문에, 관찰을 했다면 그 개념이 구성해야 하는 바로 그런 종류의 것으로 되어 있는지의 여부가 불분명하기 때문에, 사실상 그 용어가 적합한지에 대해 말하기 쉽지 않은 경우도 있다. 그러나 전반적으로는 의심의 여지가 없다. 심리분석가들은 자기 환자들의 꿈을 관찰할 수 없다. 그러나 환자가 꿈을 보고하면 ― 환자가 그렇게 말한다 ― 그것을 인지하는 데 아무런 특별한 어려움도 없다. 투표용지가 가짜일 수도 있고, 기표되기보다는 인주가 묻어난 것일 수도 있으며, 석기 유물이 실제로는 뼈이거나 유물이 되기에는 부족한 물건일 수도 있다. 그러나 아직도 전반적으로, 만약 어떤 사람이 (의심하는 태도 없이) "그것이 이러이러하다는 것을 어떻게 알았죠?" 하고 묻는다면, 우리는 아마도 "내가 직접 보았습니다", 또는 "그냥 보면 알 수 있습니다"라고 대답할 것이다.

간접관찰에 대한 준거

간접관찰어indirect observables는 그 적용이 상대적으로 더 정교하거나, 복잡하거나 간접적인 관찰을 필요로 하는, 추론이 중요한 부분을 연출하는 용어를 뜻한다. 이와 같은 추론은 직접적으로 관찰되는 것과 용어가 나타내고자 하는 것 사이에 추정된 연결성, 통상 인과적 연결성에 관계한다. 예를 들어, 꿈은 꿈의 보고와는 대조되는 것으로, 기억되거나 보고서 또는 잠자는 사람들을 대상으로 시행된 관찰로부터 재구성된다. 우리는 누구나 일식을 본다. 그러나 어두움을 동반한 스펙트럼 쌍체spectroscopic binary는, 우리에게 '보이는' 모든 것인, 주기적인 빛의 강도 변화로부터 추론된다. 분자들은 움직임을 브라운 운동으로 표출한다. 그러나 우리가 한 쌍의 파란 눈을 들여다볼 때, 우리는 유전자를 보는 것일까? 이 모든 사례에서 본질적 용어들은 "나 자신이 그것을 보았다"의 문제일 수 있는 어떤 것을 지시한다. 그러나 보는 것은 오히려 매우 예외적인 것이다. 여기에는 아마도 특별한 도구들이 개입되고, 통상의 경우에도 이는 "그러나 무엇보다도 네가 본 모든 것은 …… 이다"라는 반론의 여지를 상당히 남긴다. 이러한 용어들은 또한 '추론물illata', '인자구성형genotype', 그리고 어떤 용법에서는 '가설적 조성어'로도 불린다. 이들은 가설적이다. 그러나 그것들이 언급하는 것에 대해서는 아무것도 조성된 것이 없다. 우리는 그것들의 존재를 추론한다. 그러나 만일 그 추론이 정당화된다면, 그것들은 관찰용어에 의해 명명된 장식들처럼 이 세상 속 가구furniture의 일부가 된다.

관찰 가능한 것에 대한 준거

조성어constructs는, 직접적으로 또는 간접적으로 관찰하는 것은 아니더라도, 관찰 가능한 것에 기초해서 적용되거나 정의되기도 하는 용어를 가리킨다. 어니스트 네이글Ernest Nagel은 스스로 '제한 개념limiting concept'이라고 부른, '순간 속도'와 '마찰 없는 엔진'과 같은 것을 그 예로 제시했다. 속도는, 지나치게 빠르거나 느리지 않다면, 직접관찰할 수 있거나 아니면 공간과 시간상의 위치의 관찰로부터 추론할 수 있다. 그러나 우리는 순간의 속도를 관찰할 수도, 귀납적으로 추론할 수도 없다. 우리는 그것을 계산할 뿐이다. 간격(그것은 직접 또는 간접으로 관찰 가능한데)이 점점 짧아짐에 따라 이를 통한 속도는 한계에 이른다. 그러나 영의 길이zero length의 간격은, 말하자면 기호적 고안물 — 그리고 또한 매우 유용한 고안물 — 이다. 조성어는 확실히 본질적 의미를 획득하기에 충분한 중요성과 친숙성을 가진 기호적 용어로 간주할 수 있다. 바로 이러한 이유로 이들은 때로는 '보조적 상징' 또는 '매개변수'라고 불린다.

다른 예들은 정밀한 분석에는 그렇게 잘 맞지 않는다. 어떤which 직접 또는 간접 관찰 가능물이 의미를 결정하는지는, 그 의미가 이와 같은 어떤some 방법으로 결정된다는 것에 의문의 여지가 없지만, 완전히 명백하지 못할 수도 있다. '정부', '돈', '금기'와 같은 용어를 생각해보자. 우리는 정부의 작동을 관찰하지 못한다. 단지 대통령, 국회의원, 대법원 판사 등을 관찰할 수 있을 뿐이다. 그렇지만 이 사람들의 행위는, 브라운 입자들이 액체의 분자운동을 추론할 수 있게 하는 것과 같은 방식으로 정부가 이러저러한 일을 한다고 추론하는 기초를 제공하지는 못한다. 여하튼 공무원들이 하는 일이 정부의 작용이다. 그러나 바로 어떻게 추상개념인 '정부'가 다양한 사람들의 구체적인 행위에 따라 정의되는지에 대한 엄밀한 구체적 서술은 힘껏 애써도 풀 가능성이 없는 헌법 연습문제와 다르지 않을 것이다. 라이헨바흐는 호칭 '추상어 abstracta'를 내가 '조성어'라고 부르는 것의 대용으로 쓰고 있다. 실제로 우리는 이에 단지 부분적인, 그리고 아마도 고정되지 않은 구체어에 정박을 허용할 수도 있다. 그러나 적어도 원칙적으로 이는 관찰 가능어에 의해 정의될 수 있다.

이론에 대한 준거

이론적 용어에 대해서는 관찰 가능물에 의한 충분한 정의조차 원칙적으로 불가능하다. 카르나프는 자신이 "이론적 용어에 대한 부분 해석"이라고 부른 어떤 것을 뜻하는 '상응의 규칙' 또는 '상응 공준'에 대해 얘기하고 있다. 아래에서 지적하는 바와 같이, 여기서 중요한 것은 해석이 불완전하다는 것보다는, 관찰이 이론적 용어에 의미를 부여하는 것이 아니라 오히려 그 적용의 경우를 명시한다는 것이다. 용어 의미는 그것이 뿌리를 내리고 있는 전체 이론에서 그것이 연출하는 부분으로부터, 그리고 그 이론 자체의 역할로부터 나온다. 또한 이들 용어는 때로는 '설명적 용어'('서술적 용어'에 대비되는 것으로서), 또는 모든 이론형성에서 이상화된 (경험적인 것에 대비되는 것으로서) 구성요소를 인정한다는 점에서 '가설적 조성어'로 불린다.

'거세 콤플렉스', '한계효용'이나 '개신교 윤리'와 같은 용어들을 생각해보자. 이와 같은 용어들은 결코 조성어가 아니며 관찰 가능어일 뿐이다. 우리는 다양한 정치 이론에서, 아마도 공개적으로 전혀 이에 대해 이론화함이 없이 정부에 대해 얘기할 수도 있다. 그러나 '거세 콤플렉스'는 그것이 심리분석 이론과 연결되어 있지 않다면 의미가 없다. 적합한 관찰을 하도록 하는 것에서부터 이미 이론이 개입된다. 우리는 조성어 '정부'의 사례에서 대법원을 보는 것처럼 초자아가 작동하는 것을 보지는 못하며, 이를 국회 회기와 자아 등으로 바꾸어도 마찬가지로 이러한 은유는 얼마든지 들 수 있다. 이론적 용어는 계통적systemic 의미를 지닌다. 그것이 추구하는 것이 무엇인지를 알아내려면 우리는 스파이 한 명을 보내는 것이 아니라 대대 전체를 보낼 준비가 되어 있지 않으면 안 된다. 이 계통적 자질이야말로 이론적 용어의 분석을 매우 어렵게 만드는 것이다. 단일 개념의 내용을 고정시키려는 노력으로 시작된 것이 전체 이론의 참을 평가하는 과제로 끝을 맺는다. 이론적 용어의 의미는 개념 구조의 수평뿐 아니라 수직적 구성요소들에 의해 고정된다. 그리고 아무리 잘 봐주어도, 오직 총체로서의 구조만이 굳건한 경험적 지반을 놓을 수 있다.

경험적-이론적 연속성

이들 네 가지 형태의 용어들은 보통 두 가지로 취급된다. 처음 두 형태는 '관찰 가능한' 것으로서 결합되고 뒤의 둘은 '상징적'인 것으로 묶인다. 또 달리, 앞의 셋을 함께 '경험적' 또는 '서술적'으로 통칭해서 '이론적'인 것과 대비시킨다. 어떻게 구분 선이 그어지든, 중요한 것은 이러한 선 그음이 상당한 정도로 인위적이라는 점을 깨닫는 것이다. 구분은 모호하고, 어떤 경우에도 정도의 문제다.

먼저 관찰 가능한 용어와 간접 관찰 가능어 사이의 차이를 생각해보자. 적나라한 관찰과 도구를 이용한 관찰 사이의 구분은 확실히 쉽지 않다(특히 나처럼 안경을 쓴 사람에게는!). 지각적 숙련에서의 편차는, 그것이 본래적인 것이든 훈련된 것이든, 어떤 사람에게는 추론적이어야만 하는 것을 (예를 들어, 비행기의 순간 노출 확인이나 유성 꼬리의 길이와 방향 같은) 다른 사람에게는 직접관찰의 대상이 되도록 하기도 한다. 한 집단을 구성하는 요소의 수는 숫자가 적으면 직접관찰할 수도 있을 것이다. 그러나 숫자가 많아지면 하나하나 세거나 인식 가능한 정도의 작은 집단들로 나누지 않으면 안 될 것이다. 이들 관찰이 간접적인가? 모든 관찰은 그것이 어떤 것이든 (적어도 그 과정의 재구성논리에는) 추론이 개재되어 있다. 우리가 직접관찰이라고 부르는 것에는 추론이, 매우 통상적면서도 확실하게, 우리가 깨닫지 못하는 가운데 이루어지고 아무 문제도 제기하지 않는 그러한 것이다. 우리는 TV에서 실재하는 무엇인가를 본적이 있는가(나는 미학이 아니라 논리적 질문을 제기하고 있다)? 법정에서 사용되는 증거로서, 우리가 보는 것과 듣는 것은, 때로는 후자가 더 진실성이 크지만 다른 지위를 갖는다. 우리는 사건을 소리로만 추론하지 않고, 보는 것 역시 추론적 자료가 된다. 분자와 유전자는 근본적으로 체체파나 뇌종양보다 덜 관찰 가능한 것이 아니다. 우리는 바로 어디를 어떻게 보아야 할지를 알고 이를 실행할 수 있는 능력이 있을 경우에만 그것들을 볼 수 있게 된다.

조성어와 이론적 용어의 차이도 이와 비슷하게 불명확하고, 기껏해야 정도의 문제일 뿐이다. 조성어는 관찰을 근거로 정의할 수 있다. 그러나 애석하게도 조성어는 통상, 내가 '정부'의 경우를 예로 지적한 바와 같이, 단지 '원칙적으로'만 관찰 가능하다. 유사하게 '돈'의 개념도 종이와 금속 또는 다른 소재와 교환되는 것을 관찰해야 분석이 가능하다. 그러나 거기에는 또한 어떤 기대, 습관, 태도, 믿음이 개재하고 신화가 포함될 개연성도 매우 높다. 이와 같은 요소들 가운데 어떤 것이 이 개념에 들어가야 하는지는 이미 경제이론에 관련된 문제다. 다른 말로 조성어는 관찰적일 뿐 아니라 계통적 의미를 가지고 있으며, 실제로 그 의미는 수직적이기보다는 수평적 연결에 의해 특정화되는 것으로 볼 수 있다. 엄밀하게 말해, 조성어와 이론적 용어 사이의 차이는 오직 수직적 연결의 성격만으로 국지화될 수 있다. 그것은 조성어의 경우 관찰과의 관계가 정의에 따른 것인 반면, 이론적 용어의 경우 이는 경험적 사실의 문제이기 때문이다. 그러나 불행하게도, 이 구분 자체가 결코 완전히 명료하거나 확실한 것은 아니다. 이것이 절대적으로 받아들여질 수 있는지는 점점 의문시되고 있다(§12를 보라).

여기서 기본적인 논점은 어떤 관찰도 순수하게 경험적이지는 않다는 — 즉 관념적 요소로부터 자유롭지는 않다는 — 것이다. 그것은 마치 (과학에서, 어느 정도는) 어떤 이론도 순수하게 관념적이지는 않은 것과 같다. 고전적 실증주의자들은 현상적 기초에서 지식의 재구성을 시도했는데, 지금-이곳에서 감지되는 것들을 서술하는 원초문장protocol sentences이 그들의 첫 번째 전제였다. 그러나 순수한 서술로 이루어진 용어들까지도 우리를 지금-이곳 너머로 이끈다. 그 이유는 이들이 하나의 용법을 가지기 위해서는 하나 이상의 발화 능력을 갖지 않으면 안 되기 때문이다. 내가 "이 물건은 빨갛다"라고 말할 때, 나는 불가피하게 현재의 사례를 '빨갛다'가 적절히 사용되는 다른 경우들과 연관시키고 있다. 그리고 이 연관은 어떤 면에서는 추론적인 것이다. 내가 잘못될 가능성은 언제나 존재한다. 모든 추론은, 매우 넓은 뜻에서, 이론을 수반한다. 오류는 우리 자신이 만드는 것이지 신의 세계에는 존재하지 않는다.

같은 논점을 이렇게, 즉 인간은 스스로 관찰의 도구가 되며 다른 도구들과 마찬가지로 그것을 적합하게 사용하기 위해서는 어떤 이론을 필요로 한다고 표현할 수 있을 것이다. 여기에 개재하는 것은 (§15와 §16에서 논의하고 있는 바와 같이) '인간방정식human equation'의 오류를 다루는 문제 이상의 것이다. 이론의 관찰에의 개입은 특유의idiosyncratic 방식으로는 물론 규범의 방식으로 이루어진다. 우리가 누군가 기뻐하거나 화내는 것을 볼 때, 우리는 감정 표출에 관련된 문화 유형에 관한 관념의 총체적 틀을 이용하게 된다. 그것은 마치 우리가 어떤 것을 이해할 때 우리는 듣는 것만이 아니라 어떻게든 듣기와 연결되는 문법 전체에 의존하게 되는 것과 같다. 이와 같은 이론들은 묵시적이고, 느슨하고, 무엇보다도 마치 우리가 먼 거리에서 보는 것을 명백히 할 때 쓰는 기하광학geometrical optics과 같이 완전히 친숙한 것이다. 이러한 친숙함이 이론을 우리에게 숨길 수는 있으나, 그것의 작동을 막지는 못한다. 나는 놀랍게도 언젠가 유명한 실험물리학자가, 이론은 그가 — 암실의 사진건판 위와 같은 곳에서 — 행하는 핵반응의 관찰에 어떤 역할도 하지 못한다고 부정적인 말을 하는 것을 들은 적이 있다. 장기의 대가는 대국에서 무엇이 일어나는지를 '보는' 것인가, 아니면 그것을 '이해하는' 것인가? '본다'는 것과 '이해한다'는 것은 모두 말하는 방식의 차이일 뿐이다.

간단히 말해, 관찰적인 것과 이론적인 것의 구분선은 우리가 행하는 상용논리의 재구성의 목적과 맥락에 따라 달라진다. 탐구의 진행에 따른 새로운 도구의 발명과 경험적 연관성에 관한 지식의 성장, 잘 정착된 이론의 새로이 떠오르는 문제들을 다루는 개념틀로의 통합, 이 모든 것이 구분선을 긋는 데 영향을 준다(41: 13~15). 핸슨(42: 80~82)은 이론적 용어를 '의미론적 지퍼zipper'에서 오르내리는 것과 같은 것으로 얘기하고 있다. "'뉴트리노neutrino'는 알고리즘적인 발명(조성어)으로 시작되었다. 지금 이것은 '보이는' 어떤 것을 일컫는다. '전자electron'는 '보이는' 어떤 것으로 시작되었으나 대부분의 현대 물리학자들에게는 오늘날 가장 실체가 없는 추상(이론적 용어)을 가리키는 것처럼 보인다." 이와 같은 이유를 고려하면, 파울 파이어아벤트Paul Feyerabend가 지적한 바(42: 82~83)와 같이, '관찰 가능한' 용어보다는 '빨리 결정할 수 있는' 용어라는 말의 사용을 제안함으로써 '이론적' 용어와의 암암리에 대비를 피하는 것이 최상인 듯하다.

이 논의의 요지는 차별화된 다양한 용어들 사이에 실제로 아무 차이가 없다는 것이 아니다. 요지는 오히려 차이를, 마치 관찰가능 용어는 이론적 용어가 일컫는 것과는 다른 어떤 것을 일컫는 것처럼 존재론적으로 해석해서는 안 된다는 것이다. 용어에는 이들 몇몇 종류의 실체가 있는 것이 아니라, 그것들이 탐구의 목적에 봉사하는 몇 가지 방식이 있을 뿐이다('점심'과 '저녁'은 요리의 종류가 아니라 식사의 환경을 가리킨다). 듀이(28: 147)는 증거 기능의 항상성을 어떤 존재물의 일관성으로 혼동하는 경향에 대해 관찰된 것의 구성인자로서 감지적 '성질들'의 총체적 관념을 추적하고 있다. 사과는 빨갛게 될 때 익기 때문에 우리는 빨강을 어떻든 사과의 한 구성요소로 생각하는 경향이 있으며, 이는 마찬가지로 껍질과 씨앗, 또는 사과의 산과 과당에도 적용된다. 이때 구성인자들은 관찰되었다고 표현되는 반면 다른 쪽은 추론되거나 조성되었다고 표현된다. 그러나 사과는 가시적인 부분과 비가시적인 부분으로 구성되지 않으며, 육체의 눈에 대응하는 정신의 눈은 없다. 인지와 기억, 생각과 상상은 각기 별개의 아는 동작의 꾸러미를 지칭하는 것이 아니다. 오히려 모든 인지에서 이 모두는 함께 작동한다. 그러나 이들이 모두 같은 일을 행하는 것은 아니다.

용어의 기능

대체적으로 말해, 관찰 가능한 용어는 문제를 국지화하며 자료를 정렬한다. 그리고 조성어와 이론적 용어는 해결책을 제시하고 다음의 문제와 당면하도록 인도한다. 그러나 이 구분은 매우 조잡하다. 과학의 드라마는 미리 정해진 각본에 맞도록 즉흥적으로 대사를 말하는 배역들로 구성된 즉흥가면희극 commedia dell'arte이 아니다. 모든 연극은 즉흥 연출이며, 배역은 행위가 진행됨에 따라 정해진다. 어떤 용어에 어떤 지위가 주어지는가는 탐구의 구체적인 맥락에서 그것이 어떻게 사용되느냐에 따른다.

한동안, 특히 실증주의자들 사이에는 관찰 가능한 용어들을 서로 결합시키는 데 반드시 필요한 도구로 이론을 간주하는 경향이 유행했다. 이러한 관점에서 관찰 가능한 용어는 통상 세상이 무엇과 같은지를 우리에게 말하는 유일한 방식인 '서술적' 용어로 불렸고, 다른 것들은 마치 본질적으로 기호적인 것처럼 취급되는 '보조적' 용어로 불렸다. 이는 때때로 이들 다양한 유의 용어들이 기능하는 방식에 대한 완벽하게 훌륭한 해명을 제공할 수도 있다 (그러나 이는 어디까지나 때때로 그런 것이지 항상 그런 것은 아니다). 소위 '서술적' 용어는 단지 만족스러운 이론의 형성에 도구적일 수도 있으며, 바로 이것이 특정 탐구(또는 탐구 단계)가 목표로 하는 성취일 수도 있다. 이러한 사정으로, 본질적 용어들은—관찰적 그리고 이론적 용어들은 둘 다—주어진 경우에 더 효율적인 기호의 조성을 위한 자료와 안내서로만 중요성을 가질 수도 있다. 이론은 관찰적 개념들을 발생시킬 수 있다. 그것은 후자가 이론을 가져올 수 있는 것과 마찬가지다. 프로이트적 망각Freudian slips은 관찰적이지만, 그 용어의 시조는 우리에게 그 이론의 기원을 상기시킨다. 그것은 마치 '과시적 소비'가, 소스타인 베블런Thorstein Veblen의 여유계급leisure class 이론에 속하지만, 사람들이 쉽게 볼 수 있는 어떤 것에 정확하게 준거를 두고 있는 것과 같다.

요점은 우리가 어떤 개념이 스스로를 유용하게 만들 수 있는 방법을 미리 제한할 수 없다는 것과, 모든 가능한 용도가 무엇인지조차 선험적으로 한정할 수 없다는 것이다. 중요한 것은 이들 다양한 기능들이 서로 혼동되어서는 안 된다는 것이며, 다양한 유의 용어를 구분하는 일차적인 목적이 바로 여기에 있다. 케네스 맥쿼커데일Kenneth MacQuorcodale과 폴 밀은 유명한 '가설적 조성어'와 '매개변수'의 구분을 만들었고, 이에 따르면 만약 어떤 용어가 매개변수로 도입되면 같은 탐구의 맥락에서 그것은 인과적 효력을 가질 수 있는 것인 양 취급되지 않는다. '초자아'는, 만일 그것이 우리의 억제inhibitions를 표현하기 위해 도입되었다면, 우리가 어떤 것을 행하지 못하도록 억제할 수는 없다. 물화reification(허구의 물상화)는 형이상학적 죄 이상의 것으로, 이는 논리적인 죄다. 이는 기호적 고안을 마치 본질적 용어처럼 취급하는 잘못, 즉 내가 조성어라고 부르는 것을 마치 관찰적인 것인 양, 이론적 용어를 마치 조성어 또는 간접 관찰 가능어 같이 부르는 잘못이다.

최근 재구성논리의 발전은 이론적 용어들이 그것이 어떤 것이든 과연 본질적인 기능을 수행하는지에 대해 의문을 던지고 있다. 왜냐하면 이들은 소모품처럼 보이기 때문이다. 카르나프는, 그것이 무엇이든지 이론적 용어에 경험적 적용을 제공하는 관찰적 조건을 만족시키는 것의 존재를 이야기함으로써 이론적 용어를 불필요하게 만드는, 소위 '램지 문장Ramsey sentence'이라고 부르는 방법을 개발했다. 이와 연관해서, 윌리엄 크레이그William Craig의 업적에 많은 관심이 모였다. 그는 어떤 체계의 경험적 내용은 그 관찰적 용어들에 포함되어 있다는 것(크레이그의 정리)을 보여주었다. 이를 위해 그는, 이론적 진술을 순수한 관찰적 진술로 전환하지 않고, 오히려 이론적 용어 없이 어떻게 주어진 체계에 경험적으로 상응하는 다른 체계를 조성할 수 있는가를 보여주었다. 그렇지만 크레이그 자신은 이러한 결과의 함의를 평가하지 않으면 안 된다는 점에 주의를 환기시키고 있다.

무엇보다도 첫째로, 이론적 용어와 다른 용어의 (크레이그는 이들을 '보조적', '비보조적'이라고 불렀다) 구분은, 내가 위에서 주장한 바와 같이, '만들기 어렵거나 아니면 인위적일 뿐'이다(26: 40). 둘째로, 그 절차는 고도로 형식화된 취급을 요구하고, 요구된 대로 "체계화될 수 있는 주제는 거의 없다. 물리학과 같이 상당히 엄격한 주제에서도, 그 어떤 것보다도 주제가 바뀌는 속도와 경쟁적인 이론의 공존으로 체계화는 실질적으로 불가능한 것처럼 보인다"(26: 41). 더욱이 반드시 도입되어야 하는 공리들은 "순수한 통찰력을 단순화하지도 제공하지도 못한다"(26:40). 공리는 수적으로 무한하고 너무 복잡해 실제 연역을 위한 전제로서 봉사하지 못할 수도 있다. 마지막으로, 크레이그는 우리의 주 관심은 이론적 용어들이 원칙적으로 대체 가능한 것인가의 여부가 아니라, 어떻게 사실상 그것들의 의미가 명백해질 수 있는가에 놓여 있다고 지적했다. 그리고 그가 고안한 방법은 "어떤 이와 같은 명료화의 제공에도 실패했다"(26: 52). 이 모두에 더해 네이글(103: 134~137) 또한 이 방법은 우리가, 그 이전이 아니라 지금, 이미 좋은 이론을 가지고 있을 때에만 어떻게 이론적 용어들을 불필요하게 만들 수 있는가를 보여준다는 매우 흥미로운 고려사항을 추가하고 있다. 우리는 "그 주제에 대한 모든 가능한 탐구가 완성될 때까지" 재구성을 기다리지 않으면 안 된다. 비슷한 맥락에서, 리처드 브레이스웨이트Richard Bevan Braithwaite는 이런 식으로는 어떤 주어진 이론을 더 넓은 적용 범위를 가진 더 일반적 이론으로 통합할 수 없다고 지적했다.

간단히 말해, 재구성논리는 이러한 점에서는 상용논리와 거리가 멀다. 이론적 용어들은 그들의 의미가 어떻게 분석되어야 하는지, 그리고 모든 지식의 경험적 기초와 어떻게 연관 맺어야 하는지와 관계없이, 과학적 탐구의 실질적 추구에 필수불가결한 것이다.

§8. 의미의 개방성

이론적 용어를 관찰과 관계 맺도록 하는 고안물은 '의미공준meaning postulates', '상응규칙correspondence rules', '등위적 정의coordinating definitions' 등으로 다양하게 불렸다. 카르나프는 이러한 고안물이 해당 이론적 용어의 '부분적 해석'을 제공하는 방식을 정교화했다. 여기서 부분적이라는 표현을 쓰는 것은 어떤 이론의 적용범위는, 그것이 특정 사례에 적용되는 방식과 마찬가지로, 미리 완전히 특정화될 수는 없는 것이기 때문이다. 이는 만약 어떤 조건이 실현되면 발생할 그 무엇을 가리키는, 성향적 용어dispositional terms에서 더 친숙하게 관찰되는 상황이다. 고전적인 예로서 '용해할 수 있는soluble'을 들 수 있다. 말하자면, 어떤 물질이 용해될 수 있다는 것은 만약 물에 넣으면 그것이 녹을 것이라 뜻이다. 그러나 만약 그것을 물에 넣지 않으면 어떤가? 조건이 만족되지 못할 때, 우리는 무엇이라고 말해야 할지 모른다. 물론 우리는 '만약'에 무슨 일이 일어날지 추론할 수 있다. 그러나 요점은 이 예에서 특정화는 단지 부분적인 특정화일 뿐이라는 것이다. 전혀 다른 용해성 테스트가 발전될 수도 있고, 이것이 주어진 용어의 핵심very 의미에 통합될 수도 있다. 주어진 규칙은 다른 가능성을 열어놓는다. 이러한 사태를 헴펠 등은 의미의 개방성 openness of meaning이라고 부르고 있다. 나는 이 표현을 통상적으로 어떤 용어의 의미의 특정화가 그것이 어떤 것이든 그 용어의 용법을 불확실한 채로 남겨놓는 어떤 면을 가리키는 말로 사용한다.

윌프리드 셀라스Wilfrid Sellars(42:59)는 이론적인 용어의 경우에 상응규칙은 전혀 번역이 아님을, 부분적으로도 그렇지 않음을 지적했다. 이는 이론적 용어에 관찰적 등가물을 제공하는 것이 아니고, 단지 어떤 특별한 조건하에서만 그럴 뿐이다. 오히려 이들 규칙은 의미의 어떤 정체성도 선상정하거나 presupposing 형성함establishing이 없이 이론과 관찰 사이의 '구어적 교량verbal bridge'을 이루는 것이 실제 상황이다. 이 갈라진 틈새에 다리를 놓는 방식은 여러 가지이며 그것이 그렇게 될 수 있는 곳도 많다. 이 은유를 쫓으면 이론의 특징적인 것은 우리가 이들 다리를 건너지 않거나 또는 우리가 거기에 도달할 때까지 다리를 건설하지도 않는다는 것이다. 단지 요구되는 것은 필요가 발생하면 그 일을 할 수 있어야 한다는 것이다. 이론은 사용됨에 따라 ― '실용적'인 목적에서는 물론 과학적 목적에서 ― 그 의미는 점진적으로 고정되어 간다. 그러나 어느 정도의 개방성은 언제나 남아 있다.

다음에서는 행동과학에서 특별히 중요하다고 믿는 네 가지 종류의 개방성을 소개하고 있다.

계통적 개방성

많은 용어가 다른 용어들과 함께 사용되거나, 또는 완전한 문장으로 제시될 때에만 그 의미가 규정된다. 중세인들은 이들을 '공의어syncategorematic'라고 불렀다. 그리고 현대에는 러셀이 이들을 '불완전한 상징'이라 해서, 포괄적으로 분석했다. 이들은 이들이 형식화를 돕는 명제들의 구성요소들을 일컫지 않고, 이들이 발생시키는 문장들에 의미를 주는 데 기여한다. 그 예로는 유명한 러셀의, '그렇고 그런such-and-such' 형식의 어구로 된 한정기술구definite description가 있다. "현재의 프랑스 왕은 대머리다The present king of France is bald"라는 문장은 대머리에 대해 얘기하는 것일 수는 있으나, 그런 사람이 없기 때문에 현재 프랑스 왕에 대해서 얘기하는 것이 될 수 없다. 그러나 전체적으로 이 진술은 확정적determinate 의미를 가진다. 그래서 러셀은 이 문장을 다음과 같이 형식화했다. "현재 프랑스 왕은 대머리이고, 그는 유일하며, 대머리이다." 이 확정적 서술은 하나의 불완전한 기호이다. 우리는 '대머리bald'가 의미하는 바를 자명한 것으로 설명할 수 있다. 그러나 'the'는 독자적으로는 무엇을 의미하는지 설명할 수 없다. 우리는 '대머리'와 같은 용어는 '낱말의미word meaning'를 갖는 반면 'the'와 같은 용어는 '문장의미sentential meaning'를 갖는 것으로 얘기할 수 있다. 이보다 충실한 분석은 모든 경우 문장의미에 우선성을 부여하는 것일 수도 있다. 그러나 나는 여기서 이 점에 대해 훨씬 더 진전된 논의를 전개하고 싶다.

그것은 의미를 규정하기 위해 문장 하나의 맥락이 아니라 주어진 용어가 드러나는 모든 문장의 맥락의 집합을 필요로 하는 용어가 있다는 점이다. 이와 같은 의미를 나는 이전에 '계통적 의미systemic meaning'라고 부른 적이 있다. 각각의 문장적 출현은 의미의 부분 결정이다. 그러나 우리는 이 용어를 점점 많이 다른 유의 맥락에서 만나게 되면서 더 완전하게 이해할 수 있게 된다(이 서술은 다른 사람들이 얘기하는 뜻에서와 마찬가지로 우리 스스로가 의미하는 바에서도 참이다). 카를 마르크스Karl Marx의 '계급' 또는 '자본주의'가 의미하는 바는, 프로이트의 '리비도'나 에밀 뒤르켐Emile Durkheim의 '아노미anomie'와 같이, 오직 그의 저작 전체를 통해서만 드러난다. 용어는 언뜻 어디엔가 명쾌히 정의될 수 있는 것 같이 보이는 경우에조차 계통적 의미를 가질 수 있음에 주의하라. 일종의 의사정의pseudo definition라는 것이 있는데, 여기서는 어떤 의미가, 주어진 용어가 사실상 그 후 늘 주어진 '정의definition'에 알맞게 사용되지는 않을 지라도, 자리를 잡게 된다. 확실히 이런 종류의 핵심 용어는 여러 번에 걸쳐 그리고 여러 다른 방식으로 '정의'된다. 이러한 다양성은 반드시 논리나 기억 착오의 표시는 아니며, 오히려 계통적 의미의 출현을 나타내는 것이기도 하다.

모든 이론적 용어는 계통적 의미를 가지고 있다. 이론은 총체적으로 그 구성 용어들에, 문제의 용어들이 명료하게 나타나지 않는 이론의 부분들에도, 의미를 부여할 필요가 있다. 논리학자들은 때때로 거기에 정의되지 않은 용어가 나타나는 공준들의 집합에 의해 제공되는 '함축적 정의implicit definition'에 대해 얘기한다. 이러한 뜻에서 '점point'을 정의하는 것은 기하학의 공준들이지, '크기를 갖지 않은 위치'와 같은 표현이 아니다. 과학적 이론은 통상적으로 공준적 형태로 표현되지 않는다. 주어진 이론의 모든 명제는 그 핵심 용어들의 함축적 정의로 작용한다. 따라서 행동과학에서 계통적 의미의 발생은 그 자체가 과학적 미숙성의 증상은 아니다. 이는 가장 앞선 과학에서도 중요한 역할을 한다. 예를 들어, 천문학에서 '백색왜성white dwarf'은 단지 어떤 색깔을 지닌, 하나의 작은 별이 아니다. 이 개념은 별들의 형성과 진화에 관한 이론들과 매우 긴밀하게 묶여 있으며, 그 의미는 이러한 이론들의 맥락을 벗어나서는 특정화될 수 없다. 이 용어는 (간접 관찰 가능어로서) 관찰적으로 해석될 수도 있을 것이다. 그러면 이는 틀림없이 더 이상 계통적 의미는 갖지 않게 될 수도 있다. 그러나 마찬가지로 더 이상 이론적 중요성도 가지지 못한다. 그런 경우에도 계통적 의미는, 천문학자의 관찰도구에 의해 만들어진 자료의 해석을 위해 적용된 이론을 통해, 부차적 수준에서 개입될 소지가 크다.

계통적 의미는, 이론을 만드는 명제들의 집합에는 결코 끝이 없다는 뜻에서, 언제나 열려 있다. 이론의 가치는 그것이 제공하고자 조성된 설명에서뿐 아니라, 또한 그 이론의 예상치 못한 결과에서도 나타나며, 이러한 결과들은 다시 의미를 예상치 못한 방식으로 풍부하게 만든다. 의미의 어떤 단일한 규정도 주어진 이론적 용어의 필요를 충족시키기에 충분하지 못하다. 왜냐하면 그것은 정확하게 어떤 단일 적용 맥락도 결코 이 용어를 사용하는 과학자의 의도를 채울 수 없기 때문이다. 우리는 새로운 적용이 참에 대한 지식을 증진시킬 뿐이며, 의미는 변화되지 않은 채로 남겨놓을 것이라 생각하려는 경향이 있다. 그러나 이러한 관점은 엄격하게 관찰적인 용어에서조차 의문을 제기한다. 물론 이론적 용어의 경우에 이는 분명히 그릇된 것이다. 어떤 이론을 지원하는 증거가 축적되면서, 우리는 동시적으로 관련 세상과 그 세상에 대한 우리 자신의 생각 둘 모두에서 더 나은 이해에 도달하게 된다.

애매성

있는 그대로 받아들이더라도 용어는 항존하는 경계사례의 발생가능성 때문에 의미의 개방성을 지닌다. 경험은 연속성의 연쇄이며, 연속성에 따라 구분되는 모든 것은 희미한 경계를 가진다. 헝클어진 소매는 결코 깨끗하게 짜깁기할 수 없다. '순수'요소들은 동위원소들의 혼합이며, '빈' 공간은 분자들의 덩어리로 차 있고, '절대'온도는 근사 영으로부터 측정되며, '이상적' 가스와 '완전한' 엔진은 어느 곳에서도 발견되지 않는다. 내가 얘기하고자 하는 것은 사실의 무한정성이 자연히 의미의 불확실성을 조장하게 된다는 점이 아니다. 사실을 가지고 우리가 구분할 수 있는 것이 무엇이든 우리는 그것을 우리의 의미를 가지고 구별할 수 있다. 우리는 언제나 혼미한 변두리를 명확한 경계지역이라고 부를 수 있다. 요점은 사실들은 무한정하게 무한정하다는 것이다. 그렇지만 우리가 사용하는 그물을 정교하게 하면, 더욱 정교한 차이가 개념적 그물을 통해 빠져나간다. 그리고 우리가 구분을 더 많이 하면, 경계선상의 사례가 발생할 기회는 더 많아진다. 우리는 구분을 어느 지점에서 접고 떠나야 한다. 그러나 사실들은 결코 멈추지 않는다. 이들은 결코 혼자서는 기꺼이 충분히 멀리 떠나려 하지 않는다. 영원의 관점에서, 인간적인 것은 어떤 것도 결코 충분한 적이 없다.

그렇지만 사실에 관한 이러한 사실은 몽롱한 세상에 상응하기 위해 우리의 사고가 몽롱해져야 함을 뜻하지는 않는다(신이 금한다)! 이와 같은 말은 자기 패배적이다. 왜냐하면 이것이 요구하는 것은 틀림없이 더 엄밀한 상응이기 때문이다(그것이 엄밀하게 이것이 요구하는 것이라고까지 말할 수도 있다). 배 밖으로 내던져야 하는 것은 배중률the law of excluded middle이 아니라 어떤 재구성논리의 특정 상용논리와의 쉬운 동일시이며, 더욱 나쁜 것은 우리 자신의 논리의 특질을 세상에 투영하는 것이다. 모든 것은 확실히 있는 그대로일 뿐이며 마찬가지로 확실히 우리가 규정하는 어떤 종류에 속할 수도 있고 속하지 않을 수도 있다. 어려움은 어떤 대안이 참이냐를 결정해야 하는 데서 온다. 사물은 스스로 자기가 어디에 속하는지 매우 잘 알고 있다. 그러나 그것이 어디인지를 말하려고 보내는 신호는 모두 시끄러운 배경 잡음을 타고 우리에게 도달한다.

우리 용어의 모호성은, 우리가 "어디에 선을 그어야 하는지"의 문제와 계속 대치하고 있다는 사실이 아니라, 이 문제를 미리 그리고 한 번에 해결할 수 없다는 사실에서 나타난다. 요점은 선은 그어지는 것이지 주어지는 것이 아니라는 것이다. 선은 항상, 각각의 사례에서 그 문제가 그것에 준거해 해결되는, 어떤 목적을 위해 그어지는 것이다. 어떤 결정도 우리의 목적에 완전하게 도움을 줄 수는 없다. 그리고 무엇보다도 결정이 없는 경우, 예상할 수 있는 것은 온갖 미래 목적들의 욕구가 다 나타나리라는 것이다. 모든 용어는 경험의 스크린에 한 줄기 빛을 비춘다. 그러나 우리가 비추기를 원하는 것이 무엇이든, 다른 어떤 것이 그 그늘에 남기 마련이다. 애매성은 의미의 명암으로 가장 잘 특징지어져왔다.

　　모든 용어가 어느 정도는 애매하다는 것, 애매할 수밖에 없다는 것은 바로 언어를 사용하는 것을 배우는 방식을 보면 알 수 있다(166: 125~126). 언어를 배우기 위해서 우리는 유사한 것들을 인지해야만 하고, 귀납추리를 하지 않으면 안 된다. 여기서 유사성은 항상 정도의 차이에 지나지 않는다. 그리고 추론은 늘 결정적인 상태에 이르지 못한다. 그 결과는 모든 용어에서, 우리가 이 용어가 적절히 적용되는지의 여부를 알지 못하는 상황이 ─ 우리가 사실을 믿지 못해서가 아니라 그 의미가 불분명한 까닭에 ─ 나타날 수 있고, 조만간 나타난다는 것이다. 우리는 어떤 아이누 인의 머리카락을 그가 의심의 여지 없이 대머리가 될 때까지 하나씩 뽑을 수 있다. 그러나 도대체 언제 그가 대머리가 되었는지는 항상 의문으로 남는다. 불명확한 것은 단지 우리의 의미 파악일 뿐이라고 말하는 것으로는 충분치 않다. 개념은 바로 이러한 방식으로 전적으로 불명확한 관념화로부터 조성된다. 나는, 심지어 가장 엄밀한 과학에서조차도, 압력을 가할 때 애매성의 그늘을 밝게 비출 수 있는 경험적 용어가 있음을 알지 못한다.

　　비록 애매성이 필요하지만, 이것이 필연적으로 악한 것은 아니다. 첫째로 정밀성은 항상 그렇게 열렬하게 소망되는 것은 아니기 때문이다. 다른 어떤 것과 마찬가지로 이 좋은 것도 지나칠 수 있고, 이것이 처음부터 특별히 좋은 것이 아닌 경우도 있다(§23). 둘째로 애매한 용어들이 서로 연결되어 상당히 정확한 어떤 의미를 만들 수도 있다. 아이버 리처드I. A. Richards(Quine, 116:27에서 인용)는 "제한된 색깔의 물감을 가지고 화가는 그의 물감들을 희석하고 결합함으로써 모자이크 작업자가 한정된 색깔의 타일을 가지고 할 수 있는 것보다 훨씬 더 정확한 표현을 할 수 있으며, 그리고 애매한 것들을 숙련되게 덧칠하면 엄밀한 기법적technical 용어들을 서로 잘 맞추는 것과 비슷한 좋은 효과를 얻을 수 있다"라는 점을 지적한다. 나는 결코 어디에도 애매성을 강조하려는 의도를 가지고 있지 않다. 또는 애매성의 발생에 무관심하고자 하는 의도조차 가지고 있지 않다. 그러나 만약 우리가 정의를 함으로써 애매성이 사라질 수 있다고 생각한다면 우리는 우리 재구성논리의 피해자가 될 것이다. 우리가 그러한 환상으로 고통을 당하는 한, 우리는 애매성을 통제하고 그것과 함께 사는 것을 배울 수 없다. 간단히 말해, 어떤 과학적 용어가 애매하다고 말하는 것은 실패를 진단하는 것이 아니라 기껏해야 하나의 증상을 보고하는 것일 뿐이다.

내적 애매성

의미는, 말하자면 변두리에서만 열려 있는 것이 아니다. 내적으로도 마찬가지다. 만약 의미의 불확실성이 항상 경계선상의 사례의 문제로 서술된다면, 그 경계는 안쪽 깊숙이까지 이르게 된다. 왜냐하면 주어진 용어가 적합하게 적용될 수 있는 사물들이 모두 똑같은 적용 값어치를 갖는 것은 아니기 때문이다. 조지 오웰George Orwell의 말을 빌리자면, 만약 그것들이 모두 동일하다면, 어떤 것은 다른 것보다 더 동일할 것이다. 어떠한 종(種)이든지 거기에는 좋은 표본이 있고 나쁜 표본이 있다. 어떤 종에 관한 얘기가 의미하는 바가 무엇인지는 좋은 표본을, 또는 지나치게 나쁘지 않은 것을 준거로 할 때 가장 잘 이해된다. 거기에는 무엇보다도 플라톤의 의미론과 관계된 어떤 것이 있다. 이상적 사례는 값어치와 마찬가지로 의미의 구현이다. 이에 대해 우리는 "자, 그것이 내가 이러저러하다고 부르는 것이다!"라고 말한다.

통상적인 애매성은 외적이다. 다시 말해, 그것은 어떤 것이 지정된 부류에 소속하는지 아닌지를 결정하는 데서의 난점에 관심을 갖는다. 여기서 우리는 소속됨이 어떤 경우에나 정도의 문제라고, 마치 그런 것처럼 이야기한다. 의미는 그 용어하에서 구성되는 것에 관해서는 물론, 전형적인, 표준적인, 또는 이상적인 실례로 받아들여야만 하는 것에 관해서도 개방되어 있다. 예를 들어, '생명체' 개념의 외적 애매성은 바이러스와 같은 것들과 관계되는 불확실성에 있다. 한편 내적 애매성은 모든 유기체는 그 출생 순간부터 죽기 시작한다는 사실로부터 연유한다. 우리는 '총체적으로', '전적으로' '진실로 살아 있는'과 같은 관용구에 주목한다. 어떤 유명한 공동묘지를 방문한 사람이, 호화스러운 바닥과 기념조성물에 감탄하면서, "이거 살아 있네!"라고 외쳤다. 내적 애매성이 안에 있는 어떤 의미를 밖으로 옮긴 것이다.

고전논리는 용어의 의미가 그 용어의 적용을 위한 필요충분조건들의 집합을 입안함으로써 고정되어야 함을 요구하고 있다. 이들 조건은 모두 충족되어야 하고, 이들 하나하나는 완전하게 충족되어야 한다. "하나의 부류는 어떤 공통의 특질들의 불변의 흔존으로 성의되지 않으면 안 된다. 만약 우리가 이 특질들 가운데 하나가 나타나지 않는 어떤 개체를 포함시킨다면, 우리는 논리적 모순에 빠지거나 그렇지 않으면 새로운 정의를 가진 새로운 부류를 형성하게 된다. 단 하나의 예외조차도 그것만으로 새로운 부류를 이룬다" (64: 723). 그러나 모든 정의의 조건들이 충족되는 대신 일반적으로 말해 우리는 가족유사성에 당면하게 된다. 어떠한 특질도 (또는 고정된 특질들의 집합도) 부류 전체를 관통하지는 못한다. 우리는 물론 하나의 괴리로 하나의 부류를 만들 수도 있다. 어떤 부류의 성원들은 P 또는 Q 또는 …… 의 속성을 공유하고 있다. 그러나 요점은 대체 가능물의 총체적 범위가 미리 엄밀하게 특정화될 수 없다는 것이다. 그리고 항상 어떤 조건의 전적인 충족보다는 오직 부분적인 충족만이 있을 뿐이다. 생물학적인 종은 이종교배가 결실을 맺지 못할 때 구분된다. 그러나 개별 종들 안에서의 수정률과 마찬가지로, 잡종 불임률도 전부-또는-전무보다는 통계적 사건으로 밝혀지고 있다.

내적 애매성은 그러므로 지칭 대상denotations을 그것이 중심적인 사례냐, 한계적인 사례냐, 또는 그 중간의 어떤 것이냐에 따라 충화한다. 다양한 상황의 재구성이 가능하다. 예를 들어 이들 종류 각각에 새로운 용어가 도입될 수 있고, 이들은 그보다 동질적인 하위 부류를 형성할 수도 있다. 절대적 용어는, 정도의 특정화를 요구하는, 비교급으로 대치될 수 있다. 그것은 마치 '민주주의'가 '(다소간) 민주적'인 것으로 대치될 수 있는 것과 같다(§10의 베버의 '이념형'에 관한 논의를 참조하라). 그리고 한정 조건들은 명시적으로 하나의 개방된 지표들의 집합으로 취급될 수도 있고(§9), 따라서, 각각의 경우 어떤 한 가지 점에서, 다른 점에서는 아니고 어떤 용어의 적용을 기대할 수 있다. 간단히 말해, 내적 애매성은 늘 (어느 정도는) 존재하지만 그 자체가 개념적 명료화의 도구가 될 수도 있다.

동적 개방성

명사 '의미meaning'는 — 철학이 아니라 논리에 관한 한 — 기본적으로 동사 '의미하다to mean'로부터 도출된다. 의미는 과정, 즉 목적 달성을 위해 발화가 사용되는 말 동작acts of speech의 계승이다. 시간이 지남에 따라 이들의 목적은 불가피하게 변하게 되고, 우리가 목적 달성을 행하는 상응 동작도 변한다. 지식의 성장과 함께 사물에 대한 우리의 관념화도 모습을, 때로는 매우 급진적으로 바꾸고 따라서 우리의 개념도 바뀐다. 의미의 변화는 참의 증가분보다 더 두드러질 수 있다. 우리는 아마도 중세 사람들에 비해 정신이상에 대해 그리 더 많이 알지 못할 수도 있다. 그러나 우리는 틀림없이 정신이상에 대해 그들과 다르게 생각한다. 과학의 진보는 단순히 참의 창고에 무엇을 보태는 데 있는 것이 아니다. 망각의 지대에서의 대화는 "그렇다면 네가 아는 게 무엇이지!"라는 말뿐 아니라, 내가 확신하기로는 훨씬 더 자주, "세상에, 너 그게 무슨 뜻이지?"라는 질문을 떠올리게 한다.

또한 과학의 논리는 순간적 지식 상태의 분석에는 적절히 대응하지 못한다(§2를 보라). 우리는 추상적 명제들에 수반되는 무시간적 관계에는 물론, 하나의 구체적인 과학적 단언assertion이 때가 되면 다른 것에 길을 내어주는 과정, 그리고 통상적으로 어떤 단언이 새로운, 또는 적어도 변형된 개념을 사용하는 과정에도 관심을 가진다. 이를 루트비히 볼츠만Ludwig Eduard Boltzmann(27: 250)은 새로운 과학적 '그림'에 도달하게끔 하는 통로를 보여주지 못한다는 뜻에서 '연역적 방법의 본원적 결함'으로 보고 있다. 암묵적으로 의미의 고정성을 가정하고 있는 재구성논리는 주어진 순간의 과학적 상태에 우리 자신을 고정시킨 결과일 뿐이다. 파이어아벤트는 "어떤 형태의 의미 불변성도 지식의 성장과 이에 공헌하는 발견에 대한 적합한 해설의 제공 과제가 발생할 때 여러 어려움을 초래하게 된다"라고 지적한 바 있다.

동적 개방성은, 말하자면 과학적 용어들의 선도적인 앞부분leading edge, 즉 이들의 영원한 변화의 가능성을 일컫는다. 성향적 용어들이 이와 같은 개방성을 가진다는 것은 쉽게 알 수 있다. 왜냐하면, 시간이 지나면서 우리는 지속적으로 커지는 사례들의 범위에 맞추어 이들에게 의미를 제공하기 위해 '환원문장reduction sentences'을 계속 추가해야 하기 때문이다. 그러나 조건이 소진되고 따라서 의미가 종결될 때도, 동적 개방성은 남아 있다. 개념 전체가 미묘하게, 또는 급격하게 차이가 나는, 다른 것으로 바뀔 수 있다. 화학에서 '산acid'의 개념의 성장을 생각해보자. 이는 신맛을 가진 (아직 독일어 '산Saͤure'에 반영되어 있듯이) 것에서, 금속을 부식하는 것, 그리고 리트머스 종이를 붉은빛으로 바꾸는 것으로, 그리고 용해 상태의 수소이온의 특정한 농축을 일으키는 것으로 바뀌었다. 추상적으로 — 즉, 화학적 반응에 대한 연구의 맥락으로부터 추상된 — 화학에 대해 얘기하는 것은 중요한 사실, 즉 이들 개념이 그 이론과 함께 변화한다는 사실을 간과하는 위험을 감수하는 것이다. "새로운 이론의 도입은 관찰할 수 없는 이 세상의 양상들에 관한 조망의 변화와, 채택된 언어의 가장 '기본적인' 용어에서까지 나타나는 의미의 상응하는 변화, 둘 모두에 개입하는 것이 된다"(41: 29). 조작주의자들의 새로운 이론은 말할 필요도 없고, 새로운 도구나 실험도 새로운 의미의 특징을 드러내는 것으로 보아야 한다는 주장은 옳다.

요점은 우리는 의미의 개방성에 대한 준비 없이 과학적 용법의 규범에 관한 이들 사실을 수용할 수 없다는 것이다. 만약 의미가 항상 완전히 고정된 것으로 취급된다면, 논리적으로 말해 옛 개념과 새 개념 사이의 관계는 단지 중복, 포섭, 또는 완전 대치로만 서술될 수 있다. 구체적인 변화의 과정, 그 중간 단계들, 그 현장과 정당화와 같은 모든 것은 논의되지 않은 채 남는다. 만약 동기의 문제가 떠오르면, 그것은 '심리학이나 사회학의 과제'로 취급되어야만 한다. 논리적 동기란 명확하게 모순이 된다. 의미의 개방성이 공개적으로 인정될 때, 상황은 모두가 달라진다. 깡마른 과학의 인체는 그 생리의 연구에 의해 보완되고 풍성해진다. 모든 삶과 같이, 마음의 삶도 지속되는 변화로 이루어진다. 그것은 성장하고 쇠퇴한다. 어떤 순간에 구현된 고정된 형태는 단지, 그 조화로 아름다우나 벌써 죽은, 외각 껍질일 뿐이다. 안에서는 다른 생명의 형태가 만들어지고 있다.

의미가 개방된다는 것은 의미가 전혀 특정화되지 않는다는 것을 뜻하는 것이 아니다. 마치 마음에서처럼, '열려 있다'는 '비어 있다'와 같은 것이 아니다. 적용의 최초 맥락은 가용한 경험적 의미를 내포하기 위해 충분한 폐쇄를 제공하지 않으면 안 되며, 대부분의 다음에 오는 적용은 최초의 것과 충분히 비슷하게 이루어져 경계 사례가 거의 발생하지 않도록 해야 한다. 그러나 맥락이 확장되면서 상황은 변할 수 있다. 의미의 개방성은 본질적으로 연구맥락의 종착점은 없다는 사실의 귀결이다. 항상 새로운 문제가 발생하고, 이는 우리로 하여금 의미와 참 둘 모두와 관련해 예기치 못한 쟁점들과 대면하게 한다. 애매성의 주변 음영은, 과학적으로 소모적인, '잉여 의미'가 아니다. 의미가 개방되어 있기 때문에, 우리의 개념화는 현실에 대해 더 단호한 장악력을 가질 수 있다.

미성숙한 폐쇄

의미의 정밀성과 용어의 정확한 정의에 대한 요구는 쉽게 치명적인 영향을 끼칠 수 있다. 내가 믿는 바로는, 이러한 일은 행동과학에서 종종 나타나기도 했다. 이는 우리의 관념의 미성숙한 폐쇄라고 적절하게 이름이 붙여진 어떤 현상으로 귀착한다. 과학의 진보가 연속적인 폐쇄로 특징지어진다는 것을 상정할 수는 있다. 그러나 우리에게 어떻게 어디에서 폐쇄가 가장 잘 달성될 수 있는가를 알려주는 것이 바로 탐구의 기능이다. 콰인의 관찰로는 (116: 128), "애매한 낱말의 관련된 부분에 따라 참값이 정해지는 문장이 중요성을 얻을 때, 그것은 적합한 부분에서 애매성을 해결하도록 이끄는 용법의 새로운 구두 합의나 변화된 추세의 수용에 대한 압력을 야기한다. 우리는 그러는 동안 가장 유용한 개념적 틀을 확보하기 위해서 어떤 개혁이 필요한가를 판단하는 데 열등한 위치에 있게 되기 때문에, 이와 같은 압력이 발생할 때까지 사려 깊게 애매성이 지속될 수 있도록 할 수도 있다." 행동과학자들 가운데는 최소한의 노출된 애매성의 위협에도, 마치 가장 가까운 데 있는 버려진 논리적 조개껍데기에 몸을 숨기기 위해 허둥지둥 달려가는 갯벌 게와 같은 종류의 사람들이 있다. 그러나 겁먹을 이유가 없다. 어떤 인지적 상황이 우리가 원하는 만큼 구조화되지 못했다는 것은 그러한 상황에서 이루어진 어떤 탐구도 실제로 과학적이 아니라는 것을 뜻하지는 않는다. 반대로, 폐쇄된 의미체계의 증식에 대한 주장은 과학 밖에 있는 독단주의적인 것이다. 창조성을 위한 모호성의 용납은 다른 어떤 곳에서와 마찬가지로 과학에서도 중요하다.

§9. 의미의 특정화

행동과학의 진보를 막는 주요 장애가 방법론에 있다는 방법론의 신화(§3)에 비견되는 것으로, 의미의 특정화에 관한 또 다른 신화가 있다. 우리는 이를 의미론적 신화라고 부르고자 한다. 문제는 주로 언어적이라는 관념이다. 그것은 만약 행동과학자가 애매성과 모호성을 제거하고, 자신의 용어를 정의하고, 올바른 종류의 (조작적이든 다른 어떤 것이든 상관없이) 정의를 사용할 수만 있다면, 그가 하는 모든 일이 잘될 것이라는 생각에 잘 반영되어 있다. 대부분의 경우 행동과학자들은 다른 사람과도 마찬가지로 극단적이고 자기 의식적인 분발 없이도 자신의 의미를 잘 전달해오고 있는 것이 사실이다. 인간의 정신은 — 행동과학자들의 정신조차 — 자신을 이해하고 이해시키는 데 아주 탁월한 능력을 가지고 있다. 누구나 어린이들은 응당 그들이 해야 하는 것보다 더 많이, 더 빨리 배운다는 데 동의한다. 성인들은 더 이상 천재가 아니지만 이 때문에 바보도 아니다. 과학 공동체에서 언어소통 또한 호의의, 이해하고자 하는 바람의 문제다. 과학자들은 상호비판에 종사할 뿐 아니라 상호

지지적 활동에도 가담한다. 내 생각에 오늘날의 행동과학자들 사이에는 비판적인 태도가 지지적인 태도보다 훨씬 더 넓게 퍼져 있으며, 이것이 의미론적 신화의 한 뿌리를 이룬다. 내 경험에 따르면, 의미론은 통상 얘기되고 있는 그 어떤 것을 사소한 것이거나 잘못된 것으로 느낄 때 문제가 된다. 잘못된 충고는 우리를 나쁜 착상으로 이끈다. 마치 엘리스와 같이 우리는 종종 그것이 무엇인지 알지 못하는 경우에도 어떤 것에 반대하고 싶은 정신 상태에 빠진다.

그러나 사람은 어떤 용어가 어떻게 사용되는지 알기 원할 때 항상 반대하는 것은 아니다. 의미의 명료한 특정화가 확실하게 요구되는 경우가 있다. 그 요구는 몇 가지 방법으로 충족될 수 있다.

가장 기초적 고안이 대상물을 지적하거나 직접 제시하는 방식인 실물명시ostension다. 이것은 스스로를 실물명시에 내어주는, 관찰적 용어들을 기본으로 하는 의미론적 경험주의의 관점에서 볼 때 기초적이다. 이는 또한 과학적 훈련의 관점에서도 기초적이다. 실습은 실물명시로 시작된다. 그것은 마치 실습이 실험실에서, 임상실에서, 저 밖의 현장에서, 학생들에게 도구와 주제를 소개하면서 (이 용어의 몇 가지 뜻에서) 시작되는 것과 같다.

의미를 특정화하는 두 번째 절차는, 간접적 관찰은 물론 간접 관찰 가능어에 도움을 주는 서술이다. 로르샤흐로 부르는 것은 '잉크-얼룩' 검사를 가지고 충분히 그 정체를 보여줄 수 있을 것이다. 물론 이것이 우리에게 무엇을 어떻게 검사하는지를 말해주지는 않는다. 그러나 우리가 여기에서 관심을 갖는 것은 그 이름의 의미를 특정화하는 것뿐이다. 비슷하게, 용어 '주술사shaman'에 '의료인medicine man'이라는 의미를 부여할 때, 우리는 이에 대해 어떤 이해를 갖게 되고, 그리고 이해는 그가 어떤 '약품'을 가지고 무슨 목적으로, 무슨 일을 하는지에 대한 서술이 추가되면서 자라게 된다. 어떤 용어가 의미하는 바가 무엇인지를 설명하는 또 다른 방식으로는, 그것이 언급하는 것이나 그 이용의 경우를 예로 제시함으로써 이루어지는, 가능한 실물명시에 대한 서술이 있다.

정의

가장 자주 사용되지는 않았을지라도, 이제까지 가장 자주 언급된 고안은 정의definition다. 이 용어 자체는 그것이 의미 특정화의 모든 절차에 적용된다는 점에서 느슨한 뜻을 가지고 있다. 더 엄격하게 말해, 정의는 같은 뜻을 갖는 용어들의 집합을 제공하는 것이다. 하나의 집합으로서 이들은 주어진 용어와 상호 대체적이 된다. 정의는 정의된 용어의 적용을 위한 필요하고도 충분한 조건들을 형식화한다. 이러한 이유로 정의는, 필연적으로 약어인 주어진 기호의 의미를 특정화하는 데 가장 적합하다. 정의는 또한, 조성어가 충분히 '한정적definite'이라면, 즉 그 조성의 자료와 방식이 상대적으로 명확하고 단순하다면, 이에 적합하다. 다른 한편, 이론적 용어는 ─ 그리고 실행에 있어서는 대부분의 조성도 ─ 엄격한 뜻에서 정의가 가능하지 않다. 더 정확하게 말해서, 이와 같은 정의는 기껏해야 동의어를 제공하며, 본질적으로 의미를 특정화하는 기능은 수행하지 않는다. 이렇게 인류학자는, 예를 들어, '머리 크기 지수cephalic index'와 같은 기호와 다양한 친족관계와 같은 조성어는 정의할 수 있다. 그러나 그는 '농담관계joking relations'와 같은 조성어나 또는 '문화culture'와 같은 이론적 용어는 정의할 수 없다. 여기서 강조하지 않으면 안 되는 것은, 내가 말하는 것이 이러한 용어들의 의미가 특정화될 수 없거나 되지 않는다는 것이 아니라는 점이다. 내가 말하는 것은 단지 이들 의미의 개방성 때문에 특정화는 정의의 방식으로는 엄밀하게 되지 않는다는 것뿐이다.

사용되는 절차들이 때로는 각종 '정의'로 불린다. '함축적implicit', '조건적conditional', '확률적probabilistic' 정의 등이 그것이다. 그러나 이들이 그 의미가 특정화되는 용어들의 자유로운 대체를 허용하는 그러한 절차는 되지 못한다. 가장 일반적으로 이들은 그것의 참이 문제의 용어를 포함하고 있는 진술들이 참이라는 증거를 제공하거나, 그것의 참을 보증할 수 있는 진술들을 형식화함으로써 주어진 용어의 의미를 특정화한다. 이들은 우리에게 무엇을 검증할 것인지, 이러한 진술들에 의해 검증될 것이 무엇인지를, 전자가 의미에서 후자의 대등한 번역이라 주장하지 않고 알려준다. 이런 이유로, 이들은 부분적인 특정화이고, 단지 조건적이며 확률적인 것 등이 된다. 우리는 어떤 이론에서, 그 이론이 문화에 대해 얘기하는 것이 무엇인지, 이들 주장으로부터 무슨 추론을 이끌어내는지, 주장을 위해 어떠한 것을 예증으로 제시하는지를 봄으로써 '문화'가 의미하는 바를 알게 된다. 우리에게 제공되는 것은 이들 용어의 사전이 아니라 이들 주제에 관한 안내서일 뿐이다. '함축적 정의'에 의해 특정화되는 것은 이러한 종류의 의미다.

지시와 환원

나는 이들 절차를 넓게 보아 지시indication의 과정이라 부르겠다. 이는 엄격한 정의가 제공하는 의미의 환원과 대비된다(카르나프의 '환원문장'은 여기에서 지시에 해당한다. 나는 용어 '환원'이 함축한 의미를 피하고 싶다. 왜냐하면 이 언어가 함축한 의미는 오직 정의에만 적합하기 때문이다). 나는 또한 관찰적 또는 이론적 용어의 특정화에서의 우선성에 따라 수직적vertical 또는 수평석horizontal 지시에 대해 얘기하고자 한다. 이들 두 종류의 지시는 서로 예리하게 구분될 수 있는 것이 아니다. 그리고 두 종류가 주어진 사례에 다 나타날 개연성이 크다.

무엇이 지시의 과정에 개입되는가는 다음과 같이 개관해볼 수 있다(66, 72, 127을 보라). 이 과정은 적절한 탐구의 장에 부과된 구분점들discriminations의 집합에서 시작된다(물론 여기서 시작하는 것은 재구성으로, 반드시 상용논리는 아니다). 이 집합은, 두 구성요소를 가지고 있는 장의 마디결합articulation을 고정시킨다. 하나는, 기본적으로 수평적 지시에 연관되는, 개념구조conceptual structure(또는 골조framework)다. 이는, 탐구에서 선상정된, 그리고 탐구로부터 떠오르는 이론에서 사용된 독자적인 용어들의, 즉 다른 용어들에 의해 엄격하게 정의되지 않은 용어들의 총집합을 구성한다. 다른 구성요소는 기본적으로 수직적 지시에 연관되는 속성 공간attribute space이다. 이것은 장의 요소들이 다소나마 그것에 준거해서 관찰적으로 특징지어지는 범주들의 집합을 이룬다. 각각의 범주는 일단의 구분 가능한, 때로는 서열화되고, 때로는 수량적으로 특정화되기까지 하는(통상 그 하나하나가 '지수index'로 알려진), 자질들의 집합으로 구성된다. 그러면 모든 개체에, 속성공간에서 각각의 범주의 특징이 되는 자질로 이루어지는, 프로파일profile을 배정할 수 있다. 예를 들어, 가계연구의 개념구조에는 '수요의 소득 탄력성', '유동성 선호', '소비의 외부경제'와 같은 개념들이 포함되고, 속성공간에는 가족 크기, 저축 총액, 생활수준과 같은 범주들이 포함된다. 그러면 각각의 가족은 특정의 크기, 저축, 생활수준 등과 같은 속성들로 구성된 프로파일을 가질 수 있다. 이러한 마디결합에 기초해, 사용되는 용어의 의미가 특정화된다.

수직적 지시의 경우, 각각의 프로파일은 의미의 잠재적 지표indicator가 된다. 가중치가 꼭 숫자일 필요는 없지만, 용어의 적용에서 지시의 중요성이 어느 정도냐에 따라 주어진 용어의 개별 프로파일에 결합된다. 용어의 의미는 이들 가중치의 총집합에 의해 특정화된다. 이 용어는 각각의 요소에 대해 프로파일이 주어지면 우리가 결정적으로 주어진 용어가 적용되는지 안 되는지를 얘기할 수 있다는 뜻에서 하나의 잘 정의된 집합을 가리키지는 않는다. 우리가 가진 것은 오직 개방부류open class이며, 그 구성원들은 용어의 적용을 단지 어느 정도 자신들의 개별 프로파일에 결합된 가중치에 따라 정당화한다. 이 개방부류는 존재론에서는 의미의 개방성에 상응한다. 의미의 가족a family of meanings을 형성하는 것은 프로파일들 사이의 가족적 유사성이다. 개방부류를 가리키는 용어는 때로는 '다형적 용어polytypic term', '무리 개념cluster concept' 또는 '애매성이 통제된 용어terms of controlled vagueness'라고도 불린다.

(주어진 용어의) 특정 프로파일에 할당된 가중치는 반드시 상보적comple-mentary 프로파일의 가중치에 상보적이지는 않다. 어떤 프로파일의 존재가 어떤 용어의 적용성에 대해 높은 가중치를 가질지라도, 그 프로파일의 부재가 이에 상응하는 낮은 가중치를 갖지 않을 수도 있다. 훌륭한 긍정적인 검사가 부정적인 검사로서도 항상 똑같이 훌륭한 것은 아니다.

특정 프로파일이 주어진 용어의 적용을 정당화하는 정도를 고려하는 대신, 우리는 아마도 반대의 질문을 할 수 있을 것이다. 만약 그 용어가 적용된다면, 그 용어 아래 포섭되는 개체가 어떤 특정의 프로파일을 가질 개연성은 어떠한가? 이러한 입장에서 각각의 프로파일은, 각기 개별 준거 가중치에 따라 어느 정도 용어의 준거reference로 간주될 수 있다. 준거와 지시 가중치는 일반적으로 동일하지 않다. 신뢰성이 높은 진단적 지표가 어떤 개체가 언제 상응하는 진단적 (개방)부류에 배속되는지를 반드시 추론 가능하게 하지는 (또는 의미하지는) 않는다. 만약 B의 단지 5%만이 A인데 A의 90%가 B라면, A는 B의 훌륭한 지표이나 B의 준거로는 빈약한 것이 된다.

어떤 속성공간과 관련해서는, 일단의 지표와 준거 가중치가 주어진 개념을 상징하는 용어를 위해 제공되었을 때 그 개념은 수직적으로 특정화된다. 만약 이들 가중치가 완전히 인위적인 방식으로 얻어졌다면, 그 개념은 자연적이라기보다는(§6) 인위적인 것이다. 그리고 의미의 특정화는 '실제적'이라기보다는 '명목적'인 것으로 불릴 것이다(전통적으로 이들 형용사는 정의를 특징 짓는다). 실제적 특정화는 인지적 내용을 가진다. 만약 우리가 이를 엄격하게 '참된true' 것으로 일컫지 않는다면, 우리는 이에 '타당한', '건전한', 또는 최소한 '유용한'과 같은 어떤 다른 인지적 가치를 가진 표식mark을 배정한다(어떤 의미의 특정화는, 여기서는 부적절하지만, 말하자면 그것이 참으로 주어진 용법의 서술이냐 아니냐라는 뜻에서 참일 수도 있다). 방법론적으로 흥미로운 질문은 주어진 용어가 참으로 어떤 특정화를 가지느냐가 아니라, 그 특정화 자체가 적절한 뜻에서 참 특정화이냐이다. 특정화가 단순히 상정된 것이라고 상상해보자. 그것이 무슨 가치가 있겠는가?

헴펠은 정의의 어떤 이론적 체계로의 도입을 정당화하는 기성 진술로서의 정의를 '정당화성 문장justificatory sentence'이라고 불렀다. 예를 들어, 어떤 물질의 용해점에 관한 정의는 그 물질의 모든 표본은 같은 온도에서 녹는다는 진술이 참이라고 선상정하고 있다. 여기에서 문제가 되는 의미 특정화의 인지적 내용은 이와 같은 선상정된 조건들의 만족 이상의 것을 언급한다. 특정화의 정당화는 일반적으로 형성되어야 하는 어떤 것이다. 개념의 유용성은 마찬가지로 의도된 탐구에서의 기능의 수행에 의해 결정된다. 특정화는 그것이 자연적 개념을 구분 확정하는 한 정당화된다. 이는 그 지표들이 상당한 정도의 합치congruence를, 중복 또는 상관을(이와 관련해 '상관개념'이라는 용어가 사용되어왔다) 나타낸다는 것을 말한다. 실제로 탐구에 도입된 모든 개념은 이와 같은 합치가 상당한 정도로 존재한다고 주장한다. 이러한 관점에서, 개념의 과학적 값어치는 이 주장이 정당화되느냐의 문제가 된다.

그러므로 의미의 특정화는 결정의 결과로서 간주할 수 있는 반면, 다시 이 결정은 경험적으로 근거가 지어지는 것으로 얘기할 수 있다. '인습적 conventional'이라는 것은 결코 '인위적'이라는 것과 같지 않다. 경험은 어떤 인습은 다른 것보다 훨씬 더 선호될 수 있음을 보여줄 수도 있다. 의미의 특정화는 통상 논리적 등가물을 기록하거나, 또는 입안하는 것으로 받아들여진다. 정의된 용어가 틀림없이 그것을 정의하고 있는 용어들의 집합과 동의어인 정의에 대해서는 그렇게 여기는 것이 맞다; 그러나 이것이 그렇다고 지시의 과정에 대해서도 맞는 것은 아니다. 지표와 준거 가중치는 일반적으로 절대적이 아니며 (말하자면 0 또는 1이 아니며), 따라서 어떤 프로파일도 용어의 적용성을 구속하지entails 않으며, 아무것도 이에 의해 구속되지 않는다. 주어진 프로파일이 어떤 가중치를 가지고 있는지는 의미론적 배정으로 또는 경험적 결단으로 간주할 수 있다. 가중치는 경험적 사실로서 합치에 대한 믿음을 나타내는 배정assignment, 또는 경험적으로 적절하게 특정화된 의미에 표출되는 경험적 발견finding이다.

엄밀성과 신뢰성

내가 말하는 것은 어떤 맥락에서 '정의의 문제'로 간주되는 것이 다른 맥락에서는 충분히 경험적 문제가 될 수도 있다는 것이다. 콰인(116: 57)은 "이론과학에서는, 그것이 의미론 열광주의자들로 배역 변경이 없는 한(즉, 어떤 재구성논리에서는), 동의어와 '사실적' 등가물 사이의 구분은 거의 감지되지도 주장되지도 않는다"라고 말했다. 탐구가 진행되면서 의미는 마치 가설과 이론이 바뀌는 것처럼 바뀐다. 어떤 사람의 관념화conception는 그의 지식과 함께 자라며, 그 관념화가 충분히 색다르면 우리는 이를 다른 개념으로 설정한다. 과학의 진보와 함께 서로 다른 개념구조들이 움직이기 시작한다. 다른 속성 공간이 채택되고, 최소한 지표 가중치 또는 준거 가중치에서 차이가 나타난다. 개념들은 예리해진다. 더 정교한 구분이, 합치를 증가시키는 방향으로 이루어지면서 가중치는 극단적인 값(0 또는 1)에 접근하게 된다.

예리하게 함이 인습적인 것으로 생각될 때 우리는 용어의 정밀성 증가라는 말을, 그리고 그것이 경험적인 것으로 간주될 때 지표의 신뢰성 증가라는 말을 쓴다. 개념을 우리가 원하는 만큼 예리하게 하는 것은 쉽다. 어려운 것은 이러한 예리함이 특정한 방식으로 달성시킬 만한 값어치가 있느냐를 결정하는 것이다. 만약 예리하게 함이 전적으로 인습적이라면, 그 결과로 나타나는 합치의 정도는 매우 낮아, 용어가 상당히 정밀하게 만들어졌다 하더라도 실질적으로 아무 예언적 능력을 갖지 못할 수도 있다. 관세법은 '예술 작품'을 어느 세관원이든 특정 수입품에 얼마의 관세를 부과해야 하는가를 매우 잘 결정할 수 있도록 허용하는 방향으로 규정할 수도 있다. 그러나 그 대상이 법에 언급된 구체적인 사항들을 만족시킨다는 것 외에는 그 어떤 것도 이 결정으로부터 추론하는 것이 가능한 것 같지 않다. 개념은 과학적인 뜻에서 '법칙'에 들어가지 못한다.

간단히 말해, 의미를 특정화하는 과정은 탐구 과정 자체의 일부다. 모든 탐구의 맥락에서, 우리는 정의되지 않은—정의될 수 없는 것이 아니라, 그것에 대해 맥락이 특정화를 제공하지 않는—용어들을 가지고 시작한다. 우리가 나아감에 따라, 경험적 발견들은 의미의 새로운 특정화의 방식으로 우리의 개념 구조에 반영되고, 다음 차례로 지시와 준거가 경험적 사실의 문제로 된다. 렌젠의 '연속적 정의'의 방법은 물리학에서는 물론 행동과학에서도 발견된다 (81: 91). "처음에는 물리적 질량이 특정 조작에 따라 결정되고 일반 법칙의 경험적 발견을 위한 기초를 제공하는데, 이는 그 법칙에 개재된 물리적 질량의 함축적 정의로 전환되기도 한다. 그러나 특정 조작으로 얻어진 질량의 측정은 대체로 일반 법칙에 따른 질량의 정의를 만족시킨다는 것이 다시 실험적 사실로 된다."

특정화의 과정

내가 여기서 개괄하고자 한 것은 어떻게 이와 같은 '연속적 정의'가 과학적 용어의 의미의 개방성을 설명하는 것으로 이해될 수 있는가 하는 것이었다. 왜냐하면 엄격한 정의를 요구하는 폐쇄는 과학적 탐구의 전제조건이 아니라 그 최종 결과일 뿐이기 때문이다. 처음에 우리는 우리의 주제에 대해 도대체 무엇을 고려해야 할지 모른다. 우리는 확실히 우리의 선택에 따라 정밀한 의미를 가지고 시작할 수도 있다. 그러나 우리가 무지한 한, 우리는 슬기롭게 선택할 수 없다. 미성숙한 폐쇄를 가져오는 것은 이러한 무지다. 나는 프로이트가 단순히 이 방법론적 교훈을 공공연하게 알리기 위해 그 자신의 의미론적 유형의 약점들을 합리화시켜왔다고 생각하지는 않는다(42: 278; 20: 65). "우리는 종종 과학은 명백하고 예리하게 정의된 기본 개념들 위에 세워져야만 한다는 주장을 듣는다. 실상은 어떤 과학도, 가장 정밀한exact 것조차도, 이러한 정의와 함께 출발하지는 못한다. 과학적 활동의 진정한 시작은 오히려 현상들을 서술하는 데, 나아가 이들을 묶고 분류하고 연관시키는 데 있다 …… 우리는 문제의 장field에 대한 보다 신랄한 조사를 한 후에 비로소 명료성이 증가하면서 그 기초가 되는 과학적 개념들을 형식화할 수 있게 되고, 점진적으로 이들 개념이 광범하게 적용될 수 있도록, 그리고 동시에 논리적으로 일관성을 가지도록 변형시킨다. 그다음은 확실히 이들을 정의 속에 유폐시키는 때가 올 수도 있다. 그렇지만, 과학의 진보는 이들 정의에서조차 어느 정도의 탄력성을 요구한다." 과학자가 자연에 대해 제기하는 질문과 자연이 주는 대답은 플라톤적인 대화이지, 아리스토텔레스적인 논문이 아니다. 우리는 행할 때까지, 우리가 주장한 것이 무엇인지를 알지 못한다. 행한 다음에야 새 질문들이 우리에게 밀려든다.

§10. 행동과학에서 개념

일반적으로 행동과학의 개념에 관련된 방법론적 문제들 가운데, 광범한 관심의 대상으로 떠오른 것은 세 가지다. 로커스locus문제, 즉 행동과학은 '실제로' 무엇에 관한 것인가, 집합적 또는 총체적holistic 용어들의 본질, 그리고 '이념형ideal types'의 역할이 그것이다.

로커스문제

행동과학에서 로커스locus(지점)문제는 탐구의 궁극적인 주제와 주제의 서술을 위한 속성공간, 주제에 관한 가설들을 형식화하는 개념구조를 선택하는 문제로 서술되기도 한다(Edel, 53: 172~173). 많은 대안물이 스스로 모습을 드러내고, 다양한 탐구에 이들이 채택되었다. 지각의 상태, 동작, 행위(의미 있는 행동의 부분), 역할, 인간, 인성, 상호 인간관계, 집단, 계급, 제도, 사회적 특성 또는 유형, 사회, 문화 등이 그것이다. 이들 각각에서 관련 단위의 문제, 즉 선택된 요소의 정체를 구성하는 것이 무엇인가라는 문제가 나타난다. 예를 들어, 법제도는 국가제도 또는 그 일부분과 명백하게 구분되는가, 그렇다면 어떤 뜻에서 '부분'인가? 지킬 박사와 하이드 씨는 한 사람인가 두 사람인가? 메이슨-딕슨 라인Mason-Dixon line*은 사회를 둘로 나누는 것인가, 아니면 어떤 사회적 유형들을 지역적으로 배치할 뿐인가?

의미론적 경험주의는, 어떤 요소들이 선택되든 이들을 언급하는 용어들은 관찰 가능한 것들에 기초해 의미가 특정화될 수 있어야만 한다는 내용을 함의하고 있다. 이들 관찰 가능한 것들은 탐구의 로커스와 상관없이 동일하다. 우리가 정신적 상태에 대해 말하든 근육운동에 대해 말하든, 개별 인간에 대해 말하든 아니면 전체 문화에 대해 말하든, 우리가 얘기하는 것은 우리가 볼 수 있는 그 무엇에 의해 형성된다. 이 진술은 가장 '유물론적'인 물리학

---

* 메이슨-딕슨 라인은 미국 독립 이전 펜실베이니아 주와 메릴랜드 주의 경계 분쟁을 해결하기 위해 만든 선이다. 오늘날까지도 미국의 북부와 남부를 정치적·사회적으로 구분하는 상징적인 경계선으로 남아 있다. ― 옮긴이

에서와 마찬가지로 '유심론적'인 심리학에서도 같은 정도로 참이다. 확실히, 유심론과 유물론은 철학적 재구성에 속하지 과학 그 자체에 속하지는 않는다. 과학의 통일성은 인간에 대한 연구가 궁극적으로는 분자운동으로만, 그리고 그 사이에는 생화학 과정과 구조로만, 자리 잡지 않으면 안 된다는 것을 뜻하지는 않는다. 행동과학을 물리학이나 생물학과 하나로 통합하는 것은 그것이 연구하는 '행위'가 물리적이며 생물학적이라는 것이 아니라, 연구 자체가, 다른 과학과 마찬가지로 경험적인 것이라는 사실이다. 그리고 경험은 시종일관 이음새 없는 총체다.

내가 주장하는 바는 로커스문제가 오직 탐구 안에서 해결될 수 있고, 어떤 또는 다른 철학적 전제를 기초로 해결되는 것은 아니라는 점이다. 우리는 탐구의 자율성 원칙에 필연적인corollary 개념적 기초의 자율성 원칙을 추가할 수도 있다. 과학자는 자기가 사용할 수 있는 개념들을, 사실상 자기가 유용한 것으로 발견한 것을 무엇이든 사용해도 된다. 그에게 주어지는 제한은 오직 그가 말하는 것이 경험에 의해 점검될 수 있어야 한다는 것, 또는 반대로 행위에 어떤 지침을 제공할 수 있어야 한다는 것이다. 확실히, 다른 것보다 어떤 하나의 개념적 기초를 선택하면 다른 과학들에서 나온 결과들을 더 쉽게 사용할 수 있게 될 수도 있다. 유기적 접근의 정신의학은 심리분석학적 정신의학에 비해 신경학과 생화학 법칙과 자료를 활용하는 데 명백히 더 유리한 위치에 있다. 이와 같은 결합은 항상 유망하다. 그러나 이들은 또한 미성숙한 것일 수 있다. 풍부한 열매를 위해서는 양쪽 상대 모두에게 어느 정도 성숙을 요구한다. 어린 신부들은 그들이 아직 어린아이로 있는 한 그들의 시대를 이루지 못한다. 로커스의 선택은 경험적 닻을 요구한다. 그러나 그것이 필수적으로 물리주의적 요구를 불러들이는 것은 아니다. '행동과학'에서 '행동'은 행동과학의 개념적 기초의 선택을 제한하는 데 봉사하는 것이 아니라, 단지 그것의 궁극적 경험주의를 강조하는 데 공헌할 뿐이다.

주제에 관한 특수 문제의 하나가 인간의 연구는 기본적으로 '인간본성'의 연구라는 관점에서 제기된다. 이와 같은 개념을 방법론적으로 존중받도록 만들 수 있을까? 만약 그것이 인간 행동에 질서나 규칙성을 가정하는 것으로 받아들여진다면, 틀림없이 그렇게 할 수 있다. 이처럼, 이는 행동과학이 밝힐지도 모를 그 무엇에 대한 편견 없이, 단지 행동과학의 가능성만을 확언한다. '인간본성'은 행동의 항상성constancy이나 고정성fixity이 아니라, 더 광범한 반응과 그 유연성을 품을 수 있는 유형의 규칙성을 함의할 뿐이다. 난점은, 에델A. Edel이 지적한 바와 같이 이 호칭label이 본래 "규칙성의 탐색, 이러한 규칙성을 체계화하는 조성어의 탐색, 인과관계의 탐색과, 발견되는 규칙성이 무엇이든 거기에 적용되는 평가를 위한 표준의 형식화"를 구분하지 않는다는 것이다. 용어 '인간본성'은 다른 말로 기능적으로 모호하다.

이보다 더 심각한 것은 용어 '인간본성'이 '규범적으로 모호'하다는 사실이다(§43). 이는 사실의 진술과 가치판단 모두에 해당된다. 특히, 인간반응의 범위와 유연성은 현재의 상태를 방어하고 합리화하는 데 필요한 바로 그러한 방식으로 한정되도록 예단될prejudged 수도 있다. 로크의 자유주의 정치철학과 토머스 홉스Thomas Hobbes의 절대주의는 둘 모두 이들이 각기 사람의 '본성'으로 인지한 그 무엇으로부터 유래했다. 거의 같은 방식으로, 마르크스주의자들의 '계급'의 관념화는 사회과학보다는 사회교리의 도구로 만들어졌다. 그러나 어떤 개념이 한 가지에 나쁘게 사용되었다는 사실이 당연히 그 개념이 다른 데서 좋게 사용될 수 없음을 뜻하지는 않는다. 인간이 본성을 가진다는 것은 본성상in nature 다른 어떤 것에 비해서 더도 덜도 아닌 참이다.

집합적 용어

이보다 짜증스러운 문제는 집합적collective 용어의 상태와 관련된 것이다. 이

용어는 '집단개념group concepts', '제도적 개념institutional concepts' 등으로 불려온 그 무엇으로 구현된다. 집합적 용어는 과학적 맥락에서는 물론 이념적 맥락에서도 엄청난 중요성을 가진다. 다양한 역사철학이, 그 유관 정치적 교리와 함께, 계급, 인종 또는 민족의 운명을 역사적 의미의 로커스로 받아들이는 총체주의적holistic 입장에 서왔다. 물론 방법론적 개체론methodological individualism은 명백하게 집합주의자의 교리와 대립되는 개체론과 구분되어야 한다. 방법론의 관심은 과학에서의 집합적 용어의 역할과 함께하지, 사회에서의 집합주의적 제도나 실행에 놓이는 것이 아니다. 이 둘은 아마도 포퍼가 정교화한 것처럼 서로 연관이 있을 수도 있다. 그러나 그 관계는 엄격한 논리의 문제와는 거리가 멀다.

방법론적 관점에서 집합적 용어의 가장 심각한 단점은 이들이 물화reification의 죄를 범하도록 지속적으로 유혹의 손길을 내민다는 데 있다. 이들 용어가 조성어나 이론적 용어라고 하더라도, 이들은 마치 이들이 통상적으로 경험에서 조우하는 것들보다 더 크고 파악하기 어려운 종류의 개체들로 구성되는 것인 양, 간접 관찰 가능어로 취급하도록 유도된다. 이러한 관념은 '총체wholes'의 신비성에 의해 강화된다. 이에 따르면, 총체는 '그 부분들의 합 이상'이 되고, 집합적 용어에 의해 명명된 것으로 상정되는 부분과 총체는 각각 개체와 통일체unity가 된다. 네이글은 이와 같은 관점에 대한 뼈를 깎는 비판을 통해 다음과 같은 여러 가지 매우 다른 종류의 총체와 부분을 제시했다. 어떤 대상물이나 사건, 그리고 그 시공간적 부분들, 계급과 그 성원들, 계급과 그 하위계급들, 합성물resultant과 그 구성인자들components(기계적인 요소들이나 또는 여러 다른 출처의 조명에서 나타나는 바와 같은), 시리즈와 그 스테이지들(마치 멜로디와 그 구성 음표와 소절들처럼), 과정과 그 국면들, 대상물과 그것의 특질들, 체계와 그 역동적 종속물이 그것이다. 요점은 이들 가운데 어떤 것도, 다른 것은 고려하지 않더라도, 조성어와 그 논리적 조성을 위한 자료들 사이의 관계나 이론적 용어와 그 관찰적 지시물이나 준거물들 사이의 관계에 말려들 가능성이 크다는 것이다. 이들 각각에 용어 '합sum'은 독특한 의미를 갖게 된다. 합이 총체에까지 이를 수 있느냐 없느냐는 그 의미가 어떻게 특정화되어왔느냐의 문제다. 합(성)력resultant force은 그 구성요소들의 (벡터) 합이다. 그리고 부류는 그 하위부류의 (논리적) 합이다. 다른 한편, 어떤 총체가 그 부분들이 부분적으로도 표출하지 않는 속성을 가질 수도 있다는 사실은 전혀 놀랄 일이 못 된다. 두 홀수odd number의 합은 짝수even number이나, 이들의 합을 만드는 숫자들 각각은 절반쯤 짝수라고 말하는 것은 짝이 안 맞는odd 얘기일 것이다.

나는 혼동의 뿌리는 지시와 준거 사이의 혼동에 있다고 믿는다. 만약 방법론적 개체론이 집합적 용어가 단지 개체들에 준거해 엄격하게 정의되어야 한다는 것을 요구한다면, 이 요구는 사실상 그릇된 것이고, 기껏해야 원칙상 매우 의문스러운 것이다. 참은 개체들과 그들의 속성과 관계가 집합적 용어들을 위한 지시와 준거를 이룬다는 뜻이다. 의미가 경험적으로 특정화될 수 있는 다른 방도는 없다. 그러나 집합적 용어가 이론적인 것이라면, 또는 개방된 의미를 가진 조성어까지도, 그것은 엄격하게 정의될 수 없다. '총체'가 '부분들의 합'으로 환원될 수 없다는 것은 기본적으로 이러한 뜻에서다. 이 비(非)등가성이 '총체'에 대한 진술을 이해하거나 검증하는 데 '부분들'에 관한 관찰이 아닌 다른 방도가 있다는 것을 얘기하지는 않는다.

그렇지만, 이 결론조차 평가를 받지 않으면 안 된다. 우리가 한번, 본질적으로 집합적 용어가 (즉, 개체들에 의해 정의될 수 없는 것들이) 반드시 과학적 지위나 기능을 갖지 않는 것이 아니라는 것을 인정하면, 우리는 어떤 주어진 맥락에서 그 의미를 다른 집합적 용어들의 도움으로 특정화할 수 있음도 알 수 있게 된다. 예를 들어, 어떤 정치 정당에 대한 진술은 반드시 그 정당의 성원들에 대한 준거로서 해석되어야 하는 것은 아니다; 이는 파벌과 연합, 권력

구조, 이념 성향 등등에 의해 잘 이해되고 검증될 수도 있다. 방법론적 개체론은 오직, 만약 우리가 우리의 진술에 경험적 닻을 주어야 한다면 우리는 조만간 개체들의 관찰에 종사할 수밖에 없다는 주장으로만 방어가 가능하다. 이는, 그 이상 용납될 수 있는 개념화의 양상에 제한을 두지 않는다.

집합적 용어가 도입되는 것은 그것이 개체들의 총집합들의 성향적 속성을 다루는 데 유용하다는 것이 발견될 때이다. 예를 들어, 집단은 그 성원들이 어떤 목표로 함께 움직일 때(그들이 협력할 때), 그리고 공유되고 있는 서로에 대한 기대와 상호 동일시로 그들이 집단으로서 유대감을 갖게 될 때 조직된다. 만약 우리가 집단의 형성과 해체에 관심을 가진다면, 우리는 아마도 스스로 개별 성원들을 다루게 될 것이다. 그러나 또한 우리는 집단행동을 연구하기 원하고, 따라서 조직 자체를 탐구의 로커스로 만들 수도 있다. 바로 위에서 개관한 바와 같이, 이는 미헬스의 고전적인 정치정당 연구에서처럼, 하나의 조성어로 개념화되거나 하나의 이론적인 용어로 도입될 수도 있다. 이 중 어떤 경우에도, 궁극적으로는 개체들에 대한 관찰이 행해지지 않으면 안 된다. 그러나 실제 탐구의 실행 자체는 궁극적인 것이 아니라, 취해져야 하는 다음 단계와 관련된다.

이념형

이 동일한 도구주의자의 접근은, 내가 믿기로는, 다른 특별한 종류의 개념들에, 특히 베버의 이념형 또는 로버트 머튼Robert K. Merton이 '패러다임'이라고 부른 그 무엇에 빛을 비추었다. 이념형은 관찰적 용어나 간접적 관찰 가능어로조차도 기능하지 못한다. 따라서 이 세상에는 이에 상응하는 것이 아무것도 없다는 사실이 자동적으로 과학적 유용성과 같은 개념을 유린하는 것은 아니다(이상(념)화에 개재된 위험에 대해서는 §32에서 논의한다). 베버는 "만약 누가 개념이 경험적 자료의 지적인 지배를 위한 일차적 분석 도구이며 그렇게 될 수밖에 없다고 생각한다면, (어떤) 개념은 필수적으로 이념형이라는 사실이 그로 하여금 이념형의 조성을 단념하도록 만들지는 않을 것이다"라고 말했다(135: 106). 그 경험적 닻의 형태가 어떠하든, 개념은 단순히 현실을 비추는 거울이 아니며 우리가 현실을 다루는 데 서비스 기능을 수행한다. 그리고 이러한 서비스 중 어떤 것은 (이론의 역할과 연결된 것은) 가장 희박하게, 그리고 간접적으로 경험과 연결된 개념들에 의해 가장 잘 수행된다.

이념형은 앞에서 언급한 제한적 개념the limiting concepts과 같은 조성어일 수도 있다. 이는 "어떤 중요한 구성요소를 해명하기 위해 실제 상황이나 행위가 그것과 비교되고 (그것과 연관해서) 조사되는 어떤 것something을 특정화한다"(135: 93). 이와 같이, 이는 내적애매성을 다루는 데 특별히 유용한 고안이다. 역사상 총체적으로, 전적으로, '참으로' 민주주의인 국가는 없었다. 그것은 어떤 남성도 최고로 모든 남성적 특질을 보이지는 못하는 것과 마찬가지다. 아테네 사람들은 노예들에게까지 참정권을 주지는 않았고, 아킬레스마저도 눈물을 흘려야 했다. 이런 경우는 그 프로파일이 의미가 특정화되어 가고 있는 용어의 지표로서, 그리고 준거로서 가중치 1을 가지는 그러한 경우에 해당한다. 이는 해당 실재는 아무것도 없는데 실제로는 이러저러한 것이다. 여러 가지 다른 재구성도 가능하다. 예를 들어, 헴펠은 관계의 논리에 따른 재구성을 제안했다. 부류의 형태 분류를 만드는 대신, 우리는 우리의 요소들을 서열화order할 수도 있다. 이념형은 이러한 서열화의 종착점이다.

그렇지만 이념형의 가장 중요한 기능은, 헴펠이 또한 지적한 바와 같이, 이론적 용어로서의 기능이다. 나는 베버가 이념형이 허구적인 것임에도 개체에 대해 언급하기 때문에, 이것이 이론이 관심을 갖는 부류적 종류에 관한 연구보다는 오직 개체들의 연구에 도움을 준다는 결론을 내린 것은 잘못된 것으로 믿는다. 이념형이 "가설의 조성에 지침을 제공한다"(135: 90)라고 인식하고 있는 것과는 달리, 그는 "이념형적 개념조성의 목표는 항상 부류나 평균적 특성이 아니라 오히려 독특한 문화적 현상의 개별 특성을 표출하는 것"(135: 101)이라고 언급하고 있다. 행동과학이 도대체 그리고 어떻게 독특한 개체와 관련되는지에 관한 논의는 뒤로 미루어야만 한다(§14). 그러나 어떤 개념도, 그것이 이념이든 다른 것이든 일반적인 중요성을 결여하고 있는 것은 없다. 일반성은 모든 의미의 특질이다. 개별사례는 사고의 운동을 위한 쉼터에 지나지 않는다. 의미는 이 운동 자체가 언어 행동에 남긴 발자국이다.

제3장

법칙

§11 법칙의 기능

§12 법칙의 내용

§13 법칙의 형태

§14 행동과학에서 법칙

§11. 법칙의 기능

종류가 다른 여러 가지 일반화는 과학적 과정의 한 부분이 되어 있으며, 이들 각각은 상응하는 다른 기능을 수행한다. 모든 성공적인 탐구의 결과는 보통 특수한 것 아니면 일반적인 것으로 생각된다. 만약 특수하다면 이는 '사실'을, 일반적이라면 '법칙'을 형성했다고 얘기한다. 탐구의 과정에서 다른 어떤 일반화가 형식화되든 그것은 단지 현재 법칙이 만들어지고 있는 것으로 여겨진다. 예를 들어, 가설은 오직 아직 성공적으로 잘 형성되지 못한 것이라는 점에서 법칙과 다를 뿐이다. 법칙에 관한 이러한 관념은 오히려 한 세대 또는 두 세대 전의 어린이들에 관한 관점과 같다. 즉, 그들은 단지 미성숙한, 작은 성인일 뿐이다. 이와 같은 관점은 사랑의 대상으로서, 그리고 또한 연구의 대상으로서 어린이들을 공정하게 다루지 못하게 하는 것으로 알려져 있다. 성숙과 학습의 과정이 희미하게 짧아져 이에 관한 심리학은 어려움을 겪고, 결과적으로 성인도 제대로 이해할 수 없게 만든다. 따라서 과학적 법칙의 본질과 중요성에 대한 평가는 법칙이 나오는 연구의 환경에 대해 그리고 법칙 등장의 방식에 대해 어느 정도 주의를 요구한다.

도구주의의 관점에서 보면, 다양한 종류의 일반화는 이들이 탐구에서 행하는 일에 따라 구분할 수 있다.

동일시

모든 일반화의 가장 기초적인 — 모든 탐구에 다 존재하고 탐구에서 없어서는 안 될 — 것은 경험의 흐름에서 지속적이고 반복적인 구성요소에 주목하는, 동일시identifications(정체 확인)이다. 지식은 차이의 구분에서 시작된다. 그러나 모든 차이가 정체성을 미리 상정하지는 않는다. 차별적 반응은 — 아리스토텔레스, 칸트, 퍼스가 모두 강조한 바와 같이 —, 반응이 습관적으로 나타나게 되는 한 인지cognition가 되고, 마침내 상징으로 구현되는 자극에 의미를 부여한다. 재인지recognition 없이는, 알게 되는 어떤 것을 그 무엇으로 재인지되도록 하는 일종의 항상성 없이는 인지도 없다. "재인지는 모든 우리의 자연적 지식의 원천이다"라고 화이트헤드는 말했다. "모든 과학적 이론은 앞으로 이러한 재인지가 발생할 환경에 대비해 우리의 지식을 체계화하려는 시도 이상의 것이 아니다." 이것은 과학은 일종의 항상성, 불변성invariance의 추구라는 점을 주장하는 것이다. 이는 아직 다가오지 않은 경험의 통제나 평가를 위해 가장 의미 있는 것으로 증명된 이들 동일시를 경험세계에서 수행하는 기업이다. 여기에 기초적인 과학적 질문은 "도대체 여기에서 무슨 요상한 일이 일어나고 있는 거지?"라는 것이다.

이 질문에 대한 모든 답변이 하나의 일반화인 것은 피할 수 없다. 여기에서 현행 사건들의 특수성은 보편화된 '그 무엇' 아래로 포섭된다. 이때 보편적이라는 말을 쓰는 것은 그 무엇의 적용이 반드시 특수한 경우, 또는 어떤 고정된 특수한 경우들의 집합에만 한정될 필요가 없기 때문이다. 이것이 (연)

계사copula 논리에 깔려 있는 예측의 동작acts이다. 모든 이와 같은 동작은 동일시에, 즉 공간과 시간, 외양에서 나타나는 차이의 근저에 깔려 있는 동일성 — 많음 가운데 하나a One in the Many — 의 인정에 의존한다. 바로 이러한 이유에서, 지식을 위해 주어지는 것은 실제로 '외양appearance'으로 불리는데, 이는 본래 그것은 과거에 늘 그랬던 것과 마찬가지로 생생하기real 때문이다. 우리가 구하는 실재reality는 그래서 오직 인지과정의 종점으로 불린다. 외양은 알려지는 그 무엇이며, 실재는 그 무엇으로 알려진 것이다. 동일시는 거기서 지식이 자라는 씨앗, 즉 그 배아형태이다. 어떤 것을 인식하면 — 그리고 모든 것이 잘된다면 — 틀림없이 지식을 잉태하게 된다. 모든 과학자는 모든 것에 앞서, 아무것도 아닌 공허한 것에 신원과 이름을 제공하는, 시인이다.

동일시는 '개별사례的idiographic 과학'과 '보편법칙的nomothetic 과학' 사이에 상정된 차이를 무너뜨리는 역할을 한다. 개별적인 것에 대한 지식을 목표로 하는 것과 일반적 법칙에 대한 지식을 목표로 하는 것의 차이를 무너뜨리는 것이다(§14). 개별적인 것으로 선택된 것은 이미 일반화의 산물이기 때문이다. 동일시는 지금 여기에 주어진 특수 경우들을 일반 법칙에 따라 이미 존재하거나 아직 주어지지 않은 어떤 것과 연결시킨다. 이와 같은 법칙은 다양한 주어진 것들을, 이와 같이 그것들이 모두 하나의, 같은 개체의 외양을 보이도록 하는 방식으로 묶고, 또한 다른 개체들을 서로 분리시키는 경계를 제공하는 역할을 수행한다. 개체는 경험의 흐름에서 이미 그렇게 붙여진 호칭으로 스스로를 제시하지 않는다. 의식의 개울에는 마침표가 없다. 개체는 조성된다. 개체를 지각하면서 우리는 그것을 드러나게 만든다. 관념화는 지각과정을 처음부터 인도한다. 단순한 공간-시간적 동일시("15세기 이탈리아" 또는 "저 표피 '안에 있는' 그 사람")조차도 함축적 이론들에 크게 의존하고 있다; 그리고 이들은 개체에 대한 우리의 관념화가 탐구의 자료 또는 도구가 되면서 명시적인 것을 지칭하는 것이 된다. 그 장소와 시간은 '르네상스'에 속하며, 그 사람은 대륙들을 엮는 역할을 하는 로커스가 된다. 우리가 어떤 개체로 동일시(정체를 확인)하는 그 무엇은 그렇게 보이는 것으로 믿어지는 것임에 틀림없다.

상정과 선상정

탐구에서 일반화의 두 번째 기능은 선상정presupposition으로서의 기능이다. 모든 것이 동시에 문제로 등장하거나 등장할 수 있는 것은 아니다. 데카르트의 '방법론적 회의주의'는 상용논리가 가망 없이 모순된 상태에 있는 지식의 재구성에 불과하다. 과학은 어떤 곳에서도 무(無)에서 출발하지는 않는다. 퍼스는 우리가 평생 출발할 수 있는 곳은 오직 한 곳뿐이며, 현재 우리가 있는 곳은 그곳으로부터 온 것이라고 말했다. 이 명제는 '단순한' 심리적 사실의 문제가 아니다. 이는 탐구의 논리에 꼭 필요한 것이다. 모든 탐구는 조지 미드George H. Mead가 '그곳에 있는 세상'이라고 부른 것과 마주하고 있는 어떤 문제적 상황으로 들어간다. 모든 것이 문제인 곳에는 문제를 형성하고 해결할 수 있는 것이 아무것도 없다. 과학은 기적적인 무로부터의 창조나 지식의 무지로부터의 자동적인 발생이 아니다. 선상정의 논리적 지위를 부정한다면, 우리는 회의주의의 구렁텅이에 빠지게 된다. 독자적인 인식적epistemic 힘은 다른 어떤 것과도 마찬가지로 별 도움이 되지 않는다. 과학의 과제는 전적인 무지에서 지식으로가 아니라, 보다 적은 지식에서 보다 많은 지식으로, 어떤 것에 대한 지식에서 다른 것에 대한 지식으로, 애매하고 불확실한 것으로부터 명백하고 보증된 것으로 나아가는 데 있다. 모든 탐구에서 우리는, 우리의 자료와 이를 인지적 기획에 맞게 변형시키는 도구 둘 모두에 대해, 일련의 자료는 물론 일련의 일반화를 미리(先) 상정한다. 우리는 우리의 선상정을 이전의 탐구에서, 다른 과학에서, 일상적인 지식에서, 우리의 탐구의 동인인

갈등과 좌절의 경험으로부터, 습관과 전통으로부터, 어디인지 아는 사람으로부터 끌어낸다. 방법론은 우리에게서 발판을 빼앗아가지 않는다. 오히려 우리에게 그것을 응시할 것을 명령한다.

선상정은 문제적 상황에 도입된다. 이 밖에 탐구가 본궤도에 들어서면 그 상황에서 야기되는, 그리고 그 상황에 적합한 신념들이 있다. 우리는 이를 상정suppositions이라고 부를 수 있다. 이들 신념은 우리가 그것들을 기존의 개념적 틀에 명백하게 위치시킬 수 없기 때문에, 또는 그것들이 서로 갈등적인 입장에 있거나 아니면 몇몇 우리의 선상정에 배치되기 때문에, 상황을 문제적으로 만드는 것들이다. 상정은 문제의 해결이 진행됨에 따라 변형되는 경향이 있다. 선상정의 변화는 훨씬 드물고, 그 변화는 통상 우리가 '과학적 혁명'이라고 부르는 어떤 것을 뜻한다. 프로이트가 꿈의 해석에 관심을 가지게 되었을 때 그는 잠, 의식과 관련 현상들의 본질에 대해 어떤 일반화를 선상정했다. 여기에 더해 그는 꿈 자체에 대한, 그것이 무엇에 관한 것인가, 언제 그것이 나타나는가에 대한 상정들을 만들었다. 결과적으로, 어떤 선상정은 무의식적 의미와 목적을 허용할 수 있도록 거부되었고, 어떤 상정은 '현시적manifest'인 꿈의 내용과 '잠재적latent'인 것을 차별화하도록 다듬어졌다.

자원

어떤 문제의 해결 작업은, 듀이가 '물질적material 수단'과 '절차적procedural 수단'이라고 부른, 자원resources을 요구한다. 자원은 주어진 문제에 관해 느슨하게 말해 '자료'라고 불리는 것을 포함한다. 느슨하게 말해, 여기서 자료는 특정 사실과 관련한 지식뿐 아니라 특정 인자들 사이의 상호작용과 변화의 일반 유형에 관한 지식으로 구성된다. 예를 들어, 합리적 선택의 과정에 관해 우리가 아는 것이 무엇이든 그것은 경제학에서 사용하는 문제해결을 위한 자원들 가운데 포함되었을 수 있다. 자원에는 또한 탐구의 기법들이, 즉 해당 종류의 문제들을 다루는 현재의 상태가 포함된다. 수학적 정리들, 관찰이나 측정도구의 작용에 관한 법칙들, 적절한 종류의 정보 처리를 좌우하는 원리들, 이들 모두가 자원에 포함된다. 한 맥락에서 자원으로 작용하는 어떤 것이 다른 맥락에서는 선상정이나 상정에 속할 수 있다는 데 주의하라. 여기에서 차이는, 다른 곳에서와 마찬가지로 '무슨 작업'으로 무엇을 이루고 있는가 하는 것이지, 거기서 어떤 구별되는 표지가 발견되느냐에 달려 있는 것이 아니다. 과학은 어떤 먹이를 주느냐에 따라 성장이 달라진다. 그러나 과학의 식량은 본질적으로 과학 그 자체와 다른 어떤 것이 아니다.

가정과 가설

탐구를 계속 진행하기 위해 우리는 작업가설working hypotheses을 만든다. 이는 조사를 인도하고 조직하는 역할을 하며, 우리에게 계속 동행해야 할 어떤 것을 제공한다. 작업가설은 수수께끼의 추측이 아니며, 그 답이 무엇인지에 대한 육감도 아니다. 이는 탐구의 결과에 대한 관념idea이 아니라 택할 값어치가 있는 다음 단계에 대한 관념이다. 작업가설은 탐구의 진로에 관련된 신념이며, 반드시 탐구의 궁극적 목적지와 관련되는 것은 아니다. 우리는 또한 어떤 가정assumptions을, 즉 해결에 대해서나 문제적 상황 자체에 대해서나 상관없이, 전혀 단언assertions으로 제시되지 않는 명제를 만들기도 한다. 그 대신 가정은 단지 그 결과를 (어떤 상정들과 자원들이 함께 연결되었을 때) 점검함으로써만 확언된다(단언과 확언affirmation의 차이는 67을 보라). 때로는 '모델models'로 불리는 것이 이러한 뜻에서 주로 가정으로 구성된다(§30과 §31). 유명한 탐정이 운명의 만찬 자리에 있던 모든 사람의 알리바이 조사를 맡았을 때, 살인자가 손님들 중에 있지 않을 개연성이 상당하다는 것을 알 경우에도,

그는 특정의 작업가설에 의해 이끌린다. 알리바이를 조사함에서 그는 살인자가 헬리콥터를 대기시켰다고 가정할 수 있다. 그 유명한 탐정이 그것이 조금이라도 개연성이나 가능성이 있다고 생각하기 때문이 아니라, 범죄 장면에 다가가는 데 필요한 최소한의 시간을 계산하기 위해서일 수도 있다.

탐구가 제대로 궤도에 오른 다음에는, 주어진 문제에 대한 해결에 관련한 추측이나 짐작이 떠오를 수 있다. 우리는 이것을 테스트가설test hypothesis이라고 부른다. 이는 우리가 주제와 관련해 참일 가능성이 높다고 생각하는 것을 가리키며, 다음에 우리는 이러한 추측이 정확한지 아닌지에 대한 결정을 내리기 위해 탐구를 조직한다. 흔한 말로 테스트가설은 때로는 행해지고 있는 것에 대한 '이론'으로 불린다(독자들뿐 아니라 그 유명한 탐정도 당장 '경찰의 이론'이 잘못된 것임을 안다). '이론'처럼, 낱말 '가설'은 다양한 방식으로 — 여기에 주어진 것은 물론 작업가설, 가정, 또는 상정을 뜻하는 것으로 — 사용된다. 일단 테스트가설이 형성되면 이는 그것이 특수한 맥락의 것이냐 아니면 일반적 맥락의 것이냐에 따라, 사실fact 또는 법칙law을 구성하는 것으로 얘기된다. 우리는 글자 그대로 결론에 도달한다. 탐구는, 그리고 심사숙고의 과정은 종결된다.

사실과 법칙

위에서 내가 말하고자 했던 것은 법칙이 단지 결론으로서 탐구에 들어가지는 않는다는 점이다. 법칙은 과정 전체를 통해 앞에서 구분한 다양한 방식으로, 그리고 다른 것에도 마찬가지로 개입한다. 법칙은 그것이 연구의 종결을 표시하는 것일 수도 있는 바와 마찬가지로 연구의 출발점으로 봉사할 수도 있다. 마이클 스크리븐Michael Scriven은, 특정 사실의 문제들을 그 아래 포섭하는 규칙으로서가 아니라 비순응적인 사건들, 즉 귀중한 예외의 경우들을 조사하도록 하는 입장으로서, 법칙의 사용에 대해 주의를 환기시켰다(41: 313). 법칙은 우리가 사실을 형성한 후에 도달하게 되는 일반화가 아니다. 이는 무엇이 사실인가를 확정하는 모든 과정에서 역할을 수행한다. 확실히, 우리는 어떤 자료를 그것이 악순환 없이 어떤 법칙의 또 다른 확증 경우로 여겨지는 바로 그 법칙에 순응하기 때문에 사실로서 받아들이고, 그것이 이미 법칙에 의해 제외되었기 때문에 사실로 인정하기를 거부할 수도 있다.

가설을 '발견도출적heuristic'이라고 할 때, 우리는 너무 자주 일종의 애석상을 주는 취지로 그렇게 말한다. 이러한 말 돌림은 가설이 탐구에서 도대체 어떤 기능을 하는지 특정화하지 않고, 단지 그것이 기능을 가지고 있다는 것을 언급할 뿐이다. 그리고 이 기능이 가설이 참이라고 우리가 결론을 내리는 것에서 얼마나 깊이 관여하는지를 느끼게 하는 데 실패하고 있다. 다른 한편, 어떤 철학자들은 일반적 진술들의 기능적 중요성에 매우 고무되어, 이것이 일반적 진술들의 유의성을 다 흡수하고, 따라서 일반적 진술들은 특정 또는 단일 명제들이 갖는 사실의 문제에 대한 준거를 갖지 않는다고 주장하기에 이르렀다. 예를 들어, 일반적 진술은 명제를 형식화하지 못하고 오히려 명제의 조성을 위한 법칙을 제정한다는 주장을 한, 비트겐슈타인과 모리츠 슐리크Moritz Schlick의 견해가 이에 속한다. 요즘의 관점에 따르면, 법칙은 그렇게 재구성될 수 있으나, 역으로 법칙이 규칙으로 나타나는 재구성논리는 항상 "그 대신 규칙을 과학적 진술로 포함하는 재구성논리에 의해 대치될 수 있다"(Hempel, 41: 112). 길버트 라일Gilbert Ryle은 일반화를 '추론-티켓inference-tickets'이라고 얘기했고, 스티븐 툴민Stephen Toulmin은 같은 맥락에서, 전제로서의 일반화로부터보다는 주어진 일반화와 일치하도록 만들어진 과학에서의 도출derivation에 주의를 환기시켰다. 내가 보기에 일반화는 때로는 — 예를 들어, 그것이 우리의 선상정과 자원들 가운데 포함되어 있을 때 — 이러한 방식에서 규칙으로 기능한다. 그러나 내가 보기에는 그것이, 똑같이 명백하게, 때로는 정확하게 전제로서 — 예를 들어, 가정으로서 또는 테스트가설로서 — 기능한다. 나는 과학적 법칙의 개념은 기능적으로가 아니면 이해될 수 없다고 믿는다. 그러나 마찬가지로 어떤 단일 기능도 그 이해에 충분할 수 없다고 믿는다.

고전적 실증주의자들의 관점은, 법칙은 기본적으로 유일한 실재들realities 인 사실의 특수사항들에 대한 기억과 예측을 촉진시키기 위해서만 형식화된다는 것이었다. 이와 같이 마흐(140: 446~451)는 법칙을 '간명한 규칙'이라고 부르고, 과학을 "가능한 한 최소한의 사고의 비용으로 가능한 한 완전한 사실들의 제시"로 이루어지는 것으로 간주되는, "경제적 사무실"이라고 말했다. 같은 방식으로, 칼 피어슨Karl Pearson(106: 73~77)은 과학적 법칙을 "오직 사람에 의해 형식화될 때에만" 존재하는 것으로 간주한다. 왜냐하면 이는, "연속적으로 일어나는 우리의 감각-인상들의 긴 서술을 대치하는, 정신적 속기로 된 요약" 이상이 아니기 때문이다. 이러한 견해는 아무 생각 없이 특정 명제가 구체적인 사실의 문제에 상응하도록 하는 바로 그러한 방식으로 법칙이 보편적 유형을 반영하는 것으로 가정하기보다는, 과학에서 법칙이 사용되는 방식에 주의를 돌리게 하는 장점을 갖는다. 그러나 이들 실증주의자들의 입장에는 몇 가지 단점이 있다.

그 하나로, 정신적 속기와 사고의 경제에 대한 언급reference은 기호notation 의 역할과 법칙의 역할을 구분하지 않는다(§6). 기호는 그것의 유용성을 정당화하고 설명해주는 법칙들을, 마치 통상적인 화학방정식 기호의 기초가 되고 있는 일정 비율의 법칙과 보존법칙과 같은 것들을, 미리 상정할 수도 있다. 그러나 기호는 그 자체의 선상정과 혼동되어서는 안 된다. 법칙은 사고의 경제를 위해 만들어진다. 그러나 법칙은 마찬가지로, 아무리 간편하다 해도 기호가 할 수 없는 일들도 행한다. 그리고 법칙의 서술로서의 특성화는, 그것이 경제적이든 아니든, 브레이스웨이트(9: 348)와 네이글(103: 119) 모두 지적한 바와 같이, 엄격한 뜻에서 법칙은 전혀 아무것도 서술하지 않을 수도 있다는 점을 간과하고 있다. 그것은 법칙의 형식화가 결코 관찰적 용어들에 한정해서 이루어지는 것이 아니기 때문이다. 만약 우리가 법칙이라는 용어를 이와 같이 쓸 수 있다면, 법칙은 과거나 현재와 마찬가지로 미래를 '서술한다'. 그리고 이는 형식상 조건적이기 때문에 이제까지 결코 발생한 적이 없을 수도 있는 어떤 것까지 '서술한다'.

그러면 무엇이 법칙을 다른 과학적 진술들과 구분하는가? 최근 이 질문에 대답하려는 시도는 소위 법칙적nomic(또는 법칙발견적nomological) 일반화와 단지 '우연적accidental' 보편명제universals를 형성하는 것으로 알려진 일반화의 차이에 초점이 맞춰져 있다. 이러한 구별은, 만약 다른 어떤 것이 참이라면, 사실상 그것은 거짓이지만, 그 결론이 어떠할 지에 대한 진술인, 반사실적 조건문에 대한 고려로부터 등장했다. "만약 꿈이 말이라면if wishes were horses ……"은 우리에게 그것이 가능하다면 거지들이 말을 탈 것이라는 것을 말해주며, 사실 그들이 할 수 없다는 것을 다시 기억하게 한다.* 그러나 만일 우리가 이미 거짓임을 안다고 가정하고 시작한다면, 무엇이 우리로 하여금 그것이 어떤 것이든 우리가 선택하는 결론에 도달하는 것을 막아주는가? 일상적인 방식으로, ('실질함축'이라고 불리는 것에 의해) "만약-그렇다면If-then"이 재구성될 때, "만약 p라면 q이다If p then q"는 "p가 사실이 아니거나 그렇지 않으면 q가 참이다"라는 것과 동등하다. 그리고 우리가 p가 거짓임을 알 때는, 어떤 것을 q로 사용하든 우리는 안전하게 단언할 수 있다. 만약 꿈이 말이라면 거지들은 그들이 현재 있는 곳에 머무는 데 만족할지도 모른다. 라이헨바흐는 단순히 p의 허위성이나 q의 진실성에 의존하는 것이 아닌 그가 '연결조작 connective operation'이라고 부른 것을 정의하면서, 위와는 상당히 다른 "만약 ~ 라면"의 재구성을 시도했다. 넬슨 굿맨Nelson Goodman과 같은 많은 철학자들은

---

* 원한다고 다 얻을 수 있다면 거지도 부자가 될 수 있듯이, 행동이 없는 터무니없는 소망이 실현되기는 매우 어렵다는 의미이다. — 옮긴이

반사실적 요소들은 법칙적 보편명제들에 의해 지지될 때 정당화되는 것으로 간주했다. "내가 분질렀지만, 만약 이 성냥이 그어졌다면 불이 붙었을 것이다"라는 명제는, 조건이 거짓이기 때문이 아니라 성냥을 그으면 불이 붙기 때문에 참이다. 그리고 이 일반화는 단순히 우연히 참이 되는 것이 아니다. 이는 법칙을 표현한다.

모든 참 보편적 진술이 법칙적 일반화는 아니다. 네이글, 헴펠 등은 다음과 같은 사항을 주문했다.

첫째, 일반화는 공간과 시간에 구애를 받지 않으며 진정으로 보편적이어야 한다. 만약 적합한 조건들만 충족된다면 이는 늘, 그리고 어디서나 참이 되는 무엇을 형식화해야 한다. 일본 사람들이 목의 뒷부분을 성감대로 간주하는 것은 아마도 사실의 문제일 수 있으나 법칙은 아니다. 갓난아기를 엄마 등에 업고 다니고, 그래서 아기가 엄마의 등을 마주하는 문화에서는 어디서나 그렇게 간주될 수 있다는 것은—이 요구에 관한 한—그렇다는 것을 보여줄 것이다.

둘째, 일반화는 공허하게, 즉—문제의 일반화가 다른 법칙들로부터 도출될 수 있지 않는 한—단지 아무것도 언급된 조건을 만족시키지 못하기 때문에, 참이어서는 안 된다. "모든 미국의 여성 대통령은 균형예산을 집행한다"라는 문장은 참이다. 거기에는 반대 사례가 없다. 이는 민주주의에서 여성의 예산 행위에 관한 다른 법칙들로부터 연역될 수 있을 경우에만 정치경제의 법칙이 될 수 있다.

셋째, 일반화를 위한 증거는 그 적용의 범위와 일치해서는 안 된다. 이 범위는 폐쇄된 것으로 알려져서는 안 된다. 1920~1960년 대통령 선거에서, 큰 정당의 후보자 중 가장 긴 이름을 가진 사람이 대통령으로 선출되었다. 그러나 이를 주장하는 우리의 이유가 이것이 언급하는 특정 관련 사실에 관한 지식에 제한된다면 이러한 진술은 어떤 경우에도 법칙을 반영하는 것으로 인정될 수 없다. 우리는 이름이 유권자에게 영향을 주는 다른 증거를 필요로 한다. 이 예는 첫째 조건 또한 위반하고 있다. 태양계의 모든 위성의 지름이 1만 마일보다는 작거나 2만 마일보다는 크다는 일반화를 생각해보자. 여기에는, 적어도 표면적으로는 어떤 특정 공간이나 시점에 대한 제한은 없다. 그러나 이 일반화는 그것을 단언하는 통상적 근거, 즉 각각의 위성의 지름에 관한 지식에 관한 한 단지 우연한 참일 뿐이다. 그렇지만, 태양계의 기원에 관한 아직 형성되지 않은 어떤 이론에 따르면 이는 법칙을 반영할 수도 있다.

넷째, 법칙적 일반화는 다른 법칙들로부터 유도될 수 있어야 한다, 즉 과학적 이론에서 어떤 역할을 담당해야 한다. 그렇지 않다면, 우리가 도달한 곳은 법칙보다는 오히려 '경험적 일반화'라고 불리는 것일 수 있다(§13). 동물 피부의 계절적·지리적 변화에 대한, 또는 물고기의 복부와 등 사이의 명암의 차이에 대한 일반화는, 이러한 뜻에서 우리가 이들을 자연도태에서 보호색의 역할과 연결시킬 수 있지 않는 한 '단순히 경험적'인 것으로 남는다.

마지막으로 법칙이 되기 위해서, 일반화는 물론 참이어야 한다. 이를 제외한 모든 조건을 만족시키는 진술을 굿맨은 '법칙 같은lawlike 것'이라고 불렀다. 법칙은 참인 법칙 같은 진술이다.

이 문제는 통상적으로 과학적 진술들의 형식을 다루는 데, 그리고 여러('모든' 또는 '몇몇'과 같이) 작동인자, 적합한 명칭, 다양한 형태의 술어 등등의 발생 빈도의 방식으로, 이들 형식에 반영된 내용을 다루는 데 집중하고 있다. 헴펠과 파울 오펜하임Paul Oppenheim은 이 문제가 실제 탐구의 화법보다는 형식화된 언어에 준거하고 있다고 공격했다. 이러한 종류의 어떤 노력도 아직 일반적으로 수용되고 있지 않다. 디자인 예술에서 참이 무엇이든지, 나는 과학적 기획에서는 형식은 기능을 따른다는 것, 그리고 법칙과 다른 진술의 구분은 일차적으로 이들이 탐구에서 수행하는 뚜렷한 역할에 따라 이해되지 않으면 안 된다는 것을 믿는다. 그러면 이로부터 우리는 이들 역할 수행을 위해 채택된 진술들을 특징지을 수 있을 듯한 형식들의 정체를 확인할 수도 있다. 그것은 마치 서부영화에서 비록 턱수염이 왕성하게 자라는 것이 총잡이를 악당으로 만드는 것은 아니지만, 면도하지 않은 턱수염으로 악당을 알아볼 수 있는 것과 같다.

이러한 전망에서 내가 가장 중요하게 취급하는 것은 이론으로부터, 또는 다른 법칙으로부터, 법칙의 도출과, 그리고 다시 이들 도출된 법칙의 다른 법칙을 설명하는 능력이다. 브레이스웨이트는 용어 '법칙 같은'은 "그 사례들의 증거만을 지적하기보다 이를 믿는 데는 다른 이유들이 있다는 것을 가리키는······ 기원의 표시로 채택된 일종의 존칭의 형용사로 생각할 수 있다"라고 말했다(9: 302). 스크리븐도(42: 100) 비슷한 견해, 즉 "법칙을 우연적 보편명제로부터 구분할 수 있는 법칙의 순수하게 구문론적 분석의 가능성을 절대적으로 배제하는" 관점을 피력하고, "그 차이는 이들을 후원하는 증거의 질에 있다"라고 말했다. 그리고 이 증거의 '질'은 결코 그 양 및 무게와 동일시할 수 있는 것이 아님에 주의하라. 그렇지만, 나는 이 법칙이 미래 탐구에서 행할 수 있는 것이 과거의 연구에서 이룩한 것만큼 중요하다는 말을 여기에 추가하고 싶다. 그러나 우리는 무엇이 이루어질 수 있는지는 오직 회고적으로만, 실제로 그것이 성공적으로 이루어진 후에만 알 수 있으며, 그래서 우리는 법칙의 기능을 그 기원에 따라 생각하려는 유혹에 빠진다. 우리의 접근이 기능적이냐 발생적이냐의 여부는 그렇게 문제가 되지 않는다. 내 의견에서 중요한 것은, 법칙에서 그것 없이는 흐트러질 세상을 묶어주는 인대들을 찾는 것보다는, 법칙을 탐구 과정의 배경에 비추어 보는 것이다.

여기서 흔히 받는 유혹은, 마치 법칙이 어떤 법칙적 연결 또는 인과적 관계의 존재를 참으로 선언하는 진술인 양, 법칙이 확언하는 것이 그 법칙을 다른 진술들로부터 구분해주는 것으로 상정하고자 하는 것이다. 그러나 법칙이 우리 앞에 제시하는 사건들events의 불변의 유형은, 듀이의 문구를 빌리자면, '증거적 기능의 항상성the constancy of evidential function' 이상의 것이 아니다. 이와 같은 항상성은 쉽게 '실존적 재현existential recurrence'과 혼동되며, 우리는 이것이 법칙은 우리에게 동일하게 같은 것이 다시, 그리고 또다시 나타나 시간과 공간의 골짜기들을 가로질러 사건들을 하나의 이지적 질서로 묶는 데까지 이르게 한다고 얘기하는 것으로 상상한다. 그러나 우리가 만약 진정한 사건들에 대해 말한다면, 그것들이 재현될 수 없다는 것은 동어반복에 지나지 않는다. 그리고 만약 우리가 추상적 성격의 일반화된 연언들conjunctions에 대해 말한다면, 규칙적이든 아니든 이들이 순차적으로in sequence 일어나는 것이라 얘기하는 것은 아무런 의미가 없다. "법칙은, 주어진 개개의 사례들의 경우에 순차를 결정하는 필수적 수단이 되지만, 순차적 내용을 갖는 것은 아니며, 그리고 법칙에 의해 확정되는 개개의 사건들은 재현되지 않는다"(28: 454).

일반화의 종류는 두 가지다. 하나는 실존적 준거를 가지고 속성을 선별된 종류에 귀속시키는 부류적 명제이며, 다른 하나는 추상적인 '만약-그렇다면' 형식으로 된, 그것에 의존해 차별을 만들 수 있는 특징이나 작동을 특정화하는 보편적 명제다. 전자는 우리가 우연히 참이라는 것을 발견하게 된 것을 기록한다. 후자는 틀림없이 참이어야 하는 것, 우리를 참으로 이끌 것으로 기대할 수 있는 것에 관한 우리의 확신을 형식화한다. 이들은 우리가 법칙이라고 부르는 것으로, 단지 알려진 항구적인 접속이나 승계에 관한 진술이 아니다. 이러한 오판은 "보편적 명제의 기능을 마치 그것이 실존적 명제의 구조적 내용의 일부인 것처럼 취급하는" 데서 유래한다(28: 444). 법칙은 과학적 기업에서 법칙의 역할을 만족스럽게 연출하는 진술이다. 멋짐은 멋진 것이 연출하는 것과 같다.

§12. 법칙의 내용

법칙이 방법론적 논의를 위해 재구성되는 통상적인 형식은 "모든 x에 대해, 만약 x가 f의 속성을 가진다면 그것은 g의 속성을 가진다"이거나, 또는 이보다 구어적으로, "모든 f는 g이다"이다. 때때로 이 법칙은 한 번에 하나의 x가 아니라 두 개의, 또는 다수의 x를 다루고, 따라서 f 또는 g는 어떤 관계를, 또는 속성들과 관계들의 총체적 연결을 의미할 수도 있다. 이와 같이 중력의 법칙은 물체 x_1과 x_2 모두에 있어서 만약 x_1이 m_1의 질량을 가지고, x_2가 m_2의 질량을 가지며, x_1과 x_2가 거리 d만큼 떨어져 있다면, 이들은 m_1m_2/d_2에 고정 비례로 영향을 받을 것이라고 진술한다.

장, 범위, 영역, 그리고 내용

법칙의 내용은 무엇보다도 적합한 것으로 간주되는 x의 집합, 즉 그 명칭이 변수 x를 적절하게 대치할 수도 있는 요소들의 집합에 의해 결정된다. 이 집합을 우리는 법칙의 장field, 또는 이미 일부 알려진 대로 '담론의 세계universe of discourse'라고 부른다. 장의 결정은 §10에서 로커스locus문제라고 부른 것에 대한 해결을 선상정(또는 구성)한다. 법칙은, 보편적 변수를 위한 적합한 해석을 제공하는 장에 따라, 사람, 행위, 제도 또는 다른 그 무엇에 '대한about' 것으로 이야기되고 있다. 속성 (또는 속성들의 집합) f는 다른 뜻에서는 법칙이 '대하는about' 것을 특정화한다. 법칙은 모든 x를 단지 형식적으로만 다룬다. 그러나 사실상 이는 단지 그것이 f인 x인 것에 대해서만 얘기한다. 이때 우리는 f가 법칙의 범위range를 특정화한다고 말할 수도 있다. 이는 장의 요소들이 위치되는 속성공간의 확정을 선상정(또는 구성)한다. 우리는 g 또는 그것이 있는 장소에서 의미 있게 발생할 수도 있는 모든 특질들이나 관계들의 집합이 법칙의 영역을 한정한다고 말할 수도 있다. 이 영역은 경험적 일반화의 경우에서와 같이 속성공간과 일치할 수도 있다. 또는 이는 이론적 법칙의 경우에서처럼 개념적 틀의 전부 혹은 부분을 포괄할 수도 있다. 어떤 법칙의 내용을 해설하기 위해서 우리는 그 장, 범위, 그리고 영역 — 이 세 가지 모두 — 을 명백히 하지 않으면 안 된다.

그렇게 하는 과정에서, 법칙의 발생 맥락에 대한 고려는 불가피하다. 내용은 맥락에 의존한다. 재구성논리는 자체적인 목표 달성을 위해 모든 것을 완전히 명시적으로 만들기를 시도한다. 그러나 과학적 개념의 개방성은 이 시도의 실패를 예언한다. 상용논리는 그때 그곳에서 만들어지는 법칙 각각의 사용을 위한 충분한 폐쇄를 제공하는 맥락에 의존한다. 재구성논리에서 형식화는 폐쇄를 완성하기 위해 '다른 것이 모두 같다면other things being equal'의 어구를 삽입할 때에만 충분히 특정화된다. 그러나 이 경우 우리는 그 결과를 법칙의 형식화로서가 아니라 오히려 법칙을 조성하기 위한 '도식schema'으로, 즉 우리가 참 명제를 얻기 위해 반드시 '같아야' 하는 '다른 것들'을 메우기 위한 지령directive으로, 해석하도록 강요된다. 그렇지만 나는 모든 법칙은 그것이 자신의 맥락으로부터의 추상으로 간주되는 한, 그 자체가 이러한 도식이나 명령 이상의 것이 되지 못한다고 주장하고 싶다. 적격 판정qualifying 어구의 불확실성은 추상을 통해 성취되는 형식적 폐쇄를 위해 우리가 치러야 하는 대가다.

맥락은, 장과 영역의 결정에도 관여하지만, 특별히 법칙의 범위에 대한 적합한 해석을 위해 중요하다. 범위는 법칙이 참이 되기 위해 필요한, 그러나 결코 그 모두를 완전히 명시적으로 만들 수는 없는 모든 조건을 포함하지 않으면 안 된다. 법칙이 그런 유의 맥락에서 얻어진 조건들 아래에서 견뎌낼 때, 우리는 그 법칙이 주어진 맥락에서 '보편적으로' 참이라고 말한다. 전문가는 그것이 어떤 종류의 맥락인지를 아는 사람이다. ≪기호논리저널Journal of Symbolic Logic≫에 어떤 증명이 개략적으로 소개되었는데, 그 증명의 필자는 거기에 틈새가 있다는 것을 인정하고 이 틈새를 의식하는 사람은 그것을 어떻게 채워야 할지 알 것이라고 덧붙였다. 이 형식적 분과에서 이러한 전략이 적합한지와는 관계없이, 경험적 과학에서는 이것이 전적으로 적합하고 또한 불가피함에 틀림없다. 처음으로 기체 법칙the gas laws을 배우는 학생들이 왜 기체가 충분히 낮은 온도에서 완전히 사라지지 않는지, 그래서 질량 보존의 법칙을 어기는지를 물을 때, "우리는 절대 0°에 도달할 수 없다"라는 것만을 알려주는 것은 그 학생을 잘못 이끄는 길이다. 그보다는 절대 0° 가까이에서는, 같은 정도의 근사성으로는 기체 법칙이 더 이상 적용될 수 없다는 것을 명백하게 알려주는 것이 더 적절할 것이다. 이 때문에 질량 보존의 법칙 자체는 핵반응의 맥락에서는, 또는 만약 기체의 팽창 속도가 빛의 속도에 접근하면 적용 불능이 된다. 아원자적subatomic 또는 천체적 맥락은 거시적 범위를 가진 옛 법칙의 새로운 해석이나, 아마도 전적으로 새로운 법칙을 요구한다. 우리는 모든 법칙은 그 범위를, 아마도 장이나 영역 또한 제한하는 여러 사람이 일군의 '경계조건boundary conditions'이라 부르는 것에 연관시켜왔다고 말해도 무방할 것이다.

예외와 유사법칙

적합한 조건하에서도, 모든 법칙은 그것이 어떤 주어진 시점에 알려진 것인 한, 거의 틀림없이 예외적인 경우에 당면하게 될 것이다. 예외는 (법칙 지배적인 떨어지는 물체 실험을 위한 진공과 같이) 모든 필요한 조건이 사실상 충족되지 못했기 때문이거나, 아니면 (달이 떠오르는 것 같이 보이지만, 실제로는 지고 있는 것과 같이) 관찰의 오류 때문에 단지 그렇게 보이는 것일 수도 있다. 그러나 예외가 진짜라면, 그 경우 소위 '법칙'은 허위의 것이 된다는 것이 고전적 관점이다. "단 하나의 사실과 가설 사이의 절대적 갈등은 가설에 치명적이다"(64: 516). 그러나 우리는 그 대신 과학적 법칙이 어떤 엄격한 보편명제의 형식을 갖지 않는다고, 이는 단지 이념적 재구성일 뿐이라고 주장할 수도 있다. 보편명제는, 순수 수학에서와 마찬가지로, 하나의 반대 사례만으로도 반증(거부)falsified된다. 그러나 경험과학에서 법칙은 반대 사례들의 발생 가능성이 알려진 경우조차, 또는 틀림없는 반대 사례들의 발생이 알려진 때조차 지지되고 이용된다. 스크리븐은 "자연의 법칙에 관한 가장 흥미로운 사실은 이들 법칙이 실제로 모두가 오류에 빠져 있다는 것"이라는 논평을 「물리법칙의 주요한 속성 — 비확정성The Key Property of Physical Laws—Inaccuracy」이라는, 내용을 짐작하게 하는 제목의 논문에서 했다(42: 91).

몇몇 방법론자들은 예외가 있는 것으로 알려진 일반화에 대해 특수 호칭 — 예를 들어 '유사법칙quasi laws' — 을 적용한다. 이들 일반화는 예외가 설명에 의해 해소되어야 하는 대상으로서 간주될 때 법칙으로 기능한다. 이들은 특수하긴 하지만 아직 알려지지 않은 조건들이 통용되는 경우, 또는 법칙이 수행되나 그 효과가 다른 법칙들의 동시적인 작용으로 가려지는 경우를 일컫는다. 여기서, "예외는 규칙을 증명한다prove". 그러나 그것은 오직 예외가 규칙을 시험한다test는 뜻에서만 그렇다. 예외는 일반화에 반하는 추측을 제기한다. 그러나 우리는, 만약 우리가 무슨 일이 일어나고 있는지 알고만 있었다면 일반화를 포기하지 않고 예외를 설명할 수 있었을 것이라는 기대 속에서, 계속 일반화를 법칙으로 생각할 수도, 그와 같이 사용할 수도 있다. 실질적으로 행동과학에서 우리의 모든 지식은 기껏해야 유사법칙의 형식을 취하고 있다. 그러나 만일 우리가 현재의 지식상태에서 예외를 설명할 수 없다고 해도, 그것이 우리가 아무것도 모른다는 것, 또는 우리가 아는 것이 법칙과 같은 것이 아니며 그것은 많은 개별사례들에 관한 사실의 수집 이상의 것이 아닐 뿐이라는 것을 뜻하는 것은 전혀 아니다.

추세, 경향, 그리고 근접화

우리가 관심을 가진 어떤 특성들을 염두에 두고 사례들의 집합을 살핀다면, 우리는 이 특성들이 그 사례들에 대한 어떤 비율로 나타나는 것을 발견할 것이다. 우리는 어떤 분포a distribution에 관한 지식을 얻게 된다. 만약 우리가 살핀 사례들을 더 큰, 또는 무한정한 모집단에서 나온 표본으로 간주한다면, 우리는 동일한 분포를 총체로서의 모집단에 귀속시키기를 바랄 수도 있다. 말하자면 이것이 추세trend다. 추세진술은 분포에 관한 어떤 설명도 제공하지 않고, 그 지속성을 확언할 뿐이다. 이것이 '서술적 일반화descriptive generalization'다(§13). 선거 당일 밤 해설가가 얘기하는 추세는 투표가 아니라 계표상의 추세임에 유의하지 않으면 안 된다. 이는 (예를 들어 주 북쪽의 다수를 점하는 공화당원의 표가 늦게 도착하고 있다 등등) 투표 추세로 설명된다. 그러나 투표 유형 그 자체는 추세로 설명되지 않는다. 그것은 단지 재천명될 뿐이다.

그러나 우리는 추세보다는 '경향tendencies'을 얘기할 수도 있다. 이러한 종류의 일반화를 경향법칙tendency laws이라고 부른다. 어떤 것이 발생하는 경향이 있다고 말하는 것은 그것이 통상 발생하고 있다거나, 또는 그것이 다른 사례 발생에 어떤 비율로 발생한다고 말하는 것과는 매우 다르다. 이는 오히려 사례들이 적절하게 선택될 때, 그러나 오직 그 경우에만, 그것이 변함없이, 또는 적어도 거의 항상 발생할 것임을 확언하는 것이다. '경향'은 추세의 묵시적인 설명을 위한 호칭이다. 농촌 투표자들이 공화당에 투표하는 '경향이 있다tend' 것은 사실상 그들이 모두 그렇게 한다는 것이나 그들 다수가 그렇게 한다는 것을 암시하는 것이 아니라, 만약 투표 행태에 대한 다른 (특정화되지 않은) 결정 요인들이 영향을 주지 않는다면 그들이 그렇게 행동하리라는 것을 뜻할 뿐이다. 모든 물체는 공식 $s=1/2gt^2$(s는 이동거리, g는 중력 속도, t는 시간을 가리킴)으로 주어진 방식으로 떨어지는 경향이 있다. 그러나 지구 표면에 가까우면 물체들은 공기의 저항 때문에 결코 이러한 방식으로 떨어지지 않는다. 우리는 이 공식을, 만약 법칙의 온전한 형식화가 공기 저항에 대해 아무런 언급이 없다면, 경향법칙에 속하는 것으로 얘기할 수도 있다. 경향법칙은, 이에 필적할 만한 세력들이 밝혀지고 고려에 포함될 때 성취될 수 있는, 가장 엄격한 뜻으로의 법칙의 후보로서 제시되는 것이다.

다시 말해, 경향법칙의 과학적 가치는 그것이 얼마나 효과적으로 이들을 다른 결정 요인이나 세력의 탐색을 자극하고 인도하느냐에 따라 결정된다. 본래 이것은, 결국에는 액면가와 같은 가치를 가진 어떤 것으로 교환될 것이라는 공공의 신뢰가 유지되는 한에서만 과학의 세계에서 자유로이 유통되는 약속어음일 뿐이다. 조항 '다른 모든 것이 같다면'은 구원이 아니라 또 다른 약속의 어법이다(51: 141~144). 이 형식에서나 어떤 경향에 대해 명시적인 준거를 두고 있는 다른 형식에서나, 경향법칙은 단독으로는 우리에게 얘기하는 것이 추세진술보다도 적다. 그것은, 우리가 추세진술이 우리에게 허락하는 바와는 달리, 이러한 법칙으로부터는 어떤 분포를 실제로 기대해야 할지 추론할 수 없기 때문이다. 너무 자주 행동과학은 자신이 지폐를 발행함으로써 스스로 부자가 되기를 바라왔고, 결과적으로는 통화팽창으로 고통을 당했다. 과다한 법칙이 공포되나, 그것들은 어찌되었든 인간 행동의 구체적 사례에는 적용되지 못한다. 사람들은 마치 그들이 그렇게 하는 경향을 가진 것으로 듣고 있는 그러한 것을 거의 행하지 않는 것처럼 보인다.

그러나 돈의 호름을 증가시키는 것은 경제성장에 공헌할 수도 있다. 경향법칙은 만약 그것이 이미 형성된 기존의 결론으로서보다는 작업가설로 간주된다면 중요할 수도 있다. 브레이스웨이트(9: 365~366)가 지적한 바와 같이, 이와 같은 법칙의 가치는, "알려지지는 않았더라도, 그것이 모두 동일한 조건에 종속되는 경향적 진술의 체계"를 가질 때 올라간다. "얼핏 보기에prima facie 이러한 체계에서 최저 수준의 경향적 진술에 반대되는 관찰은 체계 전체가 종속되는 알려지지 않은 조건에 대한 정보를 얻는 데 이용될 수 있다." 이들 연합 적용을 통해 경향진술은 그들 각각의 경우에서는 전적으로 함축적인 것으로 남아 있을 수밖에 없는 그 무엇을 현시적으로 드러나게 만들 수 있다. 말실수가 의도적이라는 것, 우리는 우리가 참이기를 바라는 것을 꿈꾼다는 것, 또는 어린이들은 자신과 다른 성sex의 부모에게 매우 강하게 집착한다는 것은 본래 수없이 많은 뚜렷한 예외를 가진 경향진술이다. 그러나 정신분석적 이론을 구성하는 명제들의 전체 체계를 통해 이들 고립된 진술들은 ─ 잠재적 내용, 억압, 무의식적 원망 등의 개념에 개재된 바와 같은 조건들에 따라 ─ 자신들의 적용 범위를 결정하는 데 엄청나게 보탬이 되는 보다 충실한 의미를 부여받는다. 금융에 관한 은유는 여기에도 적용된다. 경제적으로 더 부강하고 더 생산적일수록 통화에 대한 신뢰는 더 커진다. 그러나 이 진술 자체가 경향진술일 뿐이다.

아직 나는 이것이 행동과학을 위해서뿐 아니라 다른 과학을 위해서도 똑같이 중요한 진실을 표현하는 것으로 믿는다. 과학적 법칙의 내용은 그것이 사용되는 맥락에 따라서는 물론이고, 이와 함께 사용되는 법칙들의 총체적 체계에 따라 달라진다. 얼마 전에 피에르 뒤앙Pierre Duhem은 법칙의 "구체적인 현실에의 적용은 법칙들의 총체적 집단이 알려지고 수용되어야 함"을 요구한다는 관점을 정교화했다(27: 185). 다른 말로, 법칙은 바로 개념과 마찬가지로 계통적 의미를 갖는다. 마치 개념이 법칙과의 관련을 시사하는 바와 같이, 법칙도 이론과의 관련을 시사한다. 순전히 철학적 지식이론의 입장에서 보면, 이 관점은 모든 인지 동작에서 통찰력, 이해와 이성의 상호작용을 주장한 칸트에까지 거슬러 올라갈 수도 있다. 방법론의 입장에서, 이는 어떻게 법칙이 실재에 더욱 근접하게 되는지의 문제, 혹은 일부 사람들이 선호하는 표현을 빌리자면, 어떻게 일반화된 진술이 법칙의 지위에 더 가깝게 다가갈 수 있는가의 문제이다.

이러한 가깝게 다가감은 두 가지 방식으로 이루어질 수 있다. 하나는, 인식론적 근접화epistemic approximation로, 이는 진술의 참에 직접적으로 영향을 주는데, 지금이 과거보다 참에 더 가까움을 확언하는 것이다. 예들 들어, 숫자의 값을 어떤 크기로 간주하는 법칙은 어떤 값을 다른 것보다 '참값'에 더 가까운 것으로 설정한다. 또는 질적인 진술에서 어떤 색이 빨강이라기보다 더 정확하게는 분홍이라고 말할 때와 같이, 어떤 속성은 (어떤 함축적 척도상에서) 다른 것보다 실제의 것에 더 가까운 것으로 여긴다. 다른 방식은 아마도 의미론적 근접화semantic approximation로, 이는 직접적으로 진술의 의미에 영향을 주고, 오직 이를 통해서만 참에 영향을 준다. 물론, 인식론적 근접화는 또한 하나의 의미를 다른 것으로 대치한다. '분홍'이 '빨강'과 다른 것처럼, '2.3'은 '2'와 다른 것이다. 그러나 내가 의미론적 근접화라고 부르는 것은 어떤 의미를 다른 것으로 대치하기보다는 '같은' 의미를 폐쇄로 이끈다. 함축적이고 어느 정도 불확실하기까지 했던 것이 명시적으로 특정화된다. 예를 들어, '정상적으로', '다른 것이 같다면', '통상적인 조건하에서' — 그리고 이들의 함축적 동의어들 — 와 같은 표현들은 법칙의 선행조건에 포함되어야 하는 바로 그 무엇의 특정화로 대체된다. 지식의 성장은 인식론적 근접화와 마찬가지로 의미론적 근접화로 특징지어진다. 상황은 지식이 성장함에 따라 우리가 말하는 것이 더 참에 가까워지거나, 아니면 우리의 주장에서 참의 비율이 높아지는 단지 그러한 것이 아니다. 또한 주장하는 것이 더 명백해지고, 더 확실해진다. 어떤 주어진 법칙의 경우, 이러한 변화를 가져오는 것은 그 적용 맥락의 성장, 그리고 더 특별하게는 어떤 이론에 의해 이루어질 수 있는 다른 모든 법칙들과 이 하나의 법칙의 연계 형성이다.

의미

모든 법칙은, 만약 그것이 과학적 기획에서 어떤 역할을 수행하려면, 그 법칙을 어떤 종류의 경험적 통제에 종속시키기에 충분할 정도로 폐쇄된 의미를 갖지 않으면 안 된다. 이것은 법칙이 반드시 관찰에 의해 직접적으로 형성되거나 거부될 수 있어야 함을 말하는 것이 아니라, 단지 이를 수용하느냐 하지 않느냐, 후속 연구에서 이를 사용하느냐 하지 않느냐의 결정은 경험적 발견의 영향을 받아들일 수 있어야만 하는 것임을 말한다. 이 방법론적 논지에 관해서는 실질적인 결정을 내리기보다는 잘못 헤매기가 훨씬 쉽다. 아마도 동어반복적 진술은 완전히 개방된 의미를 갖는 것으로 상정할 수도 있다. 이 것은 세상이 어떻게 되더라도 진실로 남기 때문에 이 세상에 대해 아무것도 말하지 못한다. 그러나 더 엄격하게, 그 의미는 진술이 아주 명백하게 동어반복인 한 바로 폐쇄되고, 따라서 이 점에서 이 진술은 유용하게 사용될 수 있다. 골칫거리는 진술이 동어반복이냐의 여부가 때로는 전혀 명확하지 않다는 것이다.

정신분석적 반응형성의 학설은 어떤 이들에게는 이론을 동어반복적으로 만듦으로써 이를 반증으로부터 안전하게 보호하는 것 같이 보인다. 남자 아이들은 성적으로 자신의 어머니에게 끌린다. 만약 그들이 이러한 끌림을 표현했다면, 좋다. 만약 반대로 그들이 자신의 어머니가 역겨운 것처럼 행동하면, 이러한 행실은 오직 자신의 숨겨진 욕망에 대한 반응을 나타내는 것뿐이고 이 주장은 다시 유효하다. 따라서 이 학설은 어찌되었든 참이다. 그러나 정말 여기서 주장되는 것이 '어찌되었든' 인가? 무엇보다도, 거기에는 사랑과 미움의 선택가능지alternative가 있고, 이 전제를 반증할 수 있는 매우 다양한 실행이 있다. 이 학파들의 언어에서는 반대가 모순으로 잘못 받아들여져 왔다. 모든 것은 까맣거나 까맣지 않다는 것은 필연적으로 참이다. 그러나 모든 것이 까맣지 않다면 희다는 것은 쉽게 반증되며, 따라서 경험적 내용을 형성한다. 다른 한편 모든 꿈은 어떤 소망wish의 성취를 표현한다는 관점은, 다른 소망이 나타날 수 없을 때 꿈꾸는 자가 꿈 분석가의 오류를 증명하기를 바란 것으로 결론 내린다고 추론한다고 상정하자. 그러면 어떤 가능한 꿈이 사실상 그에게 오류를 일으키는지 보여줄 수 있는가? 단순하게 말해, 어떻게 꿈의 바람이 밝혀져야 하는가는 문제의 관점이 옳은지 결정하기 위해서는 물론, 도대체 이 관점이 어떤 것인지를 결정하기 위해서도, 그보다 충실한 특정화를 필요로 한다. 의미론적 근접화가 인식론적 근접화를 성취하는 데 필요하다. 꿈에 관한 정신분석적 이론 어디에서, 그것이 어느 곳이든, 충분한 폐쇄가 제공되었는지의 여부와는 또 다른 더 복잡한 문제다.

그러나 무엇보다도 동어반복의 개념 자체는 재구성논리에 속한다. 이 개념이 적용되는 진술은 상용논리에서는 아직도 경험적 발견에 민감하게 반응할 수도 있다. 모든 날에 비가 내리거나 아니면 비가 내리지 않는다는 진술은 부단히 찔끔찔끔 비가 오고 안개가 끼는 땅에서도 참이다. 그러나 이는 다른 풍토에서와 같이 그렇게 유용한 동어반복이 아니다. 분류체계는 관례의 문제다. 그러나 (§9에서 지적한 바와 같이) 그렇기 때문에 이것이 임의의 것은 아니다. 이는 — 예를 들어, 기호 또는 측정의 척도와 관련해 — 관례의 문제로 얘기될 수도 있는 그러한 법칙에 대해서도 마찬가지로 참이다(§22를 보라). 실제로, 우리는 모든 법칙에 관례적 요소가 있다고 말할 수도 있다. 법칙은 추상적 의미로서가 아니라 어떤 특정한 형식화나 형식화의 집합으로 우리에게 주어지는 것이기 때문이다. 이들 형식화는, 관련 법칙의 폐쇄의 정도에서 모두가 동등한, 대체물들의 개방적 집합으로부터의 선택이 된다. 어떤 선택을 하는가는 일종의 관례의 문제다. 그러나 충분히 경험적 고려에서 선택이 이루어질 수도 있다. 그리고 물론, 선택이 특정의 대체물 집합에서 만들어지게 된다는 것 또한 경험적 문제다. 푸앵카레가 지치지 않고 주장했듯이, 유클리드 기하학과 다른 기하학 가운데 어떤 것이 물리적 공간의 특성화에 사용되어야 하는가는 매우 관례적인 결정일 수 있다. 그러나 여기서 선택은 우리로 하여금 시간 간격이나 힘의 측정과, 마지못해 하는 것일 수도 있는, 관련된 다른 결정들을 수용하도록 만든다. 그리고 이때 수용은 경험적 발견이 우리에게 강요하는 것이다.

내가 이제까지 얘기하고자 한 것은, 전부가 아니라도 대부분의 법칙은 경험적인 것과 관례적인 것 양쪽 모두로 간주할 수 있다는 것이다. 특정 법칙의 지위를 한편으로는 사실적 진술로, 또는 다른 한편으로는 정의나 규칙으로 고정시키는 재구성은 미성숙한 폐쇄를 보이기 쉽다. 더욱이 여기서 결정적인 것은 법칙의 형식이 아니라 그 기능이라는 것을 인정해야 한다는 것이다. 이 문제와 관련해서 매우 자주 논의된 것이 뉴턴의 법칙들이 정의냐 아니냐 하는 것이었다. 툴민(133: 89~90)은 다음과 같이 신랄하게 지적했다. "법칙 그 자체는 아무것도 하지 못한다. 그것을 가지고 일을 하는 것은 우리이며, 우리가 그것의 도움을 받아 할 수 있는 일에는 몇 가지 다양한 종류가 있다. …… 이는 법칙이 모호하거나 모호한 지위를 가진다는 것을 뜻하지 않는다. 이는 물리학자들이 법칙의 적용에 다재다능하다는 것을 뜻한다." 법칙이 이러한 사용범위를 갖도록 하는 것은 내가 바로 기능적 모호성이라고 부른 그 무엇이다. 그리고 의미는 항상 어느 정도 개방되어 있지만, 법칙의 지위는 단지 법칙이 오직 관례로만, 혹은 오직 사실의 일방적 주장으로만 사용되어야 한다고 고집하는 재구성의 판형에는 맞지 않는다는 뜻에서 '애매'하다.

흄 이래 경험주의자들은 모든 진술을 그것들이 관념들ideas의 관계를 형식화했느냐 아니면 사실의 내용들을 형식화했느냐, 그래서 그것이 단지 언어의 법칙에 준거해서 공인될 수 있느냐의 여부에 따라 '분석적'인 것 또는 '종합적'인 것으로 분류되는 것으로 상정했다. 최근에 콰인과 다른 논리학자들은 '분석적'이란 개념과 이에 연관된 개념들에 엄밀한 정의를 부여할 수 있는지의 여부에 대해 심각한 의문을 제기했다. 이러한 개념들은 구제불능의 외적 애매성에 매여 있는 것 같이 보인다. 그러나 법칙을 경험적이며 관례적인 것 둘 모두로 말하는 데서, 나는 법칙에 적용되는 술어 부분의 개방성보다는 이 술어 부분의 주어의 불확실성에 대해 더 큰 관심을 가진다. 어떤 법칙이 종합적(또는 똑같이, 분석적)이라는 간명한 말은 이 법칙에 관한 모든 발화가 자체의 용도를 가지고, 이 모든 것이 사실의 의존에서 반드시 같지는 않으며, 그러므로 명제를 위한 단일 용법의 조성은 실제로 작동하고 있는 의미들에 대해 공정한 처사가 아닐 수도 있다는 사실을 모호하게 만든다.

구체적으로 탐구가 진행됨에 따라, 특히 이론이 발전함에 따라 현상에 대한 경험적 분석이 어떤 의미의 구조로 변형되는 것은 과학에서 하나의 유형이 되어 있는 것처럼 보인다. 이전의 지식단계에서는 우리의 주제와 관련해 단지 우연적인 사실처럼 보이던 것이, 다음 단계에서는 그 주제에 대한 우리의 개념화의 필수적인 구성 인자가 된다. 우리는 먼저 산이 고농도의 수소이온을 산출한다는 것을 배우고, 다음 그 화학작용을 '고농도의 수소이온을 산출하는 것'이 '산'이 의미하는 것이라는 방식으로 생각하게 된다. 나는 이 유형이, 우리가 만일 성공적이라면, 본질의 진수나 지성적인 형식의 추구가 모든 정의definitions에 통합되어야 하는 것으로 보는 합리주의적 과학관에서 볼 때 건전하게 여겨지는 그 무엇이라고 믿는다. 경제 행위에 관한 어떤 법칙들의 집합이 '경제적 인간'을 정의하는 데 동원될 수 있고, 또는 정치학 법칙들의 집합이 '정치저 인간'의 정의를 위해 사용될 수도 있다. 우리는 이들 법칙이 그 조성된 주체(대상)들에 대해 필수적으로 참이며, 조성된 인간이 실제 인간을 어느 정도까지 닮았느냐는 경험적 질문이라고 말할 수도 있다. 아니면 처음부터 이들 법칙이 관심을 가진 것은 인간이었으며, 경험적인 것은 법칙의 내용이라고 말할 수도 있다. 만약 법칙을 정의에 관한 것으로 간주한다면, 이들 법칙은 이러한 경험적 개입을 전달하는 데 '명목적nominal'이기보다는, 오히려 '실제적real'인 정의라고 할 수 있다. 전제로서가 아니라 추론의 규칙으로서 법칙을 사용할 때도 비슷한 고려를 할 수 있다. 정의와 마찬가지로 규칙도 관례적이다. 그러나 우리는 어떤 이유로 관례를 택하는 것이며, 그 이유는 경험적 사실에 놓여 있다.

우선성

이러한 입장에서 우리는 '분석적'과 같은 개념은 또한 내적 애매성을 갖는다고 말할 수도 있다. 법칙은 가장 일상적이거나 가장 중요한 용도가 무엇이냐에 따라 더, 또는 덜 분석적이라고 말할 수도 있다. 칸트는 선험적 판단을 절대적인 방식으로, 전적으로 경험과는 별개의 것으로, 그 보편성과 필요성이 (그것이 단순히 동어반복이 아니라면) 고정된 지적 정신knowing mind의 구조에 근거하는 것으로 인식했다. 만약 그 대신 우리가 변화하는 지식 자체의 구조나, '과학 언어의 구조'로 불리게 된 그 무엇에 눈을 뜬다면, 아주 다른 관념화가 떠오를 것이다. 과학적 법칙의 실제 사용은 모두가 특정 맥락에서 이루어진다. 특정 맥락에서 법칙은 그 법칙의 사용에 필요한 내용을 고정시키도록 도움을 주는 명제들의 총체적인 연결망에 뿌리를 내리게 된다. 총체로서의 체계는 경험에 의거한다. 법칙 자체는 그것이 이러한 체계에서 통상적으로 기능하는 방식에 따라 단지 더 많이, 또는 더 적게 그렇다고 말할 수밖에 없다. 수학자 헤르만 바일Hermann Weyl은 "과학적 연구의 실행에서 칸트적인 뜻에서 선험적인 것과 후험적인 것의 뚜렷한 구분은 존재하지 않으며, 그 자리에서 우리는 그 대신 안정성의 수많은 단계가 있음을 발견한다"라고 지적했다(137: 153~154). 아마도 어떤 법칙의 우선성의 정도degree of priority는, 마치 그것이 과학자가 진행 중인 탐구에서 이 법칙을 포기하거나 변형하기를 꺼려하는 정도를 나타내는 것 같은, 분석성의 정도로 일컬어질 수도 있을 것이다.

만약 무슨 일이 일어나든지 상관없이 법칙이 확언된다면 그것은 전적으로 분석적인 것이며, 따라서 절대적으로 선험적인 것이다. 그러나 과학사에서 이러한 법칙은 수학에서조차 별로 발견되지 않는다. 지식이 성장함에 따라 법칙은 점진적으로 변하고 통째로 대치되는 일도 꽤 자주 발생한다. '가설', '법칙', '규칙', '원리', 그리고 '공리'와 같은 용어들은, 어떤 용법에서는 이들이 지정하는 명제들에 부여된 우선성 정도의 증가를 표시한다. 정도는, 주어진 법칙이 어떤 역할을 수행하는 이론에서 법칙을 떠받치는 증거의 무게의 문제인 것과 똑같이, 법칙의 장, 영역, 또는 범위의 포괄성의 문제이기도 하다. 과학적 법칙의 내용은 사건들의 추상적 유형으로 따로 떼어낼 수 없다. 법칙을 이해하려면, 우리는 또한 그것이 사용되는 탐구의 유형에 주의하지 않으면 안 된다.

§13. 법칙의 형태

법칙은 여러 가지 방식으로 분류될 수 있다. 나는 이를 모리스의 유명한, 기호signs의 '구문론적', '의미론적' 그리고 '실용적' 차원을 지칭하는 삼위론trilogy에 기초하는 방식으로 분류하고 있다. 이들 차원은 부호들의 서로에 대한 관계, 그것들의 준거물들referents에 대한 관계, 그리고 그 이용자들에 대한 관계와 관련되며, 이들 각각은 법칙의 형식, 내용, 용두에 상응한다. 나는 방법론과 과학 그 자체 모두에 있어서, 이 세 가지 분류모형의 중요성은 낮은 곳에서 높은 곳으로 서열화된다고 믿는다. 내용을 고정시키는 것은 용도이며, 다시 내용은 형식을 결정한다.

반대로 법칙이 적용될 수 있는 용도에 책임이 있는 것은 법칙의 내용이며, 형식은 법칙에서 발견되는 내용물에 한계를 정한다고 말하고 싶은 사람도 있을 것이다. 그러나 이러한 말은, 아리스토텔레스의 방식으로 표현하면 ─우리가 어떻게 법칙의 중요성을 평가하느냐를 법칙이 어떻게 그러한 중요성을 가지게 되었는가와 혼동하는 바와 같이─ 앎knowing의 질서를 자연의 질서와 혼동하는 것이 된다. 낱말은 무엇인가를 의미하며, 이 말은 아무리 반복해도 지나치지 않다. 그것은 인간이 오직 낱말로 어떤 것을 의미하기 때문이다. 만약 과학적 법칙이 과학적 탐구의 산물이지 신성 공표의 산물이 아니라고 생각한다면, 그것은 법칙에 도달하는 과정에서 내용을 얻게 된다. 발견되는 어떤 것은 탐색 이전에도 존재했음에 틀림없다. 그러나 이것은 탐색을 떠나서는 '발견finding'의 지위와 역할을 가질 수 없다. 행성들은 뉴턴 이전에도 움직였으며 그가 뒤에 그것들이 움직인다는 것을 발견했을 때도 늘 움직였다. 이런 뜻에서 이들은 항상 뉴턴의 법칙에 순종했다. 그러나 여기서 '순종했다obeyed'는 하나의 표현 방식에 불과하다. 과학적 법칙은 때때로 과학자들의 마음을 붙잡고 있는 초시간적인 논리적 정수가 아니다. 그것은 어떤 실제 역사적인 과학적 기업의 구성요소이며, 이 기업의 목적합치성purposiveness에 관여한다. 확실히 법칙은 발견된다discovered. 그러나 이는 발견과 후속적인 타당화로 법칙이 된다. 부인은 결혼한 사람이다. 그러나 중혼이 아니라면, 우리는 부인과 결혼하지 않는다. 우리는 오직 결혼으로 부인이 되는 여성과 결혼한다. 법칙이 항상 발견되기를 기다리면서 거기에 있었다는 것은, 실로 미리 운명이 정해진 짝이라는 신화와 같다. 사실 결혼은 하늘에서 만들어지는 것이 아니며, 과학적 발견도 마찬가지다.

이보다 더 주목되는 것은, 내 생각으로는 내용의 용도에 대한 의존보다 형식의 용도에 대한 의존이다. 우리가 어떻게 어떤 것을 말하는가는, 과학에서도 어느 정도, 주로 그것이 우리가 논의해야만 하는 바로 그것인가, 그 논의로 우리가 의도하는 것이 무엇인가의 문제이다. 법칙의 형식은 사건에 의해 이미 고정되어 있는 어떤 것이 아니라 우리가 법칙에 부여하기로 선택하는 형식화에 달려 있으며, 나아가 이 형식화는 우리가 법칙을 가지고 하려고 하는 것이 무엇이냐에 따라 달라진다. 많은 과학적 법칙이, 예를 들어, '최소 minimal' 원리의 형식을 가지고 있다. 법칙은 어떤 크기든 그것이 항상 최소의 값이라 가정한다고 말한다(이와 같이 다양한 밀도를 가진 몇 가지 매체를 통과하는 광선은 최소한의 시간을 택하는 경로를 따르도록 굴절된다). 다른 어떤 법칙들은, 어떤 양은 일정하게 남아 있다고 보는(예를 들어, 각운동량angular momentum 과 같이), '보존conservation' 원리의 형식을 취한다. 그러나 어떤 특정한 법칙을 최소법칙보존으로 간주하느냐 아니면 보존법칙으로 간주하느냐는, 존 케메니J. G. Kemeny가 지적한 바와 같이 선택의 문제다. 이것은 우리가 법칙을 위해 선택하는 형식의 문제이지 우리의 목적과 동떨어져 있는 어떤 것의 문제가 아니다. 우리는 어떤 과학적 법칙을, 적어도 묵시적으로라도, 어느 특정 발견이나 정당화, 또는 용도의 맥락에 위치시킴이 없이 그 '진짜the' 내용이나 '진짜' 형식에 대해 얘기할 수는 없다.

형식

이러한 이해를 기초로, 조금 더 공통된 법칙의 구분 형태를 간략하게 살펴보자. 먼저 그것이 법칙이 되는 데 필요한 모든 조건을 만족시키는지의 여부에 관계없이 과학적 일반화에 적용될 수도 있는 분류에 대해 살펴보자.

단순 일반화simple generalization는 x와 y가 각각 A와 B의 구성인자일 때 형식 xRy를 취하는 진술로부터 형식 A(R)B의 일반화로 이동하는 것이다. 관찰은 짝을 이룬 개체들 사이의, 혹은 말하자면 동일한 개체의 이전과 이후의 상태 사이의 어떤 관계를 밝힌다. 단순 일반화는 이 관계가 상당히 일반적으로 성립한다는 것을 확언하는 부류들을classes 형식화한다. 이는 적합하게 특정화된 몇몇 종류에서 모든 종류로의 단순한 귀납의 산물이다. 많은 예가 알려지고, 우리는 이들로부터 우리가 '같은 종류'라고 부를 준비가 되어 있는 모든 경우로 일반화한다. 좀 더 충실하게 표현하자면, 이 일반화의 형식은 다음과 같다. "모든 x와 y에 대해, 만약 x가 종류 A의 하나이며(속성 A를 가지며), y에 대한 R의 관계에 관여한다면, 그러면 y는 종류 B의 하나이다(속성 B를 가진다)." 예를 들어, 여러 개의 임상 사례를 기초로 해서 나온, 모든 자폐증 어린이의 어머니는 과잉보호적이라는 일반화를 생각해보자. 때때로 이관계는 단지 동일성확인identity에 지나지 않아서, 이 단순 일반화는 모든 A는 B다라는 형식을 갖는다. "모든 x와 y에 대해, 만약 x가 A의 하나이고 y와 동일하다면, y는 B의 하나이다." 즉, 만약 x가 하나의 A이면 그것은 하나의 B이다. 예를 들어, 실험동물은 실험실에서 보상으로 주어지는 식량의 양을 늘렸을 때 어떤 문제를 더 빨리 해결했을 수도 있다. 그러면 우리는 같은 종에 속하는 모든 동물에, 또는 어떤 종류의 모든 문제에, 아니면 모든 보상에 대해, 또는 다른 모든 어떤 것에 대해 일반화를 할 수도 있다.

이와 같은 일반화가 형식적으로 허용하는 예측은 그 자체만으로는 전혀 통제되어 있지 않다는 것이 명백하다. 이는 덜 소박하게 말하면, 습관의 형성에서 작동하는 기대에 상응하는 기대에 불과하다. 흄에게는 습관의 작용 이외에는 어떤 것도 전체 귀납 과정의 기초가 되지 않는다. 그러나 어떤 특정한 습관이 좋은 것이냐에 관한 질문은 피할 수 없다. 러셀이 지적한 바와 같이, 먹이를 주려고 부를 때 빨리 오도록 학습된 닭은, 또한 당연히, 닭의 머리를 자를 때도 빨리 올 것이다. 단순 일반화는 모든 인지에서 역할을 수행하며 모든 다른 복잡한 형태의 일반화에서 확인할 수 있다. 그러나 본래 이는 오직 매우 낮은 서열의 지식을 제공할 뿐이다.

두 번째 형태는 외연적 일반화extensional generalization이다. 이는, A와 B가 U와 V에 속하는 부류들일 경우, 형식 A(R)B의 진술에서 형식 U(R)V의 일반화로 이동한다. 여기서 우리가 일반화하는 것은 개체들에 대한 것이 아니라 종류들에 관한 것이다. 우리가 얘기하는 것은 어떤 종류의 모든 개체들이 우리가 관찰한 사례들과 같으리라는 것이 아니라, 다른 종류의 개체들이 관찰된 종류의 그것들과 같으리라는 것이다. 일반화는 범위와 영역에서 확장되어간다. 단순 일반화는, 예를 들어 어떤 물질의 용해점은 여러 번의 측정을 통해 결정된 온도가 그 용해점이라는, 즉 그 물질의 모든 표본이 이 결정된 온도에서 녹을 것이라는 결정을 내린다. 외연적 일반화는 다른 (특정의) 물질들도 또한 용해점을 가지고 있다고, 또는 문제의 물질의 모든 표본은 여러 다른 특정의 불변성을 나타낼 것이라고 결론짓는 것이라고 할 수 있다. 그 예가, 라이헨바흐가 이와 관련해서 얘기한 '교차 귀납추리cross induction', 즉 그것들 자체가 귀납추리의 산물인 일련의 요소들로부터 만들어진 귀납추리이다.

유추에 의한 논증argument by analogy이라고 불리는 것은 흔히 이러한 형식으로 재구성된다. A와 B를 관련시키는 단순 일반화는 다른 종류의 사례들을, 말하자면 C와 D를, 왜냐하면 C는 A와 닮고 D는 B와 닮았기 때문에, 포괄하기 위해 연장된다. 더 정확하게 문제의 '닮음likeness'은 엄밀하게 '닮은like' 요소들이 부류로 묶여 새로운 종류 — 외연적 일반화의 U와 V — 를 형성할 때 그 결과는 과학적 보증을 받게 된다는 사실을 뜻한다. 일반화가 실패할 때, 우리는 사례들이 '실제로 닮지' 않았다고 말한다. 어떤 뜻에서, 단순 일반화가 부류적 제일성generic uniformity에 의존하는 곳에서는, 외연적 일반화는 구체적인 유사성으로 방향을 돌리는 것이 사실이다. 그러나 이 세상 모든 것은, 다른 것과 다른 만큼 다른 것과 유사하다. 항상 채택할 수 있는 유추는 있으며, 모든 유추는 어딘가에서 멈춘다. 문제는 항상 바로 그 닮음이 한 종류의 사례에 관해 알려진 그것의 다른 종류로의 확장을 정당화하느냐의 여부이다 (유추의 용도에 대해서는 추가로 §30과 §31에서 고려할 것이다).

외연적 일반화가 단순 일반화보다 더 큰 보증을 제공한다는 것은 (일반적으로 말해!) 아직도 진실로 남아 있다. 왜냐하면 교차 귀납추리는 그것이 기초하고 있는 단순 일반화를 떠받치는 모든 증거의 지원을 받기 때문이다. 증거의 가중치는 확실히 단순한 더하기의 문제가 아니다. 특별하게 중요한 것은 사례의 다양성variety이 결정을 지원하는 예증이 될 수 있다는 것이다. 만일 쥐, 영장류, 그리고 인간을 포함해 다양한 표본이 문제 해결 행위에 어떤 특정한 유형을 보인다면, 다른 경우 이들 모집단들 가운데 어떤 하나로부터만 채택된 더 많은 수의 표본에서 문제의 유형을 확인한 경우보다 더욱 용기를 가지고 확실하게 학습의 법칙임을 보여주는 것으로 결론을 맺을 수 있다. 그러나 처음부터 이질적 모집단을 채택하면 아직 단순 일반화 이상의 어떤 것의 제공도 기대하지 못할 수도 있다. 고려해야 할 점은 이러한 구성적constituent 종류들은 그 자체가 '자연 부류natural classes.', 즉 혼자의 힘으로 보증된 일반화와 관련된 부류라는 것이다.

세 번째 형태는 매개적 일반화intermediate generalization이다. 여기서는 형식 A(R)C의 진술로부터 두 개의 진술, A(R′)B와 B(R″)C로 이동한다. A와 C 사이에, 이들의 관계를 두 개의 보조적인 관계로 해결하는, 매개자가 발견된다. 이러한 매개자는 왕왕 A와 B 사이의 연결에 대한 설명으로 이야기된다. 따라서 우리는 매개적 일반화는 약한 의미에서 설명적explanatory in the weak-sense이라고 말할 수도 있다. 가장 친근한 사례에 해당하는 것이 매개자가 행방불명인 인과고리의 경우이다. 페이요트(선인장의 일종)는, 환각 물질인 리세르그산lysergic acid 합성물을 포함하고 있기 때문에 환상을 보게 한다. 그렇지만 때때로 매개적 일반화는 원래의 부류보다도 제2부류와 더 강력한 관계를 가진 하위부류를 원래의 부류로부터 선택한다. A 혼자보다는 A와 B가 함께 C에 더 높은 연관성을 보인다. 연관성이 높아짐에 따라, 우리는 B를 연결을 설명하는 것으로 생각하는 경향이 있다. ('베이커Baker'나 '밀러Miller'와 같이) 의미를 지닌 성을 가진 사람들은 다른 성을 가진 사람들보다 직업을 승계하는 경향이 더 강할 것 같다. 그 이유는 이와 같은 성이 보다 선호되는 원주민 백인 개신교의 요소를 가진 인구 가운데서 더 높은 확률로 나타나기 때문이다. 궤적의 발견은 때로는 그것이 시사하는 매개적 일반화 때문에 중요하다.

마지막으로 이론적 일반화theoretical generalization는 형식 A(R)B의 진술의 집합으로부터, A와 B가 각기 a와 b의 구성원일 때, 형식 a(R)b의 진술의 집합으로 이동한다(외연적 일반화에서 A와 B는 새로운 부류의 하위부류이지, 그것의 구성원이 아님에 주의하라). 이론과 법칙 사이의 관계에 대한 보다 충실한 논의는 §34에서 행할 것이다. 여기서는 이론적 일반화가 다른 종류의 일반화들이 개체를 개념화하는 것과 같이 종류kinds를 개념화한다는 것에 주목하는 것으로 충분하다. 이론적 일반화를 위한 도구로 봉사하는 것은 통상적으로 일련의 매개적 일반화다. 이와 같이 이론적 일반화는 아마도 사건들보다는 다시 사건을 (약하게) 설명하는 법칙들을 설명하는, 강한 뜻에서 설명적인 것이라고 말할 수 있을 것이다(또한 §38과 §39를 보라).

이론적 일반화는 때때로 다른 형태의 일반화보다 '높은 수준'의 것으로 이야기된다. 그것은 다른 형태의 일반화가 개별사례에 '관한' 것과 똑같이, 이론적 일반화는 다른 형태의 일반화에 '관한' 것이기 때문이다. '수준'의 관념에 대해서는 아래에서 언급하고 있다. 이는 자주 일반화의 정도, 즉 장, 범위, 영역의 외연과 혼동되기도 한다. 외연적 일반화뿐 아니라, 위에서 구분한 네 가지 종류의 일반화 모두가 일반성의 정도에서 다양성을 보일 수 있다. 우리는 일반화의 유지에 필요한 가장 약한 조건을 찾음으로써, 또는 보다 광범한 조건히에시 일반화의 유지를 위해 감행해야만 하는 최소한의 변화를 찾음으로써 일반화의 정도를 높인다. 우리는 정신분열증의 특징적인 어떤 것을 — 가령, '망상의 체계'를 — 발견하고 이것이 모든 기능성 정신병증에 적용될지 여부를 고려할 수도 있다. 그리고 우리가 그 특성을, '현실성-검사 기능의 교란disturbances of reality-testing functions'과 같은 덜 특정화된 일반성으로 대치할 필요가 있음을 발견할 수도 있고, 그러한 더 높은 일반화를 달성할 수도 있다. 불행하게도 행동과학에서는 일반화를 하찮은 것으로 만드는 대가로 높은 일반성great generality을 달성하는 일이 종종 일어난다. 모든 사회가 그 성원들에게 '통제'를 부과한다는 데는 의심의 여지가 없다. 그러나 열매가 풍성한 사회이론이 되기 위해서는 — 현재 우리의 지식상태에서는, 어느 정도 — 바로 이 '통제'의 일반 개념을 더 구체적인 법칙의 범주로, 정부, 관습, 도덕성, 종교 등과 같은 것으로 대체하지 않으면 안 된다. 이들 용어를 넣어 얘기할 수 있는 것은 확실히 훨씬 덜 일반적인 것이다. 그러나 이는 우리의 이해의 확장을 위해서 훨씬 더 유망한 것일 수도 있다.

내용

내용에 기초해 구분되는 법칙의 형태 가운데서, 행동과학에 특히 흥미로운 것은 시간적 법칙temporal laws이다. 법칙 가운데는 시간이 '실제 변수'인 듯한 것들이 있다. '모든 시간에' 걸쳐 확언되는 법칙에서는, 시간은 단지 '외양 변항apparent variable'으로만 등장한다고 이야기된다. 이는 확언되는 것의 내용에 스스로 개입하지 않는다. 시간적 법칙은 때로는 '동시성 법칙simultaneity laws'이라고 부르는, 마치 인과관계의 진술과 같은 것과 대비된다. 또는 더 나은 말로, 어떤 하나의 크기가 다른 크기들의 결정 기능이 있는 것으로 언급되는 것처럼, '초시간적 법칙atemporal laws'과 대비된다. 시간적 법칙은 다시 세 가지 종류로 구분될 수 있다.

간격법칙interval laws은 명백한 시간 간격에 의해 분리되는 사건들 사이의 관계를 언급하는 법칙이다. 이는 때로는 '동시적' 법칙에 대비시켜 '통시적 diachronic' 법칙으로 불린다. 정신분석에서 — 가령, 초기 외상traumas에 부여한 역할에서, 또는 퇴행regression의 개념과 연관해서 — 많은 예를 찾을 수 있다. 확실히 기억의 결과에 준거를 두고 있는 설명은 간격법칙을 받아들이게 된다. 그렇지만 이것이 간격법칙이 행동과학에서만 발생한다고 상정하는 것은 아니다. 예를 들어, 물리학에서도 이력현상hysteresis이 금속피로에서와 같이 간격법칙에 의해 지배되는 통상적인 형식화에서 나타난다. 간격법칙이 반드시 시간적으로-떨어져-있는-행위의 발생을 확언하지는 않는다는 것을 인정하는 것은 중요하다. 이와 같은 법칙들 자체에는 초시간적 법칙들에 의한 대치나 이들로부터의 연역의 가능성에 대해서 이야기되는 것이 아무것도 없다. 우리가 어떤 행위를 행위자가 기억하는 것에 준거해 설명한다는 사실은 행위 자체의 시점에서 작동한 과정에 따른 기억에 관한 후속적 설명을 미리 배제하는 것은 아니다.

　발생적 법칙은, 어떤 고정된 시간간격에 따라서가 아니라, 사건의 '나이age'에 따라 언급되는 시간적 법칙이다. 그것의 시간 거리는 어떤 적합한 영점zero-point으로부터의 거리이다. 이것은 또한 때로는 '기능적 법칙'과 대비되는 '방향적directional 법칙'으로, 또는 '균형equilibrium 법칙'에 대비되는 '발달적developmental 법칙'으로 불린다. 정신분석에서, 구강, 항문, 생식기 단계의 발달적 순차는 아마도 발생적 법칙에 의해 지배되는 것으로 생각해도 좋을 것이다. 그리고 이와 같은 법칙에는 또한 고정과 전이의 현상이 개재한다. 미헬스의 '과두제 철칙'은, 시간이 감에 따라 조직에 무슨 일이 일어나는지를 형식화하는 발생적 법칙이다. 오스발트 슈펭글러Oswald Spengler와 아널드 토인비Arnold Toynbee의 주장에는 비슷하게 다양한 발생적 법칙들이 선포되어 있다. 발생적 법칙은 반드시 행동과학에 한정되지는 않는다. 생물학에는 기관과 세포조직, 개별 유기체, 또는 전체 종들의 발달에 적용하는 발생적 법칙이 널리 퍼져 있다. 물리학에서 열역학 제2법칙(폐쇄된 체계에서 엔트로피는 항상 증가한다는 것) 또한 발생적 법칙이다. 간격법칙과 마찬가지로, 발생적 법칙도 본래 초시간적 법칙에 의한 후속적인 대체가능성을 반드시 미리 배제하지는 않는다. 예를 들어, 생물학적인 성장은 각기 바로 뒤따른 현상의 작용을 확정하는 화학적 통제의 연속으로 이해되기 시작하고 있다.

유형법칙은 어떤 영점 시간을 준거로 한 발생적 법칙이다. 그러한 예로, 나이는 일반적으로 일반법칙에 의해 서술될 수 있는 것으로 간주된다. 특정 개체의 경우 이는 자신의 출생일을 영으로 해서 생애사의 한 유형을 보여준다. 같은 방식으로, 특정 종 ― 말하자면, 말 ― 의 진화는, 진화과정의 고려 그 자체가 발생적 법칙이 되는 경향이 있음에도 어떤 유형을 서술한다. 인간 역사의 연속적 단계에 관한 마르크스와 오귀스트 콩트Auguste Comte의 일반화들 또한 (만약 이들이 법칙을 구성한다면) 내가 유형법칙이라고 부른 것을 예시한다. 태초의 '우주원자cosmic atom'의 폭발을 상정하는 확장되어가는 우주 이론은, '안정상태steady-state' 이론과 대비되는 것으로, 유형법칙을 수반한다. 간단히 말해, 유형법칙은 만약 그것이 도대체 법칙발견적인 것이라면 영점의 고정을 허용하기 위해 충분히 특정화된 상황에 발생적 법칙을 적용하는 데서 결과한다.

행동과학의 한 구성분과로서 역사에서 초시간적 법칙은 물론, 이 세 가지 종류의 시간적 법칙이 모두 나타난다는 점은 주목할 만하다. 대체로 위에서 소개한 순서는 또한 타당성 감소의 순서로 보인다. 역사가들은 가끔 국가의 과거에서 전통의 영향을, 또는 다른 어떤 것을 인지하는 경우가 있다. 그들은 또한, 예를 들어 공화국이나 제국의 초기 단계와 후기 단계의 특징적인 사건들을 구분해야 할 이유를 가질 수도 있다. 그러나 종합적인 역사적 유형의 구분은 현재에는 본질상 거의 전적으로 사변적인 것처럼 보인다. 그리고 초시간적 법칙들과 관련해서는, 아마도 그것들은 역사의 자체적 영토 밖에 있으며, 이런저런 인간과학으로부터 차용된 것이며, 역사가의 일은 오직 거기에 적용되어야만 하는 특정 사실들을 공급하는 것이라고 말할 수 있다. 역사적 설명의 본질에 관한 몇 가지 질문은 §42에서 다루고 있다.

내가 주장하고 싶은 것은 시간적 법칙은 단순히 그것이 시간적이기 때문에 거부될 수는 없다는 것이다. 행동과학은 틀림없이 획득할 수 있는 모든 법칙을 사용할 수 있다. 시간 간격이나 계승에 개재되는 항구적인 것들에 관한 지식은, 그 양상에 관한 한 다른 어떤 지식의 종류만큼 예측, 설명 및 통제에 봉사할 수 있다. 확실히 초시간적 법칙은 우리에게 시간적 법칙을 연역하도록 허용할 수도 있고, 그래서 이들 법칙이 얘기할 수 있는 모든 것과 그 이상의 것을 얘기할 수도 있다. 행성운동의 법칙은 우리로 하여금 일식이 어떤 정규 간격으로 발생한다는 것과 다른 더 많은 것을 예측하도록 허용한다. 그러나 반쪽짜리 빵도 여전히 빵이다. 특히 빵 부스러기로 연명해온 사람에게는.

더욱이 시간적 법칙을 언제나 초시간적 법칙으로 대체할 수 있느냐의 여부는 사실의 문제이지 논리적·형이상학적 불가피성의 문제가 아니다. 우리는 선험적으로 시간이 어떻게 사건들의 천으로 직조되었는지 얘기할 수 없다. 방법론적 관점에서 말할 수 있는 것은 버그만이 지적한 바와 같이 무엇이 시간적이냐는 (가령, 아동심리학 같은) 주제가 아니라, 오히려 우리가 도달한 법칙에 표현된 바와 같은 특정 시간에 주어진 주제에 관한 우리 지식의 문제다. 기하학이 물리적 세계를 이해하는 열쇠가 되고, 사건들의 흐름이 인간 지각의 이해에 열쇠가 되는, 그러한 공간과 시간 사이에 존재하는 틈새에 상응하는 물질matter과 기억 사이에 베르그송적 틈새는 없다. 발생적·진화적, 또는 역사적 접근들은 경험적 증거와 논쟁이 이들에게 줄 수 있는 것이 무엇이든 과학적 값어치를 가진다. 이들은 비과학적이 아니며, 어떻든 더 낮은 과학적 지위를 갖지도 않는다. 그러나 다른 한편 이들 가운데 어떤 것도 참으로 인도하는 유일한 인간연구의 길은 아니다.

내용에 기초한 법칙의 다른 분류는 법칙의 인과성과 관련되어 있다.

분류적 법칙taxonomic laws은 어떤 안정된 자연적인 종류의 존재를 단언한다. 이를 구성하는 것은 §11에서 얘기한 '동일시'이다. 이는 후속 탐구에서 단위로 채택되는 물질이나 체계를 구획한다. 이는 때로는, 동반증상들을 함께 묶어 질병의 특성을 규정하는 것을 모방해, '증후군적syndromatic' 법칙이라고 부르기도 한다. 분류적 실체taxonomic entity의 다양한 특질들은 (질병의 경우에서와 같이) 단일 원인의 효과들로, 또는 (인성이나 특성 분류에서와 같이) 공동으로 작동해서 어떤 하나의 효과를 야기하도록 함께 묶이는 것으로 생각된다. 나는 이 함께함이 어떤 법칙이나 이론에서, 그것이 인과적이든 아니든, 요소로서의 부호들signs의 동시작용을 말한다는 것을 꼭 얘기하고 싶다. 중요한 것은 분류법taxonomy은, 만일 그것이 다른 어떤 목적보다도 탐구의 최후 목표를 위해 봉사한다면, 철두철미하게 법칙발견적이라는 것이다. 분류는 마치 가설이 그런 것 같이 탐구의 초기 단계에서 형식화된다. 그러나 가설처럼 탐구가 진행되면서 분류는 시험되고, 확증되고, 수정되고, 또는 대치된다. 오직 그 유용성이 형성되었을 때만, 우리는 그 분류가 분류적 법칙을 포괄하는 것으로 얘기할 수 있다. 분류의 공표는 무지에서 지식이 저절로 자랄 것이라는 희망을 갖게 하는 어떤 고안이 아니다. 분류는 손에 있는 자본의 투자다. 이는 돈을 불리기 위해 돈을 사용하는 것이다. 카롤루스 린네Carolus Linnaeus와 조르주 퀴비에George Cuvier와 같은 18세기와 19세기의 위대한 분류학적 자연주의자들은 상당히 많이 알았고, 분류를 마치 표에 포함된 화학 지식 때문에 오직 닐스 보어Niels Bohr 원자를 위해서만 마련되었던 드미트리 멘델레예프Dmitrii Ivanovich Mendeleev의 주기표처럼, 오직 자신들의 후계자들만이 더 잘 알 수 있도록 만들었다.

통계적 법칙은, 분류적 실체들 사이의 상관관계와 따라서 일원적 요소들로 묶이는 특성들 사이의 상관관계, 두 가지 모두를 형식화하는 분류법을 선상정하고 또한 이에 의해 선상정된다. 인과적 법칙은 통상적으로 불변의 관계성을 언급하는 것으로 통계적 법칙과 구분된다. 상관관계는 1이 되지 않으면 안 되고, 어떤 것이든 예외는 허용되지 않는다. 예를 들어, nA가 n번째 비(非)A의 발생 다음에 나타나도록 만들어진 A와 비A의 순차는 어떤 A의 발생에 확률 1을 부여한다(이것이 상대적 빈도의 한계다). 그러나 이는 무수한 예외를 가지고 있기 때문에 지지되는 만큼 인과적 법칙에 상응할 수 없다(우리는 인과적 법칙은, 예외 없이, 바로 이 유형을 생산하는 데 작용한다고 말할 수 있다). 여기에 더해, 인과적 법칙에는 허무할 정도의 작은 시간 간격이 개재한다. 원인은 발생 순서에서 결과에 앞서는 반면, 결과는 원인을 즉각적으로 따른다. 이 점은 칸트가 이미 그의 초기 미적분 적용에서 인정한 바다.

내가 꼭 얘기하고 싶은 것은 과학에서 인과적 법칙은 때때로 과학철학에서 가정하는 바와 같이 전혀 그렇게 중요한 것이 아니라는 점이다. 법칙이 확언하는 순차적인 동시(발생)성은, 만약 그것이 완전히 엄밀하게 만들어질 수 있다면, 어떤 경우에도 매우 특별한 형태의 고정성을 갖는다. 과학 자체의 목적을 위해서는 초시간적이며 비인과적인 법칙 역시, 적어도 인과적 법칙만큼 중요하다. 원인과 결과의 시간적 순차는 우리의 관심이 미래 결과의 통제에 있을 때 주의를 불러일으키는 경향이 있다. 우리는 어떤 질병의 원인을 알아내서 그 질병을 예방하거나 치료할 수 있기를 바란다. 그러나 생물학의 최종목표를 위해서는 구체적인 인과적 연결보다는 추상적인 기능적 관계성을 형식화하는 법칙과 이론이 마찬가지로, 그리고 더 잘 봉사할 수도 있다. 통계적 법칙의 역할에 대해서는 §28과 §29에서 고찰할 것이다.

법칙은 또한 때로는 거기서 발생하는 용어의 종류에 기초해 분류하기도 한다. 가령, 마이클 맨들바움Michael Mandelbaum은 집합적 용어를 가지고 있는가의 여부에 따라(§10) — 즉, 법칙이 전체 체계에 관련되느냐 아니면 다양한 체계의 구성인자로서 보일 수 있는 요소에만 관련되느냐에 따라 — '총체적global' 법칙과 '추상적abstractive' 법칙을 구분했다. 총체적 법칙의 지위는 방법론적 개체론과 매우 긴밀하게 묶여 있다. 밀(94: 573)은 직설적으로 "사회 속의 인간은 개별 인간의 본성에 관한 법칙으로부터 유도되고, 그것에 용해될 수도 있는 특질 이외에 아무 속성도 갖지 않는다. 사회현상에서 원인은 보편적 법칙으로 구성된다"라고 주장했다. 이는 사회적 법칙이 심리학의 법칙들로부터 유도되어야 한다는 프로이트가 동의한 것처럼 보이는 관점이다. 한편 뒤르켐, 베버 및 다른 사람들은 사회에 관한 과학의 자율성을 주장했다. 그러나 시간적 법칙의 지위에 관한 쟁점과 마찬가지로, 이 쟁점에 대해 방법론은 이 질문은 오로지 경험적인 것이지 논리적인 것이 아니라는 점을 지적하는 데 만족하지 않으면 안 된다. 만약 사회현상을 성공적으로 서술하거나 예측하거나 설명하는 총체적 법칙이 형성될 수 있다면, 잘된, 좋은 일이다. 그리고 만일 이러한 법칙이 오직 사회체계나 상황에서 추상된 사람이나 동작에 관한 다른 법칙들로부터 유도될 수 있음을 보여줄 수 있다면, 이 또한 잘된 일이고 좋은 일이다. 별로 과학적 가치가 없는 일은 무엇이 선험적으로 반드시 불가능하거나 필요한가에 관한 계속되는 변증법적 논쟁뿐이다.

용도

법칙들 사이의 가장 중요한 차별화의 하나가 탐구에서 법칙이 발생하고 기능하는 방식에 직접적으로 기초해서 이루어지는 차별화다. 이러한 기초 위에서, 서술적 일반화와 이론적 법칙(또는 단순히 좁은 뜻으로 받아들여지는 '법칙')이 대비된다. 이들은 또한 '실험적 법칙' 또는 '(단순하게) 경험적 법칙'으로 불린다('경험적'은, 의학에서와 같이 '경험상의empiric'가 더 나을 수도 있다. 왜냐하면 논리적인 것이나 경험을 초월하는 것 모두에 반대된다는 통상적인 뜻에서 모든 법칙은 경험적이기 때문이다). 서술적 일반화는 대체로 직접관찰에서 나오고, 그래서 낮은 추상의 정도를 보인다. 이는 그러한 외양을 보이게 하는 근원적인 구성보다는 오히려 현상 형태를 다룬다. 듀이의 용어로는, 이들은 직접적인 실존적 중요성을 가진 부류적 명제로, 추상적인 만약-그렇다면 형식의 보편적 명제와 대비된다. 서술적 일반화는 짐승의 야수성을 폭로하려는 의도 없이 우리가 여행 중에 만날 수도 있을 것으로 기대되는 동물들의 습성을 우리에게 알려준다.

이러한 서술적 일반화는 통상적으로 단순 귀납이나, 기껏해야 다른 서술적 일반화들로부터의 실존적 일반화의 방식으로 도달한다. 중간 매개인자들이 밝혀지면서 이는 이론적 일반화의 방향으로 옮겨간다. 본래 이는 설명력을 갖지 못하거나, 기껏해야 약한 뜻으로만 설명력을 갖는다("이 낙타는 등에 두 개의 혹을 가지고 있다. 왜냐하면 이것은 쌍봉Bactrian낙타이기 때문이다. 모든 쌍봉낙타는 혹이 두 개이다"). 마찬가지 이유에서, 이는 단지 약하게 예측적일 뿐이다. 일반화의 이유가 이미 관찰된 사례들의 경계를 벗어나지 못하는 경우, 우리는 이것이 확실히 법칙인지, 아니면 단지 보기에 그런 우연적 불변성인지 알지 못한다. 소위 '보데Bode의 법칙'은 행성의 거리 측정 공식으로 처음 7개 행성에는 매우 잘 맞았고, 소행성의 발견에도 매우 유용했다. 그러나 이는 해왕성과 명왕성을 발견하는 데는 비참하게 실패했다. 해왕성과 명왕성의 발견은 뉴턴의 법칙에 기초를 둔 계산으로 성공했다.

예측과 설명의 능력 때문에 서술적 법칙과 이론적 법칙의 구분은 그렇게 중요하게 된다. 그러나 이들 사이의 차이는, 무엇보다도 정도의 문제일 뿐이다. 서술된 현상 형태는, 혈액형의 분포나 다양한 민족집단의 면역성에 대한 서술적 일반화에서와 같이 섬세하고 간접적인 관찰을 포함할 수도 있다. 조성어들과 어떤 이론적 용어들까지도, 헌법과 아리스토텔레스와 마키아벨리 및 현재 그 후계자들의 경험적 정치과정 연구와 같은 곳에서 어떤 역할을 수행할 수도 있다. 서술적 일반화는 전적으로 명시적인 이론에서 위치를 차지하지 못하는 경우에도 다른 법칙들과의 관계에 의해 확실하게 되거나 수정될 수 있다. 동물의 색깔이 지리적 변수임을 알았다면, 유럽 자연주의자들은 아마도 호주에서 까만 백조가 발견되기 전에 이미 모든 백조는 하얗다고 결론 내리기를 주저했을지도 모른다. 그리고 탐구가 진행되면서 서술적 일반화는 점진적으로 충분한 자격을 갖춘 이론으로 전환되고 결합된다. 자연사가 생물학으로 대체되거나, 또는 연속적인 단계에 의해 이끌려온 존 허셜John Herschel의 천체에 관한 서술적 천문학으로부터 알베르트 아인슈타인Albert Einstein의 장 방정식을 만족시키는 우주론적 모델로의 진행된 사례 등이 그것이다.

§14. 행동과학에서 법칙

바람직함

행동과학에서 법칙과 연관해서 제기되는 첫 번째 질문은 도대체 인간의 연구가 법칙을 발견하고 형식화하는 데 관심을 가지고 있는가의 여부다(이 경우에 핵심 질문인 인간의 연구가 과학의 명칭을 쓸 만한 가치가 있느냐의 여부는 잠시 옆으로 비켜놓아도 좋을 듯하다). 오래전에 특히 빌헬름 딜타이Wilhelm Dilthey와 베버가 강력하게 촉구했던 관점은, 문화적 환경, 인간 및 그의 업적에 관한 연구자는 그들이 일반적 법칙의 준거항referent으로 받아들이는 추상적 보편자 universal와 대립되는 구체적 개별자concrete particular를 다룬다는 것이다. 설명과 이해는 "특정의, 역사적으로 주어진 형성체configuration"로 향하게 된다. 우리는 주어진 형성체를, 어떤 법칙발견적 보편자에 종속시키는 것이 아니라, 다른 개별 형성체에 연관시킴으로써 이와 같은 이해를 성취하게 된다. 확실히, 추구된 관계가 인과적인 것일 수 있다. 그러나 이는 한 개체의 다른 중요한 개체에 의한 구체적 한정determination이지, 추상적 관계성이 아니다. 베버(135: 78~79)는 인과성의 문제가 "주어진 사건을 대표사례로서 어떤 일반 격식rubric 아래에 포섭시키는 문제가 아니라, 이를 어떤 배열constellation의 결과로서 전가imputation시키는 문제"라고 말했다. 법칙들에 관한 지식은 "그것이 그 개별성이 문화적으로 유의미한 어떤 현상의 구성요소들의 구체적 원인들로의 인과적 전가를 촉진시키고 가능하게" 하는 한에서만, 오직 그렇게 하는 한에서만, '문화과학'을 위해 값어치가 있다.

베버가 밝히는 바와 같이, 이 입장은 인간 행동의 분야에서 법칙 탐구의 거부를 뜻하는 것은 아니다. 이는 이와 같은 법칙들에 대한 관심을 부정하는 것이 아니라, 단지 그 관심이 본원적인 것이 아니라는 것을 주장할 뿐이다. 이는 다른 목표의 성취를 위해 도구적인 것이다. 규칙성의 정립은 목적이라기보다는 오히려 수단이다. 우리는 추상적 보편자universal를 발견하기를 원한다. 그러나 그것은 오직 구체적 개별자를 이해하기 위해서이다. 이 기능의 수행을 위해서는 비인과적 법칙이 도움이 될 수도 있다. 이해와 설명의 본질에 대해 어떻게 얘기하든(§38, §39), 우리는 적어도 사건들 사이의 안정적인 연결에 대한 어떤 지식의 잠재적 공헌을 인정하지 않으면 안 된다. 아동행동 문제에 대한 질문을 받은 임상의는, 즉각 "아이가 몇 살이죠?"라고 반문할 것이다. 알려진 발달과 성장의 규칙성은 우리의 지식이 그 규칙성의 원인이 되는 인과관계에까지 연장되지 못하는 경우에도, 개별사례의 해석에 작용한다. 추상적 형식화조차, 바로 그 이유로, 베버가 생각했던 것처럼(135: 80) '내용이 결여된 것'이 아니다. 추상적 형식화의 구체물concreta에의 적용은 보다 복잡한 특정화를 요구하는 것뿐이다. 더 추상적인 법칙은 '실재의 풍부성the richness of reality'에서 떠나도록 이끄는 것이 아니라, 반대로 의미의 풍성함을 더하게 한다.

내가 믿기에 여기에 더해 지적해야 될 것은, 과학적 기획에서 수단과 목적 사이의 관계가 잘못 받아들여져 왔다는 것이다. 수단이나 목적 둘 다 절대적이 아니다. 추구된 목적은 궁극적 종착지가 아니라 일시적인 휴식처이다. 거기에 도달하는 수단은 단순히 횡단하도록 가로질러진 어떤 것이 아니라, 그 자체가 그 여행의 가치와 함께하는 것이다. 과학자는 개별자들을 이해하기 위해 어떤 일반화에 대해 아는 데 홍미를 가지게 될 수도 있다. 그러나 똑같이, 이 개별자들은 과학자의 일반성 추구에 공헌하기 때문에 그에게 과학적 중요성이 있는 것일 수도 있다. 재래적인 관용구에 따르면, 과학자는 어느 정도는 사실과 법칙 모두를, 그리고 이들 각각을 다룬다. 이들은 서로 다른 쪽에 빛을 비출 수 있기 때문이다. 어떤 경우든, 일반화를 본질적으로 과학적 목적보다는 개별자들의 이해의 수단으로 사용하는 것이 — 결단코(만약 나에게 이 표현이 허락된다면) — '문화과학'을 자연과학으로부터 구별 짓는 것은 아니다. 지질학과 기상학은, 무엇보다도 특정한 시간과 장소에서 이 땅과 공기에 대해 주로 관심을 가지며, 물리학과 화학 법칙을 '역사적으로 주어진 특정한 형성체'에 적용한다. 과학자 가운데, 역사가와 임상 심리학자는 단순히 그들의 과학적 관심이 특정사상들에 집중되어 있기 때문에 별개의 종류에 속하는 것은 아니다. 중요한 것은 그 사상들이 어떻게 중심으로 움직여 가느냐, 그리고 중심에서부터 움직여 나가느냐 하는 것이다.

가능성

관련 쟁점인 인간 행동을 지배하는 과학적 법칙이 도대체 형식화될 수 있는지의 여부에 관한 논쟁이 — 그리고 더욱 공허하기까지 한 논쟁이 — 매우 광범하게 진행되어왔다.

　'문화과학'이 개별자들에 초점을 둔다는 방금 논의한 관점으로부터 도출되는 주장은, 연구 대상인 각각의 개체는 유일하기 때문에 여기에 아무 법칙도 있을 수 없다는 것과, 반면 법칙은 정확하게 많은 경우에 공통적인 어떤 것을 다룬다는 것이다. 나는 이 두 가지 전제가 모두 옳다고 믿는다. 그러나 이들로부터는 결론이 나오지 않는다. 물론 모든 개별사례는 유일하다. 고트

프리트 라이프니츠Gottfried Leibniz의 '식별할 수 없는 것들의 동일성the identity of indiscernibles' 원리 ─ 서로 구분될 수 없는 것들은 사실상 하나이며 동일하다는 것 ─ 에서는, 독특성은 개별성의 재천명 이상의 것이 아니다. 그러나 물리학이나 생물학에서 연구되는 모든 개별자 또한 개별적이며, 또한 유일하다. 어떤 과학에서든지 법칙은 동일성에 기초해서가 아니라 오직 어떤, 또는 다른 면에서의 유사성에 기초해 개체들을 함께 묶는다(그렇지 않으면 이 집단은 단 하나의 구성원만을 가질 것이다). 법칙은 다수에 공통된 것을 다룬다. 그러나 독특성은 다른 개체들과 아무것도 공유하지 않음을 뜻하는 것이 아니라, 모든 것이 다른 개체들과 공통은 아니라는 것만을 뜻한다. 법칙은 반복성을 요구한다. 왜냐하면 이는 재현의 고정성을 형식화하기 때문이다. 그러나 재현하는 것은 하나의 동일한 경우가 아니라 ─ 왜냐하면 이러한 종류의 재현은 모순적이기 때문이다 ─ 그것이 사례로 된 일반화의 목적에 봉사하는 데서 이전의 것들과 충분히 비슷한 다른 경우다. 그리고 이러한 요구는 다른 어떤 것에 대한 법칙과 마찬가지로 인간에 대한 법칙에도 똑같이 적용된다.

인간의 연구는 정확하게 무엇이 한 사람을 다른 사람과 구별하는가, 또는 한 역사적 상황을 다른 상황과 차별화하는가에 관심이 있지 이들이 서로 공유하고 있는 것이 무엇인가에는 별 관심이 없다는 주장으로 논쟁이 계속되고 있다. 그러나 잊어서는 안 될 것은, 차이는 오직 어디엔가 유사성에 준거해서만 이해되고 설명되고 ─심지어는 느끼게까지 된다 ─ 는 것이다. 우리가 어떻게 개체를 인지하느냐는 일반화의 산물이다. 이것이 §11에서 논의한 동일시identification의 역할이다. 내가 보기에 이 역할이 강조하는 것은, 재구성논리의 치밀성이 아니라 역사가, 임상의사 및 기타 유일한 개별자를 다루는 탐구자들이 사용하는 상용논리에 필수적인 어떤 것에 대한 솔직한 인식이다. 심리분석가인 하인츠 하트만Heinz Hartmann은 우리에게, "매 개별사례에서, 우리가 그것을 기초로 어떤 사람의 성격, 증상 등등의 어떤 측면을 해석하는 매우 많은 수의 실제 관찰을…… 모든 단일 임상 '사례'는, 연구를 위해, 관찰된 규칙성과 관련된 수백 개의 자료를 수백 개의 면에서 묘사한다"라는 점을 상기시킨다(61:21 주에서. 강조는 필자). 어떤 개인 또는 사건들의 어떤 특정 형성체를 이해하는 것은 그가 어떤 종류의 사람인지 또는 그것이 어떤 종류의 사건인지에 대해 무엇인가 알아가는 것이다. 만일 우리에게 이용할 수 있는 일반화가 없다면, 우리가 개인들에 관한 지식을 얻기 위해 사용할 수 있는 종류의 것은 아무것도 없다.

더욱이, 이와 같은 지식은 나아가 더 진전된 일반화의 기초로써 봉사한다. 모든 특정사상은 대표성을 가진다. 언제나 문제는 그것이 무엇을 대표하는지 알아내는 것이다. 낭만주의가 사랑을 단 하나의 개인에게 확고부동하게 고정된 것으로("그녀 말고는 누가 있으며, 바로 그 얼굴……") 받아들이는 것은 아이러니다. 그러나 낭만주의의 영감을 불러낸 플라톤주의는 개체를 전체로 가는 관문으로 본다. 확실히 진정으로 개체로 보이는 그 무엇은 그러므로 정확하게 하나의 형태를 이룬다(이는 예술에서 흔히 나타나는 하나의 역설이다. 아마도 이런 이유로, 역사와 심층심리학은 문학과 친화적이다). 이는 소설의 인물이나 사건이 그렇게 특정화되어 있기 때문이 아니라, 그 반대로 신화에서와 같이 문학에서 어떤 보편적 의미를 구체적 특정사상에서 발현하게 만드는 예술적 기교 때문이다. 오이디푸스 전설에서 중요한 것은 — 그것이 인류학자, 역사가 또는 심리학자, 그 누구에게든 — 거기에 등장하는 개체들이 아니라 그것의 도움으로 폭로되는 공유된 실재shared reality이다.

내가 뜻하는 것은 개별사례에 대한 지식이 아무리 깊고 포괄적이라 하더라도 본질적으로 일반적 법칙의 선언을 정당화한다는 것이 결코 아니다. 이렇게 말하는 것은 제롬 브루너Jerome Bruner가 '극적 사례의 오류'라고 적절하게 부른 것을 범하는 일이 될 수 있다. 개별사례는 일반화를 타당화하는 것이 아니라 그것의 형식화와 검정의 길잡이가 된다. 사례는 참이 아니라 의미를 제공한다. 이러한 뜻에서 우리는 패러다임paradigm에 대해, 즉 일반화를 위한 대표로서 간주되는, 따라서 그 내용이 명시적으로 되는 특정 사례에 대해 얘기할 수도 있다. 이러한 패러다임은 프랜시스 베이컨Francis Bacon이 자신의 『신기관Novum Organum』(1620)에서 '실물명시적 예들ostensive instances — 조사 중인 사물의 본질을 장애물이 없는, 적어도 장애물에 대해 지배권을 갖거나 이를 억제하는 권력의 힘에 의해 자유로워진 숭고한 조건에서, 또는 최고 수준의 권력에서 적나라하게 보여주는 예들 —'이라고 부른 것과 다르지 않다. 패러다임은, 가장 명백한 일반적 범주의 예로서 제시되는 내적 애매성과 관련해 의미를 특정화하는 고안이다. 이러한 점에서, 패러다임은 이념형ideal type과 같이 기능하나, 추상적 조성물이라기보다는 실상actuality이며, 형식에 있어 이미 부류화된 개념이라기보다는 일반화되어야 하는 개체다. 행동과학에서 실제 특정사상 이해의 중요성에 대한 강조는, 내가 믿기로는 건강한 것이다. 왜냐하면 사람들의 생활보다는 역사적 운동, 힘, 제도에 사로잡혀 있는 학자들은 왕왕 소설가보다도 허구를 쓸 개연성이 더 높기 때문이다. 그러나 과학에서, 사실의 특수성에 뿌리를 둔 것은 이론의 일반화로 꽃을 피운다. 만약 그렇지 않으면 성숙하지 못한다.

행동과학에서 법칙의 가능성에 대해 부정적인 아주 다른 논쟁은 격발기제의 역사적 중요성에 기초하고 있다. "인간사에서 가장 미미한 원인이 가장 엄청난 결과를 가져올 수 있고, 여기서 과학적 방법의 실제 적용은 문제가 되지 않는다"(64: 761). 그 가장 고전적인 예가 — 그 길이가 1/4인치만 길었더라면, 세계의 역사가 달라졌으리라는 — 파스칼Pascal이 언급한 클레오파트라의 코의 예다. 이러한 예가 주는 고민은 그것이 위에서 언급한 극적 경우의 오류를 불러들이도록 유혹하는 경향이 매우 강하다는 것이다. 의심할 여지 없이, 이러한 종류의 충격적인 사례는 얼마든지 제시할 수 있다. 그러나 모든 제비떼를 모아도 여름이 오게 할 수는 없다. 모든 사건이 예상된 유형을 따르는 것은 아니라고 말하는 것과, 아무것도 따르지 않는다고 말하는 것은 완전히 다르다. 어떤 한정된 수의 사례도 부정을 성립시킬 수 없는 반면, 단 하나의 긍정적 사례로도 이는 거부된다. 내가 걱정하는 것은 형식논리나 그것의 부족이 아니다. 사실 우리는 하루에도 수없이 인간 행동에서 유형을 인지할 수 있고 또 인지한다. 그렇지 못하다면, 버러스 스키너B. F. Skinner가 평했던 바와 같이, "우리는 결코 효과적으로 인간사를 다룰 수 없을 것이다"(스크리븐, 39: 332에서 인용).

그보다 방법론적으로 흥미로운 점은 격발기제가, 법칙의 가능성을 아예 부정하는 것과는 거리가 멀게도, 법칙을 선상정한다는 것이다. 각각의 사례에서 격발기제는 인과관계로 이루어진다. "못 하나가 없어서 신 한 짝을 잃었고, 신 한 짝이 없어서 말을 잃었다……" 확실히, 문제는 거기에 규칙성이 있느냐의 여부가 아니라 우리가 법칙을 발견하고 형식화하는 것이 가능한가의 여부이다. 그러나 나는 원인과 결과 사이의 불균형이, 이것이 격발기제를 구성하는 데, 우리로 하여금 본질적으로 격발자를 찾거나 아니면 그것이 당겨질 때의 결과 예측을 불가능하게 한다고는 보지 않는다. 한 사건이 다른 사건으로 진전된다는 것은 신중을 주문하는 여러 권고의 기초가 되고 있으며, 이러한 권고 중 어떤 것은 — 거의 모든 미성년자들이 종국에는 깨닫게 되듯이 — 경험에 의해 정당화되기까지 한다. 남성과 하녀가 함께 있을 때 나타나는 바로 이와 같은 불비례적 효과는 가장 확실한 근거를 가진, 그리고 널리 알려진 인간사에 관한 일반화에 속한다.

다른 한편, 클레오파트라 코의 격발 효과가 패러다임으로 작용하는 인과연쇄는 매우 미묘하고 복잡해서 이를 추적하는 것은 전혀 희망 없는 일이 된다는 것은 인정하지 않으면 안 된다. 그러나 우리가 인과적 법칙에 묶여 있는 것은 아니며, 또한 모든 이러한 유의 사례를 지배하는 통계적 법칙이 희망이 없을 정도로 그렇게 멀리 있는 것도 아니다. 반대로, 만약 이론적 법칙에서가 아니라면 서술적 일반화의 수준에서 이미 이러한 법칙은 매우 많이 존재한다. 자살을 격발시키는 사소한 요인들은 물론 특정사례에서는 밝힐 수 없으나, 그럼에도 통계적으로 상당히 유의미한 많은 요소들을 밝힐 수 있고 또 밝혀왔다. 마찬가지로 후보자의 의도하지 않은 말이나 몸짓이 많은 표를 얻거나 잃게 할 수도 있다. 그러나 이 격발자가 당겨졌다는 것을 인정하는 것이 빈틈없는 선거운동 관리자가 어떻게 선거에서 승리할 수 있는지에 대해 전적으로 무지하다는 얘기는 아니다. 예보가 항상 불가능한 경우에도 특정화할 수 있는 일련의 상황적 조건하에서, 비록 우리가 실제로 어떤 상황적 조건에 당면할지 모르지만, 무슨 일이 발생할 것인지에 대해 적어도 조건적인 예측은 할 수 있다. 만약 무엇이 일어날 것인지를 거의 내다보지 못한다 해도, 어쨌든 이것이 늘 놀랄 일만은 아니다.

우리가 인간사를 다루든 아니면 나머지 자연에 개재된 과정을 다루든, 본질적으로 상황은 같다. 우연적 사건은 어느 곳에서나 — 영웅의 등장에서와 마찬가지로 별똥의 낙하에서도 — 발생한다. 따라서 역사적 우연은 인간의 관심 범위 밖에 있는 것들에 비해 인과적 결정에 덜 종속되어 있는 것이 아니다. 이 점은 찰스 프랭클Charles Frankel(47: 359)이 명백히 언급한 바 있다. "역사에서 '우연'은 그 원인이 검토되고 있는 특정한 인과 연쇄 밖에 놓여 있으나, 그 결과가 그 연쇄의 부분이 되는 사건이다. 그리고 이를 우연이라고 부를 때, 그것이 뜻하는 것은 단지 우리가 이 연쇄의 관점에서 그것을 실밍할 수 없다는 것뿐이다. 우리는 그것이 납득 불가능하거나 어떤 인과 연쇄의 부분이 아니라는 것을 뜻하지 않는다." 우연은 어느 주어진 시점의 우리의 지식에 한계를 설정한다. 오히려 우연은 주어진 이해관계의 관점에서 보이는바 이들 한계에 의해 정의된다. 그러나 지식의 경계가 확장됨에 따라, (비가 오는 사건이나 질병의 시작과 같이) 한때 신의 일이었던 것이 자연법칙의 영역에 속하는 것으로 보이게 된다. 확실히 우연적인 것은, 현재의 신성novae과 초신성

supernovae의 천문학에서와 같이, 그 자체가 영역의 확장을 뜻하는 새로운 연구의 초점이 되기도 한다. 악명 높은 인간사의 불안정성과 변이성이 꼭 행동과학을 절망에 빠뜨리는 것은 아니다. 우리는 아직 불행한 필연을 가치 있는 것으로 만들 수 있다. 많은 수의 변화무쌍한 별의 발견은 변하지 않는 하늘이라는 신화에 마지막 철퇴를 가했다. 그러나 드디어, 케페우스형 변광성을 설명하는 주기광도법칙period-luminosity law에서 변이성은 스스로 근원적인 고정성을 나타냈고, 그래서 우리에게 우주 이해의 이정표를 제공했다.

자유의지

행동과학의 가능성에 대해 또 다른 부정적인 주장이 있다. 1세기가 넘도록 문헌이 축적되어온 이 주장은 그 양이 방대한 만큼 주장도 모호하다. 이는 '자유의지'에서 시작되는 주장을 일컫는다. 인간은 자신이 무엇을 할 것인가를 그들 단독으로 자유롭게 선택하기 때문에 인간 행동을 지배하는 법칙을 형식화할 수 없다는 것이다. 나는 이 무익한 논쟁에 단 한 줄도 더 첨가하고 싶지 않다. 그러나 이 논의의 생략은, 내 생각으로는 눈에 크게 띄는 사건이 된다. 행동과학의 경우, 내가 믿기로는 이 주장이 왜 그렇게 지속적으로 제기되며 왜 그렇게 철저히 이 주장에 집착하는지는 주로 심리학적·사회학적 논의의 주제로서 중요성을 갖는다.

소박하게 봤을 때, 결코 과학적 법칙은 법령이 인간의 행위를 '지배하는' 방식에 비견될 만한 어떤 방식으로도 사건을 '지배하지' 않는다. 강제되는 것은 아무것도 없으며, 아무것도 (예상된 규칙성에 대한 우리의 이미 인지된 관념들을 제외하고는) 침해되는 것이 없다. 그리고 내가 이제까지 이해할 수 있었던 어떠한 경험적으로 유용한 관념에서도, '자유'는 전혀 자연법의 작용과 공존할 수 없는 것이 아니다. 우리는 단지 우리의 전통과 환경 때문에 도장을 찍게 되었다는 것을 근거로 자유롭게 이룩된 계약을 무효로 할 수는 없다. 단순히 우리가 행하는 행동을 우리로 하여금 행하게끔 하는 것은 그 무엇도 없다고 주장함으로써 우리가 정신병리학이나 정치학의 강박관념에서 벗어나는 것은 아니다. 자유로운 선택과 강제되는 행동의 구분선은 인과관계의 영역 안에서 그어지지, 인과관계의 영역과 그 밖에 놓여 있는 것으로 여겨지는 어떤 것 사이에 그어지는 것이 아니다. 자유로운 선택은 원인이 없는 것이 아니다. 그러나 그 원인은 상당한 정도로 선택을 행하는 사람의 열망과 지식을 포함하는 것이다. 그리고 나는 왜 자유롭게 이루어진 선택이 지속적으로, 통계적인 뜻에서조차 그것이 어떤 것이든 규칙성을 거부해야 하는지에 대한 아무 선험적 이유를 찾을 수 없다. 어떤 것도 내 포커 친구들이 허세를 부리도록 강제하지는 못한다. 그러나 나는 때때로 그들이 언제 그렇게 할 것인지 예측할 수 있다고 우쭐댄다.

결정론

대체로 반대의 관점 또한 지난 1세기 이상 유행했다. 그것은 인간사는, 적어도 그 윤곽에 있어서는, 미래 사건의 전개 과정에 불가피성을 부여할 만큼 그렇게 완전히 결정되어 있다는 관점이다. 우리는 아마도 이를 종말론적 결정론apocalyptic determinism이라고 부를 수 있을 것이다. 왜냐하면 이는 우리의 냉혹한 운명을 묵시적으로 드러내려는 다양한 역사철학들과 연관되어 있기 때문이다. 논의를 위해서, 포괄적인 역사적 법칙이 틀림없이 성립되었다고 인정하자. 그러나 이들 역사주의 철학은 어떤 법칙이 과거에 의해 결정되는 미래를 보여준다는 것이 결코 어떤 것이 우리를 어떤 예정된 길을 따라가도록 강제한다는 것을 뜻하지 않는다는 점을 인정하는 데 실패하고 있다. 이 법칙은 아마도 단지 한 변수가 다른 변수의 결정함수라는 점만을 언급하는 것일 수도 있다. 다음에 우리는 역의 함수관계를 형식화하고 이 변수들의 '종속' 질서를 거꾸로 할 수도 있다. 우리는 미래가 과거를 불가피하게 만들었다고 얘기하기를 원하지는 않지만, 아직도 통상적인 방향으로 얘기하는 것과 마찬가지의 뜻에서 미래가 과거를 결정한다고 말할 수도 있다. 확실히 만약 A가 참이면 B가 불가피하고, 법칙 '만약 A면 B다'도 또한 참이다. 이 두 가지 전제는 함께 이 결론을 논리적으로 피할 수 없게 한다. 그러나 이것이 법칙 스스로가 A와 B 사이의 논리적으로 필요한 연관을 형식화하거나, 이들 사이의 인과적으로 필수적인 관계까지 형식화한다는 것을 얘기하는 것은 아니다. 법칙은, 예를 들어 통계적인 것일 수도 있으며, 아니면 그 타당성이 통계적 조건에서 추론될 수도 있다. 이 가운데 어떤 경우든, 만약 A가 발생한다 해도 B가 발생하지 않을 가능성은 실재한다.

그보다 일반적으로, 법칙은 조건들의 다양한 집합하에서 무슨 일이 일어날 것인지를 형식화한다. 역사적 상황은 이용할 수 있는 조건에 한계를 설정하고, 따라서 일어날 수 있는 최종 결과에 한계를 설정한다. 이들 한계가 너무 좁아 오직 하나의 가능성만 허용할 정도라고 주장하는 것은 문제의 쟁점 자체를 교묘히 회피하는 것이다. 선택이 제한되었다는 것이 반드시 선택이 전혀 없다는 것을 뜻하지는 않는다. 인간사의 어떤 중요 시점에서도, 모든 것이 의문의 여지 없이 우리의 손에서 벗어났을 경우에도, 우리가 할 수 있는 어떤 일이 있게 마련이다. 우리는 핵무기를 제거하거나 폭파할 수 있다. 그러나 이미 유출된 방사선 물질은 회수할 수 없다. 역사는 우리와 당면하고 있는 선택지를 고정시키며, 역사의 법칙은 그 각각이 도달할 수 있는 결과를 고정시킨다. 이미 결정된 유형을 밝힐 다른 선택가능지가 없다는 것이 바로 어떤 인간 행동 법칙의 존재로부터 나오는 결론은 아니다. 이러한 결론에 필요한 것은 특정적으로 이와 같은 유형의 존재를 확언하는 법칙들, 즉 내가 '유형법칙'이라고 부르는 것들이다. 논쟁의 요점은, 정확하게 역사적 법칙은 이러한 종류이고 다른 어떤 것이 아니라고 결론짓는 것이 정당화되는지의 여부이다. 마치 우리가 '그때가 왔을 때', 개별 유기체의 노쇠과정을 중단시킬 수 있는 정도 이상으로, 쇠락으로부터 국가를 막을 수 없는 것처럼. 이 예는 역사가들이 기대하는 것보다 더 교훈적이다. 노인병리학은 노쇠과정을 이해하기 위해 ─ 점점 더 많은 통제를 위해 ─ 생물학의 법칙들에 도전하는 것이 아니라 이것들을 적용한다.

역사적 불가피성의 교리 근저에는, 내가 믿는 바로는 과학적 기업은 사건들 사이에 고정된 질서를 미리 상정하고 있다는 점과 관련한 혼동이 있다. 과학의 진보는 넓게는 경험적 사실로부터 합리적 이론으로의 이동으로 간주할 수 있다. 과학자는, 비록 그가 그러한 지식에서 출발을 한다 해도, 세상에서 무슨 일이 일어나고 있는지 아는 것에 만족하지 않는다. 그는, 특정 시점과 장소에서, 또는 많은 시점과 장소에서, 어쩌다 참으로 나타난 그러한 무엇이 아니라 반드시 참이어야 하는 그 무엇을 발견하기를 바란다. 스피노자와 그를 따르는 합리주의자들은 아마도 한 사건을 이해하는 것은 왜 그것이 발생하는지를 보는 것, 즉 그것을 일반 원리들의 작용의 필수적인 결과로서 보는 것이라고 말했을 것이다. 방법론의 입장에서 보면, 과학자는 서술적 일반화를 법칙으로 변용시키고, 나아가 고립된 법칙을 체계적인 이론으로 바꾸는 일을 위해 노력한다고 말하는 것으로 충분할 수 있다. 이제 결정론은 왕왕 과학적 외관의 필수적 구성요소로 받아들여진다. 법칙과 그것의 이론의 통합 추구는 발생하는 모든 것은 그것이 일어나는 그대로 그때에 발생하지 않으면 안 된다는 믿음을, 우주는 단 하나의 고정된 세상의 질서라는 믿음을 구현하는 것으로 여겨진다. 행동과학은, 만약 그것이 진정으로 과학적이라면, 따라서 인간영역에서 발생하는 사건들에 대한 상응하는 믿음에 헌신하게 된다. 그래서 논쟁이 일어난다.

그러나 과학적 탐구는 늘 특정적이고 한정적이다. 우리는 '온 세상'이 아닌, 그것의 어떤 특별한, 그리고 통상적으로 매우 제한된 부분이나 측면을 다룬다. 우주론자도 그들이 형이상학자라기보다 과학자라면 특정적이고 한정된 주제에 관심을 갖는다. 탐구의 맥락은, 그것에 의해 탐구의 목표들이 정의되는데, 그 주제의 추상성과 일반성이 어떻든 관계없이 항상 구체적이고 특수하다. 뉴턴과 아인슈타인은 각자 통합하고 설명하고자 하는 특정 관찰과 가설의 집합을 가지고 있었다. 하나의 총체로서의 세상에 대한 믿음은 개입시키지 않고, 따라서 오직 특정 탐구 주제에 관한 믿음만이 개입된다. 도출되는 것은 '자연의 제일성'이 아니라, 기껏해야 우리가 관심을 가지는 그때 거기의 성격과 사건의 제일성일 뿐이다.

더욱이, 과학자가 조잡한 사실에 만족하지 않는다는 데 우리가 동의할지라도, 그가 이를 전적으로 설명해버릴 수 있다고 가정할 필요는 없다. 그에게 요구되는 것은 탐구를 계속하고자 하는 충분한, 즉 그로 하여금 다음 수준의 이해와 설명으로 나아갈 수 있도록 하기에 충분한 합리적 결의를 그 사실에서 찾는 것이다. 코넌트가 적절하게 지적한 바와 같이(22: 166), "열성적인 과학자가 믿어야 하는 모든 것은 경험주의의 수준 저하가 무한정하게infinitely 가 아니라 막연하게indefinitely 지속될 수 있다는 것이다". 그에게 더 이상은 필요하지 않다. 칸트가 인과성 범주의 선험적 연역을 제기할 때, 그는 인간의 정신은 사건을 원인의 결과로밖에 인지할 수 없도록 그렇게 구성되어 있다는 것을 명확하게 했다고 상정하자. 그러나 모든 것에는 원인이 있다는 이야기는 특정 탐구에 종사하는 과학자로서는 생각해보기도 어려운 것이다. 그는 그에게 흥미를 주는 사건이 인과 그물망에 얽혀들었다는 것을 아는 것만으로도 아주 만족해할 수도 있다. 그러나 그런 지식마저도 실로 무익하고 불필요하다. 그것은 그 원인이 무엇인가를 그에게 알릴 수 없기 때문에 무익한 것이고, 그리고 그가 이미 그 원인을 알고 있다면 불필요한 것이다.

방법론적 결정론

요점은 과학에 있어 내가 얘기해온 제한된 결정론은 하나의 전제premise가 아니라 선상정presupposition이며, 과학자가 다른 법칙을 발견하기 위해 적용하는 슈퍼법칙superlaw('결정론의 원리')이 아니라, 과학자가 스스로를 발견에 노력을 기울이는 탐험가로서 보도록 하는 하나의 전망이다. 우리는 이를, 그 교리상의, 또는 형이상학적인 형식과 구분하기 위해 방법론적 결정론methodological determinism으로 부를 수도 있다. 방법론적 결정론은 법칙이 여기서 찾을 값어치가 있다는 것을 언급하는 것만으로 확실히 법칙이 여기에 존재한다는 것, 그리고 확실히 법칙이 언제 어디에나 존재한다는 것을 말하는 것은 아니다. 이것이 라이헨바흐가 자신의 귀납추리에 정당성을 제공해주는 관점이다. 낚시꾼은 개울에 물고기가 있는지 알 필요도 없고 그렇게 믿을 필요도 없다. 물고기가 있기만 하면 미끼와 낚시도구로 그것을 잡을 수 있다는 것을 아는 것으로 충분하다. 내가 여기에 더하고 싶은 것은 만약 낚시꾼이 낚시를 즐기기만 한다면 그것만으로도 충분하다는 것이다. 사람이 자신의 시간을 보내는 방식에는, 그가 무엇을 잡든 못 잡든 상관없이, 이보다 못한 것이 많다.

행동과학에서 법칙과 관련된 또 하나의 중요한 질문은 형이상학적이고 방법론적인 고려에서 나온 것이다. 이는 행동과학의 법칙이 필수적으로 물리학이나 화학 법칙으로, 또는 적어도 생물학 법칙으로 환원될 수 있는지의 여부에 관한 질문이다. 이 질문에 대한 긍정적인 확답은 교리의 문제로서, 보증이 없고 과학적으로 무용한 교리적 결정론의 수용과 같은 것처럼 보인다. 그러나 방법론적 선상정으로서 이 대답은 행동과학자들로 하여금 다른 과학의 결과물을 자기 자신의 용도에 맞게 바꿀 수 있는 지속적인 가능성을 볼 수 있도록 하는 가치 있는 전망을 제공한다. 그러나 이와 같은 가능성의 유의성은 오직 그 가능성이 실현될 때에 한하는 것으로 보인다. 그렇지 않다면 확언은 단지 희망의 표현일 뿐이다. 그가 단언하는 바가 '궁극적'으로는 물리학이나 생물학의 법칙들로부터 도출될 수 있다고 주장하는 행동과학자들도 있다. 이러한 주장은 오히려 채권자들에게 그가 결국에는 엄청난 유산을 받게 될 것이라고 말하는 낭비자의 뻔뻔스러움과 비슷하다. 그가 말하는 것은 아마도 진실일 수 있다. 그러나 '선금으로 얼마 정도'를 고집하는 채권자들을 욕할 사람은 거의 없다. 프로이트는 빠르든 늦든 그의 발견들이 엄격한 생물학적 기초 위에 형식화될 것을 확신했다. 그러나 그의 업적에 중요성을 부여한 것은 그의 유물론적 형이상학이 아니라 그 발견의 자체적인 중요성이었다. 심리학자는 충분히 자기 분야 전체를 신경학, 생화학 등에서 가져올 수도 있다. "나는 그가 그렇게 하는 것을 보고 싶다!"라고 말하는 것은 파괴적인 회의주의가 아니라 생산적인 실용주의다.

실험

§15 관찰의 과정
§16 행동과학에서 관찰
§17 실험의 기능
§18 실험의 구조
§19 행동과학에서 실험

§15. 관찰의 과정

과학에서 관찰은 무엇보다도 과학자에 의해 이루어지는 어떤 것, 즉 수행되는 행동이며, 오직 그것에 의해 보이는 어떤 것, 즉 과학자가 종사하는 과정의 산물이다. 과정으로서, 관찰은 네이글이 '통제된 조사controlled investigation'라고 부른 것의 일부이다. 과학적 관찰은 신중한 사전 숙고 끝에 이루어지는 의도적인 탐색으로, 우연적이고 대부분 수동적인 일상생활의 지각perception과 대비된다. 과학에서 독특한 것은 바로 이러한 관찰 과정의 의도성과 통제에 있지, 단순한 특수 도구(그 자체로 중요한)의 사용에 — 그 사용 자체가 예지와 주의의 표지인 경우를 제외하고는 — 있지 않다. 튀코 브라헤Tycho Brahe는 망원경을 가지고 있지 않았지만 가장 위대한 천문 관찰자의 하나였다. 다윈 또한 주로 맨눈에 의존했다. 알렉시드 토크빌Alexis de Tocqueville은 오늘날의 사회조사에서 사용되는 어떤 자료 수집 기법도 사용하지 않고 매우 뛰어난 관찰을 했다. 행동과학에서 관찰은 특별한 경우 — 예를 들어, 정신분석적 면접 상황과 같은 경우 — 이외에는 특수 도구를 덜 사용하는 경향이 있다. 무엇보다도, '관찰observation'은 특별한 돌봄이 주어져야 한다는 것을 의미한다. 이 용어의 원래 의미는 그냥 '보는see' 것이 아니라, '지켜보는watch over' 것이다. 과학자는 걱정스러운 어머니의 지칠 줄 모르는 열정과 에너지를 가지고 자신의 자료를 관찰한다.

과학적 관찰에 개입하는 예지foresight는 상당 부분이 달리는 볼 수 없는 것, 또는 볼 수 있다 해도 눈에 띄지 않는 것에 접근할 수 있도록 유도된다. 과학자는 자기가 찾는 것을 그것이 거기서 볼 수 있는 것이라면 확실히 볼 수 있도록 하기 위해 특별히 조심스러운 배려를 한다. 오직 이러한 조건이 만족될 때에만, 부정적인 결과들이 과학적 의미를 가질 수 있다. 그리고 부정적 결과들은, 기존의 학설doctrine에 기초한 기대의 와해에 주목하게 하는 — 마이켈슨-몰리의 실험이 보여주었던 바와 같이 — 엄청난 중요성을 가질 수도 있다. 관찰은, 관찰의 동작 그 자체 너머에 있는 목표들을 향한 목적적 행동이다. 그 목적은, 가설의 형식화와 타당화의 경우와 같이, 다른 여러 연구단계에서 역할을 수행할 자재를 확보하는 데 있다. 관찰을 지각에 대한 수동적인 노출로 생각한다면, 관찰의 도구성은 설명되지 않는 채로 남는다. 과학자는 그저 자연만을 쳐다보는 비생산적 경험에서 만족을 발견하는 관음증 환자가 된다. 의심의 여지 없이, 비밀을 들추어내고 감춘 것을 드러내는 데는 어느 정도 만족이 따른다. 그러나 과학적 동기는 그보다 성숙된 것을 요구한다. 과학에서 관찰은, 단지 그것이 감춰졌기 때문이 아니라 그것의 노출이 이 세상과의 가까운, 지속적인, 그리고 생산적인 관계를 촉진시키기 때문에 감춰진 그 무언가를 추구한다.

상호주관성

이들 목표에 봉사할 수 있기 위해서는, 관찰은 반드시 어떤 조건을 충족시켜야 한다. 여기서 자주 과학적 수용성의 필요조건으로 얘기되는 것은 '반복성'이다. 내가 믿기로는, 이것은 잘못된, 또는 잘해 봤자 오도된 특정화일 뿐이다. 많은 중요한 과학적 관찰의 재현은 그것의 과학적 중요성과 관련해서는 부차적인 특별한 경우에 일어난다. 행동과학에서 특별히 중요한 것 가운데는, 선거나 기우제처럼 정기적으로 재현되는 것은 물론, 임상적 격발outburst, 재앙, 전쟁 위기와 같은 사건들이 포함된다. 다른 과학들의 경우에 일식, 지진, 또는 다섯 쌍둥이의 출산 등과 연관해 중요한 관찰이 만들어질 수도 있다. 물론 이러한 사건들이 다시 일어날 때, 우리는 이를 다시 관찰할 수 있다. 그러나 우리가 관찰을 의도적으로 반복할 수는 없다. 그리고 재현은 — 행동과학 주제의 '독특성uniqueness'에 대한 잘못 인도된 강조에서 건전성의 핵심인 — 관찰의 목적에 적합한 방법이 무엇이냐에 따라 달라질 것으로 기대할 수 있다 (§14). 아이는 마술사에게 다시 마술을 보여달라고 요구하지만 그것은 그를 과학적 증명에 종속시키기 위해서가 아니라, 마술적인 것과의 조우를 한 번 더 즐기기 위해서다. 과학자에게 반복은 관찰의 질을 높이는 고안물이다. 그러나 이는 단 하나의 고안물이 아니며, 가장 좋은 것도 아니다.

반복성이라고 불리는 것의 방법론적 의의는, 내 생각으로는 소박하게 상호주관성intersubjectivity에 의해 재천명된다. 과학적 관찰은 같은 상황에 있는 다른 관찰자들이 행할 수 있게 되어 있다. 자연은 호의를 베풀지 않고 난잡스럽게 자신을 표출할 뿐이다. 상호주관적인 것은 객관성의 표지가 되었다. 왜냐하면 이는 관찰이 모든 관찰자에게 공통된 요소를 제외하고는 어떤 다른 요소에 의해서도 오염되지 않는다는 것을 입증하기 때문이다. 모든 사람에게 공통된 왜곡이, 그럼에도 객관적인 어떤 것을 가져다준다고 얘기할 수 있는지의 여부는 인간 기업으로서 과학의 탐구와 아무 관계가 없는 철학적인 질문이다. 방법론적 질문은 언제나 관찰로서 보고된 그 무엇이, 만약 특정 관찰자가 더 이상 그 맥락의 일부가 아닌 경우에도, 후속 탐구에 이용될 수 있느냐의 여부에 한정된다. 나는 내가 보는 것이 자기인식self-knowledge에 의해 설명되어야 하는지, 아니면 추정된 대상에 관한 지식에 의해 되어야 하는지를 결정하는 데 도움을 주기 위해 "내가 보는 것을 너도 보느냐?"라는 질문을 던진다.

에러

이와 관련해서는 소위 '인간방정식human equation'에 대해 언급하는 것이 보통이다. 관찰의 논리적 의의는 그 과정의 결과를 결정하는 데 일정한 역할을 해온 심리적 요인에 의해 조건 지어진다. 가령 희망적인 생각은 희망적인 시각이 그 짝이다. 예를 들어, 어떤 초감각적 지각에 대한 실험은 그와 같은 결과를 희망하던 기록자가 범한 순전히 사무상 실수의 경향 때문에 긍정적인 결과를 가져왔던 것처럼 보인다. 비슷하게 소득세 신고 계산의 잘못은 거의 모두가 일방적으로 납세자에게 유리하도록 되어 있는 것으로 악명 높다. 다른 연구는 우리가 믿는 것에 대해서뿐 아니라, 문자 그대로 우리가 보는 것에 대해서도 사회적 압력의 효과를 밝히고 있다("저쪽에 마치 낙타의 모습을 한 구름이 보이지?" "그렇군, 그건 정말 낙타 같아, 틀림없어." "내겐 그게 족제비 같은데." "등이 족제비 모양 같아." "아니면 고래 같던가?" "그래 꼭 고래 같아." 아마도 폴로니어스*가 정치역학보다 정직했을 것이다). 관찰자들은 과학적으로 관찰하도록

---

* 폴로니어스는 윌리엄 셰익스피어William Shakespeare 의 〈햄릿〉에 나오는 등장인물이다. 구름을 보며 햄릿과 대화를 나누던 폴로니어스는, 햄릿이 구름의 모양이 낙타 같다고 해도, 족제비 같다고 해도, 고래 같다고 해도 모두 동의한다. 뚜렷한 주관이 없

훈련을 받아야 한다. 그리고 그들이 거치는 훈련 바로 그 자체가 관찰자들을 다른 맥락에서는 왜곡을 불러일으키는 훈련된 무능에 종속시키는 결과를 가져올 수도 있다. '도구의 법칙'(§4)은 탐구의 다른 국면에서와 마찬가지로 관찰 과정에서도 작용한다.

관찰의 의의를 평가하는 데서의 어려움은 단순히 관찰자 특유의 개인적인 결점에서 나올 수도 있고, 관찰 과정 자체의 본원적 모습에 뿌리를 내리고 있을 수도 있다. 1세기 전, 수학적 논리의 창시자이며 대부분의 오늘날 그의 후계자들보다도 경험과학의 문제에 더 민감했던 드모르간은 우리가 관찰한 것으로 상정하고 있는 것과 우리 관찰의 속성을 혼동하게 만드는 다양한 방식에 주의를 상기시킨 바 있다(64: 409부터를 보라). A가 B를 야기하는 것이 아니라, B를 야기하는 것은 A에 대한 우리의 관찰일 수도 있다. 이는 마치 그 유명한 호손Hawthorne 실험이 예증하는 바와 같다. 다양한 조건하에서 관찰된 근로자들의 생산성의 변화는, 종국에는 근로자들 자신이 조사의 대상이라는 것을 알았다는 바로 그 사실에서 결과한 것으로 이해되었다. 다시, A가 우리로 하여금 B만을 관찰하도록 만들 수도 있다. 여기서 B는 그렇지 않다면 관찰됨이 없이 발생했을 것이다. 이는 마치 현대 도시생활에서의 정신이상 발생의 증가가 단순히 진단과 보고의 빈도가 높아지는 데 따른 것으로 볼 수 있는 경우와 같다. 또다시, 우리의 A에 대한 관찰이 B에 대한 관찰을 야기할 수도 있다. 그 예로서는 마치 정신치료psychotherapy의 효과를 환자들 자신이 민든 평가를 사용해 가늠하려는 시도를 들 수 있다. 또는 사실상 B가 A를 야기하는데도, A에 대한 관찰이 B의 관찰에 필수적일 수도 있다. 이는 꿈꾼 자의 입장에서 본 꿈의 현시적 내용과 잠재적인 내용 사이의 관계를 예로 들 수 있다. 모든 숙련된 작업이 그런 것처럼, 관찰도 결코 보이는 것처럼 단순한 것

는 사람을 빗대어 이르는 표현이다. ─ 옮긴이

이 아니다.

관찰 에러를 고려하는 일반 절차에는 몇 가지가 있다. 이들 절차는 관찰의 통제요소controls를 구성하는 것으로 일컬어진다. 통제요소의 구성은, 관찰된 것의 유의성 평가에 있어 에러를 최소화하기 위해 고안된, 특정 맥락이나 관찰자 효과에 대응하려는 노력을 뜻한다.

그 첫째는, 분리시키지 않으면 에러를 일으킬 수밖에 없는 요인들로부터 관찰을 차단시키는insulate 절차를 제정하는 것이다. 관찰자들의 훈련과 관찰의 맥락과 같은 실험 상황의 설정은 대체로 격리 상태의 형성을 위한 고안물이다. 한쪽에서만 볼 수 있는 유리와 같은 특수 도구가 채택될 수도 있으며, 관찰 사실, 아니면 관찰 의도를 다른 방식으로 인간 주체(관찰 대상자)들에게 숨길 수도 있다. 천문학적 관찰은 공기가 맑은 곳에서, 도시의 불빛으로부터 멀리 떨어진 곳에서, 아마도 우주에서도 이루어진다. 모호함과 의도하지 않은 의미를 제거하기 위해 질문지를 사전 점검하는 등, 그 과정에는 끝이 없다.

둘째로, 에러의 제거가 당연히 요구되는 지점에서는 에러의 상쇄cancel를 시도할 수도 있다. 예를 들어 어떤 아동의 행동에 대한 관찰은, 매우 특별한 경우를 제외하고는, 불가피하게 그를 관찰할 기회가 가장 많은 사람들 — 부모, 형제, 선생, 친구들 — 의 아동에 대한 감정적 개입에 의해 채색된다. 그러나 관찰자들을 많은 수의 가지각색의 사람들로 구성하면, 특정 관계의 효과를 어느 정도는 상쇄시킬 수도 있다. 일반적으로, 어느 정도 상호 독립적으로 발생하리라고 기대할 충분한 이유가 있는 많은 수의 에러가 발생하는 곳에서는, 이 경우 에러들이 서로 반대 방향으로 흩어져 상쇄되는 경향이 있기 때문에 흔히 통계적 설계가 채택된다. 인간적 요인을 상쇄하기 위한 흥미로운 설계의 하나로는 다윈이 보고한 것이 있다. 그는 자기 이론에 반대되는 관찰들을 간과하거나 과소평가하지 않기 위해, 이를 기록한 별개의 노트를 가지고 있었다고 얘기한 바 있다.

그러나 대부분의 경우에, 관찰의 에러는 막을 수도 상쇄할 수도 없다. 아직도 가능한 것은 에러를 평가절하discount하고, 우리 스스로 그 방향을, 아마도 그 정도까지도 함께 의식하고 관찰 자료를 취급함으로써 이를 고려의 대상에 넣는 것이다. 어떤 대상의 모습을 관찰함에 있어, 우리는 아마도 그 대상의 중앙 바로 위의 어떤 한 지점에서 그 대상을 봄으로써 관찰의 원근에서 오는 에러를 차단하려고 노력할 수도 있다. 실상 우리가 어느 각도에서 보든 그것이 무엇인지를 해석함에 있어 우리는 곧장 원근법을 사용하는 것을 배우게 된다. 동전은 그것이 실상 보여주는 타원형의 모습을 우리가 무시함으로써 둥근 것처럼 보인다. 관찰자의 반응시간은, 예를 들어 마치 천문학자가 빛이 일식의 발생 시점에서 우리에게 도달하는 시간을 고려해 관찰된 일식 시간을 수정하는 것과 같이, 측정되고 수정될 수 있다(이러한 종류의 수정은 사실상 첫 번째 빛의 속도 결정의 기초가 되었다). 일반적으로 우리는 에러를 제거하기 위해서가 아니라, 오히려 우리가 마음대로 옮길 수 있는 '영점zero point'이라고 부르기로 한 그 무엇에 기초해서 에러에 어떤 고정되고 알려진 값을 부여하기 위해 관찰의 도구와 맥락을 표준화한다.

관찰되는 것

에러의 취급은 옆으로 제쳐두고 — 그것이 방지되든, 상쇄되든, 또는 무시되든 상관없이 — 관찰되는 것이란 도대체 무엇인가? 봉상적인 진술에 따르면, 법칙과 이론은 개념적 과정의 산물인 반면 관찰은 사실의 문제일 뿐이다. 여기에는 의심의 여지 없이 중요한 구분이 있다. 사실은 어떤 점에서는 결정적으로, 이론과는 달리 시간을 통해 고정된 채로 남아 있다(물론 시간이 지남에 따라 상황은 변하나, 상황이 전에는 이러저러했다는 것은 사실로 남는다). 그리고 특정 사실들의 집합은 아마도 매우 다양한 법칙과 이론에서 역할을 수행할 것이다.

이러한 이유로, 제번스(64: 414)가 지적한 바와 같이, 사실의 에러는 잘못된 이론보다 더 유해하고, 종종 밝혀서 고치기가 훨씬 더 어렵다. 그러나 아직도 내가 믿기로는 사실과 이론의 차이는 우리가 그것들에 도달하는 과정보다는 그것들이 탐구에서 기능하는 방식에, 그것들의 기원보다는 이용에 달려 있다. 모든 관찰은 이론화를 포함하며, — 어쨌든 과학에서 — 지각은 개념적 과정 없이는 불가능하다. 핸슨(54: 7)의 "눈동자에 마주치는 것보다 시각에 들어오는 것이 더 많다"라는 형식화를 개선하기는 어렵다.

자료가 순전히 관찰적인 것이냐 아니면 추론적인 요소를 포함하느냐에 따라, '단단한hard' 자료와 '부드러운soft' 자료를 구분하는 경험주의 전통은 흄에서 시작해 밀을 거쳐 러셀에 이르고 있다. 여기서 과학적 지식의 기초는 해석하는 것이 아니라 단순히 지각적 내용을 기록하는 '독본reading' 또는 조서protocol로 여겨진다. 피어슨과 마흐, 그리고 그의 초기 업적에 나타나는 카르나프와 같은 실증주의자들은 모두가 현상적 기초 위에서 지식의 재구성을 제안했다(이 주제에 관한 마흐의 저서로 『감각의 분석The Analysis of Sensations』(1897)이 있다). 우리가 관찰하는 것은 벌거벗은 모습, 소리, 색채, 짜임새뿐으로, 이들은 이후에 친숙한 경험의 대상과 사건으로 조직되고 해석된다. 관찰의 내용 자체는 개념적 오염의 영향을 받지 않는다. 이러한 철학적 교리에 대한 니체의 호칭을 나도 불공정하다고 생각하지는 않는다. 그는 이를 '오류 없는 지각에 대한 신조the dogma of immaculate perception'라고 불렀다.

어떤 인간의 지각도 오류가 없지 않다는 것이 사실이다. 더욱이 과학에 중요한 지각은 어떤 것도 그렇지 않다. 관찰은 이미 인지이며, 단순한 후속 지식을 위한 자재가 아니다. 그리고 에러의 가능성은 그보다 명백하게 추론 과정에는 물론 이러한 인지과정에도 항상 존재한다. 우리는 어떤 것을 단지 보는 것이 아니기 때문에 보는 것은 믿는 것이다. 우리가 보는 것은 어떤 것이 그 경우라는 것이다. 지각은 유의미한 구조를, 또는 오히려, 감지

apprehension에서 유의미하게 되는 구조를 감지해서, 듀이가 '적립된 의미funded meaning'라고 부른 어떤 것을 획득한다. 우리는 감지하는 것을 어떤 종류로 받아들여 추상적 개념을 지각적 상황으로 이끌고 주어진 구체적인 것the concrete을 그 아래 포섭한다. 이 암묵적 단정tacit predication 때문에, 우리가 그것을 통해 보는 눈은 그 자체가 마음의 눈이며, 그렇지 않다면 그것은 틀림없이 아무것도 보지 못할 것이다. 우리는 오직, 의미 없는 첫 번째 어떤 것을 보이게 하고, 뒤이어 이것이 어떤 의의를 가진 것으로 해석되도록 하는 재구성 ― 이해의 능력이 이를 기초로 작용하게 되는 칸트적 통찰력을 ― 때문에 두 번째 은유적 눈을 진짜 눈 뒤에 놓도록 강제당하는 느낌을 받는다. 그러나 관찰은 이미 이해의 작품이다. 우리가 그냥 본다는 뜻에서는 광전지에서 아무것도 보지 못한다. 해석되지 않은 통찰력이나 단순 감각은 지각의 시작이 아니라 어떤 후속적 분석의 최종 산물, 사실을 모방한 재구성된 액세서리일 뿐이다.

우리는 이 모두가 오직 심리의 문제라고 말하는 것도, 인지과정 논리의 문제라고 하는 것도 아니다. 왜냐하면 관찰되는 것이 후속적 추론을 위한 전제로서 봉사할 수 있는 명제로서 형식화될 수 있어야 한다는 것은 확실히 논리적 요구이다. 그러나 관찰적 명제를 천명하는 언어는 그 자체가 특성상 추론적이다. 포퍼(119: 59)가 촉구한 바와 같이, '이론적 언어'와 구분할 수 있는 순수한 '현상적 언어'는 없고, 감지되었으나 해석되지 않은 어떤 것에 대해 얘기할 방도도 없다. 밀(94: 420)은 "관찰되도록 상정된 사실이 안전하게 참으로 받아들여질 수 있기 위해서 없어서는 안 될 것은…… 이것이 관찰이지 추론이 아니라는 점이다"라고 주장했다. 그러나 그 후 얼마 지나지 않아(94: 422) 그는 "우리는 그 사실 이상의 것을 함축함이 없이 사실을 서술할 수는 없다…… 이를 서술하는 것은 이것과 사용된 어떤 용어에 의해 지시되거나 암시된 다른 모든 것 사이의 연결을 확언하는 것"임을 인정했다. 지각 자체가 전혀 흠이 없는 경우조차도, 지각적 보고는, 언어작동 방식의 필연적인 결과로서(§7을 보라), 우리를 죄에 노출시킨다. 벤저민 리 워프(139)는 언어의 바로 그 구조가 경험의 특정 분절화와 해석을 조장한다는 시사적인 논지를 전개했다. 또한 지각적 판별은, 예를 들어 색채의 판별은, 차이에 이름을 붙이는 데 사용이 가능한 어휘의 영향을 받는다.

출생 순간 이후에는 어떤 관찰도 완전히 순수하게 이루어질 수 없다. 우리는 항상 무엇인가 이미 알고 있으며, 그리고 이 지식은 우리가 관찰로든 아니면 다른 방법으로든 다음에 무엇을 알게 될지에 긴밀하게 간여한다. 우리는 보기를 기대하는 것을, 보아야 할 이유가 충분하다고 믿는 것을 본다. 그리고 이러한 기대는 관찰적 에러를 가져올 수 있는 반면, 동시에 진실된 지각을 보장하기도 한다. 일본 사람들의 언어는 'l'과 'r' 발음을 대비시키지 않기 때문에 이들의 차이를 듣지 못한다. 이 차이가 혹시 일본어 단어에서 나타날 수 있다 해도 아무 의미의 차이를 만들지 못한다. 이러한 무관심은 구어 형태의 영어에 대한 그들의 지각을 왜곡시킨다. 그러나 이는 같은 이유로 일본 말에서는 쉽게 다른 말을 동일한 것으로 받아들이게 한다. 우리는 스스로를 이론으로부터 무장해제함으로써가 아니라 — 이는 어떤 경우에도 불가능하지만 — 오히려 관찰맥락에 적합한 이론을 사용함으로써 합당한 관찰을 한다. 관찰에 특수 도구나 실험 상황이 개재될 때 명백한 것은, 적어도 관찰설계 자체에 의해 도입되는 에러를 줄이기 위해 이론이 어떤 역할을 하지 않으면 안된다는 점이다. 염색체는 그것이 그렇게 뚜렷이 채색된 몸체로 되어 있기 때문이 아니라, 그것을 보이게 하기 위해 채택한 과정에서 발생하는 깊숙한 착색 때문에 그렇게 불린다. 그러나 이론은 또한 가장 단순한, 그리고 가장 직접적인 관찰에까지 작용한다.

왜냐하면 우리가 '보아야 하는 모든 것'을 관찰하지는 못하기 때문이다. 관찰은 만들어진다. 이는 능동적 선택의 산물이지, 수동적 노출의 산물이 아니다. 관찰하는 것은 목표지향적 행동이다. 관찰보고서는 추정된 목표에 대한 관계를 기초로 의의를 갖게 된다. 색채는, 버섯이나 포유동물(인간을 포함하는)의 차이가 아니라, 다양한 종류의 별과 조류의 경우 구조와 기능의 중요한 차이를 나타내는 지표가 된다. 이들 모든 종류의 사례에서 관찰 자료 가운데 색채를 포함시키는 것은, '바로 그 사실들만'을 보고하기 위한 것이 아니라, 그렇게 함으로써 그 사실에 관한 어떤 가설을 만들기 위해서이다. 자료는 항상 어떤 가설을 위한 자료다. 만약 어원이 암시하는 바와 같이 자료가 주어진 어떤 것이라면, 관찰자는 채택할 자격이 있는 가설을 가지고 있지 않으면 안 된다. 쿰스는 저서 『자료의 이론Theory of Data』(1964)에서 용어 '자료'를 이미 어떤 특정한 방식으로 해석된 관찰을 위해 사용할 것을 제안했다. 내가 말하는 것은, 때때로 작동 중인 해석이 명시적이지 않고 명확한 것과는 거리가 멀지라도, 다른 유의 관찰은 없다는 것이다. 쿰스 분석의 커다란 중요성은 관찰되는 것은 어떤 하나의 해석을 필요로 하지 않는다는 것이다. 행동을 자료로 배열mapping하는 데는 항상 여러 가지 방식이 있다. 그러나 어떤 것이든 배열 없이는 관찰의 과정은 아무런 과학적 의의도 갖지 못한다. 관찰을 '사실'을 제공하는 것이라고 얘기하는 것은 관찰의 지위와 기능의 객관적 로커스를 점하는 것이 자료라는 것을 지적하는 것뿐이다. 그러나 그 기능을 수행하기 위해서 관찰은, 쿰스가 칸트적 관용구를 사용해서 말했듯이, "부분적으로 관찰자 마음의 산물"이 되지 않으면 안 된다.

위에서 내가 얘기한 것은 다름이 아니라 지각적이고 개념적인 지식의 자재들은 항상 서로 간에 '기능적 상호관련성functional correlativity'을 갖도록 만들어진다는 듀이의 반복된 주장의 짐을 나 또한 지고 있다는 것이다. 사실이 이론의 형성에 관여하는 것과 똑같이 이론은 사실의 확정에 관여한다. 18세기 말에 유성의 낙하가 프랑스 과학원에 보고되었을 때, 때로는 돌들이 하늘에서 떨어진다는 논거는 "이 계몽의 시대에 가치 없는 미신"으로 무시되었다. 우리 자신은 물론 실제로 눈을 떴다. 그러나 우리는 마찬가지로 이론에 의지해서 사실과 미신을 구분한다. 주어진 예는 신비로운 자료cryptic data ─ 주어진 과학의 상태에서, 당시에 유행하는 이론에 비추어 이해하기 어려운 자료 ─ 라고 부를 수 있는 어떤 한 큰 부류에 속한다. 신비의 자료는, 드물지 않게 중요한 과학적 진전의 출발점을 제공한다. 수성의 근일점의 세차율the rate of precession of the perihelion of Mercury은, 마치 마이켈슨-몰리 실험의 부정적 결과가 그랬던 것처럼, 뉴턴 역학을 기초로 할 때 납득이 되지 않는 것이었다. 둘 다 궁극적으로는 일반 및 특수 상대성이론에 의해 설명되었다. 다른 한편, 어떤 신비로운 자료는 관찰이나 해석의 에러로 밝혀진다. 이들은 단지 실제로 거기에, 관찰의 과정 그 자체 이외에는 설명되어야 하는 것이 없기 때문에 신비한 것이다. 화성의 운하들은, 만약 요즘 일반적으로 생각하는 것처럼 한계까지 밀린 시각적 지각의 특징적인 환각이라면, 하나의 예가 될 수도 있다.

과학사에서는 보이지 않는 자료invisible data로 불리는 것, 설명하는 이론의 수용과 연결해서만 자료로 인정되는 것에 더 큰 중요성을 부여한다. 이들은, 오직 가장 기본적이고 따라서 눈에 띄지 않는 형식에서만 체현되는 어떤 특성을 가리키는, 베이컨의 '은밀한 사례clandestine instance'를 지칭하는 것이 아니다. 반대로, 보이지 않는 자료는 완전히 명백하고 뚜렷하기까지 한 구현임을 회고적으로 보여준다. 그것은 남성의 히스테리에 관한 프로이트의 관찰이, 그리고 누구나 성성(性性)이 오직 사춘기에 시작된다는 것을 '알았기'에 유아기 성성에 대한 논의가 터무니없는 것으로 치부되어 무시되었던 것과 같다 (히스테리라는 낱말 자체는 그리스어의 '자궁'이라는 뜻에서 나왔다). 오늘날에는 두 가지 프로이트의 관찰이 대부분의 부인과 어머니에 의해 쉽게 드러난다. 핸슨(54: 30)은 '패러다임 관찰자'를 "모든 정상적인 관찰자들이 보고 알리는 것을 보거나 알리는 사람이 아니라 친숙한 대상에서 아무도 전에 보지 못한 것을 보는 사람"으로 서술했다. 상호주관성은 아직도 요구되며, 이는 오직 사실에 따라 성취된다.

어떤 경우에는, 과학적 독단이 자료를 단순히 들여다보는 것조차 거부하도록 압력을 가하기 때문에 자료가 보이지 않는다. 보지 않으려는 사람만큼 눈먼 사람은 없다. 갈릴레오 갈릴레이Galileo Galilei의 동료들은 망원경을 통해 그가 발견한 목성의 달들을 보는 것을 거절했다. 이는 오늘날, 텔레파시와 관련된 문제에 흥미를 가진 사람들이 자주 인용하는 (그것의 정당성은 논쟁의 대상이 될 수 있는) 사례이다. 특정 발견findings의 과학적인 장점이 무엇이든지 일반적으로 보이지 않는 자료에 가장 큰 책임을 부과할 수 있는 것이 선입견의 힘이라는 사실을 부정할 수는 없다. 밀(94: 508)은, "바로 이것이, 모든 시대에 걸쳐 모든 인류를, 그 각각의 부분 모두를 그것이 아무리 풍부하다 할지라도 그들의 눈 아래로 지나갈 때조차, 어떤 첫인상이나 기존의 학설에 어긋나는 모든 사실에 대해 거의 대부분 주의를 기울이지 못하도록 만든다"라고 평했다.

오직 우리의 관념화conception만이 관찰 과정을 한계 짓고 알려주는 것은 아니다. 관찰도구instruments는 또한 탐구의 진행 전체에 엄청난 중요성을 가진다. 어느 특정 시점의 지식상태는, 당시에 유행하는 자료 수집 기법techniques뿐이 아니라, 그렇게 되도록 이끄는 기술technology의 영향을 크게 받는다. 그 영향은 제번스(64: 272)로 하여금 "도구의 발명은 통상적으로, 설사 그것이 아직 나타나지 않았다 하더라도 하나의 기원을 이룬다"라고 선언하게끔 강요한 기술적 업적에 대한 19세기의 자만심을 능가하는 것이었다. 내가 믿기로는 과학사는 그를 완전하게 지지하고 있다. 그의 진술은 물리학이나 생물학에서와 마찬가지로 행동과학에서도 참이다. 가령 1903년, "미로에서의 쥐의 훈련 실험은 단숨에 미로를 관찰도구로 한 동물 지능의 진화에 관한 많은 연구를 유발시켰다"(E. G. Boring, 46:193). 자유연상, 통신망, 의식조사와 같은 관찰 고안물과 상황에도 비슷한 중요성을 부과할 수 있다. 한마디로, 관찰을 하는 데서 우리는 수동적이 아니라 능동적이다; 그리고 우리는 눈과 마음뿐 아니라 입술과 손, 다리, 그리고 배짱을 가지고 일을 한다.

§16. 행동과학에서 관찰

상호작용

행동과학에서 대부분의 관찰의 문제는 (그리고 이론화의 문제 역시) 과학자와 그의 주제가 함께하고 있는 인간성에서, 아니면 오히려 '인간성'이라는 추상 개념이 지적하는 더욱 풍부하고 특정적인 공유성commonalities에서 유래한다. 관찰의 동작은 관찰되고 있는 사람에게 직접적이거나 간접으로, 그리고 때로는 과학자가 관찰하는 데 관심을 가지고 있는 현상과 같은 정도의 크기로, 영향을 미친다. 고전이 된 호손 연구에서, 관찰 과정의 영향은 처음에 식별된 다른 변수들의 영향을 몽땅 가려버렸다. 이와 같은 영향을 아무런 논리적 중요성이 없는 단순한 심리적 요인으로 돌릴 수는 없다. 이는 심리적이지만, 또한 실질적인 문제가 된다. 이 사실은 상황논리에 필수적인 것이다. 여기서 우리가 대면하는 것은 매우 자주 방법론적 분석의 주제로 떠오르는 양자역학의 사례에 비견할 수 있다. 그것은 소립자의 관찰에 필요한 광선이 불가피하게 그 소립자의 위치와 운동량을 바꾼다는 것이다. 이러한 영향은 흔히 얘기하는 관찰의 주관성 자체와는 아무 상관이 없다. 이는 물리학 법칙의 결과다. 행동과학자 자신의 주제에 대한 영향은 자신을 '진짜the 과학적 방법'의 보편적 적용에 대한 일반화에 의해 더 이상 쉽게 해결될 수 없는 문제들과 대치하도록 만든다.

예를 들어, 한동안 태도 변화를 실험적으로 연구하는 경향이 있었다. 여기서 태도 변화는 — 어빙 재니스Irving Janis가 내게 지적해 준 바에 따르면 — 마치

기어박스를 통해 기계적 힘의 전달을 추적하는 것처럼, 'E'(실험자)에 의해 제공되는 자극과 이에 대한 'S'(subject, 대상)의 반응에 따라 서술(되고 또한 의심의 여지 없이 개념화)되는 것이다. 그러나 사실상 인간은 서로서로, 그리고 그들의 구체적 인간성에 크게 의존해 상호작용을 하고 있었다. 이와 같이 학생 대상자들의 교수 실험자들에 대한 태도에, 또는 아마도 도시 근교 주부들의 여론조사원들에 대한 태도에 개재된 감정전이의 현상이 안전하게 무시될 수는 없다. 넓은 틀에서, 자기-완성적 예측 현상은(자기-패배적 예측 현상은 물론) 반드시 대면하지 않으면 안 되는 방법론적 난점을 드러낸다. 최소한 행동과학자는, 성생활의 유형을 조사하든지, 결정방법, 경제제도를 조사하든지, 아니면 비밀문서에 접근하는 데 필요한 어떤 것을 조사하든지 상관없이, 거기서 예상되는 바람직하지 못한 결과에 대비한 방어로서 그의 연구에 강요되는 제한 조치들과 지속적으로 대면하지 않으면 안 된다.

이 난점들은 모두가 현실적이며 중요하다. 그러나 나는 이것을 — 아마도 내가 스스로 그런 것들에 대면할 필요가 없어서 그렇겠지만 — 극복할 수 없는 것과는 거리가 먼 것처럼 느낄 수밖에 없다. 행동과학자들은 §15에서 언급한 관찰에 통제를 부과하는 몇 가지 고안designs으로 이들 문제를 다룬다. 차단된 관찰을 위해, 어느 정도의 오염은 언제나 있을 것이라 예상되지만, 여러 단계가 도입된다. 액체의 온도를 측정하기 위해 액체에 넣는 온도계는 액체의 온도 자체를 변화시킨다. 그러나 온도계는 이 효과를 최소화하기 위해 미리 덥게 하거나 차갑게 할 수 있고, 또한 온두를 먼 거리에서 잴 수 있기까지 하다. 통계적인 고안과 적합한 실험설계로, 항상 그렇게 쉬운 일은 아니지만, 관찰 효과를 상쇄시키거나 거의 그렇게 되도록 할 수도 있다. 어떤 정신분석가들은 그들 자신의 캐어묻기probing의 효과를 상쇄시켜 없앨 수 있을 정도로 그렇게 동일한 대상을 잘 관찰할 수가 없다. 그러나 학파가 다른 정신분석가들이 성격적으로 다른 발견을 지속적으로 보고한다는 사실은 — 만약 그것이 사실이라면 — 시사적이며, 과학적으로 잘 이용될 수도 있다. 그리고 과학자의 영향은 차단되거나 상쇄되기보다는 감소하도록 통제될 수도 있다. 이는 마치 모든 교사가 학생들이 중요한 시험에서 '기대하는 만큼 그렇게' 성적이 좋지 않았다는 것을 잘 알고 있으며, 따라서 긴장의 효과를 감안해서 성적을 판단하는 것과 마찬가지다(나는 스스로 이러한 효과를 막을 방도는 없다는 결론을 내렸고, 이를 상쇄하려는 어떤 시도도 기피한다). 자기-완성적 예측은 그 자체의 작용을 부차적 효과로 평가할 수 있는지 여부의 검사에 따라 달라질 수 있다. 단지 적은 비율의 투표자만이 선거 전야의 투표 성향 조사 결과를 읽었을 수 있고, 다음에는 투표자의 작은 일부만이 조사 결과의 영향을 받을 정도로 미결정 상태로 남아 있었을 수도 있다.

줄여서, 나는 관찰된 행동에 대한 관찰자의 영향이 제기하는 문제들을 최소화하기를 바라지 않지만, 행동과학자들이 이들 문제를 가지고 계속 살아갈 수 있다는 것을 의심할 아무 이유도 찾을 수 없다. 내가 믿기로는, 그보다 어려운 문제들이 주제의 관찰에 대한 영향으로부터 발생한다. 왜냐하면 이 영향은 더 인식하기 어렵고, 또한 통제의 대상이 되기 더 어렵기 때문이다. 어느 시인은 '나는 인간이다. 인간적이지 않은 것은 모두 나에게 낯설다'라고 말했다. 행동과학자들의 편에서 볼 때, 자아각성은 다름 아닌 인정을, 자아존중은 다름 아닌 열망을 요구한다. 그러나 그가 자신의 주제에 더욱 빠지면 빠질수록, 그의 관찰이 몰입의 영향을 받을 개연성은 그만큼 더 크다. 역(逆)전이가 더욱 쉽게 관찰되는 전이만큼 중요해지기도 한다. 자신의 분석가에 대한 환자의 감탄은 결국에는 그의 현실에 대한 납득의 시작으로 지각될 수도 있다. 또한 참여관찰자들은 과학적 관심사를 파괴하는 개인의 이해관계를 추구하기 위해 참여에 아주 열심히 투자함으로써, 자신들의 자율성을 빼앗기고 아마도 자신들 모두를 함께 멸망으로 이끌 수도 있다. 한 가지 유명한 사례로, 후에 스스로 샤먼shaman으로 입문하는 데 성공한 인류학자가 이전 직업 동료들에게 자신의 비밀을 밝히기를 거부한 것을 들 수 있다. 자신의 동료들을 정찰하는 것이 임무인 모든 요원과 마찬가지로, 행동과학자는 무엇보다도 먼저 자신의 충성심을 의심하고 충성심을 계속 조심스럽게 감시하는 것을 배워야만 한다.

그러나 실상 모든 과학에서, 그 주제에 상관없이, 감정적 투자가 작동하고, 이는 과학적 관심사를 짓밟기도 한다. 그리고 이러한 이유로 참에 대한 열정은 그냥 그렇게 열정으로 끝난다. 홉스는 어디선가 우리의 관심이 기하학에도 정치학만큼 주어졌다면 그 기초에 대한 논쟁 또한 처절했을 것이라고 평했다. 수학의 역사는 수학자는 조건적인 것the conditional에서만 오해를 받는다는 것을 암시하고 있다. 관찰의 과정에 관한 한, 과학자의 개입 문제는 특별히 시끄럽다. 왜냐하면, 우리가 보아온 바와 같이, 그의 이해관계가 그 과정에 본원적인 중요성을 갖기 때문이다. 관찰은 언제나 이전의 관념화conceptions에 의해 주조된다. 그리고 관찰이 강하게 감정이 개제된 문제를 다룰 때에는, 선입관념preconceptions에 대해서 또는 편견에 대해서까지도 얘기하는 것이 더 적합할 수도 있다. 밀(94: 509)은 "물리적 사실조차도, 그리고 가장 명백한 특징을 보이는 것들에 대해서도, 인류의 관찰능력이 그들의 선입 인상의 노예 수준에 그칠 수 있느냐에 대해서는, 우리는 그들의 강한 감정에 더 가깝게 연결된 것들 — 도덕적, 사회적, 종교적 주제들 — 에 대해서는, 이것이 모든 경험이 이를 입증할 정도로 비참하게도 참이라는 것에 놀랄 필요가 없다"라고 말하고 있다. 한마디로, 과학자는 가치를 가지고 있고, 행동과학자에게 주제는 그의 가치에 불가피하게 적합성을 부여한다. 발생할 수도 있는 관찰의 왜곡은 제거되거나 상쇄되기가 극단적으로 어렵다. 오히려 가능성이 있는 것은 왜곡을 명시화하고 연구의 영역에 과학자의 가치를 통합함으로써 왜곡을 줄이는 것이다. 이 문제에 대한 토론은 §43과 §45에서 진행한다.

해석의 수준

또한 행동과학자와 그의 주제에 공통적인 요소인 인간성과 관련해서 새로운 종류의 문제가 발생한다. 그것은 행동이 관찰자는 물론 행동에 종사하는 사람들에게도 의미를 가지며, 이 두 가지 의미는 반드시 일치하는 것이 아니라는 점이다. §4에서는 이들 의미를 "동작의미"와 "행위의미"로 구분했다. (행위에 대립되는 것으로) 동작은 그 의미가 행위자의 목적이나, 동작이 지향하는 목표에 놓여 있는 생물물리적biophysical 사건계열에 속한다. 동작은, 시-공간 연구나 음성학이나 동작학과 같은 분야에서가 아니라면, 스스로 관찰되는 일이 거의 없다. 일상적으로는 우리는 움직임이 아니라 연기를 관찰하고, 음소가 아니라 단어를 듣고, 신체적인 움직임이 아니라 몸짓을 본다. 행위는 그것이 행위자에게 의미를 갖게 하는 전망에서 숙고된 동작이다. 여기서 생물물리적 과정은 심리적·사회적 차원을 얻게 된다. 우리가 관찰하는 것은 행위이다. 그러나 관찰은 추론과 재구성에 달려 있다.

이러한 관계에 바로 어려움의 뿌리가 있다. 행동과학자는 그가 연구하는 행동의 주인공들과 동작의미를 공유하기 때문에 — 그가 같은 언어를, 마치 그런 것처럼, 사용하기 때문에 — 그에게는 행위가 가설의 중재 없이, 직접적으로 관찰되는 것처럼 보인다. 그러나 의미가 공유되고 있다는 것은 언제나 선입견에 불과하고, 관찰 자료는 이러한 선입견에 부여하는 타당성보다 더 큰 타당성을 갖지 못한다. 그럼에도 동작과 행위의 관계가, 다른 사람, 집단, 문화는 말할 것도 없고, 주어진 행위자에게조차 고정된 것으로 받아들여진다는 사실은 불행한 일이 아닐 수 없다. 해럴드 라스웰Harold Dwight Lasswell은 이러한 난점을 '지수 불안정성index instability'의 문제로 언급했다. 어떤 특정한 동작은 다양한 동작의미를 가지며, 그 각각의 의미는 — 마치 영국 처녀들과의 첫 번째 데이트에서 깨닫게 된 미국 병사들처럼 — 그에 상응하는 다른 행위를 구성한다.

다른 한편에서는 다양한 동작이 같은 의미를 가지며, 그래서 — 마치 같은 단어를 서로 하나도 닮지 않은 인쇄체나 필기체로 쓸 수 있는 것처럼 — 같은 행위를 구성할 수도 있다(다른 문맥에서 윌리엄 제임스는, 불어의 "Pas de lieu Rhone que nous"라는 말을 듣고 이를 영어의 "Paddle your own canoe"로 들을 수도 있는 예를 들고 있다). 행동과학자가 무엇이 일어나고 있는지를 '볼see' 때, 그는 실상 독자적인 타당화를 요구하는 해석을 하고 있는 것이다.

행위의미가 동작의미 및 동작의미에 관한 과학자의 가설 둘 모두와 매우 다르다는 사실 때문에 상황은 더욱 복잡해진다. 행위가 그것의 발생에 관한 과학자의 이론 틀에 삽입될 때 비로소 행위 — 이미 해석된 어떤 것 — 에 행위의미가 부여된다. 어떤 행동과학자가 어떤 정치적 사건이나 문화유형, 또는 노이로제 증상 등과 같은 것을 '이해한다'라고 얘기할 때, 이는 두 가지 다른 내용을 포함한다. 첫째는, 그가 어떤 움직임은 행위자에게 — 투표용지에 기표하는 것은 투표이며, 절하는 것은 존경의 몸짓이며, 손을 씻은 것은 성결 의식이라는 식의 — 특정 의미를 가지는 것으로 해석했다는 것이다. 그는 동작의미를 재구성했고, 그의 재구성은 그에게 이론화를 위한 주제를 제공했던 것이다. 그러나 둘째로, 그는 투표를 민족주의의 재등장으로, 절은 유한계급 성원성의 인정으로, 또한 손 씻는 의식은 강박 노이로제 증상으로 해석한다. 이들 의미는 행위자의 것이 아니라 관찰자의 것으로, 관찰자의 가설을 행위자의 의미와 혼동해서는 안 된다.

요점은 두 가지 수준의 해석 모두가 행동과학자가 무엇을 관찰 자료로 택하느냐에 개입한다는 것이다. 동작의미가 무엇이 관찰되어야 하는지에 개입한다는 것은 매우 엄격한 행동주의자들을 제외한 모든 행동주의자들이 인정해온 바이다. 자료를 구성하는 데 행위의미가 수행하는 역할 부분은 당연히 받아야 할 주목을 받지 못했다. '서술의 단계'에서조차, 프로이트(20: 65에서 인용)가 한때 지적한 바와 같이, "어떤 추상적 관념들ideas을 손안에 있는 자료에, 즉 어떤 또는 다른 곳에서 도출된, 그러나 틀림없이 새로운 관찰에서 독자적으로 나온 것이 아닌 관념들에 적용하는 것을 피하는 것은 불가능하다". 우리가 행동을 바라볼look 때 우리가 보는see 것은 단순한 동작일 수도, 목적을 향한 행위일 수도, 또는 이론적 중요성을 가진 사건일 수도 있다. 비록 관찰을 추론으로부터, 또는 자료를 이론으로부터 구분하거나, 처음 두 가지 사이를, 또는 두 번째와 세 번째 사이를 구분하는 선을 긋는 일이 흔치 않은 것은 아니지만, 이들 모두가 자신을 관찰 자료로 제시할 수도 있고, 이 세 가지 모두가 또한 추론적일 수도 있다. 행동에 대한 실제 탐구상황에서, 이들이 어떤 호칭으로 사용되든, 동작의미와 행위의미의 확정은, 마치 생물물리적 과정에 대한 서술이 그런 것처럼 자료로 포함된다. 정신분석에서 기인하는 아래의 상황은, 내 생각으로는 매우 일반적인 주장이다. "정신분석에서 우리가 '임상적 발견'이라고 불러온 것은 자료의 관찰을 통해서는 물론 명시적이거나 숨겨진 가정을 통해서도 확정된다. 이들은 우리의 발견을 우리의 가설 틀에 위치시킴으로써 의미 있는 것(행위의미)으로 만든다. 이들 가정이 없이는, 매우 넓은 뜻의 의식적·무의식적 동기유발 요인들 사이의 상호작용에 관한 어떤 단순 진술조차도 전혀 만들 수 없을 것이다"(55:16).

성찰과 동일시

물리학에서 동작의미는, 바로 주제 때문에 아무 역할도 하지 못한다. 생물학에서조차 동작의미의 적용은 제한적이다. 여기에 행동과학에서 동작의미가 특정 관찰법에 기회를 제공하는 역할을 할 수 있느냐라는 질문이 나온다. 내가 믿는 바로는 여기에는 두 가지가 있다. 성찰introspection과 동일시identification가 그것이다.

행동과학에서 자기-관찰이 가치 있는 자료를 제공하는 데 공헌한다는 점은 내게는 부정할 수 없는 것으로 보인다. 나는 어떻게 "사람이라는 것은 사람을 연구하는 데 유리한 점이다"라는 케네스 콜비Kenneth M, Colby(20:5)의 논평에 동의하지 않을 수 있는지 알 수 없다. 그 때문에 우리는 주제에 계속 접근할 수 있게 된다. 그리고 이중 어떤 것(우리 스스로 알지 못하는 어떤 것)은 계속 접근 불가능한 형태로 남아 있고, 또한 이 모두가 (우리가 성찰적으로 관찰했다고 생각한 것에서 오해를 받을 수도 있기 때문에) 불확실한 채로 남아 있을 수도 있지만, 이러한 이유로 그렇게 얻어진 자료가 어떤 것도 과학적 가치를 갖지 못한다는 것은 진실과는 거리가 멀다. 성찰적 자료가 상호주관성의 테스트 요구를 충족시키지 못한다는 주장은 나에게는 설득력이 없다. 당신이 나의 분노를 경험할 수 없음은 참이다. 그러나 이 명제가 (네가 경험하는 것이 너의 경험이라는) 단순한 동어반복이 아니라면, 나는 또한 내 분노를 ― 그 후에는 ― 경험할 수 없다. 우리는 각자 출처가 다른 증거에 의존하기 쉽지만, 너와 나는 둘 다 협동적인 증거를 필요로 하고, 우리 둘 모두에게 증거는 간접적인 것이다. 그렇지만 우리가 외적 지각에 대해 동의하게 될 때, 이는 똑같이 참이다. 우리는 추가적인 증거를 필요로 하며, 우리 각자는 이를 자기 자신의 전망에서 찾을 것이다. 앞에서 지적한 바와 같이, 요청되는 것은 반복성이 아니라 통제의 제정이다. 그렇지만 이를 시행함이 보는 것처럼 쉬운 일이 아님은 인정하지 않으면 안 된다. 과학적으로 유용한 방식으로 성찰하려면 숙련성과 노력을 필요로 한다. 프로이트와 같이, 외부의 도움 없이 자기 자신의 꿈을 해석할 수 있는 능력을 기진 사람은 많지 않다.

동일시를 통해 성찰적인 자료는 특별한 중요성을 가지는 것으로 여겨진다. 마을의 바보는 만약 자기가 말이라면 어디로 갔을지 스스로에게 물음으로써 ― '여기 있군!' 하고 ― 길 잃은 말을 찾는다. 우리는 다른 이들의 행동의 동작의미를 알기 위해, 만약 우리가 그 동작을 수행했더라면 우리가 갖게 되었을 것과 마찬가지의 의미를 그들도 갖게 된다고 가정함으로써, 우리는 내부로 눈을 돌린다. 찰스 쿨리Charles Horton Cooley와 플로리언 즈나니에츠키Florian Znaniecki, 피티림 소로킨Pitirim A. Sorokin, 로버트 매키버Robert Morrison MacIver 등과 같은 사회학자들은 이러한 점에서 '마음의 상태'를 공유하는 데 대해, '대리 경험'에 대해, '친밀한 포용력을 가진 연결'에 대해, '상상적 재구성'에 대해 언급했다(자세한 논의는 1을 보라). 여기서는 인간 연구에 특별히 적합한 방법으로 'verstehen(해석적 이해)'에 대해 언급하는 것이 유행처럼 되어왔다. 이 작업을 특징짓는 것은, 시어도어 에이블Theodore Abel이 제공한 유용한 해설에 따르면 (현재의 용어로 한 것이지만), 동작과 행위 사이의 연결은 관찰자 자신이 비슷한 정황에서 그 동작에 부여하는 동작의미에 준거해 형성된다. 나는 동작을 내 자신의 상응 행위의 외형인 양 볼 때에 그 동작을 이해한다.

확실히 거기서 이해가 모든 과학의 목표가 되는 그러한 어떤 의미a sense, 아래에서 설명의 유형모델과 연관해 탐구할 그러한 어떤 의미가, 존재한다 (§38). 그러나 'verstehen'은 이러한 감각에서in this sense 이해와 동일시될 수 없다. 그것은 이러한 감각에서 이해는 행위의미, 즉 어떤 적합한 이론에 비추어 행위에 부여되는 중요성에 대한 인정이고, 반면 'verstehen'은 동작의미, 즉 동작을 수행하는 목표와 목적에 비추어 동작에 부여되는 중요성에 대한 인정이기 때문이다. 'verstehen'은 생물물리적 과정을 심리적·사회적 의미를 가진 행위로 전환시키는 경우를 제외하고는 인간 행동을 설명하지 못한다. 이는 행동을 그 행동이 설명되어야 하는 어떤 것을 구성하도록 그렇게, 오직 분명한 움직임들에만 적합한 물리학적인 것이나 생물학적인 것들이 아닌 다른 용어들로 해석한다. 'verstehen'의 과정은 관찰된 움직임들을 내면화하고, 이들 움직임에 '행동 격률들behavior maxims', 즉 "내적 성찰에서 나온 직접적인 개인의 경험에 대한 일반화"를 적용하는 것으로 이루어진다. 이들 격언은, 관찰된 동작에 대한 우리 해석의 기반을 이루는, '감성적 연결emotional connections'을 형성한다("그가 나를 공격하기 때문에 나는 그를 싫어한다"). 그러나 이들 격률은 기껏해야 우리에게 행동의 설명이 아니라 해석을 허용할 뿐이다. 'verstehen'을 통해 나는 복수의 행동으로서 살인을 인정한다("만약 그가 나에게 그런 일을 했다면, 나도 그를 죽였을 것이다"). 그러나 거기에는 동기의 이론과 이와 같은 이론에서 복수가 수행하는 역할은 암시조차 되어 있지 않다.

동일시를 통한 동작의 해석은 내 느낌에는 행동과학에서 근본적인 중요성을 가진다. 이러한 과정이 없으면 동작은 우리가 받는 모든 통신이 암호로 된 것처럼 해석되는 것이 아니라, 컴퓨터에 의해 수행되는 그러한 종류의 과정에 따라 해독될 뿐이다. 우리는 이렇게도 작업을 진행할 수 있다. 그러나 사실 그렇게 하는 일은 극히 드물고, 우리가 늘 그렇게 해야 할 정당한 이유도 없다. 아직도 'verstehen'의 작용은 암호풀이와 마찬가지로 추론적이고 미심쩍다. 그 결과는 친숙한 것이고, 일반적으로 말해 신뢰할 만하다. 그러나 그것이 그 자신의 타당화를 담보하는 것은 아니다. 행위의미에 대해서는, 'verstehen'은 — 인간이 모든 그들 자신의 행위를, 비록 무엇이 이들에게 재채기 같은 것을 일으키게 하는지 알지 못할 수 있다고 해도, 설명할 수 있는 재능을 부여받았다고 가정하지 않는 한 — 거의 적합성을 가지지 못한다. 그리고 동작의미에 대해서 'verstehen'이 제공하는 것은 가설이지 검증이 아니다. 그렇지만 에이블이 지적한 바와 같이, 우리가 관찰된 것을 개인적 경험에 관련시킬 때, 우리의 호기심은 충족되고 친숙성이 순수한 설명의 자리를 대신 차지하는 경향이 있다는 점에서 우리는 자신을 기만하기 쉽다. 우리는 그것이 우리 자신의 행동보다 더 납득하기 어려운 것이 아니라고 볼 때, 즉 우리가 동작의미를 공유할 때, 왜 어떤 사람이 어떤 행동을 했는지 이해한다고 느낀다. 그러나 이는 우리가 왜 어떤 사람이 어떤 일을 했는지를 오직 '무슨 목적으로'라는 심리적인 뜻에서 아는 것이지, '무슨 이유로'라는 과학적인 뜻에서 아는 것이 아니다. 간단히 말해, 우리는 원인이 아닌 동기를 깨닫는 것이다. 그러나 이러한 깨달음 또한 값진 자료가 될 수 있다.

참여자 관찰방법에 대해서도 비슷한 평가를 할 수 있다. 참여자는 독특한 종류의 증거를 얻는 것이 아니라 그런 증거를 얻는 데 유리한 위치에 있을 뿐이다(51:51). 그가 이를 공유하고 있을 때, 동작의미는 그에게 더 쉽게 다가갈 수 있다. 다른 한편, 이미 앞에서 언급한 바와 같이, 그 자신의 개입으로 그의 관찰에 왜곡이 일어나기도 한다. 이러한 왜곡은 관찰이 내부성찰적일 경우에조차, 아마도 특별히 그럴 때에, 충분히 발생할 수 있다("내가 말하지만 나는 화나지 않았어. 나는 아니란 말이야!"). 또한 행위의미에 대해서는 참여자가 다른 어떤 이론가보다 더 유리한 위치에 있는 것이 아니다.

많은 방법론에는 그것이 내적 성찰과 동일시에 대해 취하는 입장에서 특별히 주목되는 어떤 오만함이 있다. 이들은 이러한 방법들이 필수적이라든지 아니면 금지되었다든지, 행동과학은 이들 방법을 사용해야만 한다든지 아니면 절대 해서는 안 된다고 주장한다. 이러한 태도는 아마도 §4에서 언급한 방어적인 결사 및 배제와 관련되어 있고, 행동과학에서 수학의 위치와 같은, 또는 인간의 연구에서 동물 실험의 위치와 같은 문제에 관한 표현에서도 발견된다. 이들 질문에 대해, 나는 왜 방법론을 율법이 적힌 돌판에서 받아야 하는지, 왜 과학자의 생활양식으로 "너는 해야만 한다"나 "너는 해서는 안 된다"라는 계명이 입안되어야 하는지 그 이유를 찾을 수 없다. 우리가 이제까지 논의해온 방법들의 경우, 현재 일하고 있는 과학자들이 그곳이 어디든 그것들을 유용하게 쓸 수 있는 장소를 가지고 있다. 방법의 유용성은 전적으로 과학자가 이들을 쓰는 데 달려 있다. 율법을 입안하는 방법론자는 모든 사람이 각자 예언자가 되기를 바란 모세의 소망을 잘 기억해야 할 것이다.

§17. 실험의 기능

기본적으로 실험은 특별히 관찰을 목적으로 도입된 상황에서 수행되는 관찰 과정이다. 위대한 천문학자 허셜은, 실험을 실제로 천문학에서는 그러한 '능동적 관찰' 이상의 아무것도 아닌 것으로 특징지었다. 그러나 어떤 과학적 관찰도, 우리가 보아온 바와 같이 전적으로 수동적이지는 않다. 과학자가 관찰 이전과 과정 중에 얼마나 개입하느냐는 정도의 문제일 뿐이다. 따라서 관찰과 실험 사이에는 엄격한 구분이 없고, 일련의 단계 구분과 조정만이 있을 뿐이다. 염색을 하고 슬라이드에 올려놓음으로써 박테리아를 연구하는 생물학자는 통상적으로 실험을 수행하는 것으로 생각되지 않는다. 그러나 그의 개입은 살아 있는 유기체에 대해 이루어지는 관찰과는 다른 종류의 것이며, 다른 통제를 요구한다. 행동과학자는, 단순히 면접을 위해 자기의 연구대상자를 연구실로 데려가는 것만으로도, 이미 관찰하고자 기대하는 그것에 꼭 필요한 적합한 조건을 도입하게 되고, 따라서 어느 정도 실험을 수행하게 되는 것이다.

실험이 할 수 있는 것

이러한 넓은 뜻에서, 경험과학에서 실험의 중요성은 아무리 강조해도 과장할 수 없다. 푸앵카레(140: 31에서)는 이에 내해 이것은 "유일한 참의 근원이다. 이것만이 우리에게 새로운 어떤 것을 가르쳐준다"라고 말했다. 과학이 고대 그리스, 인도 및 중국 문화에서 더 이상 발전하지 못한 것은 적어도 부분적으로는 이들 세 문화의 어떤 요인이 유사한 실패를 가져왔는가에 대한 문제로 우리의 관심을 이끈다. 이들은 이성의 힘이나 그 힘의 사용에 있어서는, 사변적으로나 절제된 수학 형태에 있어서나 둘 다 부족함이 없었다. 관찰은 또한 때로는 예리하게, 그리고 열심히 행해졌다. 그러나 관찰은 피상적 자료, 즉 가장 쉽게 구할 수 있는 것에 한정되었다. 그리고 관찰은 이성의 산물에 대한 관련을 최대화하도록 통제되거나 체계적인 방식으로 수행되지는 못했다. 문화가 손으로 일하던 사람과 정신을 사용하던 사람을 하나의 개인으로 통합하거나, 또는 하나의 공유된 기업으로 통합하기 전까지는 과학은 환상적으로 빠른 성장을 시작하지 못했다.

과학의 기본적 경험주의를 표출하는 것이 실험시행experimentation이다. 과학자는 자연이 그의 면전에서 문을 쾅 닫아버릴 위험을 각오하지 않고서는 자연의 비밀 피난처로 우리를 인도할 수 없다. 실험시행의 중추 원리는 결과가 우리가 좋아하는 것이든 아니든 상관없이 그것을 수용하지 않으면 안 된다는 것이다. 여러 번에 걸쳐 조심스럽게 반복해 묻는 것이 지혜로운 것 같은 경우에도, 숙녀에게 당신의 대답이 정말 믿을 수 있는 것이냐고 묻는 것은 현명한 처사가 아니다. "실험결과의 수용 여부를 결정하는 문제에 당면할 때는, 다른 사람의 것과 마찬가지로, 자신의 의견도 무시할 필요가 있다"라고 생리학자 클로드 베르나르Claude Bernard는 말했다(38:236의 뒤앙을 인용함). "우리는 실험결과 모두를 그것이 마치 스스로 예측되지 못한, 그리고 우연적인 것을 제시하는 것처럼 그렇게 받아들이지 않으면 안 된다." 학생들은 때대로 '퍼지인자Fudge's factor'(많은 다른 이름으로 알려짐)를 — 실험실 편람에 구체적으로 제시된 크기를 얻기 위해 관찰된 결과에 곱해야 하는 숫자를 — 사용한다. 기막히게도 현행 과학자들 가운데 덜 노골적이지만 유사한 '조정'을 실시하는 사람들이 있다. 텔레파시 능력자들은 준비운동을 할 필요가 있다. 그렇지 않으면 그들은 피곤해지거나 정신이 흐트러진다. 따라서 일련의 시행에서 어떤 부분이 수용하기 어려우면 그것이 무엇이든 무시되기 쉽다. 나는 한때 강의에서 예시로 보여줄 수열을 얻으려 주사위를 던지는 확률 이론가를 본 적이 있다. 그런데 그는 그만 결과가 예시로서 충분히 '무작위적'이 아니라는 결론을 내리고 말았다. 실험의 판단에 따름으로서, 우리는 세상이 우리의 기대에 부응해야 한다는 주제넘은 요구를 수정하게 된다.

인간에 대한 연구에서 실험은 아주 최근에야 중요한 역할을 수행하기 시작했다. 상당한 동안, 인간 행동에 대한 생각은 대체로 사변적이었고, 그 인지양식은 순수문학적이었다. 사실의 문제와 관련이 있을 때에 한해서, 기껏해야 경험적 일반화 정도만이 허용되었다. 그것은 조건을 다양하게 하면서 관찰된 관계에 필수적인 요소가 무엇인지를 결정하는 실험을 하지 않고 법칙에 도달하기는 어렵기 때문이다. 최근의 과학철학과 이와 연관된 재구성논리에서조차, 실험은 당연히 받아야 할 주목을 받지 못하고 있다. 현대 논리경험주의는 경험주의적이기보다는 논리적이며, 형식주의적 전망에서 실험은 크게 느껴지지 않는다. 그러나 인지양식의 다양성과 이들 각각이 과학적 기업에 나름대로 공헌하고 있다는 점은 인정해야 한다. 모든 과학자가 퍼스가 '실험실 정신laboratory mind'이라고 부른 것을 가지고 있는 것은 아니며, 다양한 기법과 기질이 탐구의 일부가 된다. 그것이 제시하는 새로운 실험 때문에 이론을 중요하게 생각하는 과학자가 있고, 실험시행을 이론을 산출하고 검증하기 위한 과정으로만 보는 과학자들도 있다. 과학사는 두 가지 종류의 과학자를 구분하지 않고, 그들 중 많은 이름에 대해, 그리고 다른 종류의 과학자들 가운데서도 마찬가지로, 관찰의 정확성의 탁월함으로, 정교한 수학적 분석으로, 또는 획기적으로 단순화된 종합명제로, 존경을 표시한다. 우리 하느님 아버지 집에는 거할 저택이 많다.

내가 믿기로는 이 옛 진리는 오늘날의 행동과학에서 실험에 대한 태도가, 마치 손을 올려놓는 것만으로 병든 관념을 고치는 효과가 있는 것처럼, 일종의 의례주의로 전락할 위험에 처함에 따라(64:104) 새로운 중요성을 얻게 되었다. 모든 의례에서와 같이, 강조는 내용에서 형식으로, 본질적인 질문에서 절차적인 질문으로 옮겨가고, 미덕은 고정된 연결동작의 적절한 수행으로 국지화된다. 특정 기법들이 '진짜the 과학적 방법'과 동일시되며, 이들 기법을 적용하지 않은 탐구는 과학적 중요성을 갖지 못하는 것으로 무시된다. 물론 공공연하게 이러한 관념에 찬동하는 행동과학자는 별로 없다. 관찰은 모든 과학에서 기초로 남아 있다. 그러나 모든 관찰이 완전하게 발전된 실험으로 수행되어야 하는 것은 아니다. 이는 행동과학에서는 물론 물리학과 생물학에서도 그렇다. 실험이 비교적 부차적인 역할을 수행하는 분야 가운데 그 업적이 중요한 것으로 인정받는 학문 분야가 많다. 거기에는 천문학, 해양학, 고생물학, 체질인류학, 고고학, 언어학 등 적지 않은 분야가 속한다.

간단히 말해, 실험은 과학자를 위해 — 아마도 자신이 달리 희망할 수 있는 것보다도 더 — 많은 일을 한다. 그러나 이것이 과학자가 실험 없이 살 수 없다는 것을 말하지는 않는다. 모든 수용할 수 있는 재구성논리에서 실험의 위치는 탐구에서 실험의 기능에 대한 현실적인 평가에 의존하지 않으면 안 된다. 이들 기능은, 네이글(103: 452부터)이 그렇게 부른 바와 같이, '통제된 관찰'의 기회를 제공하는 것 그 이상이 — 그 이하도! — 아니다. 자기-의식적이고 명시적 실험설계의 실질적인 창시자인 피셔의 말에 따르면, 실험적 관찰은 "단지 미리 조심스럽게 계획된 경험일 뿐"이다. 이 간단한 어구는 과학적 탐구의 두 가지 가장 일반적이고 기본적인 특질 — 경험주의와 논리정전에 순응하는 탐구에 있어서의 합리성 — 을 준거로 한다. 이는 또한 어떻게 이 두 속성이 하나로 규정되도록 수렴될 수 있는지 힌트를 준다. 실험은 이성과 경험의 결혼으로 완성된다. 그리고 본질적으로 정신적 삶은 아닐지라도, 이는 우리의 지적 생활과 사랑을 가장 열정적이고 풍성하게 표현한다.

실험이 할 수 있는 것은 우연한 조우, 또는 어느 정도는 계획되지 않은 조우와 구분할 수 없는 관찰의 에러를 최소화하는 것이다. 실험자는 그가 왜 그 일을 하는지 알고 있으며, 이 도박이 할 만한 가치가 있는 것인지를 (그리고 어떤 면에서 그런지를) 가장 침착하게 판단할 수 있는 위치에 있다. 에러를 방지하지 못하면 실험은 에러의 발견과 수정을 촉진시키고, 우리로 하여금 우리가 얻는 것을 가지고 최대한으로 참고 지낼 수 있도록 준비시키고, 불가피한 인간의 연약함 뒤에 숨겨진 덕을 찾아낼 수 있도록 한다. 우리는 실험을 통해서 우리 자신이 선택한 매우 드문, 그리고 특별한 상황에서 관찰할 수 있는 능력을 얻게 된다. 그리고 우리는 그것이 우리의 경험을 풍부하게 해주리라는 소망에서 이러한 상황을 선택한다. 실험은 실재에서 겉옷을 벗겨내고, 문제점들을 시험에 부치도록 함으로써, 독립변수들로부터 종속변수들을 구분하게 하는 설계다. 그리고 이를 가지고, 우리는 재능을 발휘해서 다루기 매우 까다로운 자료로부터 정보의 추출을 최대화하는 작업을 하게 된다.

실험의 종류

한마디로, 그러나 실험적 연구가 달성하는 것이 무엇인지를 서술해줄 수 있는 단어는 하나도 없다. 다른 실험은 다른 것을 행한다. 우리는 실험의 일반적 개념을 만족시키는 단일 직무수행 수준의 일반성에 늘 머물러 있을 필요는 없다. 재구성논리 역시 때로는, 많은 것 가운데 하나를 밝혀서가 아니라, 논리의 이름을 주어진 논리의 예정된 일반성 밖에 놓여 있기 쉬운 많은 특정 탐구물에 적용하기를 거부함으로써 우아한 단순성을 성취한다. 여기서는 실험이 할 수 있는 여러 가지 일 가운데 몇 가지, 그것들이 기능에 따라 분류될 때 인식될 수 있는 실험의 여러 종류 가운데 몇 가지를 소개하고 있다.

어떤 실험은 (소위) 방법론적이다. 이들은 어떤 특정의 탐구기법을 개발하고 개선하는 데 봉사한다. 전형적으로, 우리는 주어진 방법론적 실험의 가시적인 주제에 관련해서 무엇이 적합한 자료와 법칙인지를 이미 알고 있다. 실험의 결과는 우리에게 다른 사례에서 이와 같은 지식에 도달하는 방식에 관해서만 어떤 새로운 것을 말해준다. 만약 어떤 기법의 적용 결과가 우리의 기대에 어긋나면, 우리는 주제에 대해서가 아니라, 그 대신 채택된 기법이나 기법 채택 상황에 대한 우리의 신념을 바꾼다. 관찰이나 측정의 도구는 표준화되고 눈금 조정이 되어 있어야 한다. 이들 결과가 달성될 수 있도록 이끄는 조작이 바로 방법론적 실험이다. 탄소 연대 측정은 이후에 연대가 알려지지 않았거나 불확실한 다른 물체의 나이를 계산하는 데 유용하게 쓸 수 있도록 하기 위해 알려진 고대 재료에 적용되지 않으면 안 된다. 창의성이나 잠재적 동성애성의 검사는 알려진 인구 집단을 대상으로 표준화되지 않으면 안 된다.

실험이 달리 어떤 유용한 기능도 수행하지 못했다고 실험자가 고백할 수밖에 없을 때 이 실험은 흔히 '방법론적'이라고 불린다. 따라서 이 호칭은 애매성을 띠게 된다. 그러나 위에서 언급한 뜻에서 방법론적 실험이 과학에서 흔하고 중요하다는 데는 의문의 여지가 없다. 모든 실험은, 성공하면 특정 기법에 대한 우리의 신뢰나 숙련의 정도를 높이고, 실패하면 이론적이거나 다른 선상정들보다는 기법에 허점이 있을 가능성에 대해 주의를 돌리게 한다는 점에서, 어느 정도는 방법론적이라고 말할 수 있다.

어떤 종류의 방법론적 실험은 충분히 그 이름에 걸맞는 중요성을 가지고 있다. 예비조사pilot study 또는 '사전검사pretest'라고 알려진 것이 그것이다. 이러한 실험의 설계는 현재 계획 중인 본실험에서 역할을 담당할 특정 변수들의 크기를 확립하기 위해 — 예를 들어 대상자들에게 이 실험수행에 얼마의 시간을 할애해야 하는지를 결정하기 위해 — 이루어진다. 또는 이러한 실험은 특정 오염 요소들이 본실험의 연구결과를 모호하게 만들 정도로 충분히 강력한 것인지의 여부를 — 예를 들어, 실험 상황에서 대상자의 반응이 관찰자의 성에 따라 의미가 있을 정도로 달라지는지의 여부를 — 결정할 목적으로 실시되기도 한다. 그러나 불행하게도, 너무 자주 '사전검사'로 불리는 것이 연구의 어설픈 계획, 엉성한 집행, 또는 조잡한 분석으로 죄의식을 가진 실험자가 자신의 업적을

'예비조사'로 제시함으로써 그나마 체면을 지키기 위한 구실pretext로 사용된다. 이러한 활동을 사전검사로 부르는 것은, 기껏해야 만약 다른 사람이 꼭 행해져야 하는, 그러나 수행되지 않은 이 실험을 수행한다면, 우리가 배우게 될 것이 무엇인지를 얘기하는 것이 된다. 흔히 적절하다고 일컬어지는 예비조사는 다른 어떤 실험과 마찬가지로 돌봄과 사전 배려를 필요로 한다. 음악가가 그의 악기를 조율하는 소리를 듣는 것은 예술적 경험과는 거리가 멀다. 그러나 이는 또한 본질과 기능에서 보잘것없는 연주를 듣는 것과는 아주 다르다.

또 다른 종류의 실험은 발견도출적heuristic 실험이다. 이는 관념을 발생시키거나, 추후 연구를 위한 실마리를 제공하거나, 새로운 탐구의 길을 열기 위해 설계된다. 최초의 미로를 달리는 실험이나 자유연상 실험이 이러한 형태의 것이라고 볼 수 있다. 때로 발견도출적 실험은, 최근 목적적이고 지적이기까지 한 행동을 모의·모방하는simulate 가공물 구축의 예에서 보는 바와 같이, 열매가 있는 비유를 찾아낼 희망으로, 모델(이 용어의 여러 뜻 가운데 하나로—§30을 보라)을 사용한다. 모든 실험은, 확실히 앞날을 바라본다는 점에서 발견도출적이라고 부를 수 있다. 그것이 우리에게 무언가 얘기한다면, 그것은 "다음은 뭐지?"라는 질문에 어떤 대답을 제공한다는 것이다. 부분적으로는 이런 이유로, '발견도출적'이라는 호칭은 '방법론적 실험'과 '예비조사'라는 용어들처럼 빈약한 실험을 위장하기 위해 사용하는 경향이 있다. 적어도 이만큼, 우리가 이제 다음에 해서는 안 될 것을 아는 만큼 성취한 것처럼 가장하기는 쉽다. 그러나 이러한 가장이 순수하게 발견도출적 연구의 공헌을 평가절하하는 것이 되어서는 안 된다.

탐색적exploratory이라고 불리기도 하는 특수한 종류의 발견도출적 실험이 있다. 이는 솔직하게 바로 '만약 ~라면' 무슨 일이 발생하는지를 알기 위한 의도에서 행한다. 때로는 이것은, 그 적용이 매우 유망하게 보일 때까지 광범한 문제와 주제를 통해 시험을 행하는, 새로운 기법과 연관되어 있다(예를 들어, 방사능의 초기 역사를 참조하라). 탐색적 실험은, 약품의 최적 투여량을 고정시키려 할 때와 마찬가지로, 어떤 모수의 체계적 변이에 따른 결과의 변동 범위를 결정하기 위해 실시되기도 한다. 또는 어떤 가능성의 집합을 다 소진할 때까지 시행착오 식으로 실시되기도 한다. 일반적으로 탐색적 실험은 우연적 발견serendipity을 낳는다. 이는 우리가 행운으로 돌리는 부분이다. 소위 우주'탐사'는 방법론적 실험뿐 아니라 탐색적 실험도 멋지게 예시한다. 그리고 내가 이들을 예비조사라고 불러도 아마 양해가 될 것이다.

아마도 실제 과학적 맥락에서 가장 일상적인 실험은, 상대적으로 잘 한정된 대상 또는 상황의 특정 크기나 특성의 결정을 목표로 하는, 우리가 사실-발견적fact-finding이라고 부르는 실험일 것이다. 이 형태의 실험은 지능검사나 여론조사의 실행을 예로 들 수 있다. 이러한 점에서 용어 '사실'은 오해를 불러오기 쉽다. 그것은 이러한 종류의 실험이 목표로 하는 것은 때로는 특정 사실의 문제보다는 보편적 법칙으로 형성되는 경향이 있는 고정성의 확정이기 때문이다. 예를 들어, 신경 충격의 전달 속도를 측정하기 위해 설계된 실험, 또는 영아기에 성숙 단계를 결정하기 위해 설계된 실험은, 획득된 지식이 결코 특정 실험 주제에 한정해서 적용되지는 않을지라도, 사실-발견적 실험이라고 부를 수 있다. 그러나 실험적 맥락을 벗어난 일반화는 또한 실험결과 그 자체가 제공할 수 없는 전제에 따라 이루어진다.

경계설정 실험boundary experiments은 공공연하게 어떤 법칙들의 집합과 연관되어 있고, 특히 극단적 조건을 염두에 두고, 법칙의 적용범위를 고정시키기 위해 설계된 사실-발견적 탐구로 이루어진다. 행동과학에서 이러한 실험의 예로는 불면증, 감각박탈, 지각적 문턱과 같은 연구를 들 수 있다. 경계설정 실험의 중요성은 대체로 문제의 법칙에 더욱 중심적으로 편입된 현상에 대해 이미 알려진 것이 무엇이냐에 달려 있다. 우리는 이들을 내적 그리고 외적 애매성 둘 모두를 줄이는 것을 목표로 하는 실험이라고 말할 수 있다. 이들은 법칙이 특정화하고 있는 조건들의 한계선상에서 어떤 일이 일어나고 있는지를 확정하고, 또한 이들 조건을 보다 충실하게 특정화하는 데 도움을 준다.

모의모방 실험simulation experiments은 모델에 관한 실험이다. 이들은 명확하게 실험조건과 관련된 어떤 '실제' 조건하에서 무슨 현상이 발생하는지를 알기 위해 설계된다. 예를 들어, 바람 터널은 모의모방 실험을 위한 기구이며, 대학 적성검사도 상당히 유사한 기능을 수행한다. 이 두 가지 종류의 사례에서는 모두, 이후의 수행과 관련해 반드시 어떤 예측이 행해져야 한다. 물론, 모든 실험은 어떤 식으로든 예측적이다. 만약 그 결과가 현재의 상황 밖에서는 아무 적용성도 갖지 못한다면 이는 실험의 중요성을 모두 상실하게 된다. 실험은 그 이후의 사용을 목표로 해서 어떤 것을 시도하는 것이다. 모의모방의 경우, 우리는 실제로 마음에 품고 있는 것과는 매우 다른, 그러나 우리가 차이를 고려할 수 있도록 그렇게 선택되거나 설계된 상황에서 실험을 시도한다. 올라프 헬머Olaf Helmer와 니컬러스 레셔Nicholas Rescher가 지적한 바와 같이(56:35), 우리는 현실적인 실험이 지나치게 비용이 많이 들거나, 또는 물리적으로나 도덕적으로 불가능할 때에, 아니면 실제 상황이 너무 복잡할 때에 모의모방 실험을 한다. 행동과학에서, 소위 '작전게임operational gaming'은 일종의 모의모방 실험인데, 군사전략, 냉전문제, 협상상황, 산업경쟁과 같은 곳에 적용되었다. 모든 모의모방 실험에서 가장 기본적인 문제는 '척도화scaling' ― 즉, "모의모방 모델에서 현실세계로의 결과 이전(56:40)" ― 의 문제다. 배나 비행기, 건물이나 다리의 축소모델은, 그것이 잘 설계되었더라도, 만약 평면이 1차원의 제곱으로 커지는 데 반해 부피와 질량은 세제곱으로 증가한다는 사실을 간과하면, 실물크기에서 필요한 사항을 충족시키지 못할 것이다. 따라서 행동과학 실험에서 척도화의 문제는 실험실 조건이 단순 축소된 동기와 갈등만을 제공할 때 특별히 중요해진다(§19를 보라).

　　과학철학에서 실험에 관한 통상적인 논의는, 법칙발견적 실험nomological experiments이라고 부를 수 있는, 오직 한 가지 형태에 초점을 맞추고 있다. 이 것은 법칙을 형성하고, 어떤 또는 다른 가설을 증명하거나 거부하는 것을 목 표로 한 실험이다. 어떤 때는, 대부분의 다양한 초감각적 지각에 대한 실험 에서 보는 바와 같이, 단순히 경험적 일반화가 관심의 대상이 되기도 한다. 더 전형적으로, 이는 경험적 일반화를 좁은 뜻에서의 법칙(§13)으로 변형시 키려는, 즉 실험조건을 여러 가지로 다르게 함으로써, 경험적으로 주어진 연 결을 위해 필요하고도 충분한 것이 무엇인지를 밝히려는 시도를 가리킨다. 밀은, "단순 관찰증거에 실험증거를 더할 때까지", 우리는 "무조건적인 선행 성antecedence이나 인과성이 아니라, 단지 경험의 한계 안에서 불변의 선행성 을 증명할 뿐"이라고 말하고 있다(94: 252~253). 법칙발견적 실험은 어떤 결 과에 꼭 필요한 무엇을 끄집어내도록 설계된다. 엠파이어 스테이트 빌딩, 센 트럴 파크, 그리고 스태튼 아일랜드 페리는 모두가 아름다운 한 여인을 연상 시킨다고 고백한 프랑스 방문객은 드디어 "모든 것이 분명해!"라고 설명했 다. 현상은 통상적으로 자신의 설명을 제공하라는 데 그렇게 순순히 응하지 않는다. 바로 여기에 발견법칙적 실험의 역할이 있다.

　　현재까지 가장 친숙한 법칙발견적 실험의 행태는 결정적 실험crucial experi-ment이라고 불리는 것이다. 어떤 현상에는, 경험적으로 주어진 자료에 어긋 나지 않는, 두 가지 또는 그 이상의 설명을 사용할 수 있다. 결정적 실험은 여 러 대안적인 것들 가운데 오직 하나에 의해서만 설명될 수 있는, 따라서 그것 이 바로 '올바른 설명the correct explanation'임을 보여주는, 결과를 얻기 위해 설 계된다. 방법론적 문헌이 보여주는 이러한 실험에 대한 높은 논의 빈도와 실 제 과학적 실행에서 나타나는 이들 논의의 희소성은 (논의가 발생할 때 그것이 갖는 중요성에 있어서는 아니지만) 전혀 비율적으로 맞지 않는다. 어빙 코피

제4장 실험　213

Irving M. Copi(25)가 유려한 논의에서 지적하고 있는 바와 같이, 늘 동일한 실험적 발견에 대해 여러 다른 해석이 가능하다. 어떤 특정 검사가 제안된 설명의 정확성을 담보하는 데 핵심적이라는 주장은 문제의 핵심을 피해 가는 결과를 낳기 쉽다. 오직 동화에서만, 신데렐라만이 유일한 발 크기를 가지며, 도둑들은 도둑의 모자가 불에 타고 있다고 외치는 소리를 들을 때 손으로 그들의 머리를 찰싹찰싹 때린다. 소박한 사실은 결정적 실험이 다른 대안들을 절대적으로 지지될 수 없는 것으로 만드는 반면, 단호하게 하나의 대안만을 세우지는 않는다는 것이다. 기껏해야, 이는 단지 확률적 균형을 바꿀 뿐이다. 쟁점이 되는 것은 항상, 선택된 대안에 집착하기 위해 우리가 얼마나 기꺼이 어려움을 감당하고, 얼마나 기꺼이 다른 것에 의문을 제시하거나 가정하는 일을 계속할 수 있느냐 하는 것이다.

상황논리는 "실험은 결코 고립된 가설을 비난할 수 없다"(38:238에서 뒤앙)라는 것이다. 여기에 개재되는 것은 항상 가설들의 총체적 연결망, 즉 포괄적 이론이다. 뉴턴은 (원통형) 물통의 물이 회전할 때 무슨 일이 일어나는지에 근거해서 절대적 공간의 존재를 주장했다. 물은 천천히 맨 윗부분까지 올라가고 물통이 갑자기 정지하면 점진적으로 밑으로 가라앉는다. 그러나 마흐는 물이 절대적 공간에서가 아니라, 천체에 비례해서 회전한다고 주장했다. 멀리 떨어진 하늘의 물체가 관성적 질량에 책임이 있다는 것은 진실처럼 들리지 않을 수 있지만, 이는 가능하며 실험 자체로는 거부할 수 없는 설명이다. 그리고 만약 아인슈타인이 옳다면, 이는 선호되는 설명이다. 실험이 명시적으로 계획되고, 보다 제한적인 가설보다는 포괄적 이론에 비추어 해석된다면, 이러한 실험을 이론적 실험theoretical experiments이라고 부를 수도 있다. 때때로 이들은 뉴턴의 실험과 같이, 또는 갈릴레오가 수행한 실험의 일부와 같이, 단순하기도 — 그리고 심오하기도 — 하다. 그러나 이들은 또한, 상대성이론의 가장 중요한 실험적 검사의 하나인, 개기일식 기간 태양의 중력

장에서 나타나는 별빛의 굴절에 관한 관찰처럼 복잡할 수도 있다.

행동과학에는 실험시행에 적합한 충분히 풍부하고 정확한 이론이 없기 때문에 이 분야에서는 이론적 실험을 찾을 수 없다는 주장이 널리 퍼져 있는데, 내가 믿기로 이는 잘못된 관념이다. 나는 오히려 이론적 실험이, 만약 있다면, 너무 자주 있다 — 즉, 행동과학에서는 해석을 위해 아주 많은 지원 가설을 요구함으로써 구체적인 실험 결과의 의미를 모호하게 하는 실험이 너무 많다 — 는 입장에 기울어져 있다. 이론에 관한 한 나의 인상은 — 이것은 단지 인상에 지나지 않지만 — 행동과학자는 가난으로 고생하기보다는 지나친 풍요 때문에 더 고통을 당하고 있다. 이론적 실험은 과학을, 이론적 과학조차도, 앞으로 나아가게 하는 유일한 수단이 아니다. 이러한 실험은 따로 떼어놓고 보면 가장 중요한 것일 수도 있지만, 이들의 공헌은 다른 종류의 누적적인 효과와 맞먹는 것이거나 이에 압도당하기까지 하는 것일 수도 있다. 모든 실험이 노벨상을 목표에 두고 설계될 필요는 없다. 모든 병사가 배낭에 장군의 지휘봉을 넣고 다닌다는 믿음은 군대의 사기를 높일 수도 있다. 그러나 모든 장군이 자기 뒤에 병사의 군단을 필요로 한다는 것을 잊어서는 안 된다.

다른 종류의 실험도 있다. 그것은 미래 연구자들을 훈련하고 과학자 자신의 또는 일반 대중의 추후 교육에 공헌함으로써 단지 간접적으로만 과학의 목적에 봉사하는 실험이다. 나는 이들을 예시적 실험illustrative experiments이라 부른다. 이들은 이미 어디에선가 가용한 지식에 보탬이 되는 것이 아니라, 오직 실험이 제시되는 특정 관객들이 아는 무언가에 보탬이 될 뿐이다(이러한 한계는 또한 의도하지 않게 다른 종류의 실험에도 적용되는 경향이 있다. 여기서는 이 상황이 처음부터 정확하게 이해되고 있다). 역사적으로 중요한 실험이나 어떤 분야의 현 상태에서 중요하게 여겨지는 실험의 교실 안에서의 반복이 예시적 실험의 사례로, 이는 과학자가 스스로 그것이 어떻게 나타나는지 알아보려는 마음에서 행하는 반복실험과 같은 것이다.

때로는 예시적 실험은 마치 은유의 제정, 다소나마 지시적인 유추의 극화와 같다. 상자에 갇힌 몇 마리의 쥐가 상자의 반대편에 있는 지렛대를 누름으로써 음식 구멍에서 음식 조각을 얻는 훈련을 받았다. 두 마리 쥐를 같은 상자에 넣었을 때, 분출된 음식은 지렛대를 누른 쥐가 도달하기 이전에 다른 쥐가 급히 먹어치웠다. 곧바로 그 둘은 음식 구멍에서 기다렸고, 아무도 지렛대를 누르지 않았다. 드디어 하나가 미친 듯이 지렛대를 여러 번 마구 누르고, 그다음 급히 달려가 아직 채 먹지 않은 남겨진 조각 몇 개를 확보했다. 이와 같은 실험은 다양한 사회 및 경제 철학의 관점에서 상당한 논평을 불러올 수 있으며, 극심한 경쟁, 노동착취, 잉여가치, 계급갈등 아래에서의 생산의 와해를 예시하는 것으로 간주될 수도 있고, 그 밖에 어떤 것이 더 있는지 나는 알지 못한다. 그러나 솔직하게 말해 이러한 실험은 이들 문제에 대해 아무것도 증명하지 못한다. 일반적으로, 예시적 실험은 구체적인 사실적 예측, 가설, 또는 일반 이론을 위한 증거를 제공하는 입증적 실험probative experiments과 대비된다. 불행하게도, 예시적 실험은 왕왕 입증적 실험으로 잘못 받아들여진다. 특히 실험은 때때로 마치 그것을 설명하는 것이 이론의 일인 듯한 것으로, 다른 명백하고 강력한 사례를 더 이상 제공하지 못할 때 어떤 이론을 증명하는 것으로 생각된다. 이와 같이 인정받지 못하는 예시적 실험을 위해 줄 수 있는 가장 좋은 말은 이것이 때로는 발견도출적 가치를 갖는다는 것이다.

마지막으로, 소위 과학적 목표와 대조되는 것으로서, 통틀어 '실행적practical' 목표를 가진 실험형태가 있다. 이는 아마도 시운전trial run이라고 부를 수 있는 것으로, 탐구 밖의 어떤 목표를 위한 몇몇 선택된 수단의 임시적인 적용을 뜻한다. 시운전은 제한된 맥락에서 이루어지는 부분적인 시장조사나 작동연구operations research 결과의 잠정적인 적용, 또는 새로운 약물이나 치료방법의 선택된 환자들에 대한 검사가 그 예가 된다. 이것이 이후에 그보다 광범위한 검사를 기대한다는 점에서는 예비연구와 비슷하나, 여기서 이후의 검사는 이 역시 실험이 아니다. 그리고 시운전은 소규모의 연구로부터 대규모 현상에 대한 예측을 행한다는 점에서 모의모방 연구와 비슷하나, 여기서 소규모 상황은 모방되는 어떤 것이 아니라, 그 자체가 관심의 대상이 되는 그러한 종류의 상황이다. 시운전은 단지 물에 뛰어들기 전에 발가락을 디밀고 있는 상태이다.

내가 지금까지 살펴본 열 가지가량의 실험 형태는 결코 상호 배타적인 것이 아니다. 어떤 주어진 실험은 자동적으로 몇 가지 다른 형태의 예가 될 수도 있다. 형태의 명단도 모든 것을 망라하는 것이 전혀 아니다. 실험이 수행하는 기능을 더 상세히 분류하면 구분 형태도 더 많아진다. 중요한 점은 탐구에는 많은 방법과 단계가 있다는 것, 이들 각각에서 실험은 다양한 역할을 수행한다는 것을 인식하는 것이다. 이들 역할이 무엇인지는, 어떤 선호되는 재구성논리를 기초로 해서가 아니라, 과학 자체의 사용논리에 기초해서 확정되지 않으면 안 된다.

§18. 실험의 구조

모든 실험의 수행에는, 행위와 고난의 변증법이 작동한다. 실험자는 능동적으로 실험 상황을 찾고, 설계하고, 조성하고, 또한 실험을 행하며, 거기서 무엇을 만들어낸다. 그들은 그것이 기대에 부합하든 아니든 실험의 결과를 수용하는 데는 수동적이다. 모든 계획과 준비가 끝난 후에는, 자연은 말을 하는데 실험자의 목소리는 잠잠해지는 때가 온다. 실험자의 모든 행위는 오직 자신이 전적으로 수동적이 되는, 그의 마음이 수용적이고 순종적이 되는 진리의 순간을 맞을 준비를 위한 것이다. 그는 시나이로 가서, "들어라 이스라

엘아!"라는 소리가 울릴 때 벙어리가 된 채로 서 있다. 실험은 예언적이며, 계시의 드라마이다. 그러나 그것은 움직이지 않는 웅장한 장면에서 끝나는 것이 아니다. 계시된 것은 곧바로 해석과 논평, 일반화와 재구성의 문제가 된다. 실험자는 또다시 능동적이 된다. 그는 그에게 주어진 진리를, 그것이 참으로 자기 것이 될 수 있도록, 그의 산고와 결합시키지 않으면 안 된다.

일반화

첫째, 실험의 결과는 수정할 수 있어야만 한다. 이 과정에 위험이 따른다는 것이 실험자가 이를 수행할 필요성을 경감시켜주는 것은 아니다. 우리는 그 중요성을 파괴할 정도로 결과를 '수정correct'할 수도 있다. 우리는 진실에 맞도록 하는 것이 아니라 우리 자신의 선입견에 맞도록 자료를 '조정adjust'하기도 한다. 요리를 잘못하면 영양소와 맛 모두가 파괴된다. 그렇다고 우리가 날고기를 먹고 살아야 한다는 강박감에 사로잡히지는 않는다. 실험 자료에 대한 어느 정도의 수정 요청은 늘 있는 것이고, 이는 실험방법의 필수적인 일부분이 되어 있다. 실험은 항상 우리의 속성공간에 여러 개의 고립된 점을 제공할 뿐이다. 우리가 이들 점에 적합한 것으로 제공하는 곡선은 ― 푸앵카레가 강조했듯이(140:32) ― 일반적으로 이 점들을 관통하는 것이 아니라, 이들 근처의 어느 곳을 지날 뿐이다. 원자료는 실험이 '진실'로 보여주고자 하는 것의 근삿값으로 취급된다. 우리는 자료를, 그것이 (우리가 판단하건데) 근사한 것이 아니라 정확하다면 나타날 그 무엇에 따라 형태 전환함으로써 수정한다. 우리의 판단이 잘못될 수도 있다. 그러나 결과를 액면가 그대로, 마치 그것이 우리 앞에 나타난 모습 그대로인 양 택한다면 거기에도 역시 에러가 개재한다는 데는 의심의 여지가 없다.

관찰 에러에 대해 앞에서 우리가 언급한 바는(§15), 또한 실험환경에서 수행되는 관찰에도 적용된다. 우리는 먼저 실험을 에러의 출처로부터, 그것이 우리에게 이미 알려지고 통제될 수 있는 한 격리시키고자 한다. 우리는 적합한 반복과 통계적 분석을 통해 특정 에러를 무효화할 수도 있다. 실험설계의 중요한 임무 가운데 하나가 바로 에러의 무효화를 고려에 넣는 것이다. 어떤 요소들을 재결합함으로써 에러가 처음에는 한쪽 방향에서 다음에는 반대쪽으로 나타나게 만들거나, 또는 같은 에러가 테스트집단과 통제집단 모두에 나타나게 만드는 것을 그 예로 들 수 있다. 마지막으로, 막거나 무효화시킬 수 없는 것은 그 방향과 양을 측정하고 결과적으로 이에 상응해서 자료를 수정함으로써 에러를 평가절하하려는 시도를 하기도 한다.

통상적으로 실험조건의 표준화를 통해 달성하고자 하는 것이 에러의 평가절하 가능성이다. 그러나 이러한 표준화는 온당치 않게 강조될 수도 있다. 피셔(43: 100)가 지적한 바와 같이, 이는 "때때로 생각 없이 만병통치약으로 주창되는 경향이 있다". 비슷한 양의 관심과 주의를 에러를 막거나 무효화시키는 데 쏟는 것이 사후적으로 무시되는 요인을 지키려는 노력보다 우리에게 더욱 큰 보상을 가져다줄 것이다. 더욱이, 엄격하게 고정된 실험조건은 그 실험에 의해 산출된 정보가 바로 그 좁은 범위에 한정 적용되는 대가를 요구한다. 한편, 피셔는 계속해서 "우리는, 매번 실험조건 중 어떤 것을 의도적으로 변경시킴으로써, 결과의 정확성을 그리 손상시키지 않고, 우리의 결론에 더 넓은 귀납적 기초를 마련해줄 수도 있다"라고 말했다. 실험재료들을 작동하는 것으로 알려진 요소들에 맞추어 정리함으로써, 그리고 변량분석의 기법들을 사용함으로써, 우리는 에러의 출처 그 자체를 실험 주제의 일부로 만들기도 한다.

우리는 실험 자료의 수정만이 아니라 그 자료로부터의 일반화를 원한다. 우리가 관찰된 점들에 맞추는 곡선은 연속적인 것이며, 관찰을 쫓아 연결하는 선은 그 자체가 일반화를 대표한다. 우리에게 이러한 추론을 하도록 권한을 부여하는 어떤 것이 바로 훌륭한 실험을 구성하는 것이다. 푸앵카레(140:

32)는, 훌륭한 실험은 "고립된 사실 너머의 어떤 것을 우리에게 알려주는" 것이라고 말했다. "그것은 우리에게 앞을 내다보게 하는 것, 즉 우리로 하여금 일반화할 수 있게 하는 것이다." 알맞게 해석되고 수정된 실험 결과에서 우리가 발견하는 것은, 실험이 요구하는 충분히 특정화된 조건들 아래에서는 다시, 그리고 늘 발견될 수 있을 것으로 믿을 이유가 있다.

문제는 바로 이들 조건이 무엇인지 말할 수 있고, 실험 변수들과 실제 결과물에 반영된 불필요한 변수들을 구분할 수 있는가 하는 것이다. 특히 이러한 구분은 불필요한 변수들의 변량이 무작위적이 아니고 체계적일 때 문제로 떠오른다(§23). 실험계획은 우선적으로 바로 이러한 구분을, 뒤에 중요한 요소들과 '오염' 요소들 사이에 구분을 뚜렷하게 하도록 촉진시키는 데 맞추어져 있다고 할 수 있다. 대단히 초정상적인 사건들, 천성적으로 비범한 사람들, 자연의 불가사의들, 천재들, 정신병자들, 온갖 종류의 일탈자들의 출현은 때로는 '자연의 실험'이라고 얘기된다. 이들은, 실제로 그런 것처럼, 내가 '신비의 자료cryptic data'라고 부른 어떤 것의 출처를 구성함으로써 상당한 정도로 과학적 관심의 대상이 되기도 한다. 그러나 이들은 바로 이 점에서, 즉 일반화를 보증하기 위한 조건의 특정화에 필요한 통제의 도입을 미리 배제한다는 점에서 순수 실험과 다르다.

산출

실험설계는 다른, 그리고 이와 긴밀하게 연관된 임무를 가지고 있다. 그것은 단위 연구비용당 정보 산출량을 최대화하는 것이다. 피셔(43: 18~19)는, 실험의 불가피한 특성은 그것이 한정된 자원을 가지고 수행된다는 데 있다고 말한다. 비록 인지의 동작 그 자체가 몸에서 분리된 지성의 추상적 관념idea과의 거래로서 받아들여질be conceived지라도, 틀림없이 아무도 이 관념화conception

를 인지를 가능하게 만드는 실험조작에 적용할 수는 없다. 실험에는 필수적으로 에너지, 시간, 돈과 자재 등의 비용이 개입된다. 나는 그렇지 않은 척하면서 어떻게 탐구나 논리의 관심사를 추구할 수 있는지 알 수 없다. 실험을 계획하는 것은 항상 희소자원의 배분 문제다. 따라서 우리는 어떤 에러의 출처를 (또는 피셔의 말을 빌리면, '혼란의 원인causes of disturbance'을) 의도적으로 무시하고, 어떤 것에 주의와 보살핌을 기울여야 하는가를 결정하지 않으면 안 된다. 그리고 이를 위해서 우리는 어디까지 그 규모를 줄이는 수고를 감내할 가치가 있는지를 결정하지 않으면 안 된다. 가능한 에러의 출처를 모두 고려하는 실험을 훌륭한 실험으로 받아들이는 것은 아무 의미가 없다. 이와 같은 완전성은 천국에서도 발견할 수 없다. 신이 인간의 창조를 통해 증명하고자 했던 것이 어떤 것이든, 내가 상상하기로는 오히려 그 결과는 결코 확정적이 아니다.

이와 관련해 쿰스는, 그의 저서 『자료의 이론』(24: 제2장)에서, 정보이론에서 사용하는 관용어들을 매우 유용하게 사용하고 있다. "어떤 사람은 아마도 심리학적 실험을 대상자와 실험자 사이의 커뮤니케이션으로 간주할 수도 있을 것이다. …… 사람들은 선험적 근거에서 수로 용량이 크면 클수록 더 좋을 것으로 기대할 수도 있다. 그러나 이는 진정으로 그렇지 않다. 사람들은 금전적인 관점에서는 물론, 원천적으로 (인간) 유기체는 마모되고 피폐한다는 점에서도 자료에 대한 대가를 치른다. 지나치게 큰 정보 용량을 갖춘 방법은, 따분함과 피로를 통해 유통되는 정보량을 감소시킨다. 더욱이 유기체로부터 나오는 메시지의 잠재적 다양성은 그리 크지 않을 수 있다. 그럴 경우 너무 강력한 방법은 비효율적이다…… 이상적으로는, 원래의 정보 내용에 알맞은 자료 수집 방법을 선택해야 한다. 그러나 그것이 짐이 되어 볼멘소리를 만들어내는 것이어서는 안 된다. 이들 기준은 서로 갈등할 수도 있고, 자극 재료에 의해, 또는 사용 예정인 분석방법에 의해 도입되는 제약성과 갈등할 수도 있으며, 또는 시간과 돈과 같은 실질적 고려사항들과 갈등할 수도 있다." 내가 감히 얘기하고자 하는 것은, 행동과학에서는 어느 정도 너무 적은 것보다는 너무 많은 것을 찾아내려는 노력의 결과로 조잡한 실험이 행해지는 일이 더 흔하다는 것이다. 우리는 우리가 지불하는 만큼 얻는다. 그리고 흥정은 다른 어느 곳에서와 마찬가지로 연구에서도 불신을 낳는다.

요인들

불행하게도 방법론자들은, 때때로 실질적 요구를 논리의 장점으로 둔갑시키려 해왔다. 흔히 얘기되는 바에 따르면(64: 417), "실험방법의 중요성은 결과에 영향을 줄 것으로 생각되는 조건들 각각을, 한 번에 하나씩 제거해나가는 데 있다". 이 단일-요인 이론의 명백한 난점은, 이미 이 이론의 고전적 형태에서 지적된 바와 같이, 모든 조건이 독자적으로 존재한다는 가정에 있다. 한때 무엇이 토끼의 배란을 야기하는가를 확정하려는 시도를 가지고 일련의 유명한 실험이 행해진 바 있다. 차례차례로 일단의 가능한 인과적 행위소들 agents — 즉 각종 호르몬, 신경 맥박 등 — 이 제거되었으나 여전히 배란은 계속되었고, 드디어 한 자극원이 막힐 때는 다른 것들이 작동하기 시작한다는 것을 깨닫게 되기까지 행위소의 제거 실험은 이어졌다. 이 토끼는, 이렇게 말하는 것이 어떠할지 모르지만, 한 바구니에 모든 난자를 담아놓지는 않았고 결과적으로 실험자에게 자신의 예를 잘 따를 것을 충고한 셈이 되었다.

　독립성의 가정조차 없다면, 우리는 통상 어떻게 여러 요인들이 서로 의존하고 있는지를 말할 입장에, 특별히 이들 사이의 공변covariation 현상이 어떤 단순 함수로 표시될 수 있음을 말할 입장에 서지 못한다. 실제 우리는 궁극적으로 여러 요인들 가운데 어떤 것이 진정으로 중요한 요인으로 나타날 것인지에 대해 통상적으로 무지하다. 이러한 이유로, 피셔(43: 91~92)는 단일-

요인 이론은 실제 실험실 연구에서보다는 이미 알려진 그 무엇의 제시에 더 적합하다고 지적한 바 있다. 우리의 재구성논리가 이를 만든 사람들이 통상 교육자로서의 직업적인 의무감을 가지고 있는 사람이라는 정황의 영향을 어느 정도까지 받게 되는지 상상해보는 것은 흥미로운 일이 아닐 수 없다. 우리는 학생들에게 이러한 교육학적 노력의 특성이 우리의 사물에 대한 과학적 설명의 관념화conceptions에 무신경하게 들어갈 수 있다는 것을 설명하는 데 많은 시간을 소비하거나 엄청난 감정적 투자를 한다(§38).

사실상 우리는 한 번에 한 요인씩 검사한다. 그것은 "그렇게 하는 것이 이상적인 과학적 절차이기 때문이 아니라 요인들을 동시적으로 검사하는 것이 때로는 지나치게 번거롭거나, 너무도 많은 비용이 들기 때문이다". 실제로는 어떤 요인들을 조사해야 할지에 대한 선택조차도 "우리가 이 변수들이 자연의 법칙을 특별히 간결하게 표현하는 것으로 예상하기 때문이 아니라, 이들이 상대적으로 쉽게 통제되고 측정될 수 있는 변수들이기 때문에"(43: 92) 이루어진다. 이와 같은 실험설계의 결정 요인들에 대한 각성은 이미 성취된 것들과 아직 수행되어야 할 것으로 남겨진 것들에 대한 적절한 평가를 위해 중요하다. 이러한 각성이 더 중요하게 되는 것은 아마도 설계의 근저에 있는 가정들 ― 과학적인 것은 물론 '실질적'인 가정들 ― 에 대한 명시적인 진술이 이들을 비판적으로 평가할 수 있도록 하고, 그리고 다른 더 실제적인 것들로 대치할 수 있도록 하기 때문일 것이다. 이를 통해 실험 상황의 잠재력은 더 충실하게 실현될 수 있다. 우리는 여러 변수들을 동시적으로 조사하는 것이 그것들의 효과를 하나하나 따로 연구하는 것과 똑같이 용이하다는 것을 알게 될 수도 있다. 또는 당장 다루기 쉬운 요인들에 대한 실험보다 특정 요인을 통제하거나 측정하는 데 우리의 노력을 기울이는 것이 더 가치 있는 일이 될 수도 있다.

개념틀

이 모든 것의 결론은 실험적 방법이 가설과 이론의 개발 및 적용과 떼어놓을 수 없는 관계에 있다는 것이다. 왜냐하면 이들은 언제 우리가 실험적 상황으로부터 일반화할 수 있으며, 어떤 통제가 행해지지 않으면 안 되고, 후에 어떤 수정이 이루어져야 하는지를 우리에게 얘기해주기 위해 필요하기 때문이다. 이와 같은 개념적 지침이 없이는, 물리적 조작은 그 자체가 우연적인 중요성을 갖거나 전적으로 의미가 혼란스러운 상태로 남아 있게 된다("이는 어떤 것을 증명한다. 그러나 나는 그것이 무엇인지는 모른다!"). 우리는 어떤 실험의 개념틀conceptual framework을 실험의 설계와 해석에 개입하는 모든 관념작용 ideation을 구체화하는 것으로 얘기할 수도 있다. 실제 과학적 실행에서는, 모든 실험이 어떤 개념틀 안에서 수행된다. 확실히, 이것은 실험이 진행됨에 따라 수정되고, 오직 회고적으로만 명백하게 인정되며 이해될 수 있는 것이기도 하다. 그러나 이것은 계속 작동하고 있다. 그리고 개념틀은 어떤 종류의 실험에서는 다른 종류의 실험에 비해서 덜 중요하다. 탐색적 실험은 개념틀을 찾기 위해 수행되고 발견도출적heuristic 실험은 너무 일상화되어서 여기서 개념틀은 거의 주목의 대상이 되지 않는다. 그럼에도 개념틀은 실험시행 experimentation 그 자체에 필수적이다.

이와 같이 물리적 조작에 의미를 부여하는 전망보다는 물리적 조작 없이 실험을 때우는 것이 사실 훨씬 더 쉽다. 소위 사고실험thought experiment (Gedankenexperiment)은 전적으로 개념틀 자체 안에서만 수행되는 실험이다. 우리는 "'만약 ~라면' 무슨 일이 발생했을지 상상해보라"라고 말한다. 단순하게 작동을 머리에 그리는 것으로 우리는 그 결과를 충분히 상상할 수도 있다. 갈릴레오로부터 아인슈타인에 이르기까지 많은 과학자들의 업적이 이런 종류의 실험으로 가득하다. 중요하게도, 이 두 사람 모두 실험과학의 개념틀을 발전시키는 데 헤아릴 수 없는 공헌을 했다.

만약 그 사이에 사용된 개념틀이 바뀌었다면, 같은 물리적 조작이 다른 실험을 구성할 수도 있다. 어떤 실험은 결과적으로 거기에 매우 다른, 그리고 왕왕 훨씬 더 큰 유의성을 부여하는 2차 분석 — 즉, 새로운 개념틀에서의 분석 — 에 속하게 될 수도 있다. 2차 분석은 우연적 발견과 연관된 재발성 양상의 하나이다. 어떤 실험은 성취에 실패한 어떤 목적을 위해 수행된다. 그러나 우연하게도 단지 실험 전체를 다른 착상을 가지고 보기만 하면 극도의 중요성을 가진 것으로 인정되는 어떤 결과가 나타나기도 한다. 불에 구운 돼지에 관한 학위 논문에서 언급된 사건들은 과학적 발견의 유형에서 그렇게 멀리 떨어져 있는 것이 아니다. 어떤 재앙적인 실험도 만약 우리가 기대의 잿더미를 휘저으면서 무엇인가 찾기를 주저하지 않는다면 아직 우리에게 어떤 과학적 보상을 가져다줄 수 있다. 나는 첫 번째 원자폭탄을 터뜨린 과학자로서 온 지구가 폭발의 연쇄반응에 휩싸이지 않을까 염려하지 않았냐고 물었던 질문에 대한 존 폰 노이만John von Neumann의 대답을 기억한다. 그는 "아, 만약 그런 일이 일어났더라면 이는 우리가 핵물리학과 양자역학에 대해 아는 모든 것과는 완전히 다른 것으로 우리의 사고에 커다란 양식이 되었을 것!"이라고 말했다. 이는 사실상, 어떤 사람들에게는 전적으로 새로운 개념틀을 제공했을 수도 있었을 것이다.

요약하면, "이론은 그 최초 계획단계에서부터 실험실에서의 최종 마무리까지 모든 실험작업을 지배한다"(111: 107). 이론은 우리로 하여금 무엇을 어떤 조건하에서 관찰해야 하고, 어떤 요인들이 탐색할 가치가 있는지, 그리고 어떤 것이 통제되어야 하는지에 대한 결정을 내리도록 인도한다. 이것은 우리에게 어떤 에러가 기대되고 그것을 어떻게 다루어야 할지를 말해준다. 실제적인 관찰결과물을 만들어내는 데 필수적인 것이 이론이다. 왜냐하면, '이론 없이는' 단 하나의 도구의 통제나 단 하나의 독본reading의 해석도 불가능하기 때문이다(38: 237에서 뒤앙). 무엇보다도 이론은 실험결과에 의미를 부여하는 데 필요하다. 적절히 설계된 실험의 경우 — 그것이 특성상 전적으로 탐색적인 것이 아니라면 — "이론은 모든 가능한 실험결과를 예측하고, 모호함이 없이 이들 각각에 어떤 해석을 내릴지를 결정하는 데 늘 반드시 필요하다. 나아가, 우리는 또한 이 해석이 지지되기 위해서 어떤 주장이 사용되는지 알지 않으면 안 된다"(43: 12). 탐색적 실험조차도 발견된 것을 이해하기 위해서 이론을 가져온다. 어떤 특정 과학적 상태에서 우리가 이론화에 더 관심을 가져야 할지 아니면 더욱 실험에 정진해야 할지를 판단하는 것은 해소의 노력이 무의미한 실존적 딜레마의 하나다(§4). 사실 우리는 이 둘 가운데 어느 것도 다른 것을 더 잘하지 않고서는 — 또는 우리 대신 딴 사람이 이를 하지 않고서는 — 잘할 수 없다. 이론과 실험의 만남의 지점은 다른 쪽 차들이 다 지나갈 때까지 진행이 허용되지 않는 위험하기 그지없는 교차로다. 놀랄 일은 양쪽 도로가 모두 잘 소통될 때에만 차들이 가장 자유로이 움직인다는 것이다.

§19. 행동과학에서 실험

행동과학에서 실험이 값어치가 있는가 또는 가능하기나 한가에 대한 질문은 '실험'이라는 용어의 애매성 때문에 혼란에 빠진다.

조정

특히 실험의 관념화가 관찰되는 자료의 실제적 조정manipulation과 변용을 요구하는가의 여부가 항상 명백한 것은 아니다. 내가 강조해온 것은 이러한 요구가 아니라 통제의 제도화에 대한 요구였다. 실험의 실행은, 그 다양한 기능을 공정하게 다루기에 충분히 넓게 인식될 때, 특정 탐구에 적합한 요소들의 분석을 정당화하도록 그렇게 정리되고 해석된 상황에서 관찰을 행하는 것이다. 우리는 단순히 다가오는 그 무엇을 줍는 것이 아니라 우리가 원하는 것을 추구하고 우리가 그것을 확실히 얻을 수 있도록 하기 위해 단계를 밟는다. 이들 단계는 특성상 항상 조정적이지는 않다. 이는, 검사집단과 통제집단을 구성하는 데 있어서와 마찬가지로, 어떻게 적절한 선택을 행하느냐의 문제일 수 있다. 또는, 다변량분석 기법의 적용에서와 같이, 원자료의 적절한 처리방법과 연관될 수도 있다. 이렇게 넓은 뜻에서 실험은 의도적이고deliberate 통제된 관찰-해석이다. 나는 이 용법이 결과적으로 여러 가지 가능한 구분들을 용해해서 사라지게 할 수 있다는 데 별로 신경을 쓰지 않는다. 필요하다면, 우리는 조정적 실험을 우리의 주의를 관찰실행의 전제조건인 주제에 대한 물리적 조작operations의 중요성으로 이끄는 것이라고 말할 수도 있다.

그렇지만, 조정에 대한 통상적인 강조가 초기의 과학 상태에서의 상용논리의 특성에서 연유한다는 것은 주목할 가치가 있다(2: 4). 18세기와 19세기의 수학과 통계학은 한 번에 단지 두 개의 변수만을 편리하게 다룰 수 있었다. 따라서 이상적 실험은 두 개를 제외한 모든 변수들은 고정시키는 실험으로 생각되었다. 그중 하나인 '독립변수'는 조정되었고, 관찰은 다른 하나인 '종속변수'에 대해 이루어졌다. 이것이 위의 절에서 언급한 고전적 단일-요인 실험이론의 실질적 기초였다. 그러나 현대 수학은 더 이상 이러한 속박을 부과하지 않고, 따라서 조정은 ― 그것이 다른 모든 것을 고정되게 유지하는 것이든, 또는 한 요인에만 변화를 주는 것이든 ― 더 이상 절대적 필수사항이 되지 않는다. 재구성논리는 아직도 대체적으로 금세기(20세기) 초반의 통계학 이론 및 기법의 발달을 따라잡는 데 사로잡혀 있다. 내가 보기에 여기에서는 컴퓨터 용량의 엄청난 확장과 자료처리 기법의 환상적인 발달에 의해 이룩된 오늘날의 과학자들이 사용하는 상용논리에 있어서의 혁명적 변화에 대한 고려조차 거의 시작되고 있지 않다.

구어적 실험

행동과학의 관점에서 보면, 조정 자체는 흔히 이들에 관한 논의에서 발견되는 것보다 훨씬 더 넓게 생각되어야 한다. 물리학과 생물학에서 실험은, 어이없게도 인간 조건에서 발견되는 어떤 것으로부터 상상할 수 있는 것과도 다른 구리나 유리의 질량의 이미지를 불러일으킨다. 그러나 유리조각으로 개미를 찌르는 아이 역시, 물리학자가 이온을 희박한 가스를 통해 쏘는 것과 마찬가지로 조정적 실험을 수행하는 것이다. 다른 방법으로는 동작이 일어나지 않거나, 또는 그곳에서는 일어나지 않는 그러한 자극을 제공하는 것 역시 관찰 자료 조정의 한 형태다. 이와 같이, 질문지, 검사, 면접은 — 이들은 오늘날 행동과학에 널리 퍼져 있는데 — 모두 실험으로, 그리고 조정적 실험으로 간주되지 않으면 안 된다. 행동과학자들은 그들의 주제 자체가 실험에 맞지 않기 때문에 실험할 수 없다는 주장은 당황스러울 정도로 피상적이며, 동시에 물리적 자료의 다루기 어려움과 인간적 대상의 다루기 쉬움을 과소평가하고 있다.

이와 같은 구어적 실험을 진정한 실험으로 인정하기를 꺼리는 것은, 아니면 어느 정도나마 이들에게 과학적 타당성을 부여하기를 꺼리는 것은, 내 생각에는 이들 자료가 모멸적으로 주관적이라는 편견에서 유래한다. 내 입장에서는, "어떤 사람의 생각을 알아내기 위해서 우리는 때때로 그에게 질문하지 않으면 안 된다"(83:205)라는 언명dictum이 무엇이든지 그것에 동의하는 데 전혀 주저하지 않는다. 확실히 그 대답이 무엇이든 이는 어떤 뜻에서는 주관적이다. 그러나 답이 주어졌다는 것, 그 사실은 과학적 관찰이 줄 수 있는 어떤 자료와도 마찬가지로 객관적인 사항이다. 확실히, 대답을 실어 나르는 소리나 표시는 어떤 의미를 가진 것으로 해석되지 않으면 안 된다. 그러나 모든 자료에 대해서는 항상 해석이 이루어져야 한다. 그리고 이들 해석에의 도달이 'verstehen' 해석적 이해의 과정에서 동일시의 방식으로 이루어질 때조차도, 이들은 내가 §16에서 주장한 바와 같이 아직 과학적 값어치를 가진다. 문제가 되는 것은 구어적 반응의 동작의미가 일반적으로 그 행위의미와 맞아떨어지지 않는다는 점과, 그 잠재적 내용이 현시적인 것과 매우 다를 수 있다는 점이다. 그러나 이들의 차이는 그 자체가 관찰과 추론 과정에서 영향을 받기 쉬운 것이며, 어떤 경우든 그것이 탐구의 특정 맥락에서 볼 때 늘 중요성을 갖는 것은 아니다. 숙녀가 지나치게 항의할 때, 우리는 이를 어떻게 생각해야 할지를 안다. "오, 그러나 그녀는 진짜 자기 말대로 할 거야"라는 문구 또한 기억할 값어치가 있다.

사회적 실험

행동과학에는 변화가 과학자의 간여가 아니라 정책결정자나 실무자의 간여에 의해 발생하는 일종의 조정적 실험이 있다. 대니얼 카츠Daniel Katz(42A: 78~79)는 이를 '자연적 실험natural experiment'이라고 불렀다. 그러나 이 호칭은 흔히 '자연의 실험nature's experiment'으로 언급되는 초정상적인 것the anomalies과 너무 자주 혼동을 일으킨다. 이는 사회적 실험social experiment으로 명명하는 것이 더 나을 듯하다. 비록 이 용어가, 그런 경우는 거의 찾아 볼 수 없지만, 변화가 실험 때문에 만들어진 것처럼 잘못된 암시를 제공할 수도 있기는 하다. 그러나 그것을 어떻게 부르든, 그 동기가 무엇이든 2차 대전 대공습 기간의 런던 어린이들의 소개나 캘리포니아 일본인들의 수용소 수용이나 미국 남부에 있는 학교들의 인종 분리와 같은 국가의 간여는 행동과학에서 실험으로서 역할을 할 수 있다. 이러한 실험의 커다란 장점은, 카츠가 지적한 바와 같이 변수들의 조작이 다른 경우에 가능하거나 바람직한 것으로 기대되는 것보다 훨씬 더 강력하고, 산출된 변화는 훨씬 더 명백하고 극적이라는 데 있다. 다른 한편, 통제의 문제는 훨씬 더 심각한 것이 될 개연성이 높다. 왜냐하면, "우리는 일반적으로 실험집단과의 비교성을 보장하는 통제집단을 가지고 있지 않기 때문이다".

다양한 사회적 과정을 실험의 개념틀에 입각해 연구할 수 있는 가능성에 대한 인식은 서베이survey 기법의 실험적 역할에 대한 전망을 갖도록 돕는다. 렌시스 리커트Rensis Likert(83: 250~251)는 행동과학자들이 때때로 "서베이나 실험을 마치 이것 아니면 저것인 양 말한다. 그러나 많은 연구과제의 경우 이둘을 상호의존적으로 사용할 때에만 비로소 최고의 결과를 얻을 수 있다"라고 지적한 바 있다. 서베이는, 예를 들어 선거운동 과정에서처럼 사회적 실험에 앞서거나 뒤이어 유용하게 행해질 수 있다. 이는 태도와 의견에 대한 실험으로 간주될 수 있다. 서베이는 어떤 변화가 일어났는지를 측정하고, 또한 변화가 발생한 이유를 조명할 수도 있다. 때때로 표본 면접조사는, 리커트가 얘기한 바와 같이, "실험적 방법을 사용할 때 요구되는 정확한 측정을 확보하는 가장 좋은 방법"이다. 구체적인 과학적 기법들에 대한 예로서 투표조사나 심층면접과 같은 기법들에 대한 평결을 내리는 것이 방법론의 일은 아니다. 그러나 아마도 나는, 리커트가 실험적 방법에서 이들 기법들이 차지하는 위치에 대해 주의를 상기시켰다는 점에서, 틀림없이 옳았다는 견해를 밝히는 것이 적절할 것이다.

현장과 실험실

행동과학의 상당한 부분이 현장(지) 연구field studies에, 즉 관찰자의 영향이 별로 없이 관찰이 이루어지는 그러한 환경에서 행하는 직접 및 간접관찰에, 종사한다. 물론 행동과학자가 전문적인 자문가로서 자신의 역할을 수행하는 경우에는 어느 정도 사회적 실험을 행할 수도 있다. 비록 일부에서는 이러한 일을 구분 없이 냉소적으로 — 그리고 어리석게도 — 권력에 맞이 들어 과학적 충동을 타락시키는 것으로 깔보지만, 우리는 이러한 사회적 역할이 제공하는 순수하고 중요한 과학적 작업 기회를 간과해서는 안 된다(§45를 보라).

과학자가 주어진 그대로의 행위의 맥락에 과학적 실험목적을 위해 개입할 때, 이를 가리켜 우리는 현장(지) 실험이라고 부른다. 이는, 행위유형은 물론 맥락까지도 통제에 종속되는, 실험실 실험과 대비된다. 분명히 이 구분은 정도의 차이에 불과하다. 그 유용성은 대체로 실험대상이 되는 주체가 통제된 맥락의 모습에 감응하는 정도에 달려 있다. 따라서 현장 실험과 실험실 실험의 차이는 자연과학에서는 별로 중요하지 않고, 생물학의 경우 더욱 그러하다. 예를 들어, 어떤 동물은 포획상태에서는 번식하지 않고, 따라서 그것들의 구애와 교배는 쉽게 실험실 실험의 대상이 될 수 없다. 인간의 경우에 이러한 난점은 더 이상 장황하게 얘기할 필요가 없다.

실험이 수행될 수 있는 곳에서는 어디에서나 그것이, 우리로 하여금 우리가 가장 관심을 가지고 있는 요소들을 정확하게 연구할 수 있도록, 그리고 종속변수와 독립변수를 구분할 수 있도록 허용하기 때문에, 현장연구보다 선호된다. 또한 실험실 실험이 수행될 수 있는 곳에서는 어디에서나 그것이, 우리로 하여금 우리가 선택한 요소를 그것이 무엇이든 쉽게 통제할 수 있도록, 그리고 다른 것은 더 정교한 변이에 종속시키도록 허용하기 때문에, 현장 실험보다 선호된다. 그렇지만, 행동과학에서 실험이 도대체 가능하기나 한가에 대한 의문은 반복적으로 제기되어왔다. 이 문제에 대한 내 자신의 입장은, 세례를 믿느냐는 질문에, "믿느냐고요? 내 참, 나는 세례가 행해지는 것을 봤는데요!"라고 대답한 산골 사람의 것과 같다. 물론, 거기에는 아직 큰 난제들이 도사리고 있다.

이들 난제 가운데 가장 일상적으로 얘기되는 것은, 가령 밀(94: 574)이 아래에 서술한 바와 같이, 사회현상의 복잡성과 변이성, 즉 "주어진 사례의 모든 사실을 조사하고 이에 주의를 기울인다는 것이 불가능하다는 것, 그리고 (이들 사실이 영구적인 변화의 상태에 있는) 실험의 결과를 확증하기에 충분한 시간이 지나기 전에, 어떤 물질적 환경은 늘 같은 상태로 있기를 중지하는 (상황)"이다. 말할 것도 없이 복잡성은 실제적이다. 단지 성이나 경제적 이해, 지리, 기후, 또는 그것이 무엇이든, 이러한 것들을 가지고 행하는 사회현상의 단순화된 설명은 기껏해야, 그리고 총체적인 맥락에서 형성될 때에만, 발견 도출적 암시heuristic suggestiveness 정도의 성과만을 제공한다. 대부분의 구체적인 동작들과 사건들에 관해서는 이러한 설명이 무익하다.

그러나 과학은 결코 '주어진 사례의 모든 사실에 주의를 기울이는 것'이 아니다. 우리는 항상 오직 우리의 특정 문제에 중요한 의미를 갖는 것들에만 관심을 가진다. 에딩턴의 유명한 예에 따르면, 풀이 무성한 언덕을 내려가는 코끼리의 운동은 경사진 평면을 내리구르는 어떤 물체의 운동으로 취급된다. 말하자면 우리는, 정도의 차이는 있어도 어떤 추상의 수준에서 작업한다. 그리고 어떤 요소들로부터 추상하는 것은 그것들을 무시하는 것과 다르지 않다. 오늘날의 게임이론은 정확하게 그것의 추상적 형식화가, 경기자로서 우리가 게임의 유의미한 양상으로 간주하도록 우리에게 익숙해진 규칙들과 경기의 복잡성을 대부분 무시하기 때문에 눈부신 일반성과 힘을 갖는다. 그러나 이들 양상이 이론이 제시하는 문제들의 해결에 중요하지 않은 것은 사실이다. 우리 각자가 실제 사회적 상황에서 반응할 때 고려하게 되는 것과 같은 복잡성이 우리가 행하는 것이 무엇인가, 그리고 그것을 왜 하는가에 대한 과학적 설명에 필수적으로 반영되는 것은 아니다. 단순하게 다루는 문제들이 너무 복잡하기 때문에 행동과학에서는 실험을 할 수 없다는 주장은 실험이 수행하는 것이 무엇인지, 그리고 그것을 수행하려면 어떻게 해야 하는

지에 대한 우리의 무지를 가리는 합리화에 불과하다.

비슷한 고려를 "실험 결과를 확증하기에 충분한 시간이 지나기 전에, 어떤 물리적 환경은 늘 같은 상태로 있지 않을 수도 있다"라는 주장에 대해서도 적용할 수 있다. 행동과학에서 연구되는 사실들이 영속적인 변화의 상태에 있다는 것은 진실이다. 그러나 이는 다른 과학에서 연구되는 사실들도 마찬가지다. 지식을 위해 우리가 필요로 하는 것은 영속성이 아니라 지속성이고, 절대적으로 변하지 않은 것이 아니라 오히려 그 유형을 인식할 수 있을 정도로 충분히 느리거나 제한된 변화이다. 우리가 찾고 있는 유형을 찾는 데 성공하지 못하는 것이 변화는 영속적이기 때문에 그런 것은 없다는 주장을 타당화하는 것은 아니다. 어떤 변화는 탐구 중인 문제에 유의미하지 않으며, 다른 것은 지속적인 주제의 단순한 변이일 수도 있다. 타자기 앞에 앉은 원숭이들이 단지 아무 키나 끊임없이 두드리는 습관을 발전시킬 수 있기 때문에 세계적인 문학 작품을 만들어낼 수 있는 것은 아니다. 모든 임상의는 특정 인간의 행동 유형이 어떻게 완고하게, 그리고 반복적이 될 수 있는지 알고 있다. 행동과학에서 실험의 실행은 다른 것을 고정적인 상태로 유지하려 노력할 때보다 특정 변수들에 변화를 주려고 할 때 더 큰 어려움에 당면할 수도 있다.

실험과정 동안 조건들이 동일한 채로 남아 있지 않다는 사실보다 더 심각하게 고려해야 할 것은 조건들이 사례마다 다를 수 있다는 점이다. 그렇다면 어떻게 우리가 실험의 결과로부터 일반화를 할 수 있는가? 이 문제의 멋진 예증으로는 꿈의 상징을 해석하는 정신분석가들이 당면하는 과제를 들 수 있다. 이러한 모든 해석은 실험의 방식으로 환자에게 주어진다. 그러나 거기에 상징 사전이 있거나, 사전이 만들어질 수 있는 것도 아니다. 의미는 바로 그러한 환경에서 바로 환자에 의해 제시되는 특정 연상에 달려 있다. 변이성은 해석자에게까지 연장된다. 제한된 영어 지식을 가지고 있는 어떤 빈의 분석가가 환자가 자기 책상의 피전홀(비둘기장. 조그마한 칸)에 어떤 것을 넣는 데 관한 꿈을 다시 짚어나갈 때 왜 그가 자기 사무실에서 새들을 키우는 꿈을 꾸었는지 이해하기 위해 많은 시간 헛수고를 했다는 사례가 보고된 바 있다. 그러나 동작의미가 달라진다는 것이 행위의미를 부여하는 것이 불가능하다는 것을 뜻하지는 않는다. 해석은 다소나마 확고한 정확성의 기준에 따라 수행될 수도 있고, 이에 따라 내용의 규칙성을 밝혀낼 수도 있다. 인간에 대한 실험은 동일한 동작이 다른 사람이 수행했을 때 충분히 다른 의미를 가질 수 있다는 사실을 고려하지 않으면 안 된다. 그러나 반응의 '동일성'을 이러한 사실을 염두에 두고 받아들인다면, 모든 대상자가 동일한 방식으로 실험 상황에 반응하게 하는 결과가 나올 수도 있다. 대상자의 집단이 국제적일 때, 돌 하나를 이들에게 보이고 그것을 무엇이라 부르냐고 물으면 이들은 서로 다른 대답을 할 것이다. 그러나 아무도 그것을 빵으로 오인하지는 않을 것이다.

행동과학 실험에 독특한 또 다른 난제는 대상자로서의 역할이 그들의 대상자들에게 주는 영향으로부터 발생한다. 그들이, 바로 그 상황에서 바로 그 실험자에 의해 연구되고 있다는 단순한 사실은 그들의 수행performance에 커다란 영향을 줄 수 있다. 내가 아는 한 예를 들어보자. 일단의 학생은 그들이 채용 면접이라고 생각하는 어떤 상태에 처해 있었다. 그러나 실제로 이는 실험에 불과한 것이었다. '면접' 과정에서 학생들은 반복적으로 근처에 있는 통에서 마른 과자를 꺼내 먹으라는 권고를 받았다. 그것은 연구의 관심이 어느 지점에서 학생들이 호의를 받아들이라는 가벼운 사회적 압력에 저항하게 되는지를 결정하는 데 있었기 때문이었다. 그러나 실험자들에게는 실망스럽게도, 학생들 모두는 통에 있는 과자를 다 먹어치웠다. 나중에 그들은 "나는 협조적이어야 하는 것으로 생각했다!"라고 설명했다. 오직 실험실 실험만이 이러한 어려움을 만나게 되는 것은 아니다. 현장실험에서도 대상자들은 자신들의 정체를 스스로 대상자로서 설정하고, 그들이 보는 바에 따라 요구되는 대상자의 역할을 수행한다. 그 극적인 증거는, "집단 생산성의 증가를 가져오도록 만든 측정을 위한 '인위적' 사회적 측면의 실험조건"(42A: 101)에서 수행된, 호손 연구에서 찾을 수 있다.

여러 다른 것에서와 마찬가지로, 이 점에서도 실험실 실험과 현장실험은 정도의 차이일 뿐이다. 그러나 이 둘 가운데 어느 것이든 실험적 맥락과 '실제 생활'이라고 불리는 것과의 구분 역시 마찬가지다. 그리고 이는 중요한 점이다. "어느 것이든 ─ 그것이 실험실 상황이든, 일상생활의 것이든, 아니면 면접 상황이든 상관없이 ─ 늘 어떤 상황과 관련해서 어떤 역할을 수행한다. 실제 문제는 어떤 종류의 상황이 연구되고 있는 태도들을 구속에서 해방시킬 수 있는지를 결정하는 것이다"(83: 206). 달리 말하면, 논의되고 있는 난제는 그 자체가 실험적 방법에 내재하는 것이 아니라, 대상자가 본인이 관찰되고 있다는 것을 알거나 의심하는 모든 관찰기법에 내재하는 것이다. 그러나 이 난제가 견딜 수 없는 것은 결코 아니다. 대상자는 본질적인 조작을 숨긴 상태에서 수행되는 현장실험에서와 같이 그가 대상자임을 모를 수도 있다(군대의 훈련병과 대학교 2학년 학생이 의심의 여지 없이 행동과학 실험 대상자로서 가장 널리 이용된다. 이들은 어쨌든 무슨 일이 진행되는지 결코 알지 못하기 때문이다). 대상자는 사회적 실험에서와 같이, 훨씬 더 강력한 동기에 사로잡혀 있기 때문에 그가 대상자라는 사실에 관심을 갖지 않을 수도 있다. 실험적 상황의 영향은 많은 실험실 실험에서와 같이, 이미 알려져 있고 따라서 무시될 수도 있다. 그리고 영향 자체는, 수없이 많은 방법론적 실험에서 그런 것처럼 탐구의 문제가 되고 결과적으로 통제의 문제가 된다.

내가 믿기로는 행동과학적 실험이, 특히 실험실 실험에서 당면하는 가장 심각한 문제는 채택되는 동기들이 우리가 조사하기를 원하는 것들과 비교할 때 상대적으로 약하다는 것이다. 강한 것들이 실제로 대부분의 우리 행동을 결정한다는 것은 동어반복이다. 실험자가 꼭 기억해야 할 것은, 그가 다루고 있는 것이 그들의 깊은 정서, 믿음, 태도를 가볍게 취급해서는 안 되는 인간이라는 점이다. 핵무기 연구자들에 대해 얘기해온 것처럼, 행동과학 실험자들은 자신들이 폭발물을 가지고 놀고 있다는 것을 잊지 않는 것이 좋다! 실험적 상황에서 상처를 입은 후에는 아무리 많은 '상처 지우기' 노력도, 행해진 것이 '실제 그들에게 마음의 상처를 주지 않았다'고 우리가 확신하지 않는한(그것조차 충분하지 않을 수 있지만), 우리 가운데 많은 사람이 가지고 있는 양심의 가책을 지워버리기 어렵다. 그러나 심각한 결과를 피하는 유일한 확실한 방법은 어떤 심각한 자극적인 요소도 실험에서 제외시키는 것이다. 한세대 전에는 최면이 대상자가 '진정으로 하기를 바라는' 것과 반대되는 행동을 만들어낼 수 있는지의 여부에 관해 상당한 관심이 있었다. 그 예로, 실험자의 직업상 동료들이 어떤 비평가가 자기는 최면이 걸리지 않은 상태에서도 같은 일을 하는데 그 어떤 거리낌도 없었다는 것을 자유롭게 고백할 때까지 계속된, 한 사람씩 차례로 실험자로부터 1달러를 훔치도록 최면을 건 실험들이 인용되었다. 같은 맥락에서 어떤 정신치료사가 그의 여성 환자들을 유혹하기 위해 최면을 사용해왔다는 보고에 대한 조사의 결론은, 유혹은 의심의 여지가 없지만 유혹에 응한 것이 최면 때문이라는 증거는 매우 불충분하다는 것이었다.

유의성

그러나 내가 믿는 바로는, 실험이 그것의 어떤 일반화된 유의성significance도 부정하지 않으면 안 될 정도로 그렇게 '인위적'이라는 입장을 취하는 것은 잘못이다. 실험적 상황은 '실제 생활'과 대비되는 것이 아니라, 기껏해야 일상생활과 대비되는 것이다. 실험실 역시 대상자 자신이 그곳에 있는 것을 매우 생소하게 느낄지라도, 그곳은 실제 장소이며 실험은 진짜 사람들real people에 의해 수행된다. 무엇보다도, 이들 진짜 사람들의 비인간적 직업주의는 대상자가 아마도 잘못 '개인 상호 간 관계'로 불리는 대부분의 관계에서 매일 부딪치는 것과 다르지 않고, 대상자가 하기를 요청받는 것은 아마도 정부와 고용인, 선생, 아내 들이 그들에게 요구하는 대부분의 행위에 비해 더 비지성적이거나 혐오스러운 것이 아닐 것이다. 그러나 실험적 상황이 다른 것들과 어떻게 다르든, 실험적 상황은 아직도 일반화의 근거를 제공할 수 있다. 요구되는 것은 이것이 전적으로 다른 상황과 같아야 한다는 것이 아니라, 우리가 이것을 다른 것에 어떻게 연결해야 할지 모를 정도로, 그렇게 전적으로 같지 않아서는 안 된다는 것뿐이다. 그 자신이 가장 천재적인 행동과학 실험자인 레온 페스팅거Leon Festinger가 지적한 바와 같이, "이는 실제 생활에서 이와 같은 상황에 부딪칠 수 있는지의 문제가 아니다…… 실제-생활 상황에 대한 적용 가능성은 우리가 그곳 사태의 측정과 진단 후 실제-생활 상황에 관한 예측을 하기에 충분할 만큼 이들 관계성에 대해 알고 있을 때 발생한다"(42A: 139). 반드시 극복해야 할 난제는 앞에서 척도화 문제로 언급한 것과 동일하다. 이에 대해서는 모델과 연관해서 다시 논의할 것이다(§32와 §33).

방법론 어느 곳에서와 마찬가지로 여기에서도, 변증법적 수준의 토론은 그 값어치가 모호한 것처럼 보인다. 행동과학에서 실험실행이 가능하다는 것을 보여주기 위해 제시할 수 있는 주장이 무엇이든 그 자체가 이와 같은 실험이 지속적으로 당면하게 되는 실제 문제에 해결책을 제공하는 것은 아니다. 다른 한편, 실험적 방법이 인간 관련 주제에는 적용될 수 없다는 것을 보여줄 의도로 행해지는 주장이 이미 성취된 어떤 것이나 — 내가 보기에는 굉장히 인상적인데 — 아니면 진행 중인 실험적 탐구에서 발견되는 어떤 것을 조금도 손상시키는 것은 아니다. 다른 어떤 방법론 주제보다 이 주제와 관련해서 나는 마르크스의 안젤름 포이어바흐Anselm Feuerbach에 대한 유명한 논제 중

하나를 거꾸로 바꾸고 싶은 유혹에 빠진다. 철학자들은 지금까지 과학의 세계를 바꾸는 데 매달려 있었다. 그러나 그것은 과학의 세계를 이해하기 위한 것이다.

제**5**장

측정

§20 측정의 기능

§21 측정의 구조

§22 척도

§23 타당성

§24 행동과학에서 측정

§20. 측정의 기능

앨프리드 킨제이Alfred Kinsey의 인간 수컷의 성행위에 관한 연구 대상자였던 한 사람이 후에 그의 남성적 자아가 손상되었다고 매우 씁쓸하게 불평을 한 일이 있다. 그는 "내가 뭐라고 그에게 얘기하든, 그는 단지 내 눈을 똑바로 쳐다보고 '몇 번이죠?' 하고 물었다". "뭐라고 하든지"에 기초한 항의만 잘 받아들여졌다. 분명히 이 대상자는 무엇을 했는지가 그 행위의 빈도보다 비교할 수 없을 정도로 중요한 것으로 느꼈던 것이다. 문제가 되는 것이 과학적 유의성significance인 경우에조차도, 확실히 이러한 태도가 정당화되는 사례가 있다. "이것을 우리가 셀 수 있는 어떤 것으로 끌어내리자!"라는 원칙이 항상 최상의 연구전략을 형식화하지는 않는다. "지금 좀 봅시다. 여기 우리에게 있는 것이 무엇이지요?"라는 원칙이 더 유망한 기획이 될 수도 있다. 요약하면, 측정은 그 자체가 목적은 아니다. 그 과학적 값어치는, 우리로 하여금 측정이 도달하고자 하는 목표가 무엇인가, 그것이 과학적 상황에서 연출하도록 되어 있는 역할은 무엇인가, 그것이 탐구에서 수행하는 기능은 무엇인가를 묻도록 하는 도구주의적 전망에서만 인정받을 수 있다.

양과 질

이러한 측정의 도구성에 대한 인정의 실패는, 그것이 마치 불가사의의 능력의 보고인 것처럼 수에 대해 반응하는, 일종의 양의 신비mystique of quantity로 향하게 한다. 나는 '마치 ○○인 것처럼as though'이라고 말한다. 왜냐하면 이 신비가 항상 숫자 점, 숫자 암호 및 기타 비밀 교리에 대한 믿음과 같은 뿌리를 가지고 있다고 주장하는 것은 아니기 때문이다. 그러나 마치 정의definitions에 대한 커다란 강조가 말씀의 능력에 대한 믿음을 닮은 것처럼, 그 효과는 매우 비슷하다. 양의 신비는, 무엇이 측정되는지 또는 그 뒤에 무엇이 행해질 수 있는지에 대한 고려 없이, 단순히 그것이 양적이기 때문에 측정의 유의성을 과장하도록 만든다. 수는 고유한 과학적 가치를 가진 것으로 취급된다.

내가 믿기로 19세기는 특별히 이러한 신비에 경도되어 있었다. 그러나 신비는 오늘날 우리 가운데서도 발견된다. 윌리엄 켈빈William Kelvin 경은, 거의 틀림없이, 그 자신은 피해자가 아니었을 것이다. 그러나 그는 종종 다음의 관점으로 매듭짓는 어떤 것의 방어에 인용된다. "당신이 말하는 것을 측정하고 그것을 수number로 표현할 수 있을 때, 당신은 그것에 대해 무언가 아는 것이다. 그러나 당신이 그것을 측정할 수 없고 그것을 수로 표현할 수 없을 때, 당신의 지식은 보잘것없고 불명확한 것이 된다. 이것이 지식의 시작이 될 수도 있다. 그러나 당신은 거의, 관심 과제가 무엇이든, 당신의 사고를 과학의 단계로 이끌어가지 못한다"(Popular Lectures I, 73). 비슷한 관점의 형식화를 "과학의 진전은 소수점에서부터 시작된다"라는 언명에서 찾아볼 수 있다. 계수와 측정이 과학적 진보의 필수조건으로 간주되었다. 이것이 암시하는 것은 19세기 물리학자들에게는, 비록 생물학과 행동과학은 그러한 상황에 거의 놓여 있지 않았지만, 이미 발견된 법칙을 연장해서 더 정밀성을 높이는 것 이외에는 할 일이 별로 남아 있지 않은 듯했다는 점이다. 그러나 세기가 전환점에 도달했을 때, 명백하게 물리학의 상황도 더 이상 그렇지는 않았다. 오늘날 양의 신비는, 내 생각으로는 도구의 법칙에 빚지고 있는 바가 크다. 우리는 그것의 사용이 모든 것을 값나가는 것으로 보이게 할 정도로 그렇게 정교하고 강력한 측정기법들을 발전시켜왔다.

과학사에서는 양적 고려와 질적 고려가 서로 손을 맞잡고 협력해왔다. 그러한 예로 원자이론의 발전을 생각해보자. 이 세계는 질적으로 다른 여러 사물들로 가득 차 있다. 그러나 매우 일찍이 인도와 그리스 사람들은, 이들이 모두 같은 소재로 구성되었고 단지 양적으로, 즉 그 구성 분자들의 수와 배열에서만 다를 뿐이라는 생각에 도달해 있었다. 매와 구두, 꿀과 배추는 모두가 같은 원자로 구성되어 있다(왕들은 그 후 상당히 오랫동안 특별한 존재로 간주되었다). 그러나 원자들 사이의 질적인 차이는 설명에 동원된다. 사물들은 같지 않다. 그것은 그것들이 가지고 있는 원자의 수나 그것들이 채우고 있는 공간의 부분뿐 아니라 그것들을 구성하고 있는 원자들의 종류 때문이다. 그러나 원자들 자체는 일정한 비율로 결합되는 것으로, 그리고 다시 상대적 비중이라는 양적 기초에 의존해 달라지는 것으로 생각되었다. 본질적으로 똑같은 적어도 두 종류의 입자―양성자와 전자―가 있으며, 원자들 사이의 차이는 원자가 보유하고 있는 이들의 수에 따라, 또는 원자 내에서 이들의 위치에 따라 결정된다. 한편 이러한 입자들의 다양성은 계속 증가하는 것으로 밝혀졌고, 따라서 질적인 고려는 다시 떠오르게 되었다. 그리고 이제 다시 이러한 당황스러운 다양성을, 그것이 장field이든 다른 무엇이든, 그 자체를 양적으로 다른 형식으로 표현하는 근원적인 제일성uniformity으로 환원하려는 시도가 행해진다. 단 하나the One와 그 많음the Many은 교대로 과학적 추구를 위한 그들의 역할을 수행한다. 드라마는 난관을 필요로 한다. 그러나 실생활에서 우리는 누가 영웅이고 누가 악한인지 그리 오랫동안 확신할 수 없다.

헬머와 레셔(56)가 '엄밀하지 못한 과학'에 대한 논의에서 지적한 바와 같이 엄밀성은 객관성처럼, 또는 그보다 적절하게는 상호주관성처럼 그렇게 중요하지는 않다. 우리 앞에는 항상 "어떻게 우리는 우리가 아는 것보다 더 많이 알 수 있는가?" 그리고 "어떻게 우리는 우리가 이미 알고 있다고 생각하는 것을 더 확신하게 될 수 있는가?"라는 질문들이 놓여 있다. 이들 질문에 대한 해답에서 측정은 틀림없이 일정 부분은, 그리고 매우 커다란 역할을 수행한다. 그러나 이것이 결코 우리의 지식을 확장하고 공고하게 하는 유일한 방법은 아니다.

측정이 허용하는 것

만약 우리가 측정이 바로 우리에게 달성하도록 허용하는 바가 무엇인지 묻는다면, 즉각적으로 떠오르는 한 가지 대답은 산업 문명의 기술technology과 연관되는 것이다. 이 기술의 산물들은 어쨌든 그것들이 작동하려면, 특별히 생산과 소비의 체계가 서로 자유로이 교환될 수 있어야 한다면, 매우 좁게 한정된 허용 오차 안에서 작업이 이루어지도록 계획되지 않으면 안 된다. 한마디로 측정은, 우리로 하여금 다양한 출처로부터 나온 대상들 사이의 등가성을 확신시켜주는 표준화를 위한 설계다. 이는 '도량형a measure of grain'과 같은 용법에서 그 뜻이 가장 잘 나타난다. 측정은 우리가 갖는 양이 얼마인지, 그리고 얼마를 주고받아야 하는지를 알 수 있게 한다.

측정의 두 번째 기능은 그 과학적 중요성을 보여주는 것으로, 측정이 더 섬세한 차별화와 더 엄밀한 서술을 가능하게 한다는 것이다. 그것이 얼마나 광범하든, 색깔 언어의 어휘와 파장에 따른 색깔 구분의 차이, 또는 올리브 크기에 대한 어휘('매머드', '콜로살' 등등)와 수적인 크기나 무게의 지표들 사이의 차이를 생각해보자. 다른 무엇보다도 "그것이 우리로 하여금 쉽게, 그리고 순식간에 다르지만 비슷한 특질들 사이의 차이를 구분할 수 있도록 하기" 때문에 우리는 자질을 묘사하기 위해 수를 배정한다(13: 132). 나아가, 우리는 이에 기초해 모호하지 않은 분류에 도달할 수 있다. '어르신senior citizen', '부유계급well-to-do', '정신박약feeble-minded'과 같은 범주는 이에 상응하는 수적 분류인 연령, 수입, 지능에 비해 과학적 용도로서의 적합성이 덜하다. 질적 분류의 모호성은 오해와 의견불일치를 유발한다. 그러나 스탠리 스티븐스Stanley. S. Stevens가 지적한 바와 같이, "서술이 측정에게 자리를 내어줄 때, 계산이 논쟁의 자리를 차지하게 된다". 이러한 견해는 17세기에 라이프니츠가 한 논평의 반복에 불과하다. 그는 거기서, 모든 명제들이 정확하게 형식화될 수 있는 보편적 관념 언어, 말하자면 기호논리의 발전을 기대했다. 나아가 그는, 이와 같은 상징주의와 함께 형이상학자들은 더 이상 격한, 그리고 끝없는 논쟁에 종사하지 않고, 그들의 팔을 다정스럽게 서로의 어깨에 얹고, "자어서 계산해봅시다!"라고 말할 것이라고 주장했다. 내가 보기에 그의 소망은 실현되지 못했고, 현대 논리학은 형이상학자들에게 이와는 다른 논쟁거리만을 제공하고 있다. 그러나 양적인 특정화가 우리로 하여금 과학적 의견 대립을 더 날카롭고 명백한 초점에 맞추도록 하는 것 또한 틀림없다.

그것은 모호하지 않은 상세한 분류는 우리로 하여금 더 정교한 법칙과 더 엄밀하게 형식화된 법칙을 진술할 수 있도록 해주기 때문이다. 어떤 것이 다른 것에 '의존하고 있다'는 것을 아는 것은, 첫 번째 것의 변화가 두 번째 것의 변화에 어느 정도 상응하는지를 말할 수 있는 것에 비하면 그 과학적 값어치는 비교되지 않을 만큼 작다. 성장곡선이 지수적exponential이라는 것은 "유기체의 크기는 나이에 따라 달라진다"라는 진술에 들어 있는 것보다 훨씬 많은 내용을 우리에게 알려준다. 그러나 우리는 어떤 종류의 것이든 관련된 변수들에 대한 측정이 없이는 어떤 기능이 무슨 형식form을 가지는지 얘기할 수 없다. 그리고 이와 같은 측정을 통해서만 우리는 또한 경쟁적인 가설과 이론에 대한 차별적인 검증을 수행할 수 있다. 뉴턴과 아인슈타인의 물리학은 둘 다 수성 근일점의 세차를 예측했다. 그러나 뉴턴의 예측은 실제 관찰값의 절반 정도에 머물렀던 반면, 아인슈타인의 예측은 관찰값에 매우 가까웠다. 우연하게도 뉴턴은, 자신의 계산이 달의 운동과 일치하지 않았기 때문에, 지구의 크기에 대한 새로운 수정 측정값이 그의 이론과 상당히 일치하는 결과를 보이기까지 약 18년간 결과의 발표를 연기했다.

수학적 기법의 용도

이제까지 언급한 고려사항 중 어떤 것보다 중요한 것은 측정이, 아마도 다른 것들과 전적으로 구분되는 것은 아니지만, 가용한 수학적 기법들을 탐구에 적용하는 것을, 그것이 검증을 위한 것이든 예측이나 설명을 위한 것이든 상관없이 가능하게 한다는 점이다. 제번스(64: 456)는, 과학적 지식은 결코 절대적으로 엄밀하지는 않다고 우리에게 경고하면서, "일단 수학적 공식이 어떤 과학 분야에 성공적으로 적용되면, 이 부분의 지식은 새로운 본질을 가지는 것으로 간주되며, 아직 비수학적인 과학에 비해 높은 수준의 논거를 갖게 된다는 통상적인 견해"에 대해 이야기한 바 있다. 나도 수학을 충분히 넓게 (예를 들어, 양적이 아닌 논리적 계산calculus을 포함하는 것으로) 받아들인다면, 이러한 통상적인 견해에 공감한다는 것을 고백한다. 여기에 개재된 것은 플라톤이 그의 저서 『법률』에서 주장한바, "산술은 본래 졸음기가 있고 멍청한 그를 흔들어 깨워 빨리 배우고, 잘 기억하고, 빈틈없이 만드는" 결과를 가져오는 그런 것과는 다른 것이다. 플라톤은 계속해서, 진실은 "자신의 원래의 힘으로는 도저히 엄두도 낼 수 없는 진보를 이룰 수 있도록 하는 예술적 신성의 도움을 받는" 것이라고 말하고 있다. 말하자면, 수학은 과학자의 능력을 개발시키는 것이 아니라 과학자의 의도에 따라 그 자체의 능력을 발휘할 뿐이다. 수학은 과학자들로 하여금 그들의 멍청함과 답답함에도 기적 같은 일을 하도록 허용한다. 수학을 만들어내는 것은 물론 다른 문제다. 그러나 이를 통해 수학자 자신의 천재성은 모든 학생들에게 가용한 것이 된다. 오늘날 학생들은 뉴턴이나 아르키메데스를 힘들게 했던 문제들을 쉽게 풀 수 있으며, 이는 그들이 우리에게 어떻게 풀 수 있는지 보여주기에 충분한 긴 시간을 이들과 씨름했기 때문이다.

그러나 수학도, 측정도, 아래에서 얘기하는 바와 같이 양quantity을 다루는 것과 동일시되어서는 안 된다. 현재로는 양적 수학의 사용조차도 그 자체가 특성상 양적인 이론이나 법칙에 대한 적용에 한정되는 것이 아니라는 것을 인식하는 것으로 충분하다. 다윈이 처음 형식화한 진화론은 특별히 양적인 것은 아니었다. 그러나 이론을 형성하기 위해 다윈은 종의 개체를 (예를 들어, 새의 모이 주머니에 있는 종자들을) 여러 번 세고, 해부학적 측정을 수행하고, 개체변이의 발생이나 지리적 분포에 관한 자료와 같은 다른 양적인 자료를 사용했다. 일반적으로, 우리가 질적 변수들을 가지고 작업을 하는 경우라 할지라도, 그것들의 발생 빈도는 우리의 탐구에 중요할 수도 있고 상응하는 양적 변수들의 집합을 구성할 수도 있다. 마찬가지로 질적 범주에 따른 분류의 신뢰성은 그 자체가 양적인 관심사일 수 있다. 어떤 문제도 그 자체의 본질상 질적인 것은 없다. 우리는 언제나 그것을 양적으로 접근할 수 있다.

우리는 그렇게 할 수도 있다. 그러나 언제나 그렇게 할 수 있을까? 본원적으로 측정 불능인 것은 없는가, 그리고 이런 것들이 특별히 행동과학의 주제에서 발견되는 것은 아닌가? 내 입장에서, 이들 질문에 대한 대답은 명백하게 "아니다"이다. 이들 쟁점에 대한 구체적인 논의는 소박하게 바로 측정을 구성하는 무엇에 대한 밑그림을 따라야지 그것을 앞서가서는 안 된다

(§24). 예상에 의해서proleptically, 우리가 어떤 것something을 측정할 수 있는지의 여부는 그것that thing에 달려 있는 것이 아니라, 우리가 그것을 어떻게 개념화하는가에, 그것에 대한 우리의 지식에, 그리고 무엇보다도 우리의 탐구에서 사용할 수 있는 측정의 과정에 그것을 연결시킬 수 있는 우리의 기술과 재주에 달려 있다. 내가 믿기로는 측정에 대해 얘기하면서, 넓은 관점에서 이는 "사물에 대한 우리 관념의 한계 설정과 고정화"(27: 7에서)로서 간주할 수 있다고 한 네이글의 말은 옳다. 측정 불능의 어떤 것에 대해 얘기하는 것은, 그것이 어떤 점까지만 알 수 있다는 것, 그것에 대한 우리의 관념은 불가피하게 불확정적으로 남아 있지 않으면 안 된다는 것을 얘기하는 것과 같다. 나는 ─ 그것이 인식론적이든 형이상학적이든, 마치 모든 가능한 지식의 대상은 양적이라는 것을 선험적으로 보증하려는 칸트 통찰력의 공리 원리와 같은, 또는 수학은 경험 자체의 흐름에 적용될 때에만 모순에 봉착할 수 있다는 베르그송의 관점과 같은 ─ 철학적 관념에 대한 논의에 들어가기를 원치 않는다. 과학의 목적으로 만약 측정가능성이 방법론적 선상정presupposition으로 취급된다면 그것으로 충분하다. 이러한 취급이 충분하다는 것은 우리가, 실패로 의기소침해질 때까지, 측정할 수 있다는 것을 상정하는 것이 값나가는 일임을 뜻한다. 그리고 그러한 실패의 경우라도, 우리의 과학적 충동이 우리로 하여금 단지 그것이 행해질 수 없기 때문에 우리 자신이 그것을 행하는 데 실패했다는 합리화를 선포하게 함으로써 다른 사람들을 낙담시키는 것을 막을 수도 있다.

§21. 측정의 구조

측정은, 가장 일반적인 뜻에서, 어떤 규칙에 따라 대상(또는 사건이나 상황)에 수를 배정하는 것으로 간주할 수 있다. 이 규칙에 따라 수의 배정을 확정하는 대상의 특질은, 측정 가능한 속성을 가리키는 크기magnitude로 불린다. 특정 대상에 배정되는 수는, 그 크기의 양 또는 정도를 가리키는 측정값measure으로 불린다. 규칙이 크기와 측정값 모두를 정의한다는 점에 주목할 필요가 있다. 측정의 절차는 총량amount을 결정할 뿐 아니라, 또한 그것이 무엇의 총량인지를 고정시킨다. 우리는 먼저 어떤 크기인지 확인하지 않고, 그것을 측정하기 위한 어떤 방안을 고안하고자 한다. 조작주의자들이 오랫동안 주장한 바와 같이, 무엇이 측정되어야 하는지와 어떻게 그것을 측정해야 하는지는 함께 확정되어야 한다. 조작주의자들은 '무엇'에 비해 '어떻게'를 지나치게 강조해왔다고 할 수 있다. 그러나 이러한 강조는 크기가 특정 사례에서 그 측정값을 확정하기 위한 절차와 완전히 독립적인 것으로 받아들여 질 수 있다는 순진한 생각을 교정해 건강한 생각을 가지게 하는 데 도움을 준다.

자료 배열

대상들에 수가 배정된다는 것은 통상 대상들이 어떤 확정적인 구조의 추상적 공간에 배열된다는 말로 표현된다. 배열mapping은 대상과 수 사이에 관계가 형성되어 대상 각각이 정확하게 하나의 수에, 즉 추상적 공간의 한 점에, 상응하게 될 것을 요구한다. 일반적으로 몇 개의 대상이 동일한 점에 배열되기도 한다. 단 하나의 대상만이 어떤 하나의 점에 배열되는 것을 허용하는 배정assignment의 규칙에 따라 대상들이 선택될 때, 우리는 이를 일대일 상응이라고 부른다. 통상, 단어 '상응'은 원래 이러한 뜻에서 사용된다. 그러면, 우리는 자유롭게 선택에 따라 어떤 상응이든지 만들 수 있다. 그러나 그렇게 함으로써 우리는 그 상응에 따르지 않으면 안 된다. 그렇지 않으면 우리는 사실상 상응을 '형성하지' 않았거나 또는 배정을 위한 '규칙을 세워놓지' 않은 것이 된다. 대상과 그것을 유의미하게 생각하게끔 하는 문제 상황이 주어지면, 우리는 어떤 배정의 규칙이 다른 것에 비해 당면한 문제를 다루는 데 훨씬 더 적합한지를 알게 된다. 측정의 임무는 유용한 규칙을 고안하고 배정의 성격을 탐색함으로써 이를 사용할 수 있게 만드는 데 있다.

대상들이 배열되는 공간이 꼭 수로 이루어질 필요는 없다. 일반적으로 말해, 정확하게 각각의 대상에 배정되는 것은 수number라기보다는 숫자적인 것numerical이다. 배정의 규칙은 숫자들numerals 사이에 어떤 관계성을 설정하고, 이러한 관계성의 유형이 추상적 공간을 구성한다. 오직 어떤 특정 형태의 측정에 있어서만 이러한 유형은 수들 자체 사이에서 익숙하게 관찰되는 관계성의 유형과 맞아떨어진다. 이러한 우연적 일치가 결코 존재하지 않는 경우에 이를 암묵적으로 가정하는 데서, 다시 말해 배정된 숫자들이 그것들이 가리키는 수들 사이에 적용되는 모든 관계를 대신하는 것으로 가정하는 데서 측정의 해석과 이용에 심각한 잘못이 나온다. 모든 측정에 결정적으로 중요한 유일한 양상은, 헤르만 바일Hermann Weyl(137: 144)이 지적한 바와 같이, '기호적 표상symbolic representation'이다. 측정은 "사물들을, 기호를 수단으로 해서, [가정된 측정 기반(배정 규칙)에 맞추어] 개념적으로 표상되도록 허용한다". 이러한 표상의 요점은 이 배정에 의해 유의미하게 되는 기호들 사이에서의 관계성에 따른 기호의 조작은 이 기호들이 배정된 대상들 사이에서 상응하는 관계성을 드러나게 하리라는 것이다. 우리는 숫자들을 이미 알려진, 그리고 명백하게 이해된 관계성의 체계의 이점을 취할 수 있도록 사용한다.

서열

배정의 가장 단순한 형식은, 대부분의 다른 형태의 측정에 기초적인 것으로, 대상들 사이에 서열orders을 만드는 것이다. 우리는 매우 잘 한정된 대상의 집합을, 즉 그것에 성원성의 기준이 구체화되어 대상이 주어지면, 우리가 그것이 그 집합의 성원이지 아닌지를 — 적어도 원칙적으로는 — 결정할 수 있는 그러한 집합을 가지고 시작한다. 이제 대상들 사이에 이루고자 하는 서열은 그 자체가 그 집합의 특성은 아니다. 예를 들어, 칵테일파티에 모인 사람들의 집단은 우리가 그들에게 어떤 서열을 매기든 상관없이, 수다로 하든 주량으로 하든 또는 정치적 색채로 하든 상관없이, 아직도 하나의 동일한 집단을 이룬다. 서열은, 말을 덜 한다든가, 술을 더 찾는다든가, 정치적으로 더 보수적이라든가 등과 같이, 오직 집합의 구성원들 사이에서 유지되는 관계에 의해서만 구성된다. 이 집합은 관계의 장으로 불린다. 이는 관계에 의해 서열이 매겨지는 그러한 것이다.

서열을 형성하기 위해서 관계는 무엇보다도 비대칭적asymmetrical이지 않으면 안 된다. 만약 서열이 집합의 두 성원 사이에 일정 방향으로 유지된다면 — 즉, 한쪽에서 다른 쪽으로 — 둘 사이에 역방향으로의 서열은 유지될 수 없다. 예를 들어 부모-자식의 관계는 비대칭적이다. 만약 x가 y의 부모라면, 동시에 y가 x의 부모는 될 수 없다. 물론 형제관계처럼, 항상 양쪽 방향으로 관계가 유지되는 경우도 있다. 이러한 경우를 '대칭적symmetrical'이라고 부른다. 또한 어떤 때는 거꾸로 할 수 있고 어떤 때는 아닌, 사랑의 관계와 같은, '무대칭적nonsymmetrical' 관계도 있다. 사랑은 되돌아올 수도 있고 그렇지 않을 수도 있다. 모든 서열화 관계는 비대칭적이지 않으면 안 되나 그것은 오직 서열이 매겨지는 장에서일 뿐이다. 장을 벗어나면 대상자들 사이의 관계가 양방향에서 자동적으로 유지되는지의 여부에 관한 질문은 적절한 것이 못 된다.

둘째로, 서열화 관계는 이행적transitive이지 않으면 안 된다. 만약 서열이 두 성원 사이에 유지되고, 그 중 둘째가 제3의 성원에 대해 관계를 가진다면, 첫째도 그 셋째에 대한 관계에 또한 참여하지 않으면 안 된다. 예를 들어, 누구의 — 조상은 이행적 관계다. 만약 x가 y의 조상이고, y가 z의 조상이면, x는 또한 z

의 조상이다. ─ 아버지의 관계와 같이, 결코 이러한 구조를 나타내지 않는 관계도 있다. 만약 x가 y의 아버지고, y가 z의 아버지면, x가 z의 아버지일 수는 없고 오직 할아버지가 될 뿐이다. 이와 같은 관계는 '비이행적intransitive'으로 불린다. 그리고 '무이행적nontransitive' 관계, 때로는 이어지고 때로는 그렇지 않기도 한 관계도 있다. 내 친구의 친구는 때로는 마찬가지로 나의 친구가 되기도 하지만, 늘 그런 것은 아니다. 위에서 말한 바와 같이 오직 주어진 장에서만 서열화 관계는 이행적이 된다.

비대칭적이고 이행적인 모든 관계는 서열을 형성한다. 이는, 주어진 집합의 성원들 모두가 서로의 관계에 들지는 못할 수도 있기 때문에 부분서열이라 부른다. 만약 여기에 더해서 그 집합 각각의 성원 모두가 확실히 어느 한 방향 또는 다른 방향으로 연관되면, 그 관계는 연결적connected인 것이라고, 그리고 완전서열을 형성한다고 얘기할 수 있다. 가령, 어떤 위원회의 성원들이 한 번에 한 사람씩 회의에 도착한다고 가정해보자. 그러면 그들은 '시간을 더 잘 엄수하는' 관계에 따라 서열화될 수 있다. 만약 x가 y보다 앞서 도착했고, y가 x보다 앞서 도착할 수 없었다면. x가 y보다 앞서 도착했고, y가 z보다 앞서 도착했고, x가 또한 z보다 앞서 도착했다면. 그리고 x와 y 두 성원 가운데 x가 y보다 앞서 도착했거나 아니면 y가 x보다 앞서 도착했다면. 제일 일찍 도착한 사람이 이 서열에서 맨 앞에 서고, 이어서 다음에 도착한 사람이 서는 식으로 마지막까지 이어진다. 만약 위원들 가운데 불참자가 있다면, 이 서열은 위원회 전체에 대해서는 부분적인 것이 될 뿐이다. 불참 위원의 상대적인 시간 엄수 성향은 완전히 미확정적이기 때문이다.

이와 같이, 우리는 만약 x가 y에 앞서 도착한다면 x에게 y에게 배정하는 것보다 더 큰 숫자를 배정하지 않으면(즉, 더 큰 수를 지정하지 않으면) 안 된다는 조건을 만족시키는 어떤 규칙에 따라 시간 엄수성의 측정값으로서 숫자를 배정할 수도 있다. 마찬가지로 y에 대해서 x보다 작은 숫자를 배정하면 이는 늦음의 측정값이 될 것이다. 위원회 성원들이 시간 엄수성을 기초로 배열되는 공간은, 지정된 수들에 의해 정의되는 봐와 같이 이들 숫자들 사이의 대소 관계에 의해서만 구성된다. 숫자들 대신에 우리는 또한 알파벳 문자를, 만약 이들이 통상 알파벳 순서로 불리는 것에 따라 (또는 다른 어떤 고정된 서열에 따라) 선후관계를 형성하는 것으로 이해된다면 사용할 수도 있다. 이들 두 측정값은 본질적으로 구분할 수 없다. 둘 모두 완전히 똑같은 상대적 시간 엄수성 서열을 형성한다. 왜 어떤 특정 숫자들을 사용하는가는, 또는 왜 알파벳 문자 말고 숫자들을 사용하는가는, 단지 기호의 문제일 뿐이다.

  서열이 형성되면 우리는 더 이상 소위 절대적 용어들에, 즉 단순히 '무거운' 또는 '시간을 지키는'과 같은 어떤 특질을 단정적으로 서술하는 용어들에 얽매이지 않는다. 우리는 서열에 기초해 — '더 무거운' 또는 '더 시간을 잘 지키는'과 같은 — 비교급을 적용할 수 있다. 그러나 영어의 문법에 따르면 때로는 절대급 용어에 '더' 또는 '덜'과 같은 별도의 용어들을 결합함으로써 비교급이 구성된다는 사실은 우리를 오도할 수도 있다. 왜냐하면 이러한 문법 형식은 전혀 다른 종류의 측정값, 즉 총량을 갖는 어떤 크기 — 무게 또는 시간 엄수성 — 가 있음을 시사하기 때문이다. 이는 또한 비교급이 기초로 하는 측정값은 어떤 대상은 다른 것에 비해 더 큰, 더 많은 양의 주어진 속성을 가졌다는 사실에서 도출된다는 것을 시사한다. 이러한 시사점은 때로는 참일 수도 있으나 일반적으로는 거짓이다. 우리는 먼저 이들 각각이 무게가 정확히 얼마나 나가는지 확정했고, 다음 이들 무게를 표상하는 숫자들을 비교했기 때문에 어떤 것이 다른 것보다 더 무겁다고 말하기도 한다. 그러나 우리는 또한 이들을 동시에 들고 무게를 따져봄으로써, 오직 무게의 비교값 이외에 다른 지식을 갖지 않고 비교할 수도 있다. 마찬가지로 우리는 어떤 색깔이 다른 것보다, 이들 각각이 얼마나 노란지 알지 못하고, 또는 — 그리고 이것은 중요한 점인데 — 색채에 있어 '노랑의 총량'이 뜻하는 바가 무엇인지에 대한 명백한 관념도 없이, 더 노란 것으로 보기도 한다. 일반적으로 총량의 측정값은, 곧 논의하는 바와 같이 서열을 기초로 하지 그 반대는 아니다.

어떤 대상들의 집합의 서열은 우리가 대상들에게 강제로 부과하는 어떤 것임을 또한 강조할 필요가 있다. 우리는 대상들을 어떤 서열로 받아들인다. 서열은 대상들 그 자체에 의해 주어지거나 거기에 근거를 두지 않는다(이 점은 어떤 서열 — 가령 공간 서열과 시간 서열 — 의 친숙성과 유용성 때문에 모호해진다. 우리가 이들에 습관을 들임에 따라, 우리는 그 서열이 아무 조건 없이 우리에게 부과되는 것으로 상상하게끔 강요되는 경험을 하게 된다. 그러나 예를 들어, 히브리 독자나 중국 독자는 이 페이지에 있는 문자들을, 인쇄공이나 원고 교정사처럼, 우리와는 전혀 다른 서열로 받아들일 수도 있다). 실제로 대상들 가운데서 관찰되는 것은 실제로 요구되는 특질에 따른 서열화 관계다. 어떤 특정한 관계가 비대칭적인지 아닌지의 여부는 우리가 결정하는 것이 아니고, 우리는 그것을 발견할 뿐이다. 왜냐하면 이는 주어진 사례의 사실에 따를 뿐으로 우리의 변덕과는 상관이 없기 때문이다. 그러나 서열화 관계를 선택하는 것은 우리이며, 우리에게는 무엇을 선택할지 자유가 있다. 우리는 문자들, 'g'. 'l', 'o', 'c', 'i'를 알파벳 순서로, 영어에서의 사용 빈도에 따라, 아니면 주어진 페이지나 타자기 자판기에 놓인 순서에 따라, 마치 철자를 쓰는 것처럼 등으로 서열화할 수 있다. 그리고 관계를 선택함에 있어 우리는 또한 그 정의를 충분히 폐쇄시킴으로써 이것이 서열을 이루는 데 사용될 수 있게 할 수도 있다. 가령, 우리는 회의 불참을 상대적 시간 엄수성의 불확정 요소로 남겨놓기보다는 최저의 시간 엄수성으로 정의할 수도 있다. 항상 그런 것처럼, 우리는 우리가 행한 선택의 결과를 감수하지 않으면 안 될 뿐이다.

현장에 어떤 주어진 서열화ordering관계를 가진 대상들이 있다고 가상해보자. 이들이 개별적으로 서로 서열 관계를 유지하지는 않는다 해도, 이러한 종류의 모든 관계를 다른 대상들과 서로 공유하고 있다고 — 다시 말해, 만약 x

가 y와 관계를 가지면, z도 y와 관계를 가지고 역으로도 그러하며, 만약 z가 x에 대해 관계를 가지면 y에 대해서 또한 그러하며 역으로 그러하다고 — 가정해보자. 우리의 시간 엄수성의 예에서, 이는 회의에 동시에 도착한 두 사람의 경우의 상황에 해당할 것이다. 이 둘은 같은 다른 성원들보다 시간을 더 잘 지키고, 같은 다른 성원들(같은 성원들의 다른 집합들)보다 덜 잘 지켰을 수도 있다. 이와 같은 경우에 우리는 그 관계가 약한 서열weak order을 형성한다고 얘기한다. 여기서 숫자들의 배정은 더 이상 엄격한 일대일 상응성을 결정하는 것이 아니다. 왜냐하면, 위의 x와 y와 같이, 같은 숫자가 관계되어 있는 두 대상에 배정되기 때문이다. 이와 같은 대상들은 서로 등가관계equivalence relation에 서 있다고 일컬어진다. 이들의 상관성은 대칭적이며 이행적이다. 같은 것에 동치인 것들은 바로 서로에 등가적이 된다. 동일(정체)성identity, 평등성equality, 동의성synonymy은 모두가 등가관계의 예에 속한다. 일반적으로 모든 약한 서열은, 서열화 관계를 그 역(반대 방향에서의 동일한 관계)과 결합함으로써 구성되는 등가관계를 확정한다. 가장 친숙한 예가 산술적인 것이다. 만약 x가 y보다 크거나 같고 y가 x보다 크거나 같다면 x와 y는 동등하다. 전과 마찬가지로 총량 또는 '규모'는 미리 상정되는 것이 아니며, 반대로 이러한 관계로부터 유추되는 것이다. 만일 우리가 위원회의 어떤 두 사람이 동일한 시간 엄수성을 가지고 있다는 것을 안다면, 이는 그들이 동시에 회의에 도착했음에 틀림없다는 것을 뜻한다.

약한 관계와 부분 관계는 때로는 서로 혼동되며, 이는 재앙적인 결과를 낳기도 한다. 만약 두 대상의 서열을 결정할 수 없다면, 이 관계는 결코 그들이 서열상 동일한 위치를 점유한다는, 즉 그들이 등가적이라는 결론을 정당화하지 못한다. 그 예로서 양자택일에서 선호를 표명할 수 없는 상황과 그것들이 동일하게 선호될 수 있음을 판단하는 것은 별개의 문제다. 이 점은 효용성의 측정에 큰 중요성을 갖는다. 때때로 등가관계의 설정은 또한 이행성의 형성에 어려움을 가져다준다. 예를 들어, 두 개의 색깔은 각각 상대방만큼 노랑으로 판단되었을 수도 있다. 이러한 점에서 x는 y로부터, 다시 y는 z로부터 구분되지 않으나, 그럼에도 x와 z의 차이는 쉽게 보일 수도 있다.

순수 등가관계를 기초로 우리는 등가부류equivalence classes(또한 '추상적 집합'이라고도 불림)를 조성할 수 있다. 이는 모두가 서로 등가적인, 그리고 (그 장에서) 각각의 대상이 그 부류의 어떤 성원과도 등가적인, 대상들로 이루어진다. 상대적 시간 엄수성의 관계를 예로 들면, 각각의 등가부류는 함께 도착한 위원들 모두로 구성된다. 어떤 등가부류는 물론 그 안에 하나의 성원만을 가질 수도 있다. 만약 모두가 이와 같은 부류라면, 그 서열은 강한 것이 된다. 약한 서열에는 하나 이상의 성원으로 된 등가부류들이 있게 마련이다. 그러나 그 등가부류들은 항상 강하게 서열화된다.

계수counting는 요즘에는 일종의 측정으로 여겨지기도 한다. 이는 대상들에 수를 배정하는 하나의 방법이다. 측정되는 대상들은 부류를 이룬다. 우리는 오직 개체들이 구성하는 부류에 측정값을 배정하기 위해 개체들을 센다. 계수할 때 우리가 하는 일은 항상 어떤 종류의 것이 얼마나 많은가를 확정하는 것이다. 그 절차는 얼핏 친숙해 보이지만 보기보다 훨씬 복잡하다. 시작하려면 먼저 계수될 부류의 대상들이 어떤 방식으로 서열화되지 않으면 안 된다. 우리는 먼저 이것, 다음 저것 하는 식으로 계수하지 않으면 안 된다. 사실상 어떤 서열로 우리가 계수하든 계수로 도달하는 곳은 같은 곳이다. 그럼에도 특정한, 또는 다른 서열이 요구된다. 측정을 위해 사용되는 수numbers도 역시 어떤 특정 방식으로, 가령 규모의 증가순으로 서열화된다. 이 점은 자기들이 우연히 알게 된 수를 복창하거나, 좋아하는 수부터 시작하거나 하는 식으로 '계수하는', 아주 어린 아이들에게는 환영을 받지 못한다. 다음 일대일 상응이 형성되고 일련의 대상 가운데 — 표식 또는 부호에 따라, 또는 한쪽 구석에서부터 등등의 방식으로 — 첫 번째가 되는 대상이 결정되고, 다음 수를 가지고 다음 대상을 결정하는 식으로 끝까지 간다. 모든 대상이 계수되고 어떤 대상도 한 번 이상 계수되지 않도록 보장하기 위해서는 엄격한 상응이 필요하다(그렇지만, 일대일 상응은 첫 번째 수the number one를 선상정하지는 않는다. 이는 단지 동일성이나 다양성의 문제일 뿐이다). 다음, 계수의 규칙에 따라 그 부류의 어떤 성원에게 상응하는 마지막 수가 측정값으로 그 부류에 배정된다. 이(마지막 수)는 그 부류의 대상의 수, 그 부류의 기축성cardinality으로 알려진, 측정되는 크기다.

그러나 이러한 절차의 스케치는 지나치게 단순화된 것이다. 가령 이는 서열화된 시리즈에서 항상 '다음' 대상을 밝힐 수 있고, 따라서 거기에 다음 수를 배정할 수 있다는 것을 가정한다. 이 가정은, 예를 들어 만약 계수되어야 하는 대상들이 0과 1 사이의 소수들fractions이며 그것들이 늘 그런 것처럼 규모에 따라 서열화된다면, 거짓이다. 어느 두 소수 사이에는 항상 다른 것이 있기 때문이다. 그렇지만 이 소수들을 이러한 조건에 맞게 서열화하는 방식이 있다. 그리고 또한 우리는 계수되어야 하는 시리즈에는 끝이 있다고 가정해왔다. 이 가정에 기초를 두지 않는 다른 기축성의 측정 방식들이 있으며, 그렇지 않다면 어떤 서열로 취해진 그 구성원들에 결코 끝이 없는 부류들은 모두가 같은 '규모size'의 것이라는 것, 즉 같은 이들의 기축성에 배정된 측정값을 갖는다는 것은 참이 아니다(어떤 무한대는 다른 것보다 더 크다). 더욱이 상응성은 이행적이기 때문에, 우리는 때때로 계수되어야 하는 부류의 성원들이 아니라, 어떤 상응하는 부류의 성원들에게 수를 배정함으로써 계수를 행한다. '산술'이라는 단어는, 사실상 계수되는 군인이나 양을 하나하나 셀 때마다 하나씩 쌓은 조약돌을 뜻하는 단어에서 유래했다고 전해진다. 다음 조약돌을 세거나, 아니면 조약돌을 다른 방식으로 측정하면 되었다.

덧셈적 측정

대상들이 계수될 수 있다는 것, 또는 어떤 속성에 따라 서열화될 수 있다는 것이 우리로 하여금 배정된 수들에 대해 그것이 어떤 것이든 우리가 택하는 산술적 조작을 효과적으로 수행할 수 있도록 하는 그러한 방식으로 크기를 측정할 수 있음을 보장하는 것은 아니다. 우리는 많은 또는 적은 수의 질문에 답할 수 있을지도 모른다. 나아가 주어진 장에 있는 많은 대상들이, 각각 이 얼마의 크기를 갖는지 말할 수는 없지만, 어떤 주어진 대상보다 얼마나 더 큰 또는 더 작은 크기를 가졌는지, 크기가 두 배라는 점까지 얘기할 수도 있다. 이러한 목적을 위해서는, 측정 절차는 다른 조건을 또한 충족시키지 않으면 안 된다. 이 목표의 성취를 위한 특정의 측정형태가 — 한때는 이것이 유일한 것으로 잘못 간주되던(§22를 보라) — 덧셈적 측정additive measurement으로 알려진 것이다. 여러 가지 측정의 주요 양상 일반에 관한 우려를 덜기 위해서는 이에 대한 간단한 언급이 필요하다.

　어떤 대상들의 집합이 어떤 관계로 서열화되었다고 생각해보자. 그리고 특정 집합의 요구를 만족시키기 위해 대상들에 대해 수행될 수 있는 어떤 조작operation을 찾거나 설계할 수 있다고 상정해보자. 그리고 이 조작을 결합combination이라고 부르기로 하자. 이후 이는 배정된 수에 대한 더하기 조작에 상응하는 것으로 보일 수 있다. 그러나 대상의 물리적 결합과 대상에 배정된 수의 산술적 더하기를, 이 두 조작이 같은 논리적 구조를 가진 것으로 보일 경우에도, 혼동하지 않는 것이 무엇보다 중요하다. 사실상 이들 요구의 목적은 엄밀하게 이러한 구조의 동일성을 확보하기 위한 것이다. 측정을 위해 채택되어 온 대상의 결합 방식에 의해 충족되어야 하는 이들 요구에는 네 가지가 있다. ① 첫째, 조작은 교호적commutative이어야 한다. 두 개의 대상이 결합하면 어느 대상을 먼저 택하느냐에 상관없이 그 결과는 같아야 한다. ②이는 연합적associative이어야 한다. 그 결과는 연합되는 대상들이 어떻게 묶이든 상관없이 같아야 한다. 즉, 어떤 대상의 다른 두 개의 대상과의 결합 결과는 제3의 것의 처음 두 대상의 결합의 결과와 같아야 한다. ③ 조작은 서열화 관계에 관련해 증식적incremental이어야 한다. 만약 두 개의 대상이 이 관계에 관해 대등하다면, 이 가운데 어떤 것의 어떤 제3의 대상과의 결합도 더 이상 다른 것과 대등하지 않으며, 이는 이 관계에 의해 형성된 서열에 따라 진행된다. ④ 마지막으로, 이 조작은 대등성equalities의 요구를 만족시키지 않으면 안 된다. 만약 두 대등한 대상들이 각각 서로에 대해 대등한 대상들과 결합된다면, 그 결과는 대등해야 한다.

저울을 사용한 무게의 측정이 간단한 예를 제공한다. 어떤 집합의 대상들을 천칭의 두 접시에 올려놓을 때 저울의 한쪽이 기우는 데 따라 서열화해 보자. 이러한 분류로 (약한) 서열이 제공된다. 경험에 따르면 이 서열은 적합한 조건하에서는 비대칭적이고 이행적이다. 그리고 두 대상이 서로 균형을 이루면 이들은 대등하다. 채택되는 결합조작은 동일한 접시에 두 개의 해당 대상을 올려놓는 것이 된다. 그러면 경험을 통해 덧셈 조작을 위한 네 가지 요구가 만족되었음을 알게 된다. 예를 들어, 바로 마지막 요구를 생각해 보자. 만약 두 대상이, 다른 두 대상이 그런 것처럼 서로 균형을 이루고 있다면, 각각의 짝으로부터 하나씩을 택해 한쪽 접시에 놓은 것은 다른 접시에 올려놓은 다른 두 개와 균형을 이룰 것이다. 우리는 무게를 달기 위한 이러한 대상들의 결합 방식을 덧셈적 조작이라고 부른다. 이는 더하기 조작과 같은 구조를 가진다.

보다 엄밀하게 두 개의 관계는, 만일 그들의 장들 사이에 일대일의 상응이, 두 대상 사이에 첫째 관계가 성립할 때마다 이 상응하는 대상들 사이에 두 번째 관계가 성립하고, 그 역 또한 성립하는, 그러한 방식으로 이루어질 수 있다면, 서로 구조동형적isomorphic이다. 따라서 구조동형성은 등가관계로 정의된다. 이는 대칭적이고 이행적이다. 여기서 구조는 동형물들의 등가부류다. 등가관계라는 의미에서, 한 대상이 결합으로 인해 다른 두 대상에 대해 갖는 관계는, 수적인 합일 때 그 수가 다른 둘에 대해 갖는 관계와 같은 구조를 가진다.

이 사실이 엄청나게 중요한 것은 이것이 가중절차에서 수의 배정을 허용함으로써 우리가 이들을 서로 의미 있게 더할 수 (그에 따라서 또한 빼고, 곱하고, 나눌 수) 있게 된다는 데 있다. 그것은 두 수의 합은 정확하게 더해진 수들이 각각 독자적으로 거기에 배정될 수도 있는 어떤 두 대상의 결합에 배정될 수도 있기 때문이다. 예를 들면, 대상 x가 대상 y보다 무게가 두 배 무겁다는 것은 x는 무게에서 y와 대등한 어떤 대상과 y의 결합과, 따라서 또한 결합 조작의 절차에 따라 y와 대등한 어떤 두 대상의 결합과 대등하다는 것을 말한다. 다른 말로, x에 배정된 수는 y에 배정된 것보다 두 배만큼 크다.

표준

이들 수를 고정하기 위해 필요한 것은 오직 측정의 표준이 구체화되어야 한다는 것이다. 어떤 특정 대상이, 말하자면 백금 정육면체가 선택되고, 이는 '킬로그램' 또는 '파운드', 아니면 다른 무엇(이는 기호의 문제일 뿐이다)으로 불린다. 이 대상은 측정의 단위를 구성 또는 정의한다. 어떤 것이 1g의 무게가 나간다는 것은 무게에서 이와 대등한 1000개의 다른 대상들의 결합은 다시 무게에 있어 표준 킬로그램, 즉 백금 정육면체와 대등한 것이 된다는 것을 말한다. 모든 다른 무게 배정에 대한 해석도 이에 따라 고정된다. 그러나 이러한 관계가 배정된 수가 유리수—정수이거나 정수의 비—일 때에만 성립한다는 것은 주목할 가치가 있다. 예를 들어, 어떤 것이 1g의 2/3의 무게가 나간다는 것은 서로 대등하고 그래서 이들 대등 부류의 세 성원의 결합이 1g의 무게를 보이는 어느 두 대상의 결합만큼의 무게가 나간다는 것을 뜻한다. 그러나 만약 $\sqrt{2}$ 와 같은 수를 어떤 대상의 무게로 배정해야 한다면 이와 같은 해석은 제공될 수 없다. 바로 정확하게 이러한 이유로 이들 수는 '무리수' 라고 불린다. 이 점에 대해서는 뒤에서 곧 다시 논하겠다.

측정표준의 선택은 협약convention의 문제다. 그러나 이것이 임의의 선택은 아니다. 우리가 백금이 아니라 철 정육면체를 표준으로 선택했다고 상정해보자. 그러면 철에서 녹이 나옴에 따라 다른 모든 대상은 무게가 가벼워지고, 결과적으로 만약 녹이 떨어져 나가면 전보다 더 무거워지기까지 할 수도 있다. 이 진술을 글자 그대로 진실로 인정하는 것이 중요하다. 왜냐하면 어떤 대상이 얼마나 무게가 나가는가는 그것의 표준에 대한 관계에 의해 확정되기 때문이다. 이것은 표준이 바로 표준이 되는 것을 정확하게 의미하는 것이다. 그러나 우리는 단지 표준무게가 변했다고 말하기를 선호할 수도 있다. 우리는 실제 그렇게 말할 수 있다. 더 적합하게, 이 진술은 다른 모든 것의 무게가 체계적으로 변했다는 이전의 진술과 대등하다는 것을 뜻하는 것으로 해석된다. 이들 둘 사이의 차이는 오직 '서술적 단순성descriptive simplicity'의 문제일 뿐이다(§36). 우리는 그것이 무엇이든 우리가 좋아하는 것을 표준으로 선택할 수 있다. 그러나 우리가 선택한 것을 우리가 진실로 좋아하는지의 여부는 표준 자체의 변화에 대한 감수성과 관련해 이들 사실이 드러내는 것이 무엇이냐에 달려 있다.

실제로 측정을 수행함에서 우리가 표준 자체를 직접 사용하는 일은 거의 없다. 대신 우리는 어떤 실험실에서나 발견되는 일련의 구리 중량과 같은 어떤 2차적 표준에 의존한다. 2차적 표준은 표준과 대등한 것으로 여겨지며, 따라서 등가물들의 이행성에 의해 표준 그 자체에 적절한 측정을 제공하는 것으로 여겨진다. 그러나 이러한 생각은 억제되지 않으면 안 된다. 그렇게 하는 과정을 눈금조정calibration이라고 부른다. 그 목적은, 마운트G. E. Mount(98:

17에서)가 명백하게 언급했듯이, "주어진 경우에 행해진 수 배정을, 동일한 도구를 가지고 비슷한 경우에 같은 사물에 대해 이루어진 수 배정과 등치시키는 데" 있다. 이러한 목적을 달성하기 위해서는, 2차적 표준만이 아니고, 도구 그 자체 또한 눈금 조정이 되지 않으면 안 된다. 예를 들어 만약 저울로 무게를 달기 위한 지침이 왼쪽 접시와 오른쪽 접시를 구분하지 않는다면 (그 대신 '한쪽 접시'와 '다른 쪽 접시'만을 구분한다면), 이 저울은 이러한 무관심을 정당화할 수 있도록 눈금조정이 되지 않으면 안 된다. 두 대등한 대상이 접시를 바꿀 때 균형이 계속 유지되지 않으면 안 된다. 그렇지 않으면 수정이 도입되어야 한다. 때로는 2차 표준이 도구로 형성되기도 하며, 이 둘은 천칭이 아니라 스프링을 가지고 무게를 재는 경우에서와 마찬가지로 함께 눈금 조정이 된다.

기본적 측정과 도출적 측정

일단 어떤 측정이 행해지면, 이를 기초로 우리는 다른 크기의 측정을 만들 수 있다. 캠벨(12)은 이들 두 가지 종류의 측정을 '기본적fundamental'인 것과 '도출적derived'인 것으로 구분하고 있다. 기본적 측정은 서열을 형성하거나 계수를 하는 경우를 제외하고는 다른 어떤 것도 미리 상정하지 않는 것이다. 도출적 측정은 그것이 논리적이든 경험적이든 기본적 측정에 관한 법칙을 사용함으로써 수행된다. 거기에 개재된 법칙이 순전히 논리적인 경우가 비교적 간단한 사례다. 이 경우 도출된 측정값은 기본적인 것들로부터의 계산calculation이다. 계산은, 캠벨이 지적한 바와 같이, '수적 법칙으로부터 전제의 연역'에 다름이 아니다. 예를 들어, 질량과 부피를 측정하는 방법이 주어진다면, 우리는 간단히 단위 부피당 질량인 밀도의 측정값을 제시할 수 있다. 이와 같은 계산 과정에서 측정은 무리수와 허수까지도 잘 이용할 수 있다.

많은 도출적 측정이 이미 이룩된 측정값과의 경험적 연결을 기초로 해서 진행된다. 스티븐스는 이러한 맥락에서 '지시물indicant'을 우리가 흥미를 가진 어떤 현상의 "추정된 결과 또는 상관물"로 얘기하고 있다. "우리는 지시물과 우리의 관심 대상 사이의 양적인 관계를 알게 되자마자, 이 지시물은 눈금조정되며 그 현상의 측정에 사용할 수 있게 된다." 이러한 점에서 지시물은 행동과학에서는 흔히 지수index로 알려져 있다. 예를 들어, 우리는 집단의 사기 morale가 집단 임무 수행의 효율성에 반영되는 것으로 알거나 믿을 이유를 가지고 있을 수도 있다. 만약 우리가 이 효율성을 측정할 어떤 방법을 가지고 있다면 — 말하자면 성공을 이룩하는 빈도와 속도처럼 — 우리는 아마도 이를 집단 사기의 도출적 측정값으로 사용할 것이다. 이와 같은 사례에서, 이러한 도출적 측정값 또는 지수의 값은 다시 다른 사기 측정값들과의 경험적 연결에 의존한다.

도출적 측정값은 기본적 측정이 포괄하는 범위 밖에 있는 사례를 위해 어떤 개념의 의미를 특정화하는 데 중요하게 적용된다. 이 점에 관한 반짝이는 논의가 헴펠(58: 71~73)에게서 발견된다. 우리는 평형balance절차 하나만 가지고는 가스의 개별 분자들의 무게를 결정할 수 없다. 그러나 우리는 모든 동일 기체의 부피는, 동일 압력과 온도에서, 동일한 수의 분자를 포함한다는 아보가드로의 법칙Avogadro's law의 도움으로 그렇게 할 수 있다. 이러한 종류의 어려움은 '오직 실용적인 차원에서만 그런 것'이라고 할 수도 있다. 그러나 측정에서 실용성은 모든 것이다. 더욱이 도출적 측정값이 사용될 수 있음에도, 이론적인 이유로 기본적 측정이 적용될 수 없는 경우가 많다. 우리는 수은 온도계를 가지고는 수은 자체의 비등점보다 높은 온도는 측정할 수 없다. 그러나 열(熱) 이론은 다른 측정값을 가능하게 한다. 법칙이 단순한 경험적 일반화에서 이론으로 변화함에 따라, 법칙에 등장하는 크기의 측정에 사용되는 방법에도 상응하는 변화가 일어날 개연성이 있다. 가열될 때 사물이

팽창한다는 관찰은 보통 온도계의 기초가 된다. 그러나 열 이론은 열역학 척도의 도입을 요구한다. 그리고 가능하게 한다.

이미 살펴본 바와 같이, 모든 측정 과정에서 법칙은 선상정된다. 측정을 가능하게 하는 것은 법칙의 발견이다. 법칙은 서열을 형성하는 데 개입한다. 예를 들어, 어떤 관계는 확실히 이행적이라는 일반화, 즉 덧셈적 척도를 형성하는 데 개입한다. 어떤 조작은 틀림없이 교호적이라는 데, 또는 도출적 측정값을 형성하는 데 개입한다. 어떤 변수는 확실히 측정되어야 하는 크기의 지수라는 것에 개입한다. 측정은 그 자체 안에 모든 법칙의 체계들을 체현하고 있는데, 이 사실이 본질적으로 측정을 이와 같이 과학적으로 유의미하게 만든다. 캠벨(13: 133~134)의 말에 따르면, "우리가 어떤 특질을 측정할 때, 이를 표상하기 위해 배정하는 숫자는 실험적 법칙들의 결과로서 배정된다······ 우리는 틀림없이 이렇게 배정된 숫자들을 서로에, 또는 다른 어떤 것에 연관시키는 다른 법칙을 발견할 것을 기대할 수 있다······ 이는 참된 측정이 과학에 결정적 중요성을 가지는 법칙의 발견에 필수적이기 때문이다".

§22. 척도

측정은 어떤 규칙에 따라 성원들에게 수를 배정하는 것으로 서술되어왔다. 그리고 수가 배정된 것은 '크기'로, 각각의 수는 특정 사례의 '측정값'으로 불린다. 측정의 척도scale는 스티븐스가 지적한 바와 같이, 배정의 규칙으로, 그것에 의해 어떤 측정값이 어떤 주어진 크기로 확정되는 원리로 정의할 수 있다. 물론 '척도'라는 용어는 때로는 측정 도구를, 때로는 측정의 표준까지를 언급하는 것으로 사용되어왔다. 이 절에서는 척도는 배정 절차의 논리적 구조를 일컫는 것으로 취급될 것이다. 이러한 척도는 결과적으로 어떤 점에서 측정값들 사이의 숫자적 관계가 크기들 사이의 어떤 상응 관계와 구조동형적인가를 특정화한다. 다르게 표현하면 척도는 측정에서 배정된 수들 사이에 어떤 조작이, 측정되는 것에 유의미한 결과를 가져올 것인지를 결정한다. 이는 한마디로 우리에게 어떻게 측정에서 도달한 수들을 해석하는지를 얘기해준다. 결국 어떤 특정한 척도의 일반적인 측정에 대한 가치는 탐구 과정에서 우리가 채택 가능한 수학의 제공에 달려 있다.

측정이 어떤 수학적 변환transformation에 종속될 수 있는지는 그것에 의해 측정이 이루어지는 척도에 달려 있다. 그러나 이는 또한 단순히 이용 가능한 수학이 무엇이냐에 달려 있기도 하다. 우리가 어떻게 수행해야 하는지를 알지 못하는 조작의 개입을 허용하는 척도 사용은 아무런 이점도 없다. 반면 알려진 조작을 미리 배제하는 척도는 똑같이 무언가 불만스럽기 그지없다. 따라서 어떤 측정 척도의 사용을 주장할 것인지는 당시의 수학의 상태에 달려 있다. 케메니(75: 154~155)가 설명한 바와 같이, "숫자 이론은 통상 고등계산calculus에서 취하는 강력한 수학적 방법들의 사용을 가능하게 한다. 단순 서열화로 언급되는 이론은 훨씬 더 난해한 수학적 처리를 요구한다. …… 숫자 척도를 선호하는 실제 이유는 수학적 편이성에 있다. 우리는 또한 수학의 발달로 숫자 척도가 오늘날 생각하는 것보다 훨씬 덜 중요하게 여겨지는 날이 올 것을 예측할 수도 있다". 도구의 법칙은 이와 같이 측정에서 특별한 중요성을 가진다. 우리는 어떤 절차들은 사실상 이들 과정이 우리에게 가장 쉽게 이용 가능한 것일 뿐인 상황일 때, 주제 자체가 그것을 요구하는 것으로 생각하는 경향이 있다. 새로운 측정의 척도와 기법의 개발이 그렇게 가치를 가질 수 있는 것은 이 때문이다.

측정 절차에 선상정된 법칙은 척도에 체현된다. 쿰스는 올바르게도 모든 척도는 '단순히' 정의의 문제가 아니라 하나의 이론이라는 점을 강조하고 있다. (단지 인위적이 아닌) 특정 목적을 위해 척도를 개발함에서 발견은 발명이

행하는 바와 같은 역할을 수행한다. 예를 들어, 어떤 주어진 선택가능지의 집합에서 개인의 선호가 경험적으로 비이행적인 것으로 밝혀졌다고 상정해 보자. 우리는 그의 선호를 일관되지 못한 것으로 간주하고, 선호들이 서열 지어질 수 있다는 것을 함축하는 그의 유틸리티his utilities의 측정을 위해 어떤 척도를 채택할 수도 있다. 그렇게 함으로써, 우리는 가치values와 그것의 행동적 표현뿐 아니라 어떤 합리성의 관념화conceptions에 우리 자신을 내맡기게 된다. 만일 이들 관념화가 방어될 수 없는 것으로 밝혀진다면, 우리의 측정 척도도 마찬가지로 문제에 봉착하게 된다. 케네스 애로Kenneth Joseph Arrow의 '부적합한irrelevant 선택지들의 독립성'의 공준이, 또한 효용이론으로부터의 사례인, 다른 예를 제공한다. 닭고기를 구매하려 했지만, 오리나 거위도 있다는 정보를 제공받고 오리가 낫겠다고 말하는 주부는 이 공준을 어기고 있다. 푸줏간 주인이 냉동고를 살핀 후 칠면조도 있다고 말하자 그녀는, "그러면 거위로 하죠!"라고 대답한다. 이러한 선호척도는 거위에서만 나타나는 것이 아니다. 그러나 이론가들은 그럼에도 어떻게 이러한 선택을 분석할지 합의하지 못하고 있다.

때때로 우리가 깨닫는 것보다 더욱 많은 측정척도들이 사용되거나 또한 그것을 사용할 수 있다. 특히 이 주제에 관한 방법론자들의 전통적인 논의는, 흔히 소위 '내포적intensive' 및 '외연적extensive' 측정에 상응하는, 사실상 바로 논의하는 바와 같이 이들 각각의 형태에 각자 몇 가지 척도가 있음에도 오직 두 가지 척도만 있는 것 같은 인상을 남기고 있다. 쿰스는 10여 개의 서로 다른 척도의 목록을 제시하고 있다. 나는 쿰스의 해설에 따라 다른 것들보다 중요한 (그 자체가 측정척도를 함의하는) 것들을 뽑아 그 특질을 개관하고자 한다. 이들은 강도가 커지는 순서(이 또한 하나의 측정이 아닌가!)로 제시되어 있다. 즉, 이들을 가지고 얼마만큼 측정이 행해질 수 있는가, 이에 상응해서 측정에서 선택된 척도가 적용될 수 있기 전에 측정되는 것에 대해 얼마만큼 선상정을 하는가, 얼마나 많은 것이 형성되어야 하는가의 순서로 제시되어 있다.

집약적 측정 척도

모든 척도들 가운데 가장 단순한 것은 오직 라벨이나 이름으로서 수가 배정되는 명목척도nominal scale다. 어떤 특정한 은하계는, 샤를 메시에Charles Messier가 제시한 목록에 따라, 또는 NGC목록New General Catalogue에 따라, 'M 31' 또는 'NGC 224'로 알려져 있다. 이는 또한 '안드로메다 은하Great Nebula in Andromeda'로 알려져 있다. 단어들의 집합도 숫자적 표현과 같은 지칭성을 갖는다. 이와 같은 수의 배정은 오직 한정limiting 사례로서만 측정을 구성한다. 왜냐하면 수가 배정된 대상들 가운데 하나에 대해 구조동형적인 어떤 명목척도의 수들 사이의 유일한 관계는 동일성identity과 차이의 관계이기 때문이다. 어떤 두 개의 수도 동일한 대상에 배정되지 않으며, 어떤 두 개의 대상도 동일한 수를 배정받지 않는다. 숫자에 이름이 있다는 것은 "'x=살인자'라고 하자"라고 말하는 것이 범죄자 수색을 수학적으로 만들 정도로 숫자 배정을 수학적으로 만드는 것이 아니다. 명목척도에서 어떤 대상에 대한 어떤 특정 수의 배정은, 그 수가 다시 사용되어서는 안 된다는 요구 이외에, 다른 대상들에 대한 수의 배정에 어떠한 구속도 강요하지 않는다. 어떤 두 수도 지칭성을 제외하고는 아무것도 영향을 주지 않고 서로 교환될 수 있다.

그럼에도 명목척도는 사용처가 있으며, 특히 미래에는 행동과학에서 더욱더 유용해질 것으로 보인다. 왜냐하면 많은 양의 자료의 처리는, 컴퓨터의 발달에 힘입어 매우 많은 개체들의 동일성 확인identifications을 요구하게 될 것이고, 인위적인 이름의 자유로운 창안은, 만약 그것이 우리 언어의 실질적 자원이 되지 않으면 우리의 상상력에 부담을 주게 될 것이기 때문이다. 바로 이러한 압력의 결과가 모든-자리 번호부여all-digit dialing이다. 사회보장번호, 통장과 신용카드 검색을 위한 번호화 등, 수없이(!) 많은 이와 같은 고안들은 비슷한 기원과 기능을 가지고 있다. 그렇다고 명목척도들이 본질적 중요성을 가지고 있지 않은 것이 아니다. 이들은 분류의 형성을 촉진시키기도 한다. 틀림없이, 명목척도의 수들은 때로는 분류를 염두에 두고 배정된다. 그 예로, 포지션에 따라 번호가 배정되는 축구나 야구 선수들을, 아니면 길의 한쪽에는 짝수가 다른 쪽에는 홀수가 배정되는 주소를 들 수 있다.

부분적으로 서열화된 척도partially ordered scale에서 어떤 특정 대상에 대한 수의 배정은 그 장의 다른 대상들 가운데 어떤 것에 배정될 수 있는 수에 상한과 하한 경계를 제공한다. 즉, 어떤 대상들은 측정되는 크기에 따라 그중 하나에게는 다른 것보다 낮은 수(또는 사례에 따라서는 높은 수)가 배정되지 않으면 안 되도록 연관된다. 그러나 대상들의 다른 짝은 이 점에서 전혀 비교불능일 수도 있다. 비교불능성이 결코 등가성이나 약한 서열화와 같은 것이 아니라는 점을 상기할 필요가 있다. 때때로 이와 같은 비교불능성은 크기가, 반대 방향으로의 관계를 자동적으로 허용할 수도 있는, 둘 또는 그 이상의 명백히 구분되는 속성들로 만들어진다는 사실에서 나타난다. 사람들은 부분적으로 사이즈에 따라 서열화될 수도 있다. 그러나 키, 무게, 허리둘레가 모두 같은 방식으로 연관되지 않는 경우가 많다. a는 b보다 키가 크나 b는 a보다 단단한 몸매를 가지고 있다. 누구의 사이즈가 더 '큰'가?

일반적으로 서열화된 척도는 관련 장의 비교적 동질적인 몇몇 하위 집합을 서열화한다. 물론 그것이 동질적이라는 것은 그것이 그렇게 서열화될 수 있는 능력을 가지고 있다는 바로 그 사실과는 무관하게 알려지지 않을 수도 있다. 평론가들은 영화에 대해 그 오락적 가치의 측정값으로 별을 하나에서 네 개까지 배정하기도 한다. 그러나 이를테면 '성인'과 '가족' 영화 사이의, 또는 뮤지컬과 심각한 드라마 사이의 차별화 또한 도입되지 않으면 안 된다. 질에 대한 평가의 객관성을 인정하는 경우조차, 확실히 장르를 가로질러 비교하는 것은 전혀 다른 문제다. 같은 방식으로, 에드윈 허블Edwin Hubble은 개방성의 정도에 따라 은하계에 문자 'a', 'b', 'c'를 배정했고, 또한 다른 형태의 은하계가 아니라 (적어도 그렇게 쉽게는 아니라) 각각의 형태 안에서 만들어지는 개방성의 비교를 통해, 타원형, 비정규형, 나선형, 막힌barred 나선형으로 은하계를 구분했다. 행동과학에서 우리는, 말하자면 각종 취미와 직업의 남성성을 서열화하기를 원할 수도 있다. 꽃꽂이나 사냥, 장식가나 벌채 노동자가 되는 것 등으로. 그러나 여기에는 교차문화적 차이가 핵심적일 수도 있다. 어떤 복 받은 사회에서는 여성이 육체적 노동을 수행하고, 반면 남성이 미용에 관심을 가지기도 한다.

서열척도ordinal scale에서 하나의 수의 배정은 다른 배정되어야 하는 모든 수를 위한 상한과 하한 경계를 고정시킨다. 서열화는, 비록 그것이 약한 것이라 하더라도, 둘이나 그 이상의 대상에 동일한 수를 배정함으로써 완성된다. 가장 간단한 사례는 주로 명목척도에 속하는 것처럼 사용되는 수들이 사실상 대상들 사이의 어떤 서열, 대상들이 그에 따라 호칭이 붙여져야 하는 서열을 반영하는 것들이다. 예를 들어, 어떤 공산품의 제품번호는 필수적으로 오직 정체 확인을 위한 고안일 뿐이다. 그러나 높은 제품번호는 또한 비교적 최근의 제작일자를 가리킨다. 마찬가지로, NGC에서 은하계의 번호 배정은 사실상 지평선 위에 오르는 순서로, 천구celestial sphere에서의 경도longitude에 따라 매겨진다. 이와 같은 우연적인 서열화는, 말하자면 명목척도들 사이에서는 매우 일상적이다. 그것은 이들 척도가 이름을 '체계적으로' 적용하려 시도하기 때문이다. 그것들의 사용 근거가 이러한 체계가 될 때, 이들은 서열척도를 구성한다.

서열척도에 의해 측정되는 크기는 때로는 '연속적 속성serial attribute', 또는 단순히 '연속물serial'로 알려져 있다(Lazarsfeld). 대상들은 연속상series에 놓이는 것 같이 서열화된다. 왜냐하면 모든 서열척도는 어떤 적합한 집합을 구성하는 시점들 가운데 보다-이른earlier-than의 관계와 구조동형적이기 때문이다. 일반적으로 이와 같은 시리즈는, 물론 주어진 장에서 서열화 관계와 관련해 첫 번째 성원이 있을 수 있지만, 오직 임의적인 기원을 가진다. 예를 들어 태풍은 알파벳순으로 이름을 붙인다. 계절의 첫 번째 것에는 'A'로 시작하는 이름이 주어진다. 마찬가지로 위성들은 발견된 연도에 그 해에 발견된 순서를 가리키는 알파벳 접미어를 붙여 이름을 정한다. 불연속적 시리즈(주어진 시리즈의 '다음 성원'에 대해 말하는 것이 언제나 가능한 시리즈)에서, 대상들은 '세대generation'들 또는 어떤 임의적인 시작점으로부터 이들을 분리시키는 단계들의 수로 확인할 수도 있다. 그러나 이들 단계는 아래에서 언급하는 뜻의 척도에서 사용되는 측정의 단위로 받아들여서는 안 된다. 태풍 'Karren'은 태풍 'Jessica'보다 늦은 계절에 발생했고, 태풍 'Iona' 다음 두 번째 것이었다. 그러나 여기에는 이것이 이전의 것보다 얼마나 늦었는지에 대해서는 물론 어떤 기간이 다른 기간보다 더 긴지 짧은지에 대해서도 아무런 언급이 없다.

통상적으로 서열척도를 적용할 때에는, '표준시리즈standard series'가 제공되거나 조성되고, 다른 대상들에는 적합한 표준시리즈의 성원들에 대한 그들의 관계에 따라 측정값이 배정된다. 견고성에 대한 모스경도계가 그 통상적인 예다(나는 이를 표준적인 예라고 말하고 싶다). 금속은 "긁힌 자국을 만들어내는 능력" 관계에 따라 서열화된다. 그래서 만일 어떤 금속이 다른 금속에 긁힌 자국을 만들 수 있으나 반대는 성립하지 않는다면, 그것에는 다른 것에 비해 높은 수가 배정된다. 모스경도계에서는 활석talc에, 이는 매우 부드러운 금속인데, 임의로 수 '1'이, 석고에 '2'가 배정되고, 이런 방식으로 다이아몬드에 '10'까지 배정한다. 어떤 특정 금속이, 예를 들어 견고성 1.5를 가졌다면 이는 활석보다는 견고하고 석고보다는 부드럽다는 것을 뜻하게 된다. 그렇지만, 이는 그 견고성이 이들 둘 '사이의 중간'에 있음을 말하는 것은 아니다.

우리가 '타락한', '비도덕적인', '괜찮은', '양심적인', 그리고 '신성한'의 표준시리즈로 된 행동의 도덕성을 측정하는 척도를 가지고 있다고 가정해보자. 이들 범주가 적용되는 서열에 아무런 의문이 없을지라도(우리가 이들을 특정 사례에 어떻게 적용할지 안다고 가정하더라도), 이들 각각이 도덕적 완전성에 얼마나 가까이 있는지에 대해서는 확실히 커다란 의문의 여지가 있을 수 있다. 우리는 '괜찮음'에서 '양심적임'으로 나아가는 것에 비해 '비도덕적임'에서 '괜찮음'으로 나아가는 것이 더 커다란 도덕적 진전을 뜻하는 것인지 알지 못한다. 어떤 좋아하는 악을 포기하는 것과 특별히 유혹적이지 않은 모든 죄를 피하는 데 양심적인 것 가운데 어느 것이 더 어려운가? 만약 이러한 질문들에 답할 수 있다면, 그 척도는 단순하게 서열척도가 아니라, 서열화된 계량ordered metric을 구성한다. 대상들이 서열화될 뿐 아니라, 그들 사이의 간격 또한, 적어도 부분적으로는 서열화된다.

체스 경기자들은 '초보자', 'C급', 'B급', 'A급', '고수expert', '대가master', '최고 대가grand master'로 분류된다. 여기에 전제는 주어진 등급의 경기자는 통상적으로 보다 낮은 등급의 경기자들을 이길 수 있다는 것이다. 인접한 등급들을 특징짓는 기법의 차이 또한 같은 근거에서 비교될 수 있다. 대가가 최고 대가에게 지는 것보다 더 자주 고수를 이긴다고 상정해보자. 그러면 우리는 그들의 고수에 대한 우월성이 최고 대가에 대한 열등성보다 크다고, 그리고 우리는 서열화된 계량을 이룩하는 과정에 있다고 얘기할 수도 있다. 다른 예를 들면, 선호가 큰 순서로 된 a, b, c, 등의 선택가능지의 집합에서 선호척도를 형성할 수도 있다. 우리는 이제 b를 선택하거나 동전 던지기로 a와 c 가운데 하나를 선택할 것을 제안한다. 만약 동전 던지기보다 b를 선호한다면, 우리는 이것이 c에 대한 a의 선호보다 b에 대한 선호가 더 크다는 것을, 그리고 만약 동전 던지기를 선호한다면 a와 b 사이의 간격이 b와 c 사이의 간격보다 덜하다는 것을 말하는 것일 수도 있다. 선호성을 지칭하기 위한 수의 배정은 결과적으로 수들이 가장 멀리 떨어진 두 인접 대상들에게 배정될 때, 어떤 한

쌍의 수는 다른 모든 대상을 위해, 하나는 그것에 배정될 수 있는 상한 경계로, 그리고 다른 하나는 하한 경계로 고정되도록 강제된다.

이제까지 논의한 네 가지 척도 — 명목척도, 부분적으로 서열화된 척도, 서열척도, 서열화된 계량 — 가운데 어느 것을 사용하든지, 이들은 때로는 '내포적' 혹은 '질적' 측정이라고 불린다. 이는 총량보다는 기껏해야 정도의 확정만을 허용하기 때문에 내포적이며, 우리로 하여금 어느 정도나 얼마나 많은지에 관한 질문이 아니라 더한지 덜한지의 질문만을 허용하기 때문에 질적이다. '척도화scaling'라는 용어 또한 때때로 이러한 점에서, 그 용도가 양적 절차에 한정되는 '측정화measuring'와는 대조적으로 사용된다. 그렇지만 그보다 자주, 확장성scalability의 크기로의 귀속은 그것이 단일-차원적이라는 것을, 즉 대상들은 그러한 기초 위에서 단지 부분적으로가 아니라 완전하게 서열화될 수 있다는 것을 의미한다.

비록 더 이상 질적이지만은 않지만, 때로는 내포적 측정의 한 형태로 분류되는 또 다른 척도가 있다. 이는 어떤 임의의 기점origin으로부터 동등한 간격을 제공하는 간격척도interval scale이다. 어떤 두 대상에 대한 두 수의 배정은 모든 다른 대상에 대한 수를 고정시킨다. 최초의 이중적 수 배정은 측정의 기점과 단위 둘 모두의 선택에 상응한다. 이와 같이 섭씨온도의 척도는 간격척도가 된다. 물의 어는점과 끓는점에 임의로 0과 100이 배정되었다. 이 둘 사이의 온도의 범위는 '섭씨 눈금'으로 알려진 100개의 동일한 간격으로 나뉜다. 확실히 배정된 수들에 기초한 산술적 조작은 수행될 수 없다. 20℃의 온도는 10℃ 온도의 두 배만큼 높다고 말할 수 없다. 화씨 척도 역시, 비록 다른 기점과 단위(0°F는 소금과 눈을 같은 무게로 섞었을 때의 온도)를 가지고 있으며, 화씨 척도에서 위의 두 온도(20℃와 10℃) 사이의 비율은 2대 1이 아니라 7대 5이지만, 그럼에도 이는 간격척도다. 그러나 온도들 사이의 차이에 대해서는 산술적 조작이 수행될 수 있다. 0℃에서 20℃는 0℃에서 10℃의 두 배만큼 멀며, 이 진술은 이들 온도가 화씨 척도로 측정되었을 때에도(이들은 각각 32°F, 50°F, 68°F에 상응함) 참으로 남는다.

　간격척도의 중요한 예 가운데 하나로 폰 노이만과 오스카 모르겐슈테른 Oskar Morgenstern이 효용성의 측정을 위해 조성한 것을 들 수 있다. 전에 언급한 바와 같이, 선택가능지 a, b, c 등으로 된 집합 가운데 선호 서열화가 되어 있다고 가정해보자. 서열화된 계량의 경우에서와 마찬가지로, 한편으로 b와 다른 한편으로 a와 c 가운데 결정을 위한 동전던지기의 선택은 a와 b 사이의 간격이 b와 c 사이의 간격보다 더 큰지 작은지를 말해준다. 그러면 확률이 정해진loaded, 선택자가 아는 방식으로 장전된, 동전을 사용한다고 상상해보자. 우리는 그가 바로 b를 선호하는지, 아니면 a를 얻을 확률(1-p)과 함께 c를 얻을 확률 p를 선호하는지를 묻는다. 이제 p를 이들 선택가능지들(b 또는 a와 c에 대한 도박)이 선호성에 관해 대등하게 될 때까지 변화시킨다. 다음 p를 b의 '효용성utility'의 측정값으로 취할 수 있다. 이 수는 단지 선형변환 지점까지만 고정된다. 즉, 측정의 기점과 단위가 임의적으로 선택될 수도 있다(a가 0으로, 그리고 c가 1로 간주되면 측정값은 p 자체가 된다). 그러나 효용성에 있어서의 차이는 어떤 선택이 만들어지든 고정비율constant ratio로 남는다.

포괄적 측정 척도

비례척도ratio scale는 동등 간격을 제공하는, 그러나 더 이상 임의적이 아닌 영점zero point을 가진 척도다. 배정된 모든 수는 기호 이외에는 아무것에도 영향을 주지 않으면서 상수constant를 곱할 수 있다. 왜냐하면 이는 오직 단위의 변화에 상응하기 때문이다. 우리는 모든 측정값에 12를 곱함으로써 피트feet가 아니라 인치inch로 길이를 잴 수 있다. 우리는 모든 측정값에 상수를 더할 수는 없다. 왜냐하면 이는 임의적인 영점을 도입하는 것이고, 그 결과 우리가 얻는 것은 오직 간격척도일 것이기 때문이다. 비례척도에서는 단 한 개의 대상에 대한 어떤 수의 배정이 모든 다른 것에 대한 배정을 고정시킨다. 이 하나의 배정은 단위를 결정하고, 영점은 측정 자체의 조작으로 주어진다. 온도 사이의 차이는 (비록 온도 자체는 간격척도로 측정되지만) 비례척도를 구성한다. 왜냐하면 영의 차이가 임의적 정의에 귀속되지 않기 때문이다. 이와 같이, 온도에서 차이는 열의 총량의 측정을 위한 기초를 제공한다. 예를 들어, 1cal는 1g의 물의 온도를 1℃ 높이는 데 필요한 열의 총량이다.

영점이 고정되기 때문에 수들은 그 자체로 단위의 임의적 선택에도 그 비가 일정하게 남아 있는, 고정된 차이를 나타낸다. 따라서 이들은 우리가 바라는 바가 무엇이든지 그것의 산술적 조작을 가능하게 한다. 다르게 표현하면, 비례척도는 기축성 자체의 측정measurement of cardinality itself과 구조동형적이다. 비례척도에 의한 측정은 어떤 주어진 크기를 가진 단위의 수를 계수하는 것과 같은 구조를 갖는다. 크기에 배정되는 측정값은 이 계수 이상의 다른 어떤 것이 아니다. 이와 같은 측정값들이 더해지고, 빼지고, 곱해지고, 나뉠 수 있는 것은 이 때문이다. 비례척도는 이 구조동형성isomorphism을 함축, 의미하는 '기축척도cardinal scale'로 불리기도 한다. 이는 특히 서열적 수와 구조동형적인 서열척도와 대비된다. 한 경마 경주에서는 2등으로, 다른 경마 경주에서는 3등으로 들어온 말은 5등과는 아무 상관이 없는 것으로 우리는 가정할 수도 있다. 그러나 한쪽 경마에 2달러를 걸고 다른 경마에 3달러를 건 사람은 틀림없이 5달러와 상관이 있다. 이는 그가 다음 경마에서 잃어도 감당할 수 있는 양인 것이다.

비례척도로 행해지는 측정은, 이 용어가 종종 간격척도를 포함하는 것으로 사용되기도 하지만, '외연적extensive' 측정으로 불리는 것을 구성한다. 지난 절에서 논의한 덧셈적 측정은 비례척도를 산출한다. 이 사실은 캠벨의 '표준 시리즈'의 조성에 의해 진행되는 것과 같은 측정의 형식화에서 쉽게 확인할 수 있다. 우리는 표준적 대상 a를 가지고 시작한다. 다음 a+a′, a+a″+a‴ 등을 가지고 시리즈를 계속한다. 여기서 준비된primed 대상들은 모두 a에 대해 (서로에 대해서도 마찬가지로) 등가적이며, 기호 '+'는 이전에 언급한 덧셈적 조건을 만족시키는 결합조작을 뜻한다. 기축 수들이 이 시리즈의 성원들에게 성공적으로 배정되고, 따라서 1 다음의 각 수는 사실상 그 시리즈에서 결합-대상에 대해 등가적인 단위들의 수가 된다. 그렇지만 비례척도는 이러한 방식으로 도달할 필요는 없으며, 우리가 살펴본 바와 같이 간격척도에서의 차이에 따라, 그리고 마찬가지로 다른 방식으로 구성될 수도 있다.

우리가 기억해야 하는 것은, 만일 일반적으로 측정이 대상의 추상적 공간으로의 배열mapping이라면, 가능성의 범위는 기본적으로 이와 같은 공간을 조성하는 우리의 상상력과 창의성에 의해서만 제한을 받는다는 점이다. 측정하는 동작은 단순히 어떤 종류의 표준자의 적용이 아니라, 오히려 적용할 자의 고안으로 이루어진다. 과학사에서 계속 발견되는 바와 같이, 가장 추상적이고 기상천외하기까지 한 수학이 나중에는 편안하고 구체적인 적용을 갖는 것으로 바뀐다. 행동과학자들에게 특별히 흥미로운 것은, 예를 들면 아르키메데스에 의해 형식화되고 그의 이름이 붙여진 측정의 공리일 것이다. 각각 측정값 x와 y를 가진 어떤 두 크기 a와 b에 대해, 만일 x가 0보다 크고 y보다 작다면, 거기에는 nx가 y보다 큰 수 n이 있다. 만약 주어진 사례에서 n이 존재하지 않는다면, 우리는 a가 b에 관해 '무한극소적infinitesimal'이라고, 또는 b는 a에 비해 '비길 수 없이 더 크다'고 말한다. 우리 시대의 수학자인 다비트 힐베르트David Hilbert는 이 공리가 만족되지 않는 추상적 공간을 조성했다. 유틸리티의 취급에서는 비(非)아르키메데스적 측정값들이 요청될 수도 있다. 거기서 측정값은 '최상' 또는 '절대'값에 상응할 수도 있다. 내가 믿기로는, 양의 신비를 위한 여지는 없다. 그러나 수학적 자원에 대한 경외감과 경이감은 우리로 하여금 지혜를 발휘해 구름에 수(번호)를 붙이도록 만들게까지 할 수도 있을 것이다.

§23. 타당성

(영어) 단어 '타당성validity'은 '가치value'와 어원이 같다. 둘 모두 힘을 의미하는 용어로부터 도출했다. 어떤 측정의 타당성은 거기서 그것이 무엇을 성취할 수 있느냐, 또는 더 정확하게 거기서 우리가 그것을 가지고 할 수 있는 것이 무엇이냐에 달려 있다. 소박하게, 이 '무엇'은 측정 사용의 맥락에 달려 있다. 타당성은 단지 측정의 도구나 척도에 의해 결정되지도, 측정되는 크기의 '본원적 성격'에 의해서 결정되지도 않는다. 우리는 측정이 수행하기로 되어 있는, 또는 그 점에 관해 타당성이 평가되는 — 그것이 의도적이든 아니든 — 탐구에 있어서의 기능 또한 고려에 포함시키지 않으면 안 된다. 기본적인 질문은 항상 측정이 주어진 목표에 대한 수단으로서 효과적으로 봉사할 수 있도록 되어왔느냐의 여부에 있다.

측정을 목표로 하는 것을 측정하는 것이 통상적으로 타당한 측정을 특징짓는 것이다(63: 109). 그것이 그렇게 하느냐의 여부는, 어느 것이 적합한가는 경우에 따라 다르겠지만, 다시 두 가지 근본적으로 다른 방식에 의해 결정된다. 그리고 그 구분은 단일 맥락에 대해서도 전혀 날카롭지 못하다. 간단히 말해, 하나는 정의의 문제고 다른 하나는 경험적 연결의 문제다.

측정은 그 과정 자체가 문제의 크기를 지칭하는 용어의 의미를 특정화하는 데 중요한 역할을 수행하기 때문에 그것이 측정하고자 하는 것을 측정하는 데 성공할 수도 있다. 수를 배정하기 위한 규칙은, 통상적으로 알려진 바와 같이 크기에 대한 조작적 정의를 체현한다. 만약 (일상에서의 대화보다는 심리학 용어로서) '지능'의 의미가 어떤 검사를 준거로 해 특정화된다면, 이들 검사가 정말로 '지능'으로 불리는 것을 특정화하는가에 대한 질문은 나올 수가 없다. 그러나 불행하게도, 의미의 특정화로 주장되는 것이 사실상 그 역할을 수행하지 못하는 일이 자주 발생한다. 우리에게 주어진 것은 의사pseudo정의다(§8). 이 용어는 항상 그것의 정의라고 주장되는 것에 의해 고정되는 방식으로 사후적으로 사용되는 것이 아니다. 위험은 쿰스가 (42A: 476에서) "거꾸로 된 조작주의operationism in reverse"라고 부른 어떤 것에 굴복하는, 즉 "측정값에 그 개념과 연관된 모든 의미를 배정하는 데" 있다. 이러한 오류는 측정이 오직 그 크기에 관한 다른 지시물indicants과의 경험적 연결에 의해서만 타당화될 때 덜 유혹적이다. 이와 같은 타당화는 '기준에 대한 예측' 또는 '검사test예측'으로 알려져 있다. 여기서 측정의 타당성은 특정의 사례에서 얻어진 측정값이 우리로 하여금 다른 절차에 따라, 그리고 다른 맥락에서 도달할 것으로 기대되는 측정값들을 예측할 수 있도록 하는 데 성공적일 수 있느냐의 문제다. 예를 들어, 지능(IQ)점수는 우리로 하여금 학문적 성취, 또는 다른 문제 풀이 상황에서의 업적을 예측할 수 있도록 한다. 그러나 일반적으로 타당성은, 특히 측정이 서술적 일반화에서뿐 아니라 몇몇 이론에서 또한 개념화된 크기에 관한 것일 때, 정의적인 고려와 예측적인 고려 둘 모두에 개입한다.

에러

그러면 측정은 측정하고자 하는 것을, 그러나 아직은 형편없이, 측정할 수도 있다. 만일 배정된 수들이 단지 무언가 다른 것 같이 보인다면, 또는 만약 적어도 측정 절차가 적용될 때마다 항상 매우 비슷한, 거의 동일한 수들이 배정되는 것 같다면, 그 결과는 필요한 유용성을 확보하는 데 실패할 수도 있다. 타당성은, 한마디로 측정이 비교적 에러error로부터 자유로울 것을 요구한다.

측정의 에러는 그 자체가 우리가 열망하는 것의 달성 실패의 측정값이다. 타당성은 우리 열망의 과학적 유의미성의 문제다. 어떤 인간의 열망도 결코 전적으로 성취된 적은 없다. 어떤 측정도 에러로부터 그렇게는 자유롭지 못하다. 그러나 인간으로서 우리는 합리적으로 ─ 그리고 과학자들이 열심히 노력하는 바와 같이 ─ 에러를 최소한으로 줄이기를 희망할 수도 있다.

에러의 근원 가운데 하나는 측정하는 도구에 내재한다. 모든 도구에는 그것이 만들 수 있는 구분의 한계가 있다. 이러한 한계 내에서 나타나는 차이는 인식되지 못하고, 따라서 조금 다른 대상들은 등가적인 것으로 측정된다. 우리가 경험적 의미로 이와 같은 '측정할 수 없는' 차이에 대해 얘기할 수 있는 것은 그것이 엄격한 뜻에서 측정할 수 없는 것이 아니고, 단지 문제의 절차에 의해서는 측정되지 않을 뿐이라는 사실에 근거를 두고 있는 것이다. 그 차이는 더 정교한 측정기법이 개발됨에 따라 회고적으로 밝힐 수도 있다. 또는 측정도구나 절차의 구분능력 한계 이하에서 차이의 존재는, 또한 등가성의 이행성 파괴로 밝혀질 수도 있다. 아르키메데스의 공리에 따르면, 등가적인 대상들 사이의 차이가 얼마나 작아 보이든 상관없이, 차이는 누적되면 궁극적으로 발견할 수 있기에 충분할 정도로 커지게 되어 있다. 어떤 측정도구나 절차의 구분력은 그것의 민감성sensitivity으로 알려져 있다. 그렇다면 에러의 근원 가운데 하나는 불충분한 민감성이 된다.

두 번째 형태의 에러는 측정이 반복될 때 이것이 일반적으로 동일한 결과를 가져오지 않는다는 사실에 있다. 반복된 측정 결과들 사이에는 불가피하게 어느 정도 양의 변이가 있다. 이들 변이는 '무작위적 파동random fluctuation'에 속하는 것으로 얘기된다. 각각의 측정은 이와 같이 두 개의 구성요소를 가진 것으로 이해될 수 있다. 첫째는 측정하고자 하는 크기에 상응하는 것이고, 둘째는 다른 또는 통제되지 않은 요인들에 의해 산출되는 정적 또는 부적 편차deviation로 이루어진다. 이들 편차가 작으면 작을수록, 그 측정은 그만큼 더 신뢰할 만하다고 얘기된다. 다른 말로 신뢰성reliability은 고정된 것으로 간주되는 조건하에서 반복될 때 측정이 고정된 채로 남아 있는 정도의 측정값이 된다. 이 조건들 가운데 행동과학에서는 측정을 행하는 관찰자가 특별히 중요하다. 따라서 신뢰성은 흔히 일종의 상호주관성으로 해석된다. 즉, 특정 사례들에 배정된 측정값에 대한 관찰자들 사이의 동의로 해석된다. 그러나 측정을 행하는 사람들의 일치가 아닌 측정 상태의 변화 역시 신뢰성에 개입한다.

무작위적 파동의 존재는 측정과정에서 만들어질 수 있는 구분에 한계가 존재하는 것과 마찬가지로, 측정과정의 불가피한 양상이기도 하다. 더 주의를 기울여 측정을 수행하면 무작위적 변이는 감소할 것으로 기대할 수도 있다. 그것은 마치 조심스럽게 과녁의 흑점을 겨냥해 활을 쏘면 대충 목표를 겨냥했을 때보다 화살이 넓게 산포될 개연성이 덜한 것과 마찬가지다. 그러나 로빈 후드도 무한정 화살에 화살을 명중시킬 수는 없다. 일종의 무작위적 변이는 항상 남아 있다. 결과적으로, 측정의 민감성의 증진이 항상 에러를 줄이는 효과를 갖는 것은 아니다. 이와 같은 감소는 본원적인 에러가, 또는 민감성의 결여가, 무작위적 에러에 비해 상대적으로 클 때에만 발생한다. "어떤 지점을 넘어 도구의 민감성을 증진시키는 것은, 파동이 상응하는 정도로 감소될 수 있지 않는 한, 단순히 측정을 불가능하게 만들 수도 있다. 왜냐하면 관찰되어야 하는 효과는 우연적 변이의 수렁에 빠질 수 있기 때문이다 (121: 130~131)".

발생하는 변이는 늘 정적·부적 편차로 멋있게 나눠지는 것은 아니다. 그러한 예로서, 일단의 길이 측정이 적절하게 눈금조정이 되지 않은, 사실상 표준 길이와 비교할 때 지나치게 짧은 야드 자yardstick를 가지고 이루어졌다고 상상해보자. 그러면, 그 측정값들은 언제나와 마찬가지로 어느 정도 무작위적 변이를 보이겠지만, 에러는 전반적으로 정(正)의 방향으로 나타나는 경향이 있을 것이다. 측정된 길이들은 지나치게 작기보다는 유의미한 정도로 자주 지나치게 큰 경향을 보일 것이다. 또는, 가령 범죄 발생을 행정개혁을 위한 선거운동이 시작되기 몇 주 전에, 아니면 반대로 '옴짝달싹 못하게 된' 시기에, 경찰 기록을 가지고 측정했다면 그 결과가 어떠할까 생각해보자. 이러한 모든 사례를 우리는, 무작위 파동으로 인한 에러와는 대조되는 것으로서 체계적 에러systematic error라고 얘기한다. 여기서 편차는 무작위적인 것이 아니라, 사례에 따라, 특정 혼란 요인의 작동에 따라, 어느 한쪽 또는 다른 쪽으로 나타나는 경향이 있다.

그러나 체계적 오류에 대해 말할 수 있기 위해서 우리는 이와 같은 혼란 요인을 밝힐 수 있어야 한다. 체계적 에러로부터 자유로운 측정은 정확한 accurate(이는 신뢰성에는 물론 민감성에 의존하는 속성인, '엄밀한precise'과 혼동해서는 안 된다) 측정이라고 말한다. 그러나 어떤 측정의 정확성은 소박하게 우리 자신이 측정하고 있다고 가정하는 것이 무엇이냐에 따라 달라진다. 만약 우리가 범죄가 아니라 체포나 유죄판결의 건수에 관심이 있다면, 선거운동의 효과는 더 이상 체계적 에러가 아니라 우리가 측정하고 있는 것의 일부가 된다. 무엇이 무작위적 에러며 무엇이 체계적 에러인가는, 다른 말로 우리가 우리의 측정값 배정과 해석에서 고려하고 있는 것이 무엇인가에 달려 있다. 쿰스(23: 484)가 언급했듯이, "자료분석에서 가정되는 측정이론은 이들 자료의 일부가 된다. 그리고 선험적 추상 체계와는 양립할 수 없는 자료의 이와 같은 부분은 거부되고 (무작위적) 에러 변량을 구성하는 것으로 간주된다". 간단히 말해, 체계적 에러는 그 효과가 그 측정이론에 이미 통합된 것으로 상정되는 어떤 요인에 기인하는 것이다. 다른 요인들에 기인하는 효과들은 무작위적인 것으로 불린다.

'참' 측정값과 유의미한 숫자

에러가 체계적이냐 아니면 무작위적이냐, 그것이 민감성의 부족에 기인하느냐 아니면 신뢰성의 부족에 기인하느냐 하는 바로 이 에러의 개념은 참의 개념을 선상정한다. 혹은 그렇게 보일 수 있다. 우리가 측정의 오류에 대해 얘기할 때마다 우리는 언뜻 에러로부터 자유로운 측정값과 대비되는 어떤 것을 지적하는 것 같이 보인다. 측정의 타당성은 흔히 이러한 점에서 받아들여진다(또는 뒤에서 주장하는 바와 같이, 오히려 잘못 받아들여진다). 타당한 측정은 측정되는 실제 크기에 대해 참인 측정으로 생각된다. 나는 이러한 관념화를 참 측정값의 허구the fiction of the true measure라고 부른다. 형이상학적으로, 이는 현실주의적인 버전과 이상주의적 버전 둘 모두를 가지고 있다. 현실주의자에게 사실은 본질상 절대적으로, 그것에 대한 우리의 지식을 특징짓는 것이 무엇이든 상관없이 확정적이고, 따라서 대상과 사건은 질과 양 둘 모두와 관련해 전적으로 명백하다. 이상주의자에게 경험에서 주어진 것은 항상 절대적으로 확정적인, 그 단독으로 순수 지식의 적합한 대상이 되는 추상적 실체entity에 대한 근삿값이다. 그러나 두 가지 관점은 다 같이 모든 실제 측정은 그들이 각각 현실로 받아들이는 것에 대한 확정성을 담보하기에는 부족하다는 것을 인정한다. 바로 이러한 이유로 나는 그들의 관념화를 허구라고 말한다. 그들이 '참 측정값'이라고 부르는 것은 만일 우리가 측정을 전적으로 에러 없이 수행할 수 있다면 나타날 수 있는 것이다. 그러나 이것은 바로 우리가 수행할 수 없는 것이다. 캠벨(12: 137)이 지적한 바와 같이 "이와 같은 이상은 실제로는 존재하지 않는다", "에러를 허용하지 않는 방식으로 숫자들을 배정하는 실험방법은 없다".

그러므로 경험주의자의 관점에서 보면, '참 측정값'은 이러한 점에서 특정화된 의미를 가질 수 없다. 왜냐하면 이러한 특정화는 경험 밖에 놓여 있는 어떤 것을 준거로 우리가 경험한 어떤 것을 설명하는 것이 되기 때문이다. 확실히 우리는 측정을 수정하고, 에러를 줄인다. 그러나 우리는 늘 어느 정도까지만 그렇게 한다. 만일 우리의 측정이 어떤 에러에도 종속되지 않는다면 발생하게 되어 있는 그 무엇에 대한 언급은 하나의 말장난에 불과하다. 이는 '참 측정값'에 경험적 의미를 주는 것이 아니라 그 자체가 경험적 특정화를 요구하는 것이다. 흄의 말에 따르면, "우리가 가진 도구와 기술의 능력을 넘어서는 수정의 관념은 단지 정신적 허구에 지나지 않고, 납득할 수 없을 뿐 아니라 무용한 것이다"(Treatise I 2 iv). 우리가 말할 수 있는 것은 다음과 같은 어떤 것이다. 어떤 크기에 대한 우리의 측정의 민감성, 신뢰성, 정확성을 증가시킴에 따라, 우리는 측정값이 점점 더 어떤 특정 값을 향해 수렴하는 현상을 발견하게(또는 발견할 것을 바라게) 된다. 이 값은 측정값이 향하고 있는 수학적 한계limit로서 유용하게 다루어질 수 있다. 이 크기의 참 측정값은 이 한계와 다르지 않다. 이와 같은 어떤 방식으로 우리는, 마치 우리가 이들 측정을 접근할 수 없는, 결코 그렇게 될 수도 없는 어떤 것과 비교하는 것처럼 이야기하기보다는, 실제 측정의 결과에 따라 타당성의 의미를 특정화할 수 있다.

측정은 수정되고 에러는 감소한다. 만약 이 관용구가 우리를 문자 그대로 참 측정값의 허구 쪽으로 기울어지도록 하지 않는다면, 이 과정을 우리가 구하는 크기의 '실제 값real value'으로의 연속적인 근접화로 얘기하는 데 이의는 없다. 어떤 하나의 측정값이 다른 것보다 실제 값에 더 가깝다는 것은 단순히 이것이 다른 것보다는 이와 같은 무한히 이어지는 측정값들의 한계로부터 덜 일탈적임을 의미하는 것일 수도 있다. 그러나 끝없는 측정의 복제 관념에는 또 다른 허구가 개재하기도 한다. 요점은 오직 개선 여부는, 현재 측정되고 있는 것에 대해 접근 불능인 참과 관련해서보다는, 가용한, 또는 그렇게 될 자료와 관련해 판단해야 한다는 것이다. 이와 같은 자료는 결코 부가적인 측정결과에 한정되지는 않는다. 이는 상당한 정도로 측정값이 다양한 법칙과 이론으로 진입함에 따라, 또는 법칙이나 이론과 연관되어 적용됨에 따라, 측정값에 배정된 탐구에서의 역할이 무엇이든지 이를 수행함에 문제의 측정값의 효율성에 달려 있다. 측정이 해당 크기의 '실제 값'에 더 근접해가기 때문에 측정의 새 절차나 도구가 옛것보다 개선되었다고 말하는 대신, 자체적으로 특정화된 '참 측정값'이 예전의 '참 측정값'보다 과학적으로 더 유용하기 때문에 이것이 개선이라고 말하는 것이 아마도 사람들을 덜 오도할 것이다. 일반적으로, "우리는 주어진 경험적 법칙들이 가능한 한 직관적인 그리고/아니면 수학적으로 단순한 것으로 여겨지는 표현을 받아들이는 데 도움이 되도록 우리의 척도를 선택한다. …… 만일 우리의 이론적 구조가 변하거나 확장되면, 우리는 자주 우리의 척도를 바꾼다. …… 이들 연속적인 단계를 참 또는 타당한 척도로의 근접화로 서술하는 것은 단순한 말장난에 불과하다. …… 본질적으로 어떤 척도도 다른 것보다 더 타당한 것은 없다"(91: 264에서 Bergmann and Spence).

참 측정값의 허구가 방법론적으로는 중요하고 철학적으로는 아닌 이유 가운데 한 가지는, 이것이 엄밀성의 가치를 지나치게 강조하는 경향을 가지기 때문이다. 만약 측정을 개선하는 것이 참에 좀 더 가깝게 근접해감을 뜻한다면, 우리는 측정값이 엄밀하면 할수록 그만큼 더 좋다고 가정하고 싶은 유혹에 빠진다. 왜냐하면 이는 우리가 알고자 하는 절대적으로 확정적 '사실'에 더 가까워지는 것을 뜻하기 때문이다. 엄밀성에 부착된 이러한 과장된 중요성은, 내 생각으로는 내가 양의 신비라고 부른 어떤 것의 일부를 이룬다. 우수리 없는 수는 소수점 이하 몇 자리로 된 수만큼 그렇게 인상적이지 못하다. 후자가, 아마도 단지 '정밀과학the exact sciences'이라는 호칭에 의해 강화되는 인식인, 본원적으로 더 과학적인 것 같이 느껴진다. 나의 방법론적 입장인 도구주의자의 전망(§6)에서는, 엄밀성의 가치는 측정이 수행하는 기능의 차이에 따라 그리고 측정이 기능 수행에 순응하는 측면에 따라 다르게 보인다.

엄밀하지 못한 측정은 아무 과학적 가치가 없다고 느끼기 때문에, 도구의 민감성, 채택된 척도, 또는 다른 절차의 한계가 허용하는 수준을 훨씬 넘는 엄밀성을 주장하는 일이 적지 않게 발생한다. 이와 같은, 우리가 부르는 바, 잘못된 엄밀성false precision의 예로는 애매하게 특정화되었을 뿐인 부류에 대한 의도적인 정확한 계수를 들 수 있다. '정신질환'으로 고생하고 있는 미국에 거주하는 사람의 수는 우리가 원하는 적합한 자료를 쓸 수 있다고 해도 결코 정확하게 언급할 수 없다. 왜냐하면 도대체 계수해야 하는 것이 무엇인지 명백하지 않기 때문이다. 이와 같은 환자들이 차지하고 있는 병상에조차, 비록 이는 덜 애매한 부류에 속하지만, 다양한 병원과 시설에서 사용되는 입원과 퇴원의 기준과, 아마도 이들 각각에서 행정가들과 임상의들이 사용하는 기준에 대한 특정화 없이는, 우리가 정확한 수를 배정할 수는 없다. 또한 민감성의 정도가 다른 측정값들을 서로 결합하고, 이 결합이 그 구성인자들 사이의 최소 정도가 아니라 최대의 민감성을 가진다고 주장하는 일이, 이 정도면 하는 것보다 자주, 발생한다. 이와 같은 것은 비용계산을 하는 데는 유용할 수도 있다. 그러나 이는 도덕적 덕목보다는 지적 덕목에 더 큰 폭력을 행사한다.

잘못된 엄밀성은 오히려 명백한 대 실수의 결과다. 더 정교한, 따라서 더 널리 퍼져 있는 실수는 방향 없는 엄밀성pointless precision의 잘못, 즉 그 상황에서 이점을 취할 수 있는 것 이상으로 정밀한 측정값을 사용하는 것이다. 나는 아서 리치Arthur D. Ritchie(121: 113)가 "필요한 것보다 더 정확하게 측정을 하게 만드는 기법은 사실상 충분히 정확하게 측정을 하지 않게 만드는 것과 똑같이 나쁘다"라고 한 판단이 매우 옳다고 생각한다. 나는 늘 과학적 실행에서, 특히 소위 '정밀과학'에서, 근사치의 사용, 그리고 '크기의 서열'의 확정 이상이 아닌 것까지의 사용에 자주 감명을 받아왔다. 측정값을 엄밀하게 하고자 하는 많은 행동과학자들의 열망은, 내 견해로는 종종 자신들 노력의 과학적 가치에 대한 확신이 결여된 것을 반영하는 듯한, 과잉 몰입에 지나지 않는다. 물론 엉성한 근사치는 오도하기 쉽고 재앙적이기까지 하다. 그러나 이들은 또한 실용적인 가치는 물론 엄청난 발견도출적heuristic 가치를 가질 수 있다. 질문은 항상 다양한 가능한 엄밀한 값들 사이의 차이가 당면 문제에 유의미한가 하는 것이다. 이 질문은 다른 어떤 것에 대해서와 마찬가지로 과학적 관심사에 대해서도 적합성을 갖는다. 만약 대답이 부정적이라면, 그 차이는 아마도 근사치로 얼버무려질 수도 있다. 우리가, 캠벨(12: 186)이 얘기한 바와 같이, 어떤 한계 안에 머물러 있는 모든 명제들이 효율적으로 등가적이라는 것을 알고, 근사 명제가 이들 한계 안에 놓여 있음을 알 때 근사치의 사용은 완전히 정당화된다.

내가 얘기해온 바와 같이 측정은 기본적으로 대상에 대한 상징적 체계의, 통상적으로 숫자적 체계의 등위조정coordination이다. 내가 측정의 타당성에 관해 제시한 관점은 이 점, 즉 당신이 무엇을 하는지 알고 있고 그 결과consequences를 수용할 준비가 되어 있다면, 배정된 수를 가지고 당신이 하고 싶은 일을 할 수 있다는 것이다. 이들 결과 가운데는 특정 절차 또는 측정값의 수학적 조작이 (말하자면 측정도구의 민감성의 한계 때문에) 원래의 대상은 물론 다른 어떤 것과도 유용한 관계를 가질 수 없는 수들로 귀결되는 상황이 포함된다. 소수점 한 자리까지만 정확한 어떤 측정값의 집합이 곱해지고 나눠져 소수점 이하 세 자리, 네 자리, 또는 열 자리까지로 구성된 수를 만들어 낸다. 그러나 여기서 유의미한 숫자significant figure는 첫 번째 자리의 것뿐이다. 다른 것은 오직 그것에 대한 우리 자신의 묘사 이외에 상황 자체의 어떤 양상에 대해서도 대답을 주지 못한다. "측정은 측정을 수행하는 경험적 조작에 지나지 않는다"라고 스티븐스는 말한 바 있다. 내가 덧붙인다면, 측정은 그것에 개입하는 소위 개념적 조작과 다른 어떤 것도 아니다. 리치(121: 131)는 현명하게도, "보기 흉한 실험을 멋진 계산의 화장으로 꾸미려는" 유혹을 경고한 바 있다. 수학은 우리 스스로 사고해야 하는 필수적인 고통을 덜어줄 수 있다. 그러나 우리는 수학이 작동하기 이전과 이후 모두에 우리의 사고의 고통을 이러한 특권의 대가로 지불하지 않으면 안 된다.

나는 바로 이러한 필수적인 요구를 이용하는 어린 시절의 수수께끼를 기억한다. 세 사람이 호텔에 접수를 하고, 각각 자신의 객실요금으로 10달러씩을 지불했다. 사무원은 뒤에, 방 세 개가 하루에 25달러짜리 스위트 하나에 속한 것임을 깨닫고, 손님들에게 돌려 줄 5달러를 벨보이에게 주었다. 5달러를 3인에게 똑같이 배분할 수 없기 때문에, 또한 다른 덜 미묘한 이유로, 벨보이는 2달러를 자신이 가지고 오직 3달러만을 상환금으로 돌려주었다. 돌아오는 길에 그는 다음과 같이 계산했다. "숙박객들은 각기 10달러씩 지불했으니 모두 합해 30달러가 되고, 내가 한 사람에게 1달러씩, 모두 3달러를 되돌려 주었으니 그들이 실제로 지불한 것은 각기 9달러씩이지. 그러면 3 곱하기 9면 27이고 내가 2달러를 가졌으니, 총 29달러가 되네. 도대체 서른 번째 달러는 어디로 간 거지??" 물론, 만약 그가 가진 2달러를 27달러에 더하지 않고 거기서 뺀다면, 나머지는 25달러, 즉 호텔에 지불한 금액이 될 것이다. 우리는 우리가 원하기만 하면, 그 합sum이 그 상황에서 무엇을 말하는지 아무 생각 없이 자유롭게 더할 수 있다. 벨보이의 조작에서 빠진 것은 그 달러가 아니라 그의 건전한 판단력이다. 그의 논리는 그의 양심과 매한가지였다.

§24. 행동과학에서 측정

질과 양

아마도 양의 신비보다 더욱 널리 퍼진, 그리고 확실히 그 효과와, 특히 행동과학에 대한 효과에 더욱 유해한 것은 이에 상응하는 질의 신비mystique of quality다. 이 신비 또한, 그 상대역과 마찬가지로, 수의 마법에 기대고 있다. 이는 오직 수의 오묘한 힘을 악한 목적에만 효과가 있는, 일종의 흑마법black magic으로, 무엇보다도 쓸모없고 아무것도 아닌 것에 영혼을 내어주도록 우리를 유혹하는 것으로 간주한다. 이러한 전망에서 지식 ― 그리고 특별히 인간에 관한 지식 ― 은, 바로 자체의 본성상 그 눈이 얼마나 촘촘하게 짜였든 상관없이 수의 망을 교묘히 피해가는 질의 포착에 있다. 미시건 대학의 내 친구들은 때때로 이러한 견해를 피력할 때, "만일 그것을 측정할 수 있다면, 그렇지 않지!"라고 한다. 인간 행동을 다루는 학도에게, 어느 정도 ― 이렇게 견해는 이어지는데 ―, 측정은 기껏해야 초점이 없으며, 그리고 가장 나쁜 방식으로는, 실제로 중요한 것에 대한 절망적인 왜곡이나 혼란을 가져온다. 정밀과학은 자연의 연구에 속한 것이지, 인간의 연구에는 아니다. 아직도 표면상으로는, 인구학이나 경제학 같은 분야는 수학적 방법과 양적인 특정화를 상당한 정도로 사용한다. 반면, 헬머와 다른 사람들이 강조해온 바와 같이, 자연과학에서도 ― 적어도 각 학문의 여러 분야에서 ―, 질적 고려가 지배적인 경우가 많다. 질의 신비 뒤에는 무엇이 숨겨져 있는가?

먼저, 모든 측정은 어느 정도의 추상성을 포함한다. 어떤 것들은 숫자적 서술에서 필수적으로 빠지게 되는데, 이는 이러한 서술이 항상 다른 것들의 배제에 연관된 특질들과 관계들의 확정적인 집합에 기초를 두고 있기 때문이다. 무게의 특정화는 우리에게, 예를 들어 '용적massiveness'의 특질에 포함될 수도 있는 크기나 밀도에 대해 아무것도 말해주지 않는다. 이것은 어떤 단일한 양적 서술도 우리에게 모든 것을 말해주지는 못한다는 것을 말할 뿐이다. 그러나 이것은 어떤 단일한 질적 서술에 대해서도 마찬가지로 참이 아닌가? 핵심적인 것은 양적인 해설은 이에 상응하는 질적인 것에 담겨 있는 모든 것을 포괄한다는 점이다. 우리는 온도가 72°F라고 들은 6월 어느 날에 대해 알지 못하는 것이 많다. 그러나 확실히 우리는 "따뜻했다"라는 얘기를 들었던 것만큼은 안다. 우리가 그날을 '흔치 않은' — 멋진 또는 쾌적한 — 날로 얘기할 때 우리는 질을 양과 대비시키는 것이 아니라, 오히려 단독으로 또는 결합해서 양적인 특정화가 주어질 수도 있는 것으로 여겨지는 질적인 것들의 총체적 집합에 대해 언급하는 것이다. 만약 양적 특정화가 주어졌더라도, 그것이 아직도 무엇인가를 빠진 채로 남겨 놓았으리라는 주장은 내가 보기에는 자가당착이다. 그리고 양적 특정화가 사실상 주어질 수 없다는 입장은 논점을 교묘하게 회피하는 것 이상이 아니라는 인상을 준다.

요점은 질과 양은 둘 모두 이들이 대립적인 것으로 또는 대체적인 것으로까지 받아들여질 때 오해를 불러일으킨다는 것이다. 양은 질에 대한 것이며, 측정된 질은 그 측정값에 표현된 바로 그 크기를 가진다. 덜 형이상학적 관용어를 사용하면, 우리가 어떤 것을 질로 보느냐 아니면 양으로 보느냐의 여부는 우리가 그것을 우리의 기호체계symbolism에 어떻게 표상하느냐에 달려 있다고 말할 수 있다. 척도에 의해 (또는 아마도, 어느 정도, 외연적extensive 척도에 의해) (수가) 배정되지 않는 술어predicates는 질적인 것을 특정화한다. 적합한 척도가 도입될 때, 우리는 그 준거물들에 양적 정체성을 부여한다. 반대로 우리는 측정값들의 집합을 가지고 시작해서, 거기에 질적인 것들을, 즉 그것의 척도화와는 별개로 간주되는 특질들을 표시하는 호칭을 도입할 수도 있다. 양의 질로의 전환은, 또는 그 반대는, 의미론적이거나 논리적 과정이지 존재론의 문제가 아니다. '뜨겁다'와 '차다'라는 어휘는 온도 척도에 속하는 것을 가리킴과 다르지 않다. 색깔 단어들은 파장의 특정화에 의해 이름이 붙여지는 것과는 다른 세상 속의 어떤 것을 지정하는 것이 아니다(물론 기분이 노란 감각은 색깔과는 다른 어떤 것이다. 이는 그 자체가 질이 아니라 우리가 질을 준거로 편리하게 서술하는 지각적 사건 또는 과정이다. 그러나 이는 똑같이 기분이 가볍다거나 이러이러한 파장으로 서술될 수도 있다).

측정되지 않는 것

측정이 불가피하게 어떤 것을 도외시한다는 관념은, 생략하는 것은 죄라는 뜻에서, 내 생각에는 부분적으로 이것에서 연유한다. 즉, 매우 자주—특히 행동과학에서는—우리의 측정값이 우리가 주제와 대면하게 되는 개념적 틀에서 중요하게 여기는 특질이나 관계를 생략하는 데서 연유한다는 것이다. 그 예로서, 지능검사로 측정된 지능은 '실질적인 훌륭한 분별력'이라 불리는 창의력과 같은 종류의 능력을 포함시키는 데 실패할 수도 있다. 그래서 이것이 조악한 측정값이 되는 것이 아니라, 만일 우리가 이것을 아주 총괄적인 것으로 해석한다면 우리는 단지 이를 조악하게 사용할 뿐이다. 이와 같은 검사에 대해 행해지는 비판은—보통 사람들의 비판만이 아니라—대부분 이 검사가 우리가 지적 능력이라고 생각하고 싶은 모든 것을 측정하지는 못한다는 주장 이상의 어떤 곳에도 이르지 못한다. 질의 신비는 이 그럴듯한 진실이, 따라서 이 검사는 전혀 유의미하지 않다는 모호한 결론의 전제로 택해질 때 작동한다. 모든 측정값이 종속하게 되는 한계는 먼저 단점으로 해석되고, 그리고 이는 이와 같이 측정에 대한 비난으로 일반화된다.

이러한 비난은 또한 부분적으로 어떤 것을 아는 것과 그것을 경험하는 것 사이의 기본적인 혼동에서 유래한다. 날이 따뜻하다는 것을 아는 것과 따뜻함을 느끼는 것은 다른 얘기다. 인지적 과정 그 자체가, 다른 어떤 것과도 마찬가지로 풍부한 경험이기는 하지만, 안다고 하는 그 무엇은 명제로 형성될 수 있는 추상적인 어떤 것이다. 우리는 이러이러한 것은 그 경우라고 알고 얘기할 수 있다. 그러나 어떤 한정된 명제들의 집합도 그 상황의 경험 내용을 고갈시킬 수는 없다. 질적인 것은 통상적으로 직접 경험의 대상으로 생각되는 반면, 양적인 것은 오직 상징적으로 중계된 인식에서 도달한 것으로 상정된다. 여기서 측정은 질적인 서술에 훨씬 못 미치는 단순한 추상만을 제공하는 것으로 맹비난을 받는다.

그러나 양적인 것들은 오직 알려지는 것이고 질적인 것들만이 경험된다는 것은 전적으로 근거 없는 관념이다. 우리는, 모든 카드놀이 참가자가 증언하는 바와 같이, 만약 그것이 지나치게 크지 않다면 또는 만약 그 요소들이 적당하게 묶인다면 수량성numerosity은 물론 특정한 기축성까지도 직접 경험할 수 있다. 그리고 다른 한편으로 우리는, 특정 거북이가 수놈인지 암놈인지 여부에 관한 우리의 지식 — 오직 파충류학자나 다른 거북이들에게만 직접 경험의 문제가 되는 것 같이 보이는 사실 — 에서와 마찬가지로, 질에 대해 간접적인 상징적으로 중계된 인지를 할 수 있다. 경험을 갖는 데는 많은 지식이 필요하다는 것은 참이지만, 어떤 명제가 참이라고 인지하는 것은 정확하게 그 명제를 아는 것이지 다른 (논리적으로 독립적인) 명제들의 무한 집합에 대해서까지 아는 것은 아니다. 그러나 마찬가지로, 경험을 하는 것은 그것이 무엇이든 적어도 과학적 맥락에 적합한 '앎knowing'이라는 뜻에서, 어떤 것을 아는 것이 아니다. 이는 오직 인지의 기회, 그리고 그것의 보증을 위한 (그렇다고 결코 결론적이지는 않은) 어떤 종류의 증거를 제공할 뿐이다. 우리의 논쟁은 다시 측정이 모든 것을 말하지는 못한다는 곳으로 돌아온다. 그러나 그러한 (모든 것을 말하는) 질적 서술은 하나도 없다.

그러나 이 논쟁은 계속된다. 측정은 어떤 중요한 것을 생략된 채로 남겨둘 뿐 아니라, 그 존재를 부정하기까지 한다는 주장이 있다. 본질적인 질적 차이는 양의 동일성에 매몰된다. 인간 인성personality에서 가장 독특한 것은 — 그것은 개별화되는 것인데 — 우리가 어떤 측정값들의 집합으로 정신psyche을 고정시키려 할 때 부정되는 바로 그것이다. 그러나 이와 같은 견해는 순진하게 수학적 대등성을 엄격한 동일성으로 잘못 받아들이고, 두 대상들 사이의 측정된 등가성의 확언을 이들이 사실상 하나의, 그리고 같은 대상임을 단언하는 것으로 잘못 해석하고 있다. 같음sameness은 확실히 주장되나, 그것은 오직 측정의 척도와 절차에 응답하는 형식적·구조적 특성의 같음일 뿐이다. 네이글(103: 137)이 '성마른 과학에 대한 비판'이라고 부른 그 무엇의 힘은 대체로 방정식equations을 "다양한 질적인 연속체들의 문자적인 동일시identification로서, 그리고 본원적·무관계적인 공통 특성들의 다양한 주제에의 귀속으로서" 해석하는 데 있다. 같음에 관해서는, 질적인 서술 또한 개체들을 공통적인 자질의 소유로서 정의되는 부류로 묶는 것이라 얘기될 수 있다. 나는 여기서 이점(利點)을 가지고 있는 것은 숫자적 서술이라고 생각한다. 그것은 이 공통성이 어떻게 추상적인가를 분명하게 드러내기 때문이다.

측정의 힘

질의 신비의 가장 깊은 뿌리는, 특히 행동과학과 관련해서는, 측정이 늘 인간사에서 우리의 가치와 결코 조화를 이루지 못하는 다양한 역할을 수행한다는 데 있다. 측정의 가장 중요한 사회적 기능의 하나는, 이미 내가 지적한 바와 같이 표준화의 기능이다. 그러나 우리는 사물의 표준화의 가치를 인정하는 반면 우리 자신의 측정값을 받아들이는 데는 위축감을 느낀다. 우리 자신이 표준화되는 데 대한 저항은, 만약 내가 그렇게 말해도 좋다면, 전적으로 정당하다. 이와 같은 저항은 생각보다 넓게 퍼져 있었고 효과적이지 않았던가! 그러나 우리의 인성을 좀먹는 것은 측정이 아니다. 그렇게 진단하는 것은 가치의 연구를 가치화의 과정과 혼동하는 것이고, 알려진 대상에 오직 지식의 추구에만 속하는 특성들을 투사하는 것이다. 가치를 측정하는 것은 그것을 '수로 환원하는 것'이 아니고, 어떤 뜻에서도 조금도 그 값어치를 깎아내리는 일이 아니다. 우리가 어떤 행위의 측면에 수를 배정할 때, 우리는 그행위에서 그것의 인간적 유의성을 박탈하는 것이 아니다. 우리는 오직 과학을 위한 그 행동의 유의성에 관심을 가지며, 그 유의성은 측정에 의해 높아지는 경향이 크다.

여기서 곤란한 것은 그렇다면 과학이 우리의 가치에 유해하게 사용될 수도 있다는 것이다. 행동의 측정은 다양한 사회통제 수단의 효율성을 헤아릴수 없을 정도로 높인다. 우리의 반응이 더 정밀하게 알려지면, 그것은 더 쉽게 조작될 수 있다. 측정의 인간적 주제의 적용에 대한 잠재적 불신과 공개적인 적대감까지도, 이러한 관점에서 충분히 이해할 만하다. 그렇다고 이 말이 그 주장을 정당화하는 것은 아니다. 질의 신비는 인간이, 단순히 정치나군사, 상업적 증식의 수단이 아니라, 그 자체가 목적으로 취급되어야만 한다고 주장하는 도덕성에 뿌리를 두고 있는 듯하다. 그러나 여기서 도덕적 충동은 방향을 잘못 잡고 있다. 죄는 과학이 아니라 그것의 사용에 있다. 지식이권력(아는 것이 힘)이라는 것은 권력의 피해자들에게 무지의 형벌을 가하는것이 아니다. 아이러니는 질의 신비가 양적인 접근으로 얼마나 많은 것을 달성할 수 있는지를 비밀리에 인정하고, 그 때문에 양적인 접근에 반대한다는것이다. 그러나 우리는 그 나무의 열매 맛을 보았고, 이제 순결로 돌아가는길은 없다. 우리가 하지 않으면 안 되는 일은 행동과학 지식의 성장에 저항하는 것이 아니라, 우리가 아는 것을 사용해서 우리의 소중한 인간성을 보존하고 증진시키는 것이다.

같은 표준으로 잴 수 없는 것들

아직 행동과학에서 측정의 문제로서 고려되는 본질상 매우 특별한 문제에는 세 가지가 남아 있다.

인간 행동의 기본적 특성의 하나는 그것이 목적적이라는 것이다. 이제 목적은, 그리고 그것에 상응하는 목표와 가치는, 측정이 요구하는 것처럼 보이는 그렇게 단일하거나 단순한 것과는 거리가 멀다. 이들은 사람에 따라, 그리고 시간에 따라 다른 것만이 아니다. 이들은 또한 서로 엮여 어떤 주어진 맥락에도 이들 중 몇 가지는 거의 틀림없이 자동적으로 개입한다. 권력, 이익, 영광은 ― 이는 홉스의 고전적 삼위일체인데 ― 셋 모두에 대해 헌신하거나 이들 중 아무것에도 헌신하지 않는 것보다 그 가운데 오직 어떤 것 하나에만 충성할 개연성은 덜하다. 가정이나 직장, 아내, 다음 비책을 위한 단서를 선택함에 있어 다양한 고려 사항들이 역할을 하기 쉽다. 이들을 어떻게 결합시키면 다양한 가능한 선택지들의 바람직한 선택 정도를 측정할 수 있을까? 다른 가치들은 같이 잴 수는 없다. 어떻게 보안에 대비해 자유를, 산업 발전에 대비해 가족이나 공동체 생활의 안정성을, 얻은 세상에 대비해 잃어버린 영혼을 측정할 수 있을까?

측정이 당면하는 실제적 어려움이 여기에 있다. 그러나 상황을 희망이 없는 것으로 미리 판단할 필요는 없다. 특정 목적을 위해서는, 때로는 다른 가치들 사이의 비교의 기초를 찾아낼 수도 있다(118: 158부터). 금전적 비용이나 에너지 소비와 같은 지수들은, 그 자체의 가치가 측정되는 것과 상호 교환적이라는 함의 없이, 도출된 측정값으로서 유용하게 사용될 수도 있다. 이와 연관된 더 일반적인 것 가운데는, 측정이 스칼라scalar에, 즉 단순 서열화에 종속되는 크기에 한정되는 것이 아니라는 고려가 있다. 우리는 또한 벡터vectors나 다른 다차원적인 측정값들을 사용할 수도 있다. 어떤 사람은 먼저 여러 개의 바람직한 구성인자들(봉급, 작업 조건, 그리고 전망. 또는 임대료, 규모, 위치)에 개별적으로 가중치를 주고, 다음으로 마치 구성인자들이 하나의 공통 측정값으로 환원될 수 있는 것처럼, 어떻게든 그 결과들을 합함으로써 직장 아니면 집을 선택할 수도 있다. 그러나 그도 구성적 특성과 습관의 측정값들을 합함으로써 그의 친구를 선택하지는 않는다. 그는 오히려 총체로서의 인성에 반응한다. 이러한 형성적 방법configurational method은, 우리는 그렇게 부르는데, 행동과학에서 스칼라 측정값scalar measures과 어떤 (희망하기로는) 적합한 가중체계에 전적으로 의존하고 있는 총합의 방법method of summation보다, 아마도 더 널리 적용될 수 있을 것이다.

심판관들

그러나 여기에서 새로운 어려움이 등장한다. 왜냐하면 통상적으로 구성적 방법은 인간 '심판관'을 이용해서 적용하기 때문이다. 자신을 쉽게 수량적 양화에 내맡기지 않는 복잡한 상황 — 정신치료적psychotherapeutic 기법의 효율성이나, 또는 정치적 보스의 영향력과 같은 — 의 측정은 매우 흔히 '인간 표준자human yardstick'의 도움으로 이루어진다. 일단의 유능할 것으로 보이는 관찰자들에 의해 추정 값이 만들어지며, 여기에 어떤 적합한 통계적 결합이 이루어지면 이것은 문제의 크기의 측정값으로 간주된다. 결과적으로, 이와 같은 측정값을 사용하는 과학자는 "그의 대상subjects의 행동이 아니라 오히려 그의 대상들 그리고 그의 심판관들로 구성된 집단의 행동"을 서술하는 것이 된다(91: 259~260에서 Bergmann and Spence). 그러나 이 결합이 이와 같은 측정을, 어떤 경멸적인 뜻에서도, 주관적으로 만들지는 않는다. 모든 측정은, 고립된 상태에서 측정되는 대상의 본원적인 특질이 아니라, 그 대상과 측정의 표준으로 봉사하는 다른 것들 사이의 관계를 보여준다. 이 관계가 다른 인간에 대한 것일 때도, 관찰자 자신에 대한 것일 때조차도, 그렇기 때문에 그것이 주관적이 되는 것은 아니다. 늘 그렇듯이 모든 것은 통제의 설정에, 그리고 그것으로 판단의 차이가 만들어지는 민감성과 신뢰성에 달려 있다.

양적 관용어

행동과학에서는 어떤 유의미한 측정도 가능하지 않다고 주장하는 사람들도 있다. 그 근거로 제시되는 것은 우리는 이들과 관련해서 산술적 덧셈 구조를 가질 결합의 조작을 정의할 수 없다는 것이다. 그러나 불가능성은 사례의 본질상 증명하기 어렵고, 과학에서 이와 같은 주장의 역사는 불명예스러운 것이다. 계속 반복해서 한 시대에 이루어질 수 없다고 확신했던 것이 다음에 — 확실히 처음에 생각되었던 것과는 어느 정도 다른 형식이기는 하지만 — 성취되었다. 그러나 인간 행동에서 어떤 중요한 것도 덧셈 조작에 종속되지 않는다는 것이 당연하다고 가정해보자. 이와 같은 조작들은 우리가 살펴본 바와 같이 외연적 측정에 절대적으로 필요한 것은 아니다. 그러나 우리가 비(非)척도를 특징적으로 인간적인 주제에 사용하는 것도 바랄 수 없다는 것까지 받아들인다고 가정해보자. 그렇지만 측정의 자원은 그것 때문에 고갈되지 않는다. "체계적 연구는 다른 어디에서나 마찬가지로 사회과학에서도 엄격한 양적인 측정보다는 덜 엄밀하지만, 그럼에도 도움 없는 개별 판단보다는 훨씬 낫다. …… 질적 분류에서 시작해 가장 엄격한 형태의 측정에 이르기까지 거기에는 직선적인 논리적 연속성이 있다. 그 중간적인 고안으로서는 체계적 평점 부여ratings, 순위 척도, 다차원적 분류, 유형분류, 단순 양적 지표를 들 수 있다. 이러한 넓은 뜻에서의 '측정'을 통해 사회현상은 매일 측정된다"(83:155에서 Lazarsfeld and Barton). 이와 연관해서 특별히 주목되는 것은, 내 생각으로는 전에는 행동과학의 목적으로 활용되지 못했던 형태의 수학 사용의 증가이다. 그 예로, 학습에 관한 연구에서 많은 연구자의 확률이론 사용은 물론 폰 노이만과 모르겐슈테른의 합리적 결정 분석에서 집합이론set theory의 사용, 또는 최근 프랭크 해러리Frank Harary와 도원 카트라이트Dorwin Cartwright의 도표이론graph theory의 조직구조의 분석에의 적용을 들 수 있다.

내 견해로는 행동과학에서 측정의 어려움이 클 것이지만, 이를 더 크게 만드는 것은 이에 대한 과대평가, 그리고 또한 적지 않은 경우에는 과소평가 둘 모두이다. 양적 관용어quantitative idiom가 때때로 어떤 측정도 실제 수행하지 않음은 물론 측정계획도 없이, 그리고 이와 같은 측정이 수행될 수 있기 위해서 그 전에 무엇이 행해져야 하는지에 대한 그럴듯한 인식조차 없이 사용된다. 양적 관용어가 만약 측정방법에 대해 노골적으로 적대적이지 않다면 동정적이지도 않은 그러한 사람들에 의해 사용될 때, 이에 대한 방법론자들의 어느 정도의 실망감은 아마도 용납될 수 있을 것이다. 예를 들면, 로런스 쿠비Lawrence Kubie는 이 점을 그의 정신분석학 동료들에게 제기했다. '공황의 깊이depth of repression' 및 '저항의 강도strength of resistance'와 같은 개념들은, 그리고 일반적으로, '심령 경제psychic economy'에 속하는 개념들은, 거의 항상 양적인 관용어로 되어있다. 그러나 이에 상응하는 측정값 이론은 거의 전적으로 결여되어 있다. 쿠르트 레빈Kurt Lewin의 '경로학적 기하학hodological geometry'은 논리적 관점에서나 경험적인 관점에서나, 그 단점이 무엇이든 적어도 '생활공간'과 관련 관념들에 대한 이야기에 기초를 제공하려 노력했다. 나는 측정이 행동과학자를 위해 많은 것을 할 수 있다는 것을 의심하지 않는다. 그러니 이는 오직 행동과학자가 또한 측정을 그렇게 가치 있게 만들기 위해 노력할 때에 한한다.

딜레마

그러나 거대한 수학 자원은 행동과학자가 측정의 절차를 발견하고 설계하는 작업에 착수할 때 기본적인 딜레마에 부딪치게 한다. 이 딜레마는 다음과 같은 쿰스(23: 488, 486)의 말에 명백하게, 그리고 강력하게 언급되어 있다. "만일 그가, 비(례)척도나 간격척도와 같은, 강력한 공리 체계를 택한다면, 그는 더 많은 것을 자료에 포함시킬 수 있을 것이고, 강력한 수학적·통계학적 도구를 쓸 수 있게 될 것이며, 이전보다 해결책을 갖게 되기 쉽고, 그것은 더 단순한 것이 될 것이다. 다른 한편, 그는 이전보다 큰 에러 변이를 갖게 될 것이며, 자료와 덜 조화를 이룰 것이며, 그가 끄집어내는 것은 대체로 그의 가정에 따라 자료로 넣은 일일 것이다……", "사회과학자는, 그의 자료를 단순 서열로 배열하는 것과 그의 자료가 단순 서열에 적합한지를 묻는 것 사이에서 선택을 할 때, 딜레마에 당면하게 된다". 이 딜레마에는 아무런 일반적인 해소방안이 없다. 이는, 단순히 그것과 함께 과학자가 사는 것을 배워야 하는, 이론계발이냐 실험계발이냐 사이에서의 선택과 같은, 그러한 실존적 딜레마의 하나이다. 오직, 그가 순간순간 자신의 선택을 행하면서 그에게 요구되는 대가에 대한 인식을 높일 때에만 그의 삶은 더 쉬워진다.

우리가 또한 인정할 필요가 있는 것은 이러한 상황은 측정이 과학적 탐구의 목적에 의해 정의되는 것과는 다른 행동의 맥락에서 발생하는 경우에 더욱 악화된다는 것이다. 우리는, 말하자면 과학적인 이유 말고도 다양한 이유로 측정을 한다. 이들 이유는, 우리의 과학적 관심에서 유래하는 것과 늘 양립하는 것은 아닌, 그 자신의 요구를 부과한다. 다시 쿰스(23: 487)가 지적한 바와 같이, "사회는 자주 (가령 어떤 상품을 구매할 것인가를 결정하는 데) 적어도 어떤 단순 서열을 어떤 속성에 부여할 것을 요구한다…… 이것이 왜 그렇게 자주 사회과학자가 '비과학적'이 되고, 결과적으로 자신의 측정이론이나 척도를 자신의 자료와는 상관없이 '옳은' 것으로 취급하게 될 수밖에 없는지, 그 이유에 대한 일차적인 설명이다". 우리는 어떤 목적이 더 중요한가에 관한 결정을 내릴 필요가 없으며, 아니면 적어도 일반적으로 이를 단번에 결정할 필요는 없다. 그러나 내 생각에는 행동과학자가 주어진 맥락에서 어느 것이 그에게 일차적 목적인가를, 그리고 그 요구사항이 무엇인가를, 자신의 마음에 명백하게 하는 것은 중요하다. 너무 자주, 우리는 만약 우리에게 측정이 주어진다면 그 측정을 가지고 무엇을 할 것인가에 대한 질문을 제기하지 않고 어떻게 어떤 것을 측정할지를 묻는다. 우리는 '왜'에 대해 생각하지 않고, '어떻게'를 알기 바란다. 너희는 먼저 너희 필요에 맞는 것을 구하라. 그리하면 너희에게 이 모든 것이 더할 것이니라. 나는 이 말이 (성경에) 불경한 것이 되지 않기를 바란다.

제6장

통계

§25 통계의 기능

§26 확률과 귀납추리

§27 통계적 서술

§28 통계적 가설

§29 행동과학에서 통계

§25. 통계의 기능

우리는 앞에서 측정이 항상 그 안에 에러의 요소를 가지고 있다는 것을 확인했다. 과학자가 할 수 있는 가장 정밀한 서술과 예측도 아직은 근접화에 지나지 않는다. 때때로 발생하는 바와 같이, 만약 관찰과의 완전한 상응이 나타난다면 이는 틀림없이 우연적인 것으로 간주되고, 제번스(64: 457)가 평했듯이 "만족감보다는 의심을 불러일으킬 것이다". 통계는 무엇보다도 에러에 관한 이론이다. 이 이론은, 에러는 측정의 절차와 환경에 따라 달라지기 때문에, 확실히 구체적인 현상으로서의 에러에 관한 이론이 아니라, 에러의 추상적이고 구조적인 특성을 다루는 이론이다. 이 이론은 이와 같은 특성을 사용해서 에러를 밝히고, 그 크기를 측정하고, 그것을 고려할 방안을 제공한다. 최초로 에러의 이론을 발전시킨 사람의 하나인 위대한 수학자 카를 가우스 Karl F. Gauss는 물리적 공간에 관한 기하학이 정말 유클리드적인가의 여부를 결정하는 측정을 수행했을 때 특징적으로 이 방법을 사용했다(가우스는 또한,

그 결과를 출간하지는 않았지만, 처음으로 비유클리드 기하학을 생각한 사람이었다). 그는, 삼각형의 세 각의 합이 정말 180°가 되는지를 확인하기 위해, 한 변의 길이가 수 마일이나 되는, 큰 삼각형의 각도를 측정했고, 만약 그 합이 180°와 차이가 난다면, 그것은 자신의 측정 에러보다 작은 양이 된다고 바르게 결론을 내렸다. 넓은 뜻에서, 통계는 이렇게 우리로 하여금 조심스럽고 인정된 방식으로 과학적 결과를 형식화하도록 한다.

통일성

측정이 에러로부터 상당히 자유롭고 극도로 정밀한 경우에도, 다시 측정하면 거의 틀림없이 모든 경우에 동일한 측정값을 얻는 데 실패할 것이다. 우리의 개념과 그것이 적용되는 맥락은 어느 정도 열려 있다. 다른 관찰자는 어느 정도 다른 관념화를 가질 것이고, 우리가 '같은' 상황이라고 부르는 것도 어느 정도 다르게 볼 것이다. 탐구의 결과를 객관화하기 위해 우리는 어느 정도 상호주관적 항상성constancy을 허용하지 않으면 안 된다. 여기에 통계가 수행하는 두 번째 기능이 있다. 레너드 새비지Leonard J. Savage(124: 154, 156)는 통계가 이 기능에 의해 "모호성, 그리고 결정 상황에서 개인들 사이의 차이를 다루는 예술art로 정의할 수 있다……"라고까지 얘기하고 있다. "통계는 대체로 어떤 사람들의 부류들에 대한 판단에서 유사성을 활용하는 데, 그리고 이들 판단들 사이의 차이를 최소화하는 경향이 있는 방책을, 두드러지게는 관찰방법을 찾는 데 온 힘을 기울여왔다." 각자 어떤 특정 크기에 대한 자신의 값을 추정하는 여러 명의 관찰자들은, 또는 값을 반복해서 계속 추정하는 단독 관찰자들은 우리에게, 우리가 그것이 어떤 근본적인 통일성unity이나 적어도 덜 산만한 집합으로 환원되기를 바라는 다양한 결과를 제공한다.

이러한 다양성multiplicity의 문제는 많은 경우 주제에 귀속되고, 단지 도출적으로derivatively만 주제에 대해 행하는 관찰에 종속된다. 탐구는 하나의 부류로 묶이기에 충분히 비슷하지만 탐구에 중요할 수도 있는 다른 특질들에 대해서는 말할 것도 없고, 부류 특성에 있어서도 서로 유의미한 차이를 보이는 큰 부류의 대상과 상황으로 향할 수도 있다. 도달하는 결론이 무엇이든, 그것은 기껏해야 그 부류의 모든 성원이 아니라 오직 일부 성원에게만, 그리고 이 결론이 적용될 성원들에게도 일반적으로 다양한 수준의 근접화로서만 적용된다. 그런데 여기에 어느 정도 통일성으로 환원되는 다른 다양성이 있다. 어떤 단일 서술이 이질적인 집단을 가장 잘 특징지을 것인가, 그리고 그것이 얼마나 훌륭한 서술인가? 거기에는 측정의, 관찰자의, 그리고 대상의 다양성이 있고, 이러한 종류의 질문은 이 셋 모두에 의해 제기된다.

불확실성

큰 사례집단의 포괄을 의도로 한 어떤 서술이나 설명이 우리에게 주어졌다고 가정해보자. 그것을 지지하는 증거가 결코 절대적으로 완결적일 수는 없다. 그리고 그것에 대한 우리의 신뢰가 결코 합리적으로 완전한 확신을 확보할 수도 없다. 이는 통상적으로 증거는 단지 그 결론의 범위 안에 있는 어떤 경우으로부터 도출될 것이고, 나머지 사례 ─ 가령, 관찰되지 않은 미래에 속한 사례 ─ 에는 어느 정도의 불확정성이 부가될 것이기 때문이다. 우리의 자료가 총망라된 (우리가 관심을 가진 모집단의 성원 모두를 점검한) 상대적으로 희귀한 경우에조차도, 각각의 자료에서 에러의 요소는 우리의 결과를 지지하는 증거의 비중weight 평가에 빠질 수 없는 고려사항이 된다. 그보다 나쁜 것은, 또한 어떤 사례들은 우리의 결론을 지지하지만, 다른 것은 결론에 반해 작용을 하며, 따라서 긍정적 증거는 부정적인 것에 불리하게 작용할 수밖에 없는 일이 발생하는 경향이 나타난다는 것이다. 이와 같이 통계는 또한 탐구로부터 나오는 결론에, 이들 결론이 언제나 기초하고 있는 비확정적 증거에 비추어, 어느 정도의 확증과 신뢰를 부여하는 임무에 당면하게 된다. 가장 넓은 뜻에서, 통계는 자료가 지원하는 결론이 무엇인가, 그리고 자료가 얼마의 지원을 개별 결론에 제공하는가를 확정할 수 있도록 그렇게 자료의 다양성을 다루는 방식이다.

이러한 관점에서, 통계는 오늘날에는 자주 불확실성에 당면해서 결정을 내려야 할 때 채택되는 사유reasoning를 다루는 것으로 특징지어진다. 이 불확실의 시대에 우리의 모든 결정은, 아마도 가능하다면 순수 수학에서 만들어지는 것을 제외하고는, 이러한 성격의 것이라고 말해도 별로 지나침이 없을 것이다. 하여간 경험과학자가 탐구를 마치면서 내리는 결론은 (만약 내가 이 부사를 써도 좋다면!) 틀림없이 불확실성을 지녔음에도 내리는 것이다. 왜냐하면 어떤 탐구도 사실상 완결될concluded 수 없기 때문이다. 이는 오직 종결될 terminated 뿐이다. 거기에는 항상 도달한 결정의 정당화를 위해 더해야 할 (또는 놀랍게도 거기서 빼야 할) 무엇인가를 더 찾을 것이 있다.

두 가지 종류의 불확실성을 구분할 수 있다. 하나는 위험risk이다. 우리는 작동하지만 무작위적 요소가 개재되어 있는 법칙을 알고 있을 때 위험에 당면하게 된다. 우리에게는 확률이 주어진다. 그러나 그 경우에 우리 앞에 놓일 결과가 무엇일지는 불확실한 채로 남아 있다. 다른 형태의 불확실성은 통계적 무지statistical ignorance로 부를 수 있다. 이는 우리가 무슨 법칙이 작동하는지 알지 못함을 뜻한다. 우리는 반드시 모든 상황에 대해서는 아니라도, 유의미한 것에 대해서 충분할 정도로 무지해 가능한 결과 각각에 대해 확정적인 확률을 배정할 수 없게 된다. 이 두 종류의 사례의 차이는 우리가 낯선 사람들과의 카드놀이를 하고자 할 때 반드시 내려야 하는 결정(아예 놀이를 하지 않기로 하는 결정을 제외하고는)으로 예시할 수 있다. 거기에는 그 놀이의 본원적인 위험 요소가 있고, 완전히 다른 놀이 상대에 대한 — 그들의 기법, 그들의 스타일, 그리고 물론 그들의 정직성에 대한 — 통계적 무지의 요소가 있다. 놀이가 진행되면서 통계적 무지는 희망사항이지만 점진적으로 감소하게 되는 반면, 위험의 요소는 게임의 규칙으로 고정되어간다.

두 가지 형태의 불확실성 사이의 차이가 근본적인 것이 아니라고 주장할 수도 있다. 우리는 결코 관련 확률에 대해 전적으로 무지하지는 않다. 실로, 위의 예에서, 다른 놀이 상대자가 낯선 사람이라는 사실은 벌써 어떤 일련의 기대를 촉발한다. 그리고 이들 기대는 우리가 늘 배워온 것처럼 합리적 기반을 갖는다. 이와는 반대로, 위험은 처음에 보이는 것과 같이 그렇게 확실하지 않다. 확실히 우리는 확률을 결코 알지 못하고, 오직 추정치만 만들어낼 뿐이다. 이들 추정치는 다소나마 에러에 종속된다. 그리고 만약 에러가 어느 정도인지, 또는 적어도 그 방향이 어느 쪽인지 안다면, 우리는 이들 추정치가 아니라 더 나은 추정치를 만들게 된다. 그럼에도 이 구분은 어느 정도 방법론적 중요성을 가진다. 적지 않게, 특별히 행동과학에서, 우리는 알지 못하는 가운데 한 통계적 무지의 상황을 그것이 우리를 확실한 위험과 대면하게 하는 것인 양 취급한다. 받아들일 수 없는 것은 우리가 아는 바를 넘어서 가정들을 만들고 있는 것이 아니다. 모든 가정은 이러한 특성을 갖는다. 받아들여지지 않는 것은 얼마나 많이 가정되는지 우리가 깨닫지 못하고 있다는 점이다. 무지는 미래 탐구를 위한 것보다는 오히려 지식의 허세를 위한 기회를 만들어가고 있다. 만약 확률을 모른다면 우리는 이것을 알지 못한다. 무지는 확률이 1/2인지 아니면 다른 어떤 것인지 결론을 내릴 수 있게 하는 전제premise가 아니다. 아래에서는 곧 확률의 선험적 해석에 대해 얘기하고 있다. 그러나 여기에서도 뒤에서 보는 바와 같이 확률적용을 위해서는 충족되어야 하는 조건이 있다. 그 조건이 무엇인지조차 깨닫지 못하고 이들 조건이 어떤 특정 사례에 성립한다고 가정하는 데 위험은 놓여 있다. 무지는 우리가 우리의 잘못에 대한 대가를 지불해야 하는 때에 이르게 될 때까지만 희열을 준다.

지식의 질

통계적 지식은 실제로는 전혀 지식이 아니라 행위를 위한 일종의 임시변통 이상이 아니라는 견해가, 공개적으로는 거의 표현되지 않았지만 널리 퍼져 있다. 통계의 이용은 오히려 지식 부재의 표시로 받아들여진다. 통계적 접근은, 오직 다른 모든 것이 실패했을 때에만 따르게 되어 있는 절망상태에서의 상담으로 취급된다. 그것이 산출하는 것은 기껏해야 차선의 어떤 것, 그것으로 무지가 스스로 자신의 약점에 대해 위안을 얻는 어떤 것으로 간주된다. 이러한 태도는 아마도, 그것의 참이 보편적이고 필수적이지 않는 한 아무것도 지식이라는 이름을 가질 값어치가 없다는 플라톤주의자들의 지식이론에서 유래하는 듯하다. 그저 단순히 개연적인probable 것은 지식보다는 '의견'에 속한다. 이는 매일의 일상사에서는 유용한 자리를 취한다. 그러나 과학의 보고에는 자리가 없다. 현대에 통계적 지식을 폄하한 것은 교리적 결정론(§14)이었다. 모든 사건에는 원인이 있고, 과학적 지식은 어떤 사건이 그 선행의 것의 필수적 결과로 보이게 할 수 있는 인과법칙의 감지apprehension다. 만일 우리가 동전에 대해 충분히 알기만 한다면, 우리는 그것이 앞으로 떨어질지 뒤로 떨어질지 예측할 수 있을 것이다. 대신 우리는 오직 무지 때문에 확률을 사용한다.

지난 100여 년 동안 전망은 놀랍게 변했다. 그것은 아마도 물리학의 발달과 부분적으로는 통계이론 자체의 엄청난 성장 때문일 것이다. 요즘 인과법칙을 필수적으로 통계적 관계인 어떤 것의 단순화로 간주하는 사람이 많다. 이것이, 예들 들어 라이엔바흐(83: 122에서)가 교묘하게 방어하고 있는 입장이다. "인과법칙은 도식화 과정을 통해 도입된다. 우리는 불가피한 '관찰의 에러'가 이상적인 것으로부터의 이탈로 이끈다는 것을 알기 때문에, 인과법칙은 이상적 조건에서 지지되는 것으로 가정한다. 여기서 '에러'에 대해 얘기하는 것은, 관찰된 발생 '뒤에'는 엄격한 법칙이 있다고 주장하는 선험주의적 철학에 대한 양보를 뜻한다. 이는 편차를 에러로 보는 어떤 해석도 배제하고, 단순히 높은 퍼센트의 상관성을 주장하는, 그리고 더 나아가 관련된 요소의 적절한 선택으로 유효한 관찰의 퍼센트를 더욱 높일 수 있는 실제 절차에 더 상응하는 것일 것이다." 과학적 법칙의 본질을 어떻게 설명하든, 통계적 명제는 가장 충실한 뜻에서 지식을 체현하는 것으로 취급되어야 한다. 그것이 우리에게 말하는 것은 필수적으로 모자라는 그 무엇이 아니고, 다른 명제가 전달하는 것과는 다른 그 무엇일 뿐이다. 우리가 확신을 가지고 오직 어떤 특정의 결과가 어떻게 될 것인지를 아는 것보다 사건들의 전체 부류에 대한 확률을 알게 될 때 우리는 더 많은 것을 배우게 될 수도 있다.

그러나 다른 모든 종류의 지식과 같이, 통계적 지식도 자동적인 일반화의 산물이 아니다. 거기에는 반드시 태생과 양육이 있다. 통계는 결코 그 자체로는 지식이 아니다. 이와 관련해서 특별히, 마치 통계적 형식화가 여하튼 그 자신의 내용을 제공한다는, 양의 신비가 널리 퍼져 있다. 수의 마법으로 정말로 빈 모자에서 인지할 수 있는 토끼를 만들어낼 수는 없다. 모든 다른 수학분과와 같이, 통계는 오직 자료를 전환시키는 도구일 뿐이지 자료를 산출하는 도구는 아니다. 그리고 자료가 통계의 형식으로 주어지더라도, 그것은 아직 자료에 지나지 않는다. 그로 인해 그것이 과학적 결론으로 만들어지는 것은 아니다. 통계적 형식화와 전환의 핵심은 그것이 우리로 하여금 자료가 보유하고 있는 모든 정보를 추출할 수 있게 함으로써, 우리가 그 자료를 그것에 근거한 가설에 연관시킬 수 있다는 데 있다.

과학적 정보의 기본 출처는 관찰이다. 우리는 관찰을 가장 호의적인 환경에서, 그리고 그 결과를 최대화하는 방식으로 할 수 있도록 하기 위해 실험을 수행하고 측정을 실시한다. 통계는 이러한 일련의 절차에 관한 일반적이고 추상적인 이론으로 간주할 수 있다. 이는 정보의 획득을 계획하는 데, 정보를 습득했을 때 그것을 처리하는 데, 그리고 이를 탐구를 추동한 문제의 해결에 적용하는 데 관여한다. 피서(43: 3)는 "통계적 절차와 실험적 장치는 동일한 총체의 두 개의 다른 면을 이루고 있을 뿐이며, 그 총체는 실험에 의해 자연적 지식을 늘리는 완결된 과정에 개재하는 모든 논리적 요구를 포함한다"라고 말하고 있다. 수학적 통계학자들은 확실히 통계 그 자체를 위해, 말하자면 그것이 주는 본원적인 지적·미적 만족감을 위해 통계에 탐닉할 수 있다. 행동과학의 추구에서 표출되는 것을 포함해서, 과학적 충동의 기본적인 부분을 이루는 것으로 내가 믿는 이러한 동기를 부정하거나, 조금이라도 깔보는 것은 나의 의도와는 거리가 아주 멀다. 그러나 방법론의 관점에서 볼 때, 통계는 전적으로 경험적 절차에 부차적인 것이다. 과학적 기업을 경제에 비유하면, 이는 광업이나 농업이 아니라 제조업이나 상업에 해당된다. 이를 위해서는 원자재들이, 아마도 그 자체의 수요에 따라 제공되어야 하지만, 다음 이들 원자재들은 제품들이 총체적으로 이 기업의 지속된 성장촉진에 적합한 분포를 가지도록 여러 유용한 제품들로 변환되어야 한다.

§26. 확률과 귀납추리

다양한 통계 조작에 기초가 되는 것은 통상적으로 '확률이론'이라고 불리는 어떤 것이다. 나는, 여기서 '이론'이라는 용어를 확률의 해석, 즉 의미와 정당성에 대한 관념화에 대한 것으로 유보하고, 이 수학적 체계에 대해서는 '확률의 계산calculus of probability'이라는 표현을 쓰는 것을 더 선호한다. 계산은 적어도 매우 높은 수준까지 어떤 특정 이론과 관계없이 독자적인 개발이 가능하다. '확률'은 그 형식적 특질들을 특정화하는 일련의 공준postulates에 의하지 않고서는 정의되지 않는, 계산의 원시 용어로 받아들일 수 있다. 계산 자체는 우리에게 어떤 구체적 확률을 제공하지 않는다. 그것은 다른 방식으로 도달하지 않으면 안 되며, 우리가 채택하는 특정 확률이론에 어떻게든 의존하게 된다. 계산이 행하는 것은 우리로 하여금 주어진 확률을 다른 확률로 전환할 수 있도록 하는 것이다. 이는, 만약 우리가 우리의 계산에 기초가 되는 자료가 우리에게 주어진다면 계산을 수행할 수 있도록 허용하게 하는 것이다. 이러한 점에서 이는 산술과 같은 것이다. 우리에게 암탉 한 마리 반이 하루 반 만에 달걀 한 개 반을 낳는다고 얘기한다면, 우리는 일곱 마리의 암탉이 7일 동안에 생산하는 달걀 수를 계산할 수 있다. 그러나 산술 자체는 우리에게 가금류의 번식에 대해서는 아무것도 얘기해주지 않는다. 그 정보는 다른 곳에서 얻지 않으면 안 된다.

확률의 계산

아래에서는 그 적용상 중요한 몇 가지 계산의 특성을 소개하고 있다. 여기에서 개괄하는 내용은 매우 느슨하다. 더욱이, 나는 이들을 제시함에서 계산의 형식적 특질과 어떤 혹은 다른 통상의 확률이론으로부터 도출하는 해석의 차이에 엄격한 주의를 기울이지 않고 있다.

확률은 특정 부류를 구성하는 개별사례들보다는 사건들의 부류에 직접 적용된다(이러한 양상은 특히 빈도이론에서 강조되나, 다른 관점에서도 마찬가지로 어떤 형태로든 고려의 대상이 된다). 만약 우리가 어떤 특정 사건의 확률에 대해 얘기한다면, 우리는 암묵적으로 이를 확률이 주어졌거나 계산 가능한 어떤 사건 부류에 근거시킨다. 더 나아가 문제의 부류는 실질적으로 무한정하다. 우리는 한정된 집합의 고려되어야 할 선택지만을 구별할 수도 있다. 그러나 이들 선택지 각각은 다시 무한정하게 자주 반복이 가능한 것으로 간주된다. 동전은 두 면을 가지고 있다. 그러나 이것은 계속 다시 던질 수 있다. 특히 확률은 고려의 대상이 되는 모든 선택지를 고려하기에 충분한 바로 그러한 수준의 하위부류에 적용되는 것으로 생각해서는 안 된다. 예를 들어, 확률 1/4은 매 네 개의 사례 가운데 하나가 '바람직한favorable'(즉, 그것에 대해 확률이 배정되는) 사례라는 것을 뜻하는 것은 아니다. 반대로, 네 개로 구성된 아주 많은 세트들이 그 가운데 바람직한 사례를 하나도 포함하지 않으며, 둘 내지 세 개의 사례를 포함하거나, 심지어는 네 개 모두가 바람직한 사례로 구성될 경우도 있을 것이다. 이것이 소위 무작위적 순차random sequences의 특징인 '덩어리lumping'효과다. 때로 우리는 몇 년 동안이나 어떤 단어나 이름이 불리어지는 것을 듣지 못하다가, 일주일 안에 갑자기 이들과 두세 번이나 마주치게 된다.

확률은 그것이 적용되는 부류를 밝히는 데 봉사하는 어떤 상황적 환경의 집합에 상대적이다. 이러한 환경은 변하고, 그러면 확률도 일반적으로 달라진다. 예를 들어, 어떤 카드를 뽑을 확률은 명백히 뽑힌 카드를 다시 카드데크에 섞느냐 아니면 옆에 치워놓느냐에 따라, 카드를 부정하게 치느냐 아니면 고르게 섞느냐에 따라, 카드가 통상적으로 구성되어 있느냐 아니면 달리 구성되어 있느냐에 따라 달라진다. 라이헨바흐는 이러한 맥락에서 준거부류 reference class라는 용어를 사용하고 있으며, 다른 준거부류에 연관된 확률들은 서로 직접적으로 비교할 방법이 없다는 것을 강조하고 있다. 많은 적용 사례에서, 문제의 준거부류는 충분히 명백하고 친밀해 이를 공개적으로 밝힐 필요가 없다. 그러나 준거부류는 언제나 상황적 양상의 필수적인 구성요인이며 때로는 특별한 주목을 요구한다. 만약 미국 캘리포니아 남쪽의 날씨를 예보한다면, 그곳의 예보자가 뉴욕의 기상국장보다 더 나은 예보를 할 것이다.

확률 측정값은 0과 1 사이의 척도로 규범화되어normalized 있다. 마이너스 확률과 1보다 큰 확률은 계산의 규칙에 의해 제외된다. 이들 값의 발생은 계산상 또는 해석상, 또는 둘 모두의 에러를 나타내는 것이다. 확률은 간격을 가진 실제 수로서는 물론, 자주 소수나 백분율로 표시하기도 한다. 때로는 확률은 '오즈odds(승산)'의 형식으로 언급되기도 한다. 예를 들어 어떤 사건의 확률이 1/3이라면, 이에 대한 오즈는 2대 1이라고 말할 수 있다. 데이먼 러니언Damon Runyon이 인간사에서 오즈가 항상 6대 5로 불리한 것을 관찰했을 때, 그가 뜻한 바는 우리의 시도가 성공할 확률은 결코 5/11보다 못하다는 것이었다. 오즈에 따른 형식화는 보완의 법칙law of the complement을 선상정한다. 어떤 사건의 발생 확률이 p라면, 그것의 비발생 확률은 1-p가 된다. 이 법칙을 적용하면, 우리가 사실상 고려하는 것은 사건의 비발생이지 그 사건에 대한 특정한 대안이 아니라는 것이 명백해진다. 만약 바람직한 사례가 '흰색'이라면, 그 보완확률은 '흰색이 아닌 다른 색'에 적용되는 것이고, 예를 들어 '검정색' 하나에 적용되는 것은 아니다. 이때에는 물론, 준거부류는 동일한 채로 남아 있다. 만약 로스앤젤레스에서 해가 날 확률이 p라면, 우리는 절대 1-p가 뉴욕에 구름이 낄 확률이라고 얘기할 수는 없다.

우리가 두 사건의 독자적인 확률을 알 때, 만약 이들 사건이 상호 배타적이라면, 이들 중 하나가 발생할 확률은 이 두 확률의 합이 된다. 이들 사건이 상호 배타적이지 않을 경우에는, 적어도 둘 가운데 하나가 발생할 확률은 (아래에서 구체적으로 언급하는 바와 같이) 이들 개별 확률의 합에서 이들이 동시에 발생할 확률을 뺌으로써 주어진다는 것이 총합의 법칙law of summation이 된다. 많은 에러가 배타성의 조건을 무시하는 데서 발생한다. 이것은 때로, 늘 그런 것은 아니지만, 개별 확률의 합이 1이 넘는다는 사실로 드러난다. 그리고 그것은 눈에 덜 뜨일수록 더 고약하다. 빈도이론theories of frequency에서는, 이러한 잘못은 어떤 사례들은 두 번 이상 집계되었다고 말하는 것과 같을 수도 있다. 예를 들어, 카드에서 사람의 얼굴이 나올 확률은 3/13이고 스페이드가 뽑힐 확률은 1/4이다. 그러나 얼굴 또는 스페이드가 나올 확률은 이 둘의 합이 아니다. 왜냐하면 스페이드의 기사, 여왕, 왕은 한 번은 얼굴 카드로서 한 번은 스페이드로서 동시에 계수되기 때문이다. 동시발생의 확률을 빼는 것이 여기서는 이 세 카드의 한쪽 계수를 무효화하는 것이 된다.

두 개 사건의 발생확률은, 만약 이들 사건이 상호 독립적이라면, 이들 각각의 개별 확률로부터 산출할 수 있다. 계산상 독립성은 인과적 조건으로 해석되어야 할 필요가 없다. 만약 각각의 발생확률이 다른 것의 발생이나 비발생에 따라 변하지 않는다면 두 개의 사건은 통계적으로 독립적이다. 달리 표현한다면 한 사건의 확률은 오직 이 점, 즉 상대 사건의 발생이 그 부류의 특정화에 포함된다는 점에서만 변화되는 어떤 준거부류에 준거할 때 동일한 채로 남는다. 이와 같이 두 스페이드가 뽑힐 확률은, 만약 처음 뽑힌 카드를 데크에 다시 넣고 섞는다면, 단순히 둘 가운데 하나가 스페이드일 확률의 자승이 된다. 그렇지 않다면, 첫 카드가 스페이드라는 상황은 다음에 뽑히는 카드가 다시 스페이드일 확률을 감소시킨다. 이 경우 두 사건은 독립적이지 않다. 이와 같이 두 사건의 동시발생 확률은 첫 번째 것의 확률에 첫 번째 것이 이미 발생한 상황에서 두 번째 것의 확률을 곱함으로써 주어진다는 것이 곱의 법칙law of the product이다(이 상황이 적용되지 않을 때, 이 공식은 각각의 확률을 곱하는 것과 같아진다).

나는 이미, 말하자면 m/n의 확률은 첫 n개의 사례에서 m개가 바람직한 것이라는 점을 뜻하는 것이 아님을 지적한 바 있다. 반대로, 이러한 결과는 오히려 나타나기 어렵다. 2n 사례에서 개략적으로 2m이 기대될 것이며, 총 고려 사례의 수가 증가하면 할수록 그 비율ratio에 더 가까이 갈 개연성이 커진다. 동시에 그 비가 정확하게 m/n이 될 가능성은 그만큼 더 줄어든다. 이러한 효과를 보통 다수의 법칙law of large numbers(베르누이의 정리)이라고 하는데, 이는 다음과 같이 언급할 수 있다. 만약 우리가 충분히 많은 수의 사례를 택한다면, 관찰된 비는 언제나 어떤 미리 배정된 근접 정도보다도 더 그 확률에 가까이 다가갈 것이다. 수가 얼마나 많아야 하는지는 미리 선택된 근접의 정도에 달려 있다. 관찰된 비가 예상 비the probable ratio와 같은 값을 갖게 되기란, 다시 강조하는바, 더욱 어려워진다. 이 점은 알프레드 드레퓌스Alfred Dreyfus의 재판에서 역사적인 역할을 수행했다. 검사는 편지의 알파벳 문자들의 빈도 분포가 불어에서 '정상적'으로 발견되는 것에서 어긋난다는 이유로 드레퓌스의 편지가 암호로 작성된 것임에 틀림없다고 주장했다. 변호를 위한 푸앵카레의 증언은 가장 그럴듯한 예상 분포가 매우 그럴듯하지 않다는 것은, 그것이 올바른 것임에도 별로 설득력을 갖지 못한다는 것이었다(아마도 이런 말을 한 것은 푸앵카레가 자신은 생존하고 있는 최고의 확률 전문가로서 증언대에 선 것으로 생각했기 때문일 수도 있다. 이것은 전략적 오류로 그는 후에 친구에게 당시 자신이 선서하에 있었다는 점을 지적하면서 잘못을 정당화했다).

'평균값의 법칙law of averages'이라는 이름 때문에 베르누이의 정리는 때로는 심하게 잘못 적용되는 경향이 있다. 이는 한쪽 배열에서의 바람직하지 못한 사례의 우위는 다른 쪽에서, 이에 상응해 바람직한 사례의 비율이 더 커짐으로써, '평균화'됨에 틀림없다는 것을 뜻하는 것으로 잘못 해석된다. 이러한 에러가, 말하자면 '뒷면'이 연속해서 나오면 다음에 '앞면'이 나올 가능성이 더 높다고 추론하는, 소위 도박꾼의 오류gambler's fallacy를 구성한다(사실 무언가 있다면, 계속해서 '뒷면'에 돈을 거는 것이 더 합리적이다. 왜냐하면 계속 '뒷면'이 나왔다는 것은 동전이 어느 정도 그쪽 방향으로 기울었으리라고 가정하는 약간의 근거가 될 수 있기 때문이다). 이 추론이 간과하고 있는 것은 매 번의 토스(던짐)는 지난번의 것과는 완전히 독립적으로 이루어진다는 것이다. 동전은 과거 행적에 대한 기억을 갖고 있지 않으며, '평균값'을 유지하고자 계산하고 있지도 않다. 수학적으로 볼 때, 이제까지 어떤 것이 우세한 것으로 관찰되어왔건 상관없이 사례가 증가함에 따라 이는 점점 무의미해진다. 실제로 '평균화'

되는 것은 아무것도 없다.

그렇다면, 확률의 계산은 주어진 확률들을 다른 확률들에 도달할 수 있도록 전환하거나 결합하는 방법을 제공하는 것이 된다. 그러나 먼저 그것들이 우리에게 어떻게 주어지는지, 그리고 우리가 다른 것들에 도달할 때 우리가 알게 되는 것이 무엇인지는, 이들 문제의 풀이가 계산 자체로는 되지 않으나 계산의 해석에 따라 달라진다.

확률이론

역사적으로 가장 초기의, 그리고 여러 가지로 가장 단순한 해석은 선험이론에 의해 제공된 것이다. 이는 또한 좁은 의미의 수학적 확률을 취급하는 것으로 알려져 있다. 개략적으로 말해, 여기서 확률은 선택지의 총수에 대한 바람직한 사례 수의 비율로 해석된다. 이것이 가장 명백하게 적용되는 것이 도박게임이다. 주사위, 카드, 룰렛과 같은 것들은 명백한 선택지들의 어떤 고정된 집합을 제시하도록 고안되어 있다. 이들 선택지에, 또는 이들의 결합에 걸려 있는 내기자의 오즈odds(승산)는 이 계산의 적용으로 산출할 수 있다. 선험적 방법과 계산의 단순 법칙 모두를 설명해주는 한 가지 예를 들어보자.

일곱 장으로 하는 포커게임에서 첫 네 장의 카드가 스페이드 2, 3, 4, 5가 나왔다고 가정해보자. 그러면 세 장의 카드를 더 받은 후에, 플러시flush(같은 종류의 카드 다섯 장)나 스트레이트straight(종류에 관계없이 연속적인 숫자로 이루어진 카드 다섯 장)가 나올 오즈는 어떠한가?

먼저 플러시를 만들 확률에 대해 생각해보자. 나머지 세 장 가운데 하나는 반드시 스페이드가 아니면 안 된다. 내가 받을 다음 카드가 스페이드일 확률은 이미 스페이드 네 장이 나에게 주어졌기 때문에 줄어든다. 이들 네 장은 더 이상 선택지로서 열려 있지 않다. 여기서 다른 사람의 손에 두 장의 스페이드가 있는 것이 보인다고 상정해보자. 이들 또한 내가 가질 수 없다. 다른 사람 손에 있는 보이지 않는 카드는 계산에 넣을 필요가 없다. 이것들은 결과를 변화시키지 않는다. 그 가운데 스페이드가 있을 수 있다. 이들 스페이드가 거기에 있느냐 아니면 내가 일곱 장을 다 받은 후에 남은 카드에 들어 있느냐는 관심의 대상이 아니다. 우리의 관심은 오직 아직 밝혀지지 않은 카드들 가운데 스페이드의 비율에 있을 뿐이다. 내가 본 카드가 총 17개이고, 따라서 35장 가운데 일곱 장의 스페이드가 남아 있다고 상정해보자. 그러면 다음에 내가 받을 카드가 스페이드일 확률은 7/35이 될 것이다.

이제 플러시를 만들기 위해서는 다음에 스페이드를 꼭 받아야 할 필요가 있는 것은 아니다. 내가 받을 세 장의 카드 중 어떤 것이든 하나가 스페이드면 충분하다. 하나 이상은 과잉이다. 그렇다면, 플러시를 만들지 못할 확률을 계산하는 것이 더 간단하다. 왜냐하면 이러한 결과는 세 장 모두가 스페이드가 아닐 경우에 발생할 것이기 때문이다. 여기서 우리가 얻고자 하는 확률은 1에서 이 확률을 뺀 것이 된다. 보완의 법칙에 따라, 다음 카드가 스페이드가 아닐 확률은 28/35다. 만약 이것이 스페이드가 아니라면, 34장의 카드가 남고 그 가운데 27장은 스페이드가 아니다. 따라서 처음 두 장 모두 스페이드가 아닐 확률은 이들 두 확률의 곱이 된다. 세 장 모두 실패할 확률은 $28/35 \times 27/34 \times 26/33$, 또는 거의 1/2에 가까운 수치가 된다. 그러면 내가 플러시를 만들 확률은 1에서 이 값을 뺀 값, 혹은 대략 1/2이 된다.

스트레이트를 만드는 데 성공하기 위해서는 여덟 장의 카드, 즉 네 장의 에이스와 네 장의 6, 가운데 한 장이 필요하다. 여기서 이들 여덟 장 가운데 세 장이 이미 공개되어 있다고 가정하자. 그러면 나머지 35장 가운데 바람직한 카드는 다섯 장이 된다. 위와 같은 논리로 내가 스트레이트를 만들 확률은 $1 - (30/35 \times 29/34 \times 28/33)$, 즉 대략 3/8이 된다. 총합의 법칙에 따라 내가 스트레이트나 플러시를 만들 확률은 이들 각각의 확률의 총합(여기서는 1/2 +

3/8) 빼기 두 가지가 동시에 일어날 확률이 된다. 둘이 동시에 일어날 확률의 계산을 간단하게 하기 위해, 그 결과가 상호 독립적이라고 상정하자(실제로는 그렇지 않다. 왜냐하면 플러시가 스트레이트의 확률을 약간 증가시키기 때문이다. 만약 우리가 문제의 세 카드 중 하나가 스페이드인 것을 안다면, 우리는 적어도 이것이 2, 3, 4, 5가 아닌 것을 안다. 만약 이들 가운데 어떤 것도 이미 공개된 스페이드에 속하지 않는다면, 그것이 에이스나 6일 확률이 어느 정도 증가한다). 기존의 가정에 따르면, 동시 발생확률은 이들 각각의 곱, 즉 3/16이 된다. 따라서 문제에 대한 답은 대체적으로 11/16, 또는 오즈가 3대 1보다는 낮게 내게 유리한 것이 된다.

선험이론에서는 최초 확률은 대체(선택) 가능한 결과들에 대한 상황의 분석을 통해 얻는다. 우리는 가능한 것들을 계수하고, 이들은 사례의 성격에 따라 확정된다. 이들이 특별히 해당 목적을 위해 행해진 관찰에 의해 밝혀져야 할 필요는 없다. 그렇지만 선택지들은 똑같이 선택 가능해야 한다는 것, 아니면 계수 때 이들에 각각에 상응하는 다른 비중을 배정해야 한다는 것은 매우 중요하다. 예를 들어, 우리는 세 가지 가능성, 즉 스페이드 한 장, 클로버 한 장, 하트 한 장이 있기 때문에, 스페이드를 받을 확률이 1/3이라고 해서는 안 된다. 하트의 확률이, 하트가 그 자체에 다른 것들과 같은 확률을 갖는 두 개의 선택지를 갖고 있기 때문에, 다른 두 개 중 어느 하나의 두 배일 수가 있다. 반복을 피하기 위해, 동등확률성equiprobability은 각각의 확률에의 먼젓번 도달에 영향을 받지 않는 어떤 방식으로 결정되지 않으면 안 된다. 통상적으로 채택되는 방식은 일종의 '무관심의 원리principle of indifference'로, 이는 개략적으로 말해 선택 가능지들은 우리가 이들 사이에 그것들의 발생에 연관되는 (또는 꼭 그렇게 말해야 할지 모르지만 그것들의 발생확률에 연관되는) 것으로 판단되는 차이에 대한 지식을 갖고 있지 않는 한 동등확률적으로 취급할 수도 있음을 말한다. 이와 같이, 원칙적으로 주사위 내에서의 동일 비중 분포, 룰렛 돌림판의 숫자들을 구분하는 각도의 동일성, 한 데크를 이루는 카드들 크기의 동일함, 두께, 매끄러움 등등이 통상적으로 동등확률성을 정당화하는 가정으로 취급된다.

그러나 차이가 존재하는 것을 알지 못하는 것과 아무런 차이가 없다는 것을 아는 것이 결코 같을 수 없다는 데 어려움이 있다. 우리가 선험적으로 도달한 확률은 아마도 그 존재를 관찰에 의해서만, 또는 다른 경험적 자료들로부터의 추론에 의해서만 확정할 수 있는 어떤 요소들의 영향 때문에 엄청나게 잘못될 수도 있다. 만약 필요한 가정들이 경험에 의해 지지된다면, 수학적 확률은 단연 가장 적용이 쉽다. 그러나 만일 우리가 단순하게 주어진 문제를 마치 그것이 잘 섞인 데크에서 카드를 뽑거나, 항아리에서 색칠한 공을 꺼내는 일과 같은 것으로 취급한다면, 재난은 이미 시작되었을 수도 있다.

예를 들어, 사촌 사이인 두 사람이 같은 성(姓)을 가졌다고 생각하자. 선험적 방법을 따르면 다음과 같다. 사촌으로 연결될 수 있는 방식에는 네 가지가 있다. 어머니끼리 자매인 경우, 한쪽의 어머니와 다른 쪽의 아버지가 남매인 경우, 반대의 남매인 경우, 또는 두 아버지가 형제인 경우가 그것이다. 이 가운데 오직 마지막 경우에만 사촌이 같은 성을 가지며, 따라서 그 확률은 1/4이 된다. 그러나 이러한 계산에는 많은 가정이 개재되고, 이들 가운데 어떤 것은 충분히 거짓일 수도 있다. 먼저, 사람들은 항상 아버지의 성을 따른다는 것을 가정하는데 이는 참이 아닐 수 있다. 또한 두 사람은 그들이 친척으로 연결되지 않는 한 같은 성을 갖지 않는다는 것, 혼기에 있는 인구의 성비가 동등하다는 것, 자매나 마찬가지로 형제의 이전 혼인은 사람들의 혼인 확률에 똑같이 영향을 미친다는 것 등, 이외에도 많은 가정을 한다. 특별히 행동과학에서, 깊은 생각 없이 인간사의 모든 것은 운의 게임이라고 가정하는 데는 심각한 위험이 따른다. 수학적 확률은 인과적으로 적용되는 것이 아니다. 행동과학자들은 흔히 자신들이 낯선 사람들과, 검사를 받지 않은 카드 데크를 가지고, 분명하지 않은 게임 규칙에 따라 경기를 하고 있다는 것을 지속적으로 스스로에게 상기시킨다. 이는 이미 20세기 물리학자들이 자신들이 울퉁불퉁한 당구대 위에서, 구부러진 큐를 가지고 타원형의 당구공으로 경기를 하는 것으로 여기고 있는 것과 같다.

최근에 확률에 관한 완전히 다른 전망이, 특히 합리적 선택과 결정에 개재하는 인간 행동의 문제와 연관해서, 돌출적으로 떠올랐다. 이것은 주관주의적subjectivist 견해로, 개인적personal 또는 심리적 확률을 다루는 것으로 말할 수 있다. 여기서 확률은 믿음의 정도의 측정값으로 받아들여진다. 마치 그것이 확실성이 아니라 확신성에 대한 접근인 것처럼. 그렇지만 오히려 이것이 다루는 것은 마음에 품고 있는 어떤 믿음이 아니라 합리적 믿음이다. 우리는 확실히 주관주의적 이론이 신념의 합리성을 일관된 개인적 확률배정 체계로 정의한다고 말할 수도 있다. 어떤 사람이 특정 상황에서 결정에 도달했을 때, 거기에는 먼저 그가 열망하는 가치의 집합이, 다음에는 그 가운데서 그 자신이 선택하는 다양한 가능한 동작들의 결과들에 대해 할당하는 확률의 집합이 작동한다. 그의 확률의 의미는 그의 선택이 한편으로는 자신의 가치에, 다른 한편으로는 그 상황에서 제시된 선택지에 관계되는 바로 그 방식에 따라 구성된다. 개괄적으로 말해, 확률의 배정은 유사한 오즈에서 기꺼이 내기에 돈을 거는 자발성의 정도를 표현한다. 확률의 계산은 우리의 실제 선택에 의해 구성되는 내기에서 일관성 성취를 위한 고안이다. 실제 계산을 작동시키는 확률에의 도달 여부는 불가피하게 개인적 판단에 달려 있다.

이와 같은 이론에 대한 저항은 자수 이늘 이론의 구체적인 단섬에 대한 인식보다는 이들의 솔직한 주관주의에 대한 편견에 근거를 두고 있다. 이들의 함의는 섬세하고 주의 깊게 개발되어왔으며, 광범한 계층의 사례에 그럴 듯한 해석을 제공하고 있다. 실제 도박게임 밖에서의 결정은, 사실상 거의 선험이론의 양식을 따라 행해지지 않는다. 배우자, 공공정책, 또는 종교의 선택은 충분히 예측되는 미래에 대한 확률배정을 가능하게 할 수 있다. 그러나 우리가 성, 정치, 종교에 있어서는 아예 일련의 동등확률적 결과들을 확정하고 다음 바람직한 결과들의 비율을 계수하려 하는지조차 의심스럽다(이러한 이유로, 우리는 곧 논의하는 빈도이론이 요구하는 바와 같은, 과거의 성취를 계산하려 하지도 않는 듯하다). 심리적 확률을 어떤 크기에 대한 우리의 개인적 예측값으로 취급하는 대신, 주관주의적 이론가들은 이것을 크기 자체를 구성하는 것으로 취급한다.

심리적 확률은 다음과 같은 종류의 상황에서 특별히 중요한 역할을 하는 것 같다. 확률의 계산에는 '베이즈 정리'로 알려진 중요한 명제가 있다. 그것은 만일 어떤 결과가 나타나는 방법에 몇 가지가 있다면 — 가령, 각기 단독으로 주어진 결과를 산출하는 몇 가지 원인이 있다면 — 이들 각각의 확률은 다음과 같이 계산한다. 모든 가능한 선택지 하나하나에 대해, 문제의 원인이 그 결과를 산출할 확률을 소위 그 원인발생의 선행확률antecedent probability로 곱하고, 다음 이를 이들을 곱한 것들의 합으로 나눈다. 예를 들어, 살인사건에 일단의 살인사건 혐의자가 있다고 생각하자. 각각의 혐의자에게는, 범행 기회, 무기, 뜯긴 단추 등 그의 소행을 기초로 볼 때, 범죄를 저질렀을 수도 있는 가능성(확률)이 하나씩 있다. 그리고 성격과 동기로 구성되는 선행확률이 있다. 어떤 현상을 설명하는 데 가능한 가설들의 경우에, 어느 한 확률은 만일 그것이 참이라면 이들 각각이 제공하는 설명이 어느 정도 좋은 것이 될 것인가에 영향을 준다. 선행확률은 설명을 목표로 하는 현상과는 별도로 그것이 참일 개연성에 대해 언급한다. 일반적으로 결정하기 가장 어려운 것으로 인정되는 것이, 그리고 주관주의적 이론들이 심리적 확률이 불가피하다고 주장하는 대상이 이들 선행확률이다. 정확하게 이러한 어려움 때문에, 베이즈 정리를 사용하지 않고 경쟁적인 가설들 가운데 선택해서 만들어지는 다른 재구성도 있다. 그러나 주관주의자들은 선행확률이 이들 다른 선택에도 마찬가지로 암묵적으로 개입되어 있다고 주장한다.

확률에는 또한 그것의 배정이 매우 비인간적인(물론 우리는 각자 우리 자신의 확률추정치를 가지고 있지만), 그래서 처음부터 상호주관성이 확보되는 즉각적인 이점을 가진, 제3의 접근이 있다. 이 접근은, 통계적 또는 경험적 확률을 정의하는 것으로 여겨지기도 하는, 빈도이론에 의해 제공된다. 이 이론에 따르면 확률은 부류가 아니라 순차sequence에 대해서 ─ 즉, 그 성원들이 어떤 확정된, 통상적으로 일시적인 것으로 간주되는, 서열로 취급되는 부류에 대해 ─ 적용된다. 순차의 어느 단계에서나, 어떤 바람직한 사례의 비, 즉 그것들의 상대적 빈도가 관찰될 수 있다. 그 순차는 무한하게 연장되기 때문에, 확률은 이 빈도의 한계limit가 된다. 이와 같은 정의는 확률계산에 대한 매우 직접적인 해석을 제공하고, 상대적 빈도통계가 가용하거나 그렇게 할 수 있는 경우에 손쉽게 적용된다. 이는 선험주의자들과는 달리 동등확률적 선택지들을 필요로 하지 않고, 여기에는 개인적인 몰입이나 판단이 필수적으로 개입하지도 않는다. 이와 같이 확률은 무지가 아니라 지식의 측정값이며, 여기서 지식은 아직 나타나지 않은 그 무엇이 아니라 오히려 이미 관찰된 빈도에 관한 것이 된다.

이 마지막 부분이 빈도이론에 반대해 제기되는 비판의 핵심에 속한다. 확률은 관찰된 상대적 빈도가 아니라, '무한으로 향하는' 순차로서의 빈도의 한계와만 동일시될 수 있다. 그렇지 않다면 우리는 ─ 통상적 형태의 계산에 개재하는 수학적 난점과는 별도로 ─ 확률의 배정이 (─ 추세와 경향의 진술에서와 같이 ─ §12를 보라) 더 이상 설명력을 갖지 못하는 문제에 봉착하게 된다. 이론적 개념과 같이, 확률은 "만약 그것에 관한 진술이 직접적으로 관찰 가능한 빈도에 대한 진술로 번역될 수 있다면 우리가 확률에 대해 요구하는 목적에 도움을 주지 못할 수도 있다"(9: 167). 반대로, 우리의 자료는 우리에게 실제 빈도 말고는 한계에 대해 결코 아무것도 제공하지 않는다. 더욱이 '결국에는' 빈도로는 우리 자신조차 만족시킬 수 없다. 이와 연관해 다음과 같은 존 메이너드 케인스John Maynard Keynes의 말을 인용할 필요가 있다. "결국에는 우리는 모두 죽을 것이다." 그리고 요즘에는 여기에 "당장이 아니라도!"라는 말을 더한다.

빈도이론의 문제는 우리가 어떤 확률을, 우리가 자주 그렇게 하기를 바라는 것처럼, 길거나 짧거나 상관없이 사례 전체 순차보다는 오히려 단일 사례에 적용하려 할 때 위기에 처한다. 예를 들어, 우리는 "오는 3년 안에 핵전쟁이 일어날 확률은 얼마인가?" 또는 "이 환자가 진료과정 중에 자살할 확률은 얼마인가?"를 묻는다(이들 둘은 명백히 다른 질문으로 볼 수 있다). 우리가 살필 수 있는 핵전쟁의 순차란 없다(이러한 순차는 경험적으로 불가능하다). 그리고, 만약 우리가 일련의 전쟁과 같은 상황의 순차를 고찰하더라도, 우리는 그 확률은 0이라고 할 것이다. 그것은 그 가운데 어떤 것도 요청되는 조건으로 보아 핵전쟁이 아니기 때문이다. 다음 것의 확률과 관련해서는, 환자도 많고 그 가운데 자살자도 많다. 도덕적으로는 물론 방법론적으로 말해도 아주 많다. 어떤 부류의 환자들을 가지고 문제의 확률을 얘기할 것인가? 우리의 선택에 따라 엄청나게 넓은 범위의 확률을 배정할 수 있다. 어떤 분류는 야구에서 특정 기록을 알려주는 것과 같은 효과를 갖지만("야간 경기 3회에서의 왼손 투수가 잡아낸 대부분의 삼진"), 유일한 선택을 위한 범주를 구체화하기란 쉽지 않다. 단일 사례와 준거부류 선택의 문제는 빈도이론에서 곤혹스러운 점으로 남아 있다.

결과적으로 이들 세 가지 확률이론은 반드시 극복할 수 없는 것은 아니지만, 각각 그 자체의 어려움을 가지고 있으며 이 가운데 어떤 것도 보편적 동의를 구하지 못한다. 내가 보기에는 방법론적으로 현재 사고의 상태에서 볼 때, 이 셋 가운데 다른 둘을 배제함으로써 어느 하나를 인정하는 것은 현명한 처사가 아니다. 이들 각각은 그 자체의 독특한 문제에 특별히 적합한 것으로 보인다. 행동과학자들은, 예를 들어 세습성의 문제를 취급하는 데는 수학적 확률을, 성장과 발전의 문제에는 통계적 확률을, 그리고 성숙한 성인의 선택과 결정에는 심리적 확률을 적용하는 것이 적합한 것을 발견할 수도 있다. 우리는 문제가 적합한 방식으로 명백하게 구조화될 수 있을 때 선험적 이론을, 충분히 광범하고 신뢰할 만한 통계가 존재할 때 빈도이론을, 다른 경우에 특별히 개인적 가치와 평가가 중요한 역할을 수행하는 것처럼 보일 때에 주관주의적 이론을 사용하는 경향이 있다.

어떤 가설이나 이론의 확률에 대한 평가와 관련해서는, 다른 연관된 관념화들이 있다. 오늘날의 과학철학에는 두 가지 특히 주목할 만한 것이 있다. 라이헨바흐는 모든 확률 사용에서 열렬한 빈도해석 옹호자였는데, 그러한 관점에서 가설에 배정되어야 하는, 가설의 모든 함의 가운데 검증된 결과에 대한, 또는 (위에서 언급한 바와 같이, 도대체 어느 부류인지 불명확하지만) 그 부류에 속하는 모든 가설 가운데 참 가설에 대한 상대적 빈도로 나타내는, 가중치에 대해 얘기하고 있다. 카르나프는 주어진 다른 명제들의, 즉 그것들로부터 그 명제가 귀납적으로 추론되는 전제들의 집합과 관련시켜, 어떤 특정 명제에 배정해야 하는 확증의 정도에 대한 관념화를 상당히 자세히 발전시켰다. 그 정도는, 이를테면 전제와 결론 사이에 성립하는 부분적 함의에 기초해 계산된다. 배정된 특정 확증의 정도는, 주어진 증거를 기초로 만들어지는 것이라는 '최적 추정치best estimate'의 정의에 따라, 분석적으로 적용된다. 비록 엄밀성과 엄격성을 염두에 두고 개발되었지만, 이 이론은 행동과학은 말할 것도 없고, 소위 정밀과학에서조차 내용 형성과는 거리가 먼, 오직 전적으로 형식화되고 극도로 단순한 체계에 대해서만 작동해왔다. 거기에는 또한 추가적인 어려움이 있다. 그것은 브레이스웨이트가 언급한 바와 같이, "어떤 가설이 과학적 지식의 본체에 맞는 정도에서만 그것이 이와 같은 어떤 지식의 본체에 통합된 것으로 여기는 것은 매우 적합한 주장이다. 그리고 어떤 명백한 사실을 넘어서는 점에서는 '확증confirmation'의 형식논리가 어떻게 도움을 줄 수 있는지를 보여주기는 어렵다".

귀납적 추론

그러나 여기에서 우리는 방법론보다는 과학철학에 더 관련된 쟁점에 맞닥뜨리게 된다(오히려 §38을 보라). 지난 세기(19세기) 중에, 귀납적 논리가 아리스토텔레스에서 베이컨과 밀에 이르기까지 성취된 것과는 대조되는 새로운 발전 국면에 접어들었다는 것은 논쟁의 여지가 없다. 여기서 새롭다는 것은 드디어, 발견을 만들어내는 기계적인 일상 과정들의 집합이라는 뜻에서, '발견의 논리'를 갖게 되었다는 것을 말하는 것은 아니다(§2). 오히려 우리가 얘기하는 것은 이제까지 가용했던 것보다 훨씬 나은 발견 과정의 재구성을 제공하는 절차에 관한 것이다. 카르나프가 지적한 바와 같이, 이러한 점에서 상황은 연역적인 경우에서와 다르지 않다. 귀납적 가설을 발견하는, 또는 그에 대한 증거를 발견하는 방법 이상으로, 연역적 정리를 발견하는, 또는 정리의 증명을 발견하는 기계적인 방법은 없다. 그러나 주어진 증명을, 또한 주어진 일체의 증거의 가중치를 평가하는 방법은 있다.

   새로운 것은 귀납적 논리가 일반적으로 그것이 어떻게 해석되든, 어떤 종류의 확률이론에 의존한다는 데 동의한다는 점이다. 귀납적 추론의 결론은 결코 절대적인 것이 아니며, 오직 어느 정도로만 형성된다. 도대체 어느 정도인지는, 불가피하게 그것이 추론되는 전제들에 ─ 즉, 우리의 지식의 상태에 ─ 달려 있다. 라이헨바흐의 관점에 따르면, 우리는 항상 신뢰할 만한 통계를 가지고 있는 가장 좁은 준거부류를 사용하게 되어 있다. 카르나프는 '가용한 총 증거'의 사용에 상응하는 요구조건requirement을 형식화하고 있다(16: 211). 어떤 경우든 우리는 항상 우리가 아는 것에서부터 나아가고, 확률은 삶에서와 마찬가지로 과학에서도 우리의 안내자로 남는다. 방법론의 입장에서, 확률이론의 중요성은 그것이 귀납적 추론을 위해 제공할 수 있는 재구성에 있다. 흄 이래로 그렇게 많이 논의되어온 귀납의 철학적인 문제에 관해서는, 방법론은 어떤 특정 명제의 참을 담보하는 증거는 무한정하게 똑같이 분할된 채로 남아 있지는 않을 것이라는 — 확률, 가중치, 또는 어떤 명제의 확증정도는 영원히 불확정적인 것이 아니라는 — 퍼스의 공준에 만족할 수도 있다. 과학적 탐구에서 우리가 실제로 당면하게 되는 것은 우리가 도대체 어떻게 어떤 지식을 얻게 되느냐의 문제가 아니고, 우리가 아직 알지 못하는 것에 대해 더 배울 수 있는 수단으로서 우리가 가지고 있는 지식 가운데 가장 잘 사용할 수 있는 것이 어떤 것이냐 하는 문제다.

방법론적으로 중요성을 가진 귀납적 추론에는 다양한 유형이 있다. 카르나프는 이러한 추론이 만들어지는 네 가지 종류의 사례를 구분하고 있다. 그가 '직접적 추론'이라고 부른 모집단으로부터 그 표본에 대한 추론. '예측적 추론'이라고 부른 하나의 표본으로부터 다른 표본에 대한 추론. '역추론'이라고 부른 하나의 표본으로부터 모집단의 추론. '단일 예측적 추론'이라고 부른 하나의 표본으로부터 그 밖에 있는 다른 개별사례의 추론이 그것이다. 그는 이 가운데 마지막 것을 기본적 추론으로 간주하고, 다른 것들은 이것으로 환원될 수 있다고 보았다. 라이헨바흐의 논법에서 기본적인 것은 역추론, 즉 표본으로부터 모집단의 추론이다. 그는 이것을 '단순 집계enumeration에 의한 귀납'이라고 불렀다. 우리가 어떤 유형에서 시작하든, 우리는 소위 '라플라스의 규칙'이나 피셔의 '최대공산maximum likelihood' 등과 같은 것에 의해 구체화되는, 어떤 '귀납적 방법'을 기초로 해서 나아간다. 이들 방법의 구체적인 고찰은 이 책의 (그리고 필자의) 영역 밖의 일이다. 그러나 여기서 그 방법이 무수히 많다는 것은 지적하고 넘어가는 것이 적절할 것이다. 어떤 하나를 채택함에서, 우리는 카르나프가 지적해온 바와 같이, 예측의 진실-빈도, 추정치의 에러, 요구되는 계산의 단순성, 그리고 아마도 심미적 특성을 고려할 것이다. 그는 자신의 특징적인 말투로, "다른 어떤 곳에서와 마찬가지로, 여기에서도 삶은 결코 끝이 없는 조정의 과정"이라고 결론을 맺는다. "절대적인 것도, 세상에 관한 절대적으로 확실한 지식도, 세상에서 작동하는 절대적으로 완전한 방법도 없다." 확률은 왕이다. 그러나 절대군주조차도 법의 구속에 매인다.

§27. 통계적 서술

많은 통계적 조정이 몇 가지 고정된 유형으로 분류된다. 그리고 특정화는 바로 어떤 계산이 어떤 순서로 수행되어야 하는지에 대해서만 주어질 수 있다. 한마디로 그것들은 공식으로 주어질 수 있다. 사례가 주어지면, 우리는 일상적으로 주어진 공식에 따라 값을 얻는다. 여기에 적합성이 점점 높아지고 있는 기계어를 사용해서, 계산은 일련의 확정적인 단계로 (비록 그 단계가 이전 계산 단계의 결과에 조건적일 수 있을지라도) 프로그램화될 수 있다. 그러나 통계는 단순히 어떤 통계적 공식이 적용되어왔기 때문에 탐구에서 기능을 수행하는 것이 아니다. 공식은 계산을 체계화한다. 그러나 그것이 무엇이 계산되어야 하고 그 결과를 가지고 무엇을 해야 할지를 결정하는 사고를 체계화하지는 않는다. 공식의 생각 없는 사용은, 특별히 행동과학에 큰 해를 주고 있는 요리책 통계라고 부를 수 있다. 한 가정의 주부는 조리법을 따르는 것으로는 충분치 못하다. 요리법에는 문제들이, 가령 경제적인 고려와 심미적 가치나 다른 가치와 관련된 문제들이 있다(어떤 유명한 조리법에는 "맛을 위해 오리 한 마리를 넣으라"라는 지시가 있다. 또는 "미움으로 요리한 살찐 송아지 요리보다는 사랑으로 차린 보잘것없는 풀로 만든 저녁이 더 낫다"라는 말도 있다).

　모든 공식의 적용은 문제의 본성에 관련된 본질적 가정들의 집합과 문제의 해결에 도움을 줄 수 있는 그 무엇에 관한 가설들의 집합에 달려 있다. 문제가 통계적으로 취급되어야 할 때는, 부차적으로 어떤 것이 먼저 취급되어야 하는지의 문제가 제기된다. 이는 통상 구조화 문제structuring problem로, 즉 적용될 통계적 기법과 적용 결과에 주어질 해석의 의미 있는 선택이 이루어질 수 있는 문제상황에 관한 모형을 설정하는 과제로 알려져 있다. 구조화 문제의 해결은 연구되는 사례들의 분류를 가능하게 하는 선택가능지들의 특정화를 요구한다. 거기에는 이들 선택가능지들의 분포 형태, 만약 있다면 그것들 사이의 상호의존의 성격, 분류가 기초로 하고 있는 측정에서의 에러의 크기, 이들 에러의 어떤 적당한 효용척도상의 비용, 그리고 기대되는 발견의 다음 단계의 탐구나 행위에 대한 연관성이 포함된다. 간단히 말해, 우리가 통계를 사용할 때 우리가 무엇을 하는지 알기 위해서 우리는 통계 이상의 많은 것을 알지 않으면 안 된다. 이 도구의 적합한 이용은, 다른 것도 마찬가지지만 그것이 적용되는 자료에 대한, 그리고 그 적용이 무엇보다도 그것을 위한 수단에 불과한 목표들에 관한 지식에 달려 있다.

가장 단순한 적용은 각양각색의 자료를 통제 가능하도록 단순화시킬 목적에 봉사하는 것이다. 우리는 여러 가지 측정 상황에 당면하게 된다. 같은 크기를 측정하는 데 여러 가지 다른 측정 방법이 있거나, 아니면 동일한 크기에 대한 여러 관찰자들의 측정 추정치가 서로 다르거나, 여러 대상들이 다양한 크기를 가지고 있는 상황을 만난다. 우리가 원하는 것은 총체적으로 이들 대상들의 집합을 간단한 방법으로 특성화하는 것, 즉 대상의 다른 집합과의 비교의 기초로서 또는 집합 안의 개별 성원들 사이의 관세유형을 밝히는 방법으로서 사용될 수 있는 단일 추정치나 대표 측정값을 얻는 것이다. 서술적 통계로 알려진 것이 이러한 목적을 위해 적용된다. 우리는 서술되어야 하는 집합의 어느 정도의 확정적 구조를 가상하고, 다음 다양한 측정값을, 적당한 것으로 채택해서 그 구조의 어떤 특성을 추정한다. 이러한 형태의 측정값은 모두 통계값statistic으로 알려져 있으며, 또한 추정된 특성은 서술된 분포의 모수parameter로 알려져 있다. 사용되는 모든 통계는 그 적합성과 통계가 제공하는 측정값의 적절한 해석에 결정적인 독특한 특질들을 갖는다. 통계의 적용에서 많은 에러가 이러한 특질들에 대한 고려가 충분하지 못한 데 기인하고 있다. 또한 서술적 통계의 경우에는 추가적인 에러의 출처가 있다. 그것은 추정된 모수가, 총체의 부분을 이루는 개별사례가 아니라, 단지 총체로서의 분포에 대해서만 적용된다는 것, 그리고 이들 개별사례들 사이에는 주어진 분포를 기준으로 할 때 상당한 편차가 있을 수 있다는 것을 잊는 데서 나온다.

중심경향성

가장 자주 서술의 목적으로 사용되는 통계는 중심경향성의 측정값measures of central tendency으로 불리는 다양한 형태의 '평균값averages'이다. 거기에 다양한 형태가 있다는 것은 본질적으로 중요한 것으로, 이는 평균값(!) 사용자들이 충분히 이해하지 못하고 있는 사실이다.

가장 친숙한 중심경향성 통계는 평균값이라는 용어가 통상적으로 지칭하는 산술평균arithmetic mean이다. 이는 모든 값의 합을 합해진 값의 수로 나눈 것이다. 산술평균은 개별 값들 사이의 변이를 최소화하는 속성을 가지고 있다. 만약 우리가 산술평균으로부터의 편차를 택해서, 그것들을 제곱하고(다른 무엇보다도 정적 편차와 부적 편차의 차이를 제거하는 작업), 다음 제곱한 값들을 더하면, 그 결과는 다른 어떤 값으로부터의 편차를 가지고 시작했을 때에 비해서도 작은 값을 보인다. 이러한 뜻에서 산술평균은 바로 대표적인 통계값으로 취급된다.

우리가 어떤 모집단으로부터 표본들을 택하고, 총체적으로 모집단에 대해 우리가 알고 있는 것들로부터 표본들의 특성을 예측한다고 ('직접 추론'을 한다고) 가정해보자. 만약 우리의 표본추출 과정에 체계적인 에러가 없고, 따라서 어느 한 방향 또는 다른 방향으로의 변이variations가 똑같이 가능하다면, 우리가 기대할 수 있는 가장 개연성이 높은 값은 산술평균이다. 만약 에러를 가져오는 요소들이 양쪽 방향으로 똑같이 작용한다면, 에러로부터 가장 자유로운 것이 산술평균이다. 어떤 크기가 순수하게 무작위적 변이에 종속될 때, 그 구체적인 (측정)값들은 소위 특징적인 '정상분포normal distribution'를 가진 모집단에서 나타나는 분포를 보인다. 산술평균에 대한 놀라운 것은, 어떤 특성이 모집단에서 어떻게 분포되어 있든지(얼마나 '정상'에서 멀리 떨어져 있든지), 단지 그 변이가 어떤 한정된 경계 안에 머물러 있기만 하다면, 그 모집단으로부터 편향이 없이 택해진 표본의 평균은 대체적으로 정상분포를 갖는 경향이 있다는 것이다. 이 사실은 확률이론에서 가장 우아하고, 강력하고, 중요한 결과의 하나로 서술되어왔다(18: 187). 평균을 사용함으로써 우리는 우리의 추론에서 우리가 만들지도 모르는 에러가 크면 클수록 그만큼 우리가 실제 에러를 만들 개연성은 작아진다는 것을 확실히 해왔다.

그러나 산술평균이 어느 정도 대표적이든지 상관없이, 우리는 이것이 오직 총체로서의 모집단에 대해서만 적용된다는 것을 잊어서는 안 된다. 바사 칼리지 졸업생 중에 2.3명의 자녀를 가진 사람은 아무도 없다. 더욱이, 평균 그 자체는 개별 크기가 분포되는 방식에 대해서는 아무 고려도 하지 못한다. 이 사실은 평균이, 말하자면 두 집단의 비교를 목적으로 사용될 때, 완전히 오도하기 쉬운 통계가 될 수 있음을 뜻한다. 예를 들어, 두 인구 집단의 소득 수준을 생각해보자. 그중 한 경우는 몇 명의 백만장자들을 제외하고는 거의 모두가 동전 한 푼 없는 반면, 다른 집단은 소득이 상당히 균등하게 분포되어 있는 경우라 할 때, 이 두 집단의 평균 소득은 거의 차이가 나지 않을 수도 있다. 다른 예로, 만약 우리가 어느 특정 시점에서의 개인의 불안이나 실망의 정도, 또는 그가 드러내는 적대감의 총량에 대한 수적 측정값을 가지고 있다면, 일정 기간에 걸친 평균값은 별로 유용한 정신건강의 지수가 되지 못할 수도 있다. 실제로 몇 분간의 격심한 불안, 자살적 억압감, 또는 살인적 분노가 이전의 몇 주에 걸친 평안보다 임상적으로 더 중요할 수도 있다. 살인자는 그가 평생 한 사람밖에 죽이지 않았다는 이유로 이 낙인에 대해 불평할 권리를 갖는 것은 아니다.

다른 평균은 다른 통계적 속성을 가진다. 기하평균geometric mean은 모든 개별 값들을 함께 곱하고, 그리고 만약 개체의 수가 n이라면, 그 결과를 n 제곱근을 구함nth root으로써 얻는다. 이 통계 값은 산술평균에 비해 극단적인 값에 중요성을 덜 배정하는 속성을 가진다. 만약 세 개체로 이루어진 집합이 각각 2, 8, 32의 값을 가지고 있다면, 그 산술평균은 14인 데 반해 기하평균은 8이 된다. 기하평균은 또한 개체들 사이의 비교가 그것들 사이의 차이보다는 그것들의 비를 사용할 때 더 의미를 갖는 경우에 특히 적절하다. 이에 관한 예로, 우리는 최댓값을, 중앙값보다 24만큼 크다고 하기보다는, 오직 중앙값의 네 배로 생각하고 싶을 수도 있다(예를 들어, 이 수들은 정규 간격으로 배가하는 어떤 인구의 각기 다른 성장 단계를 대표하는 것일 수도 있다).

조화평균harmonic mean은 역수(1을 실수로 나눔)들의 산술평균의 역수인데, 변화율, 그리고 다른 비율들을 균등화하는 데 유용하다. 이 외에도 다른 종류의 평균들이 있다.

가장 유용한 중심경향성의 측정값 가운데 하나가 최빈값mode이다. 이는 단순히 주어진 분포에서 가장 자주 등장하는 값을 가리킨다. 이는 반복되는 표본추출 상황하에서 안정적이며, 극단적인 값에 의해 전혀 영향을 받지 않는다. 소규모의 구두나 옷 제조업자는, 제한된 생산품의 대부분을 팔 수 있는 방안으로서, 평균이 아니라 최빈 치수에 관심을 가진다. 정치인 역시 여론의 평균보다는 최빈 여론에 더 관심을 가질 것이다. 전자는 아무도 만족시키지 못하는 반면, 최빈 여론은 말 그대로 다른 어떤 것보다도 많은 사람들의 견해에 합치한다. 다른 한편, 최빈값은 — 정치적 은유에 따르면 — 다수의 지배다. 이는 모든 항목의 함수가 아니며, 필수적으로 다수의 함수인 것도 아니다. 최빈값이 무엇인지는 선택된 간격에 따라, 즉 주어진 속성공간이 구체적인 부류로 세분되는 방식에 따라 달라지기도 한다. 더욱 곤란한 것은 '진짜the' 최빈값은 존재하지 않을 수도 있다는 것이다. 분포상의 여러 부류가 수적으로 동일할 수도 있다. 특히, 두 정점bimodal 분포는 흔하지 않은 것이 아니며, 오직 정치적 스펙트럼에서만 그런 것도 아니다. 여기에 다른 측정값들이 요구된다.

중앙값median은, 극단 값들에 별 영향을 받음이 없이 모든 값을 고려하는 통계 값이다. 이것은 그것보다 위에 있는 값들의 수를 아래 있는 것들의 수만큼 가지고 있는 값이다. 어떤 대학교수의 중위 봉급이나 어떤 정신분석가의 중위 요금은 이들 관련 값들의 평균이나 최빈값보다 더 많은 정보력을 갖는 자료일 개연성이 크다. 말 그대로 서열관계에 의해서만 정의되는 중앙값은 어떤 대수적 특질도 갖지 않는다. 그러므로 이는 서열척도와 관련해 특별히 유용하다. 만약 경마에 참가하는 말의 중위 성적이 3등과 4등 사이에 있다면 그 말에 돈을 거는 것은 공정한 내기다(오직 처음 세 마리 말 만이 배당을 받는다). 만약 그것이 그 말의 평균 성적이라면, 그 내기는 공정한 정도 이상이다(이 말은 1등 이상은 할 수 없었으나 6등 이하는 쉽게 할 수 있었다). 그리고 만약 그것이 최빈 성적이라면, 그것은 가장 불공정한 내기가 될 가능성이 크다(이 것은 다른 것들 보다는 빈도가 높지만, 아직도 그 빈도는 매우 낮을 수 있다).

분산

어떤 중심경향성의 측정값도 우리에게 그 계산에 사용된 값들이 어떻게 분포되었는지를 말해주지는 못한다. 분산dispersion의 측정값이라고 일컬어지는 것이 분포에 대해 우리에게 무엇인가 말해주는 통계값이다. 이는 어떠한 방식으로 개별 값들이 다른 값들로부터 또는 중심경향성으로부터 얼마나 멀리 떨어져 있는가를 보여준다. 그 가장 간단한 방법은 단지 분포의 범위range를, 즉 그 사이에 분포가 자리 잡는 특단 값들 사이의 폭을 제시하는 것이다. 이는 그 범위 안에서 값들이 어떻게 분포되었는지는 미지의 상태로 남겨놓는다. 그러나 때로는 그것들이 극단값들 사이에 균등하게 분포되어 있는 것으로 가정할 근거가 있기도 하다. 때로는 또한 가장 유의미한 것이 정확히 그 극단값들인 경우도 있다. 보험회사에 의해 유발될 수도 있는 손실들, 교통이나 통신체계에 대한 하중, 또는 사실이 아닌 꾸밈이 함축된 순결명령이나 제2계급이 그 예이다.

이제까지 가장 일반적으로 사용되어온 분산의 측정값은 변량variance으로 알려진 통계값이다. 이는 사실상 개별 값들의 평균으로부터 개별 값들의 이탈의 평균을 우리에게 제공한다. 이는 평균으로부터의 평균 제곱 편차 — 즉, 각각의 값의 제곱의 평균에서 이 평균의 제곱을 뺀 값 — 로 정의된다(제곱은 더 큰 편차를 상대적으로 더 현저하게 보이도록 한다). 평균은 반대로 변량을 최소화하는 값으로 정의될 수 있다는 점에 주목할 필요가 있다. 변량에 개별 값들 자체와 같은 차원성을 부여하기 위해서, 우리는 보통 먼저 그 제곱근을 취한다. 이 수는, 즉 변량의 제곱근은, 분포의 표준편차standard deviation로 알려져 있다. 이는 표본추출에서의 변폭fluctuation에 의해 상대적으로 영향을 받지 않는 통계값이며, 따라서 상당히 신뢰할 만한 분산의 대푯값을 구성한다. 정상 분포의 경우, 대략 모든 값의 2/3가 평균에서 표준편차보다 더 밖으로 나가지 않는다.

표준편차의 속성에 대한 그 이상의 논의는, 다른 서술 통계에 관한 것과 마찬가지로, 우리의 관심을 방법론보다는 통계적 기법에 관한 사항으로 곧장 유도한다. 나는 관심의 초점을 숲에 두기 위해 나무는 다루지 않고 있다.

§28. 통계적 가설

모든 귀납적 추론은 표본에 기초한다. 우리는 사례의 전제 부류를 일반화하기를 바라고 그 가운데 단지 몇 개를 관찰하거나, 과거를 기초로 미래의 결과를 예측하기를 바란다. 우리의 결론이 오직 한 개체에 관한 것일 경우에도, 또는 우리가 관찰한 모든 개체들의 집합에 관한 경우에도, 우리가 택하는 측정은 측정이 가능한 모든 것의 표본일 뿐이며, 측정된 크기에 특정 값을 배정함에 있어, 우리는 표본에 기초해 다른 측정이 제공할 어떤 것에 대해 추론을 행한다. 우리는 언제나 어떤 것에 대해 알고 있고 언제나 더 많이 파악하려 하며, 이러한 파악은 알아가는 과정의 일부이다. 모든 가설은 넓은 뜻에서는 통계적 가설이라고 말할 수 있다. 통계는 주어진 자료의 집합에 포함된 특정 가설에 대한 증거의 무게를 평가할 임무를 지닌다.

표본추출 계획

추론을 표본에 기초시키려 할 때, 우리는 마치 딜레마처럼 보이는 어떤 것에 붙잡히게 된다. 그것은 아마도 표본추출의 역설paradox of sampling이라고 부를 수 있을 것이다. 한편으로, 표본은 만일 그것이 모집단을 진실로 대표하지 못한다면, 만약 그것이 '공정한fair' 표본이 아니라면, 우리에게 아무 소용이 없다. 다른 한편, 그것이 대표적이라는 것을 알려면 우리는 모집단의 특성이 무엇인지 알고, 그래서 표본이 그 특성들을 적절히 반영하는지의 여부를 판단할 수 있어야 한다. 그러나 그 경우에 우리는 표본을 전혀 필요로 하지 않는다. 이 역설은 대표성은 표본의 특질이 아니라 오히려 표본을 얻는 과정, 즉 표본추출 계획의 특질이라는 점에 대한 고려를 통해 풀린다. 그리고 우리는 — 결코 확실하지는 않지만 — 우리가 찾으려는 것이, 즉 모집단의 특성이 무엇인지 미리 알지 못하고도 이것이 적절한 것임을 알 수 있다. 어떤 주어진 사례에서 지식의 내용은 그것에 도달하기 위해 채택된 방법에 의해 타당화된다. 그러나 일반적으로 방법의 적합성은 원하는 내용을 제공하는 데서 성공 여부에 기초를 두고 있다. 이러한 상황은 '용법의 역설'에 비교할 수 있다. 우리는 어떤 낱말의 특정 사용이 정확한지를 사전을 참고함으로써 판단하지만, 사전 자체는 낱말들이 실제로 어떻게 사용되느냐에 근거해 만들어진다.

표본추출 계획은 "본질적으로 어떤 다른 표본들이 뽑힐 수 있는지, 그리고 어떤 두 가능한 표본들의 상대적인 선택 가능성은 무엇인지에 대한 구체화"라고 말할 수 있다. 이들에 대해 알기 위해서, 우리는 우리가 관심을 가지는 특성의 분포에 대해 충분히 그럴듯한 가정을 만들 수 있을 정도로 모집단에 대해 어떤 지식을 반드시 가지고 있지 않으면 안 된다. 이 구조화의 문제는, 유일하게 확정적인 방식은 아니더라도, 반드시 해결되지 않으면 안 된다. 늘 그런 것 같이, 우리가 좀 더 많은 지식을 얻기 위해서는 어떤 지식을 이용하지 않으면 안 된다. 예를 들어, 표본의 크기가 어떠해야 하는지에 대한 결정은 라이헨바흐가 '교차 귀납추리cross inductions' — 같은 모집단에서 뽑힌, 또는 우리가 그렇게 판단할 수 있는 위치에 있다는 가정에서 이와 비슷한 다른 모집단에서 뽑힌, 다른 표본들의 적합성에 대한 추론 — 라고 부른 어떤 것을 기초로 만들어진다. 인간의 좌절에 대한 참을성을 결정하는 데는 200~300번의 측정도 결코 완전히 충분하지 않을 수 있지만, 어떤 화학자는 보통 단 두세 번의 측정으로 비등점을 결정하는 데 만족한다. 우리가 이미 같은 물질의 다른 시료들에서 화학적 특질들의 사례와 사례 사이에, 상대적인 일치 정도에 대해 알고 있기 때문에 이 화학자의 표본추출은 만족스러운 것이다. 그러나 인간성에 관한 시료들은 각기 그 행동적 특성에서 매우 주목할 만한 차이를 보인다. 따라서 이러한 변량을 고려하기에 충분할 정도로 표본도 커지지 않으면 안 된다.

표본의 크기에 관한 결정만이 사전 지식에 기초하지 않으면 안 되는 것은 아니다. 거기에는 표본추출 계획에 따라 얻어진 자료를 수정하고 표준화하는 절차의 선택도 포함된다. 모든 측정 과정의 결과가 적합한 해석을 위해 조정을 요구하는 것처럼, 모든 표본추출 과정의 결과도 마찬가지다. 우리는, 원래의 관찰 평균이 아니라, 어떤 적합하게 조정되거나 가중된 평균을 사용한다. 프레더릭 모스텔러Frederick Mosteller(97: 33)가 지적한 바와 같이, "표본을 적절하게 가중하는 것은 가스 용적을 표준 기압에 맞도록 수정하는 것 이상으로 자료를 주무르는 것이 아니다". 우리는 적어도 암묵적으로 표본이 얻어진 과정을 언급함이 없이, 따라서 표본이 추출된 모집단에 대한 것으로서의 어떤 추론을 표본에 근거시키기 전에 자료처리를 위한 상응하는 절차를 언급하지 않고, 어떤 표본이 공정한 것인지를 말할 수 없다. 가장 간단한 예로서, 우리의 표본에 어떤 개별사례를 포함시키는 바로 그 동작act은 이후의 추론에서 참작하지 않으면 안 되는 어떤 특질들을 제시하는 것이 되는 경향이 있다. 예를 들어, 모든 피면접자가 면접에서 특정한 당황스러움이나 적대감을 보인다 해도 결코 이것이 표본추출 모집단의 특성이라는 결론을 내릴 수 있는 근거는 되지 못한다.

요구되는 것은 표본추출 계획이 모집단의 나머지 사례들과 어떤 점에서 탐구에 유의미한 차이를 보이는 사례들을 우선적으로 선택하거나, 또는 어느 정도, 그런 사례들이 선택될 확률이 충분히 높게 확정되어 있는 — 그리고 확정될 수 있는! — 것이 되어서는 안 되고, 따라서 그런 점은 수정될 수 있어야 한다는 것이다. 그렇지 않으면 우리는 표본이 편향된biased 것 — 표본에서 기대되는 값이 연구되는 모집단의 모수의 참값과는 다른 것 — 이라고 말한다. 편향된 표본의 고전적인 예가 되고 있는 것이, "서약 후에 난파선에서 구조된 모든 사람들을 담은, 파간(잡신) 시대의 그림이 걸린 신전을 보고 있는 어떤 사람"에 대한 얘기다. "이제 신들의 힘을 인정하지 않느냐는 질문에, 그는

'네. 그런데 서약한 후에 익사한 사람들은 어디에 그랬죠?'라고 대답했다." 표본의 편향이 관찰자의 편견과 필수적으로 관계되는 것은 아니다. 그것은 채택된 표본추출 계획에 내재하는 것이다. 편향은 포착하기 힘든 것일 수도 있다. 그러한 예로, 변화하는 미국 가족의 크기를 밝히는 데 관심을 가지고 있다고 가정해보자. 우리는 현재 모집단의 공정한 표본을 가지고 시작해서, 표본으로 선택된 각 사람에게 자신의 형제가 몇 명인지, 부모의 형제가 몇 명인지, 할아버지와 그 이전의 선대에까지 형제의 수를 물을 수 있다. 그러나 이 표본추출 계획은 과거의 가족을 실제보다 큰 규모가 되게 하는 방향으로 치우쳐 있다. 왜냐하면 형제가 많은 가족일수록 우리가 표본추출을 행한 현재 세대에 후세를 남겼을 개연성이 높기 때문이다. 이전 세대의 무자녀 가족은 우리의 표본에 전혀 대표될 수 없을 것이다.

표본의 편향 부재(때로는 '정확성'으로 불림)뿐 아니라 안정성stability 또한 표본추출 계획에서 필요한 사항이다. 표본을 사용하려면, 우리는 같은 계획에 의해 만들어지는 다른 표본들이 본질적으로 얼마나 같은 결과를 나타낼 개연성이 있는지 알 필요가 있다. "안정성을 공정하게 평가하는 능력은 모집단을 공정하게 대표할 수 있는 능력만큼 중요하다"(97: 18). 불안정성은 아주 작은 표본에서 가장 쉽게 보인다. 이들 표본은 아무 편향 없이 선택될 수 있다. 그러나 그 규모 때문에, 반복해서 표본을 뽑으면 그 표본들은 서로 커다란 차이를 보일 것이다. 불안정한 표본의 사용은 특별히 행동과학에서, 사례연구, 임상관찰 등등과 관련해 공통적으로 나타나는 문제점이다. 비록 표본들이 (말하자면, 가장 인상적이거나 또는 가장 쉽게 접근 가능하기 때문에 선택된 것이 아니라) 편향 없이 선택되었다 할지라도, 이들은 왕왕 이들이 대표하는 것으로 상정되는 사례들의 전체 모집단에 대한 일반화에 기초를 제공하지 못한다.

표본은 만약 그것이 무작위적인 것이면 편향이 없는 것으로 받아들여진다. 그러나 무엇이 무작위성을 구성하느냐에 대해서는 보편적으로 일치된 의견이 없다. 논의는 통상 사례들의 순차의 특징에 따라 이루어진다. 그 순차에서 '선호되는favorable 사례들'(우리가 우연히 관심을 가지게 된 것)의 분포는, 때로는 만약 그것이 루트비히 폰 미제스Ludwig E. von Mises가 '배제된 도박체계 excluded gambling system'라고 부른 어떤 것을 만족시킨다면, 즉 총체적으로 그 순차에서보다 높은 비율의 선호되는 사례들을 제공할 어떤 하위순차를 (선호 되는 특성에 대한 준거 없이) 선택할 수 있는 길이 없다면, 무작위적이라고 일 컬어진다(예를 들어, 우리는 한 번 걸러 나오는 '검정'에, 아니면 연속해서 '빨강'이 두 번 나온 다음에 나오는 검정에, 또는 체계적인 방법으로 내기를 걸 수도 있다). 그 러나 어떤 사람들은 이 원칙은 엄격하게 형식화될 때 자기-모순적이 된다고 주장한다. 알론조 처치Alonzo Church는 어떤 순차가 만약 아무 법칙도 그 순차 를 서술하는 어떤 인간 언어로 (즉, 유한성이 어떤 기술적 제약에 종속된 것으로) 형식화될 수 없는 경우에 한해 무작위적인 것으로 특징지었다. 무작위성을 얼마나 엄격하게 정의하든, 무작위적 순차의 구성인자들은 통계적으로 상호 독립적(§26)이라는 데, 그리고 선호되는 사례들의 빈도는, 순차가 규칙적으 로 분할되어 있을 때, 다른 말로 그 빈도가 본래의 순차의 매 n번째 성원으로 구성되는 어떤 하위순차에서도 같을 때, 변하지 않는다는 데에는 일반적으 로 동의가 이루어져 있다.

공정성과 마찬가지로, 무작위성은 어떤 특정 표본보다는 그 표본추출 계 획의 특질을 이룬다. 소위, '무작위 수random number'는 결코 어떤 다른 수와도 차이가 없다. 그것이 무작위의 것인지는 그 수 자체를 조사해서는 전혀 밝힐 수 없다. 무작위인 것은 그 수가 구성원으로 되어 있는 순차, 또는 오히려 그 순차에 도달하는 특정한 방법이다. 실제로, 우리는 이러한 순차를 조성하기 위해, 동전이나 주사위를 던지는 것과 같은, 수학적인 고안을 사용한다. 왜 나하면, 만약 우리가 '인위적' 선택이라고 느끼는 어떤 시리즈를 만듦으로써 순차를 조성한다면, 그 결과는 거의 틀림없이 무작위적이 아니기 때문이다. 우리는 이전에 언급한 '덩어리lumping'효과를 정당화하는 데 실패할 수 있다. 예를 들어, 우리는 연속적으로 열두 번이나 계속해서 선호되는 사례가 나오는 것을 용납하지 않을 것이다. 그러나 이는 — 스무 번 계속이거나 다른 어떤 수의 경우와도 마찬가지로 — 만약 그 순차가 충분히 길기만 하면, 무작위적인 순차에서 나타나게 될 것이다. 만약 내기하는 사람이 (동전을 던지는 것과 같은) 기계적으로 무작위적인 방법을 사용하지 않고 '앞면'이나 '뒷면'을 선택한다면, 동전 던지기 시합에서 기계가 인간 상대를 이길 수 있다. 이 기계는 인간 선택에서 무작위성의 이탈로부터 오는 이점을 이용하기 때문이다. 물론 매 탐구 때마다 기계적 방법이 별도로 적용될 필요는 없다. 이러한 (예를 들어, 초당 수천 번의 빈도로 발생하는 전류의 파장을 계수하고, 그 계수의 마지막 자리 수를 기록하는 것과 같은) 방법으로 작성된 무작위 수표가 사용될 수 있다.

(자루에서 콩을 한 줌 쥔다든가, 또는 병원에 들어가는 다음 열 명의 환자를 택하는 것과 같은) 소위 '움켜쥐기 표본grab samples'의 유용성을 제한하는 것은 '덩어리효과'이다. 이러한 표본들은 지나치게 동질적이고, 따라서 충분히 안정적이지 못할 수 있다. 그 예로서, 우리가 정신분석을 하는 동안에 환자가 말하는 것을 연구한다고 가정해보자. 만약 우리가 1개월의 기록을 선택한다면, 많은 것이 그 1개월이 치료의 시작에 가까우냐 아니면 마지막에 가까우냐에 따라 달라질 것이다. 전체 진료 기간에 걸쳐 동일한 시간 분포를 가진 기록이 훨씬 대표적일 수 있다(여기에서 물론, '덩어리'는 무작위적이지 않다. 그러나 아마도 — 전이가 형성되고 파괴되는 것처럼 — 진료의 과정에 따라 형성된 다소나마 확정적인 순차를 따를 것이다).

표본추출 계획에는 다양한 유형이 있다. 우리는 사례들을 개별적으로 무작위 선택을 할 수도 있다(위의 예에서, 바람직한 시간 수를 따로따로 선택하는 것). 우리는 집락cluster으로 표본 추출을 할 수도 있다(가령 매주 또는 매달 한 시간씩 선택하는 것). 우리는 모집단을 하위 부류로 나누고 이들 각각에서 표본을 추출하는, 층화표본stratified samples을 구축할 수도 있다(정신분석 단계에 대한 우리의 관념화에 따라, 또는 각각의 독특한 시간형태 — 예를 들어, 뚜렷한 감정소산의 시간 또는 심층저항을 보이는 시간 — 에서 몇 시간을 선택하는 것). 아직 유형이 더 있다. 그 각각의 하위 부류가 모집단에서의 빈도에 비율적으로 표본에 들어가는 확률표본, 하나의 계획이 동일하거나 다른 표본 추출 계획에 다시 적용되는 중간 단계의 표본을 제공하는 다단계 표본 등 여러 가지가 있다. 여기서 중요한 것은 이들 각각의 표본추출 계획은 그 자체의 표준화 그리고 그 자체의 안정성 계산 방식을 요구한다는 것을 깨닫는 것이다. 각각 그 자체의 독특한 특성을 지닌, 많은 다른 가용척도를 가진 측정에서와 마찬가지로 표본추출은 하나의 단순하고 획일적인 절차가 아니라, 문제에 따라 그에 상응하는 다른 수학적 처리를 허용하고 요구하는 식으로 달라지는 것이다.

가설

표본에 기초해 (또는 그 이유가 무엇이든) 우리는, 예지 네이만Jerzy Neyman이 '관찰 가능한 무작위적 변수들의 빈도 함수들에 관한 가정'으로 정의한 바 있는, 통계적 가설statistical hypothesis을 형식화할 수 있다. 이 가설은 모집단의 주어진 모수가 어떤 값을 가졌다는 것일 수도, 또는 그 값이 어떤 범위에 속한다는 것, 또는 어떤 변수들이 통계적으로 서로 독립적이라는 것, 또는 그 분포가 정상분포라는 것, 또는 그것이 어떤 다른 특성화된 특성을 가진다는 것, 또는 어떤 다른 통계적 진술이 참이라는 것일 수도 있다. 이러한 가설들이 어떻게 해석되어야 하느냐는 이 목적을 위해 등장하는 확률이론에 달려 있다. 예를 들어, 통계적 가설들은 암묵적으로 무한정한 순차를 (또는 어느 정도 '긴 순차long runs'를) 준거로 하기 때문에, 이들은 엄격한 의미에서는 전혀 명제가 아니다. 왜냐하면 관찰들의 어떤 한정된 집합으로도 이들을 반증할 수 없기 때문이다. 무한 순차가 어떤 한계를 가진다는 것은 그 순차의 최초 부분이, 그것이 얼마나 길든 상관없이, 우리가 선택한 어떤 값을 갖는다는 것과 논리적으로 모순되지 않는다. 우리가 동전을 던질 때 처음 연속으로 10번 '앞면'이 나오는 것은 그것이 조작되었음을 보여주는 것이 아니다. 실제로 조작되지 않은 동전은 이르든 늦든 언젠가는 연속으로 10번 '앞면'을 보이게 되어 있고, 따라서 처음에 이것이 발생한 것은 단순히 '이르든'의 경우일 수도 있다.

이러한 관점에서 통계적 가설은, 명제로서가 아니라 절차적 규칙 — 명제를 조성하기 위한 또는 어떤 명제를 다른 것으로부터 추론하기 위한 규칙 — 으로, 라이헨바흐의 용어를 사용하면 '단정적 가정posit' 또는 도박에의 몰입 등과 같은 것으로 간주되어야 한다. 그러나 핵심적인 것은 해석의 종류에 관계없이 가설의 채택성은 관찰된 빈도에 따른다는 것이다. 동전의 운동은 그것이 공정한 동전이라는 가설을 엄중하게 반증하지 못할 수도 있다. 그러나 이는 다음번 던짐에 같은 금액을 걸도록 결정하는 데 영향을 줄 수도 있다. 가설은 한정된 표본에서의 특정 빈도를 제공하지는 않는다. 그러나 이는 특정화된 빈도를 가진 표본을 찾을 확률을 배정한다(9: 131을 보라). 상용논리에서는 그것이 어떻게 재구성되더라도 관계없이, 우리는 모집단에서 추출한 표본에서 관찰된 것을 가지고 모집단에 대한 통계적 가설을 시험한다.

그러나 어떤 가설에 대한 찬성 또는 반대 증거의 무게가 결코 오직 빈도 자체에만 달려 있는 것이 아니다. 그것은 문제의 가설이 거짓이라는 가정에서 관찰된 빈도에 관한 2차-수준의 확률을 제공함으로써 이미 형성된 다른 가설들과 연계되기도 한다. 이러한 방법으로 라이헨바흐가 증거의 '연쇄concatenations'라고 부른 어떤 것이 세워진다. 그럴듯한 추론의 연쇄는 그 가장 약한 연결고리보다는 물론 더 강하고, 그 가장 강한 연결고리보다도 더 강할 수도 있다. 다윈의 종의 기원 제1장에 그 멋진 예가 있다. 이는 방법론자들이 그렇게 자주 인용하는 (뉴턴의 프린키피아Principia 형태의) 수학적 연역보다는 훨씬 더 행동과학에서의 상용논리를 대표하기 때문에, 나는 여기에 이를 길게 인용하려 한다. 다윈은 모든 혈통의 집비둘기는 그 공통 기원을 'Columbia livia'에 두고 있다는 가설을 고려하고 있다. 그는 이렇게 주장한다.

만약 몇 가지 혈통이 변종이 아니며, 바위비둘기로부터 전개된 것이 아니라면, 그것들은 적어도 일곱이나 여덟 개의 원시 혈통에서 나온 후세들임에 틀림없다. 왜냐하면 더 적은 수의 혈통의 교접을 통해 현재의 집비둘기 혈통들을 만드는 것은 불가능하기 때문이다. …… 상정되는 원시 종들은 모두가 바위비둘기여야 한다. 그런데 이들은 나무 위에서 알을 낳지 않고 집을 지으려 하지도 않는다. 그러나 Columbia livia와 그 지리적인 하위-종을 빼놓고는, 오직 두세 가지 다른 바위비둘기 종만이 알려졌을 뿐이다. 그리고 이들은 어떤 집비둘기 혈통의 특징도 가지고 있지 않다. 그렇다면 상정된 원시 혈통들은 원래 그것들이 길들여진 나라에 아직도 존재하거나 아니면 조류학자들에게 알려지지 않았음에 틀림없다. 그런데 이것은 이들의 크기나 습성 그리고 놀라운 특성들을 고려할 때 가망성이 없다. 아니면 이들은 야생상태에서 멸종되었어야만 한다. 그러나 벼랑에 새끼를 낳는 새들은, 그리고 날기를 잘하는 새들은 멸종되기가 어렵다. 그리고 일반 바위비둘기는, 집비둘기 혈통과 같은 습성을 가졌는데, 몇몇 영국의 아주 작은 섬이나 지중해 해변에서도 멸종되지 않았다. 따라서 바위비둘기와 비슷한 습성을 가진 아주 많은 종의 멸종을 상정하는 것은 매우 성급한 가정이다. 더욱이 몇 가지 위에서 언급한 길들여진 혈통들은 세세 모든 곳으로 이송되었고, 따라서 그들 중 어떤 것은 제 나라로 다시 돌아갔음에 틀림없다. 그러나 단 하나도 야생이 되거나 사나워지지 않았다. …… 다시, 최근의 모든 경험에 따르면 야생동물들을 순화상태에서 자유롭게 번식시키기는 어렵다. 아직도 우리 비둘기들의 복수 기원에 관한 가설에 관해서는, 적어도 일곱이나 여넓 종이 절반-문명화된 인간에 의해 가두어진 상태에서 매우 다산적이 될 정도로 그렇게 완전하게 길들여졌다는 가정을 하지 않으면 안 된다.

…… 위에 특정화된 혈통은, 비록 일반적으로 모습, 습성, 소리, 색깔, 그리고 대부분의 구조에 있어 야생 바위비둘기와 일치한다고 하더라도, 아직도 다른 부위에 있어서는 틀림없이 매우 비전형적이다. …… 따라서 절반-문명화된 인간이 몇몇 종을 완전히 길들이는 데 성공했을 뿐 아니라 의도적으로, 또는 우연하게 극단적으로 비전형적인 종들을 골라냈다는 것을 가정하지 않으면 안 된다. 그리고 나아가 바로 이 종들은 그 후 모두 멸종되었거나 모르게 되었다는 것을 가정해야 한다. 이렇게 많은 이상한 우연이 최상의 수준에서 발생할 가능성은 매우 희박하다.

비둘기 색깔에 관한 몇몇 사실은 고려해볼 가치가 충분하다. …… 만약 모든 길들여진 혈통이 바위비둘기에서 나왔다면, 잘 알려진 조상의 특성으로의 회귀의 원칙에 따라 이 사실을 이해할 수 있다. 그러나 만약 우리가 이를 부정한다면, 우리는 다음의 두 가지 고도로 가능성이 희박한 것 가운데 하나를 상정하지 않으면 안 된다. 첫째는 몇몇 가상된 원시적 혈통stocks 모두가, 비록 다른 현존하는 어떤 종도 그렇게 채색되거나 그러한 표지를 갖고 있지는 않지만, 바위비둘기처럼 채색되었고 특정적인 표지를 갖고 있어 각각의 개별 종이 바로 그 색깔과 표지로 회귀하는 경향을 보일 수도 있다는 것이다. 둘째는 각각의 혈통은, 가장 순수한 것까지도, 열 세대 이내에, 또는 기껏해야 스무 세대 이내에, 바위비둘기와 교접되었다는 것이다. ……

마지막으로, 가장 독특한 혈통에 대한 내 자신이 의도적으로 행한 관찰을 가지고 얘기할 수 있는 것은 모든 혈통의 비둘기 사이에서 나오는 잡종이나 변종들은 완전한 생식력을 가진다는 것이다. 그러나 아직까지 두 개의 매우 독특한 동물 종에서 나온 잡종들이 완전한 생식력을 갖는 경우가 확실하게 확인된 바는 거의 없다. ……

이러한 몇 가지 이유로, 말하자면 인간이 이전에 길들여진 상태에서 자유롭게 생식하는 것으로 상정된 일곱이나 여덟 가지 비둘기의 종을 만들었을 가능성이 희박하다는 점, 이들 상정된 종들이 야생상태에서는 전혀 알려지지 않았고 어느 곳에서도 사나워지지 않았다는 점, 이들 종들이 대부분의 점에서 바위비둘기와 매우 비슷함에도 모든 다른 비둘기과의 새들과 비교할 때 어떤 매우 비정상적 특성을 나타내고 있다는 점, 그 모든 혈통에서 푸른색과 다양한 검정 표시가 때에 따라 재현된다는 점, 그리고 마지막으로 잡종 후손들이 완전한 생식력을 갖는다는 점 등 이들 몇 가지 이유를 함께 묶어 우리는 안전하게 모든 우리의 길들여진 혈통들은 지역적으로 하위 종을 가지고 있는 바위비둘기, 즉 Columbia livia에서 나왔다고 결론지을 수 있을 것이다.

테스트와 에러

이러한 주장 전체에 걸쳐 다윈이 의지하고 있는 것은, 그가 결코 명시적으로 이것을 양적인 것으로 만들지는 않았지만, 확률적 고려라는 점에 주목하라. 그는 다음과 같은 표현을 사용하고 있다. "가능성이 희박한improbable", "가망 없는unlikely", "매우 성급한 가정a very rash assumption", "최상 수준에서의 가능성 희박improbable in the highest degree", "매우 가능성이 희박한highly improbable", "확실하게 확인된 경우는 거의 없다hardly any cases have been ascertained with certainty", 그리고 마지막으로, "우리는 안전하게 결론지을 수 있을 것이다we may safely conclude". 현대 통계학의 이론과 실행은 이와 같은 표현들을, 주어진 양적 자료가 주어진 통계적 가설을 위해 제공하는 지지의 측정값으로, 숫자적 값으로 특정화되는 다른 것으로 대치하려 시도하고 있다. 증거는 언제 우리로 하여금 "우리는…… 안전하게 결론지을 수 있을 것이다", 또는 반대의 결론은 충분히 가능성이 희박하다고 말하는 것을 허락하는가? 이러한 종류의 질문에 대답하는 방법의 하나가 통계적 테스트a statistical test로 알려진 것이다. 이는, 네이만이 말한 바와 같이, "우리는 관찰로 확정된 표본지점point이 지점들의 특정화된 범주 안에 떨어질 때 행위 A를 취하고, 다른 모든 경우에 행위 B를 취한다"라고 미리 정해놓은 규칙으로 이루어진다. 테스트에 직면해서, 이러한 다양한 규칙들을 형식화할 수도 있다. 우리가 어느 것을 택하느냐는, 다른 행위의 규칙의 경우에서와 마찬가지로, 주어진 규칙에 따른 행위 결과의 평가에 따른다.

이러한 종류의 결정을 할 때, 두 가지 종류의 에러의 가능성이 있다. 하나는, 첫 번째 종류의 에러error of the first kind 또는 형태 I 에러Type I error로 알려진 것으로, 테스트 대상인 가설이 실제는 참인데도 거부하는 경우다. 다른 하나는, 두 번째 종류의 에러 또는 형태 II 에러로, 테스트 대상인 가설이 실제로는 거짓임에도 채택되는 경우다. 일반적으로 이 두 종류의 에러는 우리의 가치에 따라 우리에게 다른 뜻을 갖는다. 예를 들어 제약 과정의 품질 통제에서 표본이 지시하는 바가 어떠하든, 사실상 유해한 묶음이 채택되는 것보다는 표본 결과에 반하더라도 실상 구체적인 검사를 받아야 할 필요가 있는 묶음은 거부되는 편이 훨씬 손해가 덜하다. 학생들이 입학시험을 통과했느냐 아니냐의 판단에서는 상황이 역으로 작용한다. 잘못해서 입학하게 된 학생은 후에 자신의 능력 부족을 나타낼 것이고, 반면 잘못으로 입학이 거부된 학생은 사회를 위해 능력을 발휘할 기회를 영영 잃을 수도 있다.

통계적 가설은 통상적으로 형태 I에 속한 것이 중요한 에러가 되는 방식으로 형성된다. 부정적 형태의 가설은 영 가설null hypothesis로 알려져 있다. 이는, 예를 들어 어떤 변수가 다른 변수에 종속적이지 않다거나 동일한 모수의 두 측정값 사이에 아무 차이가 없다고 진술한다. 따라서 형태 I 에러는 잘못해서 영 가설을 거부하는 것이 되고, 형태 II 에러는 그것을 잘못 채택하는 것이 된다.

어떤 주어진 통계적 테스트는 일반적으로 이 가운데 어떤 한 가지 에러 형태에 더 민감하다. 어떤 주어진 테스트가 사용될 때 형태 I 에러의 발생확률은 그 테스트의 유의수준significance level, 또는 때로는 그것이 제공하는 '신뢰수준level of confidence'이라고 불린다. 이와 같이 어떤 가설이 유의수준 0.05에서 지지되었다는 진술은 만일 그 가설이 사실상 거짓이라면, 즉 만일 영 가설이 참이라면, 채택된 통계값이 적어도 관찰된 크기를 가질 확률이 0.05라는 것을 얘기하는 것으로 해석할 수도 있다. 그것이 실제로는 거짓일 때 그 영 가설의 거짓됨을 발견할 확률(형태 II 에러 확률의 여집합)은 테스트의 힘power으로 알려져 있다. 이 힘은 표본의 크기에 따라 증가한다. 대체적으로 얘기해, 표본이 크면 '우연의 일치coincidence'는 그만큼 가능성이 낮아진다.

주어진 자료의 집합에 관한 가설에 대한 통계적 테스트의 적용은 필수적으로 그 가설의 대체 가능지로 여겨지는 가설들의 집합에 의존한다는 데 주목할 필요가 있다. 이와 같은 집합은 항상 그것이 명료하게 언급이 되지 않은 때조차 도달된 결론에 개입되어 있다. "아무리 가능성이 희박하더라도, 어떤 것도 그 자체의 확률로 인해 단순한 우연적 일치로 판단될 수는 없고, 오직 다른 어떤 것의 확률과의 비교에 의해서만" 그러한 판단을 할 수 있다 (12: 263). 참으로, 발생하는 모든 구체적 사건은 그 발생 이전에는 퍼스가 지적한 바와 같이, 보잘것없이 작은 확률을 가졌다. 돌려진 브리지 패는 그것이 어떤 것이든, 각각의 경기자가 모두 같은 종류의 카드 13장의 패를 갖게 되는 것만큼이나 가능성이 희박하다. 그런데 후자의 경우 우리는 아마도 카드가 부정한 방법으로 쳤거나, 아니면 어느 성노 불충분하게 섞였을 것으로 의심할 것이다. 반면 우리는 매 판마다 (진지한 브리지 경기자들의 피해망상증을 무시하고) 이와 같은 의심을 제기하지는 않는다. 차이는 대체가능한 것으로 간주되는 가설들에 놓여 있다. 셜록 홈스는 이 원리를 매우 잘 이해했다. 그는, 우리가 하나를 제외하고는 모든 가능성을 제거했을 때 그 남은 하나는,

그것이 아무리 가능성이 희박하다 하더라도 참임에 틀림없다고 반복적으로 주장한다. 그의 천재성은 왓슨이나 경찰청의 수사관들과 같은 서툰 사람들이 놓친 가능성을 깨닫는 데 있다.

여기에, 통계가 사용되는 어느 곳에서나 마찬가지로, 어떤 계산이 적합한가는 문제가 어떻게 구조화되었는지에 달려 있다. 우리는 항상, 특별히 모집단에 있어서의 분포에 관한, 가정들의 집합에 기초해 전진한다. 이들 가정이 강력하면 강력할수록, 적용될 수 있는 통계적 테스트는 더욱 강력해진다. 반대로, 적용하기로 결정된 구조화 문제의 특정 해결책의 적용성은 더욱 덜 광범해진다. 어려움은 일반적으로 테스트의 적합성을 위해 가정된 조건들로부터의 조그마한 이탈이 커다란 효과를 산출할지 여부를 우리가 모른다는 데 있다(이 점에 대해서는 모델에 관한 논의의 §32에서 다시 다룰 것이다). 최근에, 분포에 대한 아무 가정도 하지 않는 '비모수적nonparametric'으로 알려진 일련의 통계적 기법들이 발전했다. 이들은 보통, 전적으로 산술적인 측정값이 아니라, 오직 순위에만 의존하고 있으며, 바로 이런 이유로 행동과학에 특별히 유용하다. 그러나 여기에서 우리는 다시 한 번 대체로 방법론적이기보다는 오히려 기술적인 문제에 다가가게 된다.

상관관계

가장 친숙한 통계의 이용 가운데에는, (서술적이라는 것에 반대되는) 설명적 통계explanatory statistics라는 칭호에 의해 시사되는 것들이 있다. 이들은 자주 바로 그 친숙성 때문에 오용된다. 여기서 계산은 두 개의 집합의 값들이, 한 집합에서의 변이가 다른 쪽의 상응하는 변이와 (각각 동일한 또는 반대의 방향으로) 짝이 된다는match 뜻에서, 서로 상관되는 정도를 결정하기 위해 행해진다. 그중 가장 통상적인 측정값은 각 집합의 평균에서 상응하는 값들의 편차를 계산하고, 이것들의 평균 곱product을 택하고, 이 곱을 두 개의 표준편차의 곱으로 나누어 얻는다. 그 결과가 상관계수correlation coefficient이다. 두 집합의 값들 사이에 전혀 상관관계가 없을 때 이는 0이 되고, 그것들이 완전히 상관되었을 때 1이, 그리고 상관관계가 완전하나 역으로 될 때 (한쪽 집합의 값이 올라가면 다른 쪽이 내려가고 내려가면 올라갈 때) -1이 된다. 이 상관관계는 그것이 두 집합의 값들이 그저 우연히 그들의 변이에서 일치를 보이는 것이 아니라, 그것들이 인과적으로 서로 연결되어 있기 때문에 그렇다고 해석함으로써 설명에 이용된다.

불행하게도 상관관계는 거의 극단적인 값을 가정하지 않으며, 중간 범위의 어느 곳에 떨어진다. 따라서 통계적 테스트는 영 가설을, 즉 이 값들은 실제로 상관되어 있지 않다는 것을, 거부하는 데 적용되지 않으면 안 된다. 만약 이것이 거부될 수 있다면, 상관관계는 (사용된 테스트의 유의성 및 힘power과 관련해) '유의미significant'하다고 말한다. 그러나 반드시 기억해야 할 것은 유의미한 상관관계는 상관된 값들 사이의 실제 관계가 아니라, 단지 이 두 사례들에서 작용하는 요소들forces의 유형에서의 유사성의 결과일 수도 있다(가령, 두 집합 모두 어느 쪽의 성장이 어떤 방법으로도 다른 쪽과 연관되어 있지 않을지라도, 하나의 기하급수적 성장곡선으로 대표될 수 있다). 그리고 인과관계가 있는 곳에서조차, 그것이 매우 간접적일 수 있다. 두 집합의 값들이 하나가 다른 것의 원인이 된다기보다는 모두가 같은 원인의 결과일 수도 있다. 그리고 상관관계 자체는, 직접적인 인과관계가 있는 경우에도, 어느 것이 원인이고 어느 것이 결과인지를 구분하는 방법을 제공하지 않는다. 간단히 말해, 통계적 도구들도 다른 것들과 마찬가지다. 그것들이 강력하면 강력할수록 사용자들의 주의와 분별력에 대한 요구는 더욱 커진다.

§29. 행동과학에서 통계

최근에 통계이론은 관심의 초점을 믿음보다는 행위에 두는 방향으로 발전했다(124: 159부터를 보라). 문제들은 주어진 상황에서 무엇을 하는 것이 합리적인가에 대한 판단에 따라 형식화되었고, 단순히 그 같은 상황에서 무엇이라고 말해야 하는가에 따라 형식화되지는 않았다. 통계적 방법에 의존하고 그 발전에 공헌하고 있는, 많은 새로운 분과가 — 결정이론, 효용이론, 게임이론과 같은 — 등장했다. 여기서 과학자들이 통계를 사용하는 맥락은 그의 행동의 흐름에서 선택지점choice-points으로 간주될 수도 있다. 탐구의 실행은, 무엇보다도 일종의 실행이다. 탐구에서 매번 등장하는 것은 결정이다. 결정은 필수적으로, 저속화된 실용주의가 주장할 수도 있는, 탐구의 맥락 밖에서 추구되는 어떤 행위의 방향을 형식화하지는 않는다. 그러한 행위는 어떤 '실용적인' 문제에 대한 과학적 결과의 적용이어야 할 필요가 없다. 과학적 기업은 그 자체가 실용적인 것이다. 그 안에서 어떤 중요한 것이 행해지고, 우리는 그것을 잘하는 데 관심을 가진다. 어떤 과학적 결론에 도달하는 것은 어떤 결정에 이르는, 문제적 상황에서 우리가 당면하는 선택가능지들 가운데서 어떤 선택을 행하는, 특수 사례다.

유틸리티

결정의 합리성은 어떤 가치values를 선상정한다. 우리는 어떤 결과를 다른 것보다 선호하기 때문에 다른 것이 아닌 어떤 특정한 선택가능지를 택한다. 그리고 선택된 선택가능지가 우리가 선호하는 결과를 가져올 것으로 기대한다. 이러한 식으로 '유틸리티utilities' — 때때로 결정 상황에서의 가치, 선호 또는 모든 종류의 바라는 것desiderata의 뜻으로 사용되는 부류적 용어generic term — 의 체계가 작용하게 된다. 결정은 우리가 적합한 유틸리티를 최대화할 것으로 기대하는 그 무엇, 또는 어떤 종류의 유틸리티 함수에 따라 만들어진다. 그러나 그 결과는 우리의 기대에 부응하지 못할 수도 있기 때문에, 따라서 우리의 유틸리티에 불리하게 영향을 줄 수도 있기 때문에, 그리고 더욱이 비슷한 상황에서 여러 번 반복해서 어떤 결정에 도달해야 하는 경우가 있을 수도 있기 때문에, 전략적 고려가 개입한다. 예를 들어, 비록 그것이 통상 할 수 있는 최상의 것이라고 할지라도, 만약 그것이 최상이 아닐 경우 재앙적 결과를 수반하게 된다면 그러한 선택은 결코 하지 않는 것이 나을 수도 있다. 이러한 전략은 보험의 원리를 체현한다. 보험을 사지 않음으로써 우리는 보험료를 절약하고, 따라서 금전 보유를 최대화한다. 그러나 이 저축은 비싼 값을 치를 수도 있다. 그러나 거기에는 항상 어떤 유틸리티가 개입되는가의 질문이 개재한다. 앰브로즈 비어스Ambrose Bierce는 "만약 당신이 그 보험 기간 안에 내 공장에 불이 날 것으로 확신한다면 왜 그렇게 열심히 나에게 보험을 팔려고 합니까?"라며 항의하는 사람을 설득하는 어떤 끈질긴 보험판매원의 이야기를 하고 있다. 그의 대답은 이러했다. "몇 년 전, 이 회사는 결혼과 관련한 거짓약속으로 나의 애인을 배반했습니다. 나는 가명으로 은밀히 그들의 신뢰를 쌓고, 복수를 맹세했습니다!"

특정 크기의, 가령 어떤 대상의 길이의 추정치에 도달하는 데 무엇이 개입하는가를 생각해보자. 우리는 아마도 측정이 몇 가지 이루어졌고, 이에 의해 주어진 자료가 우리에게 사용 가능하다고 상정할 수도 있다. 그러나 그 자료는 우리에게 대상의 길이가 얼마인지 반드시 말해주지는 않는다. 왜냐하면 자료는 다른 언어로 말하고, 그것은 판독해야 할 낯선 언어이기 때문이다. 우리는 무엇이 얘기되고 있는지를 해석하고, 무엇을 믿어야 할지를 결정해야 한다(글자 그대로, 이 불가피성은 정치과학과 정치철학 모두에게 기본적인 문제이다. 민중의 목소리는 신의 목소리일 수 있으나, 민중은 한 목소리로 얘기하지 못하며, 오직 신만이 그들이 무슨 얘기를 하는지 아신다. 여론조사자가 그의 대리자일 수도 있으나, 여기에 무오류성이라고 주장할 수 있는 것은 아무것도 없다). 자료에 기초해 결정에 도달함에 있어 우리는, 마치 그것이 실제인 양 자연에 대항해 게임을 한다. 이것은 그것이 '오직 하나의 게임'에 지나지 않는다는 것, 즉 거기에 어떤 중요한 문제도 없다는 것을 말하는 것도, 자연이 우리를 이기려고 나섰다는 것을 시사하는 것도 아니다. 거기에는 지불되는 보상 — 지식 또는 참 — 이 있고, 경기를 잘못한 대가로 지불해야 하는 비용이 있다. 이 게임은, 우리의 보상과 처벌을 결정할, 우리가 만든 것이 아닌, 자연의 법칙 및 그 사례의 사실the facts of the case이라고 부르는 어떤 것, 즉 그 자체의 규칙을 가지고 있다. 그러나 우리는 이들 규칙에 따라 어떤 것이든 자유롭게 전략을 선택할 수 있다.

분명히, 대상의 길이에 관해 합리적 결정을 내리기 위해서 우리는 주어진 측정의 집합에 의해 해답이 주어지는 그러한 것들 외에도 많은 질문에 직면하지 않으면 안 된다. 우리가 행하는 도박은 어떤 것인가. 즉, 우리가 어떤 추정치에 도달한다면, 우리는 그것을 가지고 무엇을 할 것인가, 그리고 그것은 그 대가로 우리에게 무엇을 해줄 것인가? 항상 승리자가 있는가, 어떻게 승리자가 선택되는가. 즉, 무엇이 이 상황에서 가장 '좋은 추정치'를 규정하는가? 그 상황이 한 가지 이상의 추정치를 허용하는가; 각각의 경쟁자가 얼마든지 많은 목록을 제출할 수 있는가? 추정치를 만드는 데 드는 비용은 어떠한가; 비용의 한계는 어떠한가? 에러에 대해 어떤 값을 지불해야 하며, 에러는 어떻게 정의하는가? 그 대가는 고정되어 있는가; 아니면 에러의 크기에 따라 달라지는가? 에러는 이후에 수정될 수 있는가; 우리는 일수불퇴 게임을 하는가 아니면 잘못된 행마를 무를 수 있는가? 상은 추정치의 범위에 따라 어떻게 감소하는가. 우리가 어떤 길이를 1000분의 1인치와 1000마일 사이에 놓인 것으로 추정함으로써 얻을 수 있는 것이 도대체 무엇인가? 추가적인 측정의 비용은 얼마나 드는가? 우리가 마음을 정하는 데 얼마의 시간이 필요한가? 과학적 기업을 위해 사용 가능한 컴퓨터와 다른, 인간적 그리고 비인간적 자원의 사용을 위해 ― 적합한 유틸리티의 단위로 ― 얼마를 지불해야만 하는가?

이러한, 그리고 이와 비슷한 질문들을 초논리적인 것으로, 그 의미를 '단순히 실질적인' 것으로 제쳐놓을 수는 없다. 이들 문제는 그것들이 분명하게 형식화되었느냐의 여부와 관계없이 모든 실제 탐구의 맥락에서 발생한다. 그리고 과학은 다른 어떤 로커스를 가지고 있지도 않다. 많은 재구성논리가 내가 보기에는 이론적 관점에서 해석을 요구한다. 하느님은 참이시다, 그리고 모든 과학적 탐색은 과학자들을 구원이나 천벌로 이끈다. 참이나 거짓 이외의 아무것도 문제되는 것이 없고, 다른 어떤 것도 고려할 가치가 없다. 그러나 웨스트 처치먼C. West Churchman(19: 255)이 지적한 바와 같이, "에러의 기회가 추론의 방법을 평가하는 유일한 기초라면, 우리는 결코 어떤 결정에도 도달하지 못하고, 단순히 표본 규모를 무한정하게 증가시킬 수밖에 없을 것이다". 엄밀하게 말해, 이 선택가능성조차 우리에게 열려 있지 않다. 왜냐하면, 우리가 자료로부터 어떤 추론도 시도하지 않는 경우에도, 어떤 발견을 그 자료의 일부로 받아들이는 것은 그 자체가 바로 결정이기 때문이다. 우리는 전제에서 결론을 끄집어내는 데서와 마찬가지로 이들 전제를 인정하는 데도 깊숙이 스스로를 몰입시켜왔다. 이와 같은 몰입에 표현된 과학자가 가지고 있는 가치는 탐구에서 필수적인 합리적 구성요소를 이룬다. 이는 마치 눈과 귀, 또는 다른 감각기관이 필수적인 경험적 구성요소를 이루는 것과 마찬가지다. 이와 같은 가치 가운데 어떤 것은, 그것들이 탐구에 기초해 테스트되고 수정될 수 없다는 것을 말하는 것은 아니지만, 모든 통계적 탐구에 선상정된다presupposed(§44). 이 점을 이해하면, 자료로부터의 정확한 추론의 기준이 본질상 기본적으로 통계적이 아니라는 처치먼의 주장(19: 257)은 매우 옳은 것으로 여겨진다.

기준

이와 같은 기준criteria에서 고려하지 않으면 안 되는 것은 결정에 도달하는 비용과 결정이 잘못된 것일 때 유발되는 손실에 대한 명세서다. 특히 중요한 것은 형태 I과 형태 II 에러의 상대적 비용이다. 과학자는 자신의 실험에 시간과 돈을 투자하며, 결론이 잘못되면 자기 자신의 명성뿐 아니라 사회에도 손해를 끼칠 수 있다(18: 10). 과학자들은 통상 참을 인정하는 데 실패하는 것보다는 거짓을 채택하는 데서 더 큰 손실을 입게 되는 것으로 생각한다. 결과적으로 과학적 기업에는, 때로는 과학적 기질의 특징의 하나로 얘기되는 건강한 회의주의로 합리화되는 어떤 특정한 보수주의 또는 내성이 있다. 나는 행동과학이 특히 이러한 방어기제로 고통을 받고 있다고 믿는다. 내 느낌으로는 대담한 추측speculation은, 말하자면 정치학이나 경제학에서보다는 천체물리학이나 유전학에서 만들어질 개연성이 더 크다.

행동과학에서 '연구비 타내기' 기법도 결코 무시할 수 없는 부분이다. 지원 가능성이 높고, 학계의 인정을 받는 연구 프로젝트를 만드는 데도 기술이 필요하다. 대학원생들과 젊은 연구자들은, 그들이 당연히 해야 할 것에 대해 신중을 기해야 하기 때문에 안전한 길을 택한다. 행동과학은 만약 가용한 자원이 솔직하게, 고도로 투기적인 모험에 투자되는, 위험 자본으로 간주된다면 상당한 소득을 얻을 수도 있을 것이다. 그 대부분은, 물론 하수구로 빠져나갈 것이다. 그러나 겁쟁이는 행운을 만들 수 없다. 도윈 카트라이트Dorwin Cartwright는 단 하나의 그럴듯한 '기초 연구'의 정의를 제공한다면 그것은 아마도 성공의 확률은 낮으나 그것이 성공적일 때 어마어마한 이득을 주는 연구일 것이라고 말했다.

유틸리티가 어떤 수긍할 만한 방식으로 과학적 결정에 배정되는 때조차, 이들 유틸리티 추구에 따르는 전략 선택을 위해 어떤 기준을 채용하느냐 하는 문제는 아직 그대로 남아 있다. 가장 유명한 것 중의 하나가, 그것은 게임 이론에서의 역할 때문인데 — 유발될 수도 있는 최대 손실을 최소화하는 것과 같이 행위 하는— 소위 '미니맥스minimax' 기준이다. 그러나 이미 지적한 바와 같이(41: 158), 이 기준은 "기준의 연속선상의 비관적인 쪽의 맨 끝에 놓여 있다. 연속선의 다른 쪽 끝에는, 각각의 실험자에게 자신의 최소 위험을 최소화할 것을 충고하는, '미니민minimin' 기준이 있다. 여기서 각각의 실험자는 마치 이 것이 그에게 가장 좋은 가능한 세계인 양 행한다act". 명백한 것은 과학자들이 위험 감수에 유틸리티를 배정함에서 차이가 있을 수 있다는 것이다. 거기에 어떤 긍정적 유틸리티를 배정하는 수는 매우 적지만 모험 정신을 가진 사람도 있을 수 있다. 특정 결정으로 유발되는 위험에 대한 과학자들의 평가에도, 그리고 그들이 기대되는 결과에 관련시키는 유틸리티에서도 차이가 있을 수 있다. 그러나 전략을 선택함에서 좋은 기준을 구성하는 것이 무엇이냐는 "오늘날 통계철학에서 주요 틈새로 서술되어왔다"(18: 9).

가치

이 논의의 요지는 논리가 일상적인 생각과는 달리 매우 넓은 뜻에서의 윤리로부터 멀리 떨어져 있는 것이 결코 아니라는 것이다. 퍼스는 윤리가 논리에 개재되는 것은 단일 사례의 문제 때문이라고 주장했다. 그가 차용한 확률의 빈도이론에 따르면, 우리 앞에 있는 사례는 오직 이와 비교되는 사례들로 된 어떤 무한 순차의 성원일 경우에만 그 확률에 따라 행동하는 것이 합리적이다. 그러나 우리 가운데 아무도 결코 이와 같은 순차와 대면하지는 않을 것이다. 그럼으로써 우리가 자신을 끝없는 다른 결정자들의 공동체와 동일시하지 않는 한, 우리는 합리적이 되지 못한다. 이 — 우리 자신의 것을 인류 전체의 관심으로 만드는 — 윤리적 원칙이 바로 퍼스가 확률논리의 기초라고 주장했던 그것이다. 요즘의 방법론자들은 조금 다른 식으로 논의한다. 그러나 결과는 마찬가지다. 브레이스웨이트(9: 174)는 이렇게 말한다. "어떤 것이든 과학적 신념에 대한 궁극적 정당화는 우리가 그것을 과학적으로 — 미래를 예측하고 따라서 통제하려고 — 생각하는 주목적이 무엇인가에 달려 있을 것이다. 통계적 사유의 특이성은 그것이 또한 논쟁의 초기 단계에서 어떤 종류의 미래를 우리가 원하는가에 대한 판단을 선상정한다는 것이다. 이와 같은 사고의 근거를 고려할 때, 우리는 윤리가 귀납적 논리에 침투하는 것을 막을 수는 없다."

이들 논쟁을 관통하는 주 논점은 사실과 가치 사이의 구분이, 통상적으로 상정하는 바와 같이, 그렇게 예리하고 간단하게 그어질 수 없다는 것이다. 어떤 주어진 사례에서 무엇이 사실인가에 관한 모든 결론은 또한 가치평가가 핵심적인 역할을 수행하는 어떤 과정의 산물이다. 이 점은 처치먼(19: vii-viii)이 (다음과 같이) 특별히 강조한 바다. "과학에서 사실에 관한 가장 단순한 질문조차 어림셈으로라도 가치판단……을 요구한다. 윤리(과)학은…… 실험과학자들이 제기하는 모든 질문의 의미를 평가하는 데 기초를 제공한다. 소위 모든 과학의 '사실'은 그 의미를 위해 가치판단을 함의한다." 이러한 함의에 무엇이 개재되는지는 §43에서 다시 살필 것이다. 현재로 우리는, 만약 이러한 분석 방향이 건전하다면 행동과학은 어떤 뜻에서는 다른 모든 과학에 기초가 되는 것으로 볼 수도 있다. 그 주제가 무엇이든, 합리적 결정은 인간 행동의 일부다. 따라서 그 이론은, 그것이 순수논리와 수학의 경계에 머물지 않는 한 행동과학에 속한다. 이와 비슷한 전망에서 고전적 실증주의는, 현상주의적 인식론이란 이름으로 심리학을 모든 과학의 기초로 만들었다. 모든 과학적 명제는 어떤 감각을 보고하거나 체계화하고, 그래서 감각이론은 근본적인 것이 된다. 그러나 다른 과학들의 행동과학에 대한 의존의 성격은 조심스럽게 얘기하지 않으면 안 된다. 한편으로 우리는 인간 행동 일반에 관한 것을 알지 못하고는 과학자의 행동을 전적으로 이해할 수 없다고 주장할 수 있다. 그러나 이는 인간 행동만을 연구함으로써 어떤 과학자가 찾아내고자 하는 모든 것을 알 수 있다는 것과는 별개의 얘기다. 앞의 것은 뻔한 얘기고, 뒤의 것은 명백한 웃음거리에 불과하다.

반론

앞의 몇 쪽에서는 통계이론에서 행동과학이 연출하는 역할에 대해 논의했다. 반대의 질문 — 통계가 행동과학에서 어떤 역할을 연출할 수 있을까 — 은 어떠한가? 역사적으로 통계학은 어떤 인간 행동의 문제, 운에 맡기는 승부, 보험설계, 대군의 모집과 훈련 등과 연관해 발생하는 문제에 대한 관심에서 발전했다. 역설적으로 비록 통계이론이 원래 이러한 적용의 맥락에서 성장했지만, 그 사용에 대한 회의론은 물리학이나 생물학에서보다 행동과학에서 더 컸다.

　　반론은 두 방향에서 왔다. 첫째는, 인간은 자유롭기 때문에 인간 행동을 예측할 수 없다는 친숙한 교리로 표현된다. 그 신비의 가면을 벗기면, 내가 믿기로는, 이 교리는 두 가지 잘못된 가정에 근거하고 있다. 자유로운 선택은 원인에 의해 발생하지 않는다는 것과, 예측은 오직 인과연관에 관한 지식을 기초로 해서만 행할 수 있다는 것이 그것이다. 형이상학적 사유는, 만약 그러한 것이 있다면, 행동과학자들에게는 관심거리가 아니다. 왜냐하면 정의상 이는 그 주제의 가장 깊은 곳에 있는 본질이 아니라 경계를 표시하는 것이기 때문이다. 다른 가정은 우리가 작동하는 원인에 관한 어떤 지식도 갖기 훨씬 전에 성공적이었던 인간이 만든 가장 초기의, 그리고 가장 성공적인 몇 가지 — 그 수는 천문학적인데 — 예측을 가지고 반증할 수 있다(우리는 틀림없이 지금도 그러한 지식을 가지고 있을 것이 아닌가!). 인간 행동에 어떤 무작위적 요소가 — 우리가 '자발성spontaneity'과 같은 말로 부르는 어떤 것이 — 있는 것 같다는 말은 맞다. 그러나 거기에도 마찬가지로, 인성 및 성격을 구성하는 것과 같은, 그리고 습관, 제도, 관습, 원규 및 여러 가지 행동의 규칙성으로 표현되는 것과 같은, 어떤 안정적 유형이 있다. 이 무작위적 요소조차도 바로 통계적 기법에 의한 예측의 대상이 된다.

내가 믿기에는 문제의 주장에는 올바른 핵심적인 내용, 즉 행동과학자로 하여금 형이상학적 퍼즐보다는 실제 방법론적 문제에 직면하도록 하는 난제가 들어 있다. 그것은 인간 행동을 예측하는 것은 그 자체가, 예측되는 것에 영향을 주는 일종의 행동이라는 것이다. 이 피드백은 항상 무시할 수 있는 것은 아니며, 정신치료 과정에서 환자에게 행해지는 예측의 경우와 같이, 일차적 중요성을 가질 수 있기도 하다. 그러나 여기에서 통계의 사용은 또한 문제를 구성하는 데서만이 아니고 그것을 해결하는 데도 도움을 줄 수 있다. 통계적 관점에서 보면, 이 피드백은 일종의 2차-순위second-order의 효과로 분석될 수 있고, 우리는 우리 예측이 특정 사례에서 반증되는 경우에조차 어떤 성공빈도를 예측할 수 있다. 회의적 교리에서 또한 건전한 것은, 내가 믿기에는 행동은 행위자의 주관적인 확률(또는 그의 확률 추정치)과 그의 유틸리티utilities 둘 모두의 결과이며, 따라서 이들 중 어느 것을 — 그것들이 합리적인 상태에 이를 수 있는 유일의 것이라는 암묵적인 가정에서 — 우리 자신의 것으로 대치시키는 예측은 반증되기 쉽다는 것이다. 이는 다시 예측을 위한 통계의 사용에 본원적으로 내재하는 문제가 아니라, 반대로 통계이론이 우리를 도와 명백히 하고 대응하도록 할 수 있는 그러한 문제다.

행동과학에서 통계의 역할에 대한 저항의 두 번째 방향은 통계가 역할을 너무 많이 하려 한다는 점이 아니라 너무 적게 하려 한다는 점에 있다. 이 입장에서는 과학의 목표는 오직 보편적 법칙의 발견에 있다고 주장한다. 이 관점은 간단히 '보편법칙적 편향the nomothetic bias'이라고 불린다. 반면, 통계적 상관관계는 이러한 보편성에는 전혀 미치지 못하는 것으로 여겨진다. "그러나 상관계수correlation coefficient는 그 의미하는 바가 마치 법칙과 같이 정밀하다. 말하자면 그만큼 공적이고 감지할 수 있는 것이다. …… 그리고 어떤 뜻에서 이는, 지나치게 소심하게 특정화된 조건하에서 관찰된 자연에 관한 '일반'법칙보다 더 큰 일반성을 가진다"(91: 200). 유의미한 상관관계를 발견하면 우리의 지식은 틀림없이 넓어진다. 그것은 어떤 특정 사실 문제에 한정되지 않는다. 그러나 그 지식은 확실히 모든 개별사례에 적용될 수는 없다. 성격상 명백하게 통계적이 아닌 법칙도 그렇게 확실히 적용될 수는 없다. 만약 우리에게 확실성certainty을 요구한다면, 우리는 아무 법칙도 가지지 못하고, 단지 그 표제에 대한 몇 가지 다소나마 적합한 전망을 가질 뿐이라고 말할 수밖에 없다. 그리고 우리는 분포의 다양한 조건을 만족시킴으로써, 더 큰 사례의 모집단으로 움직여 나아감에 따라 확실성에 더 가까이 접근하게 된다. 밀(94: 554)이 오래전에 언급한 바와 같이, "무차별적으로 선택된 개별 인간들에 대해 주장될 때에는 오직 그럴듯한 것이 될 뿐이고, 대중의 특성과 집합적 행실에 대해 주장될 때에는 확실한 것이 된다".

내 견해로는, 행동과학에서 통계 사용의 단점은 — 그런 점은 아주 많은데 — 통계적 기법들은 사고의 공구tool이며, 사고의 대용물이 아니라는 것을 잊어버리는 데서 주로 연유한다. 영향력 있는 통계기법의 사용자 가운데 한 사람이 강조한 바와 같이, 그것들은 "심리학직 관념의 연구에서 우리의 봉사자가 되지 않으면 안 된다. 만약 우리가 아무런 심리학적 관념을 가지고 있지 않다면, 우리는 어떤 흥미로운 것도 발견할 개연성이 희박하다"(91:277에서. Thurstone). 통계적 기법들의 적합한 사용을 위해, 우리는 그 기법들에 주의를 돌린다. 그것은 우리가 탐구를 실행하는 데 그것들이 요구되기 때문이지,

그것들이 거기에 있기 때문이 아니다. 그리고 그것들이 사고의 도구라는 것을 인정하는 것은 우리가 특정한 도구를 사용하려 할 때 만드는 우리의 주제에 관한 가정을 우리가 또한 알고 있음을 의미한다. 이러한 전망을 가진다면, 통계에 대한 의존은 행동과학자에게 아무런 당황의 근거가 되지 못한다. 채택되는 기법이 무엇이든, 당황스럽게 하는 것은 인간에 대한 연구가 아니라 그 연구가 드러내는 행동이다. 행동과학자는 인간적 어리석음에 대한 자신의 몫의 책임을 인정해야만 한다. 그러나 그가 자신의 몫에 안주하도록 내버려 두자!

제7장

모델

§30 모델의 구조
§31 모델의 기능
§32 모델의 단점
§33 행동과학에서 모델

§30. 모델의 구조

모델model이라는 용어의 의미 가운데 하나는 '특별히 모방할 가치가 있는 어떤 것, 본보기 또는 이상'이라는 것이다. 나는 이 용어의 뜻이 오늘날의 용법으로 볼 때 결코 부적합한 것이 아니라고 본다. 자신의 작업이 '모델작성model building'이라고 말하는 과학자들은 가끔 이러한 노력이 과학적 지식의 유일한 참된 창시자이며, 모델의 작성과 테스트 그 자체가 바로 현대 과학활동의 모델이라는 인상을 준다. 이는 특히 행동과학에서 그러하며, 모델에 대한 강조는 '행동과학'이라는 호칭을 인간과 그의 업적에 대한 연구를 순수문학적인 belletristic 것으로 간주하는 것에 대비되는, 좁은 그리고 차별적인 뜻으로 사용하는 학파나 접근의 특징적인 양상이다. 간단히 말해, 모델은 ─ 이 단어가 다른 의미로 쓰이는 그대로 ─ 상당한 유행이다. 물론 그렇게 말하는 것이 모델의 과학적 유의성과 값어치를 예단하는 것은 아니다. '모델'과 '모드mode'라는 단어는 틀림없이 같은 뿌리를 가지고 있다. 오늘날에는 모델작성이 과학의 모드à la mode이다.

인지양식

문제의 유행은 인지양식의 차원 중 하나 — 대략적으로 말해, 형식논리와 수학으로 이루어지는 용도 — 와 관련된다. 이것이 단순히 표현양식의 문제가 아니라, 사고양식의 문제라는 데 주목하자. 플라톤과 갈릴레오 두 사람은 모두 대화록dialogue을 썼으나, 그 인지양식은 매우 다르다. 물론 사고와 표현은 서로 전혀 연관이 없는 것이 아니다. 그리고 과학적 결과가 지식의 본체에 통합되기 위해 어떻게 형식화되는지는 때로는 결과 뒤에 숨어 있는 사고양식의 특질을 반영한다. 이 점을, 즉 결정적인 것은 제시presentation 자체의 문제가 아니라는 것을 이해하면 우리는 아마도 행동과학에서 다음과 같은 인지양식을 확인할 수 있을 것이다. 물론 이들 사이의 차이가 그렇게 명백한 것은 아니며, 우리는 분류가 오직 하나의 양식 범주 — 말하자면 수학화 — 에 기초를 두고 있고, 따라서 완전히 다른 양식의 집합들도 가능하다는 것 또한 기억하지 않으면 안 된다.

1. 문학적 양식. 이 인지양식은 개체, 특정 개인이나 사건의 집합, 사례 연구, 임상적 결과 등과 같은 것들로 가득 차 있다. 플롯plot이 펼쳐진다. 어떤 행동의 순차는 어떤 특정 의미를 가지고 있는 것으로 드러난다. 행위의미보다는 동작의미가 기본이다. 어떤 개인, 어떤 운동, 또는 어떤 전체 문화가 해석된다. 그러나 그것은, 추상적이고 일반적 범주의 과학자 자신의 설명적 틀scheme에 따라서라기보다는, 주로 행위자의 구체적인 목적과 전망에 따라 행해진다. 링컨 스테펀스Lincoln Steffens와 헨리 애덤스Henry Adams의 자서전, 프로이트의 레오나르도 다 빈치Leonardo da Vinci 연구, 알렉시스 토크빌Alexis De Toqueville의 몇 가지 연구, 그리고 20세기 초기의 많은 인류학적 저술들은 이러한 양식의 어떤 것을 보여주는 인간 행동에 관한 다양한 재료의 본보기가 되고 있다.

2. 학술적 양식. 이것은 문학적 양식에 비해 훨씬 더 추상적이고 일반적이다. 엄밀하고자 하는 시도도 있으나 이는 조작적이라기보다는 구술적이다. 보통 단어들이 특별한 뜻으로 사용되어 특정한 기술적 어휘를 구성한다. 어떤 반복되는 은유와 함께, 이 어휘 목록에 있는 표준 관용어들은 어떤 특정 학파의, 즉 주제에 관한 어떤 특별한 관점이나 접근에서 독특한 은어jargon를 구성한다. 다루어지는 재료들은 관찰적이기보다는 관념적ideational 자료의 경향이 있고, 이들의 취급은 만약 그것이 틀림없이 순수하게 사변적이 아니라면 고도로 이론적인 경향이 있다. 체계가 '대원리great principles'의 형식으로 도입되고 구체적인 사례들에 계속 반복 적용된다. 이는 일반화에 증명으로서 봉사하기보다는 일반화를 예증한다. 토인비와 같이 역사의 체계화를 시도한 사람들의 업적, 정신분석 이론 논문들, 탤컷 파슨스Talcott Parsons나 베블런과 같은 사람들의 사회학적 논문들, 그리고 많은 고전 경제학의 글이 (이 책이 대체로 그러한 것처럼) 모두 학술적 양식의 예로 꼽힌다.

3. 논쟁적eristic 양식. 이는 문학적·학술적 양식처럼 어떤 넓은 전망에서 주제에 관한 인지적 가능성을 드러내는 것만을 목적으로 하기보다는 특정 명제들의 증명에 강한 관심을 보인다. 여기서는 실험 및 통계 자료가 중요하게 된다. 비록 증명이 엄격하게 계획되기보다는 개략적인 것이지만, 귀납적 관계, 이전에 형성되었거나 공개적으로 가정된 명제들로부터의 논리적 도출에 주의가 주어진다. 실질적 경험적 진술과, 정의와 그 동어반복적 귀결과 같은, 순수하게 논리적 진술은 어느 정도 명확하게 구분된다. 정의가 자주 나타나고, 공개적으로 진술되는 경향이 있다. 거기에는 일반적으로, '과학적 방법'의 정전으로 생각되는 그 무엇에 대한 상당한 정도의 각성이 있다. 이것은 아마도 20세기 행동과학에 가장 깊숙이 침투한 양식일 것이다. 그 예는 (인지양식에서) 솔직하게 문학적인 것들, 아니면 어떤 다른 사상 학파에 봉사하는 것들을 제외하고는 모든 논문집에서 풍부하게 발견된다. 파블로프와,

뒤의 행동심리학자들, 빌프레도 파레토Vilfredo Pareto, 케인스와 그의 추종자들, 미헬스, 라스웰 및 오늘날 언어학자들의 글은 모두 내가 논쟁적이라고 부르는 어떤 양식을 보여준다.

4. 기호적 양식. 기호적 양식에서는 수학이 본성을 발휘한다. 그러나 중요한 것은 수학적 증명의 엄격성이 아니라 수학적 관념의 정확성과 힘이다. 주제는 출발부터 수학적 용어로 개념화된다. 따라서 문제와 풀이 둘 다 다소나마 인위적 언어로 구성된다. 신조어들이 난무하고 특수 기호들이 맥락이 요구하는 목적을 위해 도입된다. 기호는, 비록 총체적으로 체계적인 방식은 아니라 할지라도, 수학적으로 표준화된 변환을 거친다. 측정은 채택된 수학적 형식이 요구하는 내용을 제공하기 때문에 중요하다. 통계자료는, 논쟁적 양식에서와 마찬가지로, 증거의 총체로서 봉사하지는 않는다. 이들은 처리되어 새로운 가설들과 새로운 유형의 개념화까지 낳는다. 이러한 자료처리에서, 컴퓨터와 다른 도구들이, 물리적인 것과 관념적인 것 모두가, 주요한 역할을 수행하는 경향이 있다. 기호적 양식은 수리 경제학, 심리메트릭스psychometrics와 사회메트릭스sociometrics, 정치적 문제의 게임이론적 취급, 학습 이론에 대한 확률적 접근 등에서 특징적으로 나타난다.

5. 공준적postulational 양식. 이는 기호적 양식의 특성을 많이 가지고 있고, 따라서 그것의 특별한 변종으로 간주할 수도 있다. 이는 일반적으로 논리가 수학과 다른 정도로만 기호적 양식과 다르다. 다양한 단계에서 발생하는 명제들의 맥락보다는 증명의 타당성이 여기서는 관심의 초점이 된다. 강조되는 것은, 논리적 도출의 사슬로 함께 묶이는 총체로서의 체계. 이와 같은 도출의 규칙은 명시적으로 형식화되고 적용된다. 전체 체계가 세워지는 기반은 바로 이런 식으로 봉사하도록 입안된 명제들의 집합이다. 이것들이 공준postulates이다. 이들은 때로는, 더 엄격한 용법이기는 하지만, 그 참이 순수 논리와 수학을 떠나 어떤 것에도 호소함이 없이 형성될 수 있는 그러한 공준

을 위해 유보된 용어인 '공리axiom'라고도 불린다. 일반적으로 공준은 경험적 내용을 가지며, 그것의 참은 사실의 문제에 의존한다. 공준에서 정리가 도출되며, 정리의 타당화는 간접적으로 그것에 의해 증명되는 공준을 타당화한다. 관심은 공준 상호 간의 독립성과 (이들 가운데 어느 것도 나머지 공준에 의해 구성되는 체계에 관한 정리가 될 수 없다) 그들 상호 간의 일관성에 (어떤 명제와 그것의 부정이 둘 다 같은 공준들의 집합에서 도출될 수 없다) 집중된다. 요구되는 것은 우리가 관심을 가지는 정리들을 도출하기 위해 충분한, 주제에 관한 중요한 명제들의 우아한 증명을 허용할 가장 단순한 집합이다. 공준적 양식은 외연적인 측정을 덜 요구하고, 다양한 양적 척도에 덜 묶이는 경향이 있다. 행동과학에서 이는 복지경제 분야에서, 특히 효용이론과 관련해서 가장 널리 적용되어왔다. 공준적 방법은 또한 학습, 커뮤니케이션, 국제관계, 그리고 친족체계와 같은 주제에 적용되어왔다.

6. 형식적formal 양식. 이것은 공준적 양식과 매우 가까우며, 확실히 이를 선상정한다. 차이는 여기서는 핵심 용어들에 대해 어떤 해석도 주어지지 않는다는 것이다. 어떤 구체적인 경험적 내용에 대한 준거도 없다. 놀라운 것은 도출의 타당성은 이와 같은 어떤 내용이 아니라, 오직 기호들 자체 사이에서 지지되는 관계의 유형에만 의존한다. 여기에서 '형식적'이라는 칭호가 나온다. 일반적으로 형식적 체계에 대해서는, 체계 자체에 관한 한 동일한 정당화를 가진 다양한 해석이 주어질 수 있다. 이와 같이 유클리드기하학은 순수하게 형식적인 방식으로 발달될 수 있었다. 그것이 언급하는 '점들'은 실제 수들의 서열화된 짝으로, '선들'은 이와 같은 수들의 직선 함수 등등으로 해석할 수 있다. 그 경우에 기하학의 공준들은 산술(대수)의 공리가 된다. 다른 한편, '점들'은 머리카락의 교차점으로, '선들'은 빛줄기의 경로 등으로 해석할 수 있다. 그러면 공준들이 참이냐의 여부는 물리적 사실의 문제에 의존하게 된다. 어떠한 경우에도, 참된 해석은 (거기서 공준들이 확실히 참인 해석은)

또한 참된 정리들을 제공한다. 허용하는 해석의 다면성 때문에, 형식적 체계는 다양한 주제에 적용을 가능하게 하는, 그럼으로써 이들 사이의 동일한 형식적 구조를 보여주는 직접적인 장점을 가진다. 이 양식은 아직까지 행동과학에서는 상대적으로 (또는 그 문제에 관해서는 논리와 수학 이외 다른 어느 곳에서도) 드물다. 이 양식의 예로는, '도표'의 수학이나 추상적 관계를 발전시키는, 그리고 자체를 커뮤니케이션 망으로, 권위와 영향의 구조로, 우정의 유형으로 등등 다양한 해석에 맡기는, 카트라이트와 해러리의 조직이론을 들 수 있다.

위에 주어진 예를 통해 우리는 이들 다양한 인지양식이 어떤 주제에 따른 과학분류에도 상응하지 않는다는 것이 명백해지기를 바란다. 상황은 오히려 예술의 경우와 비슷하다. 예술작품의 본질은, 실제로 그 작품에 있는 것인데, 예술가의 창작의 출발점인 주제에 의해서가 아니라, 틀림없이 그 양식에 의해 모습이 주어지고 아마도 구성되기까지 한다. 낭만주의 시 또는 표현주의 그림은 하나의 같은 주제를 다룰 개연성이 크다. 그러나 같은 주제가 또한 전적으로 다른 양식으로 다루어질 수도 있다. 그보다 중요한 것은, 위에 제시한 인지양식들은 결코 과학적 장점이, 만약 이 장점이 암묵적으로 바로 이러한 양식적인 요구에 따라 정의되지 않은 한, 많거나 적은 순서로 제시되지 않았다는 점이다. 탐구의 진행에 대한 공헌의 관점에서 볼 때, 그것이 물리학이든 생물학이든 아니면 행동과학이든, 각각의 인지양식에는 좋은 표본과 나쁜 표본이 모두 있다. 아마도 어떤 특정분과에서나 위의 (인지양식의) 명단은 개략적으로 연대기적 발전 순서를 따른다고 말해도 무방할 것이다. 수학의 이용과 논리적 체계의 조성은 앞으로 다가올 시대를 특징짓는다. 그러나 많은 성인은 아직도 어린아이 같은 행동을 하며, 가장 성숙한 자는 어떤 어린이에 그들이 머물러 있는지 아는 사람이다.

모델과 이론

용어 '모델'은 자주 느슨하게 상징적, 공준적, 또는 형식적 양식에 숨겨진 어떤 과학적 이론을 언급하는 데 사용된다. 그러나 나는, 이것은 맨 뒤의 것, 아니면 기껏해야 뒤의 두 가지와 연관해서만 오직 적절하게 적용되는 것으로 믿는다. 넓게 말해, 우리는 만약 A에 관한 연구가 A와 B 사이의 직접·간접의 인과적 연결과 상관없이 B의 이해에 유용하다면 체계 A는 체계 B의 모델이라고 말할 수도 있다(49: 36). 이 경우에 A는 어떤 점에서는 B와 비슷하지 않으면 안 되기 때문이다. 만약 우리가 A가 특질 p를 가지고 있기 때문에 B가 어떤 특질 속성 q를 가지고 있다고 추론하기를 원한다면 우리는 A와 B가 p와 q사이의 특정 관계에 따라 어떻게든 연결되어 있다는 것을 알 필요가 있으며, B 또한 특질 p를 가지고 있다는 결론에 도달하기 위해서 우리는 오직 A와 B가 실제로는 서로 아무 관계가 없다고 하더라도 어떤 적절한 방식으로 보면 비슷하다는 것을 알 필요가 있다. 다른 한편, 도대체 어떤 방식이 적절한지는 아무 조건도 이 두 체계 사이의 물리적 관계에 부과되지 않는다는 조건에 의해 이미 한정된다. 그러므로 이 체계들은 체계로서, 즉 각각을 구성하는 특정 요소들에 의존하지 않는 방식으로, 서로 닮지 않으면 안 된다. 그렇지 않다면 우리는 도대체 어떻게 이들 특정 종류의 요소들이 서로 영향을 주는지 알 필요가 있을 것이다. 유사성은 정보가 체현되는 질량과 에너지의 형태에 따라서가 아니라 각각의 체계에서, 각각이 보유하고 있는 정보에서, 현재의 관용어에서 드러나는 유형이니 서열에 따라 판단된다. 한마디로, 하나의 체계가 다른 것의 모델일 때 그것들은 내용에서가 아니라 형식에서 서로 유사하다.

그보다 구체적으로, 모델들은 서로 구조동형물isomorphs이다(§21). 두 체계 모두는, 한 체계의 두 요소들 사이에 관계가 성립할 때마다 상응하는 관계가 다른 체계의 상응하는 요소들 사이에 성립한다는 뜻에서, 같은 구조를 갖는다. 체계는 어떤 인과연관에 간여할 필요는 없다. 왜냐하면, 요구되는 것은 오직 관계들이 상응한다는 것뿐이고, 이 요구를 만족시키기 위해서는 우리가 그것들을 상응하게 맞추어 넣을 수 있으면, 즉 그것들을 상응하는 것으로 생각할 수 있으면 충분하다. 다음으로, 어떤 체계가 그 자체의 내적 관계에 어떤 유형을 보이느냐 아니냐의 여부는 다른 체계가 보여주는 것과는 매우 독립적이다. 만약 구조동형성이 있다면 이 체계들은 오직 그들의 구조적 속성에서만 유의미하게 유사하며 추가적인 유사성들은, 만약 그런 것이 있다면, 불필요한 것이다.

어떤 체계의 구조적 특질들은 정의상 주어진 체계에 구조동형적인 어떤 다른 체계와 공유되는 것이다. 이러한 특질들은 때로는, '서술적' 속성에 대립되는 것으로 체계의 '논리적' 특질이라고 부른다. 그러나 이는 잘못된 용법이다. 이들은 틀림없이 매우 추상적 특질들이다. 왜냐하면 그들은 그들 관계에 간여하는 특정 사물들과는 완전히 독립적인 그러한 관계의 양상에만 관심을 가지기 때문이다. 그러나 구조적 특질들은 '경험적'이란 말과 반대되는 뜻으로 '논리적'이 아니다. 어떤 특정 체계가 어떤 구조를 갖는지는, 그 체계가 암묵적으로 이와 같은 특질들에 준거해 정의되지 않는 한, 확실히 사실의 문제이다. 따라서 어떤 부류의 기축 수cardinal number는 그 부류에 다양성(비동일성) 관계의 구조로 간주될 수도 있다. 그리고 어떤 부류가 얼마나 많은 성원을 가지는지는 일반적으로 경험적인 문제다. 비슷하게 주어진 사회에서, 말하자면 특질의 상속은, 정수들의 순차와 같이 수학적 수열의 구조를 갖는다.

우리는 이제 왜 용어 '모델'이 때로는 '이론'과, 특히 공준적 양식에 배어 있는 것과, 동의어로 사용되는지를 이해할 수 있다. 모델은 어떤 방식으로 해석된 기호들의 구조로서 받아들여지며, 그것이 무엇의 모델인지에서 무엇은 해석에 의해 특정화되는 주제다. 기호들 사이의 관계는 주제의 요소들 사이의 상응하는 관계를 노출시킬 것으로 기대된다. 이론은 다소나마 추상적 ―즉, 이는 어떤 변수들을 무시한다―이다. 그리고 그것이 서술하는 것들은, 그 이론 자체의 맥락에서만 존재하는, 다소나마 '이상적' 실체entities다. 희망사항은 이와 같은 실체의 체계가, 적절한 점에서 이론을 위해 주제를 제공하는 실제real체계와 구조동형적이라는 것이다. 이 시대의 몇몇 심리학자들은 그들의 주제가 전반적으로 구제불능의 복잡한 구조를 가지고 있다는 관점을 택하고 있으며, 따라서 '축소모형miniature 체계'나 '극소이론theorettes'의 형성에 집중하고 있다.

내 생각으로는, 용어 '모델'의 이러한 종류의 용법은, 방법론적으로 말해서 그 값어치가 의심스럽다. 만약 '모델'의 그 걸침이 '이론'과 같다면 coextensive, 왜 그냥 '이론'이라고 하면 안 되며, 또는 필요하다면 '공준형식의 이론'이라고 하면 안 되는가? 엄격한 뜻에서, 모든 이론이 사실상 모델은 아니다. 일반적으로 우리는 이론으로부터 주제에 관한 어떤 것을 배우나, 그것은 이론의 속성을 조사함으로써 이루어지는 것이 아니다. 이론은 주제가 어떤 구조를 가지는지를 진술한다. 그러나 이론이 그러므로 필수적으로 구조를 있는 그대로 노출시키는 것은 아니다. 모든 이론은, 틀림없이 그들의 주제의 어떤 특질들을 부적합한 것으로 취급한다는 뜻에서 추상개념들을 만든다. 그러나 이들 모두가 오직 구조적 특질들만을 적합한 것으로 취급할 정도로 추상적인 것은 아니다. 예를 들어, 진화론과 어떤 유전학자가 특정의 생존 값을 특징으로 하는 가설적인 모집단에서 수학적으로 확산을 연구하기 위해 조성한 모델의 차이를 생각해보자. 내 생각에는 모든 이론을 모델로 보는 경향은, 근본적으로 참 명제는 그것이 확언하는 사실과 같은 구조를 갖지 않으면 안 된다는(초기 비트겐슈타인과 러셀) 구식의 의미론과, 이론은 계속 더 구체적이고 포괄적인 현실의 모습을 제공한다는 아직도 살아 있지만 논쟁의 대상이 되고 있는 현실주의적 인식론에서 나온다(§33과 §35를 보라). 나는 실제 현장에서 작업하고 있는 과학자들이 이들 관점들 모두는 말할 것도 없고, 이 가운데 어느 하나에라도 몰입되어 있지 않은지를 심각하게 우려하고 있다. 모델작성은 단지 그들의 인지적 전략의 하나이며, 그 자체가 과학적 기업과 동일시되어서는 안 된다.

유추와 은유

명백하게 이론적 실체와 실제 주제 사이의 어떤 유사점에 주의를 집중시키는, 그러한 이론만을 모델로 간주하는 용법은 더 방어하기 쉽다. 이 용법에 유념해서 모델은 '과학적 은유'로 정의되어왔다. 은유metaphor는 격언과 마찬가지로, 한마디로 매우 중요한 유사성을 요약한다(49: 84). 시인이 "아침은, 황갈색의 외투를 입고, 저기 높은 동쪽 언덕 이슬 위를 걷는다"라고 쓸 때, 그는 실제 유사성에 대한 각성을 일깨운다. 이러한 각성은 과학을 위해 봉사하게 만들 수도 있다. 각성이 이런 식으로 봉사할 때, 우리는 그 상황을 유추analogy의 사용이 개재하는 것으로 개념화하는 경향이 있다. 과학자는 이전에 우리의 눈을 피해 갔던 유사성을 인식하고, 이들을 체계화한다. 전기는 '흐름flow'을 보인다. 전기에는 '전류current'가 있으며, 그것은 일정 압력(볼트)을 행사하며, 일정 용적(암페어) 등을 가진다. 유추는 주장되어온 바와 같이, 단순히 이론의 형식화를 이끄는 것 이상의 일을 하며, 따라서 뒤에는 그것이 제거되거나 잊히기도 한다. 유추는, 그것 없이는 이론이 완전히 가치가 없거나 그 이름이 값어치를 잃는, 이론의 매우 필수적인 부분이다(Campbell, 38: 297). 이론은 때로는 이러한 유추적 양상을 보이는 모델로서 일컬어지기도 한다.

그러나 의심의 여지 없이, 의미가 실제 또는 상상의 유사성을 거쳐 확장되지만 모든 언어는 은유적이라 말할 수 있지 않느냐고 질문할 수 있는 것처럼, 모든 이론은 단순히 이들 모두가 유사성에 주목하기 때문에 유추적이라고 말할 수 있는 것이 아니냐는 의문을 제기할 수도 있다. 모든 이론은 이론을 떠나서는 상당히 다르다고 생각될 수 있는 현상들을 함께 묶는다. 확실히, 모든 예측은 부류의 특성에 따라 유사성을 분류하고, 그리고 그렇게 단정한다. 그러나 이론의 내용은 단지 유사성의 진술로만 이루어지지 않으며, 또한 그 유사성을 유의미한 것으로 인식하도록 만드는 이론이 제공하는 근거들grounds로 구성된다. 어떤 경우에는 이들 근거는 다른 유사점들로 구성되며, 이를 유추라고 말할 수 있다. 그러나 모든 경우에 그런 것은 아니다. 궤도에서의 달의 운동은 사과가 떨어지는 것과 비슷하다. 뉴턴에 따르면 그 비슷함은, 이 둘 모두가 중력의 법칙에 따라 지구로 끌리는 질량이라는 사실에서 유래한다. 그러나 거기서 유의미한 유사성은 끝나고, 유추될 수 있는 것은 아무것도 없다. 다른 한편, 전기 전류의 흐름은 하나의 유사점을 다른 여러 유사점으로 연결한다. 이것이 유추를 구성하는 유사점들의 체계적인 정교화이다. 아마도 정신분석에서 사용하는, 이드id를 가지고 얘기하는, 친숙한 유체역학적 은유가 더 나은 예를 제공할 것이다. 여기서는 내부 압력을 낮출 수 있는 몇 개의 '출구outlet'를 가진 저장소로서 이드id를, 그것은 다시 억압의 힘에 의해 역공을 당한다는 것 등을 얘기한다. 프로이트는 또한, '검열자censor', 권위주의적 '초자아', 내적 '갈등'과 같은, 사회의 유추를 사용한다. 어떤 이론도 어떤 유추를 사용한다고 해서 '단순히 유추'로서 정죄되어서는 안 된다. 이 세상에서 어떤 두 사물도 완전히 똑같지 않으며, 따라서 모든 유추는 둘 사이가 얼마나 가깝든 관계없이 지나치게 밀어붙일 수는 없다. 반대로, 어떤 두 사물도 완전하게 비슷하지 않을 수는 없으며, 따라서 거기에는 우리가 그렇게 하기로 선택한다면 드러낼 유추가 있게 마련이다. 개별사례에서 고려해야 할 질문은 만약 우리가 드러내기로 선택한다면 유추로부터 배울 다른 어떤 것이 있는가이다.

모델의 종류

이러한 점에서, 모델은 구조적 유추의 체현이라고 얘기할 수도 있다. 체현 embodiment은 상징들의 집합으로(즉, 그것들이 특정화하는 개념적 구조로), 아니면 어떤 실재하는 물리적 체계로 이루어진다. 이러한 모델은, 개념적·물리적 구조동형물 둘 모두를 지칭하는 부류적generic 용어인, 아날로그analogues(비유)로 부르기도 한다. 이들은 의미론적·물리적 모델로 구분할 수도 있다. 아날로그 컴퓨터에서 나타나듯이, 유형은 잘 정의된 상응에 기초해 만들어지며, 그다음 그것(유형)이 상응하는 체계의 어떤 것에 대해 알기 위해 유형의 특질들을 연구한다. 행동과학에서 아날로그는, '모의모방', '작전게임' 등과 같은 이름으로, 점점 커다란 주목을 받고 있다.

가장 엄격한 뜻에서의 용어 '모델'은 형식적 양식과 관련된다. 형식적 체계가 주어지면, 그 공준들을 참으로 만드는 체계의 해석에 의해 모델이 구성된다. 이것은 이 용어가, 알프레드 타르스키Alfred Tarski나 패트릭 수피Patrick Suppes와 같은 논리학자들이 사용하는 바로 그러한 것 ─ "주어진 이론을 만족시키는 어떤 비언어적 실체" ─ 임을 뜻한다. 이는 기본적인 것이어서, 이것으로 다른 용법들이 해명될 수 있다. 형식적 학문분과의 발전에서 모델은 어떤 체계가 일관됨을, 또는 어느 정도 학문분과의 해석에 봉사하는 다른 어떤 체계와 마찬가지로 일관됨을 보여줄 수 있도록 하는 고안으로서 오랫동안 중요성을 보였다(모순적인 체계는 어떤 비언어적 해석도 가질 수 없다. 그리고 만약 '사전'이 어떤 2차 언어적 체계로 만들어질 수 있다면, 전자는 오직 후자가 그러할 때에만 모순적이 된다. 바로 이러한 방식으로 비유클리드 기하학이 타당화되었다). 이러한 뜻에서 때로는 모델은 또한 ─ 예를 들어 경제학에서와 같이 ─ '구조'로서 간주되기도 한다. 우리는 이들을 그 기원을 명확하게 하기 위해 해석적 모델이라고 부르기도 한다. 해석되는 체계 또한 때로는, 특히 해석이 다른 언어적 체계로 이루어질 때에, 모델이라고 부른다. 우리는 이에 대해 형식적 모델이라는 말을 쓸 수도 있다. 해석적 모델은 이와 같이 이론을 위한for 모델이다. 반면 형식적 모델은 이론의of 모델이다. 해석적 모델이 명확히 진술된 형식적 이론을 선상정한다는 데 주목하라. 의미론적 모델은 이론을 제공하거나 구성한다. 의미론적 모델은 주제, 현상의 체계에 상응하는 반면, 해석적 모델은 구체적으로 어떤 것'에 대한about' 것이 아닌, 공준들의 집합이나 방정식들의 체계에 상응한다.

이제까지 우리는 용어 '모델'의 혼란스러운, 그리고 때로는 혼동되는 용법에 내재하는 다섯 가지 다른 뜻을 구분해보았다. 그것은 ① 문학적·학술적 또는 논쟁적 인지양식에서 특징적으로 나타나는 것 이상으로 엄격한, 어느 정도 수학적 정밀성과 논리적 엄격성을 가지고 제시되는 어떤 이론, ② 어떤 주제에 대한 개념적 아날로그를 제시하는 의미론적 모델, ③ 연구되는 다른 어떤 것에 유사한 비언어적 체계인 물리적 모형, ④ 이론을 순전히 해석되지 않은 기호들의 구조로 제시하는 이론의 모델인 형식적 모델, ⑤ 형식적 이론을 위한 해석을 제공하는 해석적 모델이다. 이제 이들 구분을 염두에 두고 모델의 사용과 단점에 대해 생각해보자.

§31. 모델의 기능

모델의 역할에 대한 많은 논의는, 그 양식이 무엇이든 이론에 의해 수행될 법한 기능들을 모델에 대한 것으로 돌린다(§35). 이와 같이 모델은 '그 안에서 특정 발견물들이 유의미한 세목으로서 입지할 수 있는 의미 있는 맥락'을 제공하는 것으로 논의된다. 모델이 그렇게 하는 것은 참이며 또한 중요하다, 그러나 그것이 모델만의 독특한 것은 아니다. 부분적으로는 모든 이론이 연구안내자directive로 봉사한다. 이론은, 우리에게 미리 어디에 어떤 자료가 어울리는지, 그리고 자료를 얻었을 때 그것을 가지고 무엇을 해야 하는지를 보여줌으로써, 자료의 수집과 그다음의 분석을 안내한다. '자료data'라는 낱말은, 이는 아무리 자주 강조해도 지나침이 없는 것인데, '그보다 늦은'과 같은 불완전 용어이다. 어떤 가설이나 다른 어떤 것을 위한 자료가 있을 뿐이다. 아무리 일시적이거나 느슨하게 형식화된 이론이라도, 이론이 없으면 관찰 자체에서는 물론 관찰이 인위적으로 또는 우연히 선택되어온 사실 공간에 대해서도 전혀 유의미하지 않은 관찰의 잡동사니가 있을 뿐이다.

자료의 조직

그러나 이론이 잘못 정의되면 될수록, 그것이 자료에 부여하는 의미는 더욱 모호하고 불확실해진다. 모델은 이러한 장점을 가지고 있다. 즉, 모델은 우리로 하여금 우리가 오직 무엇인가 발굴될 것이라는 희망으로 하나의 관찰에서 다음으로 움직여갈 때 우리가 어떤 '관념idea'을 철저히 따라간다는 통념notion으로 자신을 위로하는 것을 허용하지 않는다. 너무나 자주 우리가 다루는 가설들은, 그 흔들리는 윤곽이 희미한 배경과 뒤섞이는 몽롱한 정신 상태에서만 평안을 누린다. 거기서 그것들은 갑작스러운 노출로부터 안전하고, 생계를 위해 그들의 길에 들어오는 자료가 무엇에 관한 것이든 마음대로 낚아챌 수 있다. 모델은 어느 정도 간결하고, 명확하고, 한정적이다. 그 외양이나 태도에서 유령 같은 것은 없다. 이들은 바로 죽음의 순간까지도 건강해 보인다.

이것은 인지적 기업에서 전의식적preconscious 과정의 중요성을 최소화하는 것을 의미하지는 않는다. 그러나 창의력 있는 천재가 그가 아는 것 이상으로 일을 한다면, 우리 보통 사람들은 때로는 우리가 생각하는 것보다 아는 것이 덜할 것이다. 모델은 우리를 자기기만에서 구한다. 열린 공간으로 던져 버리면, 우리의 관념은 절망적으로 퍼덕일 수도 있다. 그러나 적어도 우리는 그것이 얼마나 냉혹한 놈인지 알아볼 수 있다. 탐구가 진행됨에 따라, 이론은 빠르든 늦든 열린 공간으로 끄집어내지지 않으면 안 된다. 모델은 단순히 이를 빠르게 할 뿐이다. 소크라테스적 은유에 따르면, 모든 사고는 그것 자체와 영혼의 대화다. 창조적 상상력은, 과학자와 예술가 두 경우 모두 막후의 인물들과의 활발한 토론의 형식을 취한다. 그리고 불가피하게 누군가가 "그만하거나 닥쳐!"라고 말할 때가 온다. 이 순간에 모델이 제출된다.

인지양식

더 적절하게 논쟁적 및 상징적 인지양식의 탐구를 특징짓는 모델들에 종속되는 기능들이 있다.

우선 이러한 모델은 과학자로 하여금 바로 그의 마음에 있는 것을 다른 사람들에게 명백하게 드러내도록 한다. 과학은 협동적 사업이다. 모든 과학자는 자신의 발견물에 대한 비판이나 확인에서 자신의 동료들에게 깊이 의존한다. 더욱이 과학은 누적적 사업이다. 과학자는 다른 사람들이 이미 이룩한 것 위에 건설하고, 또다시 더 건축될 것을 위한 기초를 제공한다. 이 모든 상호의존성은 과학자들이 가능한 한 의미의 불명확성을 줄이고 서로를 이해할 것을 요구한다. 과학적 관념의 소통은 단순히 과학사회학의 문제가 아니라 과학의 논리에 내재하는 것이다. 예술에서와 같이 과학적 관념은 표현을 찾을 때까지는 아무것도 아니다.

문학적·학술적 양식은 이러한 소통에 전혀 또는 거의 적합하지 않다. 문학적 양식은 독자 자신의 상상적 해석능력을 많이 요구한다. 이러한 독자의 역할은 이 양식의 생동감 있고 강압적인 성격에 기인한다. 우리는 과학자가 주제를 재구성하는 창조적 과정에 공동으로 참여한다. 불행하게도, 도대체 공유되는 것이 어느 정도인지, 그리고 어느 정도로 우리의 작업이 자료에 투영되었는지는 알 길이 없다. 또는, 이와 같은 지식은 여하간 쉽게 손에 들어오지 않는다. 여러 가지 이유 가운데서도 이러한 이유로, 문학적 양식은 과학적 취급을 위한 가치 있는 재료를 공급하는 것으로 생각되나 그것이 본질적으로 과학적인 것은 아니다. 학술적 양식과 관련해서, 계통적systemic 의미는 어떤 특정 명제를 총체적인 글의 맥락으로부터 분리시키기 어렵게 만들며, 통상적으로 후자가 더 광대하며 무형적이다. 이러한 어려움은, 예를 들어 정신분석적 가설들을 학습이론과 그 자료에 의해, 또는 마르크스주의를 '무계급' 정치과학을 가지고 해석하려는 시도 때 대면하게 되는 것에서 특징적으로 나타난다. 비록 기호적 양식 또한 자체의 기호와 관용어를 가지고 있지만, 이들의 의미는 훨씬 더 완전히 그리고 명확하게 특정화되는 경향이 있다.

둘째로, 논쟁적이고 특별히 기호적 양식은 정의와 경험적 명제를 조심스럽게 구분한다. 이 구분이 때로는 생각하는 것만큼 날카롭게, 그리고 절대적으로 행해질 수 없다는 것을 인정한다고 하자. 그럼에도 명제들의 '우선성priority'의 정도에는 매우 유의미한 차이가 있는 것이 사실이다(§12). 어떤 명제들은, 증거가 압도적으로 이들을 지지하기 때문이 아니라 이들을 형식화하고 있는 용어들의 용법 때문에(비록 이 용법이 거꾸로 경험적 고려에 기초할 가능성이 있을지라도), 채택을 강요하는 경우도 있다. 이러한 경향을 간과할 때, 우리는 지식의 본질을 잃어버리고 그 그림자를 붙잡을 위험이 있다. 동어반복과 '발견도출적 구호heuristic slogans'라고 불려온 어떤 것의 혼합은 순수genuine이론으로 잘못 받아들여지고, 프로그램은 스스로 완성되는 것으로 받아들여진다. 거기에는, 문학적·학술적 양식에서도 비일상적이지 않은 하나의 진술을 매우 다른 정도의 '우선성'을 가지는 것으로 다양하게 해석할 수 있게 하는, 일종의 모호성이 있다. 이 진술은 동어반복으로 택해져서, 비록 그러한 점에서 이것이 실질적으로 경험적 내용을 갖지 못할지라도 이를 참으로 만들고, 나아가 이것에 의미를 주는 것은 분명하게 거짓일 수 있음에도 경험적 진술로 받아들여진다. 몇몇 고전 정치이론의 기초가 되는 인간 동기론은 (예를 들어 홉스의 이론) 이러한 심각한 결함으로 고통을 받고 있다. 이것이 모델이 우리를 도와 피할 수 있게 하는 것의 하나다.

명시적인explicit 정의는 이외에도 다른 값진 기능을 가지고 있다. 이는 근본 질서를 드러내고 유용한 체계화를 허용함으로써, 개념들 사이의 관계를 명백히 하고 단순화시킬 수도 있다. 이러한 기능은, 예를 들어 친족 용어를 가지고 수행되어왔다. 친족 체계는, 일반적으로, 성, 부모-자식관계 그리고 혼인관계의 세 가지 모수에 따라 달라진다. 우리는 이들 모수들 각각에 대응하는, 세 가지 용어로 모든 친족 용어를 정의할 수 있다. 반드시 있어야만 하는 것은 셋이고, 그 이상은 여분일 수 있다. 정의는 이러한 방식으로 정치학과 경제학 및 다른 분야에서 개념을 명백히 하고, 단순화하고, 그리고 체계화한다.

최근에는 공준적 양식이 행동과학자들에게 대단한 흥분과 관심을 불러일으켰고, 이러한 현상은 이해할 만하다.

무엇보다도 먼저, 공준적 방법은 우리에게 명백히 인위적인 '다른 것이 모두 같다면'과 같은 종류의 단순화를 도입함이 없이 복잡한 현상들을 다룰 수 있는 길을 제공한다. 우리는 다양한 상황 요소들 각각에 대한 별도의 공준들을 세울 수 있으며, 그것들이 어떻게 상호작용하는지를 알기 위해 동원할 수 있는 이론이 무엇이든 그것들을 명시적으로 형식화할 수 있다. 그러면 특정 환경에서 결과를 결정하는 것은 연역의 문제, 또는 단순한 계산의 문제가 된다. 이것이, 예를 들면 일부 경제학 분야에서 따르는 절차다.

두 번째로 공준적 체계의 형성은 우리 지식의 틈새gap를 드러낸다. 이는 우리로 하여금 우리가 관심을 가지고 있는 결론을 도출하는 데 필요한 진술이 무엇인지를 밝힐 수 있게 한다. 지식의 틈새는 '증명'에서의 틈새에 의해 드러난다. 이것은 어떤 조심스럽게 형식화된 이론이 자료의 탐색을 지휘하는 특정 방법 가운데 하나다. 예를 들어, 경제적 추론이 점점 엄격하게 이루어짐에 따라, 경제학자들은 위험에 대한 태도, 미래 만족의 가치, 또는 금전적 가격에 반영되지 않은 유틸리티와 같은 사항들과 연관해서 경제에서 작동하는 동기와 관련된 자료에 관심을 갖게 되었다.

완전히 양적이지는 않은 척도의 적용을 포함하기 위한 측정 개념의 확장은 또한 공준적 양식의 사용과 긴밀하게 연관되어왔다. 왜냐하면 이 양식에서 우리는 수를 다루지 않는 경우에도 수학적 방법을 적용할 수 있기 때문이다. 합리적 결정과 같은 주제들은, 달리는 불가능한 것처럼 보이는 명백성, 일관성, 엄밀성, 그리고 엄격성의 장점을 획득할 수 있게 된다. 게임이론의 총체적 발달과 효용이론 발달의 상당 부분은 공준적 양식의 이러한 모습을 보여준다.

아마도 공준적 양식이 가져다주는 가장 중요한 이점은 연역적 다산성 deductive fertility에 있을 것이다. 이는 우리에게 우리의 정보를 처리해 우리의 자료에서, 달리는 우리에게 가용하지 않은, 또는 적어도 우리가 쉽게 얻기 어려운 내용을 짜낼 수 있게 한다. 뉴턴은 한 때 "이들 적은 수의 원리에서 그렇게 많은 것을 산출할 수 있다는 것이야말로 기하학의 영광이다"라고 말한 바 있다. 나는 초급 기하 시간에 구면체의 부피는 $4/3\pi r^3$으로 구할 수 있다는 것을 배웠을 때 얼마나 황홀했던지 기억한다. π가 들어가야만 한다는 것이 나에게는 구면체의 단면은 모두가 원이라는 사실로부터 명백한 것 같았다. 그리고 반지름을 세제곱해야 한다는 것은 우리가 부피를 다루고 있기 때문에 이해할 수 있는 것 같았다. 그러나 계수가 4/3라는 것이 나에게는 신비롭고 멋진 일이었다. 공준적 체계는 가치가 크면 클수록 예측하지 못한 결과를 더욱 풍부하게 만들어낸다. 왜냐하면 이들 결과는 우리에게 우리가 알았다고 생각했던 것보다 훨씬 더 알고 있다는 것을 보여주기 때문이다.

물론, 연역된 결론은 그로부터 도출된 공준들 자체가 참인 것으로 알려지지 않는 한 그리고 알려질 때까지는 지식을 구성하지 못한다. 증명의 타당성은 우리로 하여금 우리가 가지고 있는 것은 단지 체계의 한 정리a theorem of the system라는 것임을 확신시킨다. 그러나 체계 자체는 별도로 정당화되어야 한다. 여기서 — 우리의 가설들을 테스트하는 과정에서 — 바로 공준적 방법은 스스로 매우 유용함을 보여준다. 이는 공준들의 검증verification이 그것들로부터 나오는 모든 정리의 검증을 단번에 구성한다는 점에서 그 과정을 단순화하고 짧게 한다. 역으로 만약 정리 가운데 어떤 것이 거짓으로 나타난다면, 따라서 총체로서(즉, 공준들 각각이 개별적으로가 아니라 합동으로) 그 공준들의 집합은 반증된다. 이와 같이 우리는 매우 동떨어진 결과를 이용해서 우리의 관념을 테스트할 수 있다. 문학적·학술적 양식은 일종의 애매성과 모호성을 가지고 있기 때문에, 우리는 확신을 가지고 무엇이 어떤 이론의 특정 양상이나 구성요인의 논리적 결과인지를 얘기할 수 없다. 공준적 양식에서는, 어떤 특정 공준이 의문시되거나 대체되었을 때 어떤 특정 정리가 의심스러운지를 분명히 할 수 있다. 그리고 연역의 엄격한 집행으로 우리의 이론에서 그 일부로 명시적으로 형식화되지는 않았으나 실제로 어떤 역할을 담당하고 있는 숨겨진 가정들이 드러날 수 있다.

마지막으로 공준적 양식은 우리의 실제적 또는 예상된 발견물들에 대한 경제적 요약을 가능하게 한다. 공준들은 논리적으로 이들이 수반하는 정리들의 총집합에 체현되어 있는 모든 정보를 자체 안에 보유하고 있다. 어떤 이론의 모든 명제는 공준들을 통해, 무한정한 사실의 다양성이 이들 사실을 지배하는 단일 법칙에 의해 전달되는 어떤 방식으로 소통된다. 확실히 핵심적인 것은 그 내용이 오직 '논리적으로' 공준들에 포함된다는 것이다. 우리는 뉴턴의 운동법칙을 이해하는 데 필요한 몇 분 안에 역학 전체를 배우지 못한다. 그러나 나머지 무엇이 행해져야 하는지는 엄격한 논리와 수학 규범에 의해 인도된다. 이론이 얘기하는 것이 정확하게 무엇인지는 더 이상 개인이 판단할 문제가 아니다.

모델의 종류

그러나 이제까지 논의한 모델의 모든 이점은 오직 매우 넓고 느슨한 뜻에서만 모델에 적합하다. 엄격한 뜻에서, 모델과 그 준거항referent 사이에 어떤 구조의 유사성이 요청되는데, 이 구조적 요소에 대해서는 아직 토론에 들어가지 않았다. 우리는 구조동형적 체계의 조성이 탐구에서 수행하는 기능이 무엇인지 묻지 않으면 안 된다.

아직까지 가장 오래되고 가장 널리 사용된 구조동형성의 형태는 물리적physical 모델이다. 인형, 신상, 허수아비, 그리고 모든 종류의 조각상의 형식으로, 물리적 모델은 주술이나 종교와 마찬가지로 구석기시대의 의례에서부터 오늘날 경기에서 진 축구 감독을 규탄하는 시위에 이르기까지 보편적으로 발견된다. 재봉에서 농업과 항공공학에 이르기까지 거의 모든 기술 분야에서 물리적 모델은 어떤 인지적 기능을 수행한다. 그것이 아날로그인 한, 모델은 그 원래의 것과 같은 법칙을 따른다. 그러나 당연히 물리적 체계로서 그것에 뚜렷한 이점을 주는 방식—가령, 척도—은 완전히 다를 수 있다. 접근성이 높아지고 조작이 가능해짐에 따라, 태양계나 우주를 모델로 한 행성에 의해 예시되는 바와 같이, 이는 교수법의 목적에 더 적합해진다. 비용이 싸고 안전하고 빠르기 때문에, 다른 방법으로는 불가능한 실험을 고려하도록 한다. 그리고 그 조성이나 조작을 다르게 함으로써 우리는 이를 대체 가능한 가정들의 집합의 결말을 추적하는 데, 따라서 결과를 계산하고 이론을 평가하는 데 사용할 수 있다. 행동과학에 대한 물리적 모델—예를 들어, 인간성의 컴퓨터 모의모방(시뮬레이션), 또는 경제나 그 일부를 모델로 한, 그래서 경제학 문제의 해결을 위한 아날로그 컴퓨터로서 봉사하는, 물리적 체계들 — 의 잠재적 공헌에 대해서는 이제 탐색이 시작되었다. 심리드라마(역할 연출)와 작전게임 역시, 그 구성인자가 대상뿐 아니라 동작과 사건들로 이루어지는, 물리적 모형의 사용으로 간주될 수 있다.

의미론적semantical 모델은 상징적 또는 개념적 아날로그이다. 명백하게 특정화된 구조를 제공함으로써, 이는 통계와 다른 수학적 도구의 적용을 허용한다. 일반적으로, 수학적 도구들은 어떤 요구들이 충족되지 않는 한 사용될 수 없다. 모델에서 우리는 도대체 어떤 조건들이 충족되었는지 결정할 수 있다. 이러한 이유로 경험적으로 주어진 문제는 매우 자주 적당하게 채워진 항아리들로부터 색칠된 공들을 뽑는 특정 방식에 개재되는 문제로 대치된다. 낱말 '모델'과 '구조'는, 논리나 수학과 같이 순수하게 형식적인 분과 밖에서는, 아마도 다른 어느 곳에서보다도 통계학에서 자주 사용될 것이다. 의미론적 모델의 조성은 또한 우리에게, 방정식들이 의도적으로 서술하고자 한 원래의 상황에 대한 구조적 유사성을 유지하면서도, 우리의 방정식들을 풀 수 있도록 하는 데 필요한 단순화 가정들the simplifying assumptions을 도입하는 것을 허용한다. 이러한 단순화는, 예를 들어 폰 노이만이 뜻하는 '게임'의 수행으로서의 경제적 흥정이나 정치적 협상의 재구조화의 특성이다.

의미론적 모델의 가장 큰 이점 가운데 하나는 이들이 실패의 체계적 이용을 가능하게 한다는 점이다. 과학적 진전은 성공만큼이나 실패에 의존한다. 만약 그렇지 않다면, 신보는 확실히 느려질 것이다. 왜냐하면 에러가 참보다 훨씬 더 자주 나타나기 때문이다. 학습은 일반적으로 성공만큼 실패로부터 이득을 취할 때 확실히 가장 효율적이다. 때로는 모델은 당장의 성공의 기대에서가 아니라 실패의 특정 원인들을 성공적으로 밝힘으로써 어떤 채택 가능한 이론이 점진적으로 발전될 수 있다는 희망에서 사용된다. "좋은 모델은 그 성원들이 많은 공통의 단순화된 가정들과 보조적인 가설들의 소유에서 서로 닮은, 그리고 하나 또는 몇 개의 가설이나 가정의 제거나 추가로 서로 달라지는 한 가족의 성원이다"라고 얘기되어왔다(6: 40~41). 어떤 모델은 때로는 그 가족 결합 때문에 알 가치가 있다. 만약 그것이 스스로 우리를 위해 해야 할 일을 행할 능력이 없다면, 그것은 우리에게 은혜를 베풀 친척을 소개해줄 수도 있다.

형식적formal 모델은, 다양한 성원을 가진 가족이 없이도, 본질적으로 개념화의 유연성을 강화한다. 모델을 형식적으로 만드는 데서 우리는 필수적이라고 생각할 이유가 있는 어떤 변수들을 의도적으로 뺄 뿐 아니라, 또한 우리의 이론을 구조의 어떤 구체적 체현에 필수적으로 개재하는 부적합한 사항들로부터 자유롭게 하기도 한다. 이것이 볼츠만이 그가 '연역적 방법'이라고 부른 것의 덕분으로 돌린 커다란 이점이다. "연역적 방법은 변함없이 경험이 우리에게 강요하는 외적 모습과 우리가 인위적으로 선택하는 내적 모습을 혼합하지는 않기 때문에 아주 쉽고 명백하게, 그리고 모순 없이 후자를 발전시킬 수 있다…… 명백성은 너무 이른 경험과의 혼합으로 고통을 당하며 연역적인 표상모드mode of representation에 의해 가장 안전하게 보존된다"(27: 249~250에서). 결과적으로 형식적 모델은 무엇이 적절한지를 결정하는 연구를 제안한다. 어떤 사물들은 만약 그것들이 어떤 특정 추상적 형식에 의해 표상될 수 있다면 구체적으로 참이 되지 않으면 안 된다. 형식적 모델의 추상성은 처음부터 극단적 일반성의 엄청난 추가적인 이점을 가진다. 다양한 문제가 동일한 형식을 나타내도록 그렇게 구조화될 수도 있다. 이와 같이, 관념의 전달은 역병의 전파나(N. Rashevsky) 정보의 유포(H. Simon)와 같은 유형을 보일 수도 있다.

해석적interpretive 모델은, 추상적 형식의 구체적인 실례로 구성되기 때문에, "어떤 지점에서 규칙들이 이론적·실험적 통념들 사이에 상응을 형성하기 위해 도입될 수 있는지를" 시사하는 데 봉사한다(103: 113). 그러나 그 가장 커다란 장점은 이것이 우리가 한 가지 주제에 대해 아는 것을 이용해서 먼저 것과 구조적으로 비슷한 다른 주제에 관한 가설들을 이끌어내도록 우리를 인도할 수 있다는 데 있다. 이 새로운 영역은, 마치 최근 10~20년 사이에 컴퓨터와 신경체계의 구조적 유사성에 대한 연구가 보여주듯이, 옛 이론에 해석적 모델을 제공한다. 해석적 모델은 이와 같이 묘하게, 정보의 피드백과 처리에 근거한 정신에 관한 인공두뇌 모델이 기법, 지식, 그리고 관심사를 심리학자와 커뮤니케이션 공학자들 둘 모두의 공동 초점으로 만든 바와 같이 학제적 접근에 적합하다. 여기서 희망적인 것은 궁극적으로 뚜렷하게 구분되는 것으로 보이는 두 영역이, 마치 광학과 전자기가 종국에는 맥스웰의 방정식처럼 형식화된 구조적 공통성을 통해 동일시되거나, 어떤 단일한 기본 현상의 변형들로 환원될 수 있다는 점이다. 해석적 모델은 또한 아직 더 일반적 이론이 초기의 한정된 영역에 적용된다는 것을 후자가 전자의 어떤 특정 모델로서 해석될 수 있음을 확인시켜줌으로써, 보여주는 데 봉사한다. 이렇게 모델의 작성은 또한 과학적 설명의 목적에 봉사한다.

§32. 모델의 단점

오늘날 행동과학의 학파들은 그들이 채택하는 이론만큼이나 자주 그들이 적용하는 방법에 의해서 구분된다. 서기에는 실험가들, 측정에 초점을 두고 있는 사람들, 통계에 헌신하는 사람들, 이론가들, 그리고 이제는 모델작성자들이 있다. 각각의 모델은, 확실히 그 가운데 어떤 것들은 서로 반대의 위치에서 있기도 하지만, 다양한 기법들로 구성된다. 그러나 각 사례가 보이는 다양성의 근저에는 이 방법을 가장 유의미한 과학적 활동의 형태로 보는 전망의 공유라는 점에서 목적의 통일성이 있다. 이들 방법 각각이 그 자신의 자리를 가지고 있다는 자명한 이치에 구두로는 동의할 수도 있다. 그러나 실행에 몰입하다보면, 매우 자주 — 이것이 유일하게 행할 가치가 있는 것 같이 — 방어적 선택과 배제의 태도에 동조하게 된다(§4). 물론 이 방법들 각각은 다른 것들에 자리를 부여한다. 이들의 기능은 그 자체의 목적에 봉사하는 데 있다. 실험가에게 이론은, 그것이 실험을 시사하거나 실험 설계나 해석을 안내하는 경우를 제외하고는 아무 관심의 대상이 아니다. 이론가들은 이에 대갚음을 한다. 그리고 나머지의 경우도 마찬가지다. 어떤 방법도 자체의 문제나 관심과 관련해 다른 것들로부터 호의적인 평가를 받지 못한다. 각각은 오직, "그것이 나에게 무슨 상관이냐?"라고 물을 뿐이다. 이러한 상태는 행동과학에 국한되지 않고, 어떤 과학의 역사에서도 특별히 새로운 것이 아니다. 그러나 이 질병이 범역적이라는 것이 지금 여기를 덜 전염적인 것으로 만드는 것은 아니다.

모델작성은, 비록 어떤 분야에서는 아직 그 지위가 의문시되지만, 인간연구에서는 점점 더 기존 과학세력에 도전의 자세를 취하고 있다. 그 열망에 나는 동정과 존경을 보낸다. 그러나 이 또한 일종의 새로운 정통에 대한 순종에 이르지 못하고 머문다. 모든 인간적인 것과 마찬가지로, 과학 역시 성공 때문에 망가질 수 있다. 하나의 교리, 방법, 기법은 참의 유일한 보고 또는 참으로 가는 하나의 큰길처럼 여겨지게 된다. 내 입장에서 보면, 의심할 것 없이 여기서 고통을 당하는 것은 바로 참이다. 모델작성과 관련하면 그 위험은 더욱더 커진다. 왜냐하면 우리 문화에서는 다른 매우 많은 것이 공모해서 이를 유행의 창문 및 형식의 금형으로 만들려고 하기 때문이다. 모델은 컴퓨터, 자동화, 우주 기술과 같은 용감한 신세계에, 그리고 정부, 기업 및 군대에 있는 과학자들에게 갑자기 수여된 놀랄 만한 지위에 특별히 적합한 듯하다. 우리는 쉽게 미래의 파도에 빠져 익사하는 느낌을 가질 수 있고, 이러한 물결은 오늘날에도 강하게 밀려온다. 내가 보기에 과학적 신중은 통상적인 사려가 아닐지라도 매우 필요하다.

당연히 모든 과학의 문화와 시대는 어떤 양식을 보이며, 자신만의 독특한 모습을 가진 규범을 따른다. 어떤 양식도 전혀 없이 옷을 입는 것은 불가능하다. 만약 현재의 유행이 모델의 작성을, 그리고 아마도 조성되는 모델의 종류마저 강요한다면, 그것은 그 이유 하나 때문에 비판받는 것이 아니다. 나는 오늘날의 유행에 아무런 반대하는 바가 없다. 그러나 나는 아직도 바닥에 깔려 있는 어떤 것에 관심을 보이는 것이 창피한 구식은 아니라고 확신한다. 글래머(육체파)가 전부는 아니다. 내가 거부하는 것은 모델로부터 야기되는 맹목적 비판과 무차별적 열광 양쪽 모두이다. 미술의 추상적 표현주의에서와 같이, 나는 모델작성이 거기에 찬성이냐 반대냐 하는 지나친 원칙의 문제가 되어, 충분히 특정의 경우에 성취되는 미적 혹은 과학적 가치의 문제가 되지 못하고 있는 데 우려를 표한다.

나는 또한 과학자들 사이에서 그들의 기법, 관심, 기질로 자신의 작업에서 수행하는 역할에 대한 솔직한 언급이 부족하다고 믿는다. 이러한 경향은, 이들 요소의 작용을 도구의 법칙에 따라 과학자가 할 수 있고 하기를 원하는 것이 과학적 상황이나 과학 자체의 본질이 요구하는 것이라는 확신을 가지고 정당화하기 위한 것이다. 추상주의자들은 그들이 실물을 그릴 수 없기 때문에 추상 양식을 택하는 것으로 흔히 여겨진다. 그러나 이와 같은 비판은 나에게는 잘못 받아들여진 것, 그리고 더 중요하게는 잘못 지향된 것으로 보인다. 나는 예술에서나 과학에서나 똑같이, 사람이 자기가 가장 잘하는 것이나 가장 즐기는 것을 행하는 것이 무엇이 잘못되었는지 묻고 싶다. 생산물의 가치는 그것의 생산에 개입된 동기와는 독립적으로 평가되지 않으면 안 된다. 우리가 우리 행위의 원인을 그 행위의 이유로 잘못 받아들일 때, 그래서 같은 행위를 다른 것에 강요하려 할 때 해롭다.

내가 보기에 철학의 기능 중의 하나는 이것, 즉 어떤 사람들은 틀림없이 과학, 예술, 정치, 또는 종교의 유행으로부터 초연하기를, 그리고 "아무리 그 렇더라도……"라고 말하기를 즐긴다는 것을 알려주는 것이다. 모델과 관련 해 내가 머리를 가로 젓는 것은 이룩된 것의 가치를 떨어뜨리려는 의도에서 도, 앞으로의 추구를 저지하기 위한 의도에서도 아니다. 반대로, 내가 바라 는 것은 가능한 단점들에 대한 인식을 높이고, 따라서 이들을 쉽게 피할 수 있게 하려는 데 있다. 모델에 의해 이룩될 수 있는 것과 없는 것에 대한 냉정 한 전망은 모델작성에 대한 배타적인 선입견에 대해서와 마찬가지로 그것의 도매금 거부에 아무런 기초도 제공하지 못한다. 신을 믿느냐는 질문을 받은 선(禪)의 대가는 "만약 당신이 믿으면 나는 믿지 않고, 당신이 믿지 않으면 나 는 믿습니다"라고 대답했다. 곧 논의하는 모델작성의 에러들은 모델에 대한 나의 신뢰의 결여를 표현하는 것이 아니다. 나는 이들을 맹목적인 충성파에 게 "아무리 그렇더라도……"라고 말하는 식으로 제시하고 있다.

기호에 대한 과잉강조

우선, 나는 모델의 호소력의 일부가, 그것이 불러일으키는 커다란 기대의 심 리적 기초가, 기호의 마력에 대한 무의식적 믿음에 있다는 인상을 지우기 어 렵다. 전능한 기호주의의 전통은 오래된 것으로 항상 불명예스러운 것은 아 니었다. 라이프니츠로부터 러셀과 비트겐슈타인에 이르는 철학자들의 '이상 적 언어'에 대한 관심은 기호논리의 발달에 중요한 역할을 수행했다. 그리고 피타고라스에서 카발라Cabbalah와 케플러Kepler 관통해 흐르는 신비적occult 교 리들까지도 자연의 이해에서 수학의 중요성을 인식하는 데 공헌했을 수도 있다. 현 세기(20세기)에, 상징은 어느 곳에서나 관심의 초점이 되어왔으며, 본질적으로 선악 간에 위대한 힘을 가진다는 생각이 널리 퍼져왔다. 이는 필립 셀즈닉Philip Selznick이, 19세기의 표현의 숭배cult of expression를 보완하면서, '인상의 숭배cult of impression'라고 부른 것에서까지 찾아볼 수 있다. 올바른 기호를 생산하고 그것에 노출되는 것은 정신건강에서 국가안보에 이르기까지 모든 것을 위해 중요한 것처럼 느껴진다. 기호적 양식은 이 시대의 양식이다. 물리학에서 모델은 1세기 또는 2세기에 걸쳐 중요하게 여겨졌다. 아마도 그 주제 때문에 환경에 더 민감한 행동과학은 시대적 요구에 대한 반응으로 모델에게로 끌려왔을 수 있다.

불행하게도 행동과학에서는 기호적 양식이 표현의 한 형태일 뿐이지 사고의 형태는 아닌 경우가 적지 않다. 말하자면, 때로는 이것이 하나의 말투에 지나지 않는다. 정의는 널려 있으나 의사정의일 뿐이다. 그것들은 정의된 용어들이 앞으로 어떻게 사용되어야 하는지를 특정화하지 못한다. 정교한 기호들은 때로는 단지 명백한 것만을 기호화하고, 기호들이 문학적·학술적 양식의 은어jargon보다 경제적이고 아마도 더 명료할지라도, 그것들이 이룩하는 것은 수고의 가치조차 갖기 어렵다. 기호의 사용으로 명제는 과학적으로 유용한 진술의 형식을 갖게 되지만, 항상 내용을 갖게 되는 것은 아니다. 긴 ― 그리고 특히 보다 산문적인 ― 표현의 약어로서 'x'를 도입하는 것은, 다음 y=f(x)라고 말하는 것은, 실재가 없이 수학의 외관을 가진 어떤 것을 제시하는 것일 수도 있다. 브레이스웨이트(9: 366)가 주장하는 바와 같이, "'계산 없는 계산은 없다' …… 수학의 핵심은 기호 체계가 아니라 연역적 방법에 있다". 기껏해야, 이와 같은 기호적 양식의 사용은 어느 정도 교육적 가치를 가질 수는 있다. 이런 종류의 모델은, 종류라는 용어가 어찌되었든 모델에 적용될 수 있다면, 실험의 시현에 비교할 수 있다. 이로부터 우리는 오직 그것의 도움 없이 이미 알고 있는 것을 알게 될 뿐이다.

형식에 대한 과잉강조

두 번째 실패 이유는 첫 번째가 미숙한 만큼 세련되어 있다. 그것은 합리주의적 형이상학의 관점에서 모델을 보고, 참의 영역을 논리적 체계 및 질서와 동일시하는 데 있다. 여기에서 우리는 아마도 현대contemporary 철학의 영향을 추적할 수 있을 것이다. 이러한 뜻에서 논리실증주의조차, 그것이 공공연한 인식론적 경험주의를 표방함에도, 합리주의의 저류를 지닌다. 특별히 탐구의 진행은 항상 무엇이 사실상 참인가에 의존하는 반면, 과학철학은 '원칙적으로' 무엇이 참이어야 하는가에 관여해왔다. 과학은, 무엇이 논리적으로 가능한가에 기초해서가 아니라, 구체적인 문제상황에서 실제적으로 이용 가능한 것이 무엇인가에 기초해 전진한다. 애로(83: 130에서)는 "모든 명제가 수학적 형식으로 표현'될 수can' 있다는 진술은 만약 이것이 모든 주어진 명제에 수학적 표현을 가진 순수 정신적Platonic 영역이 있다는 것을 의미한다면 의심의 여지 없이 참이나, 만약 문제의 수학적 표현이 현존하는 수학적 이론의 영역 안에서 주어질 수 있음을 의미한다면 참이 아니다"라고 지적했다. 모델은 언제나 가능하다. 그러나 그것이 주어진 지식의 상태에서 언제나 유용한 것은 아니다.

유용성을 제한하는 것은 보통 수학이나 논리에 관한 우리 지식의 부적절성이 아니라(비록 때로는 그렇기도 하지만), 오히려 주제에 관한 우리 지식의 부적절성이다. 게다가 모델은 우리 관념의 미성숙한 폐쇄를 강요한다. 모델을 만드는 것이 우리를 우리가 실제로는 모르는 어떤 것을 아는 것으로 생각하도록 미혹하는 것은 아니다. 오히려 반대로, 우리는 모델을 정확하게 우리가 의심하고 있는 것의 얼마나 더 많은, 또는 더 적은 부분이 실제로 참인가를 알아보는 데 사용할 수도 있다. 위험은 모델이 아직 탐구되지 않은 개념화의 가능성에 대한 우리의 각성을 제한한다는 것이다. 우리가 주제 자체에 더 잘 몰입할 수 있을 때 우리는 모델을 가지고 쓸데없는 일을 한다. 인간 행동의 여러 분야에서 우리의 지식은 민간 지혜(예를 들어, 찰스 메리엄Charles Merriam이 '정치적 신중'이라고 부른 것)의 수준에 머물러 있다. 이를 모델에 통합시키는 것이 자동적으로 이러한 지식에 과학적 지위를 부여하는 것은 아니다. 우리 관념의 성숙은 통상적으로 강요될 수 없는 느린 성장의 결과다. 탐구의 진행은 때때로 우리의 생각을 이전의 단계에서는 전혀 예상할 수 없었던 방식으로 형성한다. 폐쇄는, 만약 그것이 우리가 이쪽이 유망한지 저쪽이 나은지조차 말할 수 없을 정도로 충분히 알지 못할 때 우리의 사고가 따라야 할 방향을 정해준다면 미성숙한 것이다. 모델을 만드는 것은, 단순하게 새로운 합성물들의 농축을 허용하기 위해서는 그것들이 용해된 상태로 내버려두는 것이 훨씬 더 나은 단계에서 우리의 생각을 결정시켜버리는 것이 될 수도 있다.

그러나 합리주의는 특징적으로 경험적 내용보다 논리적 형식에 더 관심을 갖는다. 이와 같이 모델 자체가 관심의 대상이 되고, 모델은 자주 그것이 봉사하기로 되어 있는 목표가 갖는 중요성을 빼앗는 수단으로서 역할을 한다. 내가 말하는 이 실패 이유는 모델작성 그 자체를 목적으로 모델작성에 종사하는 경향을 일컫는다. 우리는 이러한 경향의 존재를, 마치 우리가 오직 이에 상응하는 실험이나 측정의 실시 자체 때문에 실험이나 측정을 수행하는 경향의 존재를 인정하는 것과 정확하게 마찬가지로, 솔직하게 인정해야 한다. 레빈(84: 12)은, 심리학의 형식화 또는 수학화에 매우 큰 관심을 가지고 있었는데, 이들 설계의 순수한 도구적 역할을 강조한 바 있다. "심리학자로서 우리는 심리학적 과정에 관한 새로운 지식과 이에 대한 깊은 통찰력을 찾는 데 관심을 갖는다. 그리고 언제나 이는 지도적 원리였다. 이론, 수학화, 형식화는 이 목적을 위한 도구들이다. 심리학에서 이들의 가치는 오직 그것들이 그 주제에서 결실 있는 진전의 수단으로서 봉사하는 한에서만 존재하고, 복잡한 도구들이 항상 그러하듯이, 진전에 도움을 주고 방해하지 않을 때와 그런 곳에서만 적용되지 않으면 안 된다." 내가 말하는 것은 모델이 도움이 되느냐의 여부가 항상 당연한 것으로 받아들여질 수 있는 그러한 것이 아니라는 점이다.

과잉단순화

모델이 별로 특별한 도움이 되지 않을 때, 그 실패 이유는 주로 과잉단순화이다. 이러한 비판은 값싼 그리고 행하기 쉬운 것으로, 실제로도 매우 자주 행해지고 있다. 과학은 언제나 단순화한다. 과학의 목표는 그 모든 복잡성이 나타나도록 현실을 재생산하는 데 있지 않고, 오직 현실의 이해나 예측, 또는 통제에 필수적인 어떤 것을 형식화하는 데 있을 뿐이다. 모델이 탐구의 대상인 주제보다 단순하다는 것은 그것이 단점이 되는 만큼이나 장점이 되며, 이는 어떤 경우에도 불가피하다. 그러나 특정 단순화를 이루기 위해 어떤 고려들이 있었느냐에 많은 것이 달려 있다. 그 고려사항 가운데 하나가 복잡한 현실의 어떤 양상을 무시하는가 하는 것으로, 이는 무시되는 것은 적어도 첫 번째 근사치에 이르는 데 필수적인 것이 아니라는 가설에 입각하고 있다. 또 다른 것은 '취객의 찾기'(§1) 원리를 따르는, 즉 그렇게 하면 모델이 훨씬 더 우아해지고 작업하기 쉬워지기 때문에 어떤 특정 방식으로 단순화하는 것이다. '가장하기' 놀이가 본래 순전히 유치한 시간 보내는 소일거리만은 아니다. 그보다 멋진 이름을 붙이면, 이는 ― 환상의 세계에 대한 만족이 현실로부터의 도피를 자극하지 않는다면 ― 위대한 과학적 순간의 기획으로 인식될 수 있다.

이러한 모델의 실패 원인이 관습적으로, 문제는 좋은 것을 너무 많이 가지고 있다는 것을 암시하는, '과잉'단순화로 알려져 있다는 것은 불행한 일이다. 이론의 수준에서 가장 위대한 업적 가운데 어떤 것은 바로 괄목할 만한 단순성을 보인다. 실패 원인은 오히려 우리가 잘못된 방향으로 잘못된 장소에서 단순화를 했다는 데 있다. 우리가 지나치게 멀리 간 것이 아니라, 잘못된 방향으로 움직인 것이다. 내 생각에는 이 점은 통계의 사용과 연관해서 특별히 명백하다. 항아리에서 채색된 공을 뽑거나 카드 데크에서 카드를 뽑는 것은 유전학이나 정치학과 같은 데서 작동하는 실제기제들의 환상적인 단순화다. 그러나 이는 엄청나게 유용한 단순화일 수 있다. 다른 한편, 이 모델은 실제 카드게임에서도 부적합한 것일 수도 있다. 일리 컬버트슨Ely Culbertson은 한때, 브리지게임에 유용한 통계적 분석은 때로는 통상적인 브리지 카드 섞기가 무작위 분포를 산출하기에 충분할 정도로 완전하지 못하기 때문에 부적절할 수도 있다는 점을 지적했다. 이전에 돌린 패를 기억해서, 심각하게 사기로 의심되는 (과잉단순화된 모델에서 계산된 것으로서) '우연 chance'의 수준을 훨씬 넘는 빈도로 기막힌 솜씨를 보이는 전문가도 있다. 과잉단순화는 '과소복잡화'로 부르는 것이 더 나을 수도 있다. 일어나고 있는 일은 단지 중요한 것이 간과되고 있다는 점이다.

　여기서 강조되지 않으면 안 되는 핵심적인 요점은 무시된 것이 바로 그 모델의 목적에 중요한 어떤 것이라는 점이다. 어느 상황에서나 항상 논의할 만한 다른 것이 있고, 얻어야 할 그 이상의 지식이 있다. 요점은, 갈 수 있는 곳까지 가더라도 우리가 하는 이야기가 옳지 않을 때 우리는 과잉단순화하고 있다는 것이다. 어떤 모델에 의해 형식화된 문제의 수학적 풀이는 상응하는 실제 경우의 문제에 대해서는 전혀 적합한 풀이가 될 수 없을 수도 있다. 불완전한 정보의 게임에서의 허세bluffing 이론은 두 명의 경기자와 세 장의 카드를 다루는 분석으로 구축되었고, 그 결과는 다양한 정치 및 경제 전략의 조명에 공헌했다. 그러나 일곱 명의 경기자가 52장의 카드를 가지고 하는 게임을 분석한, 내기자들이 완전한 정보를 가지고 있다고 가정한 포커나 정치학 모델은 위험스러울 정도로 단순화될 수 있다. 확실히, 이와 같은 모델의 경우 허세에 대해서는 전혀 이야기 할 수 없다.

이러한 어려움은 물리적 모델과 관련해서는 친숙한 것이다. 이들은 특징적으로 규모scale의 변화에 개입하며, 그 차이는 어떤 다른, 그리고 심각한 차이를 만들 수도 있다. 우리가 모델로부터 실제 규모의 현상으로 움직여 감에 따라, 길이 차원에서의 열 배의 증가는 평면에서는 100배로 그리고 부피에서는 1000배로 증가한다. 실제 규모의 엔진은 모델로 봉사하는 엔진 마력의 열 배를 훨씬 넘는 힘을 필요로 할 수도 있다. 이러한 기하학적 비례축소scaling 조차 보이는 것처럼 그렇게 단순하지는 않다. 비-유클리드 기하학에서는, 완전히 비슷한 도형은 없으며 — 예를 들어, 두 개의 삼각형은 같은 비율을 가질 수 없고 면적에서도 다르다 — 그리고 그 가능성을 가정하는 것은 기하학이 유클리드적이라는 것을 미리 상정하는 것과 같다. 라이헨바흐는 이들 비례축소 가정들의 환영성과 중요성 둘 모두를, 천천히 그리고 고통스럽게 한 팔로 턱걸이를 하면서 그의 소대원들에게 "자, 이제 너희들도 이렇게 해. 열 번씩!" 하고 소리치는 프러시아 훈련교관을 예로 들어 설명했다. 행동과학에서 이 문제는 자주 우리가 관심을 가지고 있는 행동에서 작동하는 것보다 훨씬 약한 동기를 수반하는 실험의 설계나 분석과 관련해서 발생한다. 실험실 상황이 '인위적'이라는 비판은 그것이 오직 실험결과의 분석을 위한 모델이 과잉단순화되었다는 비난을 방어할 수 있는 한에서만 정당화된다.

간단히 말해, 조잡하지만 더 사실적인 가설들의 집합이 정교하지만 과잉단순화된 모델보다 특정 사례들의 탐구 목적에 훨씬 잘 봉사할 수도 있다. 이러한 경우가 그럴듯한 것은 특별히 우리가 어떤 요소들이 안전하게 무시될 수 있는지 알지 못할 때, 또는 모델을 위해 사용 가능한 수학을 가지고 우리가 이미 그 탐구의 맥락에서 중요하다고 알고 있는 어떤 요소들을 취급할 수 없을 때이다. 밀(94: 583)은 "현상들을 결정하는 몇몇 작인들agencies만을 가지고 어떤 과학을 만들고 나머지는 일상적인 실행이나 총명한 추측에 맡겨놓는 것은 비철학적"이라고 말했다(우리는 아마도 이를 '비과학적'이라고 부를 수 있을 것이다). "우리는 당연히 과학적 형식을 자처해서는 안 된다. 아니면, 우리는 모든 결정 작인들을 똑같이 연구하고, 할 수 있는 한 과학의 울타리 안에 이들 모두를 포함시키도록 노력하는 것이 당연하다. 그렇지 않으면 우리는 우리의 이론이 고려하는 것들에 틀림없이 불균형적으로 높은 관심을 부여할 것이며, 반대로 나머지를 잘못 추정하고, 아마도 그것들의 중요성을 과소평가할 것이다."

　나는 이와 같은 경고가 모델작성을 총체적으로 비난하는 것은 아니라는 것을 반복해서 얘기하고자 한다. 다행히도 탐구의 현재 상태에서 중요한 모든 요소들을 고려하는, 그래서 이후 탐구가 진행됨에 따라 개선되거나 명예롭게 은퇴하게 되는 모델들도 있다. 이밖에 유의미한 어떤 것을 결여하고 있음에도 상당한 과학적 값어치가 있는 충분히 훌륭한 근삿값을 제공하는 모델들도 있다. 이러한 경우들 외에도, 모델의 단순화로 생략된 것이 커다란 결과의 차이를 만드는 경우에서도 모델은, 만약 우리가 적어도 거기에서 나온 결과를 어떤 방향으로 수정하면 당면한 문제에 적용할 수 있는지 안다면, 유용하게 쓰일 수도 있다. 만약 모델이 우리에게 제공하는 것이 단지 수용 가능한 해결책의 상한이나 하한뿐이라 하더라도, 그것은 엄청나게 가치 있는 것일 수도 있다. 모든 단순화가 과잉단순화는 아니다. 그러나 그 위험은 항상 존재하며 당면해야만 하는 것이다.

엄격성에 대한 과잉강조

모델 ― 그보다 정확하게는 모델작성자들 ― 의 또 다른 실패 이유는 정밀성과 엄격성에 대한 부당한 강조에 있다. 이와 관련해서는 아리스토텔레스가, 교육받은 사람은 다루어지고 있는 주제가 허용하는 것 이상의 정밀성을 요구하지 않는다는 논평으로, 자주 인용되어왔다. 이런 취지의 진술이 윤리와의 관계의 맥락에서 나오는 것이라 하더라도, 내 생각에는 이를 주제 자체가 획득될 수 있는 정밀성에 본원적인 한계를 강요한다는 주장으로 해석하는 것은 부적절하다. 또는 만약 그것이 아리스토텔레스의 관점이라면, 내 입장에서는 칸트가 그의 통찰력의 공리에 관한 원리에서 취한, 모든 경험의 대상은 필수적으로 외연적 크기를 갖는다는 입장을 더 선호한다. 본래 취급의 정밀성을 미리 배제하는 주제는 없다. 그러나 어떤 주어진 시점에서 우리의 지식의 상태와 우리가 이용 가능한 관찰 및 측정의 기법들은 이와 같은 한계를 강요할 수 있을 뿐 아니라 확실히 강요한다. 모델들은 때로는 부적절하게 정밀하다. 이들은 우리가 사실상 얻을 수 없거나, 아니면 우리가 만약 그것을 얻는다 하더라도 어떻게 사용할지 알지 못하는, 측정값들을 요구한다. 현재로서는, 예를 들어 쾌락(에서 정교한) 계산들hedonic calculi은 내 생각으로는 수학적으로 그보다 조잡하지만 경험적으로 그보다 정교하고 세련된 동기에 관한 많은 설명과 비교할 때, 상대가 되지 않을 정도로 인간의 행동에 대해 제대로 조명하지 못하고 있다.

확실히 내가 앞에서 지적한 바와 같이, 모델들 자체는 양적인 측정에 대한 너무 지나친 의존에서 우리를 풀어주고 우리에게 다양한 다른 척도들의 사용을 권장할 수도 있다. 그러나 다른 한편에는 모델이 쉽게 타협할 수 없는, 그리고 과도한 측정의 요구보다도 더욱 효과적으로 우리의 사고에 족쇄를 채울 수도 있는 연역에서의 엄격성의 문제가 있다. 내가 믿기로 이러한 결점은 종종 공준적 모델, 그리고 특히 형식적 모델의 특징적 모습이다. 이들 모델 가운데 많은 것이, 전적으로 그들의 엄격성 때문에 그렇게 눈에 뜨일 만큼 연역적 다산성deductive fertility을 가지지 못한다. 공준과 정의의 수효에 비해 중요한 정리의 수는 왕왕 실망할 정도로 적다. 그리고 연역적 다산성이 보이는 곳에서도, 이것을 상응하는 발견도출적 다산성heuristic fertility ─ 앞으로의 관찰, 실험, 또는 개념화를 위한 함의에 있어서의 풍부성 ─ 의 표지로 가볍게 받아들일 수는 없다. 베블런, 베버 그리고 프로이트와 같이 인간과 사회를 연구하는 학자들은, 그들의 관념에 대한 반응이 아무리 엇갈린다 하더라도, 그들의 업적이 연역의 엄격성 면에서 그렇게 돋보이지 않는 경우에도 관념 ideas을 가진had 사람들로 일반적으로 인정되었다. 생물학에서 중요한 이론 가운데 진화, 병원성 세균, 살아있는 조직의 세포구조의 기본 개념과 연관되어 있지 않은 것은 거의 없다. 그러나 이들 이론 가운데 공준적 또는 형식적 양식으로 되어 있는 것은 아무것도 없다. 물리학에서조차, 수학적 형식화와 전환은 중요한 업적의 불가피한 동반 사항은 아니다. 예를 들어, 마이클 패러데이Michael Faraday는 "일반 산술의 범위를 넘지 않고서도 인간 지식을 가장 광범하게 확장하는 데 성공했다"(64: 579~580). 조심스러운 관찰과 형식화되어 있지 않더라고 빈틈없는 추론은 자신보다 훨씬 오래 살아남았다. 내가 말하는 것은 풍부성과 엄격성 사이에 필수적으로 어떤 안티테제가 있다는 것이 아니며, 이들 사이에 필수적으로 어떤 상응이 있다는 것을 당연시 하는 것도 똑같이 잘못될 수 있다는 것이다. 만약 여기서 선택이 이루어져야 한다면, 행동과학자에게는 사실에서 풍부성을 택하는 것 이외의 다른 길은 없다.

지도읽기

모델의 사용에서 다섯 번째 단점 또는 적어도 위험은 지도읽기map reading — 모델은 어떤 특정 표상의 모드mode이며, 따라서 그 모든 양상features이 그 주제의 어떤 특징에 상응하는 것은 아니라는 것을 인식하는 것에서의 실패 — 라고 불러도 좋을 것이다. 역사적으로, 아마도 이 에러의 가장 중요한 사례는 유클리드 기하학과 물리적 공간의 관계에 관한 잘못된 관념화misconception일 것이다. 정리의 공준에 대한 관계에서, 유클리드 기하학에 속하는 필연성은 마치 어떤 것이 상응하는 어떤 명제가 이 기하학에서 틀림없이 타당하기 때문에 물리적 부피에 관해서 참이어야 하는 것인 양, 공간 자체의 유클리드적인 구성에서의 어떤 필연성으로 잘못 읽혔다. 그러나 주어진 모델 안에 필수적인 관계들이 있다는 것이, 일반적으로 그것을 모델로 만드는 구조적 양상의 하나는 아니다. 이와 같은 관계들은 그것이 모델인 것what the model is에 속하나, 그것에 관한 것what it is about에 속하지는 않는다. 모델은, 마치 지도가 묘사하는 크기와 모양에 의해서만 표상되는 경우에도 색깔을 가질 수 있는 것처럼, 항상 어떤 부적절한, 즉 그것에 의해 모델이 되는 구조동형성에 대해 부적절한 양상들을 갖는다. 내가 '지도읽기'라고 부르는 것은 단지 지도가 그렇게 되어 있기 때문에 대영제국은 어디서나 분홍이라고 상정하는 것이다. 이는 어떤 뜻에서는 과잉단순화 에러의 이면이다. 모델에서 그 안에 꼭 들어가야 하는 어떤 것을 남겨놓는 대신, 우리는 그 모델이 실상은 그것의 부분이 아닌 어떤 것을 포함하는 것으로 읽는다.

이러한 처리에서의 위험은, 특히 해석적 모델과 연관해서 네이글에 의해 강조되어왔다. 그는 모델의 비필수적 양상이 "모델에 체현된 이론의 불가분의 양상을 구성하는 것으로…… 잘못 가정될 수도 있다"라고 경고하고 있다 (103: 115). 결과적으로 이론의 개발은 이익이 나지 않는 방향으로 길을 잡고, 의사-문제의 추구는 주의를 이론의 조작적operative 유의성에서 떠나게 한다. 그는 "더욱이 어떤 이론을 지지하는 증거는 그것이 얼마나 압도적이든 상관없이, 그 모습이 어떠하든, 그 이론을 위한 어떤 특정 모델의 물리적 존재의 증명을 구성하지는 않는다"라고 지적했다(103: 117). 지도읽기는 더 나아가 어떤 이론을 이를 위한 모델과 완전동일시(103: 117 및 9: 93) — 용어 '모델'을 무차별적으로 의미론적 모델, 형식적·해석적 모델에 적용하는 용법에 의해 촉진되는 혼동 — 하는 데까지도 이를 수 있다. 그러면 이론은 그것들이 적합한 구조의 일부가 되든 안 되든, 해석적 모델을 구성하는 체계의 대상들과 다름없는 것을 그 모든 특질과 함께 다루는 것으로 잘못 생각된다. 만약 컴퓨터가 인간

두뇌 이론의 모델로서 봉사할 수 있다 하더라도, 이는 이들 모두가 전기 충격에 의해 작동한다는 사실과는 아무 상관이 없으며, 또한 두뇌가 컴퓨터와 다름 아니라는 주장이나 이 인공물이 생각하는 기계와 다름 아니라는 주장을 조금도 정당화하는 것이 아니다.

사진적 실재론

모델은 오직 구조적 특질들에서만 그것이 모델로 삼는 것을 닮는다. 구조동형성이 요구되거나, 또는 일반적으로 공급되는 모든 것이다. 그 구조에 부적합한 어떤 체계의 특질들은 따라서 모델로서의 그 체계의 지위와 기능에 부적합하다. 이들은, 체계에 '내생적endogenous'인 것에 대비되는 것으로서, '외생적exogenous' 특질 또는 변수라고 부른다(79: 119). 외생적 특질들은 일반적으로 같은 이론에 대한 해석적 모델이 다르면 달라진다. 어떤 주어진 사례에서 이들은 체계가 유지되는 한 고정된 채로 남아 있을 수 있다. 또는 만약 그것이 내생적 요소들에 의한 것이 아니라면 변화에 종속될 수도 있다. 우리는 이웃하고 있는 나라들이 같은 색을 갖지 않는 한 우리가 택하는 어떤 색을 가지고도 정치 지도를 만들 수 있다. 위에서 논의한 지도읽기의 에러는, 부적절한 어떤 특질을 모델에 적절한 것으로 취급하는, 내생적 특질과 외생적 특질의 적절한 구분의 실패에 있다.

한편 어떤 체계의 내생적 특질들은 오직 그 체계를 다른 체계와 관계시켜 그 하나를 나른 것의 모델로 봉사하게 하는 전망과 관련해서만 내생적이라는 것을 잊기 쉽다. 다른 맥락이나 다른 분석 '수준'에 적합한 다른 전망에서는 상당히 다른 특질들이 적합하게 될 수도 있다. 예를 들어, 가족은 위계적 구조를 보여주고 따라서 추상적 기하학 체계의 모델로써 봉사하게 될 수도 있고, 또는 그것을 모델로 할 수도 있다. 아마도 이는 권위와 영향의 관계처럼 관계의 위계일 것이다. 애정, 충성심, 명예 등과 같은 문제들은 여기서는 외생적인 것이다. 그러나 이 후자의 관계들이 주어진 모델에 필수적인 것들과 마찬가지로 가족 유형에 기초적일 수 있다. 더욱이, 가족의 각 성원은 외부 사람들─아버지는 고용주, 자녀들은 선생님, 어머니는 신부님─과의 권위 관계에 개입될 수도 있으며, 그리고 이들 관계는 다시 가정 관계에 영향력을 행사할 수도 있다. 우리는 개인을 단일한 자아가 아니라, 어떤 내적 권위구조를 가지고 있는 것─이드id를 넘어선 초자아superego─으로 간주하기를 바랄 수도 있고, 그렇게 해서 다시금 최초의 모델은 부적합하게 될 수도 있다. 가족은 상호작용하는 실제 인간들의 집단으로서 어떤 모델도 초월한다.

요점은 이 모델은 전혀 가족의 사진이 아니라, 가족에 대한 지식의 습득과 형성을 위한 고안이라는 것이다. 브레이스웨이트(9: 93)는 "모델을 수단으로 과학적 이론에 대해 생각하는 것은 항상 '마치 ~인 양as-if……' 생각하는 것이다. 모델 채택이 지불해야 하는 값은 영원한 경계심이다"라고 말했다. 경계심을 늦추면 우리는 사진적 실재론pictorial realism의 에러에 노출된다. 비록 우리가 모델의 내생적 특질들을 올바르게 구분한다 하더라도, 우리는 이들을 모델이 되는 것의 이미지 또는 초상을 구성하는 것으로 잘못 받아들일 수 있다. 모델이 탐구에서 그 기능을 효과적으로 수행할 수 있는 것은 그것의 정확한 표상(묘사) 때문인 것으로, 그러므로 그것의 정확한 표상의 표시로 간주된다. 확실히 구조적인 유사성은 있다. 사진적 실재론의 잘못은 유사성이 오직 어떤 주어진 전망에서만 존재한다는 것, 그것이 어떤 특정 표상의 모드라는 것을 잊어버리는 것이다. 메르카토르 도법Mercator projection은 극 지역을 왜곡하고, 그 왜곡은 모델에 내생적임에도 좋은 지도를 만들게 해준다.

만약 모델이 과학적 은유라면 사진적 실재론은 이 은유를 문자적 진술로 취할 것이다. 그리고 은유가 더욱더 친숙해지고 그 기초가 튼튼해질수록, 그것은 더욱더 문자적으로 채택될 개연성이 높다. 우리는 '그것은 무엇과 같은 것' 대신 '그것은 무엇'으로 생각한다. 항상 발견되어야 하는 유사성은 있다. 우리는 탐구를 진행시킬, 또는 어떤 특정한 방식으로 예측이나 통제와 같은 것에 봉사할, 그러한 것들을 구한다. 그러나 이러한 봉사로 유사성이 동일성 identity으로 변환하지는 않으며, 부분적 동일성조차도 관점에 따라 달라진다. 폴 디랙Paul A. Dirac은 "자연과학의 주된 목적은 사진들의 제공에 있지 않다"라고 말하고, 적절하게도 "한 걸음 더 나아가 자연에 관한 지식은 종교가 우상들과 관계가 있는 것 이상으로 자연에 관한 모델과 관계가 있는 것이 아니라고 말하는 것이 아닌가?"라는 질문을 제기했다(49: 178). "또는 이를 담대하게 표현하면, 과학자들은 '너희를 위해 어떤 조각한 (형)상image도 만들지 말라'는 제2계명의 첫 부분을 준수하는가?"라는 질문이 된다. 이에 대한 내 대답은 모델은 오직 그것이 그렇게 보이도록 만드는 경우에만 (우)상이 된다는 것이다. 우상idol은 그 형식이나 그 본질에 의해서가 아니라, 그 경배자들의 우상숭배에 의해 구성된다.

여기서 나오는 방법론적 도덕은 이렇다. 참은 하나일 수 있다. 그러나 만약 그렇다면, 이 명제는 기껏해야 문자적 진술로서만 성립한다. 우리가 아는 것을 효과적으로 전달할 수 있는 은유에는 한계가 없다. 문자 그대로의 나 스스로를 말해보자. 만약 주어진 모델이 사진적 실재로 받아들여지지 않는다면, 우리는 몇 개의 모델을, 비록 그것들이 서로 잘 조화되지 않는다 할지라도 훌륭하게 사용할 수 있다. 볼츠만이 언급한 바와 같이(27: 247에서), "우리가 다른 여러 가지 방식으로 그 외양에 관한 사진 체계(원문 그대로)를 만들 수 있는" 가능성이 떠오른다. "지금까지 우리는 오직 하나의 참이 있을 수 있다는 독단에 꽉 매달려 있었다. 에러는 다양하지만 참은 유일하다. 우리의 현재의 입장에 따르면, 이 관점은 부정되지 않으면 안 된다. …… 사물을 보는 어떤 방식은 우리의 눈길을 유일한 도달할 수 없는 이상ideal으로 돌린다. 다른 방식은 우리의 눈을 다수의 획득할 수 있는 것으로 돌린다." 물론 통합하고 체계화하고, 우리의 관념화에서 그 어느 때보다 커다란 통일성을 성취하는 것이 이론의 기능 가운데 하나이다(§35). 그러나 이것이 모델 중 어떤 하나를 생생하게 닮도록 만들기 위해 손질만을 필요로 하는 사진을 선택함으로써 이루어질 필요는 없다.

간단히 말해, 과학적 업적은 오직 어떤 주제에 관한 참을 어떤 단일 포괄적 — 가정적으로, 그리고 형식적으로까지 발전된 — 모델로 형식화할 수 있는 우리의 능력에 의해 평가된다는 관점은 편견에 지나지 않는다. 이와 같은 모델들이, 물리학에서조차 거의 발견되지 않는다는 사실은 과학자들이 논리적으로 소박하거나 방법론적인 요구에 대해 무심하다는 것을 의미하는 것은 아니다. 이러한 비난은 오히려 방법론자들이 과학을, 과학자들의 상용논리에 따라서가 아니라, 그들 자신의 재구성논리에 따라 바라보고 있음을 뜻한다. 모델이 아름답다는 것은 부정할 수 없다. 그리고 동료들 사이에서 눈에 띈 사람들이 자랑스러워하는 것은 당연하다. 그러나 모델은 숨겨진 결점을 가지고 있을 수도 있다. 무엇보다도 문제가 되는 것은 그것이 보기에 좋은지 여부만이 아니라, 우리가 그것과 함께 행복하게 살 수 있느냐이다.

§33. 행동과학에서 모델

행동과학에서 기호적·공준적·형식적 양식의 주요 난점의 하나는 이들이 통상적으로 출발을 위해 할 수 있는 것보다 훨씬 더한 폐쇄를 요구한다는 점이다. '인성', '문화', 그리고 '이념'과 같은 개념들은 소박하게 그들 각각의 분야에서 엄청난 중요성을 가진다. 불행하게도, 어떤 단일 특정화로 이들의 의미를 명백하게 정의하는 것은 아마도 매우 한정된 적용성만을 가질 것이다. 물론 폐쇄를 흉내 내기는 쉽다. 이들 일상용어들을 기호('P', 'C', 'T')로 대치해서 다양한 공식에 사용할 수 있다. 그러나 기호들이 해석되어야 할 때, 궁극적으로 이들이 관찰적 자료와 관계되지 않으면 안 되기 때문에, 이들의 의미의 개방성은 또다시 드러나게 된다.

인위적인 언어들

인위적인 언어들은 수학 및 기호논리의 언어들처럼 자연적 언어의 도움으로 경험적 유의성을 얻는다. 조작을 통해 의미를 특정화하는 경우에도, 그 조작은 그때 그 자리에서 수행되기보다는 통상적으로는 구두로, 보통은 담화로 서술된다. 다른 용어를 덜 애매하게 하기 위해 애매한 용어가 사용될 수 있다. 나는 두 개의 명제들 사이에 자리하고 있는 기호 'V'가 첫째가 참이거나 아니면 둘째가 참이거나 아니면 둘 다 참임을 의미한다고 설명할 수 있다. 그리고 이 설명은 설명에 사용된 단어 '또는or'이 그것이 단번에 둘 모두가 참이 되는 것을 허용하는지의 여부에서 모호한 경우에도 명백하다. 모든 우리의 도구는 어느 정도 정교하든 상관없이 궁극적으로는 인간의 거친 손에서 만들어진다. 그러나 언어가 이런 방식으로 스스로 개선되려면, 우리는 폐쇄의 대체가능지들을 구분할 수 있을 정도로 충분히 알지 않으면 안 된다. 의미론적 근접화는 인식론적인 근접화를 지원하는 동시에 이에 기댄다(§12). 의미는 우리가 얘기하고 있는 것이 무엇인지 알 때에만 명백해진다. 행동과학에서 정밀한 상성은 그것의 적용이 우리가 자주 알지 못하는, 분별력이 결여된, 그리고 오직 느슨하게 경계가 그어진 경험에 의존한다는 사실 때문에 어려움을 당한다.

　애로는, 언어는 그 자체가 사회적 현상이기 때문에 "언어적 기호의 복합적 의미는 무생물 세계의 것들보다는 오히려 사회적 개념을 전달하는 데 훨씬 더 적합한 것 같다"라고 지적한 바 있다(83: 130~131에서). 사회세계에 대한 우리의 경험은 대체로 이야기로 이루어진다. 그리고 사회과정에 참여자로서 우리는 의미에 대한 별 의식적인 반향 없이 이야기되고 있는 것을 감지한다. 그는 계속해서 수학이 가장 성공적으로 적용된 행동과학이 경제학이라는 것은 놀랄 일이 아니라고 말한다. 거기서는 "연구되는 개인들이 상대적으로 고도로 의식적인 계산 작업에 종사하기" 때문이다. 그들은 스스로, 말하자면 수학적 언어를 말한다. 행동의 다른 분야에서는, 인위적 언어가 이중적으로 인위적일 수 있다. 의도적인 조성으로서, 그러나 동시에 꾸며지거나 가공된 어떤 것으로서. 자연이 결핍하고 있는 것으로 생각되는 어떤 것을 채우기 위해 고안된 다른 장치들과 마찬가지로, 이것은 실제의 것보다 더 좋게 보일 수도 있으나 그 수행성은 통상적으로 실망스럽다.

내가 보기에 방법론의 신화와 의미론적 신화는 다른 어떤 곳에서보다 자신의 언어에 몰입하고 있는 행동과학에서 더욱 두드러진다. 그러나, 사이먼(79: 388)이 올바르게 우리에게 상기하도록 하는 바와 같이, "언어의 목표는 어떤 것을 얘기하는 것이지 단순히 언어 자체에 대한 것을 얘기하는 것이 아니다. 수학적 사회과학은 우선, 그리고 무엇보다도 사회과학이다. 만약 그것이 나쁜 (즉, 경험적으로 그릇된) 사회과학이면, 그것이 훌륭한 (즉, 논리적으로 일관성 있는) 수학이라는 사실은 아무런 위안도 되지 못한다". 모델작성에 내재한 형식에 대한 합리주의자의 관심을 중화시키는 데 중요한 것은 경험적 자료에 대한 강한 강조. 방관자로서 나는 자주 행동과학자가 필요로 하는 것은 자신의 주제에 대한 더 많은 관심과 그가 '과학'을 만들어가고 있는지에 대한 더 적은 관심이라는 인상을 가져왔다. 내가 믿는 바로는, 인간과 그의 방식을 연구하는 많은 학도들이 '사람'에 별 관심을 가지고 있지 않다고 말하는 것이 단순히 냉소주의만은 아니지 않는가! 자신의 도구와 기법의 작동에 몰입해온 과학자들이 유의미한 공헌을 이룩해왔다는 데에는 의심이 있을 수 없다. 그러나 감히 나는, 대부분의 과학적 업적은 어떤 특정 주제에 매료된, 그리고 주제에 대한 그들의 관심을 만족시킬 수 있는 어떤 것을 사용하거나 행할 준비가 되어 있는 사람들에 의해 이루어졌다고 말한다. 과학자는 취미를 지닌 사람, 수집가, 심지어는 애인이 보여주는, 어떤 목적의 불변성과 그의 주제에 대한 몰입을 보여준다. 성공한 사람은 통상적으로 자신의 기법을 스스로 자랑스러워하는 사람이 아니라, 진정으로 (주제를) 사랑하고, 대답으로 '아니요'를 택하지 않는 사람이다.

경험주의

과학 분파 내에서의 분업은 이론가들로 하여금 이론을 형성하고 검증하는 자료를 자신이 직접 제공함이 없이 그가 목적하는 바를 추구하도록 허용한다. 그럼에도 그의 마음에는 끊임없이 경험적 자료가 자리함에 틀림없다. 관심이 모델의 속성에 집중하면서, 거기에 맞는 자료는 주변적이 되는 경향이 있다. 자료는 무신경할 정도로 단지 2차적인 중요성만을 갖는 것으로 느껴지고, 종국에는 아름다운 이론을 망칠 가능성을 가진 추한 사실로 여겨져 버림받는다. 경제학자들은 자주, 마치 심리학자들이 정신치료의 암중모색에 대해 그런 것처럼, 사업 경영의 구체적인 것들을 경멸한다. 나는 또한 정치적 음모에 전적으로 무관심한 정치학자를 알고 있기도 하다. 틀림없이 누구도, 그리고 어떤 경우에도 모든 일을 한꺼번에 할 수는 없다. 그러나 쿰스가 '자료의 온전성integrity of the data'이라고 부른 어떤 것을 보전하는 것 — 즉, 별 생각 없이 행동은 우리의 모델이 수학적으로 작동할 수 있게 하는 데 필요한 바로 그 특질들을 가지고 있다고 가정하기보다는, 오히려 우리의 모델들을 자료에 맞도록 만드는 것 — 은 필수적이다. 그 전형적인 것으로는 분포는 정상적이라는 것, 함수는 선형이며 연속적이라는 것, 연산은 덧셈적이라는 것, 관계는 2항적이라는 것, 그리고 힘force은 그것의 작동과 무관하다는 것과 같은 것들을 들 수 있다. 이와 같은 가정들이 사실에 상응하지 못할 수도 있다는 것은 전혀 중요하지 않다. 가정은 가정으로서 효과적으로 작업을 수행하기 위해 참일 필요는 없다. 중요한 것은 단지 주어진 모델에서 가정으로 확언된 것이 그 모델에서 출현하는 이론에서는 참으로 주장되며, 그리고 수학적 욕구가 경험적 발견으로서 사실에 투영될 수도 있다는 것이다.

모델의 종류

행동과학에서 모델이 자료에 정밀하게 맞기를 기대할 수는 없다. 그 이유로 애로(85: 151에서)는 두 가지를 지적하고 있다. 첫째는, 많은 요인들이 개별적으로는 무의미하나 집합적으로는 아주 중요할 수도 있는 것과 마찬가지로, 적합한 변수들 가운데 몇몇은 빠졌을 수도 있다. 그리고 둘째는 ― 행동과학에서 특히 사실인데 ― 분석에 도입된 변수들이 매우 정밀하게 측정되지 않았을 수도 있다. 따라서 확률적 고려가 상당한 중요성을 담당하게 된다. 통계적 형식화가 모델과 자료의 관계를 취급하기 위해 유보되기보다는 유용하게 모델로 형성될 수도 있다(모델은 단지 몇몇 사례에서만 성취될 수 있는 일률적인 예측을 행하기보다는, 실험적 대상의 어떤 특정 비율이 어떤 주어진 방식으로 반응할 것이라고 예측할 수도 있다). 그 예로서, 학습에 관한, 그리고 선택 행동에 관한 모델들은 유익하게 이 형식을 택했다. 고전 역학은, 그 엄격한 결정론과 함께, 무엇보다도 모델들이 따라야 할 유일한 모델은 아니다.

연역적 다산성만큼이나 발견도출적 다산성에서도 커다란 성취를 보여 온 행동과학 모델 가운데는 게임이론에서 도출된 것들이 있다. 물론 이 이론에서 '게임'은 필수적으로 오락이나 유희가 아니고, 한편이 무엇을 하기로 결정하느냐가 상대편이 무엇을 행할 것으로 기대하느냐에 달려 있는 경연의 구조를 가진 어떤 활동을 뜻한다. 여기에 개재된 이들 행위의 특정 내용은 관계가 없다. 문제의 전부는 양쪽 편이 택하는 각각의 가능한 움직임의 결합과 연관해서 각각의 경기자들에 돌아가는 이익의 배분payoff이다(이러한 방식으로 효용이론 역시 분석에 참여한다). 이와 같이 게임이론은, 특별히 합리적 선택이 대체가능한 행위전략들 가운데 이루어지는 곳에서, 매우 다양한 결정행동의 분석에 봉사한다. 따라서 이것은 경제적 흥정, 정치적 협상, 열전 또는 냉전, 그리고 양성의 투쟁에까지 적용되어왔다. 특징적인 것은 전략의 선택에 대한 확률적 고려의 적용이다. 다른 사람이 완전히 예측할 수 있는 행마를 행하는 경기자는 상대방에게는 통상 유리한 대상으로 받아들여진다. 이러한 부류의 모델에 대해 특별히 주목할 만한 것은, 모델의 유용한 적용대상이 되는 행동은 매우 섬세하고 복잡한 것인 반면, 거기에 사용되는 수학은 불가피하게 매우 초보적이라는 것이다.

행동과학에 대한 광대한 함의를 가진 다른 일군의 모델은 인공두뇌 및 정보이론으로부터 도출된다. 행동의 목적성은 인공물(이때 '자동장치automata'는 오도되기 쉬운 칭호다)에 의해 모의·모방될 수 있다. 이와 같은 모의·모방장치simulator는 어떤 시점까지 활동이 미리 부여된 조건에서 얼마나 멀리, 어떤 방향으로 이탈해왔는지를 알려줌으로써 피드백에 기초해 어떤 균형 상태에 도달하고 이를 유지하도록 조직된다. 더 복잡한 구조를 가진 경우에도, 목적지 그 자체는 여전히 더 일반적인 균형 조건에 기초해 선택될 수 있다. 이와 같은 모델은 어떤 반응의 확률을 그것의 이전 발생 결과를 기초로 수정할 수 있도록 허용함으로써 학습을 위한 어떤 장 또한 제공할 수 있다. 처리가 여러 가지 정신동작에 관한 모델들을 제공하는 정보도 그 자체는 단지 하나의 추상적 유형일 뿐이다. 이렇게 얘기할 수도 있다. 컴퓨터는 지시를 이해하지 못하고 단지 그것을 따를 뿐이다. 그러나 모든 훌륭한 모델의 경우에서와 같이, 구조적 유사성은 유의미하며 통찰력과 같은 보다 높은 사고 과정에 관련되는 관념까지 만들어왔다. 내 견해로는, 이러한 종류의 모델들은 행동과학을 기계론적 유물론과 유심론적 관념론 둘 모두의 어리석음으로부터 자유롭게 하는 데 있어 철학적 변증법보다 훨씬 더 효율적이다. 정신은 물질이나 에너지뿐 아니라 유형이나 질서에도 개재한다. 그렇다고 후자가 그것의 분석이 자체의 범주, 언어, 그리고 방법을 요구하는 어떤 특별한 내용물은 아니다.

선험적으로, 행동과학에서 모델의 결실에 한계를 정하려는 시도는 틀림없이 너무 성급하다. 위의 예들에서 알 수 있는 것처럼, 이 방법으로 활발하게 연구가 이루어지고 있는 분야는 엄밀하게 가장 뚜렷하게 인간적인 실행분야이다. 고든 올포트Gordon W. Allport(91: 157)의 "심리학에서, 기계모델은 임상적 또는 사회적 경험이 아니라, 오히려 자연과학의 기술적 성공에 대한 열광에 기원을 두고 있다"라는 말은 아마도 옳을 것이다. 모델작성에 대한 행동과학자들의 관심이 요즘 과학의 유행을 반영한다는 것은 나 스스로가 강조한 바다. 그러나 과학사를 통해 우리는 시대마다 독특한 인지양식을 발견할 수 있다. 유행이 반드시 과학적 성취의 길을 막고 서 있는 것은 아니다. 유행은 과학에 형식과 색깔을 주는 데 봉사할 수도 있다. 기존의 인지양식이 결과적으로 억압적인 것이 될 수도 있다는 위험에 대한 각성이 결코 우리로 하여금 성숙된 해방을 사춘기적 반항과 혼동하도록 이끌어서는 안 된다. 위험은 모델을 가지고 작업을 하는 데 있는 것이 아니고, 너무 적은, 그리고 너무 비슷한 것들을 가지고 작업하는 데, 그리고 무엇보다도 그 외에 다른 것을 가지고 작업하려는 노력을 하찮게 여기는 데 있다. 유클리드만이 아름다움을 꾸밈없이 보았다는 것은 낭만적 허구에 지나지 않는다.

제8장
이론

§34 이론과 법칙

§35 이론의 기능

§36 이론의 타당화

§37 행동과학에서 이론

§34. 이론과 법칙

이론형성이 가장 중요하고 독특한 과학적 활동이냐의 여부와 관계없이, '이론'이라는 용어가 뜻하는 한 가지 의미에 따르면 이 활동은 충분히 인간에게 가장 중요하고 독특한 것으로 간주될 수도 있다. 이론은, 이러한 뜻에서, 맹목적 사실의 포착에 대립되는 경험의 상징적 차원을 대표한다. 우리의 경험 내용은 단순한 사건 발생의 연속이 아니라 다소나마 의미 있는, 본질적으로는 물론 그 발생 유형에서도 의미 있는 사건들의 순차다. 그것들은 필수동반적consequential인, 즉 서로의 관련이 유의미한 것이다. 모든 행위는, 선택된 행위가 그 상황에서 행위의 발생을 가져온 충동을 충족시키는 데 봉사할 것이라는, 행위의 동기가 된 욕구나 이해관계를 만족시키는 데 봉사할 것이라는 믿음과 연관시킬 수 있다. 실제로는 믿음이 실상 행위자에 의해 실행되었다는 사실은 오직 회고적 분석에서만 뚜렷하고, 그렇지 않은 경우에는 전혀 나타나지 않을 수도 있다. 이는 전혀, '함축적 믿음implicit belief'이라는 칭호에 의해 덜 허구적으로—덜 유용한 것이 아닐지라도—만들어지는 것이 아닌, '마치 그런 것처럼as if'의 문제일 수도 있다. 이러한 뜻에서 습관은 함축적 믿음을 과학적 법칙에, 또는 우리가 그것에 대해 마치 그렇게 하는 것이 필수적이고 보편적인 것처럼 반응하도록 조건화된 어떤 계열에 개입시킨다고 얘기할 수도 있다.

이론, 실천, 사실 및 법칙

인간 행동은 학습된 습관을 가지고 순수 반사작용을 보완할 뿐 아니라, 낯선 상황에서는 습관을 넘어 새로운 반응을 하게 함으로써, 이전에 결코 당면하지 못했던 문제들을 창의적으로 해결하도록 한다. 이러한 새로운 반응은 이론화의 행동적 상관현상correlate을 구성한다. 이론은 우리로 하여금 어리둥절한 상황에 대해 감을 잡게 하는 방법의 하나로, 가장 효과적으로 습관의 목록에 관심을 갖도록 하고, 더 중요하게는 습관을 바꾸거나 이를 상황이 요구하는 새로운 것으로 대치해서 몽땅 무시하도록 이끈다. 따라서 재구성논리에서는, 이론은 기존의 법칙들을 해석하고, 비판하고, 통합하고, 그것들을 형식화 당시에 예측하지 못했던 자료에 맞도록 수정하고, 새로운 좀 더 강력한 일반화를 발견하도록 인도하기 위한 고안으로 보일 것이다. 이론화에 종사하는 것은 단지 경험에 의해 배우는 것이 아니라 거기에서 배울 것이 무엇인가를 생각하는 일이다. 느슨하게 얘기하면, 하등 동물은 과학적 법칙을 터득하지만 과학적 이론의 수준에 오르지는 못한다. 그들은 경험으로부터가 아니라 경험에 의해 배운다. 왜냐하면 '무엇으로부터의from' 학습은 실제로는 결코 처해 보지 못한 대리 경험을 제공할 수 있는 상징적 조성들을 요구하기 때문이다.

　이론은 이러한 점에서 실천과는 적절하게 대조되며, '공론theoria'은 행위와 구분되는 어떤 것으로 보이는 명상을 뜻한다. 그러나 여기서 결정적으로 중요한 것은 이 대조가 우리가 신경을 쓰는 문제적 상황의 맥락에 준거할 때에만 의의를 갖게 된다는 점이다. 확장된 맥락에서 이론화는 실로 매우 실천적인 활동이 될 수도 있고, 명상은 수동적이지도 초연하지도 않은 다른 종류의 행위일 뿐일 수도 있다. 행위계획이 "이론적으로는 괜찮지만 실제로는 작동하지 않을 것"이라는 비평은 그저 하나의 비평일 수도 있지만, 적절하게 이해되지 않으면 안 된다. 이론은 우리 앞에 놓인 특정사례가 충족하지 못하는 조건들을 특정화할 수도 있다. 이때 이 비평은 주어진 제안이 훌륭한 해결책이기는 하지만 다른 문제의 해결책이라고 말하는 것이 된다. 이론은 거기에 포함된 이상화들 — 가령 완전한 탄력성, 마찰 없는 운동과 같은 — 때문에 결코 충족될 수 없는 조건들을 내세우기까지 할 수 있다. 그러면 문제의 비평은 오직 우리가 다루는 사례의 경우 가정된 조건은 과잉단순화라는, 그리고 이 경우 이론은 근사치의 해결책을 제공하는 것에도 도움을 줄 수 없다는 취지의 얘기가 될 수 있다. 그러나 만일 어떤 경우에 행위계획이 우리의 문제를 해결하는 데 어느 정도 도움이 되지 않는다면, "이론으로는 괜찮다"라는 양보가 무엇을 뜻하는지 알기는 어렵다. 이론은 실행에 관한of 것으로, 만약 그 적용의 모드와 맥락이 적절히 특정화되기만 한다면, 그 실용성과 성쇠를 같이해야만 할 것이다.

이론은 상징적 조성이다. 자연법칙을 세계를 직조하는 성분에 포함시키는 철학 사상들도 이론을 이러한 궁극적인 구성요소의 하나로 여기는 데는 주저하는 경향이 있다. 어떤 점에서는, 이론은 그것이 건전하다면 신의 세계에 있는 것에 대해 어떻게든 대납을 하지 않으면 안 되는 경우에도 인간의 창작물이다. 여하튼, 이론이 상징적이라는 것은 그것이 사실의 불가항력성을 공유하지는 않는다는 것을 의미한다. 모든 사실은 그 자체로 충분하다. 그것은 단지 있는 그대로 그것이다. 여기서 이론은 또한 어떤 상징과도 마찬가지로 사실의 문제로서, 사상사 및 지식사회학의 자료로 택해질 수도 있다.

그러나 이론은 이론으로서의 기능에서 그 자체의 경계 너머로 뻗어나간다. 상징은 그 지시 대상을 모색하며, 그렇지 않으면 그것은 상징적이기를 멈춘다. 실패의 가능성은 그 노력에 본원적으로 내재하는 것이며, 참에 대한 열망은 죽음의 위험이 삶에 강요하는 대가인 것처럼 항상 존재하는 에러의 위협에 직면함으로써만 보상받는다. 그러므로 이론은 추측적이거나 가설적이며, 그 불명확성은 참으로 알려진 '사실'의 진술과 대조된다. "무엇보다도, 이는 오직 이론일 뿐이다." 에러는 확실히 인간이 만드는 것이지만, 같은 뜻에서 참도 그렇다. "아무 모험도 하지 않으면, 아무것도 얻지 못한다"라는 사실역시 건전한 인식론이다. 이론은 확실히, 어떤 순수하게 경험적인 일반화나 어떤 특정 사실의 문제에 관한 명제들보다도, 더 잘 확증될 수도, 더 철저하게 타당화될 수도 있다.

이론은 이와 같이 실행과 사실 모두에 대비된다. 이는 또한 경험에 맞서 있다. 이론적 개념은 관찰적 개념과 대비되고(§7), 이론적 법칙은 경험적 일반화와 대비된다(§13). 모든 관념화conception가 기호들의 작용을 수반하고 따라서 지각perception과 구분됨에도, 어떤 경우에는 기호들이 지각적 자료에 직접 관계하는 한편 다른 경우에 이들의 관계는 여전히 추가적인 기호적 과정에 의해 중재된다. 후자는 그 의미가 오직 수평적 지시indication에 의해서만 특정화될 수 있는 이론적 용어이다(그 차이를 절대적인 것으로 생각할 필요는 없다. 만약 모든 용어가 어느 정도 이론적이라고 하더라도 특징 묘사는 어떤 용어가 다른 것에 의해 중재되고 그 관계에서 더욱 이론적이 되기 때문에 그럴듯하게 만들어지는 것이다). 이와 같이 '이론적'이란 추상은, 즉 경험의 자료로부터 선택하는 것을 의미한다. 그러나 이는 또한 (좁은 뜻에서) 개념적인 것, 즉 경험에 전혀 대응물을 가지지 못한 어떤 선택된 자료로부터 조성하는 것을 의미하기도 한다. 만약 우리가 특징적인 사용처를 가진 이론적 용어들이 아니라, 이론적 '실체들entities'에 대해 얘기한다면, 우리는 이러한 실체들의 어렴풋한 존재의 영역이나 본질의 양상을 제시하지 않으면 안 된다. 비슷하게, 이론적 법칙들은 더 직접적으로 사실과 관계하는 경험적 일반화들에 의해 중재된다. 이들은 그보다 높은 '수준'에 있는 것으로, 즉 구체적인 개체들이 아니라 추상적인 종류의 것을, 관찰될 수 있는 사실의 구성요소들constituents이 아니라 이론적인 실체를 다루는 것으로 일컬어진다. 따라서 이론은 엄격한 뜻에서 세상을 서술하는 것이 아니라, 오히려 어떤 서술의 참에 대한 설명을 제공하는 것으로 이야기된다.

그러면 여기에는 이론적 용어, 이론적 법칙, 그리고 이론이 있다. 이들 각각은 다른 두 가지에 준거해 분석될 수 있으며, 어디서부터 시작해야 하는가는 인위적인 것이다. 개념, 판단, 추론은 칸트가 어느 정도 자세히 해설한 바와 같이 공동결정적co-determinative이다. 이 관계성이 방법론에 관해 내포하는 의미가 무엇인지는, 내가 바라는 바로는 그다음에 따르는 것을 보면 밝혀진다. 이 세 가지 가운데 어느 하나의 변화는 불가피하게 다른 것들에 감지할 수 있는 영향을 준다. 특히 새로운 이론은 그 자신의 용어들을 요구하고 그 자체의 법칙들을 발생시킨다. 옛 개념들은 단순히 재조직되는 것이 아니라 재구성되고, 옛 법칙들은 단지 수정되는 것이 아니라 거기에 새로운 의미가 부여된다. 어떻게, 그리고 왜 그렇게 되는가는 더 깊은 탐색이 필요한 중심 과제로 떠오른다.

우리는 우선 이론은 법칙들의 체계라고 말할 수 있다. 그러나 법칙들은, 마치 결혼이 다시는 전과 동일할 수 없는 두 사람의 결합인 것처럼, 서로가 체계적으로 결합됨으로써 바뀐다. 각각의 법칙은 다른 것의 본질 가운데 어떤 것을 그 자체의 일부로 취한다. 이들은 일반화되거나, 재형식화되거나, 아니면 어느 정도 재해석된다. 이론은 새로운 법칙들의 집합이 아니라 이들의 연결connectedness이다. 이는 마치 다리가 상판들이 특정의 방식으로 결합되는 한에서만 상판들의 집합인 것과 마찬가지다. 이론은, 법칙들 위에 별도로 존재하는 어떤 것으로서가 아니라, 이들 각각에게 다른 것들에서 도출되는 힘과 목적을 제공함으로써 법칙들을 설명한다. 나는 같은 뜻에서, 사실을 어떤 추상적인 실체('규칙성' 또는 '제일성uniformity')가 아니라 다른 사실들에 관련시킴으로써, 법칙이 사실을 설명한다고 감히 말한다. 어떤 개별자particular를 '지배하는' 것은 바로 이러한 다른 개별자들과의 관계이다. 어떤 과학철학은 법칙이 진정한 보편자real universals를 지칭한다고 주장하지만 이론을 이런 식으로 파악하기는 어렵다. 이 쟁점과 관련해서는 곧 다시 논의하겠다.

이론의 형태

이론을 구성하는 체계는 두 가지 형태로 나눌 수 있을 것이다. 이 둘의 구분은 때로는 이론형성의 초기 단계와 후기 단계를 대표하는 것으로 간주된다. 그러나 나는 이들을 두 개의 다른 재구성논리에 속하는 것으로 본다(§38 및 §39). 이들은 다른 이론보다는 오히려 방법론자들의 이론의 합리적 재구성에서의 차이를 대표한다. 그러나 이들 재구성이 둘 다 원칙적으로 모든 이론에 적용되는 것으로 가정되는 경우에도, 내가 믿기로는 사실상 어떤 이론들은 이 둘 가운데 첫 번째 것에, 다른 것들은 두 번째 것에 더 알맞게 적용된다. 따라서 우리가 그러기를 선택한다면 우리는 지나친 왜곡 없이 이론의 두 가지 종류에 대해 이야기할 수 있을 것이다.

　연쇄concatenated 이론은 그 구성요소가 되는 법칙들이 확인 가능한 형성체configuration나 유형을 구성하도록 하기 위해 관계의 망으로 짜이는 이론이다. 가장 전형적으로, 각각의 법칙은 주어진 이론이 설명하고자 하는 현상에서 어떤 하나의 역할을 담당하는 요소를 특정화함으로써, 어떤 중심점으로 수렴한다[따라서 이는 '법칙형태law type'에 대립되는 말로 '요인형태factor type'의 이론으로 불리어왔다(51: 117~119, 144~145)]. 이것은 특별히, 연합joint 적용으로만 폐쇄를 획득하는 경향 진술들로 구성되는 이론의 경우에 참일 개연성이 높다. '빅뱅' 우주이론, 진화론 및 정신분석학적 노이로제이론은 모두 이 형태에 속하는 것으로 간주할 수 있을 것이다.

위계적hierarchical 이론은 그 구성요소가 되는 법칙들이 작은 기본 원리들의 집합으로부터의 연역으로서 제시되는 이론이다. 법칙의 설명은 그것이 이들 원리들의 논리적 결과라는 것을 보여줌으로써, 그리고 사실의 설명은 그것이 어떤 최초 조건들과 더불어 이들 원리들에서 도출된다는 것을 보여줌으로써 이루어진다. 위계는 일종의 연역적 피라미드이다. 거기서 우리는 결론으로부터 이를 도출하는 전제premises로 움직여감에 따라 점점 더 적은 수의 더 일반적인 법칙에 오르게 된다. 위계적 이론에서의 연역적 관계의 기본적인 역할 때문에, 이들 이론은 특별히 공준적 양식에, 그리고 형식적 양식에도 잘 맞는다. 따라서 이와 같은 이론은 다음과 같이 구성되는 것으로 얘기할 수 있다. ① 다루어지는 '이론적 실체들'을 지칭하는 명칭들을 포함하는, 그리고 이들 명칭의 의미의 수평적 특정화를 제공하는 문장들로 이루어지는 계산. ② 그 실체들에 수직적 특정화를 제공하는 일련의 '등위적 정의들 coordinating definitions', 즉, 관찰적 용어로 표현된 사전. ③ 해석적 체계, 즉 계산의 공준들이 특정화된 대로 해석될 때 참이 되는 체계(곧 지적하는 바와 같이, 도구주의적 이론의 관념화에서는 등위조정coordination의 과정이 강조되고, 실재론적 관념화에서는 결과적인 모델이 강조된다). 상대성이론, 멘델 유전학, 케인스 경제학을 위계적 이론을 예증하는 것으로 받아들일 수도 있을 것이다.

이와 비슷한 두 가지 종류의 이론 구분이 아인슈타인에 의해 제기되었다 (35: 53~54). "우리는 여러 가지 종류의 물리학 이론을 구분할 수 있다. 그 대부분은 조성적constructive이다. 이들은 그것으로부터 출발하는 비교적 단순한 형식적 설계 자재를 근거로 더 복잡한 현상의 모습picture의 작성을 시도한다. …… 이러한 가장 중요한 부류의 이론들과 함께, 부차적인 이론, 내가 부르는 바로는, '원리-이론principle-theories'이 존재한다. 이들은 종합적이 아니라 분석적인 방법을 채택한다. 그 기초와 출발점을 형성하는 요소들은 가설적으로 조성되는 것이 아니라 경험적으로 발견된 것들, 자연적 과정의 일반적 특징들, 독자적 과정들 또는 그것들의 이론적 표상들이 만족시키지 않으면 안 되는 수학적으로 형식화된 기준을 발생시키는 원리들로 이루어진다. …… 조성적 이론의 장점은 완전성, 적응성 및 명확성에 있으며, 원리 이론의 장점은 논리적 완벽성과 그 기초의 안정성에 있다."

위의 분류와는 완전히 다른, 형식보다는 내용의 성격에 기초한 분류가 있다. 모든 이론은 그것이 다루는 현상들에 대한 설명을 테두리 짓는 외피shell로 얘기할 수 있다. 어떤 주어진 사건을 둘러싸고 있는 이 껍질은 그것이 마치 실재하고 있는 것처럼as it were, 그 사건에 관한 이론에서 언급되는 것은 무엇이든 다 포함하는 권역sphere을 이룬다. 껍질의 내용은, 이론의 관점에서 볼 때 효과적으로 '고립된 체계'인 어떤 것을 구성한다. 이와 같은 체계는 이론에 따른 문제의 사건 설명을 위해 필요하고도 충분한 것들로 이루어진다. 이러한 기초 위에서, 고려 중인 종류의 사건들의 포괄성extensiveness과 비교되는, 설명외피의 반경에 따라 거시이론 또는 질량이론과 미시이론 또는 분자이론을 구분할 수도 있다. 이 구분은 주어진 이론에서 발생하는 법칙들의 범위(§12), 즉 법칙들이 언급하는 개체들의 집합의 문제다. 이와 같이, 거시경제학은 경제 또는 산업의 작용을 다루고, 미시경제학은 경제 과정에 참여하는 개인들의 행동을 다룬다고 할 수 있다. 마찬가지로, 질량molar심리학은 개별 인간을 하나의 총체로서 보는 반면, 분자심리학은 인성이나 유기체 내에서의 습관이나 신경 결합의 상호작용에 초점을 맞춘다.

각계각층에서 미시이론이 본원적으로 더 만족스럽다는 입장이 받아들여져 왔다. "때로는 미시이론의 발견만이 그것이 어떤 종류든 현상에 대한 진짜 과학적 이해를 제공하는 것 같은 느낌을 갖게 된다. 왜냐하면 이것만이 우리에게 소위 현상의 내부 기제에 대한 통찰을 주기 때문이다. 결과적으로 미시적 이론을 제시하지 못하는 부류의 사건들은 흔히 이해되지 못하는 것으로 간주되었다"(59: 147). 이 입장의 근저에는, 설명외피의 반경이 무한히 작아질 수 있다는 국지적 결정local determination의 원리라고 부를 수 있는 것이 자리하고 있다. 이 원리가 교리적 결정론을 함의하기는 해도, 그것과 같은 것은 아니다. 통계적 이론이 불가피한 곳에서는 설명외피가 통계적으로 안정된 모집단을 위해 허용되는 그 이하로 작아질 수는 없다. 국지적 결정은 공간이나 시간에서 원격작용action-at-a-distance의 부정과 결합된 결정론이다. 이는 어느 곳에서 무슨 일이 일어나든 그것은 그때 그곳에서 발견되는 어떤 것에 준거함으로써만 설명될 수 있다는 입장이다.

이러한 관점에는 화이트헤드가 '단순 선정위치simple location'의 오류fallacy라고 부른 것이 잘 반영되어 있다. 예를 들어, 사람을 자신의 피부 안에 국지화된 것으로 관념화해야 한다는 것은— 적어도 나에게는—, 돈을 동전이나 지폐의 국지적 속성에 의해 파악해야 한다는 것 이상으로 그렇게 긴박하고 불가피한 것 같지는 않다. 여하간 나는, 어떻게 형이상학적 정당화가 이루어지든 상관없이 국지적 결정론이 방법론적으로 필요하다고 보지는 않는다. 물론, 검약적인economical 설명이 다른 이론은 무시할 수도 있는 고려사항들을 도입하는 설명들보다 선호되게 되어 있다. 그러나 설명외피를 축소시키는 것이 결코 늘 검약의 방향으로 움직이는 것은 아니다. 햄릿의 행동에 대한 신경망적neural 설명이 오이디푸스적 설명보다 틀림없이 더 단순한 것인지는 명확하지 않다. 반면, 앞의 것이 그 밖의 것을 훨씬 더 많이 설명할 능력을 가질 수 있다고 기대하는 것은 합리적이다. 그 많은 방법론적 논쟁에서 내가 반대하는 것은 오직 한쪽이 다른 쪽에게 강요하는 부정이지, 각자가 단독으로 성취하고자 열망하는 어떤 것이 아니다.

때로는 앞의 분류와 혼동되는 이론의 분류로서 장이론field theory과 단자이론monadic theory의 구분이 있다. 이론은 어떤 요소들 사이의 관계의 체계를 기본적인 것으로 택해, 그 요소들을 이들 관계에 준거해 설명할 수도 있다. 아니면 이론은 관계물들relata에 우선성을 두어 이들 관계를 그것들이 관계하는 것들의 속성에 준거해 설명할 수도 있다(라이프니츠의 '단자론monadology'은 장이론의 가장 극단적인 안티테제인데, 그는 관계적 명제들을 몽땅 거부한다. 그의 단자들 각각은 그 자체로 전체 우주를 반영한다). 이처럼 역할들에 의해 규정되는 인간성 이론은 역할들을 사회적 과정에 참여하는 개별 인간성들의 욕구의 집합에 준거시킴으로써 설명하는 이론과 대비된다. 장의 이론을 만드는 것은 그 구성요소인 법칙들의 범위range가 아니라 그 영역scope — 그 법칙들이 대상으로 하는 어떤 것what things이 아니라 그 법칙들이 얘기하는 무엇what — 이다. 이와 같이 미시이론도 장의 이론이 될 수 있다. 그러한 예로서 기억이 그 흔적에 따라서보다는 신경회선에서의 반향에 따라 다루어지는 경우를 들 수 있다. 이때 정지 상태의 파동은 체계의 관계적 속성이지 그 어떤 구성인자의 속성도 아니다. 장이론은 필연적으로 더 과학적이 될 수밖에 없다는 것 또한 나에게는, 만약 이 구분이 형이상학적 선호와 별개의 것이라면 아무 방법론적 필연성을 찾을 수 없는 하나의 교리에 불과하다. 그렇지만 과학, 특히 물리학의 최근 역사는 장의 이론을 호의적으로 조명하고 있다. 장의 이론이 행동과학에 어떤 공헌을 할 수 있을지는 두고 보아야 할 일이다.

이론은 종종 더 높은 또는 더 낮은 수준의 것으로 이야기된다. 여기서 수준은 이론의 다양한 다른 특성을 언급하는 것으로 볼 수 있다. 이것은 이론의 범위 — 예를 들어 인간 행동을 다루느냐 아니면 동물행동 일반을 다루느냐 — 의 문제일 수 있다. 이는 영역 — 학습에 관한 이론이냐 아니면 다른 어떤 종류의 행동에 관한 것이냐 — 의 문제일 수도 있다. 어떤 이론의 수준은 때로는 그것의 추상성과, 즉 마치 행동이론과 더 엄격하게 행동주의적인 이론의 차이에서 나타나는 바와 같이, 이론적 용어를 관찰적 용어에 연결시키는 환원사슬

reduction chain의 길이와 관련을 갖기도 한다. 어떤 때는 이론의 '수준'이라고 불리는 것은 이론에서의 연역의 길이에, 마치 통상적인 사회학이론과 심리학의 '축소모형이론miniature theory'의 차이에서 나타나는 바와 같이 '첫 번째 원리들'과 이론이 거기서 적용처를 찾는 법칙들 사이 관계들의 단계의 수에 의존한다. 마지막으로 이론은 때때로 그 설명외피보다 작은 반경을 가짐에 따라 더 높은 수준에 도달하는 것으로 여겨지며, 그래서 미시이론이 거시이론보다 더 높은 수준에 있다고 말한다. 이 모든 용법이 함의하고 있는 바는 이론의 '수준'은 그 과학적 평판standing에 상응한다는 것이다. 이 함의가 바로 내가 저항하고자 해온 것이다.

§35. 이론의 기능

이론은 알려진 것들을 어떤 체계 속에 넣는다. 그러나 이 기능은 옛 실증주의가 '사고의 검약' 또는 '정신적 속기'라고 부른 어떤 것이나, 오늘날에는 정보의 저장과 검색으로 표현되는 어떤 것 이상이다. 이론에 의해 성취된 체계화가 법칙을 단순화하고 사실의 잡동사니에 질서를 도입하는 결과를 가져온다는 것은 맞다. 그러나 이는 어떤 더 기본적인 기능의 부산물일 뿐이다. 그밖에는 이해할 수 없거나 무의미한 경험적 발견물findings일 뿐인 것을 의미 있게 만드는 기능의 부산물이다. 이론은 자연의 게임에서 연출된 행마의 요약 이상의 것이다. 이는 또한, 행마를 의미 있게 하는 게임의 규칙에 관한 어떤 생각을 발전시킨다(설명의 본질에 대해서는 다음 장에서 논의할 것이다).

의미를 제공하면서 이론은 또한 참을 입증attest한다. 가설은 사실에 맞추어 봄으로서 확증되는 바와 같이 이론에 맞추어 봄으로서 확증될 수도 있다. 그러면 그 가설은 그 이론에서 나오는 모든 다른 가설들에 대한 증거가 제공하는 지원을 즐길 수 있다. 마치 법칙이 사실적 자료에 의해 확증될 뿐 아니라 그 자료에 사실적 지위를 부여하는 데 도움을 주는 것과 똑같이, 이론은 기존의established 법칙들로부터 지원을 받을 뿐 아니라 그 법칙들을 형성하는 데 참여한다. 우리는, 예를 들어 정신분석 이론이 꿈에서 소망wishes의 상징적 실현의 지지를 받으며, 또한 소망의 실현으로서의 꿈의 해석을 위한 기초를 제공한다고 말할 수도 있다. 같은 방식으로 다윈은 화석 기록에서 지원을 발견했으나, 그것은 오직 화석을 대홍수 이전의 유물이 아닌 다른 어떤 것으로 해석함으로써만 가능했다.

진행 중인 이론

이론은, 그러므로 탐구 전체를 통해 기능하며, 오직 탐구가 성공적으로 끝났을 때에만 인정을 받는 것이 아니다. 이는 사후종범자an accessory after the fact의 책임 이상의 큰 책임을 갖는다. 이는 자료와 이를 포함하고 있는 법칙들의 탐색을 인도한다. "물리학에서 이론은 이전에는 연관되어 있지 않던 법칙들의 집합을 단일 연역 체계로 통합하거나 조직하는 데 일차적으로 봉사하는 조성물"로 이야기되었다. "반면, 심리학에서는 이론이 일차적으로 경험적 법칙들의 형식화를 돕는 하나의 고안으로서 봉사한다. 이론은 검토 중인 체계에서 통제되지 않거나 알려지지 않은 요소들이 어떻게 경험적으로 알려진 변수들에 연결되는지에 관해 추측을 행한다." 이러한 견해가 심리학자에 의해 피력되었다는 것은 놀라운 일이 아니다(91: 178~179에서 K. Spence). 자신의 분야의 탐구 과정에서 이론의 역할은 그에게는 명백하다. 그러나 다른 탐구와 관련해서 그가 보는 것은 과정이 아니라 결과물일 뿐이다. 풀이 — 멀리서 보면 — 얼마나 싱싱하고 즐겁게, 얼마나 파랗게 보이는가! 나는 행동과학에서 이론의 역할이 물리학이나 생물학에서의 역할과 다르다고는 믿지 않는다. 물론, 이들 주제에 따라 형성된 이론들의 수와 힘, 무게에는 차이가 있다. 그러나 내가 보기에는 어느 곳에서나, 이론은 본질적으로 같은 방식으로 작용한다.

중요한 것은 법칙들은 그것들이 하나의 이론으로 통합될 때 번성한다는 것이다. 이론은 혼자서 혼인중매자, 조산사, 그리고 아기의 대부로서 봉사한다. 이 봉사는 미묘하게 이론의 '발견도출적heuristic'인 기능으로 알려진 어떤 것이다. 확실히, 법칙들은 또한 일종의 인식적 단성생식에 의해, 자료의 직접 점검에 의해, 또는 이미 알려진 법칙으로부터의 유추 — 내가 '외연적 일반화extensional generalization'라고 부르는 것(§13) — 에 의해 생산될 수도 있다. 그러나 이는 탐구의 주제가 특정화됨에 따라 점점 더 어렵게 된다. 다소나마 직접적으로 관찰 가능한 규칙성들이, 거의 동어반복적으로, 첫 번째로 인지되어야 하는 것이다. 이를 넘어가기 위해서 우리는 관찰적 자료로부터 이론적 조성물로 움직이지 않으면 안 된다. 캠벨(13: 88)은 "현재, 고도로 발달한 과학에서 단순히 실험을 하고 관찰을 하고 결과를 점검함으로써 새로운 법칙을 발견하거나 시사되는 일은 (이러한 성격의 사례가 때때로 나타나기는 하지만) 매우 예외적이다. 새 법칙의 형식화에서 진전은 거의 모두가 옛 법칙을 설명하는 이론의 창안에 이어 나타난다"라고 말한다. 특히 과학에서 위대한 돌파의 경우는 더욱 그렇다. 코넌트(22: 53)는 단도직입적으로 "실로 혁명적이고 중대한 진전은 경험주의가 아니라 새로운 이론들로부터 나온다는 것을 과학사가 의심의 여지없이 펼쳐 보이고 있다"라고 말한다. 우리가 아직도 옛 법칙을 설명하려고 매달리는 한, 틀림없이 우리는 새 법칙을 만들 수 없다. 내게는 행동과학이 행동법칙의 직접적인 탐색을 포기하고, 대신 행동이론의 발전에 몰입할 때가 되었다는 것을 주장하려는 의도는 전혀 없다. 그러나 행동과학자들이 이론에 몰입하고 있는 경우에는, 우리는 그로 하여금 이미 그가 알고 있는 것과 우아하나 아마도 불모의 체계에서 순수하게 정신적인

Platonic 관계에 만족하고 있도록 해서는 안 되고, 오히려 때가 차면 그 결합이 축복이 된다는 것을 알도록 해야 한다.

행동과학에서 곤란은 흔히 이론에서 부재가 아니라 과다에 있다는 말도 있다. 과학의 역사는 확실히 부족한 이론의 더 나은 이론으로의 대치의 역사다. 그러나 그 진전은 이들 각각이 어떠한 방식으로 그 이전 이론들의 업적을 고려하느냐에 달려 있다. 행동과학에서 대부분의 이론화는 이미 형성된 어떤 것 위에 세우는 작업이 아니라, 새로운 토대를 다지고, 더 나쁜 것은, 단지 다른 청사진 모음만을 제공하는 데 그친다. 그러나 새로운 과학적 이론이 옛것을 거부하는 것이 아니라 다시 만드는 것이라는 점은 어떤 점에서는 중요한 의미를 갖는다. 과학적 혁명조차도 사물의 옛 질서와의 어떤 연속성을 보전한다. 보통 여기서는 이를 '모양새 지키기saving the appearances'로 얘기한다. 고전적인 예를 들면, 지구가 평평하다는 관념은 그 안에 낱알만 한 진실은 가지고 있다. 지구는 평평하게 보이며, 사실 지구가 둥글다는 가설은 지구가 그렇게 보인다는 것을 설득하려면 엄청나게 큰 곡률반경을 필요로 한다. 결정적으로 중요한 것은 천체 표면의 매우 작은 부분을 다룰 때에는 평면기하학으로 바람직한 정도의 근삿값을 얻을 수 있다는 것이다.

촉구될 수도 있는 이러한 화해는 다시 '자료의 온전성' 보전에 달려 있는 문제다. 그러나 법칙 역시 어떤 형태로든 전해진다. 어떤 때는 옛 법칙들이 새로운 이론에서 조금 더 일반적인 법칙들의 특수 사례로서 역할을 수행하며 보전된다. 그렇다고 이러한 연속성의 모습이 유일한 것은 아니다. 옛 신념은 새로운 지식에 의해 실질적으로 형태가 전환되기도—단순히 부정되는 것이 아니라—한다. 지식은 축적과 모호한 요소들의 예전보다 건전한 요소로의 대치에 의해서만이 아니라 소화 흡수로, 즉 옛 인지적 재료를 새로운 이론의 본질로 개조함으로써 뻗어나간다. 위계적 이론은 전형적으로 그 공준들 가운데 어떤 것을 다른 것으로 대치함으로써, 또는 우리가 그것에서 옛 집합은 물론 다른 유의미한 결과 또한 연역할 수 있는 어떤 새로운 집합을 형식화함으로써 개선된다. 연쇄 이론에서는 그 유형이 때로는 연장되지만, 이보다는 더 자주 그것이 보다 큰, 그리고 완전히 다른 유형의 한 단편에 지나지 않는다는 것을 보여줌으로써 변화가 일어난다. 소위 '성운' 중 어떤 것은 실제로 별들이 촘촘히 모여 있는 것이 아니라 그 자체가 어마어마하게 떨어진 별들의 은하라는 깨달음은, 별의 우주에 대한 새로운 관념화conceptions를 야기했음은 물론이고 우리 자신의 은하계에 대한 관념화 또한 크게 바꾸었다. 마찬가지로 미치광이와 애인과 시인 사이에 실제로 공통점이 있다는 프로이트의 통찰은 미친 것 같은 데도 조리가 있음을 보여주었을 뿐 아니라, 차분한 상상력의 작용에 대한 우리의 이해를 바꾸어놓았다.

일반적으로 우리는 지식이 두 가지 방법으로 성장한다고 이야기한다. 외연extension과 내포intension가 그것이다. 외연에 의한 성장은 이렇게, 즉 (행동에 관한 것이든, 또는 그 주제가 무엇이든 상관없이) 조그만 지역에 대한 상대적으로 충실한 설명이 인접 지역에 대한 설명에 적용되는 방식으로 이루어진다. 예를 들어, 대부분의 조건반사에 대한 연구는 이러한 관점에서 이해할 수 있다. 조건화가 충분히 납득될 수 있을 때, 우리는 좀 더 복잡한 학습으로, 다음 학습의 산물로서 보이는 다른 종류의 행동으로 옮겨간다. 외연에 의한 성장의 관념은 건축물, 모자이크, 조립 세트, 또는 퍼즐 맞추기와 같은 것을 과학의 모델이나 은유로 보는 관점에 내재해 있다.

내포에 의한 성장은 어떤 전체 지역에 대한 부분적인 설명이 점점 더 적합해져 가는 것을 뜻한다. 이러한 성장의 형태는, 내가 보기에는 다윈, 마르크스, 프로이트가 공헌한 예에서 특징적으로 나타난다. 그들은 이후에 확장된 어떤 한정된 주제를 분명하게 설명하기보다는, 그들의 일차적 관심사였던 광범한 현상들에 대한 더 나은 이해를 주기 위해, 앞으로 따라 나올 이론과 관찰을 위한 방침을 개진했다. 내포에 의한 성장의 관념은 과학적 경영을 사진의 음판 현상, 쌍안경의 초점을 더 정확에게 맞추는 것, 또는 어두운 방이 서서히 밝아지는 것과 같은 은유와 연관시킨다. 진보는 조각이 아니라 더 큰 규모에서 점진적으로 이루어진다.

이 두 가지 종류의 성장은, 내가 믿는 바로는, 연쇄 이론과 위계 이론 모두에서 모든 이론적 발전에 개입한다. 새로운 이론은 어떤 지식을 추가한다. 그러나 이는 또한 이전에 알려진 어떤 것을 변형시키고, 명백하게 하고, 더욱 확증하고, 그것에 새로운 의미를 준다. 우리가 새로운 이론을 갖기 전에 우리는 우리가 알고 있었던 것이 도대체 무엇인지 제대로 알지 못했다. 편집증 체계와 의사과학적 원리는, 이미 지적한 바와 같이(62: 230) 오직 외연에 의해서만 성장한다. 이들은 거기에 부차적인 신념이 첨가될 수 있는 경우에도 필수적으로 폐쇄된 사고체계를 형성한다. 과학에서 성장은 "그 과정에서 변하지 않는 채로 남아 있는 기존의 어떤 것에 단순히 몇 개의 단위를 곁들이는 것이 아니다. 전체 구조, 즉 골격은 그 모습이 전과 비슷하게 인식될 정도로 남아 있는 경우에도 성장과 함께 변한다. 과학의 체계는 그 구조가 지식의 증가와 함께 변할 수 없는 한 유연하지 못하다".

실재론과 도구주의

과학적 이론에 대한 관념화 가운데 광범하게 퍼져 있는 것의 하나가 실재론적인 것이다. 여기서 과학적 이론은 세상에 대한 사진 또는 지도로 간주된다. 코넌트(22: 92~93)는 이 관점이, 특히 18, 19세기에 유행했는데, 잘못된 유추에 근거한 것이라고 시사했다. "우주의 구조를 탐구한다고 말하는 사람들은 스스로를 초기의 탐험가나 지도 작성자와 동등한 것으로 상상했다." 과학적 전진은, 이러한 관념화에서는 알려진 그 어떤 것의 영역 확장의 문제로 생각되었다. 세밀한 것은 시간이 지나면서 채워질 것이며, 중요한 변화는 오

제8장 이론 415

직 경계지역에서만 발생한다. 일단 경계가 발견되고 지도가 작성되면, 우리는 거기에 깃발을 세우고, 그러면 그곳은 영원히 우리의 것이 된다.

그러나 내가 이 유추를 계속 따른다면, 그 경계를 진정으로 우리의 것으로 만들려면, 우리는 거기에 살고, 그곳으로 사람들을 이주시키고, 그곳을 개발하지 않으면 안 된다. 그럼으로써 그 땅의 표면은 변하게 되고 새로운 지도가 필요하게 될 것이다. 이것이 이론의 본질에 대한 도구주의적 관점이다. 우리는 이론을 가지고 무언가를 행한다. 그것은 탐구의 도구이며, 문제적인 상황에서의 반사적인 선택의 도구이다. 조지프 톰슨Joseph J. Thomson의 날카로운 표현에서 보는 바와 같이(22: 91에서 인용), 이론은 "신조creed라기보다는 정책이다". 이는 "실험을 시사하고, 자극하고, 지시하는 데 봉사한다". 확실히, "그 목적은 다양한 듯 보이는 현상들을 연결하고 통합하는 것이다". 그러나 이 목적은, 연결의 사진을 통해서가 아니라, 우리가 한 현상에서 다른 것으로 움직일 수 있도록 하는 처방prescriptions을 통해 달성된다. 그보다 적절하게 얘기하면, 도구주의는 실재론적 관념화의 대안이 아니라, 그것의 사진적 실재에 대한 의미의 특정화다. 지도는 우리가 한 장소에서 다른 장소에 도달할 수 있게 하는 고안이다. 그것의 지역 상응성은 그것이 그렇게 사용될 수 있다는 사실에 달려 있다. 우리가 따라야 할 노선을 꼭 사진으로 만들어 제시할 필요는 없다. 대신 그것이 일련의 수의 짝 ─ 방향 전환하는 길까지의 거리와 우리가 방향을 바꾸어야 하는 각도 ─ 으로 특정화된다고 상상해보자. 이 수들은 이진수digit로 표시되고 각각의 이진수는 1이냐 0이냐에 따라 켜지거나 꺼지는 빛의 둑a bank of lights으로 대표될 수 있다. 이러한 빛의 유형은 더 이상 조금도 경로path를 닮지 않을 것이지만 이 또한 하나의 지도로, 사진적 지도에 전적으로 상응하는 지도다. 이 예의 요점은 단순히 우리의 모델의 외생적 양상과 내생적 양상을 혼동해서는 안 된다는 것뿐 아니라, 외생적 양상들도 자체적으로 그것이 우리가 그 모델을 가지고 어떤 일을 할 수 있도록 하느냐에 의해 이해되어야 한다는 것을 지적하는 데 있다.

실재론이 "잘 확증된 이론이 언급하는 실체는 존재한다는 매우 단순하고 설득력 있는 설명을 제공하는" 반면, 도구주의는 왜 이론이 성공적인지를 설명할 수 없다는 주장에 대해서는 자주 반론이 제기되어왔다(41: 22에서 Maxwell). 먼저 어떤 이론의 성공에 대한 과학적으로 유의미한 설명은, 이전의 이론이 어떤 점에서 자료를 적절히 다루었거나 아니면 적절히 다루는 데 실패했는지를 명백하게 하는, 다른 이론에 의해서만 제공된다. 어떤 이론은 그것이 세상에 대해 얘기하는 것이 참이기 때문에 작동한다고 설명하는 것은, 내가 보기에 그것이 비록 우리의 이해에 그리 공헌을 하지 못하는 경우에도 매우 단순하고 설득력을 가질 수 있다. 그러나 도구주의는 이러한 종류의 설명에 대해 논쟁할 필요가 없다. 이는 오직 우리가 문제의 실체들의 존재를 긍정하는 이유가 때로는 정확하게 그 실체들을 언급하는 이론이 성공적인 것이라는 사실 때문임을 강조할 따름이다. 훌륭한 지도는 그것이 지역의 모습을 잘 보여주기 때문에 그렇다. 그러나 우리는 지도를 만드는 과정에서 지역이 그런 모습을 갖는다는 것을 발견할 수도 있다.

확실히 항상 그런 것은 아니다. 우리는 직접적 관찰을 행할 수도 있다. 반대는 계속된다. '순수하게 이론적 실체인 어떤 것이 더 좋은 도구 등에 의해 관찰적인 것이 될 때' 이는 도구주의자들에게 고통스럽게 당황스러울 것임에 틀림없다. 이와 같은 지위에서의 변화는, 내가 이전에 지적한 바와 같이(§7) 되풀이되며 어느 정도 중요성을 갖는다. 그러나 나는 이들이 당황스러워할 이유를 발견할 수 없다. 또한 어떤 실체도 순수하게 관찰적일 수 없다는 사실은 다른 문제로 하고, 우리는 이 새로운 지위의 유의성이 이론에 대해 추가적인 증거가 제공되어왔다는 데 있음을, 그 이론이 다른 맥락에서 또는 다른 방식으로 작동할 수 있음을 보여온 데 있음을 말하지 않을 수도 있지 않은가? 이론은 그 실체에 관한 이와 같은 관찰로 지지되거나 쓰러지는 것이 아니다. 의심의 여지 없이 이론은, 만약 그것이 실재론자의 입장에서 보면 허구에 지나지 않는 경우일지라도, 어느 정도는 계속해서 탐구에서 중요한 역할을 수행할 수도 있다.

여기서 방법론적으로 중요한 것은, 이는 더 일반적인 철학적 질문과는 구분되는 것으로, 실재론이 이론의 투박한 경험적인 결정요소들을 지나치게 큰 것으로 강조하는 경향이 있다는 점이다. 만약 이론이 필수적으로 실재 reality의 사진이라면, 건전한 이론에 도달하기 위해서 우리는 사물을 편리하게 개념화할 수 있는 방식을 창안하기보다는, 오히려 사물이 어떤 상태인가를 발견하는 데 집중하지 않으면 안 된다. 많은 행동과학자들은 아직도, 때로는 베이컨적 귀납이라고 불리는 어떤 것에 내맡겨져 있다. 우리는 사실들을 지배하는 법칙들을 노출하고, 그리고 이들 법칙을 어떤 포괄적인 이론에 결합시키는 가장 단순한 방식을 찾을 때까지 '사실들'을 조사한다. 베이컨적 귀납이라는 칭호는 어쩐지 부당한 것 같다. 베이컨 자신은 과학자를, 마치 거미가 자신이 만드는 물질로만 그물을 짜는 것처럼 전적으로 사변적이지 않으며, 그렇다고 개미가 자기가 수집한 자료를 더미로 쌓아 놓거나 벌이 자기가 수집한 화밀을 먹고 소화하고 그래서 그것을 가장 순수한 꿀로 전환시키는 것 같이 그렇게 전적으로 경험적이지도 않은 것으로 특징지었다. 그럼에도 베이컨과 밀, 그 이후에 이르기까지 과학철학자들은 전반적으로 개미 쪽에 경도되어왔다. 행동과학에서는 특히, 아마도 대륙적인 정신과학 Geisteswissenschaft 의 그물 짜기에 대한 반작용으로 그렇게 했다.

그러나 작동 가능한 이론에 도달하기 위해서는, 아인슈타인과 이후 많은 과학자들이 강조한 바와 같이 창조적인 상상력의 발동이 필요하다. 우리는 아마도 법칙을 '발견하는 것'을 얘기할 수도 있다. 그러나 이론은 '창안'되거나 '조성'된다고 말하지 않으면 안 된다. 퍼즐에는 그 풀이가, 우리가 사실로서 경험하는 어떤 것에 투사하는, 표상의 양식을 깨닫게 되는 데서의 난이도에 달려 있는 그러한 부류가 있다. 수열 4, 14, 34, 42……의 다음 수는 59이다. 이들은 만약 생각이 미치기만 한다면 모든 뉴욕 사람들이 대답할 수 있는 것으로, 8번가 급행 전철의 정거장들이다. 문자열 O, T, T, F, F, ……의 다음 글자는 S다. 이들 문자들은 숫자 1, 2, 3, 4, 5, ……을 나타내는 영어 단어들의 첫 글자다. 우리는 앎의 정신the knowing mind 형식으로 구성된 어떤 것의 특질들이 아니라, 사물 자체의 속성을 찾기 때문에 속임수에 빠진다. 지식은 단지 표상의 모드와는 전혀 별개인 사실의 인정appreciation이라는 환상으로부터 우리 자신을 자유롭게 하는 것이야말로 칸트가 코페르니쿠스적 혁명이라고 부른 그 어떤 것이다. 내가 믿기로는, 반드시 과학적 이론의 역할은 인정해야 한다.

내가 말하는 것은 창의적 상상력은 단순히 이론형성의 과정, 즉 발견의 맥락에서만 어떤 역할을 수행하는 것이 아니라 또한 산물the product에 개입하고, 따라서 정당화의 맥락에도 작용한다는 것이다. 과학자는 그의 창의성을 단지 관찰내용의 해설account을 위해 어떤 것이 실재인지를 추측하는 데만 사용한다고 상정하기 쉽다. 과학자가 신이 현실화하기로 선택한 가능성과 우연히 마주칠 때, 그 이론은 건전한 것이 된다. 이와 같이, 프리드리히 케쿨레Friedrich August Kekule는, 그 유명한 과학적 상상력이 폭발하면서, 벤젠고리를 벤젠의 원자들이 분자로 배열되는 것을 가능하도록 하는 방법으로 관념화했다. 그래서 그렇게 되었다. 그러나 이론의 형성은 단지 숨겨진 사실의 발견만으로 이루어지지 않는다. 이론은 사실을 바라보고, 조직하고, 표상하는 방식이다. 내가 말하는 것은 입체화학이 허구의 덩어리라는 것이 아니라, 그 이론에서 언급되는 공간 배열은 통상적인 관찰에서 나타나는 것과 인과적으로 동일하지 않을 수도 있다는 것이다. 비슷하게 전자의 '궤도orbit'는 어떤 특정 원자 이론의 맥락에서만 이해될 수 있으며, 그것이 아마도 다른 모습의 것이 되고 어떤 훨씬 작은 물체의 방해를 받게 되는 경우를 제외하고는 행성의 궤도와 동일시될 수 없다. 이론은 어느 정도 신의 세계에 맞지 않으면 안 된다. 그러나 중요한 의미에서 그것은 그 자신의 세계를 창조한다.

이제 조금 뒤(§36)에 이론 타당화의 총체적 문제를 논의하고자 한다. 이것이 잠시 사실에 의해 부가된 요구들을 평가절하하는 것으로 받아들여지지 않기를 바란다. 문제는 어떻게 이들 요구들이 존재를 부각시키느냐에 있다. 아리스토텔레스는 참을, 그것을 그것이라고, 그것이 아닌 것을 그것이 아니라고 말하는 것으로 특징지었다. 그러나 말하는 방법은 많고도 많다. 이론은 단지 관찰적 진술이 얘기하는 것과 다른 어떤 것을 얘기하는 것이 아니다. 이론은 이를 다르게 얘기한다. 즉, 이론은 발화utterance의 통상적 맥락에서 수행하는 역할이 다르다. 이론적 형식화와 서술적 형식화의 차이는, 내 생각에는 은유적인 것과 문자적인 것의 차이와 매우 흡사하다. 은유는 시인 자의의 작품이다. 그러나 어떤 은유들은 근거가 충분하고 수긍이 가는 반면, 어떤 것들은 억지이고 부자연스럽게 느껴진다. 어떤 은유가 이 가운데 어디에 속하느냐는 그것이 적용되는 것의 실제 특성에 달려 있는 것이지, 문자적 진술의 참이나 거짓을 명시하는 상대적으로 단순하고 직설적인 방식으로 결정되는 것이 아니다. 우리는, 어떤 뜻에서는 아직 검증이 남아 있지만, 이론은 사실에 근거하고 있으나 사실의 직접적 표상을 구성하지는 않는다고 말할 수도 있다.

이러한 전망에서, 우리는 진짜the 참 이론을 찾을 것이 아니라, 다양한 이론들을, 그것들을 오직 하나의 자리를 채울 많은 후보의 하나로 생각하지 말고 묵인하거나 장려까지 할 필요가 있다. "지식은 성상적으로 각지 한정된 효용성을 가진 다양한 여러 이론들 사이에서 발전한다. …… 이 이론들은 그의 소위 논리적 법칙들에서, 그리고 다른 많은 데서도 매우 심한 중복을 보인다. 그러나 그것들이 하나의 통합된, 그리고 일관된 총체로 귀결된다는 것은 단지 하나의 값진 이상일 뿐이며 다행히도 과학적 진보의 전제 조건은 아니다"라고 콰인(116: 251)은 지적했다. 이론화의 목표는 지식을 통합하고 체계화하는 데 있다. 그러나 이 목표는, 가장 행복한 조건에서도, 결코 완전하게 달성될 수 있는 것이 아니다. 우리에게는 계속 새로운 지식이 퍼부어지고 있으며, 이는 우리에게 이론이 수행할 새로운 임무도 함께 전한다. 우리는 어떤 특정 주제의 제한된 영역에서조차, 이들 모든 임무를 함께 수행할 수 있는 어떤 하나의 이론을 기대할 필요가 없다. 과학을 오직 그것이 그 모든 열망을 충족시킬 때에만 과학인 것으로 제시하는 재구성논리는 과학의 실제적인 모습을 모호하게 만들 수도 있다. 이러한 이유로 나는 고대 인도의 자이나교의 논리, 샤드바다syadvada의 교리를 선호한다. 그것은 모든 명제는 오직 어느 지점까지만, 말하자면 어떤 측면에서만 참이라는 것이다(이 교리는 모순 없이 그 교리 자체에도 적용될 수 있다). 우리는 자이나교의 설화인 일곱 명의 맹인과 코끼리 얘기를 잘 알고 있다. 나는 과학자들이 시각장애자라고 말하고 싶지는 않다. 그러나 겸손은 또한 지식인의 덕목이다. 가장 좋은 이론을 가지고 있다 하더라도 우리는 안경을 통해 어렴풋하게 보고 부분적으로만 알 뿐이다.

우리는 이 총체적으로 도구주의적인 이론에 대한 관점을 ― 그 중요성은 그것이 인도하는 행위에 놓여 있는데 ― 매우 좁게 받아들여 행위에서 탐구의 실행the conduct of inquiry을 제외시키는 통속적인 실용주의와 혼동해서는 안 된다. 반대로, 이론이 안내하는 길은 주로 그리고 가장 직접적으로 ― 개념과 법칙을 형성하고, 실험을 실시하고, 측정을 행하고, 설명과 예측을 제공하는 ― 과학적 활동을 위한 것이다. 또한 도구주의적 관점을, 오직 관찰문장들만이 인지적 내용을 가지며 이론은 오직 관찰들 사이를 중개하는 데만 봉사하는 엄격한 실증주의와 혼동해서도 안 된다. 역으로, 특정 탐구의 맥락에서는 그 반대보다는 관찰문장들이 이론형성에 도구적일 수도 있다. 이론은 단지 다른 목표를 위한 수단이 아니고, 확실히 단지 과학적 기업 밖의 목표를 위한 수단만이 아니며, 그것이 목표 그 자체로서, 그 자체 때문에 존중되기도 하는 이해를 제공하는 데 봉사할 수도 있다. 세상을 이해하는 것이 오직 신이 세상을 창조할 때 만든 청사진을 우리의 양손에 꼭 잡고 있어야 함을 뜻하는 것은 아니다. 우리는 가장 인간적인 도면을 가지고 스스로 우리의 길을 찾을 수 있다.

§36. 이론의 타당화

이론 — 또는 어떤 다른 과학적 신념 — 의 타당화는 어떤 공식적 결정의 문제, 즉 엄숙한 평결의 제출이 아니라는 점을 기억하지 않으면 안 된다. 너무나 자주 '과학'은 이상화된다. 즉, 구체적이고 항상 변화하는 매우 다양한 맥락에서 작업하는 수많은 개별 과학자들의 활동의 결과가 아니라, 단일한 자기 충족적인 실체로서 관념화된다. 어떤 주어진 순간에, 어떤 특정 이론이, 다른 과학자들이 아니라 어떤 과학자들에 의해, 다른 가능한 적용의 맥락 때문이 아니라, 그들의 어떤 목적 때문에 채택될 수 있다. 그들의 뛰어난 업적이 증명하는 건전한 과학적 판단력을 가진 사람들조차도, 문제의 관점이 광범하게 수용된 다음 오랜 후에, 때로는 어떤 이론을 거부하거나, 아니면 이론에 대한 불만을 표시하기도 했다. 예를 들어, 크리스티안 하위헌스Christiaan Huygens는 뉴턴의 역학에 만족하지 못했고, 아인슈타인은 양자 불확정성의 기본적인 타당성에 의문을 가졌다. 행동과학에서, 이러한 형상은 예외라기보다는 규칙이 되어 있다. 일반적으로 받아들여지는 이론은 별로 없다.

　물론, 우리는 주어진 일체의 증거와 대면하고 있는 사람이면 반드시ought 도달하도록 되어 있는 결정에 따라 상황을 재조성할 수 있다. 이와 같은 결정을 위한 명시적으로, 그리고 정확하게 형식화된formulated 기준들에 대한 작업은 카르나프와 그의 동료들에 의해 시작되었다. 그러나 모든 사람이 (아마도 거의 모든 사람이라고 하는 것이 옳을 것 같다) 이러한 것들은 현재로는 매우 단순한 그리고 전적으로 공식화된formalized 언어로 형식화되는 이론에 한정되어 있으며, 따라서 이들은 적어도 현재 행동과학과는 아무 관계가 없다는 것을 인정하고 있다. 그리고 많은 과학철학자들이(내 생각에 그 비율이 어떻게 되는지는 여기서 별 적합성을 가지지 못한다), 원칙적으로 참이 무엇이든지 간에 이러한 기준들을 사실상 일반적으로 사용할 수 있는 방식으로 형식화할 수 있는 것인지에 의문을 가지고 있다. 과학적 상황은 생각보다 유동적이고 개방되어 있는 것 같다. 어떤 이론을 지원하거나 비판하는 데 예증으로 제시되는 모든 증거와 논쟁을 형식화하는 것은, 어떤 주어진 탐구의 단계에서도 불가능한 것처럼 보인다. 더 많은 증거가 이후에 나타날 것이라는 사실에 대한 고려를 하지 않고, 현재 손에 있는 증거를 기초로 이론을 채택하는 데 별 무리가 없다.

틀림없이 과학적 결정에는 훌륭한 판단의 불가피한 구성요소가 있다고 말하는 것으로는 충분하지 못하다. 칸트는 한때 판단의 능력은 필수적이라고 주장했다. 왜냐하면 우리가 그것의 행사를 위한 규칙을 가지고 있는 경우에도, 판단(판결)은 특정 사례에 올바른 규칙을 적용할 것을 요구하기 때문이다. 법정과 재판관이 없는 법의 규칙은 있을 수 없다. 그러나 무엇이 '훌륭한' 판단을 구성하는가는 아직 문제로 남아 있다. 이론은 단지 그것이 채택되기 때문에 타당화되지는 않는다. 오히려 그것이 타당화되는 것으로 믿어지기 때문에 — 어쨌든 과학자들에 의해 — 채택된다. 규범적 질문은 아직도 기본적인 것으로 남아 있다. 오로지, 어떤 종류의 규범이 요청되는지 명백하지 않으면 안 된다. 이론의 타당화는 사용 승인을 허가하는 행위가 아니라 그 이론이 출간되고, 가르쳐지고, 그리고 무엇보다도 적용될 값어치 — 탐구나 다른 행위의 맥락에서 작동될 만한 값어치 — 가 있는지를 결정하는 행위다. 이론의 채택성은 어떤 경우에나 정도의 문제다. 거기에는 다소간 가중치가 배정될 것이고, 그것은 항상 다소나마 한정되고 정당화된 적용의 범위를 가질 것이다.

타당화의 규범은 참에 대한 세 가지 주요한 철학적 관념화에 따라 묶을 수 있다. 상응 또는 의미론적 규범, 일관성coherence 또는 구문론적 규범, 그리고 실용적 또는 기능적 규범이 그것이다. 첫 번째 묶음이 어쨌든 기본적인 것이다. 다른 것들은 상응의 분석이나 해석으로 간주되지 않으면 안 된다. 과학은 기본적으로 실재원리reality principle에 의해, 그것이 생각하고 있는 사물의 특징에 의해 점검되고 통제되는 그것의 사고에 의해 지배된다. 과학에는 어떤 자연스러운 신앙심이, 우리가 만들지 않은 세계에 대해 복종하고자 하는 의지가 있다. 우리는 자연이 정복될 때, 우리가 먼저 복종했을 때에만 우리 자신의 의지가 효과를 나타내게 될 것임을 알게 되었다. 사고가 그 대상과 상응하도록 놓여야만 한다는 인식, 그렇게 생각하는 것이 사고를 그렇게 만들지 않는다는 인식에 대한 유일의 대안은 러셀이 주관주의적 광기라고 적합하게 부른 것이다. 나는 내가 지지하는 도구주의가 결코 미친 짓이 아니기를 바란다.

상응규범

참 자체는 분명히 이론의 채택성에 대한 기준으로서 소용이 없다. 우리가 우리의 신념을 정당화하라는 요구를 받는다면, 그것이 참이라는 것은 좋은 답이 아니다. 왜냐하면 그 질문은 명백히 무엇이 우리를 그렇게 생각하도록 만드느냐 하는 것이기 때문이다. 퍼스가 주장했듯이, 우리는 거꾸로 나아가 참을 적합하게 수행된 탐구의 결과로서 특징짓지 않으면 안 된다. 이것은 그 결과가 참이 의미하는 어떤 것이라는 것이 아니라, 참의 의미는 그 자체적 속성의 기준을 구성하지 않는다는 것을 말하는 것이다. 우리는 어떤 이론이 '사실에 맞으면', 즉 그 이론을 기초로 만들어진 예측이 실제로 성취된다면, 그 이론은 참이라고 말한다. 그러나 우리가 역으로 사실을 어떻게 개념화하는 지는 사실의 인지에서 역할을 수행하는 이론에 달려 있다는 것을 잊어서는 안 된다. 여기서의 순환은, 내가 보기에는 반드시 악순환인 것은 아니다. 이 것은 사실이 이론을 지지하기 위해 예증으로 제시된 그 이론에 의해서 전적 으로 구성될 때에만, 즉 사실이 관찰적 핵심을 결여할 때에만, 그리고 이론이 시종 사실을 만들 때에만 악순환이 된다. 마녀에 대한 신념은, 그것이 설명 하고자 하는 종류의 사실의 존재를 당연한 것으로 받아들이기 때문이 아니 라, 때로는 그것이 그 신념의 예증으로 사용되는 바로 그러한 실제 사실들에 대해서도 제대로 된 설명을 제공하지 못하기 때문에 비논리적인 것이다.

　'진짜 사실the facts'에 대한 모든 호소는, 그것이 얼마나 멋지게 상식을 경 멸하는 것이든 관계없이 상식에 기반을 두고 있다. 모든 문제적 상황은 미드 가 '거기에 있는 세상'이라고 부른 어떤 것의 배경setting, 즉 문제없는 것들의 매트릭스 안에서 발생한다. 모든 가설은 선상정을 기초로 해서 만들어진다. 물론 이들 선상정은 때때로 과학적 진전에 장애가 되며, 진보는 이들을 치워 버리는 용기를 필요로 한다. 그러나 도매금 식의 회의주의는 기존 교리의 무 비판적 수용과 마찬가지로 무익한 것이다. 모든 탐구는 어느 곳에선가 시작 하지 않으면 안 되고, 과학적 맥락에서 그것은 데카르트주의의 "나는 생각한 다, 고로 나는 존재한다"의 저 너머에서 시작한다. 초기 교회의 한 신부는, 지구가 둥글다고 주장하는 사람들이 왜 지구의 반대편에 있는 사람들이 떨 어지지 않느냐는 질문에 거기에는 모든 방향에서 똑같이 안으로 끄는 힘이 있기 때문이라고 대답한다고 불평하면서, 지구가 둥글다는 관념에 반대하는 주장을 했다. 그는 계속해서, 한 가지 어리석음에 사로잡힌 사람들이 그것을 옹호하려 다른 어리석음을 쌓아올릴 때, 그들을 합리적으로 설득하는 것은 불가능하다고 주장했다. 우리가 그의 논쟁에 미소를 짓는다면 그것은 이 주 장이 형식적으로 타당하지 않기 때문이 아니다. 결국에는 이후에 그렇지 않은 것으로 받아들여지는 경우에도, 그것이 이미 사실로서 채택된 것에 얼마나 어긋나는지를 보여줌으로써 이론을 비판하는 것은 전적으로 적합하다.

우리가 중요시하는 것은 이론이 고려하는 사실의 범위, 그리고 특히 그것의 이질성이라고 말할 수 있다. 방금 인용한 논쟁은, 결과적으로는 그 이론이 특별하기 때문에 채택될 수 없다는 것이다. 이를 지원하는 사실들은 오직 그것을 설명하기 위해 도입된 것들뿐이다. 오늘날 우리는 이와 같은 이론이 낮은 선행확률을 가진다고 말한다. 그러나 이 표현은 현학적인 라틴어 이상으로 우리에게 말해주는 바가 없다. 이들 양자가 얘기하는 것은 그 이론이 매우 부자연스럽다는 것이다. 이는 오직, 또는 어느 정도 그것이 점점 더 많은 다른 종류의 사실들을 고려할 때 계속해서 사실에 맞을 것을 기대할 이유가 없는, 그러한 사실들에만 맞는다. 어떤 이론이 성공적인 예측을 행할 때 그 이론에 배정되는 가중치는 과잉 추정되기 쉽다. 단순한 경험적 일반화도 우리에게 예측을 하도록 용납할 수 있다. 주어진 이론의 타당화에서 고려의 대상이 되는 것은, 사실에의 적합성에 관한 한, 이를 위해 제출된 자료들의 수렴, 즉 증거의 연쇄이다. 이는, 내 생각에는 앨프리드 존스Alfred E. Jones가 그의 논문 「기호체계The Theory of Symbolism」(1918)에서 멋지게 해설하고 있는 바다. 이러한 방식으로, 상응테스트는 이론의 우리의 나머지 지식에 대한 관계에 따라 적용되고, 그리고 이를 지배하는 것은 응집성의 규범이다.

응집성의 규범

다양한 의사과학적, 그리고 비과학적 교리들이 실패하는 것은 대체로 거기에는 그것들을 이미 확립된 일체의 이론에 맞출 방도가 없기 때문이다. 이러한 요구는 그것들을 그 자신의 사실들의 집합에 맞추는 것만큼이나 중요하다. "사람들은 어떤 알려지지 않은 현상이 갑자기 친숙하게 느껴질 때, 이미 알려진 어떤 것으로 인식될 때, '인식recognition의 충격'에 대해 언급한다. ……
거기에는 또한 광범하게 다른, 그리고 독자적인 현상들이 갑자기 어떤 유형
의 관계성relatedness과 맞아떨어질 때, 그것들이 자리에 찰칵 맞아 들어갈 때
를 얘기하는, '관계의 찰칵click of relation'이라고 부를 수 있는 어떤 것이 있다.
이것은 단편적인 것들이 함께 모여 하나의 총체적인 몸을 형성할 때 갖는, 참
의 경험, 총체성의 느낌과 같은 것이다. 예측과 마찬가지로, 통합성integration
은 과학적 이론에 대한 필수적인 테스트이다"(62: 227). 예를 들어, 텔레파시
의 존재에 관한 직접적 증거는 상당히 많다. 그러나 이와 같은 증거가 채택
될 만하냐에 관한 — 적합한 통제가 행해졌는지, 통계적 분석이 건전한 것인지 등
등에 관한 — 질문과는 완전히 별도로, 텔레파시가 정보의 전달에 대해 우리
가 알고 있는 어떤 것과도 전적으로 다르다는 것은 매우 중대한 고려사항이
아닐 수 없다. 모든 다른 알려진 혼란의 형태와는 다르게, 예를 들어 그것의
전파는 그것의 횡단거리와는 거의 관계가 없는 것처럼 보인다.

　　그러나 솔직하게 말해, 우리는 통합성의 테스트에 지나치게 의존해서는
안 된다. 그렇지 않으면 우리는 우리의 사고에서 어떤 진정한 돌파의 가능성
을 차단하게 된다. 응집성은 과학적 혁명을 위해 사용될 수 있는 사고의 운동
을 반란으로 간주해 무자비하게 억압하는 보수적인 원리다. 모든 새로운 이
론이 이미 형성된 기존의 이론에 맞지 않으면 안 된다는 타협 없는 주장은, 과
학이 아니라 폐쇄된 사고체계의 특징이다. 틀림없이, 미성숙한 통합은 일종
의 미성숙한 폐쇄이며, 특별히 거부할 수 있는 것이다. 더욱이, 결합의 규범
은 그것이, 그렇게 되기 쉬운 것 같이, 지구적으로 적용될 때 그 가치가 의심
스럽다. 바로 이러한 과학정신에서 데카르트는 『방법서설Discourse on Method』
(1637)에서 문제는 다룰 수 있을 정도로 잘게 부분들로 쪼개지 않으면 안 된다
고 충고했다. 분석작업은 적어도 종합작업만큼 중요하며, 어떤 면에서는 충
분한 우선성을 주장할 수도 있다. 우리는 여기에서 진행되고 있는 것에 대한

유용한 설명을, 그것을 다른 어떤 곳에서 어떻게 사용할 수 있을지 전혀 알 수 없는 경우에도 채택할 준비가 되어 있지 않으면 안 된다.

그럼에도 이론이 전적으로 자기 충족적인 것처럼 타당화될 수 없다는 것은 중요한 문제점으로 남는다. 뒤앙과 다른 이들이 올바르게 주장한 바와 같이, 타당화는 '진짜the' 이론을 '진짜the' 관찰과 대면하게 하는 것이라고 가정하는 것은 오해일 뿐이다. 다른 이론들과 사실들이 ― 예를 들어, 관찰의 도구에 관련된 것 같은 것들이 ― 항상 개재된다. 우리는 확실히 이론 채택성의 판단에 고정된 가능한 적합성의 경계는 없으며, 특히 이들 가운데 미리 추출될 수 있는 것은 아무것도 없기 때문에, 이에는 우리의 지식 모두가 동원된다고 말할 수 있다. 전혀 기대하지 못한 검증이나 반증의 근거도 충분히 기대할 수 있다.

어떠한 경우든 이론을 평가하는 데 고려해야 하는 것은 그 이론과 연관해서 고려의 대상이 되고 있는 대안적인 것들의 집합이다. 어떤 이론이 타당화된다는 것은 그것이, 어떤 적절한 점에서 개연성이 있다는 것이 아니라, 오직 다른 가능한 설명들보다 더 개연성이 있다는 것을 의미한다. 모든 탐구 단계에서, 과학자는 주어진 자원을 가지고 할 수 있는 일을 한다. 만약 이러한 생각이 어떤 특정 이론의 채택을 단지 일시적인 방편으로 만든다면, 그 즉각적 대답은 모든 채택은 더 또는 덜 일시적일 뿐이라는 것이 된다. 참은 영원할 수도 있다. 그러나 과학은 이론에게서 그날에 족한 것 이상을 요구하지 않는다. 더욱이 방법론은 대안적 이론들에, 마치 그것들이 과학자가 그가 꼭 도달해야만 하는 결론이 아니라, 사실상 도달한 결론에 영향을 주는 것이 양, 오직 심리적인 중요성만을 부여하는 데 만족할 수 없다. 내 입장에서는, 파이어아벤트의 다음의 논평에 전적으로 동의한다. "발견의 맥락(대안들이 고려되나 심리적 기능만이 주어지는 곳)과 정당화의 맥락(그것들이 더 이상 언급되지 않는 곳) 사이의 구분에 대한 집착이나 공리적 접근에 대한 엄격한 집착은 인위적인 것으로, 그리고 방법론적 토론에 대한 매우 잘못된 제한으로 간주하지 않으면 안 된다. 과거 방법의 논의에서 심리적 또는 역사적이라고 불린 것의 상당수는 (현재에는) 테스트 절차에 관한 이론의 매우 적절한 부분을 이루고 있다."

가장 널리 적용된 응집성의 규범은 이론 그 자체에 내재하는 것이다. 그것은 단순성의 규범이다.

제일 먼저, 라이헨바흐가 서술적 단순성과 귀납적 단순성이라고 부른 것 구분하지 않으면 안 된다. 첫 번째는 서술 자체에서 단순성이고, 두 번째는 서술되는 것의 단순성이다. 하나가 다른 것보다 서술적으로 더 단순한 두 이론은 사실상 내용에서 등가적이다. 라이헨바흐의 예를 들면, 공간이 유클리드적이거나 기하학적 측정을 행할 수 있도록 하는 모든 물체bodies가 측정을 체계적으로 왜곡하는 보편적 요소forces에 종속된다는 이론은, 만약 그 요소들이 적절히 선택된다면, 이와 같은 요소들이 작동하지 않는 비-유클리드적인 기하학에 의한 공간의 특징묘사와 엄격하게 등가적이다. 이들 서술 가운데 어느 하나를 지지하는 관찰이, 가설상으로는 그것이 어떤 것이든 똑같이 다른 서술을 지지한다. 이들은 경험적으로 구분될 수 없다. 반대로 얘기하는 것은 '$a^2+2ab+b^2$'이라는 표현이, 하나는 a와 b의 곱에 관한 것이고 다른 것은 그들의 합에 관한 것이기 때문에, '$(a+b)^2$'와 다른 것이라고 얘기하는 것과 같다. 이론에 대해 바라는 바로서 서술적 단순성은 이론 그 자체를 다루는 데서의 편의성을 근거로 쉽게 정당화될 수 있다. 좋은 기호의 이점을 생각할 수 없는 것은 아니다. 그러나 서술적 단순성은 때로는 귀납적 형태의 것으로 잘못 받아들여진다. 두 서술이 내용에서 등가적이라는 것, 따라서 두 형식화가 하나의, 그리고 같은 이론을 체현한다는 것은 항상 인식하기 쉬운 것이 아니다.

한 이론이 다른 이론보다 귀납적으로 더 단순할 때 다른 것은 형식화뿐이 아니고, 각각에서 얘기되는 것 또한 다르다. 한 이론의 내용은 다른 것의 내용보다 수학적으로 훨씬 더 쉽게 다루어질 수 있다. 예를 들면, 하나는 1차 방정식만을 다루는데 다른 것은 2차 방정식을 요구할 수도 있다. 관리성의 면에서 이론의 단순성은, 프랭크(45: 351)가 지적한 바와 같이, 수학의 상태에 상대적이다. 컴퓨터 기술이 적합할 수도, 그리고 요구되는 수학과 매우 친근성을 가질 수도 있다. 시간이 지남에 따라 학생들은 이전 시대에는 석학이나 이해할 수 있었던 것을 배운다. 그러나 이러한 고려사항들이 어떤, 또는 다른 사람에게 단순한 것이 무엇인가를 판단하는 데 적용되는 것은 아니다. 그렇지만 어떤 이론은 본원적으로, 즉 이들 고려사항들이 얼마나 다루기 쉬운 것인지와는 상관없이, 다른 것보다 더 단순할 수도 있다. 단지 두 개의 '실체 entities'만을 준거로 삼는 이론은, 이러한 뜻에서 수십 개의 실체를 동원하는 것보다 더 단순하다. 그것은 마치 해시계가, 비록 우리 대부분이 그것을 조정하기가 훨씬 더 힘들다는 것을 알지라도, 장치와 스프링으로 가득한 탁상시계보다 더 단순한 것과 같다. 이러한 단순성에 대한 정확한 분석에서의 어느 정도 진보가 굿맨과 다른 사람들에 의해 이루어졌다. 그러나 현대 논리학에서와 마찬가지로 — 그리고 아마도 현재의 탐구의 상태에서는 불가피하게 — 이분석은 오직 공식화된formalized 단순한(!) 언어들에만 적용된다.

프랭크(46: 14)는 또한 반드시 고려되어야 하는 것은 이론만이 아니라 "그 이론을 형식화하는formulate 전체 담론the whole discourse"의 단순성, 또는 브리지먼의 표현을 따르면 '수식들'뿐 아니라 '텍스트'의 단순성이라는 사실 때문에 상황이 복잡해진다고 지적했다. 우리는 항상 먼지를 양탄자 밑으로 쓸어 넣고, 보편적 요소들forces이 우리로 하여금 유클리드 기하학을 지킬 수 있도록 허용하는 이전 예에서와 마찬가지로, 어디엔가 적당한 복잡성을 도입함으로써 어떤 이론이나 그 일부를 단순화할 수 있다. 엄밀한 분석에서 이러한 고려는 아마도 주어진 명제의 단순성이 그 명제를 형식화하는 데 사용되는 전체 언어의 구조와 관련되는 경우에 제기된다.

그러나 우리는, 내가 계속 강조해온 바와 같이 단순성을 사용하기 위해 완전하게 엄밀한 단순성의 통념을 필요로 하지는 않는다. 의심의 여지없이 어떤 이론은 다른 것보다 단순하고, 우리가 왜 그런지 얘기할 수 없을 경우에도 그렇게 인식할 수 있다. 우리가 얘기하고 있는 것이 단지 형식이 아니라 내용의 단순성이라는 것을 염두에 둘 때, 더욱 중대한 문제는 이러한 이론의 속성을 규범으로 이용하는 것이다. 왜 더 단순한 이론이 더 나은 것이어야 하는가? 오스카 와일드Oscar Wilde의 풍자시에서 언급하고 있는 바와 같이 진실은 좀처럼 순수하지도, 결코 단순하지도 않다. 만약 이 풍자시 자체가 반쪽만이라도 진실이라면, 단순성에 대한 주장은 아마 전적으로 잘못된 것일 수 있다. "자연은 수학적 난점을 고려하지 않는다"라는 물리학자 오귀스탱 프레넬Augustin Jean Fresnel의 평(121: 114에서 인용)은 논쟁의 여지가 없다. 확실히, 이러한 주장은 때로는 어떤 이론의 문제가 그것이 지나치게 단순한 것이라고 공격하기 위해 제기될 수도 있다. 가끔 자연은 복잡성을 선호하는 것 같다. 그보다 현실적으로는, 두 가지 종류 모두를 받아들이지 않으면 안 된다. 푸앵카레(140: 35에서)가 말하기를, "만약 우리가 과학사를 연구한다면, 말하자면 우리는 두 개의 상치되는 현상들을 만나게 될 것이다. 어떤 때는 단순성이 복잡한 겉모습 뒤에 숨어 있다. 어떤 때는 겉으로 그렇게 보이나 극도로 복잡한 현실을 위장하는 것이 단순성이다". 과학의 진보는 항상 더 단순한 이론으로 향하고 있지는 않다.

단순화의 규범은 이것이 복잡성을 비난하는 것이 아니라 오직 그것에 증명의 부담을 지울 뿐이라는 것으로 정당화할 수도 있다. 우리는, 단지 더 단순한 처리가 에러를 가져오리라고 기대할 만한 이유가 있어서가 아니라, 그것이 생략되면 오류가 발생하리라고 기대할 이유가 있을 경우에만 복잡한 요소를 도입해야 한다. 이러한 해석에 근거해서 단순성의 규범은 스스로를

제8장 이론 431

또 다른 형태의 오컴의 면도날Occam's razor로 제시한다. 변수들은 필요 이상으로 늘려서는 안 된다. 여기에는 어떤 자연의 선호성에 대한 형이상학적 가정이 있는 것이 아니라, 서술적 단순성의 선택을 정당화하는 똑같은 편의상의 고려사항들에 대한 호소가 있을 뿐이다. 포퍼는 강력한 정당화를 촉구하기까지 했다. 이론이 복잡하면 할수록, 그것이 얘기하는 것은 그것을 반증하기가 더 어렵기 때문에 적어지고, 그 이론에 있는 어떤 것이 저항적인 사실들을, 그것들이 어떤 조건들을 만족시키는 데 실패하기 때문에 부적합한 것으로 만들거나, 아니면 그것들을 재해석해서 더 이상 비동조적인 것이 되지 않도록 할 개연성은 더 커진다(내 생각에는, 마르크스주의 역사 이론이 그 좋은 예다). 포퍼는 이렇게 말했다. "우리는 '사고의 경제원리'나 이와 다른 비슷한 것을 가정할 필요가 없다. 단순한 진술은, 만약 우리가 목적하는 바가 지식이라면, 그것이 우리에게 더 많은 것을 말해주기 때문에 그보다 덜 단순한 것보다 훨씬 높은 보상을 받을 것이다. 왜냐하면 그 경험적 내용이 더 크기 때문이다. 그리고 그것은 테스트하기가 더욱 쉽기 때문이다." 고려할 수 있는 모든 것 가운데 아마도 단순성의 규범에 대한 가장 좋은 수학적 충고는 화이트헤드의 "단순성을 구하라. 그리고 이를 믿지 마라"일 것이다.

일관성coherence의 또 다른 규범은 통상 '미적esthetic'이라고 불리는 것이다. 어떤 이론이 예술작품과 마찬가지로 아름다울 수 있느냐의 여부는 의심의 여지없이 이론에 대한 깊은 생각이 가져다주는 기쁨에 버금가는 본원적 기쁨을 제공해준다. 오일러의 정리, $e^{i\pi}+1=0$은 가장 기본적인 조작으로 다섯 가지 기본적인 수학적 상수를 결합한다. 이 아름다운 발견은 오일러의 묘비에 새겨져 있다. 경험적 연관성을 특정화하고 있는 다양한 공식이, 특히 현대 물리학에서 일반적으로 이에 필적할 만한 아름다움을 가진 것으로 평가되고 있다. 그 아름다움은 부분적으로는 서술적·귀납적 단순성의 문제다. 그러나 여기에는 아인슈타인, 디랙 및 많은 과학자들이 강조한 바와 같이 대칭성에 대한 고려가 개재한다. 이론의 미적 자질은 공인된 바와 같이 정당화의 맥락에서보다 발견의 맥락에서 더욱 중요한 역할을 수행하며, 피타고라스 시대 이래로 지금도 자연에 관한 우리의 지식을 증진시켜오고 있다. 신은 수학자이자 엔지니어인 것과 마찬가지로 예술가인 것처럼 보인다. 미적 규범의 적용에서 위험은 그것이 이론을 사실과 동떨어진 곳에 폐쇄시킬 수 있다는 것이다. 아름다움은, 시인이 무어라고 말하든, 참은 아니다. 그렇지만 어떤 이론이 사실과 합치하지 않는데도, 그 단순성과 대칭성 때문에 그것에 대한 집착이 나타나고 뒤에 관찰과 해석을 통해 그 불일치가 제거된 사례가 여러 번 있었다. 과학자는 때로는, 그의 확신에 대해서뿐 아니라, 미적 감수성에 대해서도 용기가 필요하다. 그러나 미적 규범은 현재 상태로는, 아마도 거의 구제불능의 추함으로 특징지어지는 — 어느 누구에게도 부당한 공격은 아니라고 믿지만 — 행동과학과는 거의 관계가 없다.

실용적 규범

아직 이론의 작동, 이론이 이론으로서의 기능을 수행하게 하는 효율성에 대한 규범이 남아 있다. 간단히 말해 통상적으로 '실행적practical' — 즉, 탐구의 맥락 밖에 있는 — 적용이라고 불리는 것에서의 성공은 타당화의 필요조건도 충분조건도 아니다. 경제학자에게 "당신이 그렇게 잘 알면, 왜 부자가 되지 못하죠?"라는 질문을 던지거나 정신병리학자를 신랄하게 비꼬는 것조차도 올바른 것이 못 된다. 적용에서의 성공은 필요조건이 아니다. 왜냐하면 적용은 적용되는 이론 밖에 있는 여러 가지 이유로 실패할 수도 있기 때문이다. 예를 들어, 경제학에서 완전경쟁이나 정신분석에서 특정 치료사에로의 전이의 발생과 같은 이론에 특정화된 조건들이 충족되지 않을 수도 있다. 또한 이는 충분조건도 아니다. 왜냐하면 성공은 이론 외적인 요소들에 의한 것일 수도 있기 때문이다. 예를 들어, 전쟁의 발발로 나타난 경기침체의 종말이나 종교적인 성전에서의 신경성 마비 증세의 치유가 그 예에 속한다. 확실히, 실제로 성공이나 실패는 어떤 억측을 불러온다. 그러나 그것이 타당화에 어떻게 공헌하는지는 각각의 사례별로 조심스럽게 평가하지 않으면 안 된다.

세속적 실용주의의 '적용성' 문제를 옆으로 치워놓으면, 실용적 규범은 주어진 이론이 과학 자체를 위해 할 수 있는 것이 무엇인지에 관심을 가지게 된다. 그 이론이 과학적 목적에 얼마나 효과적으로 봉사하느냐 하는 것이 그것이 제기하는 물음이다. 그러나 과학적 목적은 때로는 방법론자들이, 특히 과학을 구체적인 인간 기업으로서 보려고 하지 않는 사람들이, 인지하고 있는 것보다 훨씬 다양하다. 이와 같이, 과학적 결과의 형식화가 항상, 거기서는 '과학'이 명제들의 집합으로서 저장되는 어떤 슈퍼컴퓨터의 기억장치로의 입력으로 간주될 필요는 없다. 이는 또한 과학자 동료들과의 의사소통으로 간주될 수도 있다. 이러한 전망에서 재발견은, 예를 들어 멘델의 업적과 과학사에서 나타나는 많은 다른 경우에서와 같이 상당히 중요한 것으로 보일 수도 있다. 모든 학자들이 알고 있듯이, 출판은 또한 아이디어의 묘지가 될 수도 있다. 과학적 아이디어의 생명과 작업의 현장은 사람들의 마음에 있지, 인쇄된 페이지에 있는 것이 아니다. 과학자들이 시험기구나 관찰이나 측정 도구를 만들 때, 그것은 또한 사람들의 손에 있는 것이다. '사색적cerebral'인 지식과 매우 내재화된 '실현realization'의 구분이, 단지 한편으로 과학과 다른 편의 예술이나 행위 사이의 대비에서뿐 아니라, 과학적 인지cognition 내에까지 적용될 수 있다. 여하튼, 어떤 이론이 과학에서 연출하는 역할은 그것이 응집성의 규범이 다루는 다른 과학적 명제들과 어떻게 연결되느냐의 문제일 뿐 아니라, 또한 어떻게 그것이 진행 중인 과학적 탐구의 과정을 인도하고 자극하느냐의 문제이기도 하다.

이러한 관점에서 볼 때, 이론의 가치는 그것이 제공하는 대답이 무엇인지에서는 물론, 그것이 제기하는 새로운 질문이 무엇인지에서도 찾을 수 있다. 아마도 과학은 대답을 구하는 만큼 질문을 구하는 것이라고 말할 수 있을지도 모른다. 지난 수십 년 동안 행동과학의 활기찬 발전은 특별히 인간 행동 문제에 대한 놀랄 만한 해결책을 제공하지는 못했으나, 많은 새로운 연구 방향을 열고 기법을 제공했다. 그렇게 함으로써, 이들은, 금세기(20세기) 초기에 특징적이었던, 인간에 관한 지식의 외연extension에 의한 성장에는 별 기여를 하지 못했으나, 내포intension에 의한 성장을 가져왔을 수도 있다. 새로운 질문은 때때로, 새로운 주제로의 선회에서 야기되기도 하고, 또한 옛 주제를 새로운 관점에서 조망함으로써 제기되기도 한다. 이론의 가치는 발견도출적인heuristic 것이다. 이 칭호는 때로는 이론이, 마치 그것이 더 잘할 수 있는 것이 없는 양, 다른 어떤 것에도 쓸모가 없는 것이라는 불행한 함축된 의미를 가진다. 프랭크(46: 352)는 단순성의 기준은 실제로 '동적인dynamic' 이론들을, "과학을 알려지지 않은 영역으로 침투해 들어가는 데 더 적합하도록 만드는 것으로 증명된" 이론들을, 식별하는 데 봉사해왔다고 말했다. 이와 같은 이론들은 공통점이 없는 현상들(그러한 예로서 정신분석에서 꿈, 환상, 망각)을 통합하기 때문에 단순화를 제공하는 것처럼 보인다. 이들 각각이 다른 쪽의 관점에서 조망될 때 새로운 질문들이 야기된다.

　더 구체적으로, 좋은 이론은 옛 법칙들을 설명하고 새로운 것들을 예측하는 데 봉사한다. 이는 또한, 마치 법칙이 우리로 하여금 자료를 '사실'로 채택하도록 유도하는 것처럼, 일반화를 법칙으로 채택하는 데 필요한 조건으로서 봉사하기까지 한다(§11). "적어도 물리학에서는 우리 법칙들이 우리 이론들의 결과이기 때문에 그것을 믿는다고 말하는 것이, 우리의 이론들이 참 법칙들을 예측하고 설명하기 때문에 그것들을 믿는다고 말하는 것보다 훨씬 정확할 것이다!"라고 캠벨(13: 91)은 논평한 바 있다. 이러한 방식으로 이론은 우리의 지식을 체계화하고 통합한다. 내 생각에 이에 적절한 것이 레빈이 제시한 다음의 은유다. "궁극적인 목표는 고속도로와 초고속도로의 연결망을 만들고, 그래서 중요한 지점들이 서로 연결되도록 하는 데 있다. 이 고속도로 연결망은 그 나라의 자연지형에 맞도록 해야 하고, 따라서 그 자체가 지형의 구조와 자원의 위치에 관한 거울이 될 것이다."

이렇게 해서 우리는 다시, 그러나 상응만이 모든 것이 아니라는 것을 지적하면서, 상응규범으로 돌아왔다. 이후에 철저히 거짓으로 거부된 이론들조차 그들의 시대에는 역할을 수행했고, 역할을 잘 수행했을 수도 있다. "역사가의 자격으로서의 (그리고 내 생각으로는 방법론자로서도 역시나 마찬가지로) 과학사가의 가장 큰 어려움은 아마도 잘못된 관념의 그럴듯함에 대한 적합하고 필요한 공감을 얻어내는 데 있을 것이다. 아리스토텔레스적인 운동의 논리, 지구 중심의 행성계, 그리고 플로지스톤phlogiston 이론······은 그 당시에는, 설명과 빛으로 충만한, 관찰과 관찰의 예측에 유용한 일치를 제공하는, 전능한 것이었다"(113: 71). 우리는 오늘날 과학이 드디어 참에 도달했다고 주장하는 실수와 과학은 결코 참에 도달하지 못한다고 주장하는 실수 모두를 피하지 않으면 안 된다. 첫 번째 것은 터무니없이 편협한 것이고, 두 번째 것은 '참'이 과학적 지식에 대한 준거에 의해서가 아니라 어떤 다른 것에 의해 의미가 주어질 수 있다고 가정함으로써 마찬가지로 터무니없는 것이다. 물론 현재 이론들은, 그 이전의 것들이 그러했듯이 수정되거나 버려질 것이다. 그러나 이것이 그것들에 참이 없다는 것을 말하는 것은 아니다. 오히려, 그렇게 말하는 것은 참을 과학적 기업에 전적으로 부적절한 것으로 만드는 것이다. 나는 참을 그 자체로서 정노의 문제로 — 계속 멀어져 가는 수평선이 아니라 우리가 걸을 때 우리의 발밑에 있는 땅으로 — 생각하는 것을 선호한다.

주어진 이론의 타당화 문제는 너무 자주, 마치 문제가 비평가들을 조용하게 하는 데 있는 것인 양, 가장 완고한 회의주의자들까지도 확신시켜야 한다는 맥락에서 논의된다. 그러나 과학자들이 하는 일은 서로를 비판하는 것만이 아니다. 그들은 또한 서로에게 도움과 위안을 준다. 여기서 문제가 되는 것은 도덕적 지원이 아니라, 특정 작업에서의 구체적인 도움 — 결과와 기법, 아이디어를 공유하는 것 — 이다. 이론은 비판에 잘 견디는 것을 보여줌으로써가 아니라, 자신의 문제나 다른 동료들의 문제를 다루는 데 훌륭하게 사용함으로써 타당화된다. 내가 믿는 바로는, 방법론은 의문시되는 이론에 대해 그 이상 이야기해서는 안 된다. 만약 당신이 그것(이론)으로 무엇인가를 할 수 있다면 계속하라. 오늘날 행동과학에서 매우 특징적인 학파로서의 파편화는 건강한 주고-받음을 조장할 수도 있다. 그러나 이는 조우encounters의 정신이 "크게 소용이 되면 좋으련만Much good may it do you!"이 아니라 "바라건대 크게 소용이 되기를May it do you much good!"일 때에만 그러하다.

§37. 행동과학에서 이론

편향

많은 행동과학자들은, 특히 심리학자들은 인간 행동에 관한 만족스러운 이론은 '궁극적'으로 미시이론이 아니면 안 된다고 믿고 있다. '과학적'이 된다는 것은 그들에게는 생물학을, 그리고 더 특수하게는 생태학과 같은 분과보다는 생물학의 미시적 측면을 사회 및 심리학 이론의 필수적인 기초로서 바라보는 것을 의미한다. 대규모 현상들이 소규모 현상들에서 일어난 그 어떤 것에 의해 이해되어야만 한다는 것은 그럴듯한 면이 있다. 그러나 내가 믿기로는 이러한 필연성은 가식에 불과하다. 우리는 때로는 이러한 방식으로 (가스의 행동이 그 분자의 운동을 기초로 하는 것으로) 설명한다. 그러나 때때로 우리는 반대의 순서로 (쇠 줄밥의 움직임이 자기장의 속성에 기초하는 것으로) 설명한다. 개념적 기초의 자율성 원칙에(§10) 상응하는 것이 이론적 기초의 자율성 원칙이다. 부정적으로 표현하면, 형식이나 내용의 일반 속성에 의해 정의되는 어떤 이론도 본질적으로 더 과학적이거나 방법론적으로 더 순수하지는 않다. 과학자들은 그들이 사용할 수can 있는 어떤 이론도 사용할 수may 있다. 고용자의 결정을 임금과 가격 이론을 준거로 설명하는 것은 인플레이션 경향을 경제에서 개별 참여자의 선택을 지배하는 효용이론을 준거로 해서 설명하는 것과 마찬가지다. 내 인상으로는 거시 및 미시 경제학은 둘 다 오늘날 일종의 존경을 확보했다. 그러나 심리학과 다른 행동과학에서는 방법론적 신앙심을 매우 자주 미시-이론 쪽으로 밀어붙이고 있다.

내가 믿는 바로는 이러한 경향의 근원 가운데 하나는 단자적인monadic 것으로서의 자아의 영상이다. 국지적 결정local determination의 원리는, 개성과 자유에 관한 우리 감각의 반영처럼, 우리 자신의 행동에 관해 자연적으로 그리고 필수적으로 참이 되는 것으로 보일 수도 있다. 우리는 주어진 이론적 명제를 위해 복잡한 주체(주어)들subjects을 도입하는 이론보다 복잡한 속성(술어)들predicates을 가진 행동이론을 받아들이기가 쉽다. 행동이론의 주체는 복잡해도complicated, 복합적complex이지는 않을 수 있다. 그것은 단지 '나me', 단일한 자아일 뿐이다. 그러면 방법론적 개체론(§10)이 불러나오고, 이는 마치 우리가 만약 집합적 용어의 의미를 개체에 대한 준거로 특정화한다면 우리가 의미 있게 얘기할 수 있는 것은 오직 개체뿐인 것인 양, 어떤 본질적substantive 교리를 정당화하는 것으로 오해될 수도 있다. 더욱이 설명외피를 무신경하게 축소함으로써 성취되는 개념적 검약은 우리가 충분히 오랫동안 가격을 깎는 흥정을 하다 보면 전혀 값을 지불하지 않아도 될 수 있다는 우스꽝스러운 관념을 발생시킨다.

다른 이론적 편향bias의 출처로는 본질론substantialism ─ 과정과 기능보다는 실체와 구조의 탐색 ─ 이라고 불리는 어떤 것을 들 수 있다. 이 관점은, 자연과학에서는 오래전에 폐기되었지만, 인간에 관한 연구에 종사하는 사람들에게는 아직도 아마도 시대착오적으로 '과학'의 이미지를 만들고 있는 19세기 유물론materialism의 연장일 수도 있다(차용된 이상에는 항상 일종의 지체가 있게 마련이다. 우리는 우리의 영웅을 결코 현재의 모습이 아니라, 우리의 이상이었을 때의 그를 모방한다). 물질과 에너지의 옛 범주들categories은 아직도 많은 우리의 사고에서 새로운 정보 범주와 통합되어 있지 못하고, 따라서 서열은 어쩐지 그 서열을 나타내는 재료들처럼 우리에게 사실적으로 보이지 않고, 그 메시지는 그것을 전송하는 채널보다도 더 신묘한 것 같이 보인다. 성취의 수준과는 별 관계없이, 이러한 관점에서 보면 신경해부학은 사고과정에 관한 심리학보다 선험적으로 더 과학적이다. 화이트헤드가 단순 선정 위치의 오류the fallacy of simple location라고 부른 것은, 나는 이를 국지적 결정론에 개재된 것으로 보기를 권하는데, 그의 '잘못 놓인 구체성misplaced concreteness'의 오류와 짝을 이루고 있다. 기본적으로 이 오류는, 이론적 용어는 우리의 도구가 충분히 정교화되고 독창적이 되면 '궁극적으로는' 관찰적으로 해석되어야 한다고 주장한다. 계통적 의미를 가진 불완전한 기호는 전적으로 과학적이 아닌 것으로 느껴진다.

행동과학에서는 또한 때때로 물리주의에 대한 편향이 작용한다. 처음 카르나프 등에 의해 공표된 과학의 통일성the unity of science에 대한 논제는 내게는 그것이 방법의 통일성에 관한 한 전적으로 건전한 것으로 보인다. 불행하게도, 방법은 때로는 특정 기법과 혼동되고, 과학적 지위는 따라서 오직 물리학의 주제에 적합한 기법들의 사용에 한정되는 것으로 생각된다. 비슷하게, 용어의 통일성은 행동과학의 개념들은 오직 물리학에 의해서만 특정화되는 의미를 가져야 함을 뜻하는 것으로 잘못 생각하게 만든다. 이러한 잘못은 요청되는 것이 관찰성뿐임을 인정하지 않는 데 있는 것이지, 다른 과학이 아니라 어떤 한 과학에 속하는 관찰적 용어들에 있는 것은 아니다. 그러나 법칙들의 통일성, 따라서 이론의 조성과 관련해, 편향은 가장 두드러진다. 칸트적인 뜻에서는 기껏해야 '규제적regulative' 원리에 불과한 것 — 프로그램과 열망 — 이 '구성적' — 과학적 채택성의 기준 — 으로 해석된다. 행동과학의 법칙들은 이와 같이, 궁극적으로 물리학의 법칙들로부터 연역되지 않으면 안 되고, 그렇지 않으면 그것들은 아직 참에 이르지 못한 것으로 생각된다. 따라서 행동과학에는 가능한 한 물리학의 법칙에 가까운 법칙들을 형식화하도록 압력이 가해진다.

다양한 과학들 사이의 관계에 대해 '원칙적으로in principle' 참이어야만 하는 것에 대한 강조는 이에 대해 사실상 참인 것에 대한 각성을 약화시킨다. 1세기 이상 콩트의 과학의 위계관념화와 같은 것이 유행했다. 사회학은 심리학에 의존하고, 심리학은 다시 생물학에, 생물학은 화학에, 그리고 모든 구조는 최종적으로 물리학에 의존한다. 그러나 "오늘날 어떤 생물학적 과정도 화학이나 물리학으로 충분히 이해되지 못한다. 진상은 우리에게 알려져 있지 않다. 거의 모든 화학적 특질들이 아직도 물리학적인 원자 구성인자들의 관계로 환원되지 못한다. 수학은 지나치게 부담스럽다. 물리학 자체가 어떤 통일된 장이론을 찾고 있고 원자과정에서의 결정론에 대해 의문을 제기하고 있다. 콩트의 과학의 위계적 통일성에 대해서는 더더욱 그렇다(Warren S. McCulloch, 46:149에서)". 이러한 상황이 행동법칙의 형식화가 생물학의 법칙으로부터 도출될 수 있는 그러한 방식으로만 이루어져야 한다는 주장을 정당화하는 것은 전혀 아니다. 위계적 배열은 하나의 과학이 다른 것에 제공할 수 있는 것 — 선상정, 상정, 그리고 자원 — 에서 의미를 찾을 수도 있다. 명백히, 주어진 과학이 그보다 '기초적'인 과학으로부터 — 위계적인 의존 관계에서 볼 때 — 얻을 수 있도록 돕는 것은 그것이 무엇이든 이점임에 틀림없다. 그러나 왜 덜 '기초적'인 과학은 그 자체적으로 무엇을 해서는 안 되는지 그 이유를 알 수 없다.

본질론과 물리주의의 위험에 대해서는, 내 생각에는 현대 정신의학이 잘 해설하고 있다. 약물치료와 정신이상자의 생리에 관한 연구는 이미 어떤 시사적인 발견을 제시하고 있으며, 앞으로의 많은 유망한 탐구의 방향을 열어 놓고 있다. 그러나 많은 정신의학자들은 이러한 작업을, 육체의 범주를 마음의 것과 분리시키고, 오직 전자만을 과학의 영역에 속하는 것으로 인정하는 데카르트의 이원론적인 관점에서 보는 듯하다. 간과되고 있는 것은 심리학적 관념들이 아직도 틀림없이 질병의 개념 및 치료법의 표준의 방식으로 과학적 정신의학에 개입하고 있다는 점이다. 정신분열증의 직접적 원인이 어떤 혈액 성분의 농축으로, 아니면 신경세포나 그 연결에서 어떤 구조의 형성으로 확정되었다고 가정해보자. 이 원인의 결과는, 정신의학에 관한 한, 아직도 (예로서, 박해의 망상에서 나타나는) 거시 행위의 면에서만 진술될 수 있을 것이다. 그렇지 않다면 치료가 필수적으로, 그것이 약이든 수술이든, 사람의 돌봄을 요구하지 않을 수도 있다. 왜냐하면 물질이나 구조 그 자체는 다양한 유형의 상호개인적인 행동이나 소통에 의해 생산되거나 파괴될(친숙한 위염의 사례에서와 같이, 적어도 위염 발생에 관련된 것인 한) 가능성이 있기 때문이다. 심리물리적 이원론은 항상 이 두 영역 사이의 상호작용의 문제에 봉착하게 된다. 인공두뇌와 관련 분야 등의 발전이 나를 들뜨게 하는 것은 바로 이들이 "위대한 물리학의 세계와 정신의 빈곤 지대 사이의 담을 헐어 내리는 데 도움을 주고 있다"라는 것 때문이다(46: 155). 콜비와 같은 정신의학자는 이미 이러한 아이디어를 정신분석과 같은 비(非)물리주의적인 이론에 적용하기 시작했다.

요인들의 상호작용

여기서 나의 논의는 행동과학에서 이론화와 관련된 오직 한 가지 다른 문제만을 언급하는 데 그치고 있다. 그러면 설명의 성격(§42)을 고려한 후 주제로 돌아가자.

현재 우리 지식의 상태에서 인간 행동은 종종, 배우자의 선택이나 국가 간의 전쟁 발발의 경우에서와 같이 여러 개의 명백한, 때로는 연결되지 않은 요인들의 합동 작용의 결과로 보인다. 결과적으로 두-변항 인과적 법칙은 자주 부적합한 것으로 여겨지고, 중요한 크기들은 척도화할 수 없게 된다. 어떤 의미에서 우리는 너무 많이 알기 때문에 그것을 어떤 단일 이론으로 통합할 수 없고, 그렇다고 해서 그 가운데 어떤 것도 충분히 자신 있게 아는 것도 아니다. 요인들을 결합하는 문제는 장의 이론에 따라 결합을 형식화함으로써 자동적으로 해결되지는 않는다. 이와 같은 이론이 단지, 레빈이 지적한 바와 같이(91: 300에서), 요인들의 다중성을 인정함으로써 그리고 이들을 하나의 단면공간phase space을 구성하는 것으로 취급함으로써 얻어지는 것이 아니다. 아직도 요인들이 어떻게 결합해서 작동하는지는 특정화되지 않으면 안 된다. "결합의 규칙은 논리적으로 필요한 원리가 아니다. 모든 요인들이 다 선호되는 단순한 경우에도, 그것들의 결합이 항상 적절하게 되는 것은 아니다"(52: 154). 우리는 행동을 결정하는 개별적인 요소들이 무엇인지뿐 아니라, 또한 그것들이 서로 어떻게 상호작용하는지 알 필요가 있다. 한 걸음씩 전진하는 것이 언제나 가능한 것은 아니다. 좋은 이론에 도달하기 위해서는 상상력과 같은 대담성이 요구되기도 한다.

제9장

설명

§38 유형모델

§39 연역모델

§40 설명과 예측

§41 설명의 기능

§42 행동과학에서 설명

§38. 유형모델

서술, 해석, 그리고 설명

우리는 동사 '설명하다'를 매우 많은 것들과 연관해서 사용한다. 우리는 우리 자신을, 꿈을, 텍스트를 설명한다는 이야기를 한다. 어떤 것을 또는 다른 것을 어떻게 하는지를 설명한다. 왜 어떤 특정 사건이 발생했는지 또는 어떤 법칙을 얻게 되었는지 설명한다. 또는 무슨 이유로 어떤 개인이나 집단이 그들이 한 것처럼 행동했는지 설명한다. 이들 다양한 설명 가운데 비교적 구분하기가 쉬운 집합이 하나 있다. 나는 이를 — 의미를 명백하게 한다는 점에서 — 의미론적 설명semantic explanation이라고 부른다. 내가 말하는 것은 사건의, 행위의 또는 생활의 의미에 대한 것이 아니라, 낱말과 다른 상징들(행위와 구분되는 것으로서 동작을 포함해서. §4를 보라)의 의미에 대한 것이다. 의미론적 설명은 번역 또는 유사어, 즉 설명되는 것과 동등한 또는 유사한 의미를 가진,

그러나 더 쉽게 또는 잘 이해되는 낱말들의 집합이다. 이와 같이 의미론적 설명은 필수적으로 어느 누구에게만 봉사한다. 한 사람에게 명료한 것이 다른 사람에게는 그렇지 않을 수도 있다. 어떤 사람에게는 전혀 설명이 필요 없을 수도 있으나, 다른 사람에게는 주어진 설명이 부적절할 수도 있다. 만약 설명을 듣는 사람이 '그것을 알아듣지get it' 못한다면, 그 의미는 전혀 설명되는 것이 아니다. 의미론적 설명은, 듀이가 한때 교육에 대해 얘기한 바와 같이 거래의 결과, 즉 판매다. 판매는 고객이 실제로 사지 않으면 이루어지지 않는다.

의미에 대한 것이 아닌 설명을 나는 과학적 설명이라고 부른다(다른 조건들이 또한 만족되지 않으면 안 된다). 이것은 비록 고객의 채택을 위해 제공될 수 있지만, 고객에 따라 달라지지는 않는다. 어떤 사건의 설명으로 제공된 진술은, 말하자면 아무도 그 설명을 받아들이지 않는다 해도 그 사건을 사실상 설명할 수도 있다. 의미론적 설명과 과학적 설명의 차이는 이와 같이 진술이 명백한 것과 참인 것의 차이와 같다. 우리는 진술이 적어도 묵시적으로 그것이 누구에게 명백한지를 언급하지 않고 명백하다고 말할 수 없다. 그러나 만약 우리가 그 진술이 어떤, 또는 다른 사람에게for 참이라고 말한다면, 우리는 오직 그가 그렇게 믿는다거나 아니면 그 증거를 가지고 있다거나 하는 종류의 것을 의미할 따름이다. 우리는 또한 그가 그것이 제시하는designate 명제가 참이라는 식으로 해석하고 있다는 것을 의미할 수도 있다. 그러나 진술된 명제의 참은 그 사람이나 그 어느 누구에도 의존하지 않는다.

어떤 설명은 의미론적 설명과 과학적 설명 둘 모두를 구성요인으로 품고 있다. 우리를 이를 해석interpretation이라고 부를 수도 있다. 이는 설명되는 것이 상징과 사실 둘 모두로서 보일 때 발생한다. 진술은 의미를 가지나, 그것은 또한 특정 시간과 공간에서 발생하는 객체나 사건일 수도 있다. 우리는 어떤 말을 그 의미를 설명함으로써, 그리고 왜 그것이 그것을 행한 사람에 의해 행해졌는지를 설명함으로써 해석한다. 우리는 꿈을 그 잠재적인 내용을 명백히 보여줌으로써, 그리고 또한 왜 꿈을 꾼 사람이 그가 생산한 상징들을 생산했는지를 설명함으로써 해석한다. 과학적 설명은 꿈의 분석의 경우와 같이 의미론적 설명에 의해 암시될 수도 있고 지원될 수도 있다. 그러나 해석의 두 구성요소들 사이의 관계는 또한 그 반대가 되기도 한다. 우리는 어떤 사람이 얘기하는 것이 무엇what인지 맥락으로 보아 또는 다른 방식으로, 그가 왜 그것을 말하는지 알기 때문에 이해하기도 한다. 해석은, 동작의미와 행위의미의 상호작용 때문에, 행동과학에서 특별히 중요하다. 이에 대해서는 §42에서 다시 논의할 것이다. 지금부터 내가 특별한 언급 없이 '설명'이라고 말할 때, 이는 의미론적 설명이나 해석이 아니라 과학적 설명을 의미할 것이다.

설명은 자주, 우리에게 단순히 무엇이 일어나는지가 아니라 왜 일어나는지를 이야기하기 때문에 서술description과 대조된다. 어떤 사실이나 법칙을 설명하는 것은 그것에 대한 이유를 제공하는 것이다. 그러나 단지 무엇이 이유를 구성하는가는 고려의 대상으로 남아 있다. 옛 실증주의는 이유에 대한 관심을 부추기기를 꺼려했다. 왜냐하면 실증주의자에게 이 관념은 경험적 사실을 초월하는 어떤 것을 시사하는 것이기 때문이었다. 이러한 이유로 그들은 "법칙은 단순히 서술할 뿐, 결코 설명하지 않는다"라고 주장하는 데까지 이르렀다(106: 87). 나는 실증주의자들을 포함해서 대부분의 현대 과학철학자들이 법칙은 설명을 행하며, 그리고 다른 사실들과 연관해 특정 발생 사건들에 이유를 제공한다는 데 동의하리라고 생각한다. 그러나 이러한 관점이 반드시 법칙은 사물이 어떻게 발생하는지를 넘어 그 이상의 것을 우리에게 얘기한다는 것을 뜻하지는 않는다.

요점은 서술이 그 자체로 설명적일 수도 있다는 것이다. '어떻게'는 우리에게 단지 '무엇'이 아니라 '왜'를 제공할 수도 있다. 예를 들어, 우리는 어떤 이전 사건들을 서술하고, 그렇게 함으로써 인과적 설명을 제공할 수도 있다. 또는 왜 하나가 다른 것을 만들어 냈는지를 설명하기 위해 어떤 중간 사건들을 서술할 수도 있다. 설명은 서술이 하는 것과는 다른 종류의 어떤 것을 우리에게 이야기하지 않는다. 그러나 이는 그것이 설명하는 것의 단순한 서술과는 다른, 특별히 거기서 설명이 기능을 수행하도록 되어 있는 맥락에 적합한 어떤 것을 우리에게 얘기한다(41: 175~176에서 Scriven을 보라). 그렇지만, 과학적 설명이 맥락적이라는 것이, 그 설명적 힘이 의미론적 설명에서와 마찬가지로 청중에 달려 있다는 것을 의미하는 것은 아니다. 요점은, 오히려 설명은 적합성 없이도 건전할 수 있다는 데 있다. 물론 둘 모두일 때 좋은 설명이 된다. 동일한 죽음이 생리학적 용어로도, 심리학적 용어로도 설명될 수 있다. 그것은 약물 중독의 사례이며, 또한 자살의 사례일 수도 있다. 둘 모두 건전한 설명이다. 그러나 이들은 주어진 맥락에서 결코 똑같이 훌륭한 설명일 수는 없다.

설명은 연쇄적concatenated 서술이라고 말할 수도 있다. 이는 서술되는 것 이상의 어떤 것을 불러냄이 아니라, 하나의 사실이나 법칙을 다른 것과의 관계로 제시함으로써 자신의 임무를 수행한다. 연쇄 때문에, 서술되는 것의 각각의 요소는 마치 다른 모든 요소들이 반사하는 빛을 받아 그런 것처럼 빛을 발한다. 이는 그것들이 공동의 초점에 모아져 함께 설명되는 것에 빛을 쏘기 때문이다. 단지 무엇이 일어나는지를 우리가 더 잘 ― 더 자세히 또는 더 광범한 전망에서 ― 볼 때 우리는 왜 그것이 일어나는지를 본다. 그럼에도 설명과 서술의 차이는 같은 것을 계속, 그러나 나른 용어로 반복해 서술하는 것이 그것에 대한 설명을 제공하는 것이라는 ― 쿠비(61: 65에서)에 따르면, 심리학에서 드물지 않은 ― 환상에 대항하기 위해 강조할 가치가 있다. 사람은 그가 게으르기 때문에 일할 수 없는 것이 아니며, 이기적이기 때문에 사랑할 수 없는 것도, 의지가 약하기 때문에 강박관념에 사로잡히는 것도 아니다. 이와 같이 맞추어진 짝들은 그것들이 설명하고자 하는 것을 서술할 뿐이다. 그것들은 이를 다른 과정이나 사건들과 관련시키지 않는다.

의미론적 설명과 과학적 설명 모두의 경우, 우리가 전에 모호했던 어떤 것을 '보거나' '이해하는' 데 대해 얘기하는 것은 의의가 있다. 이유를 납득하는 것은 어떤 점에서는 의미를 납득하는 것과 같다(퍼스는 둘 다 그의 제3성 Thirdness의 범주 아래 두었다). (영어) 단어 '설명하다'의 어원은 접힌 것을 펴고, 어떤 것을 평평하고 고르게 만드는 것이다. 설명은 어떤 것을 명료하게 또는 이해할 수 있게 만든다. 따라서 이는 우리에게, 브레이스웨이트(9: 323)가 그렇게 부른바, 일종의 '지적인 만족'을 제공한다. 그 목적은 "외부 자연세계가 우리에게 강요한 지각의 지적 욕구와의 화해"라고 캠벨은 말하고 있다(13: 89). 합리주의는 경험주의가 그런 것처럼 과학적 기업에서 자신의 자리를 확보하고 있다. 감지sense의 대상은 감지(이해)되기를make sense를 요구한다.

그러나 어떤 것이 납득할 수 있게 되었는지의 여부가 단순히 주관적인 문제는 아니다. 우리는 사실상 어떤 것을 이해함이 없이 이해한다고 생각할 수도 있다. 설명을 가지는 것having과 보는 것seeing 사이에는 차이가 있다. 의미론적 설명의 경우에, 우리는 그것을 보기 전까지는 가지지 못한다. 그러나 과학적 설명의 경우에는, 가지는 것이나 보는 것이 상대방 없이 발생할 수 있다. 설명이 처음 제공될 때 곧잘 저항에 직면하는 것은 과학사에서는 흔히 있는 일이다. 사람들은 그것을 가지고 있으나 보지는 못한다. 반대의 경우는 신화나, 편집증, (신)비학과 같은 '과학들'에서 나타나는 유의 설명에서 특징적으로 보인다. 우리는 이들을 신비적 설명runic explanation — 이들이 말하는 것은 설명적 고리를 가지나, 철저하게 다른 해석을 요구한다 — 이라고 부를 수 있다. 그것들은 일종의 지적인 만족을 제공한다. 그러나 실상이 이를 보장하는 것은 아니다. 이들을 채택하는 사람은 오직 설명을 볼 뿐으로 가지지는 못한다 (나는 우리가 거기에 없는 것을 본다는 표현을 가지고 골치를 썩일 필요가 없다고 믿는다).

의미론적 설명과 과학적 설명 둘 모두 이해를 제공하기 때문에, 후자를
―특히, 해석이 매우 중요한 역할을 수행하는 행동과학에서 ― 전자와 혼동하기
쉽다. 예를 들어 어떤 역사적 과정은, 만약 그것이 '심리적 감정이입'에 의해
명백하거나 그럴듯하다면 이해되는 것으로 얘기되어 왔다. 그러나 문제는
"거의 언제나 반대되는 역사적 과정들도 똑같이 그럴듯하다"라는 것이다(38:
721에서 E. Zilsel). 그 어려움은 역사의 특수한 성격에 있는 것이 아니라, 설명
을 주관화하고, 참을 의미와 같이 과학적 설명을 의미론적인 것과 같이 취급
하는 잘못에 있다. 이것이 바로 신비적 설명을 특징짓는 혼동이다. 나치 정
권의 초기에 일단의 암살 집단은 어떤 유대인을 모퉁이에 몰아넣고 그에게
누가 독일의 어려움에 책임이 있는지 대답을 요구했다. 그는 즉각적으로 '유
대인' 그리고 '자전거 타는 사람들'이라고 대답했다 ― "자전거 타는 사람들! 왜
자전거 타는 사람들인가?" ―. "왜 유대인인가?"

내가 믿기로는 설명의 기초로서 친숙성에 대한 커다란 강조의 아래에는
또한 자주 의미론적 설명과 과학적 설명 사이의 혼동이 자리하고 있다. 친숙
성은 우리가 설명을 보는 데 도움을 주나, 설명을 가지도록 돕지는 못한다.
이는 의미론적 설명에는 기본적이나, 과학적 설명에는 전혀 중요하지 않을
수도 있다. 이렇게 이론에 의해 제공되는 법칙의 설명은, 어떤 진술이 "알려
지지 않은 언어에서 알려진 언어로 번역될 때 제공되는 것과 본질적으로 유
사한, 더 큰 친숙성"과 같은 것이라고 이야기되어왔다(13: 84. 그러나 또한 13:
77~78을 보라). 여기에 의미론적 설명과의 비교는 명백해진다. 많은 과학자와
철학자들은 설명을 "단지 우리의 복잡한 체계를, 복잡한 체계에서 우리가 설
명이 필요하지 않은 것으로 받아들일 정도로 이미 우리에게 그렇게 친밀한
요소들의 상호작용을 인지하는 그러한 방식으로, 더 단순한 체계로 분석하
는" 과정으로 얘기해왔다(103: 45에서 브리지먼을 인용). 이러한 관점은, 하나

의 당구공이 다른 공을 맞출 때 일어나는 것처럼, 어떤 사건을 납득할 수 없을 때에도 (친숙하기 때문에) 설명되었다고 생각했던, 옛 기계론자들에게 한 러셀의 비판을 상기시킨다.

그러나 친숙성이 설명의 열쇠일 수 없다는 것은 단순히 그것이 설명이 누구에게 제공되느냐에 따라 불가피하게 달라진다는 사실로부터 명백해진다. 한 사람에게 친숙한 것은 다른 사람에게는 매우 낯선 일일 수도 있다. 어떤 여행자는 자기를 둘러싼 모든 사람이 외국어를 사용한다고 불평할 수 있다. 그러나 과학자는 더 객관적이지 않으면 안 된다. 스크리븐은 친숙한 것이 때로는 이해되지 않을 수 있으며(무지개, 기억, 또는 음악의 호소력), 친숙하지 않은 것이 매우 잘 이해될 수도 있다고(순수 원소, 이상 가스, 절대 영) 지적한 바 있다(41: 225). 계속해서 그는 "다른 한편, 우리는 친숙한 것의 많은 것을 이해하고 매우 많은 설명이 친숙한 것으로 환원된다"라고 말했다. 기본적인 것으로 남아 있는 것은, 친숙성이라기보다는 이해다. 필요한 것은, 심리적 고려가 논리적 고려와 매우 명백히 구분된다는 점에서, 단순히 심리적이지만은 않은 이해에 대한 고려이다. 우리는 우리가 이유를 알 때 이해한다. 그 이유가 친숙하기 때문에 우리는 그것을 더 쉽게 알 수도 있다. 그러나 친숙성은 그러한 한 가지 이유 이상이 되지는 못한다.

유형과 연역

이제 이해를 제공하는, 그러므로 설명을 제공하는 이유에 대한 해설에는 두 가지가 있다. 나는 이들을 설명의 유형모델과 연역모델이라고 부른다. 매우 조잡하게, 우리는 어떤 것을 어떤 알려진 유형에 맞출 수 있을 때나, 그것을 다른 알려진 참들로부터 연역할 수 있을 때 그것의 이유를 알게 된다. 이들 각각의 모델은 적용에 충분히 보편적일 수도 있다. 즉, 이들 각각은 상대 모델이 포괄하는 모든 설명에 대해 고려를 제공할 수도 있다. 전체 유형의 본성과 그 일부의 어떤 특성으로부터 우리는 다른 것들을 연역할 수 있다. 역으로, 연역적 관계는 그 자체가 인지적 유형을 구성하는 것으로 간주할 수도 있다.

그러나, 어떤 설명은 더 쉽게 스스로를 이 중 하나의 모델에, 다른 설명은 다른 모델에 내어주기도 한다. 그러한 예로서 연쇄 이론과 위계 이론 각각에 개재하는 설명을 들 수 있다. 유형모델은 탐구의 초기단계에서의 설명에 더 쉽게 적합할 수 있고, 연역모델은 후기 단계에서 적합할 수 있다. 이와 같이 "개별 환자를 다룰 때, 분석가는 …… 사건들을 하나의 유형에 연결하고 본원적으로 이 유형을 다른 유형들에 관련시킨다고 한다. 개인들에 관한 이들 설명 스케치로부터, 어떤 부류에 관한 일반화가 시도되고 법칙 같은 설명이 형식화된다"(20: 42). 아마도 다양한 인지양식 역시 이 두 설명적 모델에 동등하게 적합하지는 않은 듯하다. 문학적·학술적·논쟁적 양식은 유형모델에 따른 고려를 나타나게 하고, 반면 기호적·공준적postulational·형식적 양식은 명백하게 연역모델을 지목한다. 어떠한 경우에도, 우리는 우리가 재구성된 논리를 다루고 있다는 것을 잊어서는 안 된다. 나는 두 가지 종류의 설명이 있다는 것을 — 그리고 특히 행동과학에서 설명은 다른 과학에서의 설명과 다른 종류의 것이라고 — 주장하기 위해서가 아니라, 두 가지 다른 (만약 본질에 있어서나 아니라면 적어도 형식화에 있어서 다른) 설명의 재구성이 있고, 둘 모두가 방법론에서 유용한 목적에 봉사할 수 있다는 것을 알리기 위해 이 두 가지 모델을 제시했다.

따라서 유형모델에 따르면, 어떤 것은 그것이 함께 하나의 통일된 체계를 구성하도록 다른 요소들의 집합에 연관될 때 설명된다. 우리는 어떤 것이 조직된 총체의 특정 부분이라는 것을 밝힘으로써 그것을 설명한다. 하나의 긴 수직선과 꼭대기에서 가지치기 한 하나의 짧은 수직선, 그리고 같은 쪽 바닥 근처에서 이것과 연결되는 짧은 곡선으로 이루어진 어떤 형상이 있다. 이 형상은 건물의 모서리 주변에서 사라지는 개를 동반한(곡선은 개의 꼬리이다) 총에 칼을 꽂고 서있는 병사를 대표하는 것으로 설명되지 않는 한 아무 의미가 없다. 우리는 설명되는 것이 부분이 되는 전체 모습을 보도록 인도됨으로써 비로소 이 형상을 이해하게 된다. 이러한 방식으로 친숙성은 작동하게 된다. 알려지지 않은 것은, 비록 그 국지적 특질들에 의해서는 아니지만, 관계의 연결망에서의 그것의 위치에 의해 알려진 어떤 것과 동일시된다. "왜 X인가?" "왜냐하면 X는 실제로는 Y 이상의 아무것도 아니기 때문이야. 너는 Y를 알지. 그것은 친숙한 옛 Z의 일부야!"

인지유형에 관한 글은 매우 많다. 막스 베르트하이머Max Wertheimer의 주도로 이루어진 형상심리학gestalt psychology은, 심리학 자체에는 물론 내가 보기에는 방법론에 대해서도 상당한 중요성을 가진 연구를 많이 수행했다. 대부분의 경우, 기본적인 고려사항은 일종의 폐쇄 관념 ─ 총체성, 통일성, 또는 통합성 ─ 과 관계성이었다. 연역모델은 비교할 수 없을 정도로 큰 정밀성을 가지고 형식화할 수 있는 장점을 가진다. 그러나 그 주창자들이 가장 먼저 동의할 것으로 확신하지만, 정밀성이 전부는 아니다. 내 생각으로는, 더 일반적인 그리고 엄격한 인지유형들의 취급에 도달하려는 노력은 가장 가치 있는 시도 가운데 하나이다. 여러 방향에서 ─ 심리학, 수학, 언어학에서 그리고 아마도 논리학과 철학에서도 마찬가지로 ─ 이 점에 상당한 진전이 이루어지고 있다는 것이 내가 받은 인상이다. 그렇지만 현재로는 의심의 여지없이, 설명의 유형모델에는 아직 갖추어야 할 것이 매우 많이 남아 있다.

플라톤의 논의에서는, 우리로 하여금 이해하고 설명하도록 하는 이성the reason은 많은 특수인자들이 참여해서 이루는, 따라서 단일 형식으로 통합되는 보편인자이다. 아리스토텔레스와 현대에 이르기까지의 그의 많은 추종자들은 이러한 관점을 설명의 원리를 오직, 본질이나 본성과 같은 사물 자체로 국지화시키는 정도까지만 변형시켰다. 관계가 제대로 된 관심을 받게 된 것은 과학에서는 17세기경에 이르러서였고, 논리학에서는 2세기가 지난 뒤의 일이었다. 내가 믿기로는 관계에 부여된 중요성은 레빈이 "아리스토텔레스적 사고의 양상과 갈릴레오적 사고의 양상" 사이의 대립이라고 얘기한 것의 요지다. 그러나 내가 얘기하고자 하는 것은 유형모델이 현대 과학철학의 취향에 더 잘 맞고, 연역모델은 플라톤이나 아리스토텔레스적인 지식이론에 적합하다는 것을 뜻하는 것은 아니다. 무엇보다도 연역은 관계적 명제들로부터 만들어질 수 있으며, 그리고 형식의 또는 종과 유의 건조체계architectonic 또한 하나의 유형이다.

일반적으로 관계적 명제들의 지위가 무엇이든, 유형모델에서는 관계들을 설립하거나 발견함으로써 설명한다. "자연과학에서는, 단지 상호연결성을 발견하기 위해 수단means을 설명한다"라고 화이트헤드는 말한다. 그리고 듀이(28: 511)에게 "이해나 해석은 사실로서 확언된 자료들의 서열화 문제, 즉 그것들의 관계의 결정일 뿐이다". 이들 관계에는 다양한 종류가 있다. 인과적·목적적·수학적, 그리고 아마도 다른 기초적 형태들은 물론 이들의 다양한 결합물과 도출물이 있다. 지속되는 개별particular 관계들이 어떤 유형을 구성하고, 어떤 요소는 그것이 이 유형에서 차지하는 위치를 보여줌으로써 설명된다. 우리는 번개가 그것이 통과하는 공기를 덥히고, 따라서 공기가 팽창해 주위의 공기를 어지럽히며, 그렇게 해서 소리 파장을 일으킨다는 점에 주목함으로써 우레를 설명한다. 우리는 암호문에서 어떤 글자가 'M'이라는 가정을 이렇게 설명한다. 다음 글자들이 'ESSAGE'이고 이늘이 함께 한 낱말을 만들고, 이 단어는 다시 그 앞의 글자들인 'RECEIVED'와 의미 있게 결합되기 때문이라고. 우리는 연속적인 수 2, 4, 8, 16으로 이루어진 수열을 이들 수가 계속 2의 승수가 높아지는 순서로 되어 있음을 관찰함으로써 설명한다. 이들 설명이 잘못일 수 있다는 것, 그리고 어느 경우에도 더 자세하고 더 광범한 유형을 필요로 할 수도 있다는 점에 유의할 필요가 있다. 우리는 표본의 특질들을 표본이 추출된 모집단이 어떤 분포를 가진다는 가설에 따라 설명할 수도 있다. 그러나 그 가설이 왜 이 특정 표본이 그러한 특질들을 가지는지를 설명하지는 못한다. 이를 설명하기 위해서는 그 표본을 전혀 다른 유형에 위치시키고, 이를 다른 순차의 구성원으로서 취급하지 않으면 안 된다.

유형의 인지는 이론의 타당화를 위한 일관성coherence의 규범과 연관해 이야기되는 '관계의 찰칵click of relation'(§36)을 가져오는 어떤 것이다. 설명은 모든 것이 제자리에 들어갈 때 건전하다. 모든 것은 바로 그것들이 유형을 완성하기 위해 꼭 있어야 할 곳에 있다는 인지는 우리에게 지적인 만족과 폐쇄의 감각을, 그리고 이전의 혼란으로 생긴 긴장 때문에 더욱더 큰 만족을 가져온다. 유형모델은 우리가 어떤 것에 대한 설명을 가지고 있을 때 그것을 이해한다고 말하기보다는, 우리가 어떤 것을 이해할 때 그것에 대한 설명을 가지고 있다고 말한다. 그러나 이 차이가 유형모델을 경멸하는 의미에서 심리적인 것으로 만드는 것은 아니다. 유형모델은 확실히 심리적 문제들에 대해 얘기한다. 그러나 지식은 어떻게 다르게 인식되는가? 인간의 지식은 인간 마음의 습득물, 인간 앎의 동작의 산물 이상인 어떤 것도 아니다. 단순히 그렇게 생각하는 것(또는 그렇게 느끼는 것)이 진술을 그렇게 만드는지의 여부는 매우 중요한 질문이다. 그러나 이는 유형모델에서는 단호하게 부정된다. 유형은 우리가 그것을 보는 바에 의해 구성되는 것이 아니라, 그 로커스를 객관적 관계들의 연결망에 두고 있는 것이다.

객관성

객관성의 테스트는 예측이라고 얘기한다. 만약 주장된 유형이 바로 그 유형일 때, 우리는 이러이러한 그리고 저러저러한 장소에서 이러한 그리고 저러한 요소들을 찾을 수 있을 것으로 기대한다. 그러나 이러한 테스트를 적용하는 것은, 내가 §40에서 지적하는 바와 같이, 우리의 해설account을 연역모델로 재조명하는 것이 된다. 유형모델의 경우, 객관성은 본질적으로 이것에, 즉 유형이 무한정하게 채워지고 연장될 수 있는 데 있다. 우리가 더 많은 지식을 얻음에 따라 객관성은 계속 이 유형에서 제자리를 찾아가며, 이 유형 자체는 더 큰 전체에서 자리를 잡게 된다. 이러한 객관성의 분석이 꿈과 깨어 있음 사이의, 겉모습appearance과 실재reality 사이의 차이를 구성하는 것이 무엇인지에 대한 칸트 대답의 요지이다. 우리는 그 차이를 경험을 초월하는 조건들로 분석할 수는 없으며, 아니면 결코 이들을 구분할 수조차 없을 것이다. 그리고 우리는 이를 구체적인 내용에 따라 분석할 수도 없다. 왜냐하면 우리가 깨어 있는 생활에서 경험할 수 있는 것이 무엇이든 우리는 그것을 꿈꿀 수 있기 때문이다. 어떤 것이 실제로 무엇으로 될 수 있든지 상관없이, 어떤 다른 것 또한 그렇게 보일 수도 있다. 차이는 깨어 있는 세계는 꿈의 세계와는 달리 조리가 잘 맞는다는 것이다. 깨어 있는 세계에서 일어난 일은 일어난 다른 모든 것과 관련해서 이해가 된다. 확실히, 우리는 깨어 있는 생활에서는 꿈에 대한 이해까지도 할 수 있다. 만약 꿈의 세계가 그 자체로서 일관성을 갖는다면, 그리고 그것이 또한 깨어 있는 생활에 자리를 제공한다면, 이는 더 이상 꿈이 아니다. 모든 경우에, 모든 관계에서, 어떤 사물의 모든 겉모습all appearances은 그것이 무엇이든 실로 단지 그 어떤 사물일 뿐이다.

인지지도

모든 설명이 어떤 것을 이미 주어진 어떤 유형에 맞추는 것은 아니다. 설명의 임무는 때로는 적합한 유형을 찾거나 만들어내는 데 있다. 과학적 업적은— 특별히 이론형성에서 — 때로는 옛 자료에서 새로운 의미를 찾아내고, 이 자료들을 다르게 순서 지음으로써 이들에게 유의성을 부여하고, 새로운 유형을 드러나게 하는 것으로 이루어진다. 이러한 방식으로 서술이 때로는 설명적 역할을 연출한다. 서술은 우리에게 전에는 우리의 눈을 피해 갔던 관계들을 보도록 한다. 스크리븐(41: 193)에 따르면, "이해는 대체적으로 관계성의 지각이며 그러므로 어리둥절한 현상을 어떤 관계의 체계에 위치시키는 과정에 의해 전달될 수도 있다. …… 서술은 우리에게 우리가 이미 이해하고 있으나 그것의 적합성을 깨닫지 못했던 어떤 총체적 틀을 제공할 수도 있다. 우리는 아무것도 연역하지 않는다. 우리는 현상을 당연한 것으로for what it is 보고, 이러한 현상인식realization으로부터 다른 추론을 할 수 있는 위치에 있기 때문에 이해하게 된다". 설명은 우리에게 간결하게 어떻게 우리 주위의 사물들이 배열되어 있는지를 말해주는, 인지지도cognitive map라고 불러온 어떤 것을 제공함으로써 자신의 일을 한다. 모든 설명적 유형은 일종의 어떤 한정된 지역에 관한 단편적인 지도이다. 우리가 목표로 하는 바는 그것을 말끔하게 하고, 다른 조각들과 함께 맞추어나가는 것이다. 이러한 목표를 추구하면서 우리는 늘 새로운 영역으로 움직여가며, 지도를 계속적으로 테스트한다. 건전한 설명은 우리의 지식이 성장함에 따라 점점 마음에 끌리는 것이다.

§39. 연역모델

연역과 유형

설명의 유형모델은 다른 종류의 관계들로 구성된 유형들에는 물론 연역적 관계의 체계에도 적용될 수 있다. 베르트하이머는 두 가지 예를 들고 있다.

우리는 왜 $(a+b)^2=a^2+2ab+b^2$가 되는지 설명하기를 원한다. a와 b가 두

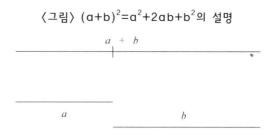

〈그림〉 $(a+b)^2=a^2+2ab+b^2$의 설명

개의 직선 부분을 표현한다고 하자. 그러면 a+b는 이 두 개의 부분을 함께 연결시킨 선을 표현하며, $(a+b)^2$은 이 선을 변으로 하는 정사각형을 표현하는 것이 된다. 정사각형을 가로질러 선의 연결점들을 연결하는 선을 그어 보자. 그러면 두 개의 직사각형과 작은, 크기가 다른, 두 개의 정사각형이 나올 것이다. 이들 정사각형 가운데 하나는 a를 변으로 하고, 다른 것은 b를 변으로 하며, 직사각형은 각각 한쪽 변을 a로 다른 쪽을 b로 할 것이다. 따라서

큰 정사각형은 네 개의 영역으로 이루어지는데, 그것은 a^2인 정사각형 하나와, 다른 정사각형 b^2, 그리고 각각 ab로 대표되는 두 개의 직사각형으로 이루어질 것이다.

다시, 우리는 처음 n개의 정수의 합이 $1/2^n(n+1)$과 같다는 것을 설명하기 원한다. 다음의 방법은 가우스가 초등학생일 때 사용한 방법이라고 한다. 수열을 짝으로 다시 정렬하는데, 각각의 짝은 이미 짝지어지지 않은 것 가운데 가장 큰 수와 가장 작은 수로 한다. 그러면 1은 n과, 2는 n-1과, 3은 n-2와 짝이 된다. 이들 각각의 짝의 합은 n+1이 된다. 왜냐하면 이것이 첫 번째 짝의 합이며, 다른 짝을 조성함에 있어, 우리가 작은 수를 1 높일 때마다 큰 수는 1씩 감소하게 되기 때문이다. 그러면 숫자의 수 절반만큼의 짝(n이 홀수일 때의 반쪽 짝을 포함해서)이 나오며, 모든 짝의 합은 간단하게 짝의 수에 짝의 합을 곱한 것이 된다.

나는 베르트하이머의 명제와 예가 계몽적이라는 데는 이의가 없고, 이들이 논리적 중요성을 가지며 단순히 심리적이지 않다는 점을 기꺼이 인정한다. 그러나 형식적인 방정식의 연역이 왜 이들이 지지되는지에 대한 설명으로서 마찬가지로 훌륭한 것이 될 수도 있을 것이다. 틀림없이, 위에서 제시한 유형적 설명은 비형식적이기 때문에 덜 연역적이지 않은, 특정 부류의 증명을 스케치하는 것으로 간주될 수 있다. 즉, 연역을 유형모델 아래에 포섭하는 대신, 우리는 유형적 설명을 연역모델 아래에 포섭할 수 있다. 어떤 것을 유형에 맞추는 것은 그럼으로써 설명되고 있는 것이 어떻게 더 일반적 고려사항들로부터 연역될 수 있는지를 보여줄 수 있는 한 설명력을 가진다. 여하간 다음에서는 연역모델에 의해 주어지는 설명에 대해 살펴본다.

일반성과 특수성

설명은 때로는 "같지 않은 것에서 같은 것의, 차이에서 동일성identity의 발견"(126: 18)을 뜻하는 것으로 이야기된다. 우리는 진행되고 있는 것이 이미 알려진 어떤 것에 다름이 아니라는 것을 인정함으로써, 즉 그것과의 동일성을 찾아낼 때 설명을 본다see. 그러나 설명을 갖기have 위해서는 필수적으로 보기에는 다른 것이 실제로는 같은 것이어야 한다. 말의 실수는, 의식적으로 사용된 낱말이나 행해진 행위와 거의 마찬가지로, 그것이 어떤 감정이나 태도의 표현임을 보여줄 때 설명된다. 이는 달의 운동은 사과의 낙하처럼, 그것이 중력의 결과임을 보여줄 때 설명되는 것과 마찬가지다. 두 사례 모두에서, 설명은 특정 사례를 더 일반적인 것으로 환원하는 것으로 이루어진다. 차이 가운데 동일성은 많은 것 가운데 하나이며, 보편적인 것은 많은 특수한 것들에게 공통된 것이다. "법칙은 우리의 경험을 설명한다"라고 캠벨은 말한다(13: 79). "왜냐하면 법칙들은 특수한 경우를 일반적인 원리에 준거시킴으로써 경험을 배열하기 때문이다. 설명은 그 원리가 더 일반적일수록, 이에 준거될 수 있는 특수한 경우들이 더 많을수록 만족스러울 것이다."

특정 경우들이 일반 원리들에 '준거한다referred'는 말이 뜻하는 바는 이들 경우들이 문제의 특수성이 무엇이든지 그것을 부각시키는 데 봉사하는 어떤 것과 이들 일반 원리로부터 함께 연역될 수 있다는 것이다. 어떤 것을 설명하는 것은 그것이 일반적으로 알려진 다른 것의 특정 사례임을 나타내는 일이다. 소크라테스는 그가 사람이기 때문에, 그리고 모든 사람은 죽기 때문에 죽었다. 아니면 그가 사회구조를 위협했고, 모든 권력엘리트는 사회구조를 위협하는 자를 죽이기 때문에 죽었다. 왜 인간은 죽을 수밖에 없는가? 인간은 동물이기 때문에, 그리고 모든 동물은 죽기 때문이라는 식이다. 이들 진술은 헴펠, 오펜하임과 여러 사람들이 매우 조심스럽고 자세하게 발전시킨 바로서, 연역적 설명모델의 진수를 예시하고 있다. 이렇게 해서 그들은 "하나의 사건은 그것을 일반법칙들에 포섭시킴으로써, 즉 어떤 특정화된 선행조건들의 실현을 통해 그것이 이들 법칙에 따라 발생했다는 것을 보여줌으로써 설명되고…… 어떤 일반적 규칙성의 설명은 그것을 다른, 더 포괄적인 규칙성에, 어떤 더 일반적인 법칙에 포섭시킴으로써 이루어진다"라고 말한다(59: 136). 우리는 X가 참으로 지지될 때는 늘 Y도 참으로 지지된다는 원리를 예증으로 제시함으로써, 그리고 Y의 경우에 X는 참으로 지지된다는 것을 더함으로써 Y를 설명한다.

다양한 형태의 설명 — 인과적·동기적·기능적 등등의 설명(§42) — 은 특정 선행조건들과 함께, 설명적 연역의 전제로서 봉사하는 일반적 진술들의 성격에 의해 구분된다. 그러나 이들 전제만이 아니라, 이들로부터 무엇이 설명되어야 하는지가 뒤이어 나온다는 사실 역시 설명에 봉사한다. 오직 이러한 뒤이음만이 왜 어떤 것이 틀림없이must 해당되는지를 명백하게 한다. 설명되지 않는 사실은 단순히 우발적인 것이고, 그러한 법칙은 단순히 '경험적'인 것이다. 사실이나 법칙은 단지 그렇게 된 것이고 달리 된 것이 아니다. 거기에는 어떤 — 또는, 만일 그것이 무엇인지 우리가 알지 못하는 이유가 있다 하더라도, 더 나은 — 이유라는 것이 없다. 우리가 알지 못한다는 것은 어떤 것이 설명되지 않는다고 말하는 것과 같다. 설명은, 우리가 이미 알고 있는 것을 기초로 해서 어떤 것이 달리 그렇게 될 수는 없다는 것을 보여준다. 이 필연요소를 제공하는 것이 무엇이든 그것은 설명으로 봉사한다. 연역모델의 큰 힘은 필연성을 고려하는 명백하고 단순한 방법에 있다.

연역모델에서 필연성은 전제에 놓여 있는 것이 아니라 오히려 전제와 그것이 야기하는 결과 사이의 관계에 놓여 있다는 것을 인정하는 것이 방법론에서 엄청나게 중요하다. 그러므로 예시되는 일반원리는 인과법칙일 필요가 없다. 만약 어떤 것에 이유를 제공하는 것이 어떤 것이 왜 그렇게 되어야만 하는지를 보여주는 것이라면, 그것을 통해 우리가 그 어떤 것을 어떤 원인의 결과로서 제시해야만 하는 것은 아니다. 요구되는 것은 논리적 필연성이지, 인과적 필연성은 아니다. 예를 들어, 연역모델에서 원인에 의한 설명은 물론, 목적에 의한 설명도 형식화될 수 있다(왜 그는 그런 식으로 행동하지? 왜냐하면 사람은 자신의 기대를 최대화하는 방향으로 행동하기 때문이며, 그의 주관적 확률은 이러이러하고, 그의 효용성은 저러저러하다). 확실히 논리적 필연성조차도, 아래에서 지적하는 바와 같이, 설명에 대한 지나치게 엄격한 요구일 수 있다. 설명되어야 하는 것이 어떤 전제 위에서 매우 그럴 것 같아진다는 것을 보여주는 것으로 충분할 수도 있다. 그것은 꼭 그런 식일 필요는 없었으나, 우연히 그렇게 된 것일 수도 있다.

연역모델에 대해 그것이 이해하기 쉬움에 대한 고려를 하지 못하기 때문에, 실제로는 '설명'을 설명하지 못한다는 반론이 제기될 수도 있다. 어떤 사건이 설명되었다면 우리는 그것이 왜 일어났는지 이해한다. 그것의 발생이 그럴듯하게 감지된다. 설명이 연역될 수 있는 전제들을 제시하는 것은 이와 같은 이해를 산출하기에 충분하지 않을 수 있다. 연역모델에 따르면 이러한 반론은 계속된다. 우리는, 가령 x가 부류 F의 성원임을 지적하고 모든 F가 G라는 고려를 예시함으로써, 왜 x가 특질 G를 갖는지를 설명한다. 그러나 이러한 설명은 설명되어야 하는 사례들이, 모두가 똑같이 설명에 무감각한 어떤 특정 사례들의 부류에 속한다는 것을 보여주는 것 이상의 아무것도 아닌 것이 될 수 있다. 우리가 알고자 하는 것은 x를 포함한 F들이 왜 G인가 하는 것이다. 주어진 전제들로부터 우리는 x가 특질 G를 갖는다는 것을 연역할 수 있다. 그러나 그것이 이 특질을 가지는 것은, 우리가 왜 이들 전제들이 참인가를 설명하지 못한다면 설명되는 것이 아니다.

그러나 내 견해로는, 이 반론은 제대로 받아들여지지 않고 있다. 설명이 기능을 수행하는 탐구의 맥락으로부터 추상을 하다 보면, 각각의 맥락에서 설명되어야 하는 바로 그 어떤 것을 볼 수 있는 눈을 잃게 된다. 거기에는 항상 다른 어떤 설명되어야 하는 것이 있다. 그러나 우리가 모든 것을 이해하기 전에는 아무것도 이해하지 못한다는 것은 확실히 참이 아니다. 설명은 개념 및 법칙과 마찬가지로 어떤 개방성을 가진다(§41). 특히, 모든 설명은 그것이 역으로in turn 설명되어야 하는 어떤 요소들을 포함하고 있다는 뜻에서 '매개적intermediate'인 것이다. 그러나 그것이 매개적이라는 것이 그것이 완전히 설명되기까지 자체적인 설명의 기능을 수행할 수 없음을 뜻하는 것은 아니다. 설명에는 순환이 있으나, 이것이 악순환은 아니다. 우리는 A를 B가 설명되지 않았을지라도 B에 준거해 설명할 수 있다. 그 맥락이 확실히 B를 문제적으로 만들 수도 있다. 그 경우 우리는 어떤 C를 예증으로 제시해야만 한다. 그러나 이러한 맥락은 거기서 설명되어야 하는 것이 A인 것과 혼동되어서는 안 되고, 이러한 설명을 위해 B가 매우 잘 봉사할 수도 있다. 이에 비견할 만한 해롭지 않은 증거의 순환도 있다. 명제 p는 p 자체에 대한 증거가 주어지지 않은 경우에도 q의 증거를 제공할 수 있다. 너는 q가 참인지 어떻게 알지? 왜냐하면 p가 참이기 때문에. 그러나 p가 참인지 어떻게 알지? 왜냐하면…… a가 참이기 때문에. 그렇지만, 이 알파벳에는 시작이 있는 것이 아니다. 우리는 단순히 그 맥락에서 문제가 안 되는 것에서 중단한다. 설명은 더 설명되어야 할 어떤 것이 있을 때 어떤 것을 바람직한 것으로 남겨놓는다. 채워져야 하는 세목들, 도달해야 할 보다 가까운 근삿값 등. 그러나 다른 어떤 설명되어야 하는 것이 있다는 것이 설명의 단점은 아니다. 반대로 최종성은, 과학적 설명이 아니라 신비적 설명의 표지다. 탐구의 길은 항상 열려 있으며 그 길은 지평선 저편에까지 이른다.

간단히 말해 설명은, 연역모델에 따르면 공리적axiomatic이 아닌 전제들을 사용한다는 것은 (그래서 그것이 아직도 다른 전제로부터 연역되어야 한다는 것은) 연역이 결론에 대한 우리의 이해에 공헌하지 못한다는 것을 뜻하지 않는다. 유형모델에서조차 이해는 관계성에 대한 인식의 문제이며, 관계항들relata의 명료성perspicuity의 문제가 아니다. 우리는 항상 어떤 것 또는 다른 것에 따라 이해한다. 그리고 다음에 어떻게 그 어떤 것이 이해되어야 하는가의 질문이 제기될 수 있다. 그러나 모든 전제가 다 그런 것은 아니다. 우리는 왜 정원에 사자 한 마리가 있는지를, 실제는 그곳에 두 마리가 있다는 사실을 지적함으로써, 설명하지는 못한다는 것을 얘기한 바 있다. 이 진술로부터 우리는 확실히 한 마리가 있다는 것을 연역할 수 있다. 그러나 우리의 혼란은 전에 비해 하나도 나아진 것이 없다. 요구되는 것은 이 전제로 이루어지는 어떤 일반화이거나 아니면 어느 정도 일반화에 대한 암묵적인 준거다. 사건은 그것을, 그냥 단순히 아무 사건들의 집합이 아니라, 법칙적으로 함께 결합된 어떤 집합과 묶음으로서 설명된다. 한마디로 우리는 어떤 사실을 그것을 지배하는 법칙을 예시함으로써 설명한다.

법칙과 이론

사실의 설명에 대해 유형모델은 때때로 더 직접적이고 자연적인 고려를 제공하는 경우가 흔하다. 우리는 왜 정원에 사자가 있는지를 근처에 서커스단이 있다는 것을 지적함으로써, 거기에서 그것이 '틀림없이' 도망쳤다거나 아니면 아주 최근에 이웃집을 사자 조련사에게 빌려주었다는 식의 진술을 통해 설명한다. 그러나 여기에는 또한 연역모델에서 재조성되어야 하는 설명을 허용하는 함축적인 일반화들이 있다(동물들은 도망칠 수 있을 때 도망친다거나, 그들은 시멘트 위보다는 풀 위를 걷기를 좋아한다는 등등). 그보다 심각한 질문은 특정 사실의 설명보다는 법칙의 설명이 역시 법칙을 오직 어떤 더 일반적인 원리에 포함시키는 것이냐의 여부, 따라서 법칙의 설명이 "법칙의 형식화에 개입하는 과정의 연장, 덜 일반적인 것으로부터 더 일반적인 것으로의 진보이냐의 여부이다. ······ 나는 이런 견해에 전적으로 반대한다. 나는 법칙이 일반적인 법칙에 포함됨으로써 설명되는 것이라고 결코 믿은 적이 없다"라고 캠벨은 솔직하게 말했다(13: 79~80). 필요한 것은 이와 같이 더 일반적인 법칙이 아니라 이론이다. 이론은 더 넓은 범위에 적용된다. 그러나 중요한 것은 이론을 이루는 가설은 이론이 설명하는 법칙보다 높은 수준의 것이라는 점이다(§13 및 §34).

법칙의 설명은 법칙이 이론으로부터 연역될 수 있는 경우에 제공된다. "더 높은 수준의 가설들이 설명을 제공하기 위해 요구하는 모든 것은 그것들이 확립되어 있는 것으로 간주되어야 한다는 것과 해당 법칙은 논리적으로 당연히 그것들의 뒤를 이어 나오는 것이어야 한다는 것이다. 이것이 과학적 법칙의 설명에 관한 총체적 참the whole truth이라고 말한다고 해서 결코 지나친 것은 아니다"(9: 343). 이 마지막 진술은, 내가 보기엔 지나치다. 연역적 설명 모델은 그 전제들에 대해 그것들이 참이어야 하고 결론을 내포해야 한다는 것 이상을 요구한다. 더 이상 무엇이 필요한지를 일반적으로 받아들여질 수 있는 방식으로 언급하기는 쉽지 않다. 나는 캠벨의 형식화를 더 최근의 방법론적 논의에서 나오는 어떤 것 못지않게 도움이 되는 것으로 믿는다. "우리가 이론이 법칙을 설명한다고 말할 때, 우리가 뜻하는 바는 단지 논리적 연역에 지나지 않은 것이 아닌 그 이상의 어떤 것이다. 연역은 이론이 참이 되기 위해 필요하나, 그것으로 충분하지는 않다. 우리는 그 밖에 무엇을 필요로 하는가? 내 생각에 우리가 줄 수 있는 최상의 대답은 어떤 이론이 설명을 할 수 있기 위해서는, 우리가 그것을ㅡ설명하기를!ㅡ필요로 한다는 것이다. 우리는 이것이 우리에게 아이디어를 더하고, 이것이 더한 아이디어는 수용할 것을 요구한다"(13: 82~83).

이 요구의 어떤 것은, 내가 가정하는 바로는 이론을 그것이 설명하는 법칙보다 '더 높은 수준'에 있는 것으로서 특성화하는 데 개입한다. 두 개의 법칙의 접속conjunction은 분명히, 이들 각각이 그 접속으로부터 연역될 수 있는 경우에도, 이들 중 어느 것에 대한 설명도 되지 못한다. 접속에 의해 우리 아이디어에 더해진 것은 아무것도 없다. 이론이 설명하는 것은 단순한 법칙들의 모음이나 이들의 기호적인 통합 이상의 것이기 때문이다. 이론은, 비록 그것이 설명하는 어떤 법칙들보다도 큰 범위와 영역을 가지지만, 이들 법칙들의 외연적 일반화가 아니라, 더 높은 수준의 일반화다. 법칙 자체는, 그것의 예증보다는 더 일반적 현상의 특수한 사례로 보인다. 이러한 기초에서 모델은 이론의 설명적 힘을 명백하게 보여줄 수 있다. 동일한 형식주의가 해당 이론이 포괄하는 몇 가지 주제에 의해 해석될 수 있다. "이론은 항상, 만약 우리가 어떤 법칙들에 적용되는 체계가 어떤 점에서 어떤 다른 알려진 법칙들에 적용되는 체계들로 되어 있다고 상상한다면, 그러면 이들 법칙이 이론에서 연역될 수 있다는 것을 보여줌으로써, 법칙을 설명한다"라고 캠벨은 말하고 있다(13: 96).

연역성

여기에서 다시 설명의 연역모델이 유용할 수도 있다. 이론은, 그것이 어떤 연역을 용납한다는 사실에 의해서가 아니라, 법칙들에 의해 만들어진 유형들이 인지할 수 있는 구성인자가 되는, 더 포괄적인 유형을 만들어내기 때문에 설명한다. 그것은 참으로 다양한 현상들을 그 이론이 이해를 제공하는 어떤 유형에 맞추어지도록 허용함으로써 이루어진다. 한때, 헤르만 헬름홀츠 Hermann L. F. Helmholtz는 "어떤 현상을 이해하는 것은 그것을 뉴턴의 법칙으로 환원시키는 것 이상의 아무것도 아니다"라고 선언했다. 그러나 이 단호한 주장에 대해 프랭크(44: 138)는 "뉴턴의 시대에 그의 이론이, 인과성에 대한 인간의 욕구를 만족시키기 위해 수학적 설명을 필요로 했던, 일련의 추상적 수학적 공식으로 보였다는 사실은 완전히 잊었다. 뉴턴 자신은 이 필요를 인정했다. …… 호이겐스나 라이프니츠와 같은 사람들은 뉴턴의 이론이 물리학적 설명임을 전혀 고려하지 않았다. 그들은 이를 단지 수학적 공식으로 보았다"라고 평했다. 다른 한편으로, 설명을 갖는 것과 보는 것, 논리적인 뜻에서의 설명과 심리적으로 만족스러운 어떤 것 사이의 차이를 다시 강조할 필요가 있다. 연역성은 그 자체로는 이해를 위해서 충분하지 않을 수 있다. 더 필요로 하는 것은 일종의 — 사실을 설명하는 경우에는 보편법칙적인, 법칙을 설명하는 경우에는 이론적인 — 설명적 전제들이다. 그러나 이들 조건이 만족될 때, '인과성에 대한' 또는 다른 어떤 특별한 종류의 설명에 대한 '인간의 욕구'가 나타난다는 것은 아무런 논리적 적합성도 가지지 못한다.

연역모델에 대한 훨씬 더 심각한 반론은 연역성은 설명의 충분조건이 아니며 필요조건조차 되지 않는다는 것이다. 법칙이 전혀 전제로 떠오르지 않는 설명이 많이 있는 것처럼 보인다. 설명되어야 하는 현상은 단지 보다 충실하게 또는 다른 관점에서 서술되고, 이 서술은 어떤 연역도 없이 설명으로 봉사한다(41:193에서 Scriven). (예를 들어, 어떤 친숙하지 못한 종의 재생산에 대해 — 단지 새끼들에게만 국한시키지 말고 — 생각해보자) 확실히, 이들 사례의 경우에 법칙들과 이들로부터의 연역을 '함축적'이라고 말하는 것은 (내 자신이 조금 전 그런 것과 같이) 흔치 않은 일이 아니다. 그러나 이 논쟁의 맥락에서 이와 같은 주장은 논점의 교묘한 회피일 수 있으며, 그 주장은 연역모델에 맞도록 설명을 재구성할 수 있다고 말하는 데까지 이른다. 그러나 여기서 쟁점이 되는 것은 만약 그것이 그렇게 재구성되지 못하더라도 아직 설명적일 수 있느냐의 여부이다.

여기에 더해서 또 쟁점이 되는 것은 이러한 방식으로 재구성될 수 없는 설명이 있는 것 같다는 점이다. 이들은 확률적 설명probabilistic explanations이다. 거기서는 통계적 법칙이 어떤 역할을 담당하거나, 아니면 확률계산의 동어반복 이외의 어떤 다른 법칙도 없이 어쩌면 오직 통계적 자료만이 연출을 수행할 수도 있다. 우리는 표본이 추출되는 모집단에서의 분포에 주의를 돌릴 것을 요구함으로써 표본의 특질을 설명한다. 이 분포는 그 표본이 발견된 바대로 되지 않으면 안 된다는 것을 알리는 것이 아니라, 그 결과에 어떤 확률을, 그 분포를 설명하는 데 봉사할 수도 있는 어떤 확률을 부여한다. 이 외에 특별히 행동과학에서 공통적인, (잘못 정의되었으나 명백하게 이해된다는 뜻에서) 유사법칙quasi laws을 사용하는 설명(§12), 즉 "거기에 대해 어떤 예외적인 지위가 주장될 수 없는 모든 사례"(56: 11)의 어떤 것을 단언하는 설명이 있다. 여기서 다시, 전제는 설명되어야 하는 결론을 수반하는 것이 아니라 단지 그것을 어느 정도 가능하도록 만들 뿐이다. 어떤 법칙도 엄격하게 보편적이 아니고, 모든 것이 통계적이며, 더 쉽게 알아볼 수 있는 유사법칙들이 그런 것과 똑같이 모든 것이 어느 정도는 열려 있다고 믿는 사람들은, 내 생각에는 어떤 엄격하게 연역적 설명의 경우에 대해서도 의심쩍어 할 것이다. 왜냐하면 오직 전제들이 적절히 폐쇄될 경우에만 결론이 연역될 수 있고, 그리고 그 경우 전제들은 아마도 '우리의 아이디어에 보탬'이 별로 되지 않을 것이기 때문이다.

헴펠은 통계적 일반화를 예시하는 설명은 귀납적 논쟁으로 받아들이지 않으면 안 된다는 것을 인정했다(41: 137). 그렇지만 이들 설명은 아직도 오직 약간의 수정을 통해 연역모델에 맞추어질 수 있다. 그 이유는, 카르나프에 따르면 발전된 현대 귀납논리에서는 결론이 예시된 증거에 관해 어느 정도 확증을 제공하는 경우가 귀납적 추론의 진제로부터 연역적으로 따라 나오기 때문이다. 그러면 설명되는 것은 왜 결론이 참인가 아니라, 왜 그것이 그럴듯한가 하는 것이다. 원소들이 정수 값이 아닌 원자atomic 가중치를 가진 것으로 나타나는 것은, 본래 어떤 비율로 발생하는 동위원소들에 준거해 설명된다. 매우 많은 원자들로 이루어진 어떤 특정 표본은, 따라서 대략 같은 비율로 어떤 다른 동위원소들을 포함할 개연성이 매우 크다. 이는, 이의 필수적인 귀결은 그러한 발견이 매우 그럴듯하다는 것에 지나지 않음에도, 우리의 발견을 설명한다.

확증

더 자세히 들어가면, 연역모델은 아직도 그것이 의지하고 있는 확증논리가 야기하는 다양한 어려움에 직면하고 있다. 그러한 예로, '헴펠의 역설'을 생각해보자. 모든 A는 B라는 진술은 모든 B가 아닌 것은 A가 아니다 라는 진술과 논리적으로 동등하다. 우리는 아마도 만약 조사 결과 매우 많은 A가 모두 B임을 보인다면 첫 번째 진술을 확증된 것으로 간주할 것이다. 그러나 만약 우리가 대신 매우 많은 수의 B가 아닌 것을 조사해서 이들이 A가 아닌 것이 발견된다 하더라도 그것이 동일하게 확증적이라고 믿기는 어렵다. 모든 백조가 하얗다는 것을 증명하기 위해, 백조를 대상으로 그것이 하얀지 여부를 확인하려 하지 색깔이 있는 다른 새들을 대상으로 그것들이 백조가 아니라는 것을 확인하려고 하지는 않는다. 증거의 가중치와 같이, 설명의 힘은 명제가 형식화되는 방식에 의존하지 않음에 틀림없다. 여기서 우리는 이 역설을 해결하거나 무엇이 설명이 요구하는 보편법칙적 일반화를 구성하는지를 형식적으로 특정화하기 위해 제안된 다양한 고안들을 살필 필요는 없다. 실제로 연역모델은 그것이 작동할 수 있기 위해서는 일정량의 논리적인 신안장치를 요구한다. 그러나 유형모델은 누구나 어떤 장치들이 필요한지 볼 수 있도록 그렇게 충분히 특정적으로 형식화된 적이 없다.

내가 말하는 것은 우리 시대에 그렇게 지배적이었던 철학인 러셀의 원리에 전적으로 동의함을 뜻하는 것이 아니다. 애매하게 옳은 것보다는 틀림없이 잘못된 것이 더 낫다. 그러나 많은 연역모델에 대한, 특히 인간 행동의 설명을 위한 것에 대한 공격은 일종의 모호주의obscurantism에 봉사해왔다(41: 272에서 Brodbeck의 지적). 심리적 이해는 가능한 모든 것으로, 아니면 적어도 논리적 기초를 가진 것보다는 선호되는 설명으로 권장되어왔다. 그렇지만 방법론은, 내 견해로는 어떤 단일 표준의 설명적 실행을 주장해야만 한다. 설명의 탐색에서 행동과학자들은 그들보다 명백하게 더 존경받는 동료들과 마찬가지로 논리적 몰입에 얽매어 있다. 다만 우리가 조심해야 하는 것은 특정 재구성논리를 상용논리와 혼동하는 일이다. 유형모델은 연역모델만큼 유용한 과학적 설명의 재구성일 수도 있고, '단지' 심리적 결정인자들로부터 자유로운 것일 수도 있다. 연역모델에 호감을 갖는 쪽으로 편견을 갖는 것은 그 반대의 경우만큼이나 쉬우며, 때로는 우리에게 모호하게 떠오르는 것은 단지 우리가 그 자체를 당연한 것으로 받아들여온 특정 재구성으로부터의 결별의 시작이기도 하다.

§40. 설명과 예측

유형모델의 관점에서 법칙과 이론의 일차적 기능은 이해를 제공하는 것이다. 연역모델의 관점에서 이는 예측을 허용하는 것이다. 그러나 연역적 설명은 이해를 제공하고, 그렇지 않으면 그것은 전혀 설명으로써 봉사하지 못할 것이다. 그리고 예측은, 유형에서 채워져야 할 필요가 있는 것이 무엇인지를 특정화함으로써 유형모델에서 역할을 수행힌다. 설명이 어느 방식으로 재구성되든, 예측은 적어도 하나의 가능성이다. 두 모델 모두에서 법칙은 사건을 설명하는 데, 그리고 이론은 법칙을 설명하는 데 봉사한다. 좋은 법칙은 우리로 하여금 새로운 사실을 예측하도록, 그리고 좋은 이론은 새로운 법칙을 예측하도록 허용한다. 어느 정도, 어느 경우에서든지 예측의 성공은 그것으로 이끈 믿음에 신뢰를 더하고, 그것이 제공하는 설명에 상응하는 힘을 실어 준다.

예측 없는 설명

문제는 예측 능력이 어떤 좋은 설명을 갖는 데서 나오는 필연적인 결과냐 하는 점이다. 잠시, 만약 우리가 예측할 수 있다면 그것이 그만큼 설명을 위해서는 더 좋다는 것을 받아들인다고 하자. 그러나 만약 어떤 설명이 예측을 허용하지 않는다면(거짓 예측을 암시하는 것과는 구분되는), 그렇기 때문에 그것은 채택될 수 없는 것인가? '그렇다'가 헴펠과 오펜하임이 택한 입장이다. 그들에 따르면, "설명은, 그 설명항explanans이 제때에 고려된다면, 다루어지고 있는 현상을 예측하는 기초로서 봉사할 수 있지 않는 한 전적으로 적합한 것이 아니다"(59: 138). 확실히, 그들의 관점에서 '설명'과 '예측'은 하나의 논리적 사실에 대한 두 개의 이름일 뿐이다. 두 조각의, 실질적 또는 잠재적 지식은 서로 일종의 논리적 관계에 있다. "과학적 법칙과 이론은 우리의 경험 자료들 사이의 체계적 연결을 형성하는, 그렇게 해서 다른 자료들로부터 이들 자료의 어떤 것의 도출을 가능하게 하는 기능을 가진다. 도출 시점에 도출된 자료의 발생이 알려지느냐 또는 그렇지 않느냐에 따라, 이 도출derivation은 설명으로, 또는 예측으로 언급된다. …… 설명과 예측은 같은 논리적 구조, 말하자면 어떤 연역적 체계화의 구조를 가진다"(53: 164).

그러나 만약 우리가 일상생활에서는 물론 과학에서 실제로 발생하는 설명을 볼 때, 즉 이상적 설명이 되는 어떤 것뿐 아니라 '원칙적으로' 모든 설명에서 어떤 것을 볼 때, 우리는 때때로 예측을 할 수 없는 상태에서, 즉 우리가 제때에 설명을 했더라도 예측할 수 있었을 그러한 위치에 전혀 처함이 없는 상태에서 설명을 하는 것처럼 보인다.

유형모델에 따르면 우리는 설명을 제공하는 유형이 유일하게 그 부분들을 결정하는 것은 아니고, 따라서 전체로서의 유형과 그리고 그것의 어떤 부분에 대한 지식이 우리로 하여금 항상 다른 나머지 것들을 예측할 수 있도록 하지는 못한다고 말할 수도 있다. 설명은, 가능성의 범위가 열려 있어 어느 가능성이 현실화되는지는 오직 사후에나 알 수 있는 경우에조차 여전히 설명한다. 예술작품의 해석에서처럼, 우리의 이해는 뒤늦은 깨달음hindsight의 문제다. 우리는 왜 그 예술작품이 그것이 가지고 있는 구성요소들을 가지는지 보지만, 그러한 근거로 그것을 미리 예측할 수는 없다. 진화론은 고도로 분화된 형태들을 어떤 계통의 덜 분화된 형태들로부터의 자연선택(도태)에 의해 산출되는 것으로 설명한다. 그러나 더 고도로 분화된 형태들은 오직 일반적인 방식으로만 예측할 수 있다. 어떤 증상은 일종의 전환성conversion 히스테리의 발현으로 이해되고 설명될 수 있다. 그러나 이러한 설명이 근거로 삼는 지식은 보통 우리로 하여금 왜 환자가 그 특정 증상을 선택했는지에 대한 설명을 하도록 하기에 충분하지 않으며, 따라서 우리가 그것을 예측할 수 있도록 하기에 충분하지 못하다.

연역모델에 따르면 같은 논점이 필요조건과 충분조건의 차이의 문제로 제기될 수 있다. 우리의 지식은 때때로, 특히 행동과학에서, 어떤 종류의 사건이 발생하는 데 필요한 것에 한정되어 있고, 그것을 생산하기에 충분한 것에 대한 지식은 포함하지 않고 있다(41:186에서 Scriven). 그 경우, 그 지식에 기초해 우리가 설명할 수 있는 것은 엄격하게 그것으로부터 연역할 수 없으며, 확실히 예측할 수도 없다. 앞의 예에서 곡선은 병사의 개의 꼬리를 표상하는 것으로 설명되었다. 개는 꼬리에 필수적이나 꼬리가 개에 필수적인 것은 아니다. 어떤 노이로제는 어린 시절의 외상성 증상으로 설명될 수도 있으나, 모든 외상성 증상이 이후의 삶에서 노이로제를 일으키는 것은 아니다. 노이로제는 그것을 설명하는 데 봉사하는 것만을 기초로 예측될 수는 없다.

우리는 이를, 개재된 요소들 전부가 아니라 어떤 것들을 예시하는 부분적 partial 설명이라고 말할 수도 있고, 만약 설명이 완전하기만 하다면 우리는 예측할 수 있다고 말할 수도 있다. 불행하게도 거의 대부분의 설명은, 여하튼 특히 행동과학에서는, 부분적일 뿐이다. 그러면 우리는 그것들이 예측을 허용하지 않기 때문에, 실제로는 전혀 설명이 아니라고 말해야 하는가? 어떤 자동차 사고는 브레이크의 결함 또는 과속 또는 음주운전 때문이라고 이야기된다. 이들 가운데 어떤 것도 우리로 하여금 그 사고를 예측하도록 허용하지 않으나, 특정 경우에는 이들이 (그렇지만 틀림없이, 작동 중인 것으로 가정되는 다른 요인들과 연결해서) 상당한 설명력을 가질 수도 있다.

통계적 법칙에 기초한 설명은 기껏해야 통계적 예측만을 허용하고, 설명의 질이 예측의 질보다 훨씬 나을 수 있다. 그가 '운이 좋았다'는 것은 왜 어떤 사람이 게임에서 이겼는지에 대한 완전히 채택할 만한 설명일 수도 있다. 이는 그의 승리가 그의 기술이나 속임수 덕분이 아니었다는 것을 뜻한다. 그러나 바로 이 이유는 다른 어느 경기자보다도 그가 덜 이길 것이라고 예측할 기초가 되지 못한다. 나는 인간사에서 —사랑에서 또는 전쟁에서 또는 이 둘의 특수한 정치적 결합에서— 우연의 역할에 중요성을 부여하는 것이 반드시 비과학적이라고 보지는 않는다. 그러나 이것의 역할이 더 중요하면 할수록 예측력predictability은 더욱더 제한된다.

우리의 설명이 오직 부분적일 수 있다는 것, 그리고 그것이 동원하는 법칙과 이론이 때때로 통계적이라는 사실에 더해서, 우리가 어떤 종류의 설명을 가진다 하더라도 예측력을 제한하는 또 다른 환경적 상황이 있다. 그것은 주제의 불안정성과 변이성, 불규칙성이다. 행동과학에서 설명은 때로는 —남북전쟁, 파시즘의 발흥, 로마제국의 멸망의 설명에서와 같이— 규모가 크고 장기적 요인들을 불러들인다. 그러나 때때로 장기간에 걸친 예측은 가장 하기 힘든 것이다. 방법론자들은 네이글이 지적한 바와 같이, "천체역학은 그 이름

값을 하는 모든 과학의 패러다임이라는 암묵적 가정" 때문에 오도되어왔다. 네이글은 사실상 그것은 전형적인 물리학도 되지 못한다고 보고 있다. 천문학에서 장기간에 걸친 예측을 허용하는 환경은 드물고 특수한 경우다. 탐구의 실행에서, 특별히 행동과학에서 천체역학이 예측력을 가지는 설명을 설명의 이상으로 주장하는 것은 별로 도움이 되지 못한다. 왜 행동과학은 스스로에게 물리학이나 생물학에서도 좀처럼 나타나지 않는 요구를 부가해야만 하는가? 나는 "사회과학자들이 선호하는 (뉴턴의) '제2의 도래의 신화' 대신에, 우리는 (다윈의) '이미 도달된 것의 실재'를—설명적인, 그러나 비예측적인 과학자들의 패러다임을—인정해야만 한다"(Science, Vol. 130: 477)라고 한 스크리븐이 전적으로 옳다고 생각한다.

설명 없는 예측

과학철학자의 입장에서 이상적 설명은, 내 생각으로는 (그것이 과학자 자신에게는 비현실적인 이상이라 하더라도) 예측을 허용하는 것일 것이다. 그러나 그 반대는 의문시된다. 예측은 우리가 예측되는 것에 대한 설명을 할 수 있는 위치에 있지 않다고 할지라도 이루어질 수 있고 때때로 이루어진다. 이러한 능력은 아직 이론적 법칙으로 전환되지 않은 잘 정립된 경험적 일반화의 특징이다. 고대 천문학자들은 그들의 설명 이론과는 비교할 수 없이 더 나은 양질의 예측을 했다. 오늘날에도 진동하는pulsating 별의 주기는 우리가 그 별들의 운동에 대해 확고한 설명을 가지고 있지 않음에도 잘 알려져 있다. 마찬가지로, 정신질환의 과정이나 선거운동의 결과는 이들 현상에 대한 어떠한 설명보다도 훨씬 더 나은 근거를 가지고 예측할 수 있다.

설명과 예측의 차이

최근에 방법론자들과 과학철학자들은 점점 더 설명과 예측의 차이를 강조하고 있다(그러한 예로서, 56, 41의 Scriven, 27의 Israel Sheffler를 보라). 형식적 관점에서 볼 때, 많은 차이가 쉽게 나타난다. 예측에는 논의 시점에 대한 언급이 개재한다. 물론 논리적인 뜻에서 우리는 과거 또한 예측할 수 있다(이것은 때로는 '역추retrodiction'라고 불린다). 그러나 설명에서와는 달리, 예측은 항상 특정 시점에서의 지식의 상태에서 시작한다. 나아가 설명은, 그것이 잘못된 것으로 밝혀진다고 하더라도 항상 실상actuality(사실 또는 법칙)에 대한 것이다. 반면 비성공적인 예측에는 상응하는 실상이 없다(그렇지만, 과학사는 후에 존재하지 않는 것으로 밝혀진 상정된 현상에 대해 설명이 주어진 사례를 많이 제공하고 있다는 것을 인정하지 않으면 안 된다). 더욱이, 설명은 적어도 결론을 부정하기보다는 가능한 것으로, 통상 매우 가능한 것으로 정립한다. 반면 예측은 단지 어떤 대체 가능한 것이, 그 확률이 상당히 낮다고 하더라도 다른 것보다 더 가능하다는 것만을 단언한다.

그렇지만 설명과 예측의 가장 기본적인 차이는 이들이 각자가 주장을 펴는 근거와 연관되어 있다. 설명은 법칙적이거나 이론적인 일반화, 또는 지성적인 유형에 의존한다. 그러나 예측은 이러한 기초를 필요로 하지 않는다. 나는 추측에 대한 것을, 추측하는 자가 깨닫지 못하는 지식에 의존하는 추측에 대한 것까지 얘기하는 것이 아니다. 예측은, 추측과는 다르게 설득력이 있는 것이다. 어떤 기초가 제시되고, 거기에서 어떤 것이 예측되는 전제가 추론된다. 요점은 그 기초가 단지 경험적 일반화일 수 있다는 것이다. 우리는 다른 것보다 어떤 특정한 예측을 하는 이유를 제시할 수 있다. 그러나 예측이 참이기를 바라는 데 과거의 성공 이상의 다른 이유를 제시하지 못할 수도 있다. 예를 들어, 투표 행위의 분석은 어떤 군이나 주를 정치적 동향의 바로미터로 밝혀, 그것으로 컴퓨터로 하여금 초기 예측을 하도록 할 수도 있다. 그러나 이들로부터 예측을 하는 것은 투표에 관한 설명을 갖는 것과는 매우 다른 것이다.

간단히 말해, 설명은 이해를 제공한다. 그러나 우리는 반드시 이해할 수 있지 않더라도 예측할 수 있고, 반드시 예측할 수 있지 않더라도 이해할 수 있다. 만약 우리가 어떤 설명에 기초해 성공적으로 예측할 수 있다면, 진정으로 우리는 그 설명을 채택할 좋은 이유를, 아마도 가장 좋은 종류의 이유를 갖게 된다.

어떤 철학적 고려가 우리를 어느 쪽으로 이끌든, 설명과 예측의 차이에 관한 강조는 방법론에서는 중요하다. 이는 잘-발달된 설명이 부족한 영역에서조차 — 행동과학의 거의 모든 곳에서 — 예측의 구체적인 기법을 개선하기 위한 노력을 권장하기도 한다. 예민한 임상의, 정치국면에 대한 정보를 가진 관찰자, 빈틈없는 경제 분석가, 과학자와 최근의 발전에 매우 민감한 각종 전문가들 모두가 매우 분명하게 그들이 형식화할 수 있는 위치와 설명에서 도출할 수 있는 것보다 더 성공적으로 예측할 수 있는 능력을 가지고 있다. 그러나 적합한 법칙과 이론으로의 도달을 위한 성급한 활동과는 대조적으로, 전문가의 판단 — 예를 들어 합의적 기법에 의한 — 의 체계적인 개발과 개선에는 비교적 작은 노력만이 주어져왔다(56과 71을 보라). 그리고 반대로, 설명과 예측의 차이에 관한 인식은 예측의 즉각적인 테스트를 감내하거나 비과학적 추리라는 비난을 이겨내야 하는 이론가들에 대한 압력을 덜어내는 데 도움을 줄 수도 있다. 행동과학에서 어느 성도 훌륭한 작업이 이루어져 왔다는 것, 그리고 그 모두가 예측의 힘을 보여주는 것은 아니라는 것이 결코 지나친 말은 아니다. 다음에 무엇이 일어날 것인지 예상해야 하는 요구를 동시에 충족하지 않더라도, 현재 진행되고 있는 것에 대한 어떤 이해에 도달하는 것도 매우 어렵다.

§41. 설명의 기능

설명은 자주 오직 외연에 의한 지식의 성장에 공헌함으로써 우리의 지식에 보태지는 것으로 생각된다(§35). 어떤 것이 설명되었을 때 그것은 마치 우리가 어떤 지역을 점령한 것과 같다는 것이 이러한 관념이다. 새로운 변경이 제정되고, 쓸어버리기 작전을 제외하고는 점진적인 전진만이 남아 있을 뿐이다. 더 친밀한 은유를 들면, 계속 치솟는 과학의 전당에 벽돌을 한 장 더 놓는 것이다. 이와 같은 이미지는 설명이 사실상 가지고 있지 않은 어떤 합목적성finality을 함의한다. 법칙과 이론의 개방성은 이들이 가능하게 하는 설명에 상응하는 어떤 속성을 부여한다. 설명이 어떤 기능을 수행하는지는 설명이 어떤, 또는 다른 재구성의 이상화와 대비되는 것으로서 실제 탐구의 실행에서 합목적성으로부터 얼마나 멀리 떨어져 있는지에 대한 완전한 각성 없이는 식별할 수 없다. 그러면 이제 설명이 개방되는 여덟 가지 방식을 구체적으로 살펴보자.

설명에서의 개방성

1. 설명은 부분적이다. 설명되고 있는 현상을 결정하는 요인들 가운데 오직 몇 가지만이 고려된다. 유형모델에서는 구조가 완전히 정의되지 않는다. 연역모델에서는 전제들의 집합이 별로 완전하지 못하다. 패러다임적 과학인 천체역학조차도, 그것이 특정 사례에 적용될 때에는 이러한 불완전성을 ― 또는 만약 과학이 아니라면, 틀림없이 구체적인 환경적 상황에 대한 우리의 지식의 불완전성을 ― 드러낸다. 달의 운동은, 예를 들어 수십 개의 명백한 요인들에 의존한다. 우리는 이들 각각이 알려진 법칙에 의해 해명될 수 있다고 확신할 수도 있으나, 사실 우리는 그 요인들을 모두 안다고 얘기할 수도 없다. 유형

모델이나 연역모델 어느 것에 따라서도 우리는 달의 운동에 대한 실제로 완전한 설명을 가지고 있다고 주장할 수 없다. 그렇지만, 이런 설명의 양상을 (또는 설명의 개방성에 대한 다른 어떤 측면을) '단점'으로 얘기하는 것은 잘못일 것이다. 이것이 탐구 과정의, 또는 적어도 어떤 인지적 활동의, 산물이라는 것은 바로 지식의 본질에 관련된 것이며, 이와 같은 과정이 가장 제한적인 현실성까지도 고갈시키기를 기대할 이유는 없다. 아직도 우리는 우리의 설명을 어느 때보다도 더 완전하게 만들려는 이상을 현실적으로 추구할 수 있다. 다만, 이와 같은 노력은 어느 곳에서나 추구로 보여야 한다. 치명적인 것은 그 이름값을 하는 모든 과학이 이미 어떤 목적지에 도달했다는 관념이다. 행동과학의 문제는 아직 목적지에 도달하지 못했다는 데 있는 것이 아니라, 매우 자주 출발하기를 꺼려하는 데 있는 것처럼 보인다.

2. 설명은 조건적이다. 설명은 어느 범위의 현상에 대해서만 참을 주장하며, 어떤 조건들이 만족될 때에만 적용될 수 있다. 이들 모든 조건이 무엇인지가 항상 충분히 명백하지는 않다. 우리는 어떤 사례들에 대해 설명에 도달하고, 그것을 '그런 종류의' 사례 모두에 적용되는 것으로 생각한다. 그러나 언급되고 있는 종류는 보통 반대의 방식으로 특정화 된다. 이는 바로 그런 방식으로 설명될 수 있는 사례들로 이루어진다. 설명이 실패할 때 우리에게는, 설명에 어떤 잘못이 있는 것이 아니라 그 적용을 위한 조건 가운데 어떤 것이 충족되지 못했기 때문이라고 결론을 내릴 수 있는 문이 항상 열려 있다. 물론 만약 우리가 늘 이러한 대안적 변명을 이용한다면 우리는 설명의 경험적 테스트의 가능성을 미리 차단할 수도 있다. 그러나 때로는 이것이 선호되는 대안이며, 우리의 노력은 전혀 다른 설명의 탐색보다는 오히려 충실한 설명조건의 특정화로 향하게 된다. 요점은 우리는 이때가 탐구를 실시해야 하는 때인지를 미리 말할 수 없다는 것이다.

3. 설명은 근사적approximate이다. 설명이 제공하는 크기는 다소나마 부정

확하고, 그것이 부여하는 자질은 관찰되는 것과는 다른 그림자다. 헴펠(41: 101)은 이러한 관점에서 "뉴턴의 중력의 법칙은, 케플러의 법칙의 귀납적 일반화와는 전혀 다른 것으로, 실제 케플러의 법칙들과는 양립할 수 없다는 것, 그리고 뉴턴 이론의 신빙성은 오히려 우리로 하여금 행성의 섭동perturbations을 계산하게 하고, 따라서 케플러가 행성들에 부여한 궤도로부터의 이탈을 계산할 수 있도록 하는 데 있다는 것을 상기시키는 뒤앙의 단호한 조언"에 주목할 것을 요구했다. 천문학자들의 '섭동'의 개념은 어디서나, 특히 행동과학에서 훌륭하게 사용될 수 있을 것이다. 단지, 상황적 문제는 사물들이 그것들이 가야만 하는 곳으로 정확하게 가지 않는다는 데 있는 것이 아니라, 그것들이 '가야만 할' 곳에 대한 우리의 관념idea이 정확하게 그들의 관념과 상응하지 않는다는 데 있다.

4. 설명은 특정한 경우에 적용될 때 불확정적indeterminate이다. 설명은 명시적인 형식에서는 아니더라도 내용에서는 통계적이며, 일반적으로 말하면 참일 수도 있지만 모든 개별 경우에 그렇지는 않다. 우리는 출생률이나 자살률의 변화를 물가 수준, 아노미, 국제적 긴장, 또는 전통문화 유형에 준거해 설명할 수도 있다. 그러나 개별 인간은 그들 자신의 동기를 가진다. 그들은 단지 통계 때문에 새로운 생명을 세상에 태어나게 하거나 그들 자신의 생명을 끊지 않는다. 때로는 설명은 그것이 부분적인 경우에 한해서만 불확정적이고, 모든 요인들이 고려된다면 모든 개별사례가 예외를 인정하지 않는 적합한 일반화 아래에 포용될 수 있을 것이라는 주장이 제기된다. 이러한 관점은 또 다른 형태의 교조적 결정론이다. 방법론적 규범으로 재천명하면, 이는 설명되어야 하는 개별사례가 거의 대표적인 경우로 되어 있는 하위부류에 대한 탐색을 권장한다. 그러나 형이상학적 교리로서, 이는 통계적 가설의 값어치를 그것이 통계적이라는 것 이외의 다른 어떤 근거도 없이 공격함으로써 무시해버리는 효과를 낳는다.

5. 설명은 미결론적inconclusive이다. 설명은 왜 설명되는 어떤 것이 그렇게 되지 않으면 안 되는지 보여주지 못하고, 다만 그것이 그렇게 되어야 할 개연성이 매우 컸다는 것만을 보여준다. 설명적 추론의 결론은 어느 정도로만 확립된다. 특정 사건을 설명하기 위해 통계적 법칙이나 이론을 예시하는 설명의 경우에 이러한 성격은 매우 명백하다. 그러나 그 문면으로는 통계적이 아닌 설명도 역시 귀납적일 수 있다. 행동과학에 특별히 중요한 것은 목적적purposive 설명, 즉 동기나 기능에 준거를 두고 있는 설명이다. 우리는 정치적 행위를 그것에 의해 달성될 것으로 기대되는 어떤 것에 의해, 또는 어떤 정치적 제도를 그것이 봉사하는 이해관계에 따라 설명하기도 한다. 그러나 동작과 동기 또는 제도와 기능 사이의 연결은 필수적인 것이 아니다. 만약 그러한 동기가 주어진다면 그러한 동작이, 또는 그러한 기능이 주어진다면 그러한 제도가 충분히 자주 나타나거나 나타날 개연성이 있다면, 그 설명은 여전히 힘을 가진다.

6. 설명은 불확실uncertain하다. 적용된 법칙이나 이론은, 특정 사례에 적용하는 자료와 마찬가지로, 어느 정도만 확증된다. 과학사는 한 설명에서 다른 설명으로의 연속적인 대체의 역사다. 내 생각에는 이전의 해설account은 실제로 설명이 아니었고 그렇게 생각되었던 것뿐이라고 말해도 괜찮을 듯하다. 그러나 이 경우, 우리의 이론이 반드시 다른 이론으로 대체될 것으로 기대하지 않으면 안 되는 까닭에, 우리는 도대체 아무것도 설명할 수 없다고 얘기한다면 이는 무언가 잘못된 것이다. 설명에 대해 요구되는 것은 예시된 명제가 충분히 입증되어야 하고, 상당한 증거에 기초해야 한다는 것이다. 이와 같은 명제는 궁극적으로는 허위로 밝혀질 수도 있다. 그러나 이러한 미래의 사건이 그것의 현재의 과학적 가치를 뺏는 것은 아니다. "내일을 걱정하지 마라. 내일은 내일이 걱정할 것이다"라는 나쁜 방법론이 아니다. 오늘의 설명이 틀림없이 내일 허위로 밝혀질 것은 아니기 때문이다. 오히려 그것은 내

일이 되면 우리가 가질 내일의 증거의 무게가 그 반대쪽으로 가기 때문에 거부될 것이다. 설명에 쓰이는 것은 참이어야 할 필요가 있다. 그러나 이 기준criterion의 적용은 언제나 오직 확증의 정도의 문제이다.

7. 설명은 매개적intermediate이다. 모든 설명은 그다음에는 그 자신이 설명되어야 한다. 내가 이미 지적한 바와 같이, 우리가 설명을 위해 예시하는 것이 자명하지 않은 — 적어도 논리적인 뜻에서는 그렇지 않다 — 상황은 그 설명이 참으로 설명적이 아니라는 것을 뜻하는 것은 아니다. 그러나 만일 이러한 경고를 마음에 새기지 않는다면, 우리는 우리가 줄 수 없는 설명을 요구하거나, 아니면 우리 자신을 속여 설명은, 그것이 행한 모든 것은 그것이 설명하는 것에 대해 우리가 묻는 것에 대한 답일 때, 의문의 여지가 없다고 가정하도록 만든다. 설명의 위계hierarchy는 궁극적으로 그 자체가 사실상 불가항력적으로 — 모든 가능한 세계 가운데 이 세계를 선택한 신의 도박과 같이 — 어떤 최종 포괄적 이론에까지 도달하지 않으면 안 된다는 생각이 널리 퍼져 있다. 첫 번째와 마지막 것에 대한 모든 신화들과 마찬가지로, 이 신화 또한 위안과 폐쇄의 느낌을 줄 수도 있다. 그러나 나는 논리가 이와 같은 종말론적 요구에 간여하는 것으로 보지는 않는다. 탐구가 진행됨에 따라, 그 앞에는 과거의 문제에 대한 해결이 어느 정도 결정적이냐에 관계없이 새로운 문제가 펼쳐진다. 만일 설명이 거꾸로 설명을 요청하지 않는 때가 언젠가 온다면, 그것은 오직 우리가 신의 오른쪽에 앉아 그의 무한정한 이해를 함께하게 될 때일 것이다.

8. 마지막으로 설명은 제한적limited이다. 설명은 그것이 거기서 설명으로 봉사하는 특정 맥락에 적합한 것이지, 모든 가능한 탐구 환경에 그런 것은 아니다. 제한적이라는 것은, 위의 2에서 얘기한 조건적이라는 것과 같은 것이 아니다. 어떤 설명이 조건적이라는 것은, 그것이 다른 상황에 대해서가 아니라 어떤 상황에 대해서 적용된다는 것을 뜻한다. 설명이 제한적이라는 것은, 다른 상황에서가 아니라 어떤 상황에서 적용된다는 것을 뜻한다. 그 차이는

설명에 의해 우리가 설명할 수 있는 것이 무엇이냐에 있는 것이 아니라, 언제 그것이 적합한 설명이 되느냐에 있다. 조건적이라는 것은 거기서 설명이 건전한 것이 되는 제한된 환경과 관계가 있고, 제한적이라는 것은 거기서 그것이 적합한 것이 되는 환경과 관계가 있다. 이와 같이, 설명은 때로는 부적합한 수준의 것이 된다. 왜 이 사람은 팬케이크를 보면 메스꺼움을 느끼는가? 그것은 이러이러한 신경생리학적 과정이 시작되기 때문이다. 틀림없다. 그러나 우리가 질문하는 것은 왜 그것이 시작되었는가 — 팬케이크가 그에게 의미하는 바는 무엇이며, 그것이 무의식적으로 상징하는 바가 무엇인가 — 이다. 모든 종류의 설명은 단지 그것이 부분적이거나 비결정적이거나 다른 어떤 것이기 때문이 아니라, 각각의 설명에는 그것이 대답을 시작조차 하지 않은 질문이 발생하는 탐구의 맥락이 있기 때문에 제한적이다.

내가 오직 시종일관 주목하는 것은 이 설명의 개방방식 명단이 그 자체가 개방된 집합이라는 점이다. 의심의 여지없이, 다른 것이 또 있으며, 더 정밀하게 형식화된 설명에서는 그 모든 것이 서로 별로 구분되지도 않을 것이다. 더욱이 모든 설명이 이 모든 방식으로 한꺼번에 개방되지는 않을 수도 있고, 또는 여하튼 이들 모든 속성이 어떤 주어진 사례에서 똑같이 중요하지 않을 수도 있다. 요점은 채택할 수 있는 설명의 획득은 영원하고 절대적인 참의 획득이 아니라는 데 있다. 우리는 설명을 획득하기 위해 구조물에 다른 벽돌 하나를 더 놓지도, 다른 조각을 모자이크에 맞춰 넣지도 않았다. 그냥 우리는 어떤 특정 시점과 공간에서 탐구의 목적에 봉사하는 어떤 것을 찾게 된 것이다. 우리는 우리가 그것으로 — 우리의 마음을 쉬게 하기 위해서가 아니라 마음의 안절부절 증상을 생산적인 방향으로 돌리기 위해 — 무언가 할 수 있는 어떤 관념idea을 가져왔다. 설명은 우리에게 우리가 이용할 수 있는 그 이상의 어떤 것도 제공하지는 않는다. 이 진술은 예측에 대해서와 같이 이해의 경우에도 참이다. "맥스웰의 이론은 맥스웰의 방정식 이상의 아무것도 아니다. 즉, 문제는 이들 방정식이 회화적pictural이냐의 여부, 기계적으로 (설명으로 채택될 수 있었던 것이) 해석될 수 있는지의 여부가 아니다. 이는 오직 도매금 기계적 실험 수단을 통해 테스트될 수 있는 이들 방정식들로부터 회화적 결론들이 도출될 수 있느냐의 여부일 뿐이다"(44: 140에서 인용). 당연히 20세기 진입 시점에 유행하던 인지양식을 고려해보면, 내 생각에는 이 진술은 그 당시에 있었던 전기자기 현상에 대한 설명이나 설명의 부족에 대한 하인리히 헤르츠Heinrich Hertz의 비평의 대의를 이룬다.

이러한 기초 위에서, 설명은 연역적이냐 유형적이냐, 예측을 제공하느냐 이해를 제공하느냐가 아닌 다른 방식으로 분류될 수 있다. 우리가 '어떻게' 설명하느냐를 묻는 대신 우리가 '왜' 설명하느냐를 묻고 관념들ideas을 그것들이 행하는 것에 기초하지 않고 우리가 그것들을 가지고 행하는 것을 기초로 해서 설명적으로 만드는 것이 무엇인지를 결정할 수도 있다. 여기서 주목할 것은 이 차이는 설명의 연역 및 유형모델을 다른 형태의 설명으로가 아니라, 오히려 다른 재구성으로 보는 데 개재하는 문제와는 별개의 것이라는 점이다. 내가 말하는 것은, 방법론자들만이 설명을 다른 방식으로 조망할 수 있는 것이 아니고, 과학자들 역시 설명을 다른 환경에서 다르게 조망할 수 있고, 따라서 그것을 의당 다른 방법으로 다룰 수도 있다는 것이다.

기술적 기능

가장 친숙한, 그리고 가장 자주 논의되는 설명의 기능은 기술적technological인 것이다. 설명은 환경에 대한 더 나은 적응, 바라는 목표를 위해 가용한 수단의 더 효율적인 조정을 위해 사용된다. 설명이 예측을 가능하게 하는 한, 우리는 사건을 통제하거나, 아니면 적어도 우리 자신을 만약 우리가 그것을 막기에 역부족일 때 일어날 일에 대비하게 할 수 있다. 설명이 이해를 제공하는 한, 우리는 우리 자신을 더 잘 방향 지우고, 우리 앞에 펼쳐진 행로들 가운데서 더 현명한 선택을 할 수 있다. 기술적 기능은, 간단히 말해 지식은 힘이라는 진술이 시사하는 것이다.

도구적 기능

그러나 우리는 지식의 적용만을 통해서가 아니라 단순히 그것의 소통만으로도 결과를 산출할 수 있다. 다른 이들에게 어떤 설명을, 그들이 어떤 것이든 설명을 가지고 있느냐에 상관없이 보도록 도움으로서 어떤 결과가 산출될 수 있다. 우리는 이것을, 비록 엄격하게 말하면 이는 설명 행위의 기능이지 설명 자체의 기능이 아니지만, 설명의 도구적 기능이라고 부를 수 있다. 어떤 사람이 어떤 설명을 보도록 인도된다면 그는 일반적으로 설명이 없거나 아니면 다른 설명을 가지고 있을 때와는 다르게 행동할 것이다. 그럼으로써 어떤 특정 설명은 그것이 이와 같은 효과를 가지는 것으로 기대되기 때문에 어떤 (특정) 맥락에서 예시되기도 한다. 이러한 기대는 정치나 정신치료, 판매, 교육, 상담, 행정, 그리고 종교에서까지도 명백한 중요성을 갖는다.

　설명의 도구적 기능이 방법론자들에 의해 공개적으로 인정되는 경우에도 이는 비과학적이라거나 기껏해야 초과학적이라는 비하의 말을 듣기 쉽다. 반면 기술적 — 설명이 탐구의 맥락 밖에 있는 목적에 적용될 수 있는 — 기능은 설명의 과학적 지위를 정의하는 것으로까지 간주된다. 그 차이는 어떤 설명이 기술적 기능을 수행하기 위해서는 어느 정도 건전하거나 정확하지 않으면 안 되는 반면 도구적 기능에서는 그럴 필요가 없다는 것이다. 후자에 경우에는, 만약 설명 전달의 대상이 되어 있는 사람들이 어떤 설명을 본다면, 그들이 실제로 설명을 가지고 있든 없든 상관없이 그것으로 충분하다. 만약 도구적 기능 역시 효율성을 위해 어느 정도 참에 의존한다면, 이 참은 논리적 필요성이 아니다. 여기서 요구되는 것은 참보다는 그럴듯함이다. 그리고 통상적으로 참을 거짓보다는 그럴듯하게 만드는 것이 쉽지만, 불행하게도 결코 항상 그런 것은 아니다.

그러나 설명이 그것을 지향하는 사람들에 관한 것일 때, 그럴듯함과 참은 더 긴밀하게 연결된다. 왜냐하면 설명을 건전하게 만드는 것과 설명을 듣는 이에게 받아들여질 수 있게 만드는 것은 둘 모두 하나의 개인적 경험의 매트릭스에 깊이 뿌리내리고 있기 때문이다. 이와 같은 고려의 어떤 것은, 저항과 통찰력의 정신분석학적 개념에서와 마찬가지로, 계급의식에 관한 마르크스주의적 관념에서 중요한 역할을 수행하고 있다. 상황은 자기-완성적인 효과로 더욱 복잡해진다. 설명은 설명의 대상이 되는 사람들이 그럴듯하게 느끼기 때문에 건전한 것이 될 수도 있다. 내가 믿는 바로는, 설명이 효과적으로 도구적 기능을 수행하도록 하는 조건들, 그리고 이 효율성의 설명의 과학적 수용성에 대한 연관성을 점검하는 일은 매우 중요하다.

발견도출적 기능

마지막으로, 설명은 앞으로의 탐구를 자극하고 인도하는 발견도출적 기능을 가진다. 이 기능은, 내 생각으로는 다른 두 기능의 특수 사례로 분석될 수 있다. 주어진 설명은 새로운 문제적 상황에 관한 재료에, 그리고 과학자에 대한 효과 때문에 그가 그 설명을 보도록 하는 재료에 적용된다. '발견도출적'은 '설명적'과 대비되는 것이 아니다. 그것은 설명이 작동하는 방식 가운데 하나를 서술한다. 이 용어는, 참말이지 만약 설명이 아무것에도 소용이 닿지 않는다고 해도 과학자 자신은 그것을 조금이라도 쓸모 있게 할 수도 있지 않겠냐고 말하는 경우에서와 같이, 종종 이것저것에 다 부적합한 설명에 적용된다.

모든 설명은 확실히, 앞에서 열거한 다양한 면에서 다소의 차이는 있으나 부적합하다. 이들은 모두가 헴펠이 통상적으로 '설명 스케치'라고 불러온 어떤 것이다. 그러나 어떤 설명이 앞으로의 탐구 과정에서 봉사할 수 있을 것이라고 말하는 것은 마지못한 칭찬으로 그것을 악평하는 것과는 매우 다른 것으로 간주하지 않으면 안 된다. 이런 종류에서 최선은 그림자에 불과하다.

내가 보기에는 상당한 기간 행동과학은 '의사pseudo설명'을 뿌리 뽑는 데 지나치게 관심을 가져왔으며, 어떤 설명이 행할 수 있는 탐구를 위해 최선을 다하는 데는 충분히 관심을 기울이지 못했다. 해외에서는 상당한 정도로 모호주의가 유행하고 과학적 설명보다 신비적 설명이 선호되고 있다는 것을 나는 의심하지 않는다. 그러나 내가 아는 한, 이러한 상태는 대체로 그들이 사용하는 방법이나 접근이 무엇이든 상관없이 인간 행동을 심각하게 연구하는 사람들이 아니라, 여론 형성자들을 포함한 우리 사회 전반에 걸쳐 나타나는 매우 특징적인 현상이다. 행동과학자들은 다른 신념을 가진 동료들에 의해서가 아니라 인간적 의의가 매우 클일을 그들에게 주는 ─ 또는 주기를 보류하고 있는 ─ 과학적 기업의 외부 사람들로부터, 사용되는 설명의 표준을 높이는 것이 좋겠다는 충고를 받기도 한다.

§42. 행동과학에서 설명

의미와 해석

행동과학은 사람들이 하는 어떤 것에 관심을 가진다. 그러나 그 '어떤 것'은 두 가지 매우 다른 종류의 특정화에 종속된다. 우리는 그것을 동작acts ─ 생물물리적 조작, 운동, 또는 사건 ─ 의 집합으로 말할 수도 있다. 또는 행위action

― 행위자의 전망에서의 동작, 어떤 태도와 기대를 표명하는, 따라서 어떤 사회적 심리적 중요성을 가진 동작 ― 의 집합으로 말할 수도 있다. 이와 같은 전망에 따라 우리는 어떤 동작의 의미, 그것이 행위자나 또는 그가 상호작용하고 있는 사람들에게 의미하는 바에 대해 이야기할 수도 있다. 이것이 내가 '동작의미'라고 부르는 것이다(§4). 행위는, 마치 투표가 어떤 정치제도의 틀에서 수행될 때 투표용지에 표시를 하는 동작인 것처럼, 어떤 동작의미를 가진 동작이다. 전망이 다시 동작에 의해 서술될 수 있는지 여부 ― 즉, 의미가 순수하게 행동적 분석에 의해 주어질 수 있는지의 여부 ― 는 이러한 대비에는 부적절한 질문이다. 만약 전망이 그렇게 될 수 있다면, 행위는 어떤 다른 동작들의 복합체의 한 구성요소로 간주되는 동작이라고 할 수 있다. 이와 같이 야구에서 '안타'는 공에 대한 방망이의 단순한 충격이 아니라, 어떤 방향으로 충분한 속도 또는 거리가 나도록 하는, 그리고 야구 경기를 규정하는 복합적 조건하에서 낙하지점을 취하는 그러한 충격이다. 이들 조건이 전적으로 생물물리학적 용어로 (어디에 투수가 서는지, 베이스들이 얼마나 떨어져 있는지 등으로) 서술될 수 있는지의 여부는 아무 문제도 아니다. 안타는 이 용어가 단지 충격만을 언급할 때에는 개재되지 않는 어떤 의미를 갖는다.

행위 또한, 전혀 다른 뜻에서 의미를 갖는 것으로 얘기된다. 여기서 우리가 얘기하는 것은, 행위자에 대해서가 아니라 (물론 부수적으로 행위자들 자신을 포함하기도 하는) 행위를 연구하는 과학자들에 대한 행위의 중요성이다. '행위의미'는 그 행위에 관한 어떤 특정 이론이나 설명의 전망에 의해 제공된다. 이러한 뜻에서 어떤 사건은, 인간의 행위든 아니든 관계없이 어떤 의미를 갖는다고 할 수 있다. 만약 과학자가 어떤 현상을 이해하려고 노력한다고 이야기하는 것이 적절하다면, 우리는 또한 그가 그것이 가진 의미를 발견하려고 노력한다고 얘기할 수 있다. 이 가운데 어떤 종류의 것이든 의미의 부여는, 동작에 대해서든 행위에 대해서든 관계없이, 때로는 '설명'으로 이야기된다. 그러나 둘 사이의 차이는 첫째는 의미론적 설명이고, 둘째는 과학적 설명이라는 것을 인정함으로써 보전된다. 동작은 패러다임적으로 어떤 말소리speech sound의 산물이고, 그 동작의미는 이들 소리가 그것이 발화된 언어에서 유의미하게 되는signify 어떤 것이다. 다음, 행위는 이러한 것들을 이야기하는 것이지 단지 이들 소리를 내는 것이 아니다(앵무새는 동일한 동작을 수행할 수 있으나 동일한 행위를 수행할 수는 없다). 행위의미는 그것들이 얘기되는 이유를 밝히기 위해 예시하는 설명이 무엇이든, 이에 따라 우리가 그것들을 얘기하는 데 부여하는 유의성significance이다. 한 종류의 설명이 어떤 낱말들의 의미를 명료하게 한다면, 다른 것은 그러한 의미를 가지는 낱말들로 이루어지는 어떤 사건의 발생에 빛을 비춘다.

동작의미와 행위의미는 용어 '해석'의 두 가지 뜻, 넓은 뜻과 좁은 뜻에 상응한다. 넓은 뜻에서, 해석은 동작의미 또는 행위의미의 부여가 된다. 좁은 뜻에서, 이는 둘 모두다. 해석은 동작을 어떤 행위로 번역해서, 그 행위에 설명을 제공한다. 그러나 이들 두 과정은 서로 쉽게 혼동된다. 우리는 왕왕 암묵적으로, 우리가 동작을 이해하는 순간 곧바로 그 행동의 이해에 도달하는 것으로 가정한다. 첫 번째 해석은, 특히 만약 우리가 행위자와 같은 문화의 성원이고 따라서 같은 '언어'를 말한다면 ─ 단지 말 동작만이 아닌 광범한 동작들에 대해서도 ─ 통상 지나치기 쉽다. 그러나 적합한 행동 법칙이나 이론, 또는 행위가 거기에 맞추어질 수 있는 어떤 포괄적 유형을 기초로 행위의 이해, 과학적 설명에 도달하는 것은 매우 다른 문제다. 다른 한편, 그들의 방법론적 망설임이 그들로 하여금, 이 둘의 혼동을 피하기 위해 동작의미를 몽땅 거부하게 하고, 이를 행위의미에 흡수시키도록 이끄는 경우도 있다. 이것이, 예를 들면 교조적 행동주의의 입장이기도 하다. 이러한 관점에서는 동기나 기능을 언급하는 설명은 전적으로 금기시된다.

동작의 해석이 '의미론적' 설명을 제공하고 행위의 해석이 '과학적' 설명을 제공하지만, 두 과정 모두가 경험적 통제에 종속된다는 뜻에서 과학적이라는 것을 인식하는 것은 중요하다. 보통 동작을 이해하는 것이 쉽다는 것은 우리가 관찰이나 경험에 의존하지 않는다는 것이나, 아니면 우리가 잘못될 수 없다는 것을 시사하지는 않는다. 마찬가지로, 행위의 설명이 어떤 적절한 일반적 형식이나 유형의 예시를 요구한다는 것은 예시가 항상 고통스럽게 자기의식적이라는 것을 시사하지도 않는다. 우리는 두 가지 다른 방식으로 전개하는 것이 아니라 두 가지 다른 종류의 문제를 가지고 씨름하는 것, 즉 첫 번째 종류의 문제를 두 번째가 구성요소로 통합하는 문제를 다루고 있는 것이다. 어떤 소리가 그것을 발화하는 사람에게 그리고 듣는 사람들에게 의미하는 바가 무엇인지를 발견하기 위해 요구되는 방법은 그러한 의미를 갖는 소리의 발화에 대한 납득할 만한 설명을 발견하는 데 필요한 방법과 구분될 수 없다. 이 두 경우에는, 참말로 다른 기법techniques이 유용한 것으로 증명될 수도 있다. 예를 들어 말하는 사람에게 질문하는 것은, 통상적으로 과학적 설명(즉, 그런 것들을 말함으로써 구성되는 행위의 설명)에 도달하는 데보다는, 의미론적 설명(즉, 언어 동작의 설명)에 도달하는 데 훨씬 더 유용하다. 화자는 보통, 그가 무엇을 바라고 그렇게 말했는지보다는, 그가 무슨 뜻으로 그 말을 했는지를 훨씬 더 잘 안다.

매우 많은 경우 행동과학에서는 동작이 행위로 해석되기 때문에, 그리고 어떤 해석이 만들어지느냐가 단지 행위자에 대한 이해뿐 아니라 해석자에 대한 이해에 달려 있기 때문에, 잘못 모든 작업의 객관성이 배격된다. 이 점은 통상 역사방법론과 연관해서 제기된다. 내 생각에는 미드가 주장한 바와 같이, 과거가 항상 현재에 의해 재구성되지 않으면 안 된다는 것은 옳다. 과거에 대한 우리의 지식은, 말하자면 오직 현재의 증거에 기초할 수밖에 없다. 그렇다면 이러한 뜻에서 모든 현재는, 이전 현재의 과거와 증식적으로는 물론 시종일관 다른, 그 자신의 과거를 갖는다. 그것은 과거에 대한 우리의 지식은 외연에 의해서만이 아니라 내포에 의해서도 성장하기 때문이다. 특히 동일한 동작이 다른 행위로 해석될 수도 있다. 고정불변의 과거는 허구 또는 더 낫게는 계속적인 측정과정을 거쳐 도달한 다양한 크기로부터의 이상화인 어떤 물체의 '참 길이'와 마찬가지로, 조성물이다. 그러므로 역사는, 듀이가 얘기한 바처럼, 우리로 하여금 떠오르는 미래의 문제를, 즉 역사가 써진 현재로부터 떠오르는 문제를, 다룰 수 있도록 하는 기술적 기능을 가질 수 있다. 그리고 이는 또한, 그 자신이 역사적 과정에서 '이념' 또는 '유토피아'로서 역할을 하는, 도구적 기능을 수행할 수도 있다. 그렇지만, 이들이 기능의 전부라는 것, 역사는 엄격한 과학적인 뜻에서 사실의 저장고로서 자리가 없다는 것을 얘기하는 것은 아니다.

사실 역사가는 우리에게 과거의 그림, 그 자신의 해석을 떠나서 '그것이 실제로 어떠했는지 그와 같은' 과거의 표상을 제공하지는 않는다. 그렇다고 다른 과학자들이 자신의 주제와 관련해 그런 것도 아니다. 과학이 제공하는 것은 어떤 해석으로부터도 자유로운 해명이 아니라, 다만 인위적이고 투사적인 해석으로부터 자유로운 것이다. 역사가가 뚜렷이 자기의 자료가 이끄는 어떤 것에 도달하기 위해서라도 해석의 과정에 종사하지 않으면 안 된다는 것은 그의 발견이 주관적이 될 수밖에 없다는 것을 의미하지는 않는다. "우리가 실제로 공고한 사실에 이르게 될 때"(93: 124~125에서, Becker), "역사가가 다루게 되는 것은 항상 확언affirmation이다…… 모든 실질적인 목적에서 이는 바로 우리를 위해 역사적 사실을 구성하는 사건(동작의 어떤 행위로서의 해석)에 대한 그러한 확언이다. 만약 그렇다면 역사적 사실은 과거의 사실이 아니라, 오히려 우리가 상상력을 가지고 재창조할 수 있도록 하는 상징이다". 이러한 제안은 좋고 훌륭하다. 그러나 문학 비평가들의 '상상력'과 '환상'의 오랜 구분은 여기에 새롭게 적용될 수도 있다. 모든 것이 제공되는 상상적 재창조의 객관적 근거에 달려 있다.

특정 행위를 구성하는 것으로의 동작의 해석은, 또는 어떤 동작의 순차의 특정 역사적 과정이나 사건으로의 해석은, 정말이지 예술작품의 해석과 많은 공통점을 가진다. 실제로 해석에는 많은 가지가 있을 수 있다. 그러나 이는 이를 인정하는 것이 무엇이든 괜찮다고 말하는 것과는 거리가 멀다. 해석은, 예술가 스스로 우리에게 그가 무엇을 생각했었는지 말하는 경우와 같이, 동작수행을 이끈 전망에 대한 직접적인 지식에 기초할 수도 있다. 이는, 우리가 예술 작품의 양식화stylization에 대해 잘 알고 있는 경우와 같이, 그 사회의 행위 관례에 대한 지식에 기초할 수도 있다. 이는, 시의 한 연stanza에 대한 어떤 해석이 다른 연에서 나타나는 것에 의해 정당화되는 경우와 같이, 그것이 부여하는 의미의 통일성에서 원군을 발견할 수도 있다. 이는 그 포괄성 때문에, 그것이 다른 대안적 해석들보다 예술 작품을 훨씬 더 그럴듯하게 만들기 때문에 다른 해석보다 선호될 수도 있다. 이는, 민속, 철학, 전기biography, 그리고 정신분석이 모두 동일한 도상iconography을 가리키는 경우와 같이, 다양한 출처로부터 나온 증거들의 수렴으로 우리에게 압력을 가할 수도 있다. 그리고 다양한 해석자가 동일한 해석을 하는 것 또한 역사와 예술 비평 둘 모두에서 어느 정도 나타나는 상황이다. 상호주관성은 적어도 객관적인 것의 표지가 된다.

행동과학에서 설명에 관한 많은 다른 방법론적 문제들이 두 가지 종류의 해석 ─ 동작의 해석과 행위의 해석 ─ 사이의 복잡한 상호연관성에서 유래한다. 왜 이들이 그렇게 자주 서로 혼동되는지 이해하기는 쉽다. 특히, 행동과학자들은 자주 해석의 순환이라고 불리는 어떤 것을 사용한다. 동작의미는 행위로부터 추론되며, 그리고는 다시 그 행위의 설명에 이용되고, 또는 행위가 동작으로부터 분석되고 다시 그 동작을 설명하는 데 사용된다. 이와 같이 로빈 콜링우드R. G. Collingwood(21: 214)는 역사가에 대해 "그가 어떤 일이 일어났는지 알 때 그는 왜 그것이 일어났는지 안다"라고 말했다. 이를 바꾸어 말하면(51: 186) 역사가는 "'단순한 사건'(사람들의 물리적 운동)이 아니라 거기에 표출된 사고를 다룬다는 것이다. 이들 사고는, 역사가에게는 '일어난 어떤 것'의 필수적인 부분이 되고, 그것들을 발견함으로써 그는 한 번에 그리고 동시에 '일어난 어떤 것', 즉 '단순한 사건'(물리적 운동)의 다른 부분을 설명한다". 여기서 행위는, 이것이 행위였다는 것을 아는 데 동작의 관찰(증거)이 필요할 수 있음에도, 동작을 설명하도록 적용된다. 반대로 정신분석가는, 말하자면 동작(강박적인 손 씻기와 같은)을 어떤 행위(무의식적인 죄의 부담의 씻음과 같은)를 구성하는 것으로 해석해, 이와 같은 동작을 언급함으로써 해석을 정당화하기도 한다. 그렇지만, 해석의 순환이 꼭 악순환은 아니다. 다른 것과 연관해서 얘기한 바와 같이, 모든 것은 순환하는 원의 지름에 달려 있다. 우리는 몇몇 동작에서 어떤 행위로 움직이고 그럼으로써 다른 동작을 설명하고, 몇몇 행위에서 어떤 동작으로 움직이고 그럼으로써 다른 행위를 설명한다. 선호되는 설명에 어떠한 본질 내용substance이 제공되느냐는 얼마나 많은 이 다른 것이, 얼마나 부드럽게 그리고 자연스럽게 유치되느냐에 달려 있다.

목적, 기능 및 동기

이렇게 행동과학에서의 설명의 특징은 설명이 좁은 뜻에서 해석을 사용한다는 것이다. 이것은 또한, 그 정도는 훨씬 덜하지만 생물학에서도 참이다. 물리학에서는 동작과 행위의 구분은 근거를 갖지 못하며, 따라서 요청되는 해석은 의미론적 설명과 아무 관련을 갖지 못한다. 이는 오직 넓은 뜻에서만 해석이다. 한마디로 행동과학은, 또한 생물학도 어느 정도는, 목적적 설명을 사용한다. 이러한 설명에서, 동작에는 의미가 주어지고 (또는 동작은 의미를 가지는 것으로 밝혀지고), 다음 이 의미는 결과적인 행위에 대해 제공되는 설명의 구성요인으로 등장한다. 목적적 설명의 재구성은 반드시 유형모델에 한정될 필요는 없다. 동작의미의 부여가 동작을 어떤 유형에 놓는 것은 사실이다. 그러나 그렇게 해서 어떻게 행위가 추론되느냐는 — 즉 어떻게 그것이, 의미론적 설명이 아닌, 과학적 설명의 맥락에서 해석되느냐는 — 답을 요구하는 문제로 남는다. 연역모델은 목적에 대해 언급하는 전제들을 유형모델이 목적적 행동의 형성체들configurations을 사용하는 것만큼 훌륭하게 사용할 수 있다.

동작에 의미가 주어질 때, 이는 어떤 목표end를 (비록 그것이 — 예를 들어, 어떤 동작이 유쾌한 것으로 해석되는 경우와 같이 — 행위 그 자체에서 실현되는 목표일지라도) 지향하는 행위로 해석된다. 내가 보는 바로는, 비록 그것이 결코 모든 행위의미에 대해 반드시 참은 아닐지라도, 모든 동작의미는 목적적이다(전자는 사건의 과정을 신의 목적의 완성, 절대자의 자기-실현 등으로 보는 특정 신학과 형이상학의 관점일 수도 있다). 어떤 뜻에서는 표적지향적goal directed이 아닌 동작은, 내가 보기에는, 바로 무의미한 것으로 불리는 그런 것들이다. 표적은, 그렇지만, 행위자에 의해 예견될 필요는 없다. 우리는, 듀이의 표현에 따라, '목표'와 '보이는-목표ends-in-view'를 구분할 수도 있다. 목적적 설명은, 만약 그것이 행위자가 어떤 뜻에서 미리 생각하는 표적에 준거를 두는 것이라면, 동기적 설명이라고 부를 수 있으며, 그렇지 않으면 기능적 설명이라고 부를 수도 있다. 무의식적으로 향해진 표적goals은 때로는 목표로, 때로는 보이는-목표로 취급될 수 있다. 내 인상으로는 정신분석에서는 기능적 설명이 더 기초적이나, 이를 항상 동기적인 것처럼 형식화하는 경향이 있다. 어떤 개인이 자기가 깨닫지 못하는 목적purposes을 실현하기 위해 동작하는 경우, 그것에 무의식적 동기가 귀속되는 ('잠재적 검열자censor'와 같은) 어떤 허구적 행위소agent가 도입된다. 나는 이러한 목표의 치환이 '무의식적 관념'을 용어상 모순으로 취급하는 우직한 관점에 책임이 있다고 믿는다. 나는 감히 무의식적인 것의 실재는 상응하는 보이는-목표를 갖지 않은 목적적 행동의 동기적 설명의 유용성에 있다고 말한다.

어쨌든 나는 동기적 설명이, 권력투쟁이나 효용극대화와 같은 매우 많은 행동과학 분야에서 중요한 역할을 수행하는 것으로 믿고 있다. 방법론적 관점에서, 동기적 설명에 대한 거부는 그것이 본원적으로 비과학적이라는 데 있는 것이 아니라, 매우 자주 지나치게 확장되고 잘못 적용된다는 데 있다. 작동 중인 목적은 동기적 설명이라기보다는 기능적인 것이라고 말할 수 있다. 기능적 설명은, 모두가 아니라도 대단히 많은 동물 행동에 적합하다. 여기서 동기의 탓imputation은 (그러나 때로는 단지 말의 문제일 뿐이고, 반드시 거부될 수 있는 것은 아닌) 의인화에 해당한다. 인간사에서 도매금 동기의 탓은 소위 사회에 관한 '음모론'을 낳는다. 무슨 일이 일어나든, 그것은 누군가 일어나기를 원하고 그런 식으로 계획했기 때문이다. 이와 같은 설명에 대해 '의사pseudo'란 없다. 이들 설명은, 대부분 기대되거나 의도되지도 않은 행위결과의 막대한 역할을 간과하는, 우리의 행위와는 완전히 별개인 자연과정에 대해 아무것도 말하지 않는 명백한 거짓일 뿐이다. 이러한 설명들을 지탱하는 것은 증거가 아니라, 이와 같은 설명들을 그렇게 쉽게 볼 수 있도록 만드는 의인화의 부차적인 수확이다. 이들은 동일시와 충성의 로커스를, 또는 적대감의 과녁을 제공한다. '후버의 공황'은 이렇게, '빅토리아 시대'와 같은 단지 어떤 구분적인 호칭이 아니라, '나폴레옹 전쟁'에서와 같이 어떤 묵시적인 책임의 부여를 구성한다.

비슷한 반대가, 기능적 설명 그 자체에 대해서가 아니라 그것이 지나치게 널리 적용되고 있다는 데 대해 제기될 수도 있다. '음모 이론'에 상응하는 사회에 대한 이론에는 '공리주의 이론'으로 불리는 것이 있다. 이는 사회에 있는 모든 것은 어떤 목적에 봉사한다는 것이다. 이 입장은 역사적으로 해석될 때 거부하기가 좀 더 어려워진다. 한때 어떤 목적에 봉사했던 것이 지금은 그렇지 않다. 그러나 내가 보기에는 보편적 일반화는 이따금 갈등하는 증거에도 아랑곳하지 않고, 그리고 더욱 자주 확증 증거 없이, 사회적 욕구를 어떤 목적을 제공하기 위해 필요한 것으로 고안해냄으로써 유지된다. 제도는 개인적 행위의 유형이 그러한 것처럼 역사적 우연과 비목적적인 자연 질서의 속박에 종속되는 것이 된다. 어떻든, 나는 어떤 문화 항목을 설명하는 것은 (53: 282에서 인용된 Malinowski의 주장처럼) 어떤 제도 안에서 그것의 기능적 장소를 지적하는 것을 의미하는 것으로 보지는 않는다. 그것은 그와 같은 자리를 갖지 않을 수도 있고, 그것이 무엇이든 그것을 발생시킨 다른 환경적 상황을 준거로 설명될 수도 있다.

그러나 나는 문제의 행동이 (단순히 동작의 수준이 아니라 행위의 수준에서) 목적적이라는 증거를 쉽게 제공하는 기능적 설명과 관련해 어떤 것도 본원적으로 비과학적이지 않다는 점을 재차 강조하고 싶다. 틀림없이, 이러한 설명은 개인적 행동보다는 오히려 사회적 현상에 적용될 때, '사회', '문화', '제도' 와 같은 것들이 마치 개인이 그런 것처럼 동기를 가지는 것으로 얘기되는 것과 같이, 자주 동기적 용어들로 형식화된다. 그러나 이런 종류의 형식화는 다시, 마치 생물학자의 의인화된 어법과 마찬가지로 단지 말투의 문제일 수도 있다. 사회가 약탈자들로부터 자신을 보호하기 위해 감옥을 세운다고 말하는 것은 방법론적으로 카멜레온이 자신을 약탈자로부터 보호하기 위해 색깔을 바꾼다고 말하는 것보다 더 거부할 만한 것이 못 된다. 두 사례 모두에서, 동기적 관용어는 기능적 기초를 가지며, '방어적 색깔 변화'는 완전하게 훌륭한 설명적 개념이 된다. 형사 체계의 경우에, 기능적 설명은 거부될 수도 있다. 그러나 이는 그것이 목적적이기 때문이 아니라, 사회의 다른 성원들을 자신들의 범죄적 충동의 폭발로부터 보호하는 것과 같은, 실제 작동하고 있는 다른 목적들을 고려하지 않아왔기 때문이다.

행동과학에서 목적에 준거를 두지 않는 설명은 때로는 '구조적 설명'이라 불린다. 그러나 이 두 형태는 반드시 상호 배타적이지는 않다. 그러나 이는 이들이 서로 갈등하지 않는다고 말하는 것은 아니다 (117: 186). 기능주의는

(그 안에서 모든 것은 목적적인) 사회에 관한 이론으로도 (오직 기능적 설명만이 채택될 수 있는) 행동과학의 이론으로도 받아들일 필요가 없다. 이는 탐구의 프로그램으로, 방법론적 처방들의 집합으로 볼 수도 있다. 주어진 행동유형에 대한 설명을 찾으려면 먼저 그것이 봉사할지도 모를 목적을 주시한다. 그렇지만, 이러한 접근이 이렇게 제 마음대로 도달하게 된 설명이 필수적으로 목적적인 것임을 시사하는 것은 아니다. 행위의 목표에 대한 탐색은 행위가 그것과 인과적 법칙으로 묶여지는 형성체('구조')를 밝히는 방향으로 이끌 수도 있다. 어떤 동작이 식량 찾기로 이해되는 경우 우리는 어떤 자극이 이들 반응을 유발했는지를 발견하기에 더 좋은 위치에 있을 수도 있다. 비슷하게, 어떤 행동유형이 방어기제로서 해석되는 경우 어떻게 그것이 학습되는지 발견하기가 더욱 쉬워질 수도 있다. 우리가 어떤 제도가 수행하는 기능을 발견할 때, 아마도 우리는 그 제도를 유지하는 사회적 힘을 보다 쉽게 발견할 수 있을 것이다.

내가 믿기로는 이와 같이 목적적 설명에 대한 가장 공통적인 반대는 이 이상, 즉 이러한 설명은 인과적이 아니라는 것 이상의 아무것도 아니다. 이는 오직 인과적 설명만이 과학적이라는 것을 당연하게 받아들인다. 내가 보기에 이러한 관점에는 어떤 전-다윈적인 것이 있다. 다윈은 어떻게 목적성이 생존의 기제에 의해 해명될 수 있는지를 보여주었다. 이는 신학자들의 세계관으로부터의 가장 급진적 이탈을 구성하는, 유효 원인에 의한 최종 원인의 대치였다. 그러나 아직 목적적인 설명이 실제로 인과적인 것으로 대치되지는 못했고 단지 인과적 조건에서 분석되었다. '자연선택'과 같은 표현들에 동기적 관용구까지 보전된 것은 아이러니다. 현 세기(20세기)에 균형과 피드백 체계의 인공두뇌적 분석은 목적의 수학적 취급까지도 가능하게 만들었고, 따라서 목적적 행동은 과거에 하던 것과는 반대로 목표지향적telic 기제에 의해 설명된다('물은 자신과 수평을 찾고', '자연은 진공을 싫어한다').

내 생각에는 이러한 발전의 방법론적 의의는, 뉴턴과 데카르트의 기계론 추종자들이 목적론자들에 대해 주장했던 것처럼, 목적적 설명이 과학의 밖에서 이루어진다는 데 있는 것이 아니라, 오히려 정확하게는 기계론과 목적론 사이의 대립이 지금은 허위적인 것으로 보일 수 있다는 데 있다. 우리가 어떤 표적지향적인 행동을 그 표적에 준거해 설명할 경우 우리는 그럼으로써 현재의 인과적 효력을 미래에 부여하는 것은 아니다. 인과적 행위성agency은 미래의 어떤 상태에 이르고자 하는 현재의 의도이며, 의도의 작동은 상징적 과정을 포함하는 피드백에 준거해 서술될 수 있다. 내 말은, 그것들이 그렇게 서술될 수can 있다는 것이다. 그러나 이는 오직 '원칙적으로'만 확언되는 그러한 가능성 가운데 하나일 뿐이다. 내 말의 요점은 목적적 설명의 채택성이 우리가 실제로 그것을 수학적 조건으로 환원시킬 수 있느냐에 달려 있는 것이 아니라는 것이다. 목적은 자연에 속하고, 이는 우리가 다시 목적에 대한 설명을 제공할 위치에 있지 않을 경우에도 다른 자연현상을 설명하는 데 사용될 수 있다. 브레이스웨이트가 얘기하는 것처럼(9: 334~335), 목적적 설명은 "보통의 인과적 설명에 비해 신뢰의 값어치가 덜한 것이 아니다. ……과학적 설명의 특징인 — 우리로 하여금 연관성을 깨닫게 하고 미래를 예측할 수 있도록 하는 — 두 가지 기능 모두를 수행하는 진술에 대해 설명의 자격을 부정하는 것은 어리석은 일처럼 보인다".

역사적 설명

행동에서 목적과 행동과학에서 해석으로 제기되는 이 다양한 질문은 최근에 소위 '역사적 설명의 문제'에서 초점으로 부각되었다. 나는 "세상에 '역사적' 설명, 유일한 역사적 사건의 설명"과 같은 것은 없다는 견해에 동의한다(41: 154에서 Brodbeck). 아직도 이 특별한 주제는 특별한 취급을 필요로 한다.

모든 행동과학자들 가운데 역사가는 동작의 행위로의 전환에 가장 의존적인 사람들에 속한다. 단순한 사건의 연대기가 역사에 제공하는 본질적인 내용은, 이에 상응하는 동작의 기록이, 예를 들어 인구학, 체질인류학, 또는 학습이론에 제공하는 것에 비해 훨씬 덜하다. 그리고 행위의 연계는 역사가들에게는 단순한 순차가 아니라, 목적이나 인과연관에 의해 의미를 가지게 되는 어떤 지형으로 보인다. 원시자료를 이와 같은 지형으로 번역하는 과정은, "그것의 다른 사건들과의 본원적 관계를 추적함으로써 그리고 이를 역사적 맥락에 위치시킴으로써 어떤 사건을 설명하는", 그럼으로써 '유의미한 서사significant narrative'를 제공하는, '총괄화colligation'(134: 59)로 불려왔다. 나는 이 '총괄화'를 — 이것이 설명적이라는 것을 부정하기 위해서가 아니라, 제공된 것이 행위의미보다는 동작의미라는 것을 강조하기 위해 — 사건의 '설명'보다는 '해석'이라고 말하기를 선호한다. 유의미한 서사는 외국어 연설을 우리가 이해하는 언어로 통역하는 것과 같다. 통역은 이들 소리가 왜 발화되었는지를 — 말하자면, 바로 그런 것을 말한다는 것을 — 설명한다. 그러나 이는 스스로 왜 그런 것들이 얘기되었는지를 설명하지는 못한다.

그러나 요구되는 추가적인 설명 또한 목적적일 수 있다. 헴펠이 지적한 바와 같이(53: 282~283에서), 이전 사건들의 단순한 나열은 설명으로서 자격을 갖지 못한다. 왜냐하면 그것들의 선택을 위해서는 적합성의 기준이 요구되기 때문이다. 그러나 나는 적합성이 '인과적 또는 확률적 결정'에 따르는 것임에 틀림없고, 따라서 설명이 보편법칙적이지 않으면 안 된다고는 보지 않는다. 비록 우리가 사건의 원인이나 결과에 관한 일반화를 형식화할 위치에 있지 않은 경우라도, 우리는 행위를 그 동기나 기능을 언급함으로써 설명할 수도 있다. 아직도 역사에서 일반화는 발생한다. 내 견해로는 자명한 것이지만, 단지 그 일반성 때문에 일반화가 오히려 사회학, 정치학, 경제학, 또는 다른 어떤 적합한 비역사적 학문 분야에 속한다는 주장에는 온당한 까닭이 없다. 내가 §11에서 지적한 바와 같이, 특정 사항들을 어떤 연속되는 개체를 — 사람, 집단, 제도, 또는 사건을 — 구성하는 것으로 동일시하는 것조차 어떤 일반화를 수반한다.

역사에서 일반화가 발생하는 경우 일반화는 다른 어떤 과학에서와 거의 마찬가지 방식으로 기능한다. "'엄밀한 상관에 관한 과학적 모델the scientific model of precise correlation'은, 그 시도가 어떤 것이든, 일반화가 자주 이해로의 안내자로서 기능하는 곳인 역사에서 이들 일반화의 역할을 파악하도록 현혹한다"라고 이야기되어왔다(50: 60~61). 내 생각에는 이러한 안내가 모든 과학적 설명에서 일반화의 기능이다. 내 생각으로는, 일반화의 역할이 연역적 설명 모델에서는 재구성될 필요가 없다는 것은 참이다. 유형모델이 여기서 이점을 갖는다. 그것은 목적에 관한 명제가 연역을 위한 전제로 만들어질 수 없기 때문이 아니라, 어떤 유형이 다소나마 더 식별될 수 있다고 말하는 것이 어떤 결론이 다소나마 수반된다고 말하는 것보다 훨씬 쉽기 때문이다. 그리고 역사적 설명은 놀랍게도 오직 더하거나 덜함의more or less의 문제다. 우리가 적용되는 모든 역사적 법칙들을 안다고 해도, 그것들이 요구하는 최초 조건을 모두 알 가능성은 거의 없다. 우리는 이러한 환경을, 역사적 설명을 단지 '설명 스케치'로 부름으로써 무시해버릴 수는 없다. 왜냐하면 모든 설명은 어느 정도, 그리고 어떤 측면에서는 단순하게 스케치하기 — 즉, 열려 있기 — 때문이다. 네이글이 지적한 바와 같이(102: 301~302), "자연과학에서 특정 해프닝에 대한 설명은 본질적으로 역사적 탐구에서 당면하게 되는 것에 비견할 만한 어려움에 봉착한다"라는 것은 실로 맞는 말이다.

반드시 인정되어야 하는 것은 어떤 역사는, 그리고 일반화의 영역과 범위의 거대성으로 가장 눈에 뜨이는 그러한 역사들은, 매우 단순하게 사생적이어서 공허하지 않으면 단순히 사실에 반대되는, 의미나 참을 결여한 설명을 제공해왔다. 어떤 역사적 과정은, 예를 들어 순환으로, 또는 만약 기간이 특정화되어 있지 않다면, 여러 순환의 결과로서 묘사될 수 있다. 변증법적 유물론은 동어반복적 유연성의 모호한 이점을 즐기는 역사이론의 또 다른 예가 된다. 다른 역사이론들은 — 침실, 기후, 또는 지리에서 설명적 잠재력을 뽑아내는 것들과 같은 — 단순성의 매력과 단순한 심성의 단점을 가진다. 그러나 이들 극도의 단순화조차 과학적으로 중요한 공헌을 할 수도 있다. 그러한 예로, 마르크스가 경제적 요인들에 그렇게 뛰어난 역할을 한 것에서 보는 공헌, 또는 스펜서가 역사를 우리 자신의 문화의 발전과 동일시하는 지방주의를 공격한 데서, 또는 문화는 단일의 총체이며 연관되지 않은 제도들과 실행들의 덩어리가 아님을 강조한 데서 이룬 공헌을 들 수 있다.

만약 역사 방법론에서 어떤 특별한 것이 있다면, 내가 믿기로는 그것은 역사가 다른 과학에 비해 예술에 훨씬 더 가깝다는 사실에서 유래한다. 예술과 과학 사이의 구분은, 무엇보다도 기업 그 자체보다는 우리의 재구성의, 우리의 분석범주의 문제다. 그리고 어떠한 경우에든 이 구분은 인지의 본질과 같은 것에까지 완전히 추적해 들어가야 하는 것이기보다는 우리 문화의 특징적인 인지양식의 모습이다. 위대한 역사가들은 사건을 단순히 설명하는 것이 아니라 우리로 하여금 그것을 보도록 허용한다(47: 367). 그러나 그렇게 하는 것이 인지적 의미를 감성적으로 싸는 것은, 쓴 약을 달게 코팅하는 것은, 아니다. 내가 보기에는 콜링우드(93: 76에서)는 매우 옳게 역사적 상상력은 적절히 "장식적이 아니라 구조적"인 것이라고, 상상력 없이는 "역사가는 멋지게 꾸밀 아무런 이야기도 갖지 못한다"라고 주장했다. 나는 오직 여기에 이러한 것은 모든 과학의 경우에 참이라는 말만 보태고 싶다. 방법론자가 달리 상상하는 것 — 창의성은 과학 심리에만 속하고 과학 논리에는 속하지 않는다는 것, 설명은 발견되는 것이지 발명되는 것이 아니라는 것, 사건을 이해하는 것은 그것을 해석하는 문제이기보다는 분류하는 문제라는 것 — 은 과학 자체의 과정을 추적함에서 오직 자신의 역사적 상상력의 부족을 드러낼 뿐이다.

제**10**장

가치

§43 탐구에서 가치

§44 가치이론

§45 행동과학과 정책

§46 행동과학의 미래

§43. 탐구에서 가치

의심의 여지없이 우리 세대 못지않게 다른 세대들도 스스로 '우리 시대의 위기의 손아귀'에 잡혀 있다고 느껴왔다. 그 가운데 어떤 세대는 틀림없이 세상이 말 그대로 종말을 향해 가고 있다고 믿었다. 그렇지만 다른 어떤 세대도 우리가 하는 만큼 자신의 위기에 대해 이야기한 세대는 없다. 가치가 변하고, 그것들끼리 갈등하고, 몽땅 위태롭다는 것은 지금도 그렇고 상당한 기간 이 시대 일반 의식의 일부가 되어왔다.

가치에 대한 논쟁

내가 생각하기에 우리 시대에 특징적인 것은 이러한 의식의 외연이 크게 확장되었을 뿐이 아니라 그 깊이 또한 깊어 시대에 대한 의문과 걱정이 매우 급진적이라는 사실이다. 용어 '가치' — 베버가 그렇게 부른 바와 같이, '불행한 비참함의 자녀' — 는 (여러 가지 가운데) 두 가지 종류의 의미를 갖는다. 이는, 어떤 것이 가치를 가지도록 만드는, 값어치의 표준이나 원칙을 언급할 수도 있고, 아니면 그 자체로서 값어치 있는 것, 말하자면 값진 것을 언급할 수도 있다(나는 용어 '가치'를 오직 첫 번째 뜻으로만 사용할 것이다). 값진 것은 이전에는 자주 그것이 소유에서인지 아니면 습득에서인지의 여부가 불확실한 것으로 느껴졌던 반면, 가치에 대해서는, 즉 그러한 것들이 실제로 귀중한지 실제로 가지고 추구할 값어치가 있는지의 여부에 대해서는 어떤 깊고 넓은 의심도 별로 대두되지 않았다. 그리스의 소피스트나 인도의 차르바카Cārvākas와 같은 다양한 철학자들이 그들 문화의 특징적인 가치판단의 기초에 도전한 바 있다. 그런데 대체로 철학자들은 구체적으로 각양각색의 가치와 이들 가치를 달성하는 데 필요한 개인적, 또는 제도적 조건들을 검토하는 데 종사해왔다. 그러나 근대에는, 특히 가장 괄목할 만하게 영미철학에서는, 가치의 내용보다는 유독 가치판단의 기초에 관한 문제에 거의 모두가 몰두하고 있다. 우리는 아직도 참, 명예, 공정함, 사랑스러움, 또는 은혜로움이 무엇인가에 대해 어떤 감각을 가지고 있으며 이러한 것들을 생각하고 있다. 그러나 우리가 사물에 이러한 덕목을 부여할 때, 우리는 더 이상 우리가 얘기하는 것이 무엇인지 실제로 알지 못한다.

이러한 문화의 조건은 과학의, 특히 가치들values의 문제에 가장 가깝게 관계하는 분야로 여겨지는 행동과학의 상황과 직접적으로 연관된다. 사실이든 대중의 마음에 그런 것이든 관계없이, 과학은 가치 위기에 책임이 있다. 과학이 가능하게 만든 기술은 우리의 값진 것들을 위협하는 커다란 변화를 산출해왔으며, 과학이 발생시켜온 사고방식은 바로 가치들 자체를 훼손시키고 있다. 따라서 가치에 관한 정책은, 엄격하게 "손 떼시오!"라는 것이 과학에 대한 (또는 오히려 과학에 반대해) 널리 퍼져 있는 태도이다. 과학은 이미 충분히 해를 입혀왔으며, 과학자는 그가 자신의 사업을 계속하도록 허락받고 있다는 것에 감사하지 않으면 안 된다. 이와 같이 가치들을 과학으로부터 보호하고자 하는 태도는 과학에 의한 가치들의 지원 가능성을 포기한다. 이성을 제한함으로써 우리는 믿음을 위한 여지를 만들 수 있다. 그러나 우리가 믿음을 별로 가지고 있지 않다면 우리는 충분한 여지를 가진다. 그러면 누가 우리의 부족을 채울 것인가? 이성을 제한하는 것은 자유를 희생함으로써 가치영역의 안전성을 확보하려는 정책이다. 자유는, 어떤 방식으로든 우리의 지식과 경험이 우리에게 열려 있음을 보여줌으로써 우리의 삶을 풍요롭게 한다.

가끔 앞의 것과는 어색하게 연관된, 반대의 태도가 있다. 그것은 과학자는 스스로 가치에 관여해야만 한다는 것이다. 여기서 과학이 시도하는 바는 바로 가장 가치 전복적인 것으로 생각되는 가치 매트릭스로부터 진짜 사실들the facts을 추상하는 것이다. 이와 같이 정신분석가는 이론가로서 그의 목표와 치료사로서 그의 방법이 행동을 질책하기 위한 것이 아니라 그것을 이해하기 위한 것이기 때문에 자유주의를 장려하는 것으로 비난받는다. 실제로 군대와 계약을 맺어 작업하던 연구기관이 얼마 되지 않아 항복 상황에 관한 연구에 종사하는 것으로 밝혀졌을 때, 마치 그 연구 자체가 '항복보다는 죽음을'이라는 우리가 오래 지켜온 고귀한 결의를 손상시키는 것인 양, 큰 소동이 벌어졌다. 이렇게 민주주의 제도의 적합성에 대한 연구는 민주주의의 장례로서 간주된다. 중요한 가치 항목들이 걸린 다양한 문제에 관한 탐구와 연관해서 비슷한 태도를 나타내는 표현은, 경제문제에서 성적(性的) 문제, 그리고 그 이상에 이르기까지 ─ 양쪽 방향 모두에서 ─ 수없이 예시할 수 있다.

손을 떼는 정책은 이들을 과학적 점검의 대상으로 삼는 우리의 가치보다는 그 결과에 대한 무의식적인 공포를 표현하는 것일 수도 있다. 사회에서의 억압은 개인의 정신세계에서 방어기제와 비슷한 기능을 가질 수 있다. 과학적 '객관성'이 오만의 죄가 되는 것처럼 느끼게 되는 것 또한 가능하다. 올림포스 신의 초연함은 오직 신들만의 특권이다. 그리고 아마도 암묵적으로 (그리고 비이성적으로) 모든 것을 이해하는 것이 모든 것을 용서하는 것이라는 가정을 한다. 이들 태도를 산출하는 원인이 무엇이든지, 대중의 관점에서는 과학자가 가치를 고려한다면 빌어먹을 사람이고, 가치를 고려하지 않더라도 똑같이 빌어먹을 사람이 될 것이다.

이 상황에서 내가 발견한 역설은 과학자 스스로가 매우 자주, 만약 가치에 관여하면 과학자로서 자신을 비난하고, 만약 그렇지 않으면 시민으로서 자신을 비난함으로써, 자신을 공격하는 자들과 자신을 동일시한다는 것이다. 그러나 이 특이한 역할 배합은 오직 변장 기술자들만을 보호할 뿐이다. 우리가 모자를 바꿔 써도 날카로운 타격은 계속된다. 나는 감히 오늘날, 어쨌든 자유세계에서는 대부분의 과학자는 가치자유 과학의 이상을 포용하고 있다고 말한다. 그들은 용어 '과학'을 또한 어떤 규범적인 학문분과에 적용하기도 하나, 올바르게 얘기하자면 그들은 오직 '실증적인positive'(즉, 비규범적인) 과학만을 진정으로 과학적인 것으로 간주한다. 만약 정치학도가, 예를 들어 좋은 정부 또는 좋은 사회의 개념을 내놓았다면, 그가 산출한 것은 그 자신의 개념을 옹호하기 위해 제출하는 의견이 무엇이든 관계없이, 정치적 원리이지 정치학에의 공헌은 아니다. 가치는 다소나마 정교하게 도입될 수도 있다. 아리스토텔레스는 플라톤이 한 것과 같이 이상적 공화국의 밑그림을 그리지는 않았으나, 가치는 자연적인 형태의, 그리고 타락한 또는 퇴행적 형태의 정치체제polity에 대한 그의 분석의 기초였다. 그렇게 상정되는바, 참 과학자는 모든 것을 '자연적인' 것으로 간주하고, 어떤 조건하에서 정치가 한 방향 또는 다른 방향을 취하게 되는지 만을 묻는다.

내가 방어하기 원하는 논지는 모든 가치 관심이 비과학적인 것은 아니라는 것이고, 이들 가운데 어떤 것은 확실히 과학적 활동 자체가 요구하는 것이라는 점이며, 과학적 이상에 배치되는 것들은 ─ 가치 과정에 가장 깊이 관련된 과학에 의해서조차 ─ 통제될 수 있다는 것이다.

편향

나는 용어 '편향bias'을 이러한 종류의 또는 이러한 방식으로 과학적 객관성을 저해하는 가치에 대한 집착을 뜻하는 것으로 사용하고자 한다. 또한 이를 과학적 객관성이 절대적으로 가치-자유를 요구하는지 여부에 관한 예단 없이 사용하고자 한다. 그러면 정의상, 편향은 방법론적으로 거부할 수 있다. 그러나 가치가 오직 편향으로서 과학적 기업에서 어떤 역할을 수행하고 있는지는 아직 열려 있는 질문으로 남는다. 나는 이 질문에 대해 아니라고 답하기를 바라고, 더 나아가 이 바람이 단순히 내 자신의 편향에 대한 문제가 아니기를 바란다.

편향의 전형적인 예는 전쟁사가들에 의해 제공된다. 여기서는 승리자와 피정복자의 관점이 매우 다른 얘기를 제시하고, 그것은 갈등('국가 사이의 전쟁')의 이름에서부터 시작되기도 한다. 또한 편향은 많은 정치, 사회, 경제문제의 연구에서 대체로 쉽게 드러난다. 우리는 일반적으로 편향을 발생적 오류에 반대되는 종류로 서술한다. 명제는 그 기원이 아니라 그 결과를 기초로 채택되거나 거부된다. 명제는 만약 그것이 참이면 그것이 거짓일 때보다 우리의 가치에 더 도움이 될지에 따라 믿어지거나 믿어지지 않는다. 물론 이 예상된 결과는 믿음에 대한 이유로 예시되지는 않는다. 그러나 이는 믿게 되는 원인으로 작동한다. 확실히 그 과정은 때때로, 그리고 특징적으로 무의식적이다. 의사심리현상들에 대한 성실하고 치밀한 탐구가 많다. 최소한 이 발견들 가운데 몇몇은, 말하자면 무심코 이와 같은 발견들의 죽음에 대한 무의식적 불안과의 관련성 또는 우리의 덜 '영적인' 충동에 대한 죄책감과의 관련성 때문에, 긍정적인 발견으로 수용될 가능성이 크다(그것을 보장하는 구체적 증거와 관계없이 만들어진 이와 같은 비평들은 그 자체가 편향을 반영하는 것일 수도 있다). 프로이트는 그의 견해에 대한 반대가 (그 기원이) 정신분석 이론에서 그렇게 중요한 역할을 해온 바로 그 저항심까지 거슬러 올라간다고 주장했다. 명백하게, 무의식적 편향에 대한 이와 같은 비난은 참의 형성이나 단순한 환상의 거부를 방해할 위험이 있다. 그러나 이러한 비난은, 그럼에도 두 종류의 사례 모두에서 논리적으로 방어될 수 있다.

모든 명제는 실로 그것들의 함의에 기초해, 단순히 그것들이 결과하는 것에 의해서만이 아니라 그것들이 무엇을 더 그럴듯하게 만드느냐에 따라 판단된다. 편향이 구성되는 것은 믿고자 하는 의지가 탐구 자체의 맥락 외부에 있는 이해관계에 의해 동기화되기 때문이다. 내가 발견한 바로는 과학자의 동기와 그의 목적을 구분하는 것이 유용하다. 동기motives는 과학적 활동과 이것이 그 부분을 이루는 총체적인 실행의 흐름과의 관계에 관여한다. 목적 purposes은 탐구활동을 우리가 해결하려고 시도하는 특정 과학적 문제에 연결시킨다(이 구분은 미학에서도, 특히 예술적 표현을 예술가의 '자기-표현'과 혼동하는 관점과 연관해서 유용하게 적용될 수 있다). 이와 같이 과학자의 동기는 나라, 돈, 또는 영광에 대한 사랑을 포함할 수도 있다. 그의 목적은 주어진 환경이 어떤 법칙에 종속된다는 것이나, 주어진 설명이 어떤 다른 부류class의 사례에 연장 적용된다는 것 등을 보여주기 위해, 그가 간여하는 문제의 특수성에 따라서 구체화되지 않으면 안 된다. 다양한 목적이 어떤 동기에 봉사할 수도 있고, 다양한 동기가 어떤 특정 목적을 완수하기 위한 결정에 개입할 수도 있다. 편향은 과학적 목적 달성에 과학 외적인 동기의 침투로 정의될 수도 있다.

에드워드 라스커Edward Lasker는 어느 정도 유사한 멋진 예를 제시하고 있다. 그는 어떤 박람회에서 최고 고수와 체스를 두었다. 그곳의 체스판은 몇 평방미터였고 말들은 적절한 의상을 입은 젊은 여성들로 이루어졌다. 게임 과정에서 라스커는 점진적으로 그의 상대방이 여왕을 교환하는 것을 가장 꺼린다는 것을 깨닫게 되었다. 이는 그 게임 운영의 전략적 약점이었는데, 그 고수는 게임이 끝난 다음에 하얀 옷의 여왕과 함께하는 시간을 간절히 바랐던 반면, 잡힌 말은 그 길로 떠나야 했던 상황 때문이었던 것으로 후에 설명되었다. 게임 외부에 있는 관심사가 경기에서 객관적인 위치 부여를 방해했거나, 아니면 적어도 복기 때 지적된 그러한 행마의 선택을 방해했던 것이다. 여기에 추가할 값어치가 있는 동기화motivations는, 어니스트 존스Ernest Jones가 바로 이 맥락에서 위대한 체스 경기자인 폴 모피Paul Morphy의 분석에서 상술한 바와 같이, 목적의 실패에는 물론 그것의 실현에도 공헌할 수 있다는 것이다.

내가 믿기로는 자주 행해지는 과학자의 역할과 시민, 종교인, 아버지, 애인 등의 역할의 차이에 대한 호소의 근저에는, 동기와 목적의 구분이 있다. 그러나 이들 각각의 역할이, 문제의 역할 선택을 지배하는 동기와 혼동되어서는 안 되는 그 자체의 목적을 한정할 수도 있다. 그것을 하는 이유가 무엇이든, 모든 일을 하는 데는 바른 길과 그른 길이 있다.

그렇다고 편향이 단순히 동기를 가짐으로써, 즉 어쨌든 단순히 과학적 상황에 개재되는 가치를 허용함으로써 구성되지는 않는다. 모든 것은 탐구의 실행에, 우리가 우리의 결론에 도달하는 방식에 달려 있다. 편향으로부터의 해방은 빈 마음이 아니라, 열린 마음을 갖는 것을 의미한다. 모든 편향의 중앙에는 편견, 다시 말하면 증거 이전에 도달한, 증거와는 별도로 옹호되는 예단prejudgment이 있다. 실제로 증거로서 봉사하는 것은 해석과정의 결과다. 사실은 스스로를 대변하지 않는다. 그럼에도 사실의 이야기는 들어주지 않으면 안 되며, 그렇지 않다면 해석과정에 대한 과학적 취지는 상실된다. 어떤 사람에게 텔레파시 실험의 그럴듯한 결론으로 보이는 것을 말해 보라. 그는 성공의 비율 또는 사례의 수가 너무 작아 아무 의미가 없다고 말할 것이다. 그에게 열 배의 사례를 더 취하면, 그 결과는 열 배 더 그럴듯하다고 가정할 것인지 물어보라. 그는 아마도 속임수의 개입을 시사할 것이다. 이러한 가정을 조사자는 물론 대상자의 성격과 성실성으로 보아 거부되는 것으로 판단하고 계속하면, 그는 무의식적 단서에 대한 반응을 가상할 것이다. 그리고 만약 당신이, (대상자들이 멀리 떨어진 방들에 나뉘어 있는 등) 실험조건이 이러한 효과를 차단한다는 것을 상정하고 얘기하면, 그는 다른 가능한 설명을 제출할 것이다. 그러나 어떤 점에선가 그는 틀림없이, "만일 그 탐구와 결과가 당신이 가설적으로 그럴 것이라고 서술한 바와 같다면, 나는 텔레파시를 믿을 것입니다!"라고 말할 것이다. 편견은 어떤 증거가 제시되든 상관없이 어떤 믿음에 대한 확고하게 집착하는 것으로 나타난다. 편향을 구성하는 것은 이러한 확정성 또는 이에 근접한 것이며, 단순히 다른 결론보다 어떤 결론에 더 관심을 가지는 것이 아니다.

과학사에서 다소 유치한 이러한 종류의 편향이 중요한 역할을 수행해왔음은 의심의 여지가 없다. 인종, 계급, 또는 국가와의 동일시는 단지 발견의 우선성에 관한 주장에서뿐 아니라, 또한 어떤 이론이 채택될 수 있느냐에 대한 결정에서도, 그리고 어떤 사실이 형성되느냐 하는 결정에 이르기까지 스스로를 과시해왔다. 이 문제는 나치나 공산주의자와 같은 교조주의자들에 한정되지 않는다. 행동과학에서 급진주의-보수주의의 척도는, 취급 대상으로 선택된 문제와 그것이 해결되어야 하는지의 여부와 해결하려면 어떻게 해야 하는지에 관해 도출된 결론 모두에 영향을 주는, "대표적인 편향척도the master scale of biases"(99: 1038)이다. 그리고 과학적 기업에서는 어느 곳에서나 권력구조가 발달한다. 그 이해관계는 탐구의 과정에, 또는 적어도 그 결과의 평가에, 이와 필적할 만한 힘이 다른 기업의 작동에 가하는 것과 같은 그만큼의 영향을 산출할 수도 있다. 예술에서 예술원의 영향과 같이, 과학에서 학술원의 영향도 부당한 것일 수 있다. 총체로서의 문화조차 대량 편향의 근원이 되어 왔고, 의심할 것도 없이 계속 그럴 것이다. 특별히 행동과학에 대해서 참인 것은, 에드윈 보링Edwin G. Boring(46: 195에서)의 말처럼, "큰 시대정신big Zeitgeist에 대해 이야기되는 것은 또한 학파의, 또는 추종자가 없는 이기주의자의 작은little 시대정신에 대해서도 이야기될 수 있다"라는 것이다. "그들은 완고한 태도와 신념을 가지고 있고, 그들의 충성심은 그들의 편견이며, 그들의 편견은 그들의 충성심이다."

모든 과학자는 어디서 만나든 열심히 편향에 저항한다. 그리고 만약 우리가 그가 그의 이웃의 눈에서 티끌을 찾기에 열심이라는 것을 안다면, 우리는 역으로 그가 우리의 이웃임을 기억하고, 그를 판단하고 있음을 알도록 해야 한다. 다행히도 과학은, 단지 우리가 그것을 고려에 넣을 때를 제외하고는 편향의 제거를 요구하지 않는다. 편향은 우리가 익숙하게 관찰 에러를 다루는 것처럼 취급할 수 있다. 우리는 할 수 있는 경우에는 우리 자신을 에러로부터 격리시키고, 그렇지 않으면 그 효과를 무효화하거나 어느 정도 감소시키려 한다. 편향은, 예를 들어 우리가 정치적 집회나 데모의 규모에 관한 '기사'를 읽을 때나, 또는 어떤 영화비평가들의 평이 그들이 추천하는 모든 것이 우리가 혐오하는 것이기 때문에 우리에게 유용한 것을 알았을 때, 당연히 고려된다. 편향은 또한, 한쪽 소송 당사자가 뇌물로서 준 것이 다른 쪽에서 준 것보다 적기 때문에 많은 쪽의 뇌물의 일부를 반환하는 분쟁중재자에 의해 행해지는 것처럼 상쇄될 수도 있다.

나는 사상과 표현의 자유, 바로 이것이 과학에서 엄청난 중요성을 가지며, 오직 이것으로만 우리는 편향을 무효화하기를 소망할 수 있다고 믿는다. 과학에서 권력구조는, 그것이 아무리 비공식적이라도 어떤 억제와 균형의 체계에 종속되어 있어 어떤 학술지나 학회에서 거부되는 것이 다른 데서 채택될 수 있기만 하다면, 과학 공동체의 일반 복지에 봉사할 것으로 기대할 수 있다. 아마도 더 중요한 것은 데릭 프라이스Derek Price가 우리 시대의 '보이지 않는 대학'이라고 부른, 고도로 유동적인 과학자들 사이의 개인적인 관념의 교류에 의해 구성되는 그 어떤 것임이 분명하다. 시장에서 관념의 자유로운 경쟁이 필수적으로 참을 희생시킨다는 것은 이와 같은 과정이 모든 사회적 선의 근원이라는 더 일반적인 믿음과 같이 신화일 수 있다. 자유와 통제 사이의 갈등은, 사회에서는 일반적으로 어떠하든 과학에서는 실존적 딜레마다. 어찌되었든 아직도 과학에서는, 내가 보기에는 이성은 항상 자유를, 우리가 그렇게 명백하게 잘못된 것으로 보도록 가르침을 받은 그러한 사상에 대해서도 자유를 밀어붙일 것을 요구한다.

그러면 이제 가치가 과학적 기업에서 편향을 구성하지 않고 어떤 역할을 수행하는지에 관한 문제를 고려해보자. 나는 가치가 여러 다른 방식으로 그렇게 하는 것으로 믿는다.

주제로서의 가치

우선 가치는 과학적 조사의 주제로 떠오른다. 이런 점에서 가치는 편향을 조장하지는 않는다. 왜냐하면 탐구되는 것은 그 존재이지 그 타당성이 아니기 때문이다(135: 39). 우리는 다양한 사람이나 집단이, 어떤 조건에서 그리고 어떤 취지로 어떤 가치를 붙잡고 있는지 묻는다. 그리고 솔직하게, 우리가 제출하는 어떤 해답도 그 자체가 우리로 하여금 이들 가치를 공유하거나 거부하도록 구속하지는 않는다. 정말이지 우리의 해답은 편향된 것일 수도 있다. 그러나 만약 그렇다면, 이 편향은 비록 이들 가치가 우연의 일치일지라도, 우리의 가치 때문이지 우리가 조사해온 사람들의 가치 때문은 아니다. 우리는 다른 사람이 우리와 다른 가치를 가지고 있다는 것을 인식하기가 어려울 수도 있다. 그러나 이는 다른 사람이 우리와 다른 믿음을 가지고 있다는 것을 인식하는 바로 그만큼 어려운 것일 수도 있다. 또한 만약 우리가 연구하는 가치가 어떤 조건을 전제로 한다거나 어떤 결과를 가져온다는 것을 알게 된다면, 이는 따라서 우리 자신의 어떤 가치를 변화시키도록 유도할 수도 있고, 이와 같은 변화의 전망은 교묘하게 우리의 발견에 영향을 줄 수도 있다. 그러나 다시, 이러한 영향은 그 자체가 가치평가적이지 않은 주제들에 대해서도 똑같이 적용할 수 있다.

기본적인 쟁점은 가치에 대한 것을 확언하는 명제는 ─ 확언되는 것이 정확하게 이들 가치들의 가치, 즉 그것들의 타당성 또는 값어치가 아닌 한 ─ 가치화 valuation와 다르다는 것이다. 이러한 확언affirmation을 가치판단value judgments이라고 부르기로 하자. 이는 가치에 대한 특별한 부류의 판단을 구성한다. 말하자면 그것에 대해 판단이 이루어지는 것들이 판단자 자신의 가치를 표현한다. 소박하게, 우리가 어떤 사람의 가치에 관해 행하는 모든 진술이 우리 자신에 대한 어떤 것을 말하지는 않는다. 그 진술은, 그것이 가치에 관한 것일지라도 말 그대로 '사실적'인 것일 수도 있다. 여기서 되풀이되는 어려움은 이러한 점에서 어떤 진술이 말하는 바로 그것을 보는 것이 항상 쉬운 일은 아니라는 점, 그리고 그 진술을 하는 사람조차도 자기 마음을 잘 알지 못할 수도 있다는 점이다. 행동과학의 언어는 때때로, 해석을 가치를 보고하는 것으로도 그리고 가치평가를 하는 것으로도 받아들이는, 규범적 모호성normative ambiguity으로 특징지어진다. 이 모호성은 명백히 무엇이 '정상적인normal' 또는 '자연적인'지에 관한 진술에도 있다. 그러나 모호성은 또한 '법칙적인' 또는 '합리적인'과 같은 덜 명백한 경우에도 있을 수 있다. 더욱 좋지 못한 것은, 규범적인 모호성이, 기껏해야 기호를 바꿈으로써 오직 일시적으로만 제거된다는 것이다. 군나르 뮈르달Gunnar Myrdal이 경고한 바와 같이(99: 1063~1064), "새 용어들이 우리가 친숙한 옛 용어들로 논의했던 사실들 ─ 우리가 관심을 가지고 있기 때문에, 논의하기를 원하는 사실들 ─ 을 실제로 포괄하는 정도에 이르면, 같은 이상과 이해관계로 점철된 사회에서 곧 동일하게 가치부하되기 시작할 것이다". 예를 들어, '일탈 행동'에 대한 말은 지금은 구식이 된 '비정상적' 행동에 대한 말만큼이나 규범적 모호성을 지닌다.

명료하게 가치평가를 하고 있는 것으로 보이는 ─ 모호함이 없이 규범적인 것으로 보이는―그러나 실제로 내용에서는 사실적인 가치에 관한 명제들이 있다. 네이글(103: 492~493)은 이들을, "어떤 특성이 주어진 경우에 어느 정도 나타난다(또는 나타나지 않는다)"라는 것을 확언하는, "가치판단을 특징짓는" 것이라고 불렀다. 그리고 그는 이들을, "어떤 예견된 또는 실제 상태는 허용이나 거부할 값어치가 있다"라고 결론을 내리는, '가치판단을 평정하는 appraising' 것과 대비시켰다. 가령 우리는 나치가 되는 것이 꼭 좋다는 것을 의미하지 않고서도 어떤 사람이 '좋은 나치'라고 말할 수 있다. 우리가 말하는 것은 오직 어떤 특징들이, 이 경우에 우리 자신이 그것들이 허용될 값어치가 있는지 여부에 관해 개입함이 없이 존재한다는 것이다. 이 구분이 절대적이 아니라는 것은 아래의 직업윤리ethics of profession에 관한 논의에서 다루게 될 것이다. 그러나 이 구분은 어떤 주어진 맥락에도 유용하게 적용될 수 있다. 평정이 어떤 특징을 수반할 수도 있지만, 우리는 평정 없이 특징을 묘사할 수도 있다고 네이글은 주장하고 있다. 어찌되었든, 우리는 틀림없이 그때 거기서 특징지어지는 바로 그것들에 관한 평정 없이 특징을 묘사할 수 있다. 우리는 어떤 것이, 그 판단이 순응성conformity이 무엇인지에 대한 우리 자신의 표준을 선상정할 수 있는 경우에조차, 그 표준을 우리의 것으로 만들지 않고도 어떤 표준에 순응한다는 판단을 할 수 있다.

직업윤리에서 가치

과학에서는 직업윤리의 제정에서 보는 바와 같이 가치가 편향을 조장함이 없이 부차적인 방식으로 나타나기도 한다. 여기서 이들 윤리는 실로 편향을 제거하는, 혹은 적어도 편향을 최소화하고 그 효과를 경감시키는 일을 한다. 어떤 직업적 추구에는 의심의 여지없이 도덕적 선행조건이 있다. 내 생각에는, '도덕'이라는 용어를 가장 넓은 뜻으로 사용하면, 과학적 추구도 마찬가지다.

우리 사회에서는 정치, 의료, 또는 종교에 종사하려는 사람들은 도덕적 선행조건을 만족시키리라는 것, 그리고 이들 선행조건은 군대나 사업, 법에는 없거나 부적절하다는 것을 통상 당연한 것으로 받아들인다. 과학은 그것을 발생시킨 철학과 같이 어정쩡한 위치에 있다. 지혜와 참에 대한 사랑은 미덕이나 그 첫 번째 죄는 지식나무의 열매를 먹는 것이었고, 그리고 파우스트의 신화는— 지식을 구하는 사람들은 악마에게 자신의 영혼을 판다는— 많은 사람들이 특히 오늘날 실망스러운 현실을 전하는 것으로 생각하고 있다.

그러나 아직 '좋은 과학자'라는 표현은, 과학자 자신들이 그렇게 사용하는 바와 같이, 나에게는 '좋은 나치'보다는 오히려 '좋은 사람'처럼 들린다. 이는, 단순히 특성화보다는 평정appraisal을 뜻하는, 가치화valuation를 구현한다. 과학자가 된다는 것은 본질적으로 사람을 좋은 과학자라는 말에 구현된 가치에 구속되게 만든다. 우리는 과학이 소명이지 단지 직업이 아니라고 말할 수도 있고, 또는 만약 이것이 항상 직업일 뿐이었다면 번성할 수 없었을 것이라고 말할 수도 있다. 그리고 이들 두 종류의 추구상의 차이는 여기에, 즉 소명은 우리를 선택하는 반면 우리는 직업을 선택한다는 데에 있다. 우리는 안으로부터 소명을 강요당하며, 이는 우리가 그 가치에 구속되어 있음을 말한다. 참으로 모든 목적적 행동은 그 자체의 목적을, 따라서 그 자체의 가치를 가진다. 그러나 직업의 경우에 가치는 오직 (앞에서 소개한 좁은 뜻에서) 목적에만 들어가고 동기에 들어가지는 않는다. 가치는 오직 목적적 행동의 제한된 맥락에서만 작동한다. 그러나 행동이 완수하고자 하는, 아무 감정적 투자도 요구하지 않는, 그리고 개성personality의 주변지역을 벗어나지 않는 목적은 아무런 본원적 중요성을 갖지 않을 수도 있다.

그러나 참에 대한 열정은 바로 그 열정이다. 그리고 지식에 대한 목마름은 그보다 덜 특정적으로 인간적인 욕구가 그런 것 같이 끈덕진 것일 수도 있고, 깊은 만족을 제공하는 것일 수도 있다. 자신의 소명을 따르기 위해서,

자신의 일을 하기 위해서도, 과학자는 아리스토텔레스가 '지적 덕목'이라고 부른 것을 갖지 않으면 안 된다. 그리고 그는 이들을 가질 뿐만 아니라 이들을 덕목으로 간주하지 않으면, 즉 이들을 구하고 소중히 여기지 않으면 안 된다. 한마디로 이들은 과학자의 가치임에 틀림없다.

이와 같이, 과학적인 마음의 습관은 실재원리reality principle에 의해, 있는 그대로의, 우리가 공상하는 것이 아닌 세상에서 살려는 의지에 의해 지배되는 것이다. 과학자에게 무지는 결코 축복이 아니다. 윌리엄 제임스William James의 어구에서 나오는 활기찬 현실에 대한 감각은 무엇보다도, 우리 시야에 나타나는 것이 무엇이든 개방된 눈을 가지고 기꺼이 삶을 맞이하는 태도이다. 과학자는 사실 앞에서 겸손하다. 그는 자기의 의지를 사실의 결정에 맡기며, 그것이 무엇이든 사실의 판단을 받아들인다. 이러한 과학자의 겸손은 존엄성과 정직성에 의해, 자신의 신념에 대한 용기에 의해, 그리고 ― 만약 내가 그렇게 표현해도 좋다면 ― 전통이나, 아카데미, 현존하는 권력에 의해 주어지는 것으로서가 아니라 신이 그에게 그것을 보도록 하신 것으로서 참에 대한 단호함에 의해 지켜진다. 그리고 좋은 감각과 주의, 관심과 양심으로 특징지어지는 어떤 독특한 과학적 기질도 있다. 이 모든 관점은 육체에 구속되지 않는 무감각한 지성의 작품이라는 과학의 모델 ― 오히려 신화 ― 에서 얼마나 멀리 떨어져 있는 것인가! 확실히 이들 과학자의 속성은, 우리 자신의 판단은 물론 과학자의 판단으로도 최고의 덕목이며, 실로 이들 덕목의 소유는 과학자가 온 가슴으로 스스로 몰입해온 가치이기도 하다.

우리가 서술해온 것이 한낱 '이념형ideal type', 실제 과학자들이 오직 어느 정도로만 근접해가는 어떤 것일 뿐이라는 말은 옳다. 그러나 그럼에도 이는 또한 이상이며, 과학자들이 갈망하는 어떤 것이다. 사람이 어떤 가치를 가지려면, 이러한 점에서 그가 값어치가 있는 어떤 것을 꼭 얻었어야 할 필요는 없다. 죄인도 정의의 주장을 인정할 수 있다. 베버(135: 110)가 우리에게 상기시키듯, "과학적 참의 가치에 대한 믿음은 특정 문화의 산물이며 인간본성의 산물이 아니라는 것" 또한 옳은 말이다. 과학적 심성이 나타났을 때 어떻게, 그리고 왜 그것이 나타났는지 묻는 것은 중요하다. 나는 스스로 종교적 태도 가 — 일종의 두려움과 경외감, 그리고 어떤 헌신의 정신이 — 때때로 인정되는 것보다 더욱 긍정적 역할을 수행했을 수도 있다고 생각한다. 만약 과학자의 선서가 있다면 그것은 아마도 욥기에서 인용한 다음과 같은 구절일 것이다. "내 안에 내 호흡이 있는 한, 그리고 하나님의 기운이 내 코에 있는 한, 내 입술이 거짓을 말하지 아니하고 내 혀가 속임 말을 내뱉지 아니하리라." 그러나 과학이 완전한 뜻에서 소명이든 아니든, 과학은 내가 보기에는 방법론적으로 완전히 무시할 수는 없는 직업윤리를 가지고 있다.

또한 (오늘날 철학자들이 공언하는 '메타윤리metaethics'와 혼동해서는 안 되는) 메타직업윤리metaprofessional ethics가 있다. 이는 탐구의 실행이 아니라 탐구가 수행되는 맥락에 대한 가치들의 집합이다. 메타직업적 가치들은 과학이 존재할 수 있는 조건 — 예를 들어 탐구, 사상, 표현의 자유 — 을 창조하고 유지하는 데 헌신한다. 이들과 같은 가치는 행동과학자들에게 특별히 중요하다. 왜냐하면 이러한 자유에 대한 제한으로 가장 고통을 받는 사람이 바로 이들이기 때문이다. 만약 메타직업윤리가 자기이해관계self-interest의 문제라면, 어쨌든 과학자로서의 자아the self는 보답을 받는 자아이다. 그러나 여기서 우리 자신의 이상화로 우리가 피해를 당할 필요는 없다. 과학자들도 우리 나머지와 마찬가지로 인간적 결점failings을 갖는다. 학문의 자유는, 예를 들면 항상 학문적 의무와 맞아 떨어지지는 않으며, 과학자는 그 의미보다는 발견의 우선성에 더 관심을 가질 수도 있다. 그러나 이는 틀림없는 결점이다. 간단히 말해, 과학자가 가치를 가진다는 것이 그렇기 때문에 그가 편향되어 있다는 것을 시사하는 것은 아니다. 이는 바로 그 반대를 의미할 수도 있다.

문제선택에서 가치

가치는 제3의 장소에서, 즉 문제선택, 문제가 다루어지는 순서선택, 그리고 문제해결에 소모되는 자원선택의 기초로써 과학에 진입한다. 베버(135: 21)는 '사회과학the social sciences'을, 여기서 문제들은 "취급되는 현상의 가치-적합성에 따라 선택된다"라는 점에서, '경험적 학문the empirical disciplines'과 대비시킨 것으로 보인다. 그러나 이는 어떤 종류의 주제에 관한 문제에도 마찬가지일 수 있다. 대비되는 것은, 만약 그런 것이 있다면 단지 행동과학에서는 개재된 가치가 더 쉽게 눈에 뜨이고, 아마도 더 널리 공유되며, 아니면 많은 사람들에게 더 직접적으로 영향을 주는 문제를 다룬다는 것이다. 과학자가 택하는 문제가 어떤 것이든, 이는 어떤 이유로 선택되고 이들 이유는 그의 가치, 혹은 어떤 방식으로든 그의 선택에 영향을 주는 사람들의 가치와 관계되는 것으로 기대할 수 있다.

내 생각에는, 이러한 명백한 점이 때로는 소위 '순수' 및 '응용'과학의 지나치게 간편한 구분 때문에 모호해진다. 여기서 가치는 마치 후자에만 개입하는 것처럼 여겨진다. 사실상, '응용'과학으로 불리는 것의 상당 부분이 이후의 결과적인 재구성에서만 그런 것으로 보일 수 있다. 이론은 소위 '응용'의 문제를 다루는 과정에서 발전하고, 이와 같은 맥락에서 추상되고, 그리고는 뒤에 '응용과학'으로서 다시 되돌아 이 맥락에 준거를 둔다. 다른 말로, 매우 많은 과학이 '순수'하기 오래전부터 '응용'된다. 과학자가 지식에 대한 목마름이나 참에 대한 사랑 말고 다른 이유로 문제를 선택한다는 사실은, 결코 그럼으로써 그의 탐구가 편향된다는 것을 시사하지는 않는다.

오늘날 수행되는 그렇게 많은 연구가 정부와 산업체의 지원으로 이루어진다는 것이 본질적으로 과학적 객관성에 새로운 위험을 만드는 것은 아니다. 연구는 항상 누군가에 의해 비용이 지불되어 왔다. 진짜 위험은, 내가 보기에는 투자에 대한 너무 빠른 보상을 요구하는 데서, 그리고 아마도 그보다 중요하게는 그 학문 분야에서 건전하고 미래가 있는 것으로 판단하는 것에서 너무 멀리 떨어지기를 꺼리는 위험자본의 부족에서 찾을 수 있다. 예술가에게는 오래전부터 후원자가 있었으며, 그 이유로 나쁜 예술을 창조하지는 않았다. 만약 그들이 다른 예술가나 비평가들의 비위만을 맞추려고 창작을 했다면 더 나은 예술이 나왔을지 매우 의심스럽다. 방황이 천재의 유일한 거처이거나 본래의 모습은 아니다. 가치는, 그것이 문제를 좌지우지할 때가 아니라 해결을 예단할 때 편향을 조장한다.

가치와 의미

가치는 과학에서, 특별히 행동과학에서, 그것이 다루는 사건이 드러내는 의미의 결정 요인으로서 역할을 수행한다. 그러나 여기서 동작의미와 행위의미의 혼동(§42)은 특히 위험하다.

베버는 예를 들어 행동과학이 가치로 점철된 주제 말고는 어떤 주제도 가질 수 없다고 주장했다(135: 80). "문화적 사건에 관한 지식은 실재reality의 구체적 배열constellations이 어떤 개별 구체 상황에서 우리에게 갖는 중요성에 기초하지 않고서는 생각할 수 없다. 어떤 뜻에서, 그리고 어떤 상황에서 이것이 그 경우인가…… 그것에 비추어 각각의 개별사례에서 우리가 '문화'를 보는 가치-관념value-ideas에 따라 결정된다." 다음에 그는 해석을 "대상의 가치에 대한 다양한 가능한 관계성"에 대한 고려로 정의한다(135: 143). 아주 좋다. 그러나 문제는, 누구의 가치인가이다. 문화적 사건은 중요성을 가지고 있음에 틀림없거나, 아니면 그것은 단지 생물물리적 발생일 뿐이다. 그러나 이러한 점에서 문제가 되는 것은, 그가 말한바 그것이 우리에게 갖는 중요성이 아니다. 동작을 확고한 행위로 만드는 것은 그것의 행위자(와 그와 상호작용하는 사람들)에 대한 중요성이다.

이와 같이, 심리학자가 정신질환을 말할 때 병리학자가 신체적 질환에 대해 얘기할 때보다 더 많이 자신의 가치에 의존하는 것은 아니다. 실제로 한 문화에서 질병의 증상이 다른 문화에서는 같은 조건의 증상이 아닐 수도 있다. 그러나 여기에서 고려하는 것은 주체(행위자)의 문화이지, 과학자의 문화는 아니다. 그리고 주체의 문화가 고려되는 것은 그의 가치가 건강과 질병을 정의하기 때문이 아니라, 문제의 행동의 의미를 결정하기 때문이다. 이는 한 문화에서 정신병리적인 것이 다른 문화에서는 그렇지 않을 수도 있다는 것이 아니라, 오히려 다른 '어떤 것'이 두 경우에 발생하고 있다는 것을 뜻한다. 그리고 어떻게 "우리가 각각의 개별사례에서 '문화'를 보느냐"는 이와 아무런 상관이 없다. 이 예가 제시하는 문제는 용어 '건강'과 '질병'의 규범적 모호성 때문에 복잡해지고, 따라서 진단은 하나의 특징묘사적 판단이나 하나의 평가로 보일 수도 있다. 내 논지는 이 둘 중 어떤 유의 판단이 만들어지기 전에 문제의 동작은 해석되지 않으면 안 되고, 그리고 이러한 해석을 위해서는 우리의 가치가 결정적인 것은 아니라는 것이다.

그러나, 행위의미에 관해서는 상황이 완전히 다르다. 이는 우리가 적용할 개념화, 우리가 다루는 문제에 제공할 형식화, 우리가 제시할 가설, 그리고 우리가 드러낼 이론 등과 같은 유의 문제이다. 이들 모두에서 우리는 선택을 하고, 우리의 가치는 불가피하게 어떤 역할을 부여한다. 여기서 어떤 것이 개입되느냐는, 그 개입이 우리의 해석을 모멸적으로 '주관적'으로 만들지는 않는다 해도, 우리에게 중요한 의의를 갖는다(§44).

다양한 이해관계와 제도들의 과학에 대한 영향을 다룬 문헌은 매우 광범위하다. 이들은, 그 결과가 예를 들어 프랭크, 버트, 그리고 필머 노스럽Filmer, S. C. Northrop 등에 의해 논의된 가장 일반적인 형이상학적 관심사에서부터, 프로이트와 그의 추종자들에 의해 연구된 극히 특수한 성적 관심사에 이르기까지 널리 퍼져 있다. 그리고 그 사이에는 다른 관심사들이 많다(46: 210에서 R. S. Cohen). 베버, 로니 및 머튼에 의해 추적된 종교적인 것, 베블런, 루이스 멈퍼드Lewis Mumford 및 다른 수많은 사람들의 업적에서 다루어진 사회적이고 기술적인 것, 마르크스주의적 경제결정론, 니체의 권력의지에서 포퍼와 마이클 폴라니Michael Polanyi의 연구에 이르기까지 정치적 관심사와 제도, 그리고 그것의 과학에 대한 묵시적 의미가 베르그송, 랜슬롯 화이트Lancelot L. Whyte 및 허버트 리드Herbert Read에 의해 지적된 미학적 관심사까지 그 범위가 펼쳐져 있다. 확실히 이와 같은 요소들은 자주, 그리고 아마도 통상적으로 편향을 조장해왔다. 그러나 이들은 또한 다른 역할을 연출한다. 이들은 반드시 탐구가 드러낼 것이 무엇인지 미리 결정하지는 않으며, 그 결과의 해석에 모양과 본질을 부여한다.

내가 생각하는 것은, 아마도 다양한 과학시대의 핵심 은유들, 즉 시대사상을 지배해온 그러한 유의 모델들의 역할을 가지고 보여줄 수 있을 것이다. 18세기에는 신학에서 경제학에 이르기까지 시계 작동 관념에, 19세기에는 국가 이론에서부터 철학의 성장과 쇠퇴 원리의 적용에 이르기까지 유기체적 관념에, 그리고 20세기에는 행동과학 전체를 통해 나타나는 컴퓨터를 이용한 형식화에 관한 관심이 그것이다(이들 세 가지 종류의 모델은 각기 물체, 에너지, 그리고 정보라는 세 가지 기본 범주에 상응하는 것으로 얘기될 수도 있다). 요점은 문제와 해결책 둘 다를 형식화하는 이들 방식은 대부분의 적용에서 어느 정도는 은유적이다. 즉, 그들의 주제를 마치 그것들이 실제로 있는 그대로 이상의 어떤 것인 것처럼 개념화한다. 그러나 우리의 은유는 항상 그 자체를 우리에게 문자 그대로 참인 것처럼 제시하는 경향이 있다. 은유는 우리에게, 의미를 가진 것으로 뿐이 아니라 어느 지점까지 그럴듯하고 유의미한 것으로 느끼도록 하는 이야기 방식이다. 이는 의미론적 설명의 기초가 되고 따라서 과학적 설명의 일부가 된다. 만약 여기에 편향이 나타난다면 이는 주로 사물을 다른 방식으로 정렬해도 탐구는 마찬가지로 효율적으로 진전될 수도 있다는 것을 인정하는 데에서의 실패에 기인한다. 그러나 우리는 이 방식 아니면 저 방식을 선택하지 않으면 안 되고, 이와 같이 우리의 가치에 과학적 기업에서의 역할을 부여한다. 그러나 이것 자체가 확실히 우리가 방법론적으로 저주받았다는 것을 의미하는 것은 아니다.

가치와 사실

그러나 어떤 선택이 효과적인 것인지의 판단은 그 자체가 어느 정도 우리의 가치와 관련된 사항이다. 문제를 개념화하는 특정 방식이 그 해결책을 제공하는지의 여부는 사실에 관한 질문이다. 그러나 가치는 무엇이 사실을 구성하는지의 결정에 개입한다. 과학이 가치자유여야 하느냐 또는 심지어 가치자유일 수 있느냐에 관한 질문에서 핵심 쟁점은 여기에 있다. 내가 언급하는 것은 탐구를 사실의 문제에 기꺼이 정박하도록 하는 데서 가치의 영향이 아니다. 확실히 우리는, 갈릴레오의 동료들이 그의 망원경을 통해 보는 것을 거절한 사례에서, 또는 오늘날 정신연구나 뇌파 조사에 대한 영국과 미국의 태도 차이에서 (또한 그렇기 때문에, 내가 이들을 언급할 때마다 이와 같은 현상에 대한 어떤 믿음을 포기해야 할 것 같이 내 자신이 느끼는 필요에서) 나타나는 바와 같은 편향에 대면하기 쉽다. 여기서 문제가 되는 것은 어디를 보아야 하는지에 대한 우리의 결정에서가 아니라, 우리가 보아온 것에 관한 우리 결론에서의 가치의 역할이다.

자연은 보호하는 어머니보다 순종적인 자녀로서 더 적절하게 이야기될 수 있을 수도 있다. 자연은 오직 누가 얘기할 때에만 얘기하고, 우리는 그것을 때때로 보긴 하지만 듣지는 못한다. 자료는 질문에 대한 응답으로 우리에게 오며, 물어야 하는지의 여부뿐 아니라 어떻게 질문을 제시해야 하는지를 결정하는 것은 우리다. 모든 질문은 아내를 문책하는wife-beating 질문 ― 이는 그 자신의 선상정을 가진다 ― 과 약간 비슷하다. 이는 지적 정신the knowing mind 에 관한 칸트의 형식과 범주의 현대적 동의어인, 확정적인 어휘와 구조를 가진 언어로 형식화되지 않으면 안 된다. 이는 바로, 그 대답과 관련되는 확고한 가정과 가설로 이어진다. 우리가 질문을 어떻게 제시하느냐는 한편으로는 우리의 가치를 반영하고, 다른 한편으로는 우리가 얻는 대답을 결정하도록 돕는다. 칸트가 말한 바와 같이, 만일 정신이 자연에 대한 법칙을 부여하는 자라면 이는 또한 사실에서도 몫을 가진다. 왜냐하면 사실은 우리로 하여금 그 사실성을 해석하고 인정하도록 하는 법칙과 별개의 것이 아니기 때문이다. 자료는 해석과정의 산물이며, 비록 어떤 분별력에 따라 그 과정에 필요한 재료가 '주어지는' 경우라 할지라도, 이는 오직 과학적 지위와 기능을 가진 산물일 뿐이다. 한마디로 사실은 의미를 가지며, 이 단어 '의미meaning'는, 그 형제 말인 '유의성significance' 및 '중요성import'과 같이, 가치에 대한 준거를 포함한다. '경험적 자료'는, 베버의 말에 따르면(135: 111) "항상 독자적으로 그것들을 알 가치가 있는 것으로 만드는 저들 평가적 관념ideas에 연관되며, 경험적 자료의 유의성은 이들 평가적 관념에서 도출된다".

편향에 대한 걱정에서, "나는 가설을 발명하지 않는다"라는 뉴턴의 정신에서(의미에서가 아니라!), 이론을 통째로 기피함으로써 가치를 제거하기를 희망하는 행동과학자들이 있다. 그들은 그들이 "단지 객관적으로 일어난 일을 서술하는 것"으로 간주하는 것에 스스로를 한정시킨다. 이러한 한정은 또다시 "오점 없는 지각의 도그마"를 표출한다(§15). 이와 같이 시도되는 것은 솔직히 말해 행해질 수 없거나, 만일 행해진다면 그 결과는 아무런 과학적 유의성도 갖지 못한다. 이는 20세기 초 무렵에 예술을 예술가 자신을 제외한 누구에게도 중요하지 않은 한가한 시간을 위한 한가한 노래로 만드는 대가로, 예술을 순수형식 또는 장식으로 본 심미주의자들의 입장과 흥미로운 유사성을 보인다. 더 기초적이기까지 한 것은, 만약 수행되더라도 이 프로그램은 편향을 제거하는 데 성공하지 못한다는 점이다. 뮈르달이 지적한 바와 같이 (99: 1041), "사회과학에서 편향은 단순히 '사실에서 벗어나지 않음'으로써 그리고 정교화된 자료의 통계적 처리 방법에 의해 지워질 수 있는 것이 아니다. 사실들이, 그리고 자료의 취급이, 때로는 '순수 사고'보다도 더 편향 경향에 민감한 것으로 나타난다."

주어진 사례에서 사실이 무엇인가에 관한 결정에 가치가 어떻게 개입하는지에 대해서는 §29에서 논의한 바 있다. 우리는 다양한 종류의 추정치 및 에러와 연관된 보상지불을 고려하지 않고 이와 같은 결정에 도달할 수 없다. 이와 같은 보상지불을 뜻하는, '인식적epistemic 효율성'(41: 135의 Hempel)은 무엇보다도, 그것이 특정 종류에 관한 것일지라도 하나의 가치이다. 나는 그 측정값이 선험적으로 다른 종류의 가치와 독립적인 것으로 선언될 수 있다고 보지는 않는다. 나는 이론의 타당화가 "과학자들이 채택하는 가치로부터 깨끗하게 분리될 수 없다"라는 프랭크(46: viii)의 주장에 동의한다. 내가 보는 바로는, 판단을 특징짓는 일에는 항상 평정appraisal이 선상정된다. 우리는 항상, 어떤 결과가 주어지면 어떤 방식으로 어떤 것을 특징짓는 것이 값진 일인지, 그리고 그렇게 해서 이 값어치만이 유독 특징지어지는 것은 아닌지의 여부에 대한 결정에 당면하게 된다. 그것에 따르면 주어진 증거를 기초로 한 어떤 확률의 부여가 동어반복인, 따라서 도달해야 하는 유일한 결정이 주어진 사례에서 그 확률에 따라 행동하느냐의 여부가 되는 어떤 재구성이 있다. 그러나 이러한 여건에서 경험적 믿음을 구현하는 것은 오직 이 결정뿐이며, 따라서 이 재구성에서조차 사실의 확정에 가치가 개입한다.

네이글(90: 193에서)은 "진술의 '내용과 형식'이, 또는 적용된 타당성의 표준이, 탐구자의 사회적 전망에 따라 논리적으로 확정된다는 것을 보여주는 사실적 증거는 없으며, 공통적으로 인용되는 사실들은 이 항목들 사이의 일종의 인과적 의존성 이상의 것을 형성하지는 못한다"라고 주장했다. 이 주장은 만약 '논리적 확정'이 필수수반entailment의 뜻을 가진다면 건전하다. 그러나 이것이 '일종의 인과적 의존성 이상의 것이 아닌' 것은 아무런 방법론적 중요성을 가지지 못한다는 것을 말하지는 않는다. 예를 들어, 증거 가운데 어떤 것을 무시하는 것은 비논리적이다. 그것을 무시하는 것이 임의로 도달한 결론이 허위이거나 심지어는 가능성도 없다는 것을 꼭 수반하지entail 않을 경우에도, 이러한 무시는 곧잘 우리를 잘못된 결론에 도달하도록 이끈다. 아마도 더 기본적인 논지는 가치가 사실을 형성하는 데 충분하지 않을 경우에조차, 이것이 그럼으로써 가치가 필요하지 않다는 것을 뜻하지는 않는다는 것이다. 과학이 의존하는 궁극적 경험주의는 여기에, 즉 어떤 것을 생각하는 것은 그것을 그렇게 만드는 것이 아니라는 데 있다. 그리고 이러한 부정은 더 강력하게, 만약 가능하다면 이것이 그렇게 되기를 바라는 것에까지 적용된다. 예측된 일식은 우리가 그것을 원하든 원치 않든 발생하고, 그것이 예측되었든 예측되지 않았든 발생했을 것이다. 그러나 가치는 두 경우 모두에, 즉 예측을 하는 데 그리고 예측되는 '그것'이 무엇인지를 개념화하는 데 개입한다.

객관성과 가치

나는 가치-자유로서의 과학에 대한 주장은 과학을 지식사회학이나 '계급과학'의 관념화에 매우 잘 반영되어 있는 것으로 보이는, 일종의 주관적 상대주의의 주입으로부터 자유롭게 하고자 하는 매우 적절한 결의에서 도출된 것이라 믿는다. 그러나 가치가 과학적 기업에서 불가피한 역할을 수행한다는 것을 시인하는 것이 이러한 결말을 가져왔는지의 여부는 동원되는 가치이론에 따라 달라진다. 과학의 객관성은 오직 가치가 필수적으로 그리고 회복불능할 만큼 주관적일 때에 한해서만 과학이 가치-자유로울 것을 요구한다. 나는 이러한 기본적인 관점에서, 즉 (평가로서의) 가치는 준엄하게 과학으로부터 제외되어야 하고, 그렇지 않다면 그것에 객관적인 근거가 주어져야만 한다는 점에서 가치-자유 주창자들의 주장에 동의한다. 나에게 방법론적으로 더 건전한 것은 바로 이 두 번째 대안이다. 왜냐하면 나는 어떻게 가치를 제외시킬 수 있을지 알지 못하기 때문이다. 뮈르달처럼(99: 1043), 내가 믿는 바는 "가치화valuations 자체를 기피하려고 노력함으로써 편향을 박멸하려는 시도는 희망이 없는 오도된 모험이다. …… 사회과학에서 편향을 제거하는 고안으로서, 가치화와 직접 대면하고 그것을 명시적으로 언급된, 특정적인, 그리고 충분히 구체화된 가치 전제로 소개하는 이상의 (그 이외의) 것은 없다"라는 것이다. 그리고 나는 여기에, 그것에 어떤 객관적 기초를 제공하는 것을 추가하고 싶다. 방법론에 관련된 문제는 가치가 탐구에 개입되었는지의 여부가 아니라, 그것이 어떤 것이냐, 그리고 무엇보다도 어떻게 그것이 경험적으로 근거 지어져야 하느냐 하는 것이다.

§44. 가치이론

근거

철학자들이 가치'이론'이라고 부르는 것은, 엄밀하게 말해 과학적인 뜻에서 이론이 아니라, 일련의 가치판단의 의미와 근거의 분석을 위한 지침일 뿐이다. 나는 가치판단의 (또는 상응하는 가치의) 근거ground를 원인이 아니라 이유 ― 판단을 하거나 가치를 갖는 데 대한 정당화 ― 의 의미로 사용한다. 근거를 제공하는 것이 반드시 가치의 채택을 가져오는 것은 아니다. 이는 마치 설명을 갖는 것이 설명을 보는 것과는 구분되는 것과 같다. 모든 가치가 기반basis을, 그것을 가치로 받아들이게 하는 그 무언가를 가지고 있다. 그러나 어떤 가치가 근거를 가졌느냐의 여부, 만약 그렇다면 그 근거가 무엇이냐 하는 문제는 매우 많은 논쟁의 대상이 되고 있다. 기반과 근거 사이의 차이는 믿음과 지식 사이의 차이에 상응한다. 사람은 그가 그것에 대한 증거를 가지고 있든 아니든 상관없이 믿음을 가질 수 있다. 더욱이, 그것에 대한 증거 없이도 믿음이 참일 수 있는 바와 똑같이, 가치도 우리가 그 근거를 알지 못할지라도 진짜genuine일 수 있다. 물론 우리가 그것이 진짜라고 말할 때, 우리는 근거의 존재를 암시한다. 그것은 마치 우리가 어떤 믿음이 참이라고 말할 때 우리는 그렇게 말하는 이유가 있다는 것 — 즉, 그 믿음에 대한 증거가 있다는 것 — 을 암시하는 것과 같다(이 암시는 확실히 그 믿음이 참이라는 우리의 말에서 나오는 것이지, 명제 자체에 대한 믿음에서 나오는 것은 아니다). 그러면, 여기에 어떤 가치가 다른 가치보다 더 진짜인가, 그리고 만약 그렇다면 무엇이 이들을 그렇게 만드는가라는 질문이 등장한다.

현대철학은 이 질문에 대해 두 종류의 답을 제시한다. 이에 상응하는 입장은 감성주의emotivism와 인지주의cognitivism로 알려져 있다. 감성주의자에게는, 어떤 것이 하나의 근거라는 것 자체가 그 기반을 이루도록 도움을 줄 수도 있다는 주장이 있음에도, 가치는 그 기반과 구별되는 어떤 근거도 갖지 못한다. 모든 가치는 똑같이 진짜다. 그래서 그(진짜라는) 술어는 공허하다. 그렇지만 이와 같은 술어의 사용은 다른 것이 아닌 특정한 가치에 기반을 제공하도록 도울 수는 있다(그럼으로써 철학적 탐구의 맥락을 떠나서는 감성주의자는 모든 가치가 똑같이 진짜라고 말하지는 않을 것이다). 진(짜)성genuiness의 부여는 설득을 위한 고안이며, 완전히 합법적인 고안이다. 여기서 합법성 자체는 최초의original 진성 부여에서 승인을'얻는 가치가 된다. 어떤 가치가 진짜라고 말하는 것은 말하는 사람이 가치를 가지고 있다는 것을 표현하며 듣는 이로 하여금 그 가치를 공유하도록 유도하는 것이다. 다른 한편, 인지주의자에게 근거와 기반은 확실히 구분된다. 가치가 진짜라고 말하는 (또는 암시하는) 것은 증거에 의해 지지되어야 하는 가치에 대한 사실적 주장을 하는 것이 된다. 만약 증거가 제시되면 가치판단은 근거 지어진다. 바로 어떤 종류의 사실이 주장에 개입하느냐는 특정 인지주의 형태에 따라 달라진다(나는 곧 이러한 형태 가운데 한 종류를 개관할 것이다). 어떤 경우든 가치판단은 인지적 내용을 가지며, 이러한 일반화는 특징화에 대해서와 마찬가지로 평정에 대해서도 적용된다. 판단의 표현 방식에 따라 가치에 대해 그것이 '참'인지 '거짓'인지 말하는 것이 어색할 수도 있다. 그러나 이러한 어색함은 문법적인 형식의 문제이지 논리적 내용의 문제는 아니다.

내 견해로는, 두 입장 모두 방법론에 중요한 공헌을 할 수 있는 내용을 가지고 있다. 더욱이, 우리는 이 가운에 하나를 지지해 다른 것을 제거하려 하기보다는 이 둘을 서로 보완적으로 취급함으로써 더 큰 이득을 취할 수 있다. 이러한 취급은 이들이 엄격하게 대립적이 아닌 것으로 이해되어야 할 것을 요구한다. 내가 믿기로는 이들은 그럴 수 있고, 이 두 관점은 내가 곧 명백하게 언급할 바와 같이, 이들이 하나의 같은 것을 얘기하는 것에서보다는 이들이 '가치판단'이라고 부르는 것에서 더 차이를 보인다. 이와 같이 감성주의는 통상적으로 가치문제에 관한 자료를 보여주는, 그리고 이들 문제를 위해 제안된 해결책에 관한 자료를 보여주는 사실적 진술들의 차이는 물론(정치학의 명제와 특정 정치원리에 대한 판단의 차이처럼), 사실의 객관적 단언과 편향된 단언의 차이를 강조한다. 감성주의는 우리로 하여금 규범적 모호성에 민감하게 만들고, 파레토의 '파생'과 '잔기'의 구분, 또는 프로이트의 '합리화들'의 분석에서 상술하고 있는 바와 같이 주장된 근거들이 오직 숨겨진 편향을 나타낼 뿐일 가능성에 대한 각성을 높인다. 다른 한편, 인지주의는 통상적으로 중요한 차이들에 주의를 돌리게 한다. 숙고의 과정에서 나오는 가치판단과 단순한 돌발 사건이나 변덕의 표현 사이의 차이, 주어진 가치를 위한 일련의 대안적 행위 진로의 조건과 결과에 대한 주의 깊은 평가에 근거한 선택과, 정신적인 것이든 사회적인 것이든 단지 습관이나 전통 또는 충동에 기반을 둔 선택 사이의 차이가 그것이다. 인지주의는, 그것이 무엇이든 교활한 잠행 원리에 대한 우리의 불신을 살리고, 올바르게도 주어진 정책을 지지하는 세력이 얼마나 다수인지 지배적인지에 관계없이 우리로 하여금 그것이 여전히 잘못된 것일 수 있다는 점을 깨닫게 한다.

내가 보기에 이제까지 행동과학에 가장 근접한 가치의 관념화는, 말 그대로 자연주의 형식을 보이는 것이다. 이러한 연관에서 사용되는 것으로서, '자연주의'는 가치의 근거가 인간 경험에 있는, 그리고 ─ 신의 계명과 같은 초자연적 근거나, 또는 분명한 '도덕적 통찰력'에 의해 평가되는 '선'의 독특한 자질과 같은 비자연적 근거와 대조되는 ─ 우리가 경험하는 모든 것의 한 조각인 것이라는 관점을 언급한다. 구체적으로 가치의 근거는, 적절하고 중요한 조건들과 함께, 인간의 결핍감, 욕구, 욕망, 이해관계 등으로 구성된다. 클레런스 루이스Clarence I. Lewis처럼, 우리는 '경험된 선', 만족과 성취의 감각, 직접적(즉, 중개되지 않은) 충족의 경험과 같은 것들을 본원적 가치라고 얘기할 수도 있다. 그러면 가치의 판단은, 결과적으로 판단되는 어떤 것과 경험적으로 연관된 본원적 가치에 대한 어떤 것을 말하는 것이 된다. 본원적 가치는 지각적 자질이 다른 사실문제에 대한 명제들의 타당화에서 수행하는 것에 비교할 수 있는 역할을 가치판단의 근거화에서 수행한다. 조만간 이와 같은 명제들은 우리가 적합한 조건하에서 지각하게 될 것으로 기대되는 그 무엇으로 격하된다. 두 경우 모두에서 우리는 우리의 예측은 물론, 우리가 현재 즉석에서 직접 문제의 경험을 하고 있다는 판단에서도 잘못될 수 있다. 검사 튜브에 있는 액체는 우리가 생각하는 것과는 달리 노란색이 아닐 수 있고, 우리가 느끼는 것은 우리가 의식적으로 상정하는 바와는 달리 고마움이 아닐 수 있다. 관찰의 에러는 두 종류의 경우에 모두 가능하다. 우리는—비록 두 입장 모두 열렬한 지지자들을 가지고 있다는 것을 밝혀야 하지만—우리가 지식이론을 어쩔 도리 없이 '감각자료'를 기반으로 해서 발전시켜야 할 필요 이상으로, 가치이론을 의심의 여지가 없는 것으로 여기는 가치경험을 기반으로 해서 발전시킬 필요는 없다.

맥락

모든 가치판단이 맥락적이라는 것은 곧바로 이해된다. 이는 적어도 암묵적으로, 누구를 위해 어떤 조건하에서 본원적 가치를 가지는지 특정화하지 않으면 안 된다. 구체적으로 가치판단은 특정 환경에서 특정 사람에 의해 만들어지는 발화에 지나지 않는다. 그것의 의미는 그것을 불러온 문제적 상황에서의 사용에서 나온다. 사실에 대한 판단이 가치를 선상정하는 반면(§43), 가치판단은 그 사례에 관한 사실을 준거로 근거를 갖게 된다는 것이 악순환을 가져오지는 않는다. 한 상황에서 문제적인 것이 다른 데서도 그럴 필요는 없다. 어떤 맥락에서 만들어진 어떤 특정 가치판단은 같은 맥락에서 문제적이지 않은 가치들의 도움으로 형성된 사실에 근거를 두게 된다. 가치판단은 광범한 맥락에 걸쳐 일반화될 수 있다. 그러나 그것은 그에 따라 가치문제와 그 해결책이 형식화되지 않으면 안 되는 구체물들concreta로부터 몽땅 추상될 수는 없다. 예를 들어, 목적이 수단을 정당화할 수 있는지의 여부를 묻는 것은 상품이 그 가격의 값어치가 있는지를 묻는 것과 마찬가지다. 그에 대한 답은 '경우에 따라!'일 수밖에 없다.

　세 가지 종류의 맥락이 통상적으로 구분된다. 개인적 맥락personal contexts은 오직 바로 그때 거기에서 가치화를 표현하는 사람에 의해 경험되는 본원적 가치만을 적합하게 만든다. 그가 말하는 것은, 거기에 관찰 에러의 가능성이 개재되지 않는 한(이와 같은 에러는 그가 자신의 진정한 감정 상태를 알지 못하는 데서 나올 수도 있다), 그가 그것을 말하는 맥락을 넘어서는 아무런 준거도 갖지 못한다. 여기에 함의된 유일한 예측은 이후의 증거가 발화 당시의 그의 경험이 그 발화에 의해 전달된 경험에 틀림없다는 것을 확인해줄 것이라는 점이다. 개인적 맥락에서, 표현된 것은 엄밀히 말해 '판단'이라기보다는 가치표현이다. 이는 보고된 평가가치화evaluation의 결과라기보다는 가치화 동작의 일부이다. 만약 우리가 그 표현을 어쨌든 '참인true' 것으로 얘기할 수 있다면, 이 '참truth'은 오직 자기-각성과 성실성의 뜻을 가질 뿐이다. 감성주의는 내게는 주로 가치표현에 관심을 갖는 것으로 보인다. 가치표현에 대해서는 전혀 근거에 관한 질문이 나오지 않는다. "이것은 내가 가치판단에 대해 어떻게 느끼는지를 보여주며, 그리고 그뿐이다."

따라서 가치판단이 (공공연히 또는 아니게) 준거하는 맥락은 판단 그 자체의 맥락과는 매우 구분되는 것일 수도 있다. 판단은, 반드시 예측의 상황에서 지배적인 것일 필요는 없는, 어떤 조건하에서 반드시 발언자일 필요는 없는 어떤 사람이 본원적 가치를 발견할 것임을 예측하는 것일 수도 있다. 우리는 이들 맥락을 표준적 맥락으로서 판단의 맥락보다는 그 판단에서의 맥락으로 말할 수도 있으며, 이들 맥락에 준거하는 발화들을 '표현'으로 또는 '판단' 자체보다는 가치진술로 구분할 수도 있다. 가치진술은 이와 같이, 일단 어떤 맥락이 표준으로 선택되는 것인지만 명백해지면, 거의 곧바로 사실의 문제에 관한 명제가 된다. 예를 들어, 어떤 영화가 '좋은' 것이냐의 물음은, 만약 그것이 흥행에서의 성공에 관심을 가진 것이라면 모호성이 전혀 없는 사실적 질문이 된다. '중간계급 가치'에 대한 (경멸의 뜻에서가 아닌) 진술들과, 일반적으로 소위 판단을 특징짓는 진술들도 이와 유사하다. 판단자 자신이 표준적 맥락을 구성할 수도 있음에 유의할 필요가 있다. 그의 진술은 그 자신이 발견하거나 발견하기를 바라는 것을 보고하거나 예측하는 것일 수도 있다. 이와 같은 진술은 다른 어떤 것과도 마찬가지로 참일 수도 있고 거짓일 수도 있다. 또한 자주, 개인적 맥락에서의 표현은 그것이 우리 자신의 것이든 다른 사람의 것이든, 어떤 비평가가 그 자신의 반발을 독자/시청자의 반응으로 이용할 때와 같이 우리에게 다른 어떤 표준적 맥락에 대한 진술을 위한 근거를 제공할 수도 있다.

우리는 또한 의미 있게 이상적 맥락ideal contexts에 대해 얘기할 수 있다. 이는 전반적으로 그리고 궁극적으로 무엇이 기대되는지를 진술함으로써, 본원적 가치에 대한 가장 광범한 가능한 예측을 허용하는 것이다. 여기서 우리는 엄격한 의미에서 가치판단을 하게 된다. 어떤 것이 좋다는is good 판단은 그것이 (내게 또는 다른 어떤 특정인에게) 좋은 것 같다는seems good 진술과 대비된다. 이는 마치 어떤 것이 노랗다는 명제가 그것이 노란 것 같다는 명제와 대비되는 것과 마찬가지다. 실재는 이와 같이 겉모습이 아니라 오직 인위적인 겉모습과 대조되는 것이다. 우리는 어떤 특수한 목적에 적합한 것이 아니라 그것이 무엇이든 우리 모두의 목적에 봉사할 수 있는 맥락을 표준으로 선택한다. 만일 채색된 대상을 어떤 인공조명 아래에서 본다면, 우리는 다만 그것이 그러한 조건(가치진술에 상응)에서 노랗게 보일 것이라고만 말하지, 그것이 노랗다고(가치판단에 상응) 말하지 않는다. 가치판단은 아직도 맥락적이다. 거기에는 인간의 욕구와 이해관계가 불가피하게 개입되기 때문이다. 그러나 가치판단의 가능한 적용 맥락은, 마치 가치 진술의 경우와 같이 판단 그 자체에 의해 한정되지 않는다. 내가 보기에 인지주의가 주로 관심을 가지는 것이 가치판단이다. 그것은 이와 같은 판단이, 가치진술처럼 완전하게 참또는 거짓이, 주어진 사례에서 어느 것이라고 말하는 것이 가장 어려운 일임을 인정한다 하더라도, 될 수 있기 때문이다. 그러나 가치진술이 오직 어떻게 어떤 것이 어떤 조건하에서 표준으로 선택된 것 같은지 만을 확언하는 반면, 가치판단은 그것이 어떠한지를 — 말하자면, 이상적 조건하에서 그것이 어떠할 것 같은지를 ─ 확언한다.

객관적 상대주의

이러한 관점에서 보면, 가치는 상대적이지만 그럼에도 객관적이다. 이러한 입장을 따라서 객관적 상대주의objective relativism라고 칭한다. 주관적 준거를 가진 것은 가치표현뿐이다. 가치진술은, 특히 가치판단은 그 참이 확언을 유발시킨 마음의 상태에 의존하지 않는 어떤 것을 확언한다. 어떤 사람의 약이 다른 사람에게는 독이라는 명제는 조금도 생화학의 객관적 타당성을 비난하지 않으며, 거꾸로 이를 선상정하고 있다. 가치는 그 자체가 실제적인, 또는 잠재적인 인간적 만족에 관한 사실이다. A가 x는 B의 값(가치)이라고 진술하거나, 또는 x가 실로 값어치가 있다고 판단할 때, x의 값은 B에 대해, 또는 비슷한 상황에서 그와 유사한 다른 사람들에 대해 상대적이다. 그러나 이는 A에 대해서는 상대적이지 않다. 가치판단은, 어떤 다른 것과 마찬가지로 항상 누군가에 의해 만들어지며, 항상 "당신이 그렇게 말했지!"라는 말로 반격당할 수 있다. 그러나 그것이 판단하는 것은 누가 그런 얘기를 하든 안 하든 관계없이 어떤 것이 그 경우라는 것이다. 이와 같이 우리가 좋아하는 것과 좋아할 만한 값어치가 있는 것, 기호와 판단, 바라는 것과 바랄 만한 것 사이에는, 또는 듀이가 즐겨 사용하는 용어로서 상찬prizing과 평정appraising, 가치화valuation와 평가가치화evaluation, 그때 거기에서 만족되는 것과 그 자체로 참으로 만족스러운 것 사이에는 체계적인 구분이 그어진다. 각각의 짝에서 뒤의 것은 앞의 것으로부터 조성되거나, 또는 앞의 것을 출발점으로 삼는다. 가치는 이와 같이 이러한 매우 특별하고 제한된 뜻에서 인간 욕구로 '환원될 수' 있다. 그러나 이는, 판단에서는 우리가 다양한 환경에서 가지게 될 수도 있는 일체의 (그리고 개방된) 욕구의 집합에, 그리고 무엇보다도 전적으로 객관적인 욕구만족의 조건과 결과에 관련된다.

가치판단의 객관성에 관한 많은 혼동의 책임은, 가치판단이 사실의 문제에 관한 대부분의 다른 명제에 의해 수행되는 기능과는 적어도 매우 명백하게 다른, 규범적 용도를 갖는다는 데 있다. 이러한 용도는 따라서 어떤 명백한 비인지적 내용을, 가치판단이 때때로 형식화되는 방식인 명령문과 감탄문 양식에 의해 강화되는 해석을, 구성하는 것으로 잘못 추론된다. 그러나 순수 명령문조차도 인지적 내용을 가질 수 있다. 도움에 대한 호소는 우리에게 확실하게, 다른 어떤 것보다도 누군가 어려움이나 위험에 처해 있다는 것을 말하는 것으로서 이해되어야 하며, 이 말은 단조로운 서술문에서처럼 참이거나 거짓일 수 있다. 확실히 이것은, 내가 '도출된 인지적 의미'라고 불러온 어휘들 자체에 속하는 것이 아니라, 그것들이 어떤 상황에서 얘기되느냐의 문제에 속한다. 가치표현은, 그리고 아마도 일부 가치진술과 판단마저도, '나'와 '이것'과 같은 단어를 포함하는 문장을 특징짓는 일종의 반사성 reflexiveness(재귀성)을 갖는다. 그 의미는 부분적으로 누가 그것을 언제 이야기하느냐에 따라 달라진다. 그러나 그것이 적절히 이해될 때, 그것의 참은 단지 그것이 얘기됨으로써만 구성되는 것은 아니다.

수단과 목표

이야기된 것은 통상적으로 그 진술을 목표에 대한 수단의 관계에 관한 것으로 재형식화함으로써 용인된다. 가치는 그것이 본질적으로 높이 평가되는지 아니면 그것이 우리가 높이 평가하는 다른 어떤 것으로 이끄는 것으로 여겨지기 때문에 높이 평가되는지에 따라 내재적inherent 또는 도구적인 것으로 구분할 수도 있다(마치 사랑하는 사람은 애인이 준 조그마한 선물을 가지고도 기뻐하며, 구두쇠가 자신의 금을 보면서 히죽히죽 웃는 것처럼, 단순한 도구성에 의해 발생된 기대가 또한 본원적으로 즐길 수 있는 것이 될 수도 있으나, 본원적 가치를 갖는 것은 어떤 내재적 가치의 습득이다). 많은 명령문은 단지 그것들이 어떤 것은 선상정된 내재적 가치와 관련해 도구적 가치를 갖는다는 것을 암시한다는 뜻에서만 인지적 가치판단을 구현한다. 이들은, 칸트 이래로 가언명령 hypothetical imperatives으로 알려져 있다. "네가 y를 원하면 x를 해라!" 이와 같은 명령문의 "연장된 인지적 의미"로 (단순 서술문의 직접적 인지적 의미와 대조되는 것으로서) 불릴 수도 있는 그 어떤 것이 바로 여기에, 즉 x는 사실상 y로 인도할 것이라는 데 (어떤 비용을 최소화하는 등등의 암묵적 조건에 맞추어) 있다. 그러나 가치판단 그 자체는, 그렇게 주장되는 바, "만약if"은 없고 "너는 ~을 할(또는 ~일) 것이다!Thou shalt!" 또는 "너는 ~을 하지(또는 ~이지) 않을 것이다!Thou shalt not!"만이 있는 정언명령categorical imperatives으로 표현되지 않으면 안 된다. 가언명령은 주어진 목표에 적합한 수단에 관한 믿음을 구현하는 것으로 인정된다. 그러나 정언명령은, 그것에 대해 참이나 거짓이 적용될 수 없는 그러한 태도만을 구현하는 것으로 주장된다.

논점은 순수pure 명령문이 사실적 진술에 근거할 수 없다는 것이다. 어떤 것이 사실적으로 그것에 적합한 수단이라고 판단될 수 있는 목표를 제공하는 데는 반드시 가치 전제value premise가 어떻게든 스며들게 된다는 관점이다. 이에 대해 내가 택하고 있는 입장은 이렇다. 즉, 이와 같은 전제들은 항상 거기에 있고, 오히려 사실을 가치로부터 분리시키는 재구성논리에 의해 몰래 빠져나가게 된다. 정언명령은 사실상 무조건적인 것이 아니며, 좁은 뜻의 사실적 판단에 깔려 있는 실재reality와 논거reason에 관한 선상정에 비교할 수 있는, 가치판단의 선상정으로 봉사하는 그렇게 일반적인 인간 열망과 충족의 조건에 암묵적으로 준거되기도 한다. 정언명령은 선례를 결여하고 있다는 점에서가 아니라, 그것을 선상정하고 있다는 점에서 가언명령과 다르다. 그것은 "네가 y를 원하면 x를 해라!"로 읽는 대신, "네가 y를 원하니 x를 해라!"

로 읽는다. 그 조건은 정확히 그것의 일반적 적용성 때문에 두 번째 경우에 첫 번째 경우에서보다 훨씬 자주 억제된다. 나의 도움 요청은 내가 도움이 필요하다는 것뿐이 아니라, 너는 나를 잘 보조할 수 있을 것이라는 점, 도움은 나에게는 물론 너에게도 좋은 것이라는 점을 시사하는 것이다. 명령문 가운데 가장 정언적인 것은, 신명기 저자의 어휘를 빌리면 다음과 같은 선상정된 목표에 근거하고 있음을 알 수 있다. "내가 생명과 사망, 축복과 저주를 네 앞에 두었다. 그런즉 생명을 택하라!"

사실-가치 이원론의 기본적인 에러는 조만간 모든 가치판단이 틀림없이 어떤 절대적 목표에, 만약ifs과 그러나buts가 없는 무조건적으로 가치가 주어지는 목표에 의존하게 될 것이라는 상정에서 나온다. 사실적 고려는 오직 이와 같은 조건들에만 관계하고, 여기서 풀려나면 우리는 주관성의 바다에서 표류하게 된다. 절대적 가치들이 근거가 없다는 것은 실로 합리성이 이들을 배제한다는 것을 암시한다. 그러나 이들이 모든 가치판단의 근저에 있고, 따라서 모든 가치판단은 객관적일 수 없다는 결론은 단지 쟁점을 회피하는 것일 뿐이다. 쟁점은 본원적 가치가 있느냐의 여부가 아니라 이들 중 어떤 것이 진짜가 아닌 것으로 의미 있게 구분될 수 있느냐 하는 것이다. 그렇게 쟁점이 제시되면, 나로서는 그 해답에 대한 어떤 의문의 제기도 이해하기 어렵다고 고백할 수밖에 없다. 확실히, 우리는 아편 흡입자의 환희를 인정하면서, 동시에 그 환희에 따르는 것이 값어치가 있는 것은 아니라고 주장할 수 있다. 사람이 바로 가늠자the measure이다. 그렇다고 이는 총체적 인간 이하의 어떤 것이 아니며 그가 할 수 있는 모든 것이 도움이 될 것이다. 정확하게 여기에서 판단이 역할을 하게 된다.

듀이는 이 입장을 수단-목표 연속성means-ends continuum으로 알려지게 된 것에 따라 정교화했다. 도구적 가치와 내재적 가치 사이의 구분은 기능적이며 맥락적이다. 모든 목표는 그 이상의 목표를 위한 수단이다. 가치는 도구성으로 봉사하는 어떤 다른 것에 대해 상대적으로 본원적이지만, 그러나 이는 본질적으로 우리를 그 이상의 목표로 인도한다. 적당한 은유로 이러한 지속적인 변화는 '산맥효과mountain-range effect'로 불렸다. 우리는 오직 저 너머에 다른 봉우리를 찾기 위해 어떤 봉우리에 오른다. 우리가 산행을 시작하는 것이 언제든 상관없이, 다른 봉우리들은 저쪽에 그대로 있다. 우리는 본원적 가치의 경험을 우리가 마지막 봉우리 위에 서는 시간까지 연기할 수는 없다. 왜냐하면 마지막 봉우리란 없기 때문이다. 기쁨은 여정 중에 맛보아야 하는 것이지 목적지에서 맛보는 것이 아니다. 마지막 목표는 오직 추상으로서만 정의될 수 있다. 거기에는 항상 무엇인가, 그것이 단지 이제까지 이룬 것을 어떻게 즐겨야 할지를 배우는 것이라 하더라도, 구체적으로 더 해야 할 것이 있다. 인간은 행복을 추구하지 않고, 오직 영국인만이 그렇다고 한 니체의 금언에는 역설과 함께 이에 못지않은 논리적 통찰력이 엿보인다.

더욱이 목표는, 수단평가의 기초를 제공함은 물론 그것이 요구하는 수단에 따라 평가된다. 우리는 우리의 선택을, 우리가 거기서 얻는 내재적 만족은 물론 비용을 기초로 해서 행한다. 그렇게 얘기하는 것은 목적이 또한 수단으로서 평가될 수 있다는 것을 지적하는 또 다른, 그리고 아마도 더욱 확실한 방식이 될 것이다. 왜냐하면 그 비용은 고려되는 비용이 이끌어갈 다른 목표를 제시해주기 때문이다. 베버(135: 26)는 "엄격하게, 그리고 전적으로 경험적인 분석은 그것이 어떤 절대적으로 모호하지 않게 주어진 목표의 실현에 적합한 수단의 문제인 경우에만 해결책을 제공할 수 있다"라고 말했다. 그러나 이러한 배제는 기본적으로 맥락적인 모든 판단의 성격을 간과하고 있다. 모든 맥락에는 문제적이지 않은 어떤 것이 있으나, 이것이 "절대적으로 모호하지 않게 주어진" 것이 있음을 말하지는 않는다. 거기에는 늘 지불되어야 하는 값이 있다. 행위는 자체의 조건과 결과를 가지며, 이들이 이르는 곳은 불가피하게 우리가 목표로서 고려할 수 있는 것이 무엇이든 그 너머

저쪽에 있다. 가치들의 총체가, 마치 우리 지식의 전부가 어떤 특정 가설의 테스트에 걸려 있듯이, 그 가운데 어떤 하나의 평가에 걸려 있다. 적합성은, 그것이 사실에 관한 것이든 아니면 가치에 관한 것이든, 미리 판단될 수 없고 오직 탐구의 과정에서만 확언될 수 있다. 행동과학 정책에의 적용에서 나타나는 가장 통상적인 잘못 가운데 하나는, 목표가 분리될 수 있고 그 자체가 그것과 연결된 다른 목표들에 의한 평가에 종속됨이 없이 수단의 평가에 사용될 수 있다는 상정이다. 이는 지나치게 좁게 인지된 '효율성'의 표준에 개재되는 잘못이다.

가치의 역할

간단히 말해, 가치에 어떤 역할을 허용하는 것이 편향을 강화하는 것은 아니다. 편향을 강화하는 것은 오히려 가치에 경험의 테스트로부터 가치를 차단시키는 역할만을 허용하는 것이다. 가치는 미리 판단될 때 편파적이 된다. 듀이(28: 496)는 이렇게 설명했다. "도덕적 비난과 찬동은 물질적 자료를 획득하고 중요성을 저울질하는 작업에서, 그리고 그것에 의해 자료를 다루기 위한 관념이 만들어지는 작업에서 배제되지 않으면 안 된다는 원칙의 건전성은, 때로는 모든 평가가 배제되지 않으면 안 된다는 관념으로 전환된다. 그러나 이러한 전환은 오직 전적으로 그릇된 관념을 중개로 해서만 이루어진다. 말하자면 이 관념은 문제의 도덕적 비난이나 인정은 평가적이고 이들이 평가의 장 전부를 채운다는 관념이다. 이들이 어떤 논리적인 뜻의 평가에서도 평가적이 아니기 때문에 이 관념은 잘못된 것이다. 이들은 또한 논리적인 뜻에서의 판단에서도 판단이 아니다. 왜냐하면 이들은 반드시 또는 당연히 획득되어야 하는 목표에 대한 선입견에 의존하기 때문이다. 이러한 선입관은 목표를 (결과를) 탐구의 장에서 제외시키고 탐구를 기껏해야 이미 확정된 목적을 실현하기 위한 수단을 발견하는 잘리고 왜곡된 사업으로 환원시킨다."

목표가 탐구에서 제외되어야 하고 따라서 우리 자신의 목표는 고찰할 필요가 없다는 입장은 때로는 이들 목표는 보편적으로 — 즉, "점잖고, 올바르게 생각하는 사람들"에 의해 — 공유되기 때문에 문제가 되지 않는다는 주장에 의해 합리화된다. 이와 같이 방어적 투사기제는 쉽게 정치적으로 강요되는 동조기제로 — 우리 자신의 가치의 다른 사람들에의 부과와 차이의 억압으로 — 바뀐다. 물론 우리 자신의 눈으로는, 우리는 아무것도 부과하지 않고 오직 다른 사람들로 하여금 그들 자신이 원하는 것이 무엇인지, 그리고 어떻게 그것을 달성할지를 깨닫게 도울 뿐이다. 예를 들어, 인종차별주의자들은 '바르게-생각하는' 흑인들은 실제로 분리되기를 원하고 있으며, 이 문제가 '외부 선동가들'에 의해 만들어졌다고 확신하고 있을 수도 있다. 뮈르달(99: 1029)이 관찰한 바와 같이, "가치화 갈등의 존재 자체를 부정하고 싶은 유혹은 강할 것이다. 이는 때로는 그 가운데 사회적 실제에 대한 전적으로 왜곡된 관념을 생산한다. 거기에는 양심의 괴로움을 피하려는 시도로서 가장 적절하게 설명되는 일종의 사회적 무지가 있다".

역설은 '오직' 수단에 관한 이견으로의 가치문제의 형식화가 이미 가치문제에 개재된 모든 쟁점을 야기하고 있다는 것이다. 왜냐하면 수단-목표 연속성의 원칙은 정확히 수단이 그 목표에 의해 결정될 뿐 아니라, 그 목표를 결정하기 때문이다. 같은 목적지로 인도하는 많은 도로는 가치추구를 위해서는 빈약한 모델이다. 내재적 가치는 그것의 도구성을 너머 그리고 그 위에 존재하는 것이 아니라 그것에 의해 구성되는 것이다. 인간생활에서는 그 사이에 모든 것이 발생한다.

위에서 얘기한 것은 가치판단의 경험적 타당화에 현실적 어려움이 있다는 것의 부정을 의미하지는 않는다. 예를 들어, 개인 상호 간 가치를 다루는 문제, 어떤 집단 성원들 사이의 또는 전체 집단들과 나라들 사이의 이해관계의 갈등을 해소하는 데 사용될 수 있는 이익공동체를 실제적으로 추적하는 문제가 남아 있다. 그리고 거기에는 또한, 다양한 가치들 사이의, 비록 그것들이 동일인에게 모두 가치 있는 것으로 여겨지는 경우에서도, 비교성의 문제가 있다. 왜냐하면 가치'체계'에 대해 얘기하는 것은 통상적으로 의례적인 것 이상이 아니기 때문이다. 그것의 통일성은 선행적으로 주어지는 것이 아니라 획득되어야 하는 것이다. 거기에는 항상 우리의 가치들 그 자체의 일관성, 주어진 상황에서 이들의 비교성, 그리고 이들의 응집성 또는 상호 지원의 문제가 있다. 몇몇 가치가 합동되어 고려되지 않으면 안 되는 경우에는 — 우리가 달리 할 수 있는 경우? — 총합summation의 방법보다는 형성체configuration 방법(§24)에 의한 평가는 불가피해 보인다. 그러나 그 근거는 아직도 모호하다. 가치는 바로 그 본성상 과학적 취급에 둔감하지 않다는 입장은 여기서나 어디에서나 심각한 어려움에 당면하게 된다. 그러나 이것이, 내 생각에는 치명적인 거부를 뜻하는 것은 아니다. 어쨌든 나는 감히 가치가, 일반적인 문제와 특정의 문제 둘 모두에서 이제까지 행해진 것과는 비교할 수 없을 정도로 더욱 많은 탐구를 요구하고 있다고 본다.

§45. 행동과학과 정책

정책의 반과학적 측면

행동과학자가, 개인적으로든 사회적으로든 과연 정책의 문제에 직접 관여해야 하느냐는 과학공동체에서 아무런 합의도 이루어지지 않은 문제이다. 한편에서는, 많은 행동과학자들이(행동을 서술하거나 설명하려는 시도에 국한하지 않고) 인간 행동에서 발생하는 문제에 깊이 사로잡혀 있고, 또한 직업적으로, 혼인관계에서 외교문제에 이르기까지 각종 맥락에서, 곤경에 처한 사람들이 어떻게 해야 할지에 관한 문제를 다룬다. 다른 한편, 그와 같은 관심은 완전히 과학적 기업 자체 밖에 놓인 것으로, 그리고 아마도 과학적 기업에 대비되는 것으로까지 간주하는 행동과학자들이 있다. 과학은, 이들이 생각하는 바와 같이 참에 대한 탐색이지 유용성에 대한 탐색은 아니다. 참이 유용한지의 여부는 과학자에게 직업적 관심의 대상이 아니고, 그것이 틀림없이 참인지의 여부만이 관심의 대상이 된다. 그것을 어떻게 사용하느냐는 그가 관여할 바가 아니다. 만일 탐구의 결과가 사용될 수 있는 것으로 기대된다면, 과학자의 노력은 받아들여지고 대가를 받게 된다. 그러나 공리적 목표를 달성하기 위해 탐구에 종사하는 것은 과학적 지능의 매춘과 다름이 없다.

이러한 두 번째 관점은 단순하게 전망, 특별히 과학사 자체에 대한 전망의 결여로서 나를 놀라게 한다. 신사의 심심풀이 여가로서 18세기 과학의 전통조차도 전쟁, 상업, 공업, 농업과 같은 실질적인 이해관계에 놀라운 관심을 보였고, 가장 순수한 과학조차 이와 같은 이해관계에 적지 않은 빚을 지고 있다. '순수'와 '응용'과학의 구분은 사실, 그 논리적 근거가 무엇이든 실질적인 지식의 성장을 이해하는 데 별 도움이 되지 않는다. 캠벨(13: 182)은 "모든 실용적인 문제는, 실로 물질적 효율성은 물론 순수 학문의 진전으로 이끄는 연구 문제가 된다. 확실히 과학의 실질적 진전을 가져온 거의 모든 문제는, 다소나마 직접 친숙한 일상생활의 경험에 의해 시사된 것이었다"라고 지적했다. 역설은 행동과학자가 궁극적으로 물리학의 과학적 입지에 도달하려는 열망 때문에 왕보다도 더한 왕권주의자가 된다는 점이다. 예를 들어 열역학의 처음 두 법칙은 과학적 자료가 나온 지 한참 후에 형식화되었고, "이들은 증기동력steampower 공학에 대한 사회적 격려 때문에 나타나게 되었다"(46:203에서 Cohen). 다른 많은 점에서와 마찬가지로, '순수하게' 남아 있기 위한 결의에서도, 행동과학은 있는 그대로가 아니라 특정 재구성이 묘사하고 있는 바로써, 물리학을 모방하고 있다.

나는 기초연구에서 다른 곳으로 주의를 돌리려는 의도는 조금도 갖고 있지 않다. 내가 말하는 것은 '기초적'의 반대는 '실용적'이라기보다는 '도출적'이나, 또는 이와 유사한 어떤 형용사라는 것이다. 기초연구는 덜 기본적인 문제를 다루는 탐구들보다 더 실용적일 수도 있으며, 이는 반드시 궁극적으로만 그런 것도 아니다. 구체적으로 어떤 실용적 문제의 해결을 지향하고 있는 탐구가 단지 그 이유 때문에 기초연구의 범주에서 제외되는 것은 아니다 (타임머신을 설계하거나, 생명을 합성하기 — 또는 전쟁을 방지하기 — 위한 시도에서 발생하는 기본적인 질문들을 고려해보자). 과학적 관점에서, 실용적 문제의 단점은 주어진 문제의 한정된 맥락이 빼내기가 쉽지 않은 특수 조건들을 포함하기 쉽다는 것과, 순수하게 경험적인 기법들이 어떻게, 그리고 왜 그것들이 성공적인지에 대한 우리의 이해에 상응하는 보탬 없이 문제해결에 성공할 수도 있다는 것이다. 다른 한편, 탐구를 실천에 연결하는 것은 우리의 추상을 위한 닻과, 우리의 가설을 위한 자료 및 테스트를 제공하는 이점을 갖는다. 왜냐하면 행동과학에서 이들은, 예를 들어 일부 사회학자에게서 특징적으로 나타나는 공허한 말장난이나 경제이론의 원룸식self-contained 형식주의의 경향을 없애는 데 특히 대단한 이점을 갖는다. 실용적 문제는, 만일 조사연구가 오직 최선으로 미리 판단된 정책의 정당화를 위해 수행된다면, 이를 한쪽으로 치우치게 할 수도 있다. 그러나 조사연구로부터 실용적인 조건과 결과에 어울리는 자료와 가설을 분리시키려는 결단 역시 단지 편향의 표현일 수도 있다. "과학은 그 결과를 실용적이고 정치적인 유용성에 맞추어 정리하기를 거부하는 전적으로 부정적인 설계로 편향을 더 잘 막을 수는 없다"(99: 1041).

정책의 초과학적 측면

정책 관련 관심이 반anti과학적이라는 관점보다 더 그럴듯한 것은 그것이 어느 정도 초extra과학적이라는 것이다. 이것은, 과학은 똑같이 선하게도 또는 악하게도 사용될 수 있다는 중립적 도구로서 과학의 관념화다. 과학은, 과학적 기업 밖에서 결정되는 목표를 위해서는 수단만을 제공한다. 여기에는 역할수행의 방책이 요청된다. 과학자가 다른 어떤 사람과도 마찬가지로, 과학자로서가 아니라 단지 시민으로서 또는 어떤 다른 사회적 또는 개인적 역할에서 목표의 결정에 관여한다는 것은 누구나 인정한다. 그러나 그 행동이 합리적이고 현실적인 한, 그 구분선은 점점 정밀해지고 이 역할들 가운데 어떤 역할의 실제 수행과도 점점 멀어지게 된다. 왜냐하면 실제로 취해지는 결정은 부정할 수 없이 그 사례의 사실에 대한 고려와 대안적인 행위 과정에서 기대되는 것에 대한 추론을 요구하기 때문이다. 만약 과학적 발견에 전적으로 부적절한 목표가 있다면, 그것은 다음에 무엇을 할지에 대한 결정에서 하나의 역할을 수행하기보다는 '궁극적' 분석으로 퇴각하는 길을 가게 된다. 그리고 실제로, 경우에 따라서는 궁극적으로, 무엇이 행해지는지를 확정하는 것은 일련의 이와 같은 결정들이다. 오직 절대적 목표들만이 탐구를 막는다. 그러나 이들은 오직 최종 행위에만 속한다. 그리고 어떤 사람도, 그의 역할이 무엇이든, 최후의 심판을 하도록 지명되지는 않는다.

　도구와 그것의 사용 사이의 구분은 잘 이루어져 있다. 상황을 문제적으로 만드는 것은 우리에게 맡겨진 도구들의 가능한 사용범위이다. 행해질 수 있는 것이 단 하나인 경우에는 생각할 것이 아무것도 없다. 그러나 문제는 과학의 역할이 이들 행위의 문제를 밝히는 데 한정되고, 그것들을 해결하고 도구들을 창안하지만, 그것들의 사용을 결정하는 아무런 도구성도 제공함이 없이 도구들을 창안하는 것과 아무 관계가 없는지의 여부다. 우리는 과학이 오직 탐구의 산물과 동일시되고 과정과는 동일시되지 않을 경우에 과학의 역할은 그렇게 한정된다고 말할 수 있다. 그 산물은 항상 다양하게 사용할 수 있다. 그러나 이러한 다능성versatility은 따라서 이들 사용의 평가가 탐구 과정 밖에 놓여있다는 것을 뜻하지는 않는다. 새로운 산물은 역으로 사용의 문제를 제기하고 ― 다시, 산맥효과로(§44) ― 계속 추가적인 탐구를 요구할 수도 있다. 그러나 이러한 종류의 무한성endlessness은 목표를 과학의 밖에 두는 것도, 과학을 중립적으로 만드는 것도 아니다. 정치학자가 입법기구의 작용에 대해 아는 것은 다양한 방식으로 ― 어떤 입법을 저지하거나 그것의 통과를 확실하게 하기 위해 ― 사용될 수 있다. 만약 아직도 그가 탐구를 연장해서 거기에 구체적인 의회 개혁의 평가를 포함시킨다면, 그렇게 함으로써 비록 그것이 그를 이전보다 많은 지식을 가진 사려 깊은 시민으로 만들지라도, 이것이 그로 하여금 과학자로서의 역할을 포기하게 하는 것은 전혀 아니다. 그것은 마치 시민이 자기 앞에 놓인 정치적 쟁점들에 관한 성찰에 종사하는 것이 자신의 역할을 포기하는 것이 아닌 것과 똑같다.

시민과 정책입안자 모두에게 보다 깊은 사려가 있다면! 듀이(28: 503)는 부단히, "현재 목표와 정책에 관한 사회적 판단에서 악은 채용되는 가치가 탐구와 그 과정에 따라 결정되지 않는다는 사실에서 발생한다"라고 강조했다. 실로 이러한 과정의 결과는 점점 주목의 대상이 되고 있다. 과학적 연구의 의뢰는 산업, 정부, 군부에서 표준 작업절차가 되었다. 시장조사에서부터 작동조사에 이르기까지, 완전히 새로운 분야가 솟아났다. 그러나 중립적 도구이론에서 명백히 구분되는 역할들이 실제적인 결정에서는 뒤죽박죽이 된다. 과학적 발견들은 그것들이 선입관념 또는 내부 권력투쟁에 의해 미리 확정된 정책들과 갈등할 경우 무시되고, 이러한 배제는 무엇보다도 결정은 활동가에 의해 만들어져야 한다는 공식에 따라 지혜로서 합리화된다. 다른 한편, 전문상담가는 자주, 문제의 형식화에서 또는 문제의 해법에 기본적인 암묵적 가정에서 어떤 정책들을 선상정하는, 가상적 결정virtual decision을 하며, 과학자로서 그는 무엇보다도 다른 사람들이 해야 할 결정을 위한 기초를 제 공할 뿐이라는 공식에 따라 이러한 개입은 존재하지 않는 것으로 합리화된 다. 이와 같이 정책입안자는 그 조건이나 결과에 대한 과학적 평가 없이 목 표들을 마음대로 추구하는 반면, 과학자는 상응하는 책임감 없이, 실로 '과학 자로서' 책임지기를 거부하면서 권력을 행사한다. 너무나 자주 행동과학자 들은 스스로를, 특히 의사가 자신의 환자에게 "당신이 바로 의사입니다!"라 고 말하는 입장을 택하는 방식으로 자신의 역할을 한정시키려 한다.

정책의 비과학적 측면

과학의 정치로부터의 결별에 관해서는 제3의 주장이 있다. 이 주장은 정책적 지침이, 그것이 반과학적 또는 초과학적이냐의 여부에 관계없이, 비과학적 이라는 입장을 옹호한다. 그것은 우리가 다른 정책이 아닌 어떤 정책의 채택 을 위한 과학적으로 타당한 기반을 제공하는 데 필요한 충분한 지식이나 충 분한 확신을 결코 가지지 못하고 있기 때문에 비과학적이다. 나는 이러한 관 점이 매우 이해할 만하다고 생각하며 이에 공감한다. 인간 행동에 관해 우리 가 실제로 안다고 확신하는 것은 우리가 마주하고 있는 문제의 크기와 복잡 성에 비하면 비참할 정도로 적다. 더 많은 연구가 필요하다는 것은 부정할 수 없으며, 밖에서는 물론 과학적 기업 안에서의 고집불통, 독단주의자, 교조 주의자에 대항하기 위해서 이는 다시 그리고 또다시 반복해서 주창되지 않 으면 안 된다. 나는 이러한 주장의 전제를 가지고는 다툴 일이 없다. 그렇다 고 나는 이 주장을 끝까지 따라갈 수도 없다.

　왜냐하면 무엇보다도 그 전제가 확실히 지나치기 때문이다. 더 많은 연 구는, 적어도 특정한 구체적 상황의 특수 경우들에 대한 연구는 항상 필요하다. 뉴턴의 역학과 같이 연구를 인도하는 완전하고 완벽한 체계를 가진 경우에도, 공학은 단순히 이미 충분한 지식의 기계적인 적용이 아니라 지속적으로 앞으로의 탐구를 요구한다. 또한 그 연구는 추가적인 자료를 확보하는 데 제한되지도 않는다. 공학적 문제에 대한 근사적이고 확률적인 해결은 예외라기보다는 법칙이다. 용어 '사회공학social engineering'은 사람을 사회적 목표의 달성을 위한 물질과 수단으로만 취급한다는 혐오스러운 내포를 가진다. 이러한 내포에서 풀려나면, 이 용어는 사회문제를 단순한 경험적인 노하우know-how는 물론 이론적 지식을 기반으로 해서 취급하려는 시도를 가리킬 수도 있다. 이러한 취급을 위해 필요한 요구는 우리는 모든 것을 알고 있다는 것이 아니라, 단지 우리가 적합한 어떤 것을 알고 있다는 것이다. 과학적 접근은 우리가 '충분히' 알게 되는 마법의 순간에 갑자기 나타나는 것이 아니다. 그러한 순간은 결코 오지 않는다. 그러한 순간을 기다리는 것은 내가 '서열적 오류ordinal fallacy'라고 부른 어떤 것을 이룬다. 먼저 이것, 다음에 저것. 먼저 나는 권력을 얻을 것이고, 그런 다음에 공공의 선을 위해 그것을 사용할 것이다. 먼저 나는 매체에 숙달할 것이고, 그런 다음에 무언가 중요한 것을 말할 것이다. 먼저 나는 부를 추구할 것이고, 그런 다음 이를 행복의 추구에 사용할 것이다. 그리고 정치나 예술, 도덕에서와 마찬가지로 여기에서도 그렇다. 먼저 나는 지식을 얻을 것이고, 그런 다음 이를 건전한 정책의 기초로서 사용할 것이다. 그러나 그것이 인간의 결점에 기인하든 아니면 인간 조건에 기인하든, 우리는 바로 처음부터 우리가 열망하는 대로 행하거나, 아니면 우리 스스로 전혀 아무것도 하지 못한다는 것을 감수하지 않으면 안 된다.

확실하게 명백한 점은 해야 할 결정을 기다릴 수 없다는 것이다. 잘 정립된 포괄적인 행동과학을 위해 예측할 수 있는 미래를 벗어나 기다릴 시간을 찾는 것은 말할 것도 없고, 우리가 이미 수행할 입장에 있는 탐구를 위해서조차 시간을 발견하기란 그렇게 쉽지 않다. 우리는 — 만약 우리가 모든 변이의 분석을 중지한다면 행마는 우리에게 유리할 것이며, 그 결과에 대해 극도로 무관심한 특징을 가진—번개 장기를 두고 있다. 그러나 우리는 그렇기 때문에 전적으로 아무 생각 없이 놀이를 할 필요는 없다. 요점은, 그 단점이 무엇이든, 우리가 가지고 있거나 얻을 수 있는 지식을 사용함으로써, 우리가 이를 통째로 젖혀두는 것보다 더 잘할 수 있다는 것이다. 정책 형성을, 순수하게 경칭으로서가 아니라 실질적인 뜻에서, 과학적으로 만드는 것은 다른 어떤 믿음의 경우에서와 마찬가지로 본질적인 것이라기보다는 절차적인 것이다. 결정적인 것은 내용이 아니고, 그것에 의해 내용에 도달하는 절차이다. 여기에 상응하는 것은 흥미롭게도 현대(요즘의) 철학의 의무의 포기나, 그렇게 말하는 것이 미안하지만, 때로는 겸양을 가장한 비겁에 의해 동기화된 포기이다. 현대철학은 옛 지혜에 대한 자부심을 버리기에 너무 열중해서 지혜의 추구 또한 포기하게 되었고, 그 결과 지혜의 추구를 저널리즘, 정신분석학, 핵물리학에 넘겨주었다. 행동과학자는 과학이 정책에서 떠날 때, 그 결과가 과학이 '자유롭게 풀리는 것'뿐이 아니라 따라서 정책 역시—전통, 편견 및 다수의 힘에 따라 결정되도록 맡겨진다는 것을 말하는—그 자체의 책략에 내던져지게 된다는 것을 잘 기억해야 한다.

내가 말하는 것은, 옛날에 과학이 신학에 종속되었던 것처럼 행동과학이 정책의 시녀가 되고 있음을 주장하는 것과는 거리가 멀다. 과학은 교회, 군대, 국가, 또는 그 어떤 것에게든 자유를 잃을 때 피할 수 없이 고통을 겪는다. 나는 내가 시작했을 때처럼, 탐구의 자율성의 원칙에 대한 충성으로 끝을 맺는다. 그러나 정책의 이해관계에 대한 관심은 필수적으로 그것에 대한 종속을 표현하는 것은 아니며, 참말로 독자적인 사고를 요구하는 것이다. 라스웰이 그렇게 부른 바와 같이, '조정적 입장the manipulative standpoint'은 '명상적 입장contemplative standpoint'과 구분될 수 있다. 그러나 그렇기 때문에 이 두 입장은 대립적인 것은 아니다. 행동과학의 다양한 분파들을 '정책과학'으로 규정함에서 라스웰은, 실로 탐구결과를 정책 형성의 욕구에 연계시키려는 이들 분파의 지향을 충분히 명시하고 있다. 그것은 — 단지 사회를 위해서만이 아니라, 때로는 과학을 위해서도 마찬가지로 — 결과에 의의를 부여하는 것이 바로 이러한 지향이기 때문이다.

계획수립

행동과학의 정책에의 적용은 가장 자기-의식적이고, 의도적이며, 계획수립을 통해 명시적이 된다. 이는 여러 결정을 촉진시키고, 그것들을 더 현실적으로, 그리고 합리적으로 만드는 사업으로 정의될 수도 있다. 선택이 더 명백해짐에 따라 결정은 촉진되고, 대안들은 더 구체적이고 특정적으로 구분되어 간다. 결정은 거기에 개입하는 가치가 사실과 대립하면서 더 현실적이 되며, 이상은 구체적인 목적으로 전환된다. 결정은 가치가 다른 가치와 대립하면서, 그리고 라이헨바흐가 명명한 '필수 수반된 결정entailed decisions'이 고려의 대상이 되면서 더 현실적이 된다. 이와 같이, 계획a plan은 서로 일관된 것으로서, 그 사례에 관한 사실에 근거한 것으로 제시되는, 그리고 주어진 목적들의 달성을 이끌 것으로 기대되는 어떤 행위들의 순차에 의해 특정화되는 목적들의 형성체다. 계획수립planning은, 특히 목표와 수단을 연대적으로 확정하는 기능을 갖는다. 이러한 교호적인 확정이 없이는, 행위는 그 자체를 너머서는 아무 의미도 갖지 못하는 제한된 목적물을 향하게 된다. 반면 현실 세계에 매달리지 않고서는 열망은 환상에 빠져들게 된다.

그러나 계획수립은 그 자체의 한계를 지닌다. 과학은 정책을 위한 모든 일을 할 수는 없다. 우리 행위의 상당 부분은 중요한 문제의 경우조차 필수적으로 계획되지는 않는다. 어떤 결정의 긴박성이 잘 설계되고 조심스럽게 시행되는 연구를 막을 수도 있다. 그러나 만약 우리가 당면하고 있는 지나치게 많은 결정이 이렇게 긴박한 것이라면, 이는 그 자체가 계획수립 과정 어디에선가의 실패의 표시일 수도 있다. 우리는 — 마치 백만장자가 그렇게 하기를 즐기듯이 — 결코 발생하지 않을 수도 있는, 그러나 일단 발생하면 갑작스럽고 긴박한 돌발 상황에 여유를 가지고 준비할 수 있다. 다시, 행위는 그것이 당면하는 문제가 너무 복잡하고 그 자료가 — 주어진 지식의 상태에서 — 분석 없는 경험의 판단 이외의 어떤 것에도 적합하지 않을 정도로 너무 미묘하고 포착하기 어렵기 때문에 계획되지 못할 수도 있다. 그렇지만 경력이나 결혼 배우자의 선택과 같은 경우에도 행동과학이 거기에 방법과 자재를 제공하는 카운슬링에서 거꾸로 도움을 얻을 수 있다. 특별히 중요한 어려움은 결정들이 때로는 이와 같이 분리될 수 없고, 따라서 결정 과정에서 계획수립의 개입 시점을 알리는 국면이 전혀 뚜렷하게 식별되지 않는다는 점이다. 예를 들어 사법적 기능이 입법적인 것과 연속적인 것과 마찬가지로, 행정은 단순한 정책의 실시가 아니다. 판사는 법을 해석하는 과정에서 법을 만드는 데 참여한다. 더욱이 가상적virtual 결정은 그것을 명확하게 만들 수 있으며, 근거가 명백해짐에 따라 이는 탐구에 종속될 수도 있다.

계획수립은 기대하지 못한 사건의 발생으로 더욱 제한된다. 다른 사람들에 의해 만들어지는 선택, 우리 자신의 행위의 예측하지 못한 결과, 신의 동작들 — 무작위적 또는 우연적 요소들 — 행동과학의 정책에 대한 관계의 모델로는 컴퓨터 프로그램과 그것을 수행하는 계산의 관계보다는 오히려 경기 이전의 전략과 실제 경기 수행의 관계에 관한 것이 훨씬 더 적절하다. 정책과학이 사회적 행위의 프로그램화를 열망하는 것으로 생각할 필요는 없다. 이는 오직 사회적 행위가 더 알려지고, 현실적·합리적으로 — 한마디로, 더 효과적으로 — 만들어지기를 열망할 뿐이다. 예측하지 못한 사건이 일어날 것이라는 것은 — 예를 들어, 보험에 드는 것은 — 그 자체가 예측되고 우리의 계획에서 고려되는 것임에 틀림없다. 이러한 종류의 — 기대하지 못하는 것으로 기대되는 — 사건들은 어떤 명칭을 갖기에 충분할 정도로 중요하다. 나는 아가손적Agathonic이라는 어휘를 제안한다. 아가손은 (아리스토텔레스가 어디에서인가 인용하고 있는 바와 같이) 참말 같지 않은 일이 일어날 것이라고 말하고 있다. 우연적 사건은 통계적 법칙 아래에 포섭되면서 아가손적이 되며, 그것 — 예로서, 게임이론이 '혼합전략들mixed strategies'이라고 부른 것의 적용 — 으로 합리적 결정의 범위 안으로 들어오게 된다.

계획수립은 또한, 사방으로 우리의 하찮은 자유로운 선택의 지역을 둘러싸고 있는, 통제불능의 영역에 의해 한정된다. 전도서는 누구도 바람을 좌지우지할 수 있는 힘을 가지고 있지 않다고 말한다. 행동과학이 새로운 가능성을 여는 데서와 마찬가지로, 채택되고 인정되어야만 하는 제약들을 지적하는 데서도 정책에 유용할 수 있다. 그리고 계획수립은 또한 추구하는 목표에 의해 부과되는 본원적 제한들에 종속된다. 이들은 사전 사고와 숙고를 막는 것이 될 수도 있다. 우리는 '자연발생적 시위'를 조직할 수도 없고, 사람들을 자유롭도록 강제할 수도 없다. 그러나 행동과학이 의미 있는 공헌을 할 수도 있는, 중요한 일종의 간접 계획수립 — 다른 것들이 스스로 계획하도록 돕거나 비계획적이나 합리적인 결정에 도달하게 하기 위한 계획수립 — 이 있다. 상황논리에 관한 한 비지시적인 요법은 다른 어떤 것과 마찬가지로 과학적일 수 있다. 그리고 주어진 경우에 결정자에게 과학자가 갈 수 없는 저 너머에 있는 어떤 명백한 대안을 제공하는 것은 근거가 형편없는 어떤 또는 다른 대안적 제안을 제공하는 것보다 큰 봉사가 될 수도 있다.

과학주의

내가 얘기해온 모든 것에서, 나는 과학주의scientism의, 즉 우리의 가치와 관련해 과학의 지위와 기능 모두에 치명적인 과장의 위험을 피하기를 열망했다.

18세기의 철학인들Philosophes과 19세기의 실증주의자들은. "사랑은 모두를 정복한다"라는 정신에서, 과학이 모든 것을 이룰 것이라고 공포했다. 20세기에는 과학주의가 특별히 과학적 방법의, 그것의 사용이 과학적 명망에 필요하고도 충분한 조건이 된, 특정 과학적 기법과의 혼동을 통해서 자신의 모습을 공개적으로 드러낸다. 정책은 차트와 도표, 수식과 컴퓨터의 도움으로 형식화되어야만 한다. 계량할 수 없는 것들을 중요한 가치의 로커스로 인정하는 것은 비과학적으로 그리고 모호주의로까지 여기게 되었다. 여기에는 도구의 법칙뿐이 아니라, 기호의 마법에 대한 신뢰가 작동하고 있으며, 아마도 유치한 전능의 망상의 흔적까지 나타나고 있다. 우리가 아는 것이 얼마나 미미한지, 그리고 우리가 아는 것으로 우리가 할 수 있는 것이 얼마나 미미한지를 인정하는 것이 더 성숙한 전망이다. 행동과학의 진보는 좋은 판단을 소모성으로 만들지 않고, 오히려 이미 낭비한 것보다 더 중요한 임무를 위해 그것을 아낌으로써 이루어진다. 그러나 내가 열심히 노력해온 바와 같이, 가치에 대한 과학의 약속과 지혜에 대한 필사적인 욕구 — 왜 완곡하게 표현하는가? — 둘 모두를 고집스럽게 역설하기는 매우 어렵다.

§46. 행동과학의 미래

많은 행동과학자가, 내가 보기에는 방법론을 구원의 원천으로 바라본다. 그들의 기대는, 만약 그들이 기꺼이 순종적이기만 하다면 그들의 죄가 주홍빛과 같다 할지라도 그들은 눈과 같이 희게 될 것이라는 것이다. 방법론은 오직 특정 탐구의 과정에서 특수한 방법론적 난제가 발생할 때에만 관심의 대상이 되는 것이 아니다. 이는 모든 것을 포괄하는 것으로, 고난으로 점철된 탐구자가 거기서 새로운 생명으로 다시 태어나기를 희망할 수 있는 믿음이다. 만약 이와 같은 환상을 가지고 있다면, 내 목적은 이를 깨우치는 것이다. 이러한 점에서 의례의 연출은 아무것도 변화시키지 못하고, 방법론적 교훈은 도덕적 충고가 보통 그런 것과 같이 비효율적이기 쉽다. 숙달해야 할 기법들이 틀림없이 있으며, 그것들의 자원성과 한계는 철저하게 조사해야 한다. 그러나 이들 기법은 주제에 따라, 또는 문제의 다름에 따라 특정화되며, 그 사용을 관장하는 규범은 방법론의 일반 원리가 아니라 적용의 맥락에서 나온다. 필사적으로 과학적 지위를 추구하는 행동과학자들 가운데는, 만약 그들이 바르게 행하기만 한다면 무엇을 행하는지에 대해서는 별로 신경을 쓸 것이 없다는 인상을 주는 사람들이 있다. 본질이 형식에게 길을 내어주는 것이다. 그리고 여기서 악순환이 발생한다. 결과가 공허한 것으로 보일 때, 이는 무엇보다도 더 나은 방법론에 대한 필요를 지적하는 것으로 받아들여진다. 행동과학자의 작업은, 만일 그가 그렇게 열심히 과학적이 되려고 하지만 않는다면 방법론적으로 훨씬 더 건전하게 될 것이다!

어떠한 경우에도, 방법론이 가진 규범적 힘이 무엇이든 그것은 과학적 실행 그 자체에서 도출된다. 과학사에 대한 연구가, 다양한 학문 분야와 문제 상황에서 추상적 과학논리에 대한 선입견보다 탐구의 실행에 훨씬 더 큰 보상을 제공할 개연성이 있다. 방법론은 일하고 있는 과학자를 좌지우지할 수 없으며, 그가 어떻게 다른 탐구들이 효과적으로 실행되었는지를 이해하도록 도울 수 있을 뿐이다. 특히 내가 보기에는, 과학자에게 우리 자신이 선호하는 재구성논리에 대한 동조를 요구하는 것은 그에게 거의 아무 도움도 되지 못한다. 나는 모든 학문 분야의 주변에는 전혀 규율 되지 않은 정신의 표시인 어떤 관념체계들이 있다는 것과, 행동과학이 특별히 유일하게는 아닐지라도, 이와 같은 어리석음에 빠져 있다는 것을 부정하지 않는다. 그러나 명백한 범죄자에게 강압적으로 말하는 것과 경찰국가를 만드는 것은 완전히 별개의 문제다. 나는, 정직한 시민은 비록 우리가 그의 생활방식에 찬동하지 않을지라도 자기의 일에 간섭을 받지 않을 권리가 있음을 변호한다.

바로 '행동과학'이라는 이 호칭은 내 스스로 내가 그것에서 벗어나기를 바라는 제한적인 내포를 가지고 있다. 이는 오직 동작의 연구만이 과학적으로 용인될 수 있다는 것과, 해석을 요구하는 행위를 다루는 것은 이미 자료의 한계를 넘어선다는 것을 시사한다. '행동과학'이라는 호칭이 가지는 내포는 또한 철면피인 도구나 고급 수학, 또는 선호하기로는 둘 모두가 개재된 기법들의 사용에 대한 고집이다. 그리고 철학적으로 모턴 화이트Morton White가 '헙, 둘, 셋hup, two, three' 학파라고 부른, 어디엔가 도달하려는, 드디어 인간의 연구를 과학적으로 만들려는 결심이다. 이러한 모든 내포는 과학이 아니라 과학주의에 속하며, 나에게는 과학이 과학주의의 장식품이라는 것이 실로 안타깝다. 내가 이 '행동과학'이라는 호칭을 사용해온 것은, 그것이 과학적 풍미를 지녔지만, 정신과 방법에서 물리 및 생물 과학과의 연속성을 강조하기 위해서였고, 또한 '사회과학'과 같은 용어가 심리학을 제외하는 것으로 생각될 수 있기 때문이었다. 한편 '인간과학'이라는 용어는 학습과 같은 적절한 동물적 행동을 대상에서 제외시키지만, 이 용어는 가령 형질인류학자가 관심을 가지는 것보다도 훨씬 더 인간생물학을 수용하는 것처럼 보인다. 그러나 물론, 이 호칭을 사용하는 주된 이유는 이것의 용법이 잘 확립되어가고 있다는 것이다. 그리고 바꾸어야 하는 것은 어휘가 아니기 때문이다.

나는 이제까지 과학적 기업을 영위하는 인지양식과 이해관계에는 매우 큰 다양성이 있다는 것과, 그것이 주어진 재구성된 과학논리보다 덜 중요한 경우에조차, 이들 가운데 어느 것이든 추구할 수 있는 방법론적 자유를 강조하려고 노력해왔다. 과학자들 중에는 실험실은 물론이고, 주로 도서실이나 진료실에서 일하는 과학자들도 있다. 일반 과학자가 있는가 하면 전문가가 있고, 종합하는 사람과 분석가도 있다. 체계형성가와 도구개량자도 있다. 이론가와 경험주의자도 있다. 돌파를 위해 캐고 파헤치는 사람과 청소 작업에 종사하는 사람이 있다. 과학이 이들 가운데 아무것도 제외시키지 않는다는 것은 정의의 문제가 아니라 평범한 사실의 문제이다. 그리고 절대로 어떤 것도 방법론의 이름으로 철학적 방관자에 의해 제외되어서는 안 된다. 나는 과학의 영역이 (과학 자체에서 인간주의적 가치와는 분명히 별도로) 인문학의 영역으로 점점 변해가고 있다고 주장하는 데까지 나아가고 싶다. 많은 역사와, 스테픈스와 애덤스의 것과 같은 많은 자서전, 에릭 에릭슨Erik Erikson이 마르틴 루터Martin Luther에 관해 쓴 것과 같은 여러 전기, 그리고 다른 수많은 연구는 그 처리에서 문학적이며 과학적이고, 이들은 하나의 동일한 실체substance에 대한 두 가지 전망이지 문학적 형식으로 제시된 과학적 내용이 아니다. 행동과학은 문학과 공통적인 만큼 문학평론과도 공통성을 가지고 있다고까지 할 수 있다. 이는 인간의 행동에 대한 이해와 평가를 시작하고, 그것에 빛을 비추고 그 숨겨진 의미를 드러낸다. 행동과학자는 그의 목표 달성을 위한 방식을 비평가와 공유하기도 한다. 방법론은, 간단히 말해 과학자에게 오직 비지시적 요법만을 제공한다. 그 의도는 그를 자신의 스타일대로 살도록 돕는 데 있지, 그를 치료사의 영상에 따라 주조하는 데 있지 않다.

내가 강조하고자 한 것은, 방어적 결사나 배제의 책략을 필요로 하지 않는, 외관에 대한 관용성catholicity이다. 양식뿐 아니라 관심, 문제, 그리고 접근도 광범하다. 행동과학이 여러 학파로 나뉘어 있다는 것은 반드시 과학적 미숙성의 증표는 아니다. 미성년자는 옷과 마찬가지로 다양한 인성을 입어본다. 그러나 성숙한 인성도 그것의 다중성 때문에 ─ 만약 그것이 서로 적대적인 자아들의 집합이 아니라면 ─ 더욱 풍부해진다. 학파들의 구분에서와 같이 학문 분야들 사이의 구분에서도 위험은 마찬가지다. 학파는 여하간 그 자신의 방법을 전체 문제에 적용할 것이다. 그러나 학문 분야는 이전에 주어진 분업에 맞춰 문제들을 파편화한다. 이와 같은 파편화의 위험이 널리 인정되고 있다는 것은 우리 시대에 학문 간 공동연구의 격증으로 표시된다. 그러나 필요한 것은 단지 하나의 예산으로가 아니라 하나의 마음으로 통합하는 것이다. 이러한 요구를 현실적으로 받아들이기 시작한 새로운 세대의 행동과학자들이 나타나고 있으며, 나는 미래가 그들의 것이라고 믿는다. 그들은, 이전 시대의 박학다식한 사람들처럼 여러 구체적인 분야를 섭렵하는 만능인generalist이 아니라, 특정 문제에 그것이 무엇이든 그 문제와 관련되어 있는 학문들로부터 완전히 재래의 행동과학 분야 밖에 놓여 있는 — 공학, 신경학 및 공공행정학과 같은 — 학문들에서까지, 도출된 특정 자료와 기법을 도입할 수 있는 사람들이다.

행동과학에는 다양한 이론과 모델, 측정척도와 개념적 틀을 수용할 여지가 — 확실히 필요가 — 있다. 그렇다고 필요가 가장 정밀하게 형식화된 것들에 한정되지는 않는다. 나는 결실을 맺는 관념의 특징으로 모호성에 대한 관용, 개방성의 인정을 주장해왔다. 코넌트(22: 134)는 "과학에서 안타는 통상적으로 질 나쁜 변화구에서 만들어진다"라고 말했다. 여기에 말하는 것은 단지 뜻밖의 횡재, 즉 우연적인 발견serendipity이 아니다. 뒤돌아보면 과학자들은 매우 자주 — 우리 자신의 더 엄격한 방법론적 원칙에 따르면 — 그들이 의당 주장할 수 있는 것보다 더 나은 성공을 거두는 것처럼 보인다. 만약 사악한 사람이 번성하는 것 같다면, 이는 반드시 신의 잘못은 아니며, 아마도 우리 자신의 도덕적 지각의 실패 때문일 수도 있다. 무엇보다도 그들은 그렇게 사악하지 않을 수도 있다.

그렇다고 해도 나는, 말하자면 도덕적 이완을 용납하고 싶지는 않다. 수학적 진전은 나에게는 행동과학에, 특별히 그렇게 오랫동안 '본원적으로' 불가능한 것으로 생각되었던 사물의 정밀한 처리를 가능하게 하는 데서, 커다란 약속을 제공하는 것 같이 보인다. 나는, 그것이 허술한 사고를 덮기 위한 것이 아닌 경우에조차, 신조에 입각한 고의적인 애매성에는 공감하지 않는다. 우리가 인간 행동에 대해 말하는 것은, 우리 주제의 풍부성을 반영하기 위해서는, 애매할 수밖에 없다는 주장은 서술과 설명 둘 모두의 본성을, 그것들이 실재를 그리는 것인 양, 그 중 서술은 나타나는 겉모습인 양 그리고 설명은 겉모습 밑에 있는 것인 양 오도한다. 나는 대신 도구적인 접근, 즉 항상 과학적 구조의 탐구에서의 기능을 묻는 방식을 택해왔다. 따라서 나는 과학을, 단지 산물로서가 아니라 과정으로 간주해왔다. 과학자에게 던져지는 질문은 어떻게 거기에 도달하느냐가 아니라, 어떻게 계속해 나아가느냐라는 것이다. 이런저런 과학철학이 마음에 설정하고 있는 궁극적 목표지점은 탐구를 앞으로 계속 진행시키고자 하는 목적으로 대치된다. 개방성이 중요한 것은 이러한 관점에서다. 조지프 투스먼Joseph Tussman이 언제인가 언급한 바와 같이, 그것은 항상 점수를 알고 있지만 경기를 한 번도 해본 일이 없는 사람들의 전망을 넓히기 위해서다.

가치들까지도, 내가 보기에는 만약 그것들이 명백하고 경험적으로 근거하게 된다면 탐구에서 기능을 가진다. 그러나 행동과학은 바로 이 지점에서 가장 뚜렷한 적대감에 직면하게 된다. 행동과학을, 무력통치the rule of force에 새로운 차원의 세뇌와 공작된 동의를 보탬으로서, 인간조작을 가능하게 만드는 것으로 혐오하고 두려워하는 사람들이 많다. 내 생각에, 지식이 힘이고 정신을 지배하는 힘은 원자폭탄을 지배하는 힘보다도 우리를 더 큰 문제와 위험에 처하게 할 수도 있다는 말은 옳다. 나는 "사회과학에 그의 의지에 반해서 개인을 조종할 수 있는 능력을 가진 것은 아무것도 없다"(82: 30)라는 데는 동의할 수 없다. 그러나 우리를 위험에 처하게 하는 지식은 마찬가지로 우리에게 기회를 제공한다. 우리는 스스로를 파멸시키기에 충분할 정도로 배울 수도, 아니면 아마도 이미 알고 있을 수도 있다. 그러나 만일 우리가 지식에 등을 돌리고 위험을 피할 기회를 포기한다면, 우리는 이미 죽은 것이나 다름없다. 참과 선이 항상 손을 맞잡고 간다는 보장은 없다. 그러나 이 둘 모두에 손을 내미는 것이 성숙한 인간의 모습이다.

참고문헌

1. Abel, T. 1948. "The Operation Called 'Verstehen'". *American Journal of Sociology* 54, pp. 211~218.

2. Ackoff, R. L. 1953. *The Design of Social Research*. Chicago.

3. Alexander, F. and H. Ross(eds.). 1953. *Twenty Years of Psychoanalysis*. N.Y.

4. Arrow, K. J. 1951. *Social Choice and Individual Values*. N.Y.

5. Ayer, A. J. 1946. *Language, Truth, and Logic*. London.

6. Beckner, M. 1959. The Biological Way of Thought. N.Y.

7. Bergmann, G. 1957. *Philosophy of Science*. Madison.

8. _____ and K. W. Spence. 1944. "The Logic of Psychophysical Measurement", *Psychological Review* 51.

9. Braithwaite, R. B. 1956. *Scientific Explanation*. Cambridge(Eng.).

10. Bridgman, P. W. 1928. *The Logic of Modern Physics*. N.Y.

11. Burtt, E. A. 1951. *Metaphysical Foundations of Modern Physical Science*. N.Y.

12. Campbell, N. 1928. *Measurement and Calculation*. N.Y.

13. _____. 1952. *What is Science?* N.Y.

14. Carnap, R. 1934. *The Unity of Science*. London.

15. _____. 1936. "Testability and Meaning", *Philosophy of Science* 3 pp. 419~471

16. _____. 1950. *Logical Foundations of Probability*. Chicago.

17. Cartwright, D. and F. Harary. 1965. *Theory of Direct Graphs*. N.Y.

18. Chernoff, H., and L. E. Moses. 1959. *Elementary Decision Theory*. N.Y.

19. Churchman, C. W. 1948. *Theory of Experimental Inference*. N.Y.

20. Colby, K. M. 1960. *An Introduction to Psychoanalytic Research*. N.Y.

21. Collingwood, R. C. 1946. *The Idea of History.* Oxford.

22. Conant, J. B. 1953. *Modern Science and Modern Man.* Garden City(N.Y.).

23. Coombs, C. H. 1952. "A Theory of Psychological Scaling", *University of Michigan Engineering Research Bulletin*, No. 34.

24. ____. 1964. Theory of Data. N.Y.

25. Copi, I. M. 1954. *Introduction to Logic.* N.Y.

26. Craig, W.: "Replacement of Auxiliary Expressions", Philosophical Review 65 (1956) 38-55.

27. Danto, A. and S. Morgenbesser(eds.). 1960. Philosophy 6of Science. N.Y.

28. Dewey, J. 1939. *Logic, the Theory of Inquiry.* N.Y.

29. ____. 1939. "Theory of Valuation," *International Encyclopedia of Unified Science*, Vol. II. Chicago.

30. Duhem, P. 1954. *The Aim and Structure of Physical Theory*, Princeton.

31. Durkheim, E. 1950. *The Rules of Sociological Method.* Glencoe.

32. Eddington, A. S. 1928. *The Nature of the Physical World.* Cambridge(Eng.).

33. Edel, A. 1953. "Some Relations of Philosophy and Anthropology," *American Anthropologist* 55, pp. 649~660.

34. Edwards, A. L. 1954. *Statistical Methods for the Behavioral Sciences.* N.Y.

35. Einstein, A. 1934. *Essays in Science.* N.Y.

36. Ellis, A. 1950. "Principles of Scientific Psychoanalysis", *Genetic Psychology Monographs* 41, pp. 147~212.

37. Feigl, H. and W. Sellars(eds.). 1949. *Readings in Philosophical Analysis.* N.Y.

38. ____ and M. Brodbeck(eds.). 1953. *Reading in the Philosophy of Science.* N.Y.

39. ____ and M. Scriven(eds.). 1956. "The Foundations of Science and the Concepts of Psychology and Psychoanalysis," *Minnesota Studies in the Philosophy of Science*, Vol. I. Minneapolis.

40. ____, ____ and G. Maxwell(eds.). 1958. "Concepts, Theories, and the Mind-Body Problem," *Minnesota Studies in the Philosophy of Science*, Vol. II. Minneapolis.

41. ____ and G. Maxwell(eds.). 1962. "Scientific Explanation, Space, and Time",

Minnesota Studies in the Philosophy of Science, Vol. III. Minneapolis.

42. ___ and ___. 1961. *Current Issues in the Philosophy of Science.* N.Y.

42A. Festinger, Leon, and Daniel Katz. 1953. *Research Methods in the Behavioral Sciences.* N.Y.

43. Fisher, R. A. 1953. *The Design of Experiments.* N.Y.

44. Frank, P. 1949. *Modern Science and Its Philosophy.* Cambridge(Mass.).

45. ___1957. *Philosophy of Science.* Englewood Cliffs(N.J.).

46. ___(ed.). 1961. *The Validation of Scientific Theories.* N.Y.

47. Frankel, C. 1957. "Philosophy and History," *Political Science Quarterly* 72, pp. 350~369.

48. Frenkel-Brunswik, E. 1954. "Psychoanalysis and the Unity of Science," *Proceeding of the American Academy of Arts and Sciences* 80 pp. 271~350.

49. Freudenthal, H.(ed.). 1961, The *Concept and the Role of the Model in Mathematics and the Natural and Social Sciences.* Dordrecht(Holland).

50. Gardiner, P. 1952. *The Nature of Historical Explanation.* Oxford.

51. Gibson, Q. 1960. The Logic of Social Enquiry. London.

52. Goodman, N. 1955. *Fact, Fiction, and Forecast.* Cambridge(Mass.).

53. Gross, L.(ed.). 1959. *Symposium on Sociological Theory, Evanston*(Ill.).

54. Hanson, N. R. 1958. *Patterns of Discovery.* Cambridge(Eng.),.

55. Hartmann, H., E. 1953. Kris, and R. M. Loewenstein: "The Function of Theory in Psychoanalysis." in Loewenstein, R. M.(ed). *Drives, Affects, Behavior.* N.Y.

56. Helmer, O., and N. Rescher. 1960. "On the Epistemology of the Inexact Sciences," *The Rand Corporation*, Santa Monica(Calif.), R-353.

57. Hempel, C. G. 1950. "Problems and Changes in the Empiricist Criterion of Meaning," Revue Internationale de Philosophie 40. pp. 41~63.

58. ___. 1952. "Fundamentals of Concept Formation in Empirical Science", International Encyclopedia of Unified Science, Vol. II, Chicago,.

59. ___ and P. Oppenheim. 1948. "The Logic of Explanation," Philosophy of Science 15. pp. 135~175.

60. Hilgard, E. R. and others. 1952. *Psychoanalysis as Science.* Stanford.

61. Hook, S.(ed.). 1959. *Psychoanalysis, Scientific Method, and Philosophy*, N.Y.

62. Hutten, E. H. 1962. *The Origins of Science*. London.

63. Jahoda, M and others. 1954. Research Methods in Social Relations. N.Y.

64. Jevons, W. S. 1982. *The Principles of Science*. London.

65. Kantor, J. R. 1953. *The Logic of Modern Science. Bloomington*.

66. Kaplan, A. 1946. "Definition and Specification of Meaning," *Journal of Philosophy* 43.

67. ____. 1954. "What Good is 'Truth'?" *Journal of Philosophy and Phenomenological Research* 15, pp. 151~170

68. ____. 1956. "Psychiatric Research from a Philosophic Point of View," *Psychiatric Research Reports* 6, pp. 199~211.

69. ____. 1963. *American Ethics and Public Policy*. N.Y.

70. ____. "Logical Empiricism and Value Judgments", in 125 below.

71. ____, A. L. Skogstad, and M. A. Girshick. 1950. "The Prediction of Social and Technological Events," *Public Opinion Quarterly* 14, pp. 93~110.

72. ____ and H. F. Schott. 1951. "A Calculus for Empirical Classes," *Methodos* 2, pp. 165~190.

73. ____ and H. D. Lasswell. 1963. *Power and Society*. New Haven.

74. Kaufmann, F. 1944. *Methodology in the Social Sciences*. London.

75. Kemeny, J. G. 1959. *A Philosopher Looks at Science*. N.Y.

76. ____ and J. L. Snell. 1962. *Mathematical Models in the Social Sciences*. Boston.

77. Kyberg, H. E. 1961. *Probability and the Logic of Rational Belief*. Middletown(Conn.).

78. ____ and E. Nagel(eds.). 1963. *Induction: Some Current Issues*. Middletown (Conn.).

79. Lazarsfeld, P.(ed.). 1954. *Mathematical Thinking in the Social Sciences*. Glencoe. 1954.

80. ____ and M. Rosenberg(eds.). 1955. *The Language of Social Research*. Glencoe (III.).

81. Lenzen, V. F. 1938. "Procedures of Empirical Science," *International Encyclopedia*

of Unified Science, Vol. I. Chicago.

82. Lerner, D.(ed.). 1960. *The Human Meaning of the Social Sciences.* N.Y.

83. ____ and H. D. Lasswell(eds,). 1951. *The Policy Sciences.* Palo Alto.

84. Lewin, K. 1951. *Field Theory in Social Science.* N.Y.

85. Lewis, C. I. 1956. *Mind and the World Order.* N.Y.

86. ____. 1946. *Analysis of Knowledge and Valuation.* La Salle(Ill.).

87. Lindsay, R. B. and H. Margenau. *Foundations of Physics.* N.Y.

88. Luce, R. D. and H. Raiffa. 1957. *Games and Decisions.* N.Y.

89. MacCorquodale, K. and P. E. Meehl. 1948. "Hypothetical Constructs and Intervening Variables," *Psychological Review* 55, pp. 95~107.

90. Madden, E. H.(ed.). 1960. *The Structure of Scientific Thought* . Boston.

91. Marx, M. H.(ed.). 1955. *Psychological Theory.* N.Y.

92. Merton, R. and P. Lazarsfeld(eds.). 1950. *Continuities in Social Research.* Glencoe(Ill.).

93. Meyerhoff, H.(ed.). 1959. *The Philosophy of History in Our Time.* Garden City(N.Y.).

94. Mill, J. S. 1936. *A System of Logic.* London.

95. von Mises, R. 1939. *Probability, Statistics, and Truth.* N.Y.

96. Morris, C. W. 1946. *Signs, Language, and Behavior.* N.Y.

97. Mosteller, F. and others. 1954. "Principles of Sampling," *Journal of the American Statistical Association* 49, pp. 13~35.

98. Mount, G. E. 1956. "Principles of Measurement", *Psychological Reports Monograph Supplement* 2. pp. 13~28.

99. Myrdal, G. 1944. "Methodological Note on Facts and Valuations in Social Science," *in his An American Dilemma.* N.Y., pp. 1027~1064.

100. ____. 1958. *Value in Social Theory.* N.Y.

101. Nagel, E. 1939. "Principles of the Theory of Probability," *International Encyclopedia of Unified Science*, Vol. I, Chicago.

102. ____. 1960. "Determinism in History," *Journal of Philosophy and Phenomeno logical Research* 20, pp. 291~317.

103. ____. 1961. *The Structure of Science*. N.Y.

104. ____ and C. G, Hempel. 1951. "Concepts and Theory in the Social Sciences", in *Language, Science, and Human Rights, American Philosophical Association*. Philadelphia.

105. von Neumann, J. and O. Morgenstern. 1944. *Theory of Games and Economic Behavior*. Princeton.

106. Pearson, K. 1943. *The Grammar of Science*. London.

107. Peirce, C. S. 1934. *Collected Papers*, Vols. II and V, Cambridge(Mass.).

108. Poincaré, H. 1959. *The Foundations of Science*. N.Y.

109. Polya, G. 1948. *How to Solve It*. Princeton.

110. ____. 1954. *Mathematics and Plausible Reasoning*. Princeton.

111. Popper, K. 1959. *The Logic of Scientific Discovery*. N.Y.

112. ____. 1962. *Conjectures and Refutations*. N.Y.

113. Price, D. 1961. *Science since Babylon*. New Haven.

114. Psychological Review. 1945. "Symposium on Operationism," 52 pp. 241~294.

115. Quine, W. V. 1953. *From a Logical Point of View*. Cambridge(Mass.).

116. ____. *Word and Object*. N.Y.

117. Radcliffe-Brown, A. R. 1952. *Structure and Function in Primitive Society*. London.

118. Rapoport, A. 1953. *Operational Philosophy*. N.Y.

119. Reichenbach, H. 1938. *Experience and Prediction*. Chicago.

120. ____. 1949. *Theory of Probability*. Berkeley.

121. Ritchie, A. D. 1960. *Scientific Method*. Paterson(N.J.).

122. Rose, A. M. 1954. *Theory and Method in the Social Sciences*. Minneapolis.

123. Ryle. G. 1949. *The Concept of Mind*. London.

124. Savage, L. J. 1954. *The Foundations of Statistics*. N.Y.

125. Schilpp, P. A.(ed.). 1963. The Philosophy of Rudolph Carnap. La Salle(Ill).

126. Schlick, M. 1949. *Philosophy of Nature*. N.Y.

127. Schutz, W. C. 1959. "Some Implications of the Logical Calculus for Empirical Classes for Social Science Methodology," *Psychometrika* 24, pp. 69~87.

128. Simon, H. 1957. *Models of Man*. N.Y.

129. Skinner, B. F. 1953. *Science and Human Behavior*. N.Y.

130. Spence, K. W. 1948. "The Methods and Postulates of 'Behaviorism'," *Psychological Review* 55, pp. 67~78.

131. Stevenson, C. L. 1945. *Ethics and Language*. New Haven.

132. Tomkins, S. and S. Messick 1963. *Computer Simulation of Personality*. N.Y.

133. Toulmin, S.E. 1953. *Philosophy of Science*. London.

134. Walsh, W. H. 1951. *Introduction to the Philosophy of History*. London.

135. Weber, M. 1949. *The Methodology of the Social Sciences*. Glencoe(III.).

136. Wertheimer, M. 1945. *Productive Thinking*. N.Y.

137. Weyl, H. 1949. *Philosophy of Mathematics and Natural Science*. Princeton.

138. Whitehead, A. N. 1948. *Science and the Modern World*. N.Y.

139. Whorf, B. L. 1956. *Language, Thought, and Reality*. N.Y.

140. Wiener, P. P.(ed.). 1953. *Readings in the Philosophy of Science*. N.Y.

141. Wittgenstein, L. 1947. *Tractatus Logico-Philosophicus*. London.

찾아보기

[ㄱ]

가능성 167
가상적 545
가설 22, 32~33, 38, 59, 121, 128, 130
가설-연역적 방법 22
가설의 테스트 534
가언명령 531
가정 128
가중치 318
가치 196, 348, 499, 503, 508, 510, 519,
　　526, 530, 534
가치와 사실 518
가치와 의미 515
가치의 역할 534
가치이론 522
가치진술 527
가치판단 509, 527
가치화 529
간격법칙 158
간격척도 270, 271
간접 관찰 가능물 83
간접 관찰 가능어 85, 91, 96, 106
간접관찰어 82
감성적 의미 68
감성주의 523~524, 527

감지 187
강한 뜻에서 설명적인 156
같은 표준으로 잴 수 없는 것들 291
개념 54, 63~64, 74, 147, 149
개념의 기능 70
개념의 정의 63
개념적 기초의 자율성 116, 438
개념틀 224
개념화의 역설 80
개방부류 109
개별사례적 과학 125
개인적 314
객관성 182, 242, 266, 453
객관성과 가치 521
객관적 상대주의 529
거시 407
검약 408
검증 57~58
게임이론 66, 232, 398, 546
격발기제 170~171
결사 203, 550
결정 540, 544, 546
결정론 37, 40, 174
결정적 실험 213
결합 256~258, 273

경계설정 실험 211
경계조건 139
경향 141
경향법칙 141~142
경험 401
경험적 법칙 403
경험적 일반화 134, 138, 206, 213, 261,
　　404, 426, 472
경험적-이론적 연속성 85
경험주의 81, 396, 412, 447, 521
계산 260
계수 254~255
계통적 개방성 94
계통적 의미 85~86, 95~96, 439
계획수립 544
고전적 실증주의자 87, 131
고정비율 271
곱의 법칙 308
공론 401
공준적 양식 357, 361, 370~372
과잉단순화 383
과학공동체 13, 47
과학사 26
과학의 통일성 51, 116, 439
과학적 방법 45, 47~48
과학적 법칙 140, 143, 149, 151
과학적 설명 444, 446~448, 486~487
과학적 일반화 152
과학적 자율성 13
과학주의 546
과학철학 36, 39, 162, 206, 213, 318,
　　381, 405, 552
관계 248~250, 252~253, 257

관계의 장 249
관념화 73, 223, 304
관찰 181, 186
관찰 가능어 84
관찰 가능한 것 85
관찰 에러 185
관찰도구 192
관찰용어 83
관찰을 차단시키는 절차 185
관찰의 과정 180
관찰의 재현 182
관찰의 통제요소 185
관찰적 개념 90, 403
관찰적 용어 91, 120, 132, 406, 409
교리적 결정론 178, 302, 408
교차 귀납추리 154, 329
교호적 256
구속 112
구어적 실험 228
구조 257~258, 361, 365, 374
구조동형물 365
구조동형성 257, 272, 361, 373, 389,
　　390
구조동형적 257
구조적 설명 493
구조화 문제 322, 341
구조화의 문제 329
구획의 기준 59
국지적 결정 408, 438
귀납적 추론 26, 319, 466
귀납추리의 정당화 36
규범 43, 53, 424, 432
규범적 모호성 509, 524

규범적으로 모호 117
극적 사례의 오류 169
근거 522
근접화 80, 141
기능적 모호성 71, 147
기능적 법칙 158
기능적 설명 491
기능적으로 모호 117
기능주의 493
기반 523
기법 34, 47
기본적 측정 260
기술적 기능 481
기제 494
기준 346
기준에 대한 예측 275
기축 수 361
기축성 272, 288
기하평균 325
기호 74~75
기호에 대한 과잉강조 379
기호적 74
기호적 양식 357, 369, 380

[ㄴ]

낱말 72
낱말의미 94
내생적 390
내재적 530
내재적 가치 531~532, 535
내적 애매성 99
내포 414, 488
논리 13, 17, 24, 28, 34

논리경험주의 206
논리실증주의 57, 65, 381
논리실증주의자 39, 66
논쟁적 양식 356
논제 39
높임말 35
눈금 조정 209
눈금조정 259, 277

[ㄷ]

다능성 540
다른 것이 모두 같다면 138, 370
다수의 법칙 308
단단한 자료 187
단순 위치 선정의 오류 439
단순 위치선정의 오류 408
단순 일반화 152~154
단순성 429
단일 사례 317
단일-요인 실험이론 227
단자이론 408
담론의 세계 137
대등성 257
대표성 328
덧셈적 측정 256
데카르트의 이원론 38, 441
도구의 법칙 47, 184, 241, 263, 378,
    547
도구적 530
도구적 가치 531~532
도구적 기능 482
도구주의 70, 124, 415
도박꾼의 오류 309

도출적 측정 260
독립적 308
독특성 168, 182
동기 504
동기와 그의 목적 504
동기적 설명 491
동어반복 136, 146
동일시 124, 160, 168, 199
동작의미 53, 197~198, 234, 355, 485,
    491
동적 개방성 101~102
동형물 258
등가관계 253~254
등가부류 254

[ㄹ]
램지 문장 91
로르샤흐 테스트 34
로커스문제 115

[ㅁ]
마디결합 109
매개적 일반화 155~156
맥락 138, 526
메타직업윤리 513
명령 531
명목적 148
명목척도 265
모델 354, 361~362, 365, 368, 374
모델과 이론 360
모델의 구조 354
모델의 기능 366
모델의 단점 376

모델의 종류 365, 373, 397
모수 323
모의·모방장치 398
모의모방 실험 212
모호주의 484
목적 504
목적론 495
목적적 설명 478, 490
목표 530~533
무작위성 332~333
무작위적 파동 276
문장의미 94
문제선택 514
문제선택에서 가치 514
문학적 양식 355, 368
물리적 모델 365, 373, 385
물리학 24, 38~39, 115, 158, 199, 244,
    302, 380, 388, 411, 432, 435, 440,
    472, 490, 538
물상화 91
물화 91, 118
미니맥스 기준 348
미성숙한 폐쇄 44, 104, 114, 381, 427
미시 407
미시이론 407
미적 규범 433
민감성 276~277

[ㅂ]
바람직함 165
반복성 182
반사성(재귀성) 530
반사실적 조건문 37, 132

반응 형성　145

반증　58

발견　27

발견도출적　130, 412

발견도출적 기능　483

발견도출적 다산성　387

발견도출적 실험　210

발견도출적인　435

발견물　410

발견의 논리　18, 29~30, 32, 319

발견의 맥락　27, 428

발명　30

발생적 법칙　158~159

발생적 오류　26

발화　72

방법　40

방법론　13, 35, 45

방법론의 신화　42, 105, 395

방법론적 개체론　118~120, 162, 438

방법론적 결정론　178

방법론적 실험　208~210

방어적　203, 377

방어적 결사와 배제　49

방향 없는 엄밀성　282

배제　203, 377, 550

법칙　58, 123, 129, 131, 138, 302, 307,
　　401, 462

법칙발견적　132

법칙발견적 실험　213

법칙의　262

법칙의 기능　123

법칙의 내용　137

법칙의 맥락　138

법칙의 범위　137, 138

법칙의 영역　138

법칙의 장　137, 150

법칙의 형태　150

법칙적　132

법칙적 일반화　133, 134

베르누이의 정리　308, 309

verstehen　201, 202, 229

베이즈 정리　315

보완의 법칙　307, 311

보이지 않는 자료　191, 192

보조적　74

보조적 용어　90

보편법칙적 과학　125

보편법칙적 편향　352

보편적 명제　78, 136, 163

보편적 법칙　162

본원적 가치　525, 532~533

본질론　438, 441

본질적 용어　74~75, 81~82, 90

부과되는　252

부드러운 자료　187

부류적 명제　78, 136, 163

부분서열　250

부분적 설명　471

부분적으로 서열화된 척도　266

분류　75~76

분류적 법칙　160~161

분산　326

분석적　147, 149

분자이론　407

분포　141, 327, 334

불확실성　299

비대칭적 249~250
비례척도 271~272
비모수적 341
빈도이론 305, 307, 315~318, 348

[ㅅ]
사고 31
사고 실험 224
사고의 경제 131
사상의 자유 507
사실 129, 401~403, 424
사실-발견적 실험 211
사실과 이론의 차이 187
사실의 에러 187
사실의 확정 190
사전검사 209
사진적 실재론 390~391
사회적 기업 56
산물 419
산술평균 323~324
산출 220
삼단논법 20
상관계수 342, 352
상관관계 341
상용논리 13, 227
상응 247
상응규범 424, 436
상정 126
상징적 조작 64
상징적인 것 85
상찬 529
상호주관성 182, 200, 277, 316
샤드바다 421

서베이 230
서술 106, 443, 445, 455, 465
서술적 용어 71, 81, 90
서술적 일반화 141, 163~164, 176, 275
서열 248
서열척도 267~268
서열화된 계량 269
선상정 126
선행확률 315
선험적 313
선험적 방법 310
선험적 이론 318
설명 407, 443, 469, 472, 474
  근사적 476
  매개적 479
  미결론적 478
  부분적 475
  불확실 478
  제한적 479
  조건적 476
설명 불확정적 477
설명에서의 개방성 475
설명의 기능 475
설명적 통계 341
설명항explanans 469
섭동perturbations 477
성장 414
성찰 199
성향적 79
속성 438
속성 공간 109
속성공간 112, 137, 218, 326
수 248

수단   322, 452, 530, 534, 539
수단-목표 연속성   532, 535
수정   218
수직적 지시   109
수평적 지시   108~109, 403
수학   244
수학적 확률   310
순수   514
순응주의   43
숫자   248
숫자적인 것   248
시간적 법칙   159, 160
시운전   216
신뢰성   112, 277
신비로운 자료   191
신비의 자료   220
신비적 설명   447
실물명시   106
실용적 규범   433
실용주의   65, 67
실재   418
실재론   415
실제적인   149
실존적 딜레마   50, 80, 226, 295, 508
실증주의자   39, 90, 131, 187, 445
실천   401·
실험   180, 209, 225
실험 자료   218~219
실험시행   205~206
실험실실험   231
실험의 개념틀   224
실험의 구조   217
실험의 기능   204

실험의 위치   207
실험의 종류   208
실험조건의 표준화   219
심리   24
심리적   314
심리주의   25, 31
심판관   292

[ㅇ]
아날로그   365~366, 373
아르키메데스   273
안정성   331
애매성   96
약한 서열   253
양의 신비   240~241, 281, 303
양적 관용어   293~294
엄격성에 대한 과잉강조   386
엄밀성   112, 242, 281
에러   183, 186, 275~277
에러에 관한 이론   297
에러의 상쇄   185
에러의 이론   297
에러의 제거   185
역사   159, 487~488
역사적 불가피성   176
역사적 설명   495
연결적   250
연구비 타내기 기법   347
연속적 속성   267
연속적 정의   80, 113
연쇄 이론   405
연쇄적 서술   446
연역모델   449~451, 455, 457, 459~462,

464, 467~468

연역성 464

연역적 다산성 371, 387

연역적 설명모델 463

연합적 257

영 가설 339

영향 38

예비조사 209~210

예시적 실험 215

예측 469~472

오용 73

완전서열 250

왜곡 182

외관에 대한 관용성 550

외생적 390

외양 125, 163, 392

외연 414, 488

외연적 일반화 153~154, 156, 412, 464

외피 407

요리책 통계 321

요소들forces 342

요인 222

용도 51, 72, 163

용법 72, 362, 366

용법의 역설 329

용어 72, 74, 115

용어의 기능 89

원자 가중치 466

위계적 관계 440

위계적 이론 406

위험 300~301

유사법칙 139~140, 466

유의미한 숫자 279~283

유추 154~363

유틸리티 343, 351

유형 333, 449

유형모델 449~455, 457, 462, 467~468,
    470

유형법칙 159, 175

은유 363, 391

응용과학 514, 537

응집성의 규범 426

의미 52, 65, 70, 73, 100~101, 145,
    499, 519

의미론적 경험주의 57, 61, 65~66,
    69~70, 106, 115

의미론적 근접화 144, 146, 394

의미론적 모델 365~366, 374

의미론적 설명 443~444, 446~448,
    486~487

의미론적 신화 105~106, 395

의미의 가족 73

의미의 개방성 92

의미의 검증이론 57

의미의 특정화 105

이념형 101, 115, 120, 512

이론 401~403, 410, 424, 462, 503

이론 형성 80

이론과 법칙 400

이론에 대한 준거 84

이론의 기능 410

이론의 타당화 422

이론의 형성 190, 419

이론의 형태 405

이론적 개념 316, 403

이론적 기초의 자율성 438

이론적 법칙 404

이론적 실험 214

이론적 언어 188

이론적 용어 71, 81, 84, 164

이론적 일반화 156, 473

이론적 편향 438

이성the reason 451

2차 분석 225

2차적 표준 259

이해 474

인간방정식 87, 183

인간본성 117

인간적 요인 185

인공두뇌 51, 376, 441, 494

인과적 법칙 161~162

인식론 36

인식론적 경험주의 56~57, 65, 381

인식론적 근접화 144, 146, 394

인위적 76

인지 187

인지양식 19, 206, 355, 368, 450

인지적 의미 68, 498, 530~531

인지주의 523~524, 528

인지지도 454, 455

일관성 424, 432

일관성의 규범 453

일반성 50, 73, 122, 167, 177, 458

일반화 123~124, 126, 130, 132~134,
     140~141, 153

일반화의 종류 136

입증attest 410

입증적 실험 216

[ㅈ]

자기-완성적 예측 194

자동장치 398

자료 187, 190~191, 367, 435, 454, 488,
     496, 518~519, 526, 534, 537~538

자료 배열 247

자료로부터의 일반화 219

자료의 조직 367

자연논리 20

자연의 실험 220, 229

자연의 제일성 36, 177

자연적 76

자연적 실험 229

자연주의 525

자원 127

자유로운 선택 546

자유의지 37, 173

작업가설 128~129

잘못 놓인 구체성의 오류 439

잘못된 엄밀성 282

장이론 408

재구성논리 13, 227

재료 483

적립된 의미 188

전략 30

전체 담론 430

접속conjunction 464

정당화 25, 34

정당화의 맥락 27, 419, 428, 433

정보이론 221, 398

정상분포 324, 327, 334

정언명령 531

정의 20, 100, 107, 149, 240, 247, 262

정책 534, 536, 539
정확한 278
제3성Thirdness 447
조성 401
조성물 170
조성어 74, 83~84, 86~90, 107
조작 256
조작주의 61, 65, 275
조작주의자 247
조정 226
조정적 실험 227
조화평균 325
종류 209
종말론적 결정론 174
좋은 510~511
주관주의적 314
주제 45
주제로서의 가치 508
주체 438
준거 110
준거부류 306, 319
준거부류 선택의 문제 317
중립적 도구로서의 과학 539
중심경향성 323
중심경향성의 측정값 323, 325~326
중앙값 326
증식적 257
증후군적 법칙 161
지각 54, 181, 187
지각적 판별 189
지도읽기 388
지수 109, 261
지수 불안정성 197

지시 108, 119
지시물 261
지식 36, 302~303, 413~414, 419~420
지식의 성장 23, 59, 101~102, 144
지식의 재구성 187
지표 109~112
직업 510
직업윤리 510, 513
직업적 표준 15
직접 관찰 81
진술 147
질량이론 407
질의 신비 285, 289~290
질적 측정 270
집합적 115
집합적 용어 115, 160

[ㅊ]
참 65, 410, 424~425, 428
참 측정값 279
참 측정값의 허구 279~281
참의 영역 14
참의 추구 13, 19
척도 262
척도화 270
체계적 에러 278
초시간적 법칙 158, 160
총괄화colligation 496
총량 247, 251
총체 118
총체적 법칙 162
총합의 방법 292
총합의 법칙 307

최빈값 325
추상에 의한 정의 60
추세 141
취객의 열쇠 찾기 32
취객의 찾기 원리 24, 383
취지 402
측정 242, 244
측정값 247
측정의 공리 273
측정의 구조 246
측정의 기능 239
측정의 에러 275
측정의 표준 258
측정화 270

[ㅋ]

크기magnitude 247

[ㅌ]

타당성 274~275, 508
탐구에서 가치 499
탐구의 자율성 13~14, 44, 116, 543
탐색적 실험 211
테스트가설 129
테스트의 유의수준 340
테스트의 힘 340
통계 297, 300, 302~303, 341
통계값 323
통계의 기능 297
통계적 308, 322, 346
통계적 가설 328
통계적 무지 300, 301
통계적 법칙 161~162

통계적 서술 321
통계적 테스트 339~340
통계적 확률 318
통찰력 28
특수성 52
특징 79

[ㅍ]

패러다임 120, 170~171
퍼지인자 205
편향 324, 330~331, 437, 503, 508, 519, 534
편향된 표본 330
평가가치화 529
평가절하 186
평균값 323
평균값의 법칙 309
평정 529
폐쇄 113, 138, 144, 146
포괄 측정 271
표본 324, 330~331
표본추출 계획 328, 333
표본추출의 역설 328
표준 258
표준편차 327
표준화 186, 242
표현의 자유 507
프로파일 109~110
플라톤주의 23, 169

[ㅎ]

학술적 양식 356, 368, 372
학습 401

학파들 48
함축의미 68
합 119
합리적 재구성 21
합리주의 382, 447
합목적성finality 475
합치 111~113
해석 52~53, 229, 443, 445, 448, 484,
    486, 489, 496
해석interpretation 444
해석의 수준 197
해석의 순환 489~490
해석적 모델 365~366, 375~376
해석적 이해 53
행동과학 354, 549
행동과학과 정책 536
행동과학에서 개념 114
행동과학에서 관찰 193
행동과학에서 모델 393
행동과학에서 법칙 165
행동과학에서 설명 484
행동과학에서 실험 226
행동과학에서 측정 285
행동과학에서 통계 343
행위 67
행위의미 53, 197~198, 234, 355, 445,
    485
헴펠의 역설 467

현상적 언어 188
현장(지)실험 231
현장(지)연구 230
현장연구 231
형성체 방법 536
형식에 대한 과잉강조 381
형식적 모델 366, 375
형식적 양식 358, 365
형식화 167
형이상학 38
형태 I 에러 339~340, 347
형태 II 에러 339~340, 347
호손 실험 184
호칭 354, 549
확률 305, 313
확률과 귀납추리 304
확률의 계산 304~305
확률이론 304, 310
확률적 설명 465
확증 467
확증논리 467
확증의 정도 58, 318
환원 108
회의주의 44, 126
효용성 271
효용성의 측정 271
훈련된 무능 184
힘power 342

지은이

에이브러햄 캐플런Abraham Kaplan(1918~1993)

1942년 UCLA에서 철학박사학위를 취득한 후 뉴욕대학교, UCLA, 미시간대학교, 이스라엘 하이타대학교, 산타모니카 랜드대학원, 하와이대학교, 칼텍 등에서 연구와 강의를 했다. 1947년에서 1958년까지 미국철학회 회장을 맡았고, 1966년 미국 ≪타임≫지에 'top 10 teachers'로 선정되었다. 주요 저서로는 『권력과 사회: 정치 탐구를 위한 틀Power and Society: A Framework for Political Inquiry』(공저. 1951), 『철학의 새로운 세계The New World of Philosophy』(1961), 『미국인의 윤리와 공공정책American Ethics and Public Policy』(1963), 『탐구의 실행: 행동과학의 방법론The Conduct of Inquiry: Methodology for Behavioral Science』(1964), 『개인성과 새로운 사회Individuality and the New Society』 (1970), 『지혜를 추구하며: 철학의 범위In Pursuit of Wisdom: the Scope of Philosophy』 (1977) 등이 있다.

옮긴이

권태환

1973년 호주국립대학교에서 인구학을 전공으로 박사학위를 취득했으며, 1973년에서 2006년까지 서울대학교에서 교수로 재직했다. 재직 중 서울대학교 인구및발전문제연구소(현 사회발전연구소) 소장, 미국 브라운대학교 교환교수, 서울대학교 지역종합연구소(현 국제대학원) 소장, 한국인구학회 회장, 한국사회학회 회장 등을 역임했다. 인구학, 사회조사방법론, 환경, 도시사회학 분야의 연구에 정진하면서 학술적으로 뛰어난 저서들을 출간했다. 주요 저서로는 박사학위논문을 출간한 『Demography of Korea』(서울대학교출판부, 1977)를 포함해 『인구의 이해』(공저. 서울대학교출판부, 1990), 『한국인의 생명표』(공저. 서울대학교출판부, 1991), 『중국 연변의 조선족』(공저. 유네스코 한국위원회, 1993), 『한국의 인구와 가족』(일신사, 1996), 『Induced Abortion in Korea』(서울대학교출판부, 1997), 『한국 출산력변천의 이해』(일신사, 1997) 등이 있다.

감수

박경숙

1998년 미국 브라운대학교에서 사회학을 전공으로 박사학위를 취득하고 동아대학교에서 교직생활을 했다. 2015년 현재 서울대학교 사회학과에서 교수로 재직하고 있다. 주로 인구와 노년에 대해 연구와 강의를 하고 있으며, 주요 저서로는 『북한사회와 굴절된 근대: 인구, 국가, 북한주민의 삶』(서울대학교출판문화원, 2013), 『세대갈등의 소용돌이: 가족, 경제, 문화, 정치적 메커니즘』(공저. 다산, 2013), 『빈곤의 순환고리들』(공저. 동아대학교출판부, 2005), 『고령화 사회 이미 진행된 미래』(의암출판문화사, 2003) 등이 있다.

한울아카데미 1812

탐구의 실행
행동과학 방법론

지은이 | 에이브러햄 캐플런
옮긴이 | 권태환
펴낸이 | 김종수
펴낸곳 | 도서출판 한울
편집책임 | 이교혜
편집 | 하명성

초판 1쇄 인쇄 | 2015년 8월 14일
초판 1쇄 발행 | 2015년 8월 31일

주소 | (10881) 경기도 파주시 광인사길 153 한울시소빌딩 3층
전화 | 031-955-0655
팩스 | 031-955-0656
홈페이지 | www.hanulbooks.co.kr
등록번호 | 제406-2003-000051호

Printed in Korea.
ISBN 978-89-460-5812-5 93330(양장)
ISBN 978-89-460-6031-9 93330(학생판)

* 책값은 겉표지에 표시되어 있습니다.
* 이 책은 강의를 위한 학생판 교재를 따로 준비했습니다.
  강의 교재로 사용하실 때에는 본사로 연락해주십시오.